Erich Mende

Das verdammte Gewissen

Zeuge der Zeit

Jugend und Zweiter Weltkrieg

BASTEI LÜBBE

BASTEI-LÜBBE-TASCHENBUCH
Band 61 080

1. Auflage 1985
2. Auflage 1986

Lizenzausgabe: Gustav Lübbe Verlag GmbH,
Bergisch Gladbach
Printed in Western Germany 1986
Einbandgestaltung: Manfred Peters
Satz: ICS Computersatz GmbH, Bergisch Gladbach
Herstellung: Ebner Ulm
ISBN 3-404-61080-6

Der Preis dieses Bandes versteht sich einschließlich
der gesetzlichen Mehrwertsteuer

Dem ehrenden Andenken aller Soldaten,
die aus den Kriegen nicht heimgekehrt sind.

Inhalt

Teil II
Soldat im Westen

Teil III
Soldat im Osten

Vorwort

Wie war das nur möglich? Konntet ihr das Verhängnis nicht abwenden? Habt ihr genügend getan, um das Unglück zu verhindern, das über Deutschland und Europa gekommen ist? So fragen die Jungen heute die Alten! Selbst die eigenen Kinder schütteln den Kopf, wenn sie heute die Wochenschauen der dreißiger und vierziger Jahre im Fernsehen vorgeführt bekommen.
Schnell fertig ist die Jugend mit dem Wort, alles zu verurteilen, zu verdammen und den Alten alle Schuld zuzuweisen! Und wieder ist man im Begriff, von einem Extrem ins das andere zu fallen: vom übersteigerten Nationalismus von damals in eine verzweifelte Distanz zum Vaterland von heute, vom Heldenkult von gestern in eine Mißachtung soldatischer Pflichterfüllung heute. Die chaotischen Proteste junger Menschen gegen das feierliche Gelöbnis der Bundeswehr-Rekruten in Bremen und Bonn waren erschreckende, aus Unkenntnis und Verhetzung entstandene Verirrungen demokratischen Verhaltens! Dabei ist spätestens im begrenzten Krieg um die Falkland-Inseln jedem wieder bewußt geworden, was die Besonderheit des Soldaten war und bleibt:

> »Der Soldat ist eine tragische Figur, zu allen Zeiten und in allen Völkern! Denn er muß auf andere Soldaten auf Befehl schießen und sie notfalls töten, ohne sie zu kennen oder gar zu hassen – auf Befehl von Leuten, die sich kennen und sich erbittert hassen – aber nicht aufeinander schießen!«

Hat es Urabstimmungen in den britischen oder in den argentinischen Kasernen gegeben, wie bei den Gewerkschaften vor einem Streik? Nein, denn es sind die Regierungen, die über Krieg und Frieden entscheiden, nicht die Soldaten – damals wie heute oder morgen!
Fast vier Millionen deutscher Soldaten haben im 2. Weltkrieg ihr Leben lassen müssen. Sie hatten keine andere Wahl, als zu gehorchen oder vor das Kriegsgericht zu kommen. Ihre Gewissensnot peinigte sie nicht weniger als ihre Angst vor dem Tod und ihre

Sehnsucht nach Frieden und Heimat. Zwei Millionen von ihnen ist nicht einmal ein ordentliches Grab vergönnt; sie liegen in den Weiten Rußlands, verloren, vergangen, vergessen! Nicht ein Stein kündet von ihrem tragischen Schicksal, kein Denkmal ehrt ihren ungewollten Opfergang!

In Oberschlesien geboren und aufgewachsen, habe ich diese für Deutschland und Europa so schicksalsschwere Zeit als Jugendlicher und aktiver Offizier erlebt und erlitten; die Abstimmungskämpfe und die polnischen Aufstände in Oberschlesien 1921, Agonie und Ende der Weimarer Republik bis zu den tosenden Beifallsstürmen für Hitler bei den Massenveranstaltungen der Nationalsozialisten. Reichsarbeitsdienst an der deutsch-polnischen Grenze unweit Tschenstochau, Wehrdienst im oberschlesischen Industriegebiet in Gleiwitz und den Krieg gegen Polen. Den Angriff auf Belgien und Frankreich, Einmarsch in Paris, vorbei am Arc de Triomphe bis Versailles und Bordeaux, die Invasionsvorbereitungen bei Dieppe für die Landung an der englischen Kanalküste und die Bereitstellung für den Angriff gegen Rußland. Den Vorstoß aus Ostpreußen in die ungeheure Weite Rußlands, immer auf den Spuren Napoleons von 1812 – Grodno – Minsk – Smolensk, Wjasma vor Moskau und die fast vier Jahre erbitterter Rückzugskämpfe bei Rshew, Kaluga und Orel, um den Dnjepr und die Pripjetsümpfe bis wieder an den Narew, schließlich den Kampf um Ostpreußen bis zum bitteren Ende in Schleswig-Holstein.

Mit Ort, Zeit und Namen habe ich mich bemüht, alles so festzuhalten, wie ich es meinen Tagebuchaufzeichnungen, der Erinnerung und den Archiven entnehmen konnte. Dem Bundesarchiv in Freiburg verdanke ich die Einsichtnahme in die Kriegstagebücher der 8. oberschlesischen Infanterie-Division bis zum Jahresende 1941 und der 102. schlesischen Infanterie-Division von 1942 bis zum Kriegsende. Trotzdem mag es sein, daß mancher Name fehlt, mancher Kamerad sich übergangen fühlt, mancher vergessen wurde – dafür bitte ich um Nachsicht.

Als einer der Überlebenden der Kriegsgeneration fühle ich mich verpflichtet, die Geschehnisse, so wie ich sie erlebt habe, darzustellen, die Wahrheit zu suchen und – nicht zuletzt an die Jungen

– weiterzugeben! Den Toten zur Ehre, weil sie guten Glaubens und Gewissens waren, den Lebenden zur Mahnung, dem Frieden alle Kraft zu widmen, all ihre politische Klugheit, und die Bereitschaft, dafür auch Opfer zu bringen. Denn wer könnte ehrlicher und überzeugender den Krieg hassen und den Frieden lieben als meine Generation, die wie keine andere in der Vergangenheit geschunden und geschlagen wurde und fast alles verlor, was sie lieben wollte, oft auch noch die eigene Heimat!

Bonn, im Oktober 1982

TEIL I
In Schlesien

Brandenburg
Schlesien
Sachsen
TSCHECHOSLOWAKEI
DRESDEN
PRAG
Guben
Spree
Cottbus
Sommerfeld
Forst
Spremberg
Grünberg
Deutsch-Wartenberg
Neusalz
Oder
Bober
Naumburg
Freystadt
Beuthen
Neustädtel
Glogau
Schlesiersee
Fraustadt
Sagan
Sprottau
Primkenau
Heerwegen
Raudten
Kotzenau
Lüben
Neiße
Priebus
Queis
Bunzlau
Haynau
Liegnitz
Katzbach
Penzig
Bautzen
Görlitz
Naumburg
Lauban
Schönberg
Löwenberg
Goldberg
Jauer
Marklissa
Greiffenberg
Liebenthal
Lähn
Schönau
Bober-Katzbach-Geb.
Bad Flinsberg
Hirschberg
Bolkenhain
Zittau
Bad Warmbrunn
Agnetendorf
Schreiberhau
Schmiedeberg
Freiburg
Riesengebirge
Landeshut
Gottesberg
Reichenberg
Tetschen
Elbe
Aussig
Gablonz
Liebau
Schömberg
Friedland
Leitmeritz
Trautenau
Aupa
Königinhof
Nachod
Eger
Jungbunzlau
Melnik
Iser
Moldau
Königgrätz
Kladno
Kolin
Elbe
Pardubitz
0 10 20 30 40 50 km

POLEN
Kalisch
Krotoschin
Ostrowo
Rawitsch
Warthe
Zduńska Wola
Schieratz
Prosna
Militsch
Trachenberg
Festenberg
Prausnitz
Trebnitz
Gr.-Wartenberg
Auras
Oder
Oels
Wjelun
Bernstadt
Weide
Namslau
Pitschen
Brockau
Kanth
Lohe
Konstadt
Kreuzburg
Ohlau
Brieg
Rosenberg
Tschenstochau
Strehlen
Löwen
Schurgast
Malapane
Grottkau
Glatzer Neiße
Oppeln
Münsterberg
Gr.-Strehlitz
Ottmachau
Neisse
Krappitz
Patschkau
Bergstadt
Jauernig
Peiskretscham
Mechtal
Beuthen
Bobrek-Karf.
Oberglogau
Heydebreck
Hindenburg
Cosel
Bad Ziegenhals
Neustadt
Gleiwitz
Königsh.
Kattowitz
Leobschütz
Bauerwitz
Ratibor
Rybnik
Weichsel
Jägerndorf
Katscher
Troppau
Hultschin
Mährisch-Ostrau
March

1.
Jugend in Groß-Strehlitz

Wir standen als erleichterte Abiturienten des Jahrganges 1936 mit unserem Ordinarius, dem Studienprofessor Heinrich Ullrich, vor unserer alten Penne, dem Staatlichen Humanistischen Gymnasium Johanneum in Groß-Strehlitz in Oberschlesien. Am Donnerstag, dem 5., und Freitag, dem 6. März 1936, hatten 18 Oberprimaner, unter ihnen Elisabeth Wagner als einziges Mädchen, die Reifeprüfung abgelegt. Nun sollte die Abschlußfeier mit unserem fürsorglichen und beliebten »Ullo« abgesprochen werden, wie wir ihn seit Jahren in Verehrung und Bewunderung mit Spitznamen nannten.

Er war ein etwas behäbiger, mittelgroßer Mann mit einem runden Kopf, den nur wenige strähnige Haare von einem Ohr zum anderen bedeckten. Er kämmte sie immer so, daß sein breiter Glatzkopf dadurch zweigeteilt wurde: in eine nördliche und eine südliche Hälfte. Die Haare, so meinten wir, bildeten für ihn den Äquator. Professor Ullrich hatte die 60 schon erreicht und gab Unterricht in Deutsch, Englisch und Französisch. Er war der Senior im Lehrkörper des Gymnasiums und genoß auch in der Stadtbevölkerung hohes Ansehen, da er sich bei vielen Auslandsreisen nach England und Frankreich und durch seine hervorragenden Sprachkenntnisse als Mann mit Welterfahrung ebenso auszeichnete wie durch seine innige Heimatliebe.

Zusammen mit Rektor Mücke, dem Kustos des Heimatmuseums, hatte er sich um die oberschlesische Heimatforschung große Verdienste erworben; seine Bibliothek galt durch die Vielzahl der Bände und die Auswahl der Bücher in unseren Augen als sagenhafter Schatz. Professor Ullrich war kinderlos verheiratet. Seine elegante und schöne Frau glänzte auf allen öffentlichen Veranstaltungen. Er selbst stammte von einem Bauernhof im Kreise Leobschütz und hatte auch als Akademiker das äußere Gehabe eines Bauern, der dem Essen und Trinken ebenso zugeneigt war wie einer kritischen und wachen Beobachtung seiner Umwelt.

Als wir, ihn umstehend, mit ihm diskutierten, marschierte in braunen Hosen und Hemden, eine Hakenkreuzfahne voran, ein SA-Sturm die alte Krakauer Straße hoch, die nunmehr in Adolf-Hitler-Straße umbenannt worden war. Wir unterbrachen unser Gespräch, und unser Ullo sagte so laut vor sich hin, daß wir es alle hören konnten: »Sie marschieren mit Gesang geradewegs in den Krieg, nur wissen sie es noch nicht!« Sein Gesicht wurde sehr ernst und, als wäre er uns eine Erläuterung schuldig, fügte er mit bedrückter Miene hinzu: »Ich hoffe, Sie werden Ihre Abiturfeier noch haben, es kann aber auch sein, daß sie ausfällt, weil Sie dann schon eingezogen sind! Denn was Hitler jetzt macht, bedeutet Krieg! Überhaupt, dieser Mann ist unser Unglück, es wird immer schlimmer, nachdem Hindenburg tot ist. Was ist heute noch ein Vertrag und wer soll uns noch glauben, wenn dieser Mann vor aller Welt einen nach dem anderen zerreißt? So kann man kein Reich führen, so wird man es zerstören.«

Wir wußten von Ullo, daß er dem Nationalsozialismus mit großer Ablehnung gegenüberstand. Er war ein Patriot deutsch-nationaler Gesinnung. Für ihn waren konservative Grundanschauungen ebenso selbstverständlich wie daran gebundene Verhaltensweisen ethischer und moralischer Art.

Nachdem der 30. Juni 1934 mit der Niederschlagung des sogenannten Röhm-Putsches eine gewisse Erschütterung in unserem »Johanneum« hervorgerufen hatte – in den unteren Klassen war eine SS-Alarm-Kompanie mit Maschinengewehren und Karabinern einige Tage im Quartier –, war nun wieder eine der üblichen Wochenendüberraschungen eingetreten.

Am Sonnabend, dem 7. März 1936, ließ Hitler deutsche Soldaten in Köln, Koblenz und Mainz einmarschieren. Seit 17 Jahren hatte das Rheinland keine deutschen Soldaten mehr gesehen. Denn nach dem Versailler Vertrag und später nach dem Vertrag von Locarno war das Rheinland zuerst von Frankreich besetzt und später zur entmilitarisierten Zone gemacht worden.

Natürlich winkten die Menschen überall an den Straßen den Soldaten zu, Blumen wurden verteilt, die Begeisterung der Bevölkerung im Rheinland kannte keine Grenzen. Denn die Erinnerung an die Rheinland-Besetzung durch die Franzosen war nicht gerade erfreulich, viele Willkürakte, Übergriffe und Eingriffe in die Verwaltung waren der Bevölkerung noch in bitterer Erinnerung, so daß der Einmarsch der deutschen Soldaten als Befreiungsakt empfunden werden mußte.

Der Reichstag war für 13.00 Uhr des gleichen Tages einberufen, und Hitler verkündete: »Im Interesse des primitiven Rechts eines Volkes auf Sicherung seiner Grenzen und zur Wahrung seiner Verteidigungsmöglichkeiten hat daher die deutsche Reichsregierung mit dem heutigen Tage die volle, uneingeschränkte Souveränität des Reiches in der entmilitarisierten Zone des Rheinlandes wiederhergestellt.« Alles übrige ging in den brüllenden Heilrufen unter! Denn die Abgeordneten in der Kroll-Oper bereiteten Hitler lautstarke Ovationen, bis wieder die tiefe, grollende Stimme Hitlers fortfuhr: »Männer, Abgeordnete des deutschen Reichstages, in dieser geschichtlichen Stunde, da in den westlichen Provinzen des Reiches deutsche Truppen soeben ihre zukünftigen Friedensgarnisonen beziehen, vereinigen wir uns alle zu zwei heiligen, inneren Bekenntnissen:

1. zu dem Schwur, vor keiner Macht und vor keiner Gewalt in der Wiederherstellung der Ehre unseres Volkes zurückzuweichen,
2. zu dem Bekenntnis, nun erst recht für eine Verständigung der Völker Europas und mit unserem westlichen Nachbarn einzutreten. Deutschland wird niemals den Frieden brechen.«

Auch nach diesen Worten langanhaltender Jubel aus den Lautsprechern.

Das alles hatten wir noch im Ohr, als Ullrich mit tiefem Ernst fortfuhr: »Das werden sich England und Frankreich nicht bieten lassen! General Gamelin, der Oberbefehlshaber der französischen Armee, zieht an der französischen Ostgrenze bereits kriegsmäßig ausgerüstete Truppen zusammen. Mehr als zehn Divisionen werden die wenigen deutschen Bataillone, die links des Rheines stehen, wieder in ihre Ausgangspositionen zurückschicken. Das aber bedeutet Krieg auf deutschem Boden. Vielleicht auch das Ende Hitlers, man weiß es nicht. Ich bin pessimistisch und sehe das Verhängnis immer näher kommen!«

Wir alle waren von diesem Pessimismus beeindruckt; denn immerhin wußten wir, daß unser Ullo nicht nur alles an englischen und französischen Zeitungen las, was er in die Hand bekommen konnte, sondern auch französische und englische Sender hörte. Wenn es einen in Groß-Strehlitz gab, der wirklich über die internationalen Ereignisse informiert war, dann war es Studienprofessor Heinrich Ullrich. Sein Urteil galt daher allenthalben als außerordentlich bedeutsam.

Als wir auseinandergingen, setzten wir natürlich die Diskussion unter uns fort. »Der Ullo sagt natürlich wieder Quatsch«, meinte Oskar Panitz, der schon seit 1932 der Hitlerjugend angehörte und nach 1933 nachversetzt wurde, weil ein Erlaß des Preußischen Kultusministers allen jenen eine Nachversetzung ermöglichte, die sich im Kampf um die nationalsozialistische Bewegung eingesetzt und damit ihre schulischen Leistungen vernachlässigt hatten. Auch Gerhard Müller, der einzige SS-Angehörige unserer Klasse, hielt mit seiner Kritik nicht zurück, meinte aber, »Ullo sei schon verkalkt, daß man ihn nicht mehr ernst nehmen dürfte«, und Hubert Purschke, der sich mit Müller gern anlegte, weil er als SA-Scharführer die Rolle der SS am 30. Juni 1934 noch nicht vergessen hatte, meinte schließlich, »man werde ja sehen, wer recht behalte, der Führer oder der Ullo«. Und natürlich behielt der Führer recht!

Denn obwohl die Nachrichten aus dem Ausland den Reichskriegsminister Blomberg, General Jodl und andere führende Militärs veranlassen wollten, die mittlerweile in Aachen, Trier und Saarbrücken eingerückten Truppenteile zurückzuziehen, um der unvermeidlichen Niederlage zu entgehen, blieb Hitler hart, und er behielt recht. Denn sowohl in London als in Paris beschränkte man sich am Ende auf bloße Proteste. In London dachte man nicht daran, etwas gegen Hitler zu unternehmen. In Paris wiederum war man nicht bereit, etwas ohne London zu unternehmen. Selbst ein so kluger Politiker wie Daladier erklärte, ebenso wie seine Ministerkollegen, daß ohne militärische Unterstützung Englands Frankreich zu schwach gegenüber Deutschland sein würde. Die Westmächte schritten also nicht ein, sie wandten sich lediglich an den Völkerbund, der über die Widerrechtlichkeit der deutschen Rheinlandbesetzung entscheiden sollte. Kein Wunder, daß die Reichstagswahlen, die am 29. März 1936 stattfanden,

einen überwältigenden Sieg für Hitler, seine Partei und seine Politik brachten.
So wie dieses Ereignis vollzog sich im Grunde genommen alles, was seit der nationalsozialistischen Revolution und Machtergreifung nach dem 30. Januar 1933 vonstatten ging. Kluge, ältere und besonnene Personen warnten. Junge Nationalsozialisten steigerten sich in eine immer größere Begeisterung, und dazwischen wartete eine beobachtende Mehrheit auf die jeweiligen Sondermeldungen und Sprachregelungen aus dem deutschen Rundfunk.
Wer das Phänomen des Nationalsozialismus und die Machtausdehnung Adolf Hitlers begreifen will, muß wissen, daß das Unglück und Verhängnis selten mit lautem Getöse sich ankündigt, sondern oft auf leisen Sohlen durch die Hintertür das Haus betritt, um es Zimmer für Zimmer und Stockwerk für Stockwerk zu besetzen.
Gerade in einer Kleinstadt, in der alle Lebensverhältnisse für jedermann überschaubar und kontrollierbar sind, läßt sich der Nachweis für diese Feststellung erbringen, so auch in Groß-Strehlitz, einer Kreisstadt in Oberschlesien am Nordrand der oberschlesischen Platte, 230 m über NN und damals mit 11 500 meist katholischen Einwohnern.
Das ganze Odertal war bis zur Völkerwanderung von dem germanischen Volksstamm der Silinger besiedelt. Als diese sich nach Westen absetzten, strömten die Slawen in den frei gewordenen Raum, bis dann im 12. Jahrhundert eine germanische Rückbesiedlung, insbesondere aus Franken, Schwaben, Hessen, Thüringen und Westfalen stattfand. Zahlreiche Urnenfriedhöfe, auch in den Kreisen Groß-Strehlitz und Oppeln, weisen außerdem auf den germanischen Volksstamm der Wandalen hin.
Hier wurde ich am 28. Oktober 1916 als drittes Kind des Lehrers Max Mende geboren. Der Kreis Groß-Strehlitz hatte nach dem Ersten Weltkrieg auch seine besondere politische Geschichte. Denn in seinem Bereich liegt der Annaberg, Oberschlesiens heiliger Berg, mit einem bekannten Franziskanerkloster und der Verehrung der Mutter Gottes und der Heiligen Anna. Mehrmals im Jahr wallfahrtete die katholische Bevölkerung durch Groß-Strehlitz in Richtung auf den Annaberg, der für die deutschen Katholiken

Oberschlesiens einen ähnlichen Symbolwert hatte wie für die polnischen katholischen Gläubigen das Kloster Tschenstochau mit dem wundertätigen Heiligenbild der Schwarzen Mutter Gottes.
Nach dem verlorenen Ersten Weltkrieg versuchte Polen, Oberschlesien bis zur Oder sich einzuverleiben. Mit Unterstützung, insbesondere der französischen Truppen, überfielen polnische Aufständische das oberschlesische Industriegebiet und drangen über Groß-Strehlitz bis an die Oder bei Deschowitz und Leschnitz vor und nahmen den Annaberg, mit 410 m beherrschende Anhöhe des ganzen Umlandes, in Besitz. Es kam zu schweren Ausschreitungen der polnischen Aufständischen, insbesondere im Industriegebiet Oberschlesiens, wo ganze Polizeieinheiten niedergemacht und alle zum Deutschtum sich bekennenden Amtsträger schweren Verfolgungen ausgesetzt waren. Entlassene deutsche Soldaten des Ersten Weltkrieges bildeten zusammen mit einheimischer Bevölkerung einen oberschlesischen Selbstschutz, der durch Freikorpseinheiten aus dem ganzen Reichsgebiet unterstützt wurde. Es gelang in erbitterten Kämpfen mit hohen Verlusten auf beiden Seiten, den Annaberg zu befreien und die polnischen Aufständischen zurückzudrängen.
Mir ist noch in guter Erinnerung, was sich dann im Frühjahr 1921 vollzog. Den Forderungen der Polen, an deren Spitze der ehemalige Reichtstagsabgeordnete Korfanty stand, stimmte die französische Regierung vorbehaltlos zu und war für die Abtretung des oberschlesischen Regierungsbezirks bis einschließlich Oppeln, das mit 53 000 Einwohnern Sitz der Provinzbehörden war. Oppeln war im 10.–12. Jahrhundert eine kleine, slawische Siedlung und wurde durch die deutsche Besiedlung zu einer blühenden Stadt, die 1327 das Magdeburger Stadtrecht erhielt.
In London widersetzte sich der britische Premierminister Lloyd George den polnischen und französischen Forderungen und erklärte vor dem Unterhaus: »Oberschlesien ist niemals polnisch gewesen. Man kann nicht in der Geschichte fast tausend Jahre zurückgehen, um territoriale Ansprüche zu begründen. Wo kämen wir hin, wenn das Schule macht. Polen hat daher keinen Anspruch auf Oberschlesien.« Man entschied sich schließlich,

unter alliierter Kontrolle eine Volksabstimmung in Oberschlesien durchzuführen.
Ich erinnere mich, daß englische, französische und italienische Besatzungstruppen Oberschlesien besetzten. Auch in unserer Schule, in der mein Vater im oberen Stockwerk eine Dienstwohnung hatte, wurden zwei Kompanien französischer Alpenjäger einquartiert. Den überraschten Fragen, warum man denn in das Flachland Oberschlesien Alpenjäger entsandt habe, erklärten die französischen Soldaten, daß sich das aus dem Namen Haute Silésie leicht erklären läßt. Denn natürlich war man in Paris der Meinung, es müsse in einem Land, das sich Oberschlesien nenne, auch hohe Berge geben.
Schon damals hörten wir Kinder von unserem Vater jenen berechtigten Ausspruch des schwedischen Reichskanzlers Graf Oxenstierna: »Mein Sohn, wenn du wüßtest, mit wieviel Dummheit die Welt regiert wird!«
Die Franzosen fühlten sich keineswegs sicher in unserer Schule; denn sie verbarrikadierten alle Eingänge, und die Bauernburschen, die nachts in den Pferdeställen die Offizierspferde losbanden, so daß sie laut wiehernd und galoppierend durch die Straßen preschten, taten noch ein übriges, die panische Angst zu vermehren.
Es gab auch in einigen Nachbarstädten größere Überfälle und Sprengstoffattentate auf die französischen Truppen, weil diese so offensichtlich die polnische Seite unterstützten. In Groß-Strehlitz hielt sich die Bevölkerung zurück.
Die englischen Soldaten spielten meistens im Schloßpark Fußball, ihre Offiziere Golf. Die Italiener froren meist jämmerlich, insbesondere in den Wintermonaten.
Zu uns Kindern waren die französischen Soldaten immer sehr freundlich. Wir bekamen nicht nur Schokolade zugesteckt, sondern auch gelegentlich die Baskenmütze mit dem gelben Alpenhorn aufgesetzt und mußten uns so fotografieren lassen. Das Mittagessen der Franzosen, aus Feldküchen bereitet, wurde auf dem Schulhof und in einem nahegelegenen Bauernhof an langen, hölzernen Tischen eingenommen. Die Kinder durften dabeisein und bekamen natürlich vieles von der Verpflegung der Franzosen

ab. Das Weißbrot und die Schokolade hatten es uns angetan. Als ein Soldat mir auch einmal den üblichen französischen Rotwein zu trinken gab, scheint er mir nicht gut bekommen zu sein. Jedenfalls nahm mich ein Offizier an die Hand und führte mich zu meiner Mutter, um sich dafür zu entschuldigen, daß man mir Rotwein gegeben habe. Das war der einzige Zwischenfall, wenn ich von dem Schlußakt des Abzugs der beiden Kompanien aus der Schule ein Jahr später absehe, als uns alle Fensterscheiben eingeschlagen und in die unteren Räume geschossen wurde. Der Versuch, die massive Eichentür zum Eingang unserer Wohnung aufzubrechen, mißlang. Meine Mutter und wir Kinder überstanden das Steinbombardement und die Splitter wohlzugedeckt mit den Federbetten in einem toten Winkel auf dem Fußboden des großen Wohnzimmers.

Die Volksabstimmung am 20. 3. 1921 brachte ein eindrucksvolles Bekenntnis zum besiegten Deutschen Reich; denn 60 % stimmten für den Verbleib Oberschlesiens beim Deutschen Reich und nur 40 % für eine Abtretung an Polen, trotz der massiven Einflußnahme der französischen Besatzung. In den Großstädten des Oberschlesischen Industriegebietes war das Ergebnis ein überragender Treuebeweis für Deutschland. Meine spätere Garnisonsstadt Gleiwitz erreichte beispielsweise 93,2 % für Deutschland und nur 6,8 % für Polen. In Beuthen war das Ergebnis 92,9 % für Deutschland und 7,1 % für Polen. In Hindenburg sprachen sich 84,1 % für Deutschland und 15,9 % für Polen aus.

Dagegen war das Ergebnis in einigen Landkreisen, so auch Groß-Strehlitz, weniger günstig. Viele der zum Teil zweisprachigen Landbevölkerung waren aus religiösen Gründen für Polen, das ihnen mit der Mutter Gottes von Tschenstochau näher stand als das protestantische Preußen.

Unter dem Eindruck dieser vernichtenden Niederlage brach am 3. Mai 1921 der dritte und blutigste polnische Aufstand aus. Er führte zu einem Rachefeldzug gegenüber allen, die sich zu Deutschland bekannt hatten. Auch mein Vater, der dem Verband heimattreuer Oberschlesier angehörte, mußte mit mehreren anderen Lehrerkollegen querfeldein aus Groß-Strehlitz nach Oppeln flüchten und später nach Breslau. Denn er stand auf der

Liste der sofort zu erschießenden Gegner der polnischen Aufständischen.
Meine Mutter versteckte uns drei Kinder, meinen sieben Jahre älteren Bruder Walter, meine fünf Jahre ältere Schwester Amalie und mich beim Gutsinspektor Krantz auf dem nahegelegenen Gut Sucholona. Hier erlebten wir in den kommenden Wochen das Auf und Ab der Schießereien, Plünderungen und der Racheakte, denen manche Familie zum Opfer fiel.
In harten Kämpfen gelang es Ende Mai/Anfang Juni 1921, den Annaberg wieder in deutsche Hände zu nehmen und die polnischen Insurgenten zurückzuschlagen. Da meine Mutter ihr viertes Kind erwartete und Groß-Strehlitz nach wie vor sehr unsicher war, fuhren wir an einem frühen Sonntagmorgen mit der Droschke des Gutsinspektors über Leschnitz nach Hohndorf im Kreise Leobschütz, wo die Familie meines Vaters einen Bauernhof besaß. Die Fahrt in der offenen Droschke, von zwei Pferden gezogen, ging zum Teil über das Gefechtsfeld um den Annaberg. Man sah noch die verlassenen oder verbrannten Unterstände, herumliegende Leichen und die Zerstörungen des wenige Tage vorher beendeten Kriegsgeschehens. Mich, den knapp Fünfjährigen, haben diese Dinge nicht sehr beeindruckt, weil ich den Ernst des Todes noch nicht begriff. Meine Mutter jedoch und die beiden Geschwister klopften mir auf die Finger und herrschten mich an, wenn ich wieder im Gelände eine Leiche entdeckt hatte oder einen Pferdekadaver und die Familie darauf hinweisen wollte.
Erst im Herbst 1921 kehrten wir wieder in unsere Wohnung in der schwer zerstörten und durch Plünderungen verwüsteten Schule zurück. Der Unterricht begann wieder, das Leben normalisierte sich. Dennoch, Mißtrauen und eine Frontenbildung in der Bevölkerung blieben als Belastung für die Zukunft zurück. Zahlreiche Bauern hatten sich für die polnischen Aufständischen eingesetzt und ihnen Spanndienste und Verpflegung zur Verfügung gestellt. Sie blieben geächtet. Dem Nachfolger des Gutsinspektors Krantz warf man Handgranaten in die Wohnung. Der Sohn verlor dabei tragischerweise einige Finger seiner rechten Hand. Wir nannten ihn daher liebevoll unseren »Dreizack«. Auch einige Feme-Morde waren zu beklagen, wie überhaupt Privatrache und manche uner-

freuliche Abrechnung mit dem politischen Gegner an der Tagesordnung waren.

Als ich im April 1927 in die Sexta des Staatlichen Humanistischen Gymnasiums »Johanneum« eintrat, waren die Lebensverhältnisse in unserer kleinen Stadt wieder beruhigt. Die Sportvereine blühten, und der Fußballsport erfaßte die jungen Menschen ebenso wie die Leichtathletik, nachdem das Reichsjugendsportabzeichen einen äußeren Anreiz für sportliche Betätigung geschaffen hatte. Hinzu kamen die Jugendwettkämpfe in den Schulen, so daß der Sport eine große Breitenwirkung erreichte und zwischen den einzelnen Vereinen und Schulen ein ehrgeiziger Wettbewerb mit manchmal übersteigertem Lokalpatriotismus festzustellen war.

Politisch beherrschte die katholische Zentrumspartei das Feld mit absoluter Mehrheit in Stadt und Kreis. An zweiter Stelle stand die Deutsch-nationale Volkspartei, Sozialdemokraten waren in der Minderheit. Auch unsere Lehrer waren politisch engagiert. Studienrat Guzy war Fraktionsvorsitzender für das Zentrum in der Groß-Strehlitzer Stadtvertretung, Dr. Pietzko, der sich später Platen nannte, war Vorsitzender der Deutschen Volkspartei und Stahlhelmführer, der Vorsitzende der Sozialdemokraten war der Seilermeister Gorus, der durch seinen Bart Karl Marx sehr ähnlich sah und den wir daher »unseren Marx« zu nennen pflegten.

Ende der zwanziger Jahre tauchten immer mehr braune Uniformen im Stadtbild auf; aber es waren meist Außenseiter, ebenso wie die hier und da erkennbaren Blusen der Rote-Front-Kämpfer. Es dauerte nicht lange, da wir Pennäler vom Bürgersteig aus mit kritischen Bemerkungen die ersten Umzüge verfolgten. Mal waren es die SA, mal der Stahlhelm und, mit der Schalmeienkapelle voran, die Kommunisten. Uns Jungen schienen die einen für Hitler, die anderen für Seldte und die dritten für Thälmann zu marschieren, ohne daß uns das sonderlich bewegt hätte. Zu größeren Auseinandersetzungen oder Schlägereien ist es nicht gekommen. Mit Schrecken hörte man vom Ohlauer Blutsonntag und Ausschreitungen in Breslau, wo ein Freikorpskämpfer Heines als bekannter Anführer genannt wurde. Groß-Strehlitz hat auch das Ereignis vom 30. Januar 1933 ohne Aufregung überstanden. Als in den Mittagsnachrichten bekannt wurde, daß Reichspräsident Hindenburg Adolf Hitler zum Reichskanzler ernannt hatte, wurde das am Mittagstisch nur kurz kommentiert. Mein Vater sagte nur: »Jetzt kann er zeigen, was er kann.« Die Besorgnisse meiner Mutter, daß nunmehr eine Radikalisierung der Politik eintreten werde, teilte mein Vater nicht. Er verwies auf die anderen Mitglieder der Reichsregierung, die Hitler nötig hatte, um mit einer Mehrheit zu regieren.

Im Gymnasium selbst wurden die politischen Veränderungen mit einer gewissen Verspätung erkennbar. Erst am 21. März 1933, dem Tag von Potsdam, wurden die Schüler von Obersekunda bis Oberprima aufgefordert, an einem abendlichen Fackelzug durch die Stadt teilzunehmen. So marschierten wir dann, das Lehrerkollegium voran, Studienrat Dr. Pietzko mit aufgesetztem Stahlhelm, durch die Straßen hinter einer Musikkapelle der Feuerwehr mit Fackeln in der Hand, gewissermaßen als Nachtrag zu den Berlin-Ereignissen am 30. Januar 1933. Auf dem Marktplatz stellte sich die Marschkolonne auf, und unser Studienrat Dr. Pietzko würdigte als zweiter Redner – vor ihm hatte der Ortsgruppenleiter Gabor gesprochen – das Ereignis des Tages, das in dem Satz gipfelte, daß der greise Reichspräsident und Feldmarschall von Hindenburg die Verantwortung in die Hände der Frontgeneration gelegt hätte und nunmehr der Aufbau des nationalsozialistischen deutschen Reiches begonnen habe, an dem alle Arbeiter der Stirn und der Faust mitzuarbeiten hätten.

Im Lehrerkollegium traten keine Veränderungen ein, lediglich Oberstudiendirektor Hantke wurde nach den Sommerferien abgelöst und durch Oberstudiendirektor Dr. Berger aus dem oberschlesischen Industriegebiet ersetzt. Dr. Berger, ein kleiner, kahlköpfiger Mann mit starker Brille, erinnerte fatal an den indischen Revolutionsführer Mahatma Gandhi, weswegen er auch bald den Spitznamen Mahatma oder Gandhi trug. Er erteilte in der Oberstufe Mathematik und Biologie, letztere wurde zur Rassenkunde ausgeweitet, und wir Primaner bekamen lang und breit die Günthersche Rassentheorie vermittelt.

In unserer Klasse waren von 1934 an alle organisiert. Einige Ältere gehörten der SA an, einer der SS, der Rest der Hitlerjugend. Eine große Gruppe gehörte, wie ich, seit 1927 dem Quickborn an, einer

katholischen, akademischen Jugendbewegung, die Alkohol und Nikotin mied und die nach Pfadfinderart mit der Laute durch die Lande zog. Der Spielmann war eine Sammlung alter Landsknechtlieder und neuer Volksmusik, Burg Rotenfels das Zentrum des »Quickborn«. Daneben gab es noch die »Neudeutschen«, die außer Gymnasiasten auch andere Jugendliche aufnahmen. Beide befanden sich natürlich im Wettstreit miteinander.
Als Drittes gab es noch die Sportbewegung »Deutsche Jugendkraft«. Alle diese Verbände wurden 1934 aufgelöst und in die Hitlerjugend überführt.
Natürlich ging es im Rassekunde-Unterricht sehr hart her, und Dr. Berger, selbst alles andere als der Typus des nordischen Menschen, konnte nicht genug das nordische, blonde Schönheitsideal herausstellen. Wenn er zu Beispielen aus der Klasse schritt, ließ er immer unseren SS-Mann Gerd Müller oder den Hitlerjungen Oskar Panitz aufstehen, um an beiden blonden, blauäugigen Mitschülern den nordischen Typus zu erläutern.
Ich selbst mit dunklen Haaren und braunen Augen wurde aufgefordert, aufzustehen, um als Typus des mediterranen Menschen vorgeführt zu werden. Das hat mich natürlich geärgert! Nachdem das einige Male passiert war und mich einige Mitschüler aufgefordert hatten, mir das nicht mehr bieten zu lassen, packte mich bei einem gleichen Vorgang die Wut. Ich sagte, als ich wieder einmal aufgerufen wurde, um den mediterranen Typus darzustellen: »Herr Oberstudiendirektor, ich fühle mich genauso nordisch wie unser Führer und Reichskanzler Adolf Hitler und sein Reichspropagandaminister Dr. Josef Goebbels, was Haarfarbe und Augenfarbe betrifft.« Darauf setzte ich mich wieder, die Klasse trommelte mit den Händen auf die Pulte, Dr. Berger bekam einen roten Kopf im wahrsten Sinne des Wortes; denn Haare, die ihn verdecken konnten, hatte er nicht. Von diesem Augenblick an hatte ich Ruhe, und die Beispiele der Rassenkunde des Dr. Berger wurden nicht mehr aufgerufen! Allerdings ließ Dr. Berger mich das bis zum Abitur, wo er konnte, spüren. Ich hatte Mühe, es ihm immer recht zu machen.
Im Lehrkörper war Dr. Berger isoliert! Die älteren Studienräte behielten zu ihm eine gewisse Distanz. Studienrat Professor Ull-

rich ließ ihn seine ganze Verachtung spüren, was ihn zu immer härteren ordnungspolitischen Direktiven veranlaßte. Von diesem Augenblick an hatte Oberstudiendirektor Dr. Berger sein Ansehen selbst bei jenen verspielt, die ihm als überzeugte Nationalsozialisten noch folgten. Da er sich mehr und mehr alkoholischen Gewohnheiten widmete und oft nach Hause geführt werden mußte, war sein Ansehen auch in der Stadt bald umstritten. Dennoch überwog in Groß-Strehlitz in der damaligen Zeit der Grundsatz der Toleranz. Etwa 80% der Bevölkerung waren katholisch, etwa 17% evangelisch und 3% Juden. Die Juden genossen hohes Ansehen und stellten Ärzte, Zahnärzte, Rechtsanwälte und Kaufleute, so die Gebrüder Nothmann, die ein großes Handelsunternehmen besaßen und deren beide Söhne als ausgezeichnete Einhundertmeter-Läufer auf dem »Johanneum« sehr beliebt waren.

Als 1933 die ersten anti-jüdischen Boykottmaßnahmen erfolgten, weigerten sich Groß-Strehlitzer SA-Leute, vor dem Geschäft eines jüdischen Textilkaufmanns Posten zu beziehen, der das EK I aus dem Ersten Weltkrieg besaß und den rechten Arm verloren hatte. Man mußte aus Oppeln fremde SA-Leute heranbeordern, um die Aktion stattfinden zu lassen.

Auch in dem später als Kristall-Nacht bekannt gewordenen Ereignis mußte ein SA-Zug aus Oppeln herangefahren werden, da sich die einheimischen SA- und SS-Leute weigerten, Ausschreitungen gegen jüdische Geschäfte zu unternehmen. Die Synagoge der jüdischen Gemeinde blieb unversehrt. Man fand damals einen Trick, ihre Inbrandsetzung zu verhindern, indem man auf die gegenüberliegende jüdische Destillerie Rosenberg hinwies, bei deren Lagerbeständen Explosionsgefahr bestanden hätte.

Immerhin blieb der alte, gewählte Bürgermeister Dr. Felix Gollasch von 1925–1940 im Amt. Auch die Landräte waren nach der Ablösung des Zentrums-Landrates Dr. Werber 1933 von 1933–1940 konservativen Zuschnitts. Landrat Dr. Klausa amtierte von 1934 bis 1940.

Die meisten Juden aus Groß-Strehlitz wanderten schon früh aus, so daß die später einsetzende Judenverfolgung in meiner alten Heimatstadt keine Opfer mehr fand. Vielleicht hat zu dieser toleranten und menschlichen Verhaltensweise aller Bevölkerungsschichten auch der Umstand beigetragen, daß Schlesien bis 1742 österreichisch war und viele Sitten und Gebräuche, besonders aber die Lebensart, noch Spuren dieser Zeit der Herzogtümer Schlesiens in sich barg.

2.
Arbeitsdienst und Wehrpflicht

Nach dem Abitur verstreuten sich die 18 Abiturienten des Jahrganges 1936 in alle Richtungen. Durch die Verkündigung der Reichsarbeitsdienstpflicht und der Wehrpflicht hatte schon vor dem Abitur die Musterung stattgefunden. Die Einberufungsbefehle zum Reichsarbeitsdienst erfolgten pünktlich zum 1. April 1936. Viele von uns kamen in Arbeitslager an der deutsch-polnischen Grenze in den Kreisen Guttentag, Kreuzburg und Rosenberg. Dort hatten wir Rodungsarbeiten und Trockenlegung von Sümpfen sowie Straßenbauarbeiten zu leisten.

Es war nicht einfach, plötzlich mit der Axt und der Spitzhacke zu arbeiten. Hans Prankel und ich landeten im Reichsarbeitsdienstlager Nagelschmieden, 6 km von Guttentag entfernt. Es war ein altes Schloß, das von mehreren Baracken umgeben war mit primitivsten Unterbringungsmöglichkeiten. Wir lagen zu zwölft in einem Zimmer oder zu sechsunddreißig in einer Baracke. Es gab nur für je drei Mann eine Waschschüssel bei einer im Hof stehenden Wasserpumpe. Der Kampf morgens um 5.00 Uhr nach dem Wecken um Waschschüssel und Wasser war ebenso deprimierend wie der rüde Ton der Vormänner und Truppführer. Unter den 200 Arbeitsdienstmännern waren etwa 20 Abiturienten. Wir wurden in besonderer Weise zur »Versöhnung« des Arbeiters der Stirn und des Arbeiters der Faust herangezogen. Morgens und mittags hieß es, »Aburenten« rechts heraus! Unser Privileg war es, Klosetts und Latrinen zu reinigen und den Unterführern für Putzdienste zur Verfügung zu stehen. Besonders schlecht dran war ein hochgewachsener, sehr sensibler Abiturient aus Breslau, der angegeben hatte, katholische Theologie studieren zu wollen. Seine Drangsalierung erreichte Ausmaße, die nur mit einem Martyrium zu vergleichen waren. Wir fürchteten, daß er sich aufhängen würde! Als wir ihn darauf ansprachen, meinte er: »Ich werde mich nicht töten, aber ich würde nichts dabei finden, mich von denen töten zu lassen!« Als er im Sommer an einer Ruhr schwer erkrankte,

wurde er daraufhin abgeschoben und verschwand so aus unserem Gesichtskreis.
Mag sein, daß viele Lager damals noch unter den Aufbauschwierigkeiten litten. Es war aber allgemein klar, daß der Abiturient in besonderer Weise einem Erziehungsprozeß unterworfen war. Denn nicht anders konnte man die schikanöse, bis an die Grenze der Selbstachtung gehende Behandlung durch die Unterführer verstehen.
Als ich am 26. 9. 1936 in mein Elternhaus in Groß-Strehlitz zurückkehrte, hatten sich meine Schwestern etwas Besonderes ausgedacht. Da sie wußten, daß ich am 1. Oktober 1936 zum Gleiwitzer IR 84 eingezogen war, stellten sie einen blumengeschmückten Karabiner – ein Erinnerungsstück meines Vaters – in mein Zimmer. Ich habe wütend meinen Spaten in die Ecke geworfen und erklärt, davon hätte ich zunächst einmal genug, und man sollte mir wenigstens einige Tage Abstand gönnen.
Übrigens war der Wechsel aus dem primitiven Arbeitsdienstlager in die gerade neu geschaffene Gleiwitzer Kaserne wie der aus einem Stall in ein sauberes Hotel; so empfand ich den großen Unterschied auch in der Lebensweise und Behandlung durch die Vorgesetzten.
Natürlich trafen wir uns in den Straßen und verabredeten, unseren Studienrat Professor Ullrich zu besuchen. Ullo ließ sich von jedem von uns erzählen. Er selbst hatte sich auf seine baldige Pensionierung eingerichtet und nichts von dem Pessimismus verloren. Im Gegenteil, seine düsteren Warnungen waren noch konkreter geworden. Wir versuchten ihn zu überzeugen, daß er alles viel zu schwarz sähe. Gerade waren die Olympischen Spiele in Berlin vorübergegangen. Alle Welt erging sich in bewundernden Erklärungen, Aufsätzen und Reden über den Wiederaufstieg des Deutschen Reiches. Der Papst hatte mit Hitler 1933 das Reichskonkordat geschlossen. Zwischen dem Deutschen Reich und Großbritannien war ein Flottenabkommen erfolgt, die allgemeine Wehrpflicht war eingeführt und der Aufbau der deutschen Wehrmacht in Gang gesetzt worden. Ich erinnerte unseren Ullo an seinen Pessimismus, den er uns noch im März nach unserem Abitur beim Einmarsch in das entmilitarisierte Rheinland so drastisch dargelegt

hatte. Unser Ullo nickte nachdenklich und schwieg. Nach einer Pause sagte er bedeutsam: »Warten wir ab, wir werden sehen, ich fürchte, ich werde recht behalten.«
Von den 18 Abiturienten des Jahrganges 1936 des Staatlichen Humanistischen Gymnasiums »Johanneum« in Groß-Strehlitz haben nur neun den Krieg überlebt. Elisabeth Wagner als einziges Mädchen, und wir acht, die wir heute noch zueinander Verbindung haben! Die anderen neun sind gefallen oder vermißt. Wie recht hatte doch unser alter Ullo!
Gleiwitz, Ende des vorigen Jahrhunderts noch eine Landstadt mit 20 000 Einwohnern, entwickelte sich durch den Ausbau der reichen Steinkohlelager und der Eisenhütten zu einer Industrie-Großstadt von fast 120 000 Einwohnern. Es liegt am Westrand des Industriegebietes auf dem westlichen Teil der oberschlesischen Platte 220 NN und war Endhafen des verbreiterten und verlängerten Klodnitz-Kanals. Neben der Gruppe des Vereins deutscher Eisen- und Stahlindustrieller, des Vereins Oberschlesischer Hüttenwerke und des Vereins des Oberschlesischen Steinkohlen-Syndikats beherbergte Gleiwitz die Hauptverwaltung der Gräflich Schaffgotschen Werke, die Graf Ballestremsche Güterdirektion, die Schlesische Gas- und Elektrizitätswerke AG, kommunale und staatliche Verwaltungsorgane sowie die oberschlesische Knappschaftsverwaltung. Seit 1276 war Gleiwitz eine Stadt mit Magdeburger Recht. Durch die Ausnutzung der reichen Steinkohlelager wuchs die Stadt über den kleinen ellipsenförmigen Stadtkern mit den alten Bauwerken der Allerheiligenkirche und einer Schrotholzkirche aus dem 15. Jahrhundert bald über ihren Bereich weit hinaus und hatte neben dem bekannten Hotel »Haus Oberschlesien« eine moderne Landesfrauenklinik, den Flughafen und den Gleiwitzer Sender als besondere Kennzeichen.
Der 28. Oktober 1936 war ein schöner Herbsttag. Ich wurde an diesem Tage zwanzig Jahre alt und mußte in der Kaserne bleiben. Natürlich hatten die Rekruten, die gerade erst in die neuen Kasernen eingerückt waren, noch keinen Ausgang. Erst mußen einem die »Hammelbeine« geradegezogen werden! Man mußte richtig gehen und grüßen lernen! Einen Admiral der Marine vom Fahrer eines Beerdigungswagens unterscheiden zu können, wie es so

drastisch in der Unteroffizierssprache hieß, um die Kaserne erstmals in der Gruppe unter Führung des Rekruten-Gefreiten verlassen zu können. So weit war es natürlich bei uns noch nicht. So ging mein Blick aus dem zu ebener Erde gelegenen Soldatenraum, in dem wir in zwei miteinander verbundenen Zimmern zu zwölf Mann schliefen, über die Stadt.

Die neuen Kasernen, nach dem Feldmarschall von Keith Keith-Kasernen genannt, weil früher bis zum Ende des Ersten Weltkrieges das IR Nr. 22 Keith in Gleiwitz seine Garnison hatte, lagen auf einer Anhöhe. Man konnte daher tief ins Tal bis nach Laband blicken, wo der Truppenübungsplatz lag und wo sich das Gut des damaligen deutschen Botschafters in Paris, Graf von Welczek, befand, der sich mehrfach über die Flurschäden beschweren sollte, die die Gleiwitzer Offiziersreiter anzurichten pflegten.

Eine Besonderheit war der Gleiwitzer Sender mit seinem ganz aus Holz gebauten Sendeturm und neuen, modernen Rundfunkanlagen, die am Vorabend des Kriegsausbruchs am 1. September 1939 eine besondere Rolle spielen sollten.

Was lag näher, als zum 20. Geburtstag Rückschau zu halten und geistig zu verarbeiten, was man in den letzten Jahren erlebt hatte? Einige Historiker pflegen das Jahr 1936 als eine Wende in der Beurteilung des Nationalsozialismus durch das deutsche Volk anzusehen. Wenn heute – insbesondere in Berlin – von den Goldenen zwanziger Jahren gesprochen wird, so muß man einen großen Unterschied zwischen der Blüte von Kunst, Kultur und dem rauschenden Leben einer gewissen Mittel- und Oberschicht in der Reichshauptstadt Berlin und dem Schicksal der großen Masse des Volkes machen. Für die Masse, auch in Berlin selbst, waren es alles andere als Goldene Jahre. Denn bis zur ersten Währungsreform herrschten nach dem Ersten Weltkrieg Inflation, Hunger und Arbeitslosigkeit. Erst nachdem 1923 die Rentenmark von der Reichsmark abgelöst wurde, trat eine langsame wirtschaftliche Gesundung ein, ähnlich wie fünfundzwanzig Jahre später nach dem zweiten Währungsumtausch von der Reichsmark in die Deutsche Mark. Aber schon Ende 1929 nach dem großen Bankenkrach in den Vereinigten Staaten kam ein schwerer Rückschlag; denn die Wirtschaftskrise erfaßte auch Deutschland. Zahlreiche

Zusammenbrüche von Banken, Geschäftsunternehmen, Kaufhäusern, eine Vielzahl von Selbstmorden wegen wirtschaftlicher Not oder beruflichen Scheiterns füllten die Tagespresse. Die Zahl der Arbeitslosen wuchs auf sechs Millionen, die Produktion der deutschen Industrie sank um die Hälfte. Was den vielen Reichsregierungen, insbesondere des Reichskanzlers Brüning, des Reichskanzlers General von Schleicher und dem Übergangskanzler von Papen nicht gelungen war, schien nun dem Reichskanzler Hitler und seiner Regierung zu gelingen.
Arbeitsbeschaffungsprogramme mit dem Bau von Autobahnen, von der Reichsregierung Brüning bereits entworfen, dienten Hitler zur Verringerung der Arbeitslosenzahlen. Der Aufbau einer Rüstungsindustrie und die Vermehrung der Reichswehr auf dreihunderttausend Mann, schließlich die Einführung der allgemeinen Wehrpflicht, die Einführung der Reichsarbeitsdienstpflicht und ein großzügiger Ausbau der Autoindustrie taten das übrige, um die Zahl der Arbeitslosen drastisch zu senken. Schlagworte wie »Gemeinnutz geht vor Eigennutz«, die immer wieder beschworene Volksgemeinschaft aller Deutschen der Stirn und der Faust, die Einrichtung eines Winterhilfswerkes, das unter dem Motto stand »Keiner soll hungern und frieren«, die Einführung des Eintopfsonntags im Monat, an dem in jedem Haushalt nur ein Suppengericht bereitet werden sollte, die Aufstellung einer Nationalsozialistischen Volkswohlfahrt – NSV genannt –, die Kinderferienreisen organisierte, Müttererholungsheime einrichtete und täglich warmes Essen und häufige Kleiderspenden für Bedürftige ausgab, hatten die Grundstimmung seit 1933 wesentlich zugunsten des NS-Staates und seiner Führung verändert.
Als am 2. August 1934 der Reichspräsident und Generalfeldmarschall von Hindenburg verstarb, wurde binnen vierundzwanzig Stunden die Reichswehr auf Adolf Hitler vereidigt, der sich von nun an der »Führer und Oberste Befehlshaber« nannte.
Auch dem alten römischen Grundsatz »Brot und Spiele« wurde man gerecht. Die organisierte »Kraft durch Freude« – KdF abgekürzt – ermöglichte billige Urlaubsreisen für Arbeiter. Die Deutsche Arbeitsfront, eine Art Ersatzgewerkschaft, förderte diese Organisation großzügig und ließ zwei über 20 000 BRT große

Schiffe bauen. Dazu wurden zehn weitere große Schiffe gechartert, die deutschen Arbeitern mit ihren Familien billige Fahrpreise, gute Verpflegung und beste Betreuung bei Urlaubsreisen in die spanischen Mittelmeerorte, in die Karibik oder sogar Nordlandfahrten in den hohen Norden ermöglichten. Das war früher nur einem kleinen exklusiven Kreis sogenannter Plutokraten möglich.
Theaterabende zu niedrigen Eintrittspreisen für Arbeiter und Angestellte, Opern- und Konzertveranstaltungen mit eigenen Symphonieorchestern, selbst in kleineren Orten, erzeugten eine allgemeine Breitenwirkung von Kunst und Vergnügen.
Selbst der spätere Volkswagen wurde in den Dienst der Bewegung gestellt. Von Professor Ferdinand Porsche entworfen, sollte dieser Wagen vier bis fünf Personen Platz bieten, eine Höchstdauergeschwindigkeit von 100 km/h erreichen und autobahnfest sein. Sein Preis sollte 990 RM nicht übersteigen! Da die Privatindustrie es ablehnte, diesen Wagen zu bauen, weil er in seiner Kalkulation jedes Privatwerk in die roten Zahlen gebracht hätte, wurde das Unmögliche möglich gemacht, indem die Deutsche Arbeitsfront ein eigenes »Volkswagenwerk« baute. Arbeiter und Angestellte, die einen Volkswagen kaufen wollten, mußten den Bau selbst mitfinanzieren, indem sie den Kaufpreis ansparten.
Der größte Triumph des Jahres 1936 aber war die Olympiade, die Hitler am 1. August 1936 im eigens dafür gebauten Berliner Olympia-Stadion eröffnete. Eine hervorragende Organisation, ungeheurer Aufwand, eine völkerversöhnende Stimmung unter den Teilnehmern, überragende Erfolge der deutschen Sportler mit mehr als fünfzig Goldmedaillen erzeugten selbst bei weniger enthusiastischen Kreisen der deutschen Bevölkerung einen berechtigten Stolz auf die Eigenleistung und damit eine wachsende Sympathie für den Nationalsozialismus. Die ausländischen Gäste waren stark beeindruckt von dem, was sie in und um Berlin erlebten. Zahlreiche Veröffentlichungen ausländischer Korrespondenten, gute Filmdarstellungen, glänzend gemachte Wochenschauen durch eine eigens dafür zusammengestellte Filmgesellschaft unter der Regie der Schauspielerin Leni Riefenstahl sorgten dafür, daß der Ruhm der Olympischen Spiele nicht nur in alle Kinos des Reiches, sondern in alle Hauptstädte der Welt drang. Als die starke franzö-

sische Olympia-Mannschaft ins Olympiastadion einmarschierte, entbot sie Hitler, wie übrigens auch manche andere Delegation, den sogenannten »Deutschen Gruß« durch Erheben der rechten Hand. Sowohl die Delegationsspitze, voran die Reiteroffiziere der französischen Kavallerie, wie die gesamte Mannschaft grüßten mit diesem strammen Gruß, der vom damaligen französischen Botschafter André François-Poncet stehend ebenso erwidert wurde. Man hat später diese Geste nicht mehr wahrhaben wollen und sie als »Römischen Gruß« umgedeutet. Das Filmmaterial, bis in unsere Tage ein unleugbarer Beweis und jedem heutigen Fernsehzuschauer wieder zugänglich, bezeugt das Gegenteil.
In der Tat war 1936 das Jahr der Wende in Deutschlands und Europas Geschichte. Frankreich und England nahmen in diesem Jahr den Einmarsch ins Rheinland hin, und die Olympischen Spiele bescherten Hitler und dem Nationalsozialismus den Höhepunkt der Popularität und gleichzeitig eines von allen empfundenen wirtschaftlichen Aufstiegs.
Das alles ging mir durch den Kopf, und nicht zuletzt auch die Sorge, schneller im militärischen Bereich verwendet zu werden, als das die Rekruten des Jahres 1936 erwarten konnten. Denn im Juli dieses Jahres war in Spanien nach der Ermordung des Monarchistenführers Calvo Sotelo der Bürgerkrieg ausgebrochen. Die in Marokko stationierten spanischen Truppen des Generals Franco waren mit Maschinen der deutschen Luftwaffe vom Typ JU 52 von Nordafrika nach Spanien geflogen worden. Man entschied sich in Berlin für eine Unterstützung des Generals Franco und ließ den spanischen Rebellen gegen die republikanische Regierung, die immer stärker unter den Einfluß von Kommunisten und Anarchisten geriet, jede Hilfe zuteil werden. Die »Legion Condor« wurde aufgestellt, und spätere bekannte Kriegshelden wie Werner Mölders und Adolf Galland erprobten in Spanien die deutschen Flugzeuge ebenso wie deutsche Panzerfahrer die ersten deutschen Panzer und das später im Zweiten Weltkrieg bewährte 8,8 cm Flakgeschütz. Sah es nicht so aus, daß aus dem spanischen Bürgerkrieg durch das Eingreifen deutscher und italienischer Truppen auf der einen und internationaler, roter Brigaden auf der anderen Seite ein europäischer Krieg entstehen könnte?

Gab es nicht auch noch andere Sorgen, nicht um sich selbst, sondern um andere Menschen, die damals unter dem Nationalsozialismus leiden mußten, wird man sich heute fragen. Natürlich wußte man damals bei uns jungen Leuten um die »Schutzhaftlager«, die man dann später »Konzentrationslager« oder abgekürzt KZ nannte. 1933 waren die ersten Lager eingerichtet worden, in die zahlreiche politische Gegner eingeliefert wurden. Im Dezember des gleichen Jahres wurden zwar durch eine Amnestie einige wieder entlassen, aber immerhin, es gab die KZs, und nicht selten hörte man auch unter uns Jungen die scherzhafte Warnung, »sei vorsichtig und halte das Maul, sonst kommst du ins KZ.« Auch die Niederschlagung der sogenannten Röhm-Revolte hatte manchen nachdenklich gemacht. Immerhin waren nach den eigenen Angaben der Nationalsozialisten siebenundsiebzig Menschen erschossen worden, davon neunzehn der höchsten SA-Führer und so bekannte Persönlichkeiten wie General von Schleicher und seine Ehefrau. Die Reichswehr, inzwischen in Wehrmacht umbenannt, triumphierte über die SA und war zum einzigen Waffenträger der Nation erklärt worden. Unter den erschossenen SA-Führern war mancher, dessen Rabaukentum sich vom Freikorpskämpfer am Annaberg bis zur Gegenwart ins Kriminelle gesteigert hatte.

Und was war mit den Juden? Sie bekamen immer mehr den Haß und die Mißachtung der Nationalsozialisten zu spüren. Am 1. 4. 1935 fand die erste große Boykottaktion statt. Sie richtete sich hauptsächlich gegen jüdische Geschäftsleute, Professoren, Lehrer, Studenten und Schüler, Rechtsanwälte und Ärzte. Nach der Verkündung der Nürnberger Gesetze vom 15. 9. 1935 standen die Juden unter Ausnahmerecht, sie waren keine vollberechtigten deutschen Staatsbürger mehr, sie durften keine arischen Deutschen mehr heiraten und wurden bei Behörden und in der Öffentlichkeit schikaniert. Zwar gab es noch die Möglichkeit für viele, auszuwandern oder den Beruf zu wechseln. Aber das war natürlich alles mit großen Schwierigkeiten verbunden, und es gehörte viel Glück dazu, zum richtigen Zeitpunkt die richtige Entscheidung zu treffen. Gottlob gab es aber auch viele deutsche Mitbürger, sogar Nationalsozialisten, die ihren jüdischen Freun-

den gute Ratschläge gaben und beim schweren Schritt der Auswanderung aus Deutschland halfen.
Verglichen mit den harten Arbeitsstunden bei der Rodung und Planierung von Waldstücken an der deutsch-polnischen Grenze und der primitiven Unterbringung beim Arbeitsdienst, war das Leben in den neuerbauten Gleiwitzer Kasernen ebenso wie der Dienstablauf für einen jungen Menschen weitaus anregender und angenehmer. Kaum waren wir eingekleidet, Sportzeug und Trainingszeug in den Spinden, begannen neben dem Vormittagsunterricht über die Rechte und Pflichten des Soldaten, mit ihrem Dienst an Waffen und Gerät, jeden Nachmittag der Außendienst mit Sportübungen. Offensichtlich waren die Ausbildungsrichtlinien darauf abgestellt, die körperliche Ertüchtigung durch Lockerungsübungen, Laufen, Sport und Spiele einzuleiten. Die Zusammensetzung der Rekruten entsprach dem Bevölkerungsdurchschnitt Oberschlesiens. Viele Bergleute, Bauernsöhne, Techniker, Kaufleute und einige wenige Abiturienten bildeten einen bunt gewürfelten Haufen. Die einen hatten schon sportliche Erfahrungen und waren in vielen Sportarten geübt. Die Bergleute, Landarbeiter und Handwerker waren zwar von stämmiger Statur und verfügten über außerordentliche Kräfte, es fehlte jedoch an der Beweglichkeit und Geschicklichkeit, weil viele von ihnen kaum die Zeit gehabt hatten, sich den Leibesübungen zu widmen. So war das Gefälle zwischen Spitzenleistungen einiger weniger und großer Schwerfälligkeit der anderen meist sehr groß. Dem wurde durch stundenlange Lockerungsübungen, Spiele mit dem Medizinball, Fangspiele und Gruppengymnastik abgeholfen.
Die Ausbilder, meist Unteroffiziere und Feldwebel aus der alten Reichswehr, verfügten über große, sportliche Erfahrungen und waren für uns junge Rekruten durch ihr beispielhaftes Verhalten Vorbild. Denn die Unteroffiziere, Feldwebel oder Leutnante, sei es am Barren oder am Langen Pferd, am Kasten oder an den Riemen der Turnhalle verlangten nichts von uns, was sie nicht selbst vormachten. Das spornte uns natürlich an und verschaffte den Ausbildern große Autorität.
Jeden Morgen um 6.00 Uhr nach dem Wecken versammelte sich die Kompanie in Trainingsanzügen und Laufschuhen vom Leut-

nant bis zum letzten Rekruten zum Morgenlauf, der für viele eine Plage war. Denn für manchen Schwerfälligen war es nicht einfach, morgens die Kasernen zu umrunden.
Auch hier eine eindrucksvolle Systematik, indem in der ersten Woche tausend Meter gelaufen wurden, in der zweiten Woche wurde die Runde auf tausendfünfhundert Meter gesteigert, in der dritten Woche auf zweitausend Meter, und von der vierten Woche an war der tägliche Morgenlauf dreitausend Meter lang. Natürlich blieb die zweihundert Mann starke Kompanie nur wenige Minuten geschlossen. Bald löste sich das Feld auf, voran liefen der Leutnant und die Laufkundigen und sportlich Erprobten einfach davon, weitab blieben diejenigen, die sich an diese Laufordnung noch nicht gewöhnt hatten. Gelegentlich wechselte der Leutnant mit einer Gruppe erfahrener Unteroffiziere von der Spitze zum Ende, um die Leistung auch der letzten Läufer auf ihre Zumutbarkeit zu kontrollieren. Immer jedoch warteten ein Sanitätsunteroffizier und einige Unteroffiziere am Kompanieblock auf die letzten Läufer, um sie auf ihre Gesundheit und Beschwernisse zu überprüfen. So gelang es, in einigen Monaten einen Ausbildungsstand zu erreichen, der die Kompanie immer geschlossener bei den morgendlichen Läufen zusammenbrachte, die schließlich dann nach dem ersten halben Jahr auf morgens fünftausend Meter gesteigert wurden.
Den Höhepunkt bildete jedes Jahr der Geländelauf des ganzen Regiments, der kompanieweise vom Offizier bis zum letzten Mann abgewickelt wurde und zu einer Bewertung des Regimentssiegers nach der besten Durchschnittsleistung führte.
Wenn man später über die großen Marschleistungen und überhaupt die Fähigkeit, auch Strapazen zu ertragen, weltweit staunte, so ist hier in den Ausbildungsstätten der Wehrmacht der Grundstein gelegt worden.
Neben diesen geschlossenen Sportübungen gab es auch den Leistungssport mit der Möglichkeit, Grundschein, Leistungsschein und Lehrschein der Deutschen Lebensrettungs-Gesellschaft abzulegen und sich damit zum Rettungsschwimmer, ja sogar zum Schwimmlehrer, ausbilden zu lassen. Das gleiche galt für das Reichssportabzeichen, das Reiterabzeichen und alle möglichen

Disziplinen, so daß für Meisterschaften, auch internationaler Art, viele Anwärter aus der deutschen Wehrmacht gestellt wurden, nicht nur im Reitsport.
Die zweite große Ausbildungsgruppe neben dem Sport waren die Geländeübungen. Angefangen von der Beobachtung und Besprechung des Geländes bis zu den ersten Geländeübungen, wobei das Robben und Laufen und die Kommandos »Hinlegen«, »Auf marsch, marsch« manchen Rekruten bis in den Traum verfolgten.
Die Gleiwitzer Ausbilder hatten meistens schon vier und mehr Jahre Praxis bei der Reichswehr hinter sich. Da die Reichswehr nur einhunderttausend Mann nach dem Versailler Vertrag umfassen durfte, war sie in jeder Hinsicht eine Elite-Truppe. Auch ihre Aufstockung in den dreißiger Jahren auf dreihunderttausend Mann hatte noch elitären Charakter. Von einem Reichswehrsoldaten wußte man, daß er nicht nur körperlich und geistig in jeder Weise über dem Durchschnitt stand, sondern auch in seiner Ausbildung und Schulung einem Härtetest unterzogen war, der ihn jedem Normalbürger weit überlegen machte.
So war es nicht verwunderlich, daß die harten Ausbildungsmethoden aus der Reichswehrzeit auch bei uns noch sattsam zur Geltung kamen, sehr zum Leidwesen der betroffenen Rekruten. Marschleistungen im ersten Ausbildungsjahr mit Tornister und allem Gepäck bis zu 60 km am Tag waren im Jahre 1937 bei den ersten großen Manövern selbstverständlich. Auch hier wurden durch die Steigerung der Leistungsfähigkeit von zehn auf 15 km, dann auf 20 km, schließlich auf 30 km täglicher Märsche am Ende Leistungsdurchschnitte der Kompanien und Bataillone erreicht, die heute unvorstellbar erscheinen. Denn in den Jahren 1936 bis 1938 mußte der Soldat der Infanterie, der Pioniere und der Artillerie in der Ausbildung bei der nichtmotorisierten Truppe, später auch bei der Feldübung, sein ganzes Gepäck selbst tragen. Gepäckwagen wurden erst Ende 1938 eingeführt, auf denen dann die Tornister verladen werden konnten. Bis dahin hatte man Tornister, gefüllt mit ein Paar Stiefeln, Wäsche, Decke, Zeltplane, Gasmaske, Spaten, Seitengewehr, Gewehr oder Maschinengewehr selbst zu tragen. Damit hatte jeder Sol-

dat durchschnittlich 30 kg am Körper über die Distanz von 40 bis 50 km gewissermaßen ins Ziel zu bringen.
Im Manöver 1937, das von Gleiwitz über meine Heimatstadt Groß-Strehlitz, über den Annaberg mit Übung des Oderübergangs bis Mittel- und Niederschlesien führte, war ich auf den Märschen manchmal dem Zusammenbruch nahe. Wir schwitzten nicht nur in den heißen Spätsommertagen des Septembers auf dem Marsch, sondern quälten uns auch über die abgeernteten Felder in den Gefechtsübungen und waren dann abends im Quartier so ausgebrannt, daß selbst der gelegentlich stattfindende Manöverball uns keine Entspannung mehr bringen konnte.
An einem Abend war unsere Gruppe auf einem Bauernhof untergebracht. Es war in der Gegend von Wohlau noch fern des Truppenübungsplatzes Neuhammer am Queis. Nach einem 50-km-Marsch bei Hitze wankten wir abends nach dem Wegtreten in den Garten des Bauernhofes. Wir hatten nicht mehr die Kraft, an den Wassertrögen zu stehen, es zitterten unsere Ober- und Unterschenkelmuskulatur. Wir haben uns alle im Garten buchstäblich auf alle viere begeben, und einer mußte den anderen abseifen und mit einer Gießkanne wieder abspülen. Als die Bauersleute unser Elend sahen, überkam die Bäuerin das große Heulen. Wir selbst waren auch nicht weit davon entfernt; denn wir waren tatsächlich an der Grenze unserer Leistung angelangt. Aber als wir eine Stunde später am gedeckten Tisch des Bauern bei Bratkartoffeln und Spiegelei saßen, die Milchkanne herumgereicht wurde und in liebenswürdiger Gastfreundschaft uns alles Erdenkliche an Wohltaten für Leib und Seele zuteil wurde, war die Mühsal vergessen, und am nächsten Tag konnte das Ganze von neuem beginnen.
Solche Strapazen wurden einem später nicht mehr abverlangt, der Tornister verschwand auf dem Gepäckwagen. Das Sturmgepäck war wesentlich leichter und angenehmer geworden, es bestand nur noch aus Decke, Zeltbahn und Kochgeschirr, und auch die Ausbildungsmethoden wurden maßvoller. Es hatte sich herumgesprochen, daß die Zahl der Selbstmorde während der Rekrutenausbildung immer größer wurde, weil mancher sensible junge Mann den Belastungen sowohl körperlich als auch seelisch nicht gewachsen war. Nachdem man nach der Rekrutenausbildung

auch zu den ersten Scharfschießübungen gekommen war, konnte man natürlich an scharfe Munition herankommen, so streng und genau auch die Überwachung war. Aber irgendwo hatte jeder Unteroffizier schwarze Munition, um bei Kontrollen sich gegen fehlende Bestände sichern zu können. So war es naheliegend, daß manche Kurzschlußhandlung zum Tode junger Soldaten führte, wenn sie in den Besitz scharfer Munition gelangen konnten.
Am Ende des Jahres 1937 hatten die Schützen das Schlimmste überstanden. Die Beförderung zum Gefreiten brachte den ersten Silberstreifen am Horizont und die erste silberne Litze an der Uniform. Uns Abiturienten wurde, soweit man mit uns zufrieden war, das Angebot der Übernahme in die Offizierslaufbahn gemacht. Etwa die Hälfte entschied sich für die Reserveoffizierslaufbahn und verpflichtete sich, nach Ablauf der zweijährigen Dienstzeit noch ein drittes Dienstjahr anzuhängen, das als Leutnant der Reserve abgestattet wurde. Andere wiederum ließen sich in die aktive Offizierslaufbahn übernehmen. Der Weg zur Offizierslaufbahn war im allgemeinen noch jenen verschlossen, die nicht über ein Abitur verfügten. Diese Vorschrift ist erst viel später am Beginn des Krieges gelockert worden, als viele Unteroffiziere und Feldwebel nach Bewährung in ihren Dienstgraden in die Offizierslaufbahn übertreten konnten.
Gleiwitz bot als Garnisonsstadt seinen Soldaten viele Annehmlichkeiten. Es war die einzige Garnisonsstadt im oberschlesischen Industriegebiet, belegt mit zwei Bataillonen des IR 84, den Regimentskompanien und dem Regimentsstab, einer Artillerie-Abteilung und einer Reitereinheit. Die Bevölkerung nahm am Garnisonsleben regen Anteil, zumal der Weg zum Exerzierplatz von Laband immer mitten durch die Stadt führte. Da Beuthen und Hindenburg ohne Garnison waren, wurden zu großen Veranstaltungen immer Kompanien des Regiments auch in diese Städte entsandt. Die Soldaten konnten sich der Gastfreundschaft aus allen Bevölkerungskreisen kaum erwehren. Es war ein Zusammengehörigkeitsgefühl, wie es nur in einer Grenzbevölkerung mit seinen Soldaten möglich ist, weil beide wissen, wie sehr sie aufeinander angewiesen sind.
Durch die besondere Lage im Rheinland hatte man viele Rheinlän-

der auch in oberschlesische Garnisonen eingezogen. So fanden sich auch in unserer Kompanie neben waschechten Oberschlesiern, einigen aus Brieg, Breslau und Liegnitz Rheinländer aus Köln und der Aachener Gegend. Sie waren sehr sangesfreudig, immer zu Späßen aufgelegt und belebten die Stimmung der etwas schwerfälligen Oberschlesier. Die Verständigung war am Anfang nicht immer einfach. Denn mancher Oberschlesier war zweisprachig aufgewachsen und sprach neben dem harten »R« seiner deutschen Sprache auch eine Art »Wasserpolnisch«, ein Gemisch aus deutschen und polnischen Wortprägungen. Hier hatten manche Hochdeutschen, insbesondere die Rheinländer, schnell das Wort »Du Wasserpolak« zur Hand, nicht immer zu ihrer Freude. Denn es gab für die Oberschlesier, die ihre Heimattreue in der Volksabstimmung von 1921 so eindrucksvoll bewiesen hatten, kein schlimmeres Schimpfwort als »Polak« genannt zu werden.
So wie im Rheinland Tünnes und Schäl als bekannte Figuren Gegenstand zahlreicher Witze geblieben sind, waren auch Antek und Frantek, ihre oberschlesischen Gegenstücke, Zielscheibe wohlwollenden Spottes. Antek- und Frantek-Witze gehören noch heute zum Repertoire eines jeden Oberschlesiers, ebenso wie Köln ohne Tünnes und Schäl keinen Karneval feiern könnte.
Die erste Kompanie des IR 84 bestand aus drei Zügen. Flügelmann der Kompanie war Schütze Torka mit 2,02 m Größe. Er war Landarbeiter, hatte ungeheure Kräfte, aber auch ebenso einen Riesenappetit. Seine gutmütige Art und sein leichtes Stottern, dazu noch seine Mischung aus Oberschlesien-Deutsch mit vielen grammatikalischen Fehlern schienen ihn bald in die Position des Kompanie-Dummen zu rücken.
Wenn er abends, da er mit seinem halben Kommißbrot nicht auskam und mindestens täglich zwei ganze Kommißbrote brauchte, von Stube zu Stube des ersten Zuges ging und rief: »Kamerad, hast du Brot, ich noch Hunger«, hat ihm natürlich mancher von seiner Portion gern etwas abgegeben. Nicht so Schütze Dubois aus Gleiwitz, der allen stolz erklärte, daß er Hugenotte sei und eigentlich gleich als Leutnant hätte anfangen müssen. Als auch bei ihm Schütze Torka nach Brot fragte, antwortete ihm der Abiturient Dubois: »Hier hast du Polak, friß, bis du

satt bist.« Das aber war Torka zuviel. Statt das Brot zu nehmen, schlug er mit seiner Riesenpranke den Schützen Dubois k.o. und verließ die Stube. Natürlich mußte Schütze Dubois sofort ins Revier. Denn neben einem blauen, blutunterlaufenen Auge schien auch der Unterkiefer gebrochen zu sein.
Schütze Torka wurde am nächsten Morgen erst zum Oberfeldwebel und dann zum Leutnant befohlen. Drei Wochen Arrest schienen ihm sicher. Dem war jedoch nicht so. Hauptmann Gach, der schon im Ersten Weltkrieg als Leutnant das EK I trug, sich dann aber in Paraguay als Farmer niedergelassen und 1935 als Hauptmann reaktiviert worden war, dachte da anders. Mit der besonderen Empfindlichkeit eines Auslandsdeutschen bestrafte er den Schützen Dubois wegen des beleidigenden Ausdruckes »Polak« mit einer Woche Ausgangssperre und bestätigte Torka, daß er recht gehandelt habe. Denn auf die Beschimpfung »Polak« könne man nicht anders reagieren! So wurde schließlich Torka vom Hauptmann noch gelobt und für einige Tage zum Helden der Kompanie. Er blieb es auch, wurde später einer der tapfersten Gefreiten im Krieg und fiel schon im ersten Kriegsjahr.
Neben Hauptmann Gach, einem besonders fairen und väterlichen Chef mit viel Humor, waren auch die Kompaniechefs der 2., 3. und 4. Kompanie reaktivierte, ältere Offiziere. Hauptmann Ihne, Hauptmann von Debschütz und Hauptmann Hinze. Der Kommandeur des Bataillons, Oberstleutnant Pisarski, stammte aus der Preußischen Landespolizei. Der Kommandeur des Regiments, Oberst Stoewer, ein väterlich vornehmer Herr, kam aus der Reichswehr. Sie alle waren Mittvierziger. Lediglich die Kompanieoffiziere und der Bataillonsadjutant waren Mitte der Zwanziger und aus der Offizierslaufbahn der Dreißiger Jahre gekommen.
Der Offiziersmangel war so groß, daß in diesen Jahren einige tausend Juristen, meist Referendare und Assessoren, in einer Schnellausbildung zu Leutnanten und bald zu Oberleutnanten ausgebildet wurden, um bei der Heeresvermehrung dem dringenden Mangel an geistig und fachlich anspruchsvollen Offizieren abzuhelfen. Sie wurden von den altgedienten Unteroffizie-

ren und Feldwebeln zwar mit dem nötigen Respekt vor dem Akademiker, aber gleichzeitig innerlich mit militärischer Nichtachtung ob dieses Schnellverfahrens behandelt.
Am 1. 10. 1937 rückte ein neuer Jahrgang in die Kasernen ein. Ich wurde als Gefreiter zum Rekrutenausbilder bestimmt und übernahm die Verantwortung für zwölf junge Menschen verschiedenster Herkunft und Bildung vom Abiturienten bis zum Hilfsschüler, der Schwierigkeiten mit der deutschen Sprache hatte. Eingedenk der eigenen Erlebnisse, als ich selbst ein Jahr vorher das Rekrutenschicksal teilte, versuchte ich den jungen Menschen soweit wie möglich den Einstand zu erleichtern, sie zu beraten, ihnen zu helfen und sie vor Fehlern zu bewahren. Das führte bald zu einem Vertrauensverhältnis, und bis auf einen Fall, den des Schützen Lassack aus Oppeln, hat es während des halben Ausbildungsjahres keine Schwierigkeiten gegeben. Hinzu kam, daß der Gruppenführer, Unteroffizier Proppé, ein gut ausgebildeter und sportlich hervorragender Unteroffizier der Reichswehr, mir viel freie Hand ließ und das Gegenteil dessen war, was man einen Schleifer nannte.
Mit dem Rekruten Lassack hatte ich meinen Kummer. Er hatte trotz seiner Jugend offensichtlich schon Verbindung zu Kriminellen gehabt. Er log und drückte sich, wo er nur konnte. Dafür mehrfach zum Stubendienst von mir eingeteilt, rächte er sich eines Tages bei einer Geländeübung und wurde ohnmächtig. Nachdem er wieder zu Bewußtsein gekommen war, behauptete er, noch nicht gefrühstückt zu haben, weil sein Gefreiter ihn zu lange mit dem Stubendienst beschäftigt hätte.
Das führte sofort zu einer Untersuchung gegen mich, und der Zugfeldwebel, der ohnehin eine Abneigung gegen Abiturienten und Offiziersanwärter hatte, schien seine Stunde gekommen zu sehen. Er beantragte, mich als Ausbilder abzulösen und von der Offiziersanwärterliste zu streichen, weil ich angeblich den Rekruten Lassack schikanös behandelt hätte. Hier sprang der Unteroffizier Proppé ein und erklärte, nicht der Gefreite, sondern er als Unteroffizier habe den Befehl zum Stubendienst gegeben, ihn träfe daher die Verantwortung, wenn Lassack sich schikanös behandelt fühle.

Bei der Untersuchung des Falles kam dann auch heraus, daß Lassack das ganze Theater gespielt hatte. Glücklicherweise hatte er es selbst seinen Mitrekruten anvertraut und sich schon schadenfroh am Ergebnis seiner Aktion gefreut. Die Mitrekruten jedoch schwiegen nicht, sondern meldeten es, so daß die ganze Angelegenheit für mich glücklich ablief.
Immerhin war das für mich eine Lehre, auch mit solchen Späßen als Vorgesetzter rechnen zu müssen. Schon einmal schien mir ein gleiches Verhängnis zu drohen, als auf dem Truppenübungsplatz Neuhammer am Queis während des Scharfschießens im Herbst 1937 nach scharfer Munition unter den Schützen gesucht wurde, weil einige Schuß unterschlagen worden waren. Kurz vor der Stubenuntersuchung hatte ich mit einem unguten Gefühl selbst meinen Spind und meinen Strohsack untersucht. Als ich den Strohsack hochhob, fand ich darunter ein Magazin mit 5 Schuß Karabiner-Munition. Glücklicherweise stand ein anderer Schütze neben mir und konnte bezeugen, daß ich selbst die scharfe Munition unter meinem Strohsack gefunden hatte. Offensichtlich hatte man mich auch hier ans Messer liefern wollen. Seit diesen Ereignissen war mein Mißtrauen groß, auch gegenüber meiner Umgebung.
Das Jahr 1938 wurde auch für die Soldaten der Gleiwitzer Garnison unruhig und führte mehrfach durch politische Ereignisse zu Urlaubssperren, Alarmen und Vorbereitungen nach der Art einer Mobilmachung. Die politischen Ereignisse schienen auf einen Krieg zuzulaufen. Auf jeden Fall mußte man auch kriegerische Zwischenfälle einkalkulieren.
Da war zunächst die Österreich-Frage und danach die Sudetenkrise. Auch die Gleiwitzer Garnison war in den ersten Märztagen auf ein Eingreifen eingerichtet worden. Es begann mit einer Urlaubssperre, der Zusammenstellung von Marscheinheiten mit Marschgepäck und der Vorbereitung der Ausgabe von Munition. Schließlich wurde Alarm befohlen, und die Kasernentore waren geschlossen. Wir saßen in den einzelnen Kompanie-Blocks und wurden gelegentlich in den Kantinensaal beordert, wo der Bataillonsadjutant Oberleutnant Erasmus uns die Lage und die Möglichkeit eines Eingreifens in Österreich erläuterte.

Die Spannung steigerte sich von Tag zu Tag! Man saß am Lautsprecher, um nichts zu versäumen, und wartete stündlich auf den Einsatzbefehl. Doch er kam für unser Regiment nicht! Es waren vielmehr Einheiten der 2. Panzerdivision und anderer in Süddeutschland liegender Einheiten, die für den Einmarsch bereitgestellt waren, der unter einem unvorstellbaren Jubel der österreichischen Bevölkerung stattfand.
Für die am 10. April 1938 stattfindende Volksabstimmung und Reichstagswahl hatten selbst die Oberhirten der katholischen Kirche eine Erklärung abgeben, in der sie die Gläubigen aufforderten, für den Anschluß an Deutschland zu stimmen.
Als am Montag, dem 11. April, die Ergebnisse der Volksabstimmung bekanntgegeben wurden, hatten sich 99,75% der Wähler in Österreich für das Wiedervereinigungsgesetz ausgesprochen. Im Altreich waren es etwas weniger.
Angesichts des für jeden erkennbaren Jubels der österreichischen Bevölkerung, aber auch im Wissen um einen Beschluß schon nach dem Ersten Weltkrieg im Wiener Parlament, sich an das Deutsche Reich anzugliedern, der damals von den Siegermächten vereitelt wurde, beruhigten sich London und Paris sehr bald, und Rom hatte, anders als beim Dollfuß-Attentat, nicht mehr seine Divisionen am Brenner aufmarschieren lassen, sondern Hitler ausdrücklich seine Zustimmung gegeben.
Auch in unserer Garnison Gleiwitz war das Ergebnis der Entwicklung mit großer Begeisterung und Zustimmung verzeichnet worden. Meine Beförderung zum Unteroffizier am 1. April 1938 steigerte noch die Hochstimmung, in der ich mich damals wie alle Soldaten unserer Einheiten befand. Denn natürlich war es ein stolzer Augenblick, Deutschland und Österreich im Großdeutschen Reich vereinigt zu sehen, und das unter sichtbarem Jubel der davon betroffenen Bevölkerung. Vielleicht schwang auch bei den Schlesiern noch etwas geschichtliche Erinnerung mit. Denn das Herzogtum Schlesien war bis 1742 Bestandteil Österreichs und ist nach den schlesischen Kriegen durch den Frieden von Hubertusburg an Preußen abgetreten worden. Wenn auch die Schlesier später gute Preußen wurden, so blieben doch viele Bräuche und die Lebensart österreichisch, und man war in bezug auf die Freu-

den des Lebens und die Gelassenheit, auch noch in unserer Zeit, mehr nach Wien als nach Berlin ausgerichtet.
In Österreich selbst überwog der Jubel der Bevölkerung das Leid, das viele Juden, insbesondere in Wien, nun zu tragen hatten. Denn die Nürnberger Gesetze wurden nunmehr auch in Österreich angewandt, und fast 100 000 Wiener Juden, unter ihnen viele Emigranten aus Deutschland, mußten Wien unter Zurücklassung ihrer ganzen Habe fluchtartig verlassen oder wurden später zur Auswanderung gezwungen.
Die Welt beruhigte sich später über den Anschluß. Man fragte sich jedoch besorgt, welche nächste Überraschung das nunmehr Großdeutsche Reich der Welt bereiten würde. In der Presse kündigte sich bereits an, daß nun die Sudetendeutschen an der Reihe waren. Immer mehr, zum Teil großaufgemachte Berichte waren in den deutschen Zeitungen über die Unterdrückung der Sudetendeutschen zu lesen. Schon seit Jahren hatten sich sudetendeutsche Politiker sowohl der Sozialdemokratischen Partei wie der Bauernverbände nach London um Hilfe gegen die Unterdrückungsmaßnahmen der tschechischen Regierung gewandt.
Die Tschechoslowakische Republik ist nach dem Ersten Weltkrieg im Jahre 1918 aus den österreichischen Ländern Böhmen, Mähren und einem Teil Schlesiens sowie den ungarischen Landesteilen Slowakei und Karpato-Ukraine gebildet worden. Sie umfaßte 8 Millionen Tschechen, 3,5 Millionen Slowaken, 3,5 Millionen Deutsche und etwas mehr als eine halbe Million Ungarn. Nach dem Willen der Siegermächte sollte dieser Nationenstaat eine Art osteuropäische Schweiz werden. Die Mißachtung des Selbstbestimmungsrechts, insbesondere der Minderheiten, führte in diesem künstlichen Staatsverband zu immer größeren Spannungen.
Die Deutschen hatten sich zunächst in den Deutschen Turnvereinen eine politische Aktionsmöglichkeit geschaffen. Aus ihr bildete sich dann die Sudetendeutsche Partei als stärkste deutsche politische Gruppe.
Ende Mai 1938 erklärte die tschechische Regierung die Mobilmachung, weil angeblich deutsche Truppenbewegungen an der sächsischen und bayerischen Grenze stattfänden. Eine neue Kriegsgefahr zog herauf. Sie wirkte sich auch in der Gleiwitzer Garnison

aus. Das Ausbildungstempo wurde gesteigert. Neue Waffen und Geräte erreichten die Truppe. Das alte luftgekühlte Maschinengewehr Dreyse 13 wurde durch das moderne hochleistungsfähige MG 34 ersetzt, das zu Beginn des Krieges mit einer hohen Schußfolge pro Minute als sensationell empfunden wurde. Die Maschinengewehrkompanie erhielt Zwillings-MG mit luftbereiften Wagen zur Flugabwehr. Der gesamte Verpflegungs- und Munitionsstroß wurde in luftbereifte, moderne Wagen gepackt. Alle Gruppenführer und Zugführer der Infanteriekompanie erhielten statt des Karabiners eine moderne Maschinenpistole, ebenfalls mit hoher Schußfolge.

Die Ausbildung im Gelände führte zu einer starken Belastung der Truppe. Angriffsübungen hatten den Vorrang vor Verteidigungsaufgaben. Insbesondere wurde der Angriff in Gruppe, Zug und Kompanie auf Waldstücke, besetzte Höhenzüge und gegen Befestigungen geübt. Die Nachtübungen wurden zahlreicher, weil hier der Ausbildungsstand erheblich zurücklag. Für den Infanteristen sieht die Welt bei Nacht anders aus. Die Gewöhnung an Geräusche, die Orientierung und das gefechtsmäßige Verhalten in der Nacht stellen wesentlich höhere Anforderungen an Unterführer und Truppe als bei Tage.

Es sollte sich später bitter rächen, daß die Nachtübungen in den zurückliegenden Jahren zu kurz gekommen waren und überdies Nachtmärsche und Nachtübungen bei den Soldaten aller Dienstgrade höchst unbeliebt waren.

Da außer einigen wenigen Hügeln das Übungsgelände um Gleiwitz herum wenig typisch für das Sudetenland mit seinen Mittelgebirgen, Anhöhen und eingeschnittenen Tälern war, wurde das Regiment nach dem Truppenübungsplatz Wildflecken in der Rhön verlegt. In Eisenbahntransporten erreichten wir von Gleiwitz über Oppeln, Breslau und Dresden die Gegend um Fulda und wurden in Bad Brückenau ausgeladen. Der Einzug mit feldmarschmäßiger Ausrüstung in die Kasernen des Truppenübungsplatzes Wildflekken zeigte, um wieviel schwerer es ist, Steigungen bis zu 15% und mehr zu bewältigen. Die Pferde keuchten vor den schwerbeladenen Munitions- und Gepäckwagen, die Infanteristen nicht minder. Daher war in den ersten Tagen das Marschieren mit vollem

Gepäck die erste Ausbildungsstufe. Wir mußten uns daran gewöhnen, statt mit fünf- oder sechs Stundenkilometern nach Tempo 114, d. h. 114 Schritte in der Minute, nunmehr den »langsamen Gang« mit etwa zwei Kilometern in der Stunde »einzuschalten«. Das war gar nicht so einfach, in der Kompanie den Marschrhythmus zu halten, wenn es steil bergauf oder bergab ging. Daher mußten Trommler vor jeder Kompanie den Marschrhythmus schlagen, um die Kompanie einigermaßen geordnet marschieren zu lassen. Da die Verpflegung trotz der hessischen und thüringischen Rotwurst und anderer Spezialitäten überdies stark mit Marmelade angereichert war, wurde dieser Marschgang bald »Marmeladengang« genannt, was bedeutete, daß man zu der schlechten Verpflegung auch langsam zu marschieren hatte.
Nach der ersten Woche wurden die Geländeübungen um die Rhön zwar zu einem landschaftlich erhebenden Erlebnis für die Flachländler aus Oberschlesien. Die Anstrengungen jedoch bei Angriffen in Zug- und Kompaniestärke auf Bunker, Befestigungen und einzelne Höhenkuppen erforderten so große Kraft, daß uns oft die Luft wegblieb. Ganze Gruppen lagen dann in 800 oder 900 m Höhe, für uns völlig ungewohnt, und waren kaum noch durchs Gelände zu bringen. Es dauerte eine weitere Woche, bis wir uns an die veränderten landschaftlichen und klimatischen Verhältnisse so angepaßt hatten, daß wir auch in diesem schwierigen Gelände voll verwendungsfähig waren. Auch hier kam uns das sportliche Training während der Rekrutenausbildung und die Betonung des Sports zur Körperertüchtigung voll zugute.
Ausflüge zum Wochenende, der Katholiken in die Bischofsstadt Fulda zum Besuch des Fuldaer Doms und der Krypta mit dem Grabmal des Hl. Bonifatius, waren ebenso eine willkommene Abwechslung wie Autobusfahrten der Unteroffiziere unserer 1. Kompanie nach Frankfurt zur Besichtigung der Zeppelinhalle und nach Rüdesheim in die Drosselgasse.
Die politische Lage in Europa trieb, wenn man Rundfunk und Presse verfolgte, einer neuen Krise entgegen. Wer nicht durch die Ausbildung auf dem Truppenübungsplatz Wildflecken darüber belehrt war, daß der Angriff auf die Befestigungsanlagen der Tschechoslowakei und der Kampf im dortigen Gelände bevor-

stand, erfuhr es aus den Zeitungen und dem Rundfunk. Denn die Meldungen über Übergriffe der tschechischen Behörden und Polizeiorgane häuften sich. Der Rundfunk spielte den Egerländer-Marsch nach jeder Meldung, die sich mit den Leiden der Sudetendeutschen durch die tschechischen Behörden befaßte.

Das alles lastete auf uns Soldaten, als wir im August wieder unsere Gleiwitzer Garnison erreichten und nach den harten Anstrengungen des Truppenübungsplatzes eine Woche Urlaub gegeben wurde.

Im August wurden die Erfahrungen des Truppenübungsplatzes Wildflecken auch in der Offiziers- und Unteroffiziersausbildung ausgewertet. Die ersten Abstellungen von Unterführern zu Reserveeinheiten fanden statt. Es kündigte sich eine Art Mobilmachung in Raten an. Als dann in den ersten Septembertagen blutige Zwischenfälle in Mährisch-Ostrau, in Eger und Karlsbad die politische Spannung auf einen Höhepunkt trieben, rechnete alles mit einem Krieg gegen die Tschechoslowakei. Man las, daß in Prag Gasmasken an die Bevölkerung ausgegeben wurden. Die Bahnhöfe waren überfüllt. Viele Juden und Emigranten aus Deutschland versuchten, die Tschechoslowakei zu verlassen, da alles mit einem deutschen Angriff rechnete.

In dieser Lage beschloß der britische Premierminister Chamberlain, mit Hitler zu sprechen. Denn er war überzeugt, daß der drohende Krieg vermieden werden könnte. England hatte die Forderung der Sudetendeutschen auf Selbstbestimmung anerkannt.

Am 15. September 1938 traf Chamberlain in Berchtesgaden mit Hitler zusammen. Das Schicksal Europas lag in der Hand zweier Regierungschefs. Am 22. September 1938 flog Chamberlain noch einmal nach Deutschland. Man traf sich dieses Mal in Bad Godesberg im Rheinhotel Dreesen. Chamberlain wohnte auf dem Petersberg, der später noch stärker in das Blickfeld der deutschen Nachkriegsgeschichte rücken sollte. Hitler residierte im Rheinhotel Dreesen, das nach dem Krieg samt der Besitzerfamilie dafür gestraft wurde, indem die Engländer das vornehme Hotel mit Flüchtlingen vollstopften und aus jedem Fenster das rußige Rohr eines Kanonenofens herausragte.

Chamberlain legte Hitler ein umfangreiches und kompliziertes Vertragswerk vor, in dem die Einzelheiten der neuen Grenzziehungen und gebietsweise verschiedenen Übergabetermine enthalten waren. Hitler lehnte diesen Vorschlag ab.
Daraufhin leitete Chamberlain das Memorandum an die tschechische Regierung weiter. Der britische Premierminister flog nach London zurück, Hitler nach Berlin.
In einer Rede im Berliner Sportpalast forderte Hitler: »Herr Benesch hat jetzt die Entscheidung in seiner Hand, Frieden oder Krieg! Er wird entweder dieses Angebot akzeptieren und den Deutschen endlich die Freiheit geben, oder wir werden uns diese Freiheit selbst holen!«
Ich hörte diese Rede schon in meinem neuen Standort in der alten Kaserne am Ostrand von Gleiwitz. Denn dort war ich überraschend zu der Neuaufstellung eines Reservebataillons als Zugführer kommandiert worden und hatte am 15. September 1938 mein neues Quartier bezogen. Das Regiment war, feldmarschmäßig ausgerüstet, mit scharfer Munition bereits in die Bereitstellungsräume für den Angriff auf die Tschechoslowakei abmarschiert. In den Gleiwitzer Kasernen waren nur einige Nachkommandos zurückgeblieben.
Wo sonst Tausende von Soldaten, militärisches Gerät und Kraftfahrzeuge zu sehen waren, herrschte nun eine beängstigende Stille. Es schien die Ruhe vor dem Sturm zu sein. Voller Sorge und Bedrückung schaltete man, so oft man konnte, den Rundfunkapparat ein oder fragte den nächsten, dem man begegnete, »was gibt es Neues, was ist los?« Denn auch England und Frankreich hatten ihre Entschlossenheit zur Mobilmachung gezeigt. Der Krieg stand unmittelbar bevor.
Inzwischen ging die Ausbildung beim Ersatzbataillon des IR 84 weiter. Es waren meistens schon Gediente, die beim Ersatzbataillon zu einer Wehrübung eingezogen waren, um bei Ausfällen des eingesetzten Regiments sofort als Ersatz eingreifen zu können.
Da gab es eine neue Sensation! Der italienische Staatschef Mussolini hatte an Hitler, Chamberlain und Daladier den Vorschlag einer Viererkonferenz gemacht. Sie trat in München zusammen und ist später als die »Münchener Konferenz« in die Geschichte eingegan-

gen. Sie führte zu einem Kompromiß, der Hitlers Vorstellungen weitgehend entsprach.
Am 1. Oktober 1938 sollte das Deutsche Reich den ersten Abschnitt des sudetendeutschen Gebietes besetzen, am 10. Oktober den letzten.
Diese Sensationsmeldung führte zu einem Aufatmen und einer Hochstimmung in ganz Deutschland. Man sah wieder frohe Gesichter, wenn wir durch Gleiwitz marschierten. Auch die Soldaten fühlten sich erleichtert.
Planmäßig marschierten die Einheiten auch unseres Regiments bei Jägerndorf und Troppau in die sudetendeutschen Bereiche ein, begeistert empfangen von einer jubelnden Bevölkerung. Die ersten Oktobertage erstrahlten in noch spätsommerlichem Sonnenschein. Die Herzlichkeit der befreiten Deutschen in den Grenzgebieten kannte keine Grenzen. Blumen über Blumen, Obst, Wein und Geschenke waren die ständigen Begleiter der einmarschierenden Truppe.
Wir, die wir nun in Gleiwitz beim Ersatzbataillon saßen, fingen an, neidvoll das Schauspiel in Rundfunk und Presse zu verfolgen. Jetzt wären wir natürlich auch gerne dabeigewesen, nachdem es einen »Blumenkrieg«, wie man später sagte, und keinen Schießkrieg gab.
Natürlich mußte die Ausbildung der Ersatzeinheit weitergehen. Allerdings fand sie nicht mehr in der nervösen Spannung statt, und jeder hatte Zeit, darüber nachzudenken, wie es nun weitergehen sollte. Ich hatte mich endgültig für die Übernahme in die Offizierslaufbahn entschieden und die entsprechenden Anträge gestellt. Eigentlich war das nicht mein erstes Berufsziel. In meinem Abiturzeugnis war noch lapidar vermerkt: Mende beabsichtigt, Rechtswissenschaften zu studieren. An der Breslauer Universität Jura zu studieren und später entweder Rechtsanwalt in Oppeln oder Breslau oder Beamter zu sein, schien mir damals die ideale Berufsvorstellung.
Die Ableistung des Reichsarbeitsdienstes und des Wehrdienstes faßte ich als notwendiges Übel auf. Denn eine Zulassung zum Studium war damals an die Ableistung des Reichsarbeitsdienstes geknüpft. Für den Wehrdienst hatte man die Wahlmöglichkeit, ihn

vor oder nach dem Studium zu absolvieren. Ich hatte mich, wie fast alle meine Mitabiturienten, für die sofortige Ableistung entschieden, um den ganzen Kram hinter mir zu haben. Außerdem war damit der Vorteil verbunden, während des Studiums Reserveübungen abzuhalten und so Reserveoffizier zu werden.
Damit war man der Notwendigkeit enthoben worden, bei der Studentenschaft oder bei den Organisationen der NSDAP die üblichen Marschübungen und Heimabende zu machen.
Daß es anders kam, lag nicht nur an den Zeitläuften, sondern auch an den Eindrücken, die man selbst von Monat zu Monat bekam. Spätestens auf dem Truppenübungsplatz Wildflecken in der Rhön war mir klar geworden, daß alles auf eine bewaffnete Auseinandersetzung zusteuerte. Mein Bruder Walter, sieben Jahre älter als ich und zu dieser Zeit bereits Oberleutnant der Luftwaffe, bestärkte mich in dieser Vermutung. Denn seine Einblicke beim Einmarsch in Österreich, wo er vorübergehend in Krems a. d. Donau lag, und später in seinem Standort München-Riem, waren noch intensiver, als es mir als Infanteristen in einer Grenzgarnison möglich war. »Wenn es aber Krieg gibt, dann ist es besser, du gehst mit deiner letzten Einheit, die du selber kennst und ausgebildet hast, ins Gefecht als mit einem fremden Haufen!« Diese Überlegung war richtig. Es zeigte sich später, wie wertvoll es war, gerade in den ersten Wochen des uns bis dahin unbekannten Erlebnisses von Krieg und Tod mit Kameraden, Vorgesetzten wie Untergebenen, verbunden zu sein, die einem schon seit Jahren vertraut waren.
Der Einmarsch des Regiments vollzog sich ohne besondere Vorkommnisse und Ausfälle. Lediglich der Schütze Torka, der schon als Rekrut für einen Zwischenfall gesorgt hatte, kam nun als Oberschütze zum bewaffneten Einsatz: Als ihn, den Größten der Kompanie, einige Kameraden auf vorgeschobenem Posten in einem Dorf belauschen wollten, weil sie wußten, daß ein Bauernmädchen sich mit ihm verabredet hatte, und sich an ihn heranschlichen, schoß der inzwischen zum Oberschützen beförderte Torka das Magazin seiner Pistole leer, und das führte zum Alarm in der ganzen Kompanie. Auch dieses Mal bekam Torka mildernde Umstände. Denn er erklärte, er habe sich durch Geräusche und

anschleichende Bewegungen »umzingelt« gefühlt und sich freischießen müssen, da er tschechische Angreifer vermutet habe.
So sorgte er bei der Rückkehr des Regiments in Gleiwitz, das mit Regimentsmusik mit allem Drum und Dran, einschließlich eines Vorbeimarsches am Regimentskommandeur Oberst Stoewer erfolgte, für den Witz: »Im ›Blumenkrieg‹ kam nur einer wirklich zum Schuß, unser Torka!«

3.
Aktive Offizierslaufbahn

Nach einem kurzen Urlaub setzte das neue Ausbildungsjahr ein. Wiederum strömten Rekruten in die Kaserne. Ich mußte von meiner alten 1. Kompanie Abschied nehmen, da ich zum Standortältesten Major Kintzel in den Regimentsstab kommandiert wurde. Mein Freund und Mitabiturient Hans Hauke aus Groß-Strehlitz kam als Ordonnanz-Offizier zum Regimentsadjutanten Hauptmann Riebel.

Wir sahen das nicht nur als eine Auszeichnung an, sondern auch als Möglichkeit, uns in neue Sachgebiete einzuarbeiten. Denn auch die Offiziersausbildung in den Händen des Regimentskommandeurs Oberst Stoewer, des Regimentsadjutanten Hauptmann Riebel und des Hauptmanns von Debschütz hatte voll eingesetzt. Wir Offiziersanwärter aßen im Offizierskasino, nicht ohne daß Hauptmann von Debschütz uns vorher Manieren und Tischsitten bis ins einzelne dargelegt hatte. Das führte sogar dazu, daß wir bei seiner Familie zum Tee eingeladen wurden, um bei Frau von Debschütz den Handkuß zu üben. So detailliert war damals noch die Ausbildung eines angehenden Leutnants.

Das Verhältnis der älteren Offiziere zu uns jüngeren war außerordentlich kameradschaftlich und hilfsbereit. Insbesondere die Weltkriegsoffiziere, die reaktiviert waren, nahmen sich unser an, wenn gelegentlich manche jüngere aktive Offiziere aus der Reichswehr uns ihre Überheblichkeit fühlen ließen, nicht in meiner Kompanie, wo Leutnant Köhler ein hervorragender Offizier war. Das Gleiwitzer Offizierskasino war, wie die neuen Kasernen, im Jahr 1936 gebaut worden und als letzter Bauabschnitt fertig geworden. Man erzählte sich, daß dieses Offizierskasino durch eine Spende der Gleiwitzer Industrie erstellt worden war, insbesondere von den Grafen Ballestrem und Schaffgotsch, die selbst im Regiment ihre Familienangehörigen als Reserveoffiziere üben ließen.

Da es zur Tradition der einen Familie gehörte, daß der Älteste immer einen Vollbart tragen mußte, entspann sich später ein

Prinzipienstreit, da Vollbärte wegen der Gasmaskenbehinderung nicht getragen werden durften. Feldwebel Graf Ballestrem mußte daher eine Ausnahmegenehmigung beim Divisionsgeneral Koch-Erpach erwirken, um seiner Familientradition auch während der Wehrübung gerecht zu bleiben.
Natürlich wurden wir auch einem Alkoholtest unterworfen. Vor größeren Veranstaltungen wurden immer zwei oder drei Offiziersanwärter als Weinkoster abgeordnet. Da es immerhin mehr als hundert Flaschen waren, die nach der Öffnung zu kosten waren, war die Versuchung nicht minder groß wie die Gefahr. Einige Kameraden sind dabei böse aufgefallen, andere kamen noch glimpflich davon. Aber die Weinprobe war die erste alkoholische Versuchung, bei der man den Beweis erbringen mußte, daß man ihr nicht erlag. Eine gewisse Weinseligkeit und Beschwingtheit war erlaubt, aber nicht mehr!
Hauptmann von Debschütz verkündete als Prinzip für jeden Offizier: »Ihr könnt trinken soviel Ihr wollt, nur dürft Ihr niemals betrunken sein!« Ein Prinzip, das in seiner Kürze beherzigenswert war. Ein betrunkener Offizier, etwa in der Öffentlichkeit, war einfach undenkbar!
Das Jahr neigte sich dem Ende zu. Es war, ohne daß wir es ahnten, das letzte Jahr des Friedens vor dem Zweiten Weltkrieg. Für die Weihnachts- und Neujahrszeit wurden die Urlauberzüge der Deutschen Wehrmacht zusammengestellt. Transportkommandostellen in Oppeln mußten vom Standortältesten in Gleiwitz exakt alle Urlaubsmeldungen samt Zusteige- und Zielbahnhöfen erhalten. Das war eine komplizierte, sehr schwierige Arbeit, für etwa 6 000 Soldaten des Standortes Gleiwitz und 1 500 Soldaten des Nachbarbataillons in Cosel die Urlaubslisten so zusammenzustellen, daß die Urlauberzüge platzmäßig ausgenutzt, aber nicht überfüllt waren. Diese Arbeit hat zwei Wochen in Anspruch genommen und wäre ohne die alten, eingearbeiteten zivilen Hilfskräfte beim Regimentsstab nicht zu schaffen gewesen. Zu allem Überfluß wurde ich mit drei Unteroffizieren vom 21. bis 23. Dezember 1938 als Zugstreife eingesetzt. Wir hatten die Urlaubspapiere und Fahrscheine in den Urlauberzügen von Gleiwitz über Oppeln bis Breslau und zurück zu kontrollieren. Mit Stahlhelm und Sonderaus-

weisen versehen, sollten wir auch das ordnungsmäßige Verhalten auf den Bahnsteigen, den richtigen Anzug und das Auftreten der Soldaten kontrollieren. Das war ein verantwortungsvolle Aufgabe, zumal hier und da die Freudenstimmung des bevorstehenden Urlaubs sich schon durch manche Flasche Alkohol in den Abteilen gesteigert hatte. Als auch diese letzte Dienstverrichtung glimpflich vorbeigegangen war, konnte ich endlich am 23. Dezember 1938 selbst nach Hause fahren, erstmalig mit dem Offizierssäbel als Fahnenjunker-Feldwebel und den glänzenden Litzen des Paraderocks, den wir scherzhafterweise »Kaiser-Wilhelm-Gedächtnisrock« zu nennen pflegten. Es war das letzte Friedensweihnachten, an dem die ganze Familie in der Lehrerwohnung auf der Coseler Straße in Groß-Strehlitz zusammen war.

Weihnachten wurde in Schlesien wie kein anderes Fest des Jahres gefeiert.

Da der schlesische Winter mit Frost und Schnee wesentlich härter zu sein pflegt als im Rheinland, standen auch Essen und Trinken ebenso wie im kalten Ostpreußen viel höher im Kurs: Karpfen blau oder in brauner Butter gebraten, Schlesische Weißwürste mit Sauerkraut und Kartoffelbrei, Gänsebraten mit Blaukraut, Rehkeule in Sahne mit Pfifferlingen – in ländlichen Familien Mohnklöße –, überall aber schlesische Pfefferkuchen, viel Doornkaat oder Bommelunder und stark eingebrautes Weihnachtsbockbier waren die Zutaten zu einer Feststimmung, an deren Höhepunkt sich dann die Erwachsenen zur Mitternachtsmesse aufmachten. Junge Leute brachten es sogar fertig, zu Fuß zum 7 km entfernten Annaberg zur Mitternachtsmesse zu wandern. Es gab nichts, was Festesfreude und Zusammenhalt der Familien stärker zum Ausdruck brachte als ein Weihnachtsfest in Schlesien.

Auch die politische Lage hatte sich beruhigt! Denn am 6. Dezember 1938 wurde noch ein Freundschaftspakt zwischen Deutschland und Frankreich in Paris abgeschlossen, in dem es hieß: »Die deutsche und die französische Regierung sind übereinstimmend der Überzeugung, daß friedliche und gutnachbarliche Beziehungen zwischen Deutschland und Frankreich eines der wesentlichen Elemente der Konsolidierung der Verhältnisse in Europa und der Aufrechterhaltung des allgemeinen Friedens darstellen. Beide

Regierungen erkennen feierlich die Grenze zwischen ihren Ländern, wie sie gegenwärtig verläuft, als endgültig an. Beide Regierungen sind entschlossen, vorbehaltlich ihrer besonderen Beziehungen zu dritten Mächten, in allen ihre beiden Länder angehenden Fragen in eine Beratung einzutreten, wenn die künftige Entwicklung dieser Fragen zu internationalen Schwierigkeiten führen sollte.«

Ein Ereignis blieb dennoch als Makel für das Jahr 1938 zurück. Am 7. November 1938 hatte ein junger jüdischer Emigrant namens Herschel Grünspan in Paris den deutschen Botschaftssekretär Ernst vom Rath erschossen. Als eine Art Vergeltung befahl daraufhin der Reichspropagandaminister Dr. Josef Goebbels sogenannte spontane Kundgebungen zu organisieren. Der Chef des Sicherheitsdienstes und der Gestapo, Reinhard Heydrich, der später in Prag einem Attentat zum Opfer fiel, hatte dafür genaue Anweisungen durch Fernschreiben an alle unterstellte Dienststellen geleitet. Dazu gehörten Synagogenbrände, Zerstörung jüdischer Geschäfte, Festnahme wohlhabender Juden und andere Repressalien gegen die jüdische Bevölkerung.

In Gleiwitz haben wir von alldem in der Nacht nichts mitbekommen. Lediglich beim Ausmarsch am 9. November 1938 aus der alten Kaserne auf den Übungsplatz sahen wir eingeschlagene Schaufensterscheiben, zerstörte Geschäfte und von SS-Männern eskortierte Lastwagen, auf denen sich Männer in Zivil befanden.

In Groß-Strehlitz, so erzählte mein Vater, habe sich die örtliche SA und SS geweigert, solche Aktionen zu unternehmen. Die Rollkommandos hätten daher aus dem 30 km entfernten Oppeln herangeholt werden müssen. Auch die Synagoge blieb unversehrt.

Diese Aktion, später als »Reichskristallnacht« bezeichnet, gehörte zu den trübsten und schmerzlichsten Ereignissen im Frieden und hatte bei der Bevölkerung erstmalig Entsetzen und Abscheu erzeugt.

In einem späteren Bericht hatte Heydrich festgestellt, daß über 200 Synagogen in Brand gesetzt oder zerstört wurden, fast 1000 Geschäfte wurden zerstört oder in Brand gesetzt, über 20 000 Juden festgenommen. Dabei kamen 36 zu Tode, 36 wurden schwer verletzt.

Das erste Mal in den fünf Jahren nationalsozialistischer Herrschaft wandte sich die große Mehrheit des Volkes von dieser Regierung und ihren Ausschreitungen ab. Viele versteckten Juden oder jüdisches Eigentum, halfen ihren jüdischen Nachbarn und schützten die Wohnungen oder Geschäfte vor Plünderungen. Es wurde offen mit Abscheu über die Ausschreitungen gesprochen, so daß sich das Reichspropagandaministerium genötigt sah, darauf hinzuweisen, daß die Versicherungsgesellschaften den Juden den entstandenen Schaden ersetzen würden. So wie vorher über die Konzentrationslager ein Mantel des Schweigens gebreitet war und sich jeder nach dem »Heimtückegesetz« der Volksverhetzung strafbar machte, wenn er über sie sprach, so sollte auch über diese Geschehnisse nicht offen gesprochen werden, zumal offensichtlich auch in der Führung des Dritten Reiches Auseinandersetzungen bekannt wurden. Das Außenministerium befürchtete außenpolitische Nachteile. So hatten beispielsweise die Vereinigten Staaten von Amerika ihren Berliner Botschafter abberufen.
Der Reichsführer der SS, Himmler, soll empört gewesen sein, da Goebbels und Heydrich über seinen Kopf hinweg gehandelt hätten. Für das Volk wurde ausgestreut, der Führer habe nichts von den Untaten seiner SA und SS gewußt und würde solche Dinge auch in Zukunft verhindern. Immerhin wurde die Gesamtheit der Juden zur gleichen Zeit mit einer Strafe für den Mord an vom Rath in Höhe von einer Milliarde RM belegt, die die Gesamtheit der Juden in Deutschland aufzubringen hatte.
Weihnachten 1938 und der Übergang ins Neue Jahr 1939 waren auch für alle Deutschen, sofern sie nicht durch die Verfolgungsmaßnahmen politischer oder rassischer Art betroffen waren und zu leiden hatten, ein letzter Höhepunkt friedlicher und friedvoller Gemeinsamkeit vor dem verhängnisvollen Jahr 1939. Es war auch der Beginn des Zweifelns in jenen politisch sensiblen Kreisen, die über Hitlers Erfolge hinaus weiterzudenken pflegten. Gewiß stand der nationalsozialistische Staat auf dem Höhepunkt seiner Machtentwicklung, das Großdeutsche Reich hatte sich nunmehr auch um die Sudetendeutschen Gebiete erweitert, und die zweite Befreiungsaktion unterdrückter deutscher Menschen war ebenso

friedlich verlaufen wie die erste bei der Heimkehr Österreichs in das Großdeutsche Reich.
Die Masse der Bevölkerung hatte über diese Entwicklung Genugtuung und Stolz erfaßt. Wer aus dem Ausland zurückkam, ob als Kaufmann oder Seemann, berichtete von der Hochachtung, die die deutsche Flagge überall in der Welt fand. Meldungen über politische Verfolgungen oder Diskriminierungen der Juden wurden als gegnerische Propaganda abgetan. Man war im großen und ganzen politisch und wirtschaftlich so avanciert, daß auch bei einer geheimen und freien Wahl der nationalsozialistische Staat und seine Führung eine überwältigende Zustimmung erfahren hätten.
Niemand ahnte, als in der Neujahrsnacht über dem schneebedeckten Land die Glocken läuteten, über den großdeutschen Rundfunk um Mitternacht die Kaiserglocke des Kölner Doms ihren tiefen Brummton in alle Wohnstuben trug und eitel Freude und Dankbarkeit für das friedvoll abgelaufene, zurückliegende Jahr in allen Schichten der Bevölkerung herrschte, wie anders es ein Jahr später sein würde.

4.
Die Lage spitzt sich zu

Natürlich trafen wir Abiturienten des Jahrgangs 1936 uns im Weihnachts- und Neujahrsurlaub zu einem Meinungsaustausch. Alle waren wir zu Offiziersanwärtern aufgerückt: Hans Hauke und ich in Gleiwitz beim gleichen Regiment, Hubert Kubsa bei der Fallschirmtruppe in Stendal, Hubert Purschke ebenfalls bei der Luftwaffe in Breslau, Herbert Maczieczyk beim IR 38 in Glatz.

Ich suchte allein auch meinen verehrten Studienprofessor Ullrich in seiner Wohnung auf. Es war ein langes Gespräch, weil Ullo nicht nur gut erzählen, sondern ebenso ruhig zuhören konnte. Sein Pessimismus hatte sich nicht verändert. Er fürchtete, daß Hitler wie Napoleon durch seine Erfolge immer maßloser werden würde. Da er nicht nur englische, französische und schweizerische Zeitungen las, sondern auch die ausländischen Rundfunksendungen hörte, war er besser informiert als die Soldaten, die gelegentlich allenfalls an eine schweizerische Zeitung herankamen.

Ullo sah bereits, daß Hitler die nächsten Schritte vorbereitete und nunmehr Polen im Visier hätte. Er erzählte von Verhandlungen zwischen Berlin und Warschau, die bevorstünden, und von Spannungen zwischen Deutschland und Polen bei der Beurteilung der polnischen Forderungen an die Tschechoslowakei. Denn neben dem Deutschen Reich hatten auch Polen und Ungarn tschechische Gebiete besetzt. Dabei war es zum Streit um den Einmarsch der Polen in Oderberg und im Teschener Gebiet gekommen. Die Polen hatten noch weitere Gebiete annektieren wollen, waren aber am Widerspruch Deutschlands gescheitert.

Mit einem wachen Gefühl für die Gleichartigkeit napoleonischer und hitlerischer Übersteigerungen führte mein alter Lehrer immer wieder Napoleons Schicksal nach dem Frieden von Tilsit bis zum Untergang im russischen Winter 1812 an und prophezeite, daß es Hitler ähnlich ergehen würde. Der Krieg würde schon in absehbarer Zeit in Polen beginnen, weil diese, anders als die Tschechen und Slowaken, in ihrem übersteigerten Nationalbewußtsein sich

zur Wehr setzen würden, wenn Hitler die Aufhebung des Versailler Korridors vom ihnen verlangen würde.
Ich verließ recht nachdenklich meine Heimatstadt Groß-Strehlitz und nahm mir vor, die Entwicklung der deutschen Politik zu Polen besonders im Auge zu behalten. Zunächst wies nichts auf eine Verschärfung im deutsch-polnischen Verhältnis hin. Im Gegenteil: Zwischen Deutschland und Polen war ein Freundschaftsvertrag geschlossen worden. Hohe Würdenträger des deutschen Reiches, vor allem Hermann Göring, waren ebenso häufig Gäste der polnischen Staatsführung zur Jagd, wie der polnische Außenminister, Oberst Beck, häufiger Gast der Berliner Reichsregierung war. Die deutsche Illustriertenpresse brachte zum Teil Fortsetzungsserien über das gesellschaftliche Leben in Warschau und die Hofhaltung des polnischen Staatspräsidenten. Nichts deutete daher auf irgendwelche Komplikationen hin.
Dennoch war hinter den Kulissen bereits die polnische Frage in Gang gekommen. Am 26. Januar 1939 suchte Reichsaußenminister von Ribbentrop den polnischen Außenminister Oberst Beck in Warschau auf, um über die Rückkehr Danzigs zu Deutschland und den Bau einer exterritorialen Eisenbahn und Autobahnlinie durch den polnischen Korridor zu verhandeln. Der polnische Außenminister lehnte diese deutschen Forderungen entschieden ab. Gleichzeitig spitzte sich auch das Verhältnis zwischen der Tschechei und dem deutschen Reich, trotz der friedvollen Lösung der Sudetenfrage, zu.
Der Führer der Slowakischen Nationalpartei, Professor Dr. Tuka, erschien in Berlin und bat Hitler um Unterstützung bei den Unabhängigkeitsbestrebungen der Slowakei. »Ich lege das Schicksal meines Volkes«, so sagte er zu Hitler, »in Ihre Hände. Mein Volk erwartet seine völlige Befreiung von Ihnen.« Wenige Wochen später reagierte der tschechische Staatspräsident und entließ in der Nacht vom 9. zum 10. März 1939 die slowakische Regierung. Der slowakische Ministerpräsident Dr. Tiso, ein katholischer Geistlicher, wurde verhaftet. Für die Slowakei wurde der Ausnahmezustand verkündet. Der von Dr. Hacha, dem tschechischen Staatspräsidenten, ebenfalls abgesetzte slowakische Minister Durcansky flog nach Deutschland und forderte über den Reichssender Wien

seine Landsleute in der Slowakei zum Aufstand gegen die tschechische Herrschaft auf. Eine neue Krise war da! Sie traf uns in der Gleiwitzer Garnison völlig überraschend. In den Kompanien war die Rekrutenausbildung nach der Weihnachts- und Neujahrspause in vollem Gang. Sie hatte ohnehin durch den Einmarsch des Regiments in die sudetendeutschen Gebiete im Raum Jägerndorf und Troppau einen Zeitverlust erlitten, den es einzuholen galt. Meine Tätigkeit im Regimentsstab wurde beendet. Am 1. März 1939 wurde ich zur 2. Kompanie des Regiments versetzt, wo ich als Zugführer unter dem neuen, jungen Kompaniechef, Oberleutnant Fiedler, eingesetzt wurde. Fiedler war aus der Assessorenlaufbahn des Juristen über die Schnellausbildung als aktiver Offizier übernommen worden. Er war Anfang der Dreißig, sportlich gewandt und von ruhigem, abwägendem Wesen. Seine manchmal noch etwas erkennbare Unsicherheit in militärischen Dingen überspielte er durch juristische und verwaltungsmäßige Fähigkeiten. Bei jeder Frage und jedem Befehl stand für ihn das »Warum« und das »Wie« im Vordergrund. Deswegen ließ er seinen Zugführern viel Freiheit und Selbständigkeit und beschränkte sich mehr auf Weisungen und seine Aufsichtspflichten.
Da die Beförderung der Offiziersanwärter zu Leutnanten nur noch eine Frage von Wochen war – denn sie war für den 1. April 1939 vorgesehen –, behandelte mich der Kompaniechef gewissermaßen schon als seinesgleichen und machte mich als Kompanieoffizier für die gesamte Rekrutenausbildung verantwortlich. Diese hatte noch große Lücken, vor allem waren Scharfschießen, Handgranatenwerfen und Angriffsübungen in Zug und Kompanie noch nicht genügend geübt worden.
Wie aus heiterem Himmel wurden am 10. März 1939 die Kompanien des I. Bataillons alarmiert und feldmarschmäßig ausgerüstet. Ich trug Oberleutnant Fiedler meine Bedenken vor, die jungen Soldaten mit Handgranaten auszurüsten, die sie noch nicht in der Hand gehabt hätten. Doch es blieb bei dem Befehl, feldmarschmäßig mit scharfer Munition auszurücken. Die Kompanien setzten sich von Gleiwitz in Richtung Rauden bei nassem Wetter und leichtem Schneetreiben in Marsch. Niemand wußte wohin und warum. Schließlich sickerte durch, wir sollten im Raum zwischen

Troppau und Hultschin an der neuen deutsch-tschechischen Grenze in Bereitstellung gehen. Irgend etwas stand mit der Tschechei bevor.
Nach einem Nachtmarsch erreichten wir unsere neuen Quartiere im Raum Schillersdorf bei Hultschin, in greifbarer Nähe zu der Industriestadt Mährisch-Ostrau. Das Wetter hatte sich aufgehellt, es fegte ein kalter Ostwind mit Temperaturen um Null Grad. Wir nutzten die nächsten Tage, in denen Ausgeh- und Schreibverbot befohlen war, um die Waffenausbildung zu vervollkommnen und das Hantieren mit Handgranaten und Sprengkörpern, ihren Einsatz im Kampf um Häuser und Straßen zu üben.
Das Ergebnis war niederschmetternd: Denn wo hatte man jemals, noch dazu mit Rekruten, das Erstürmen von Häusern und den Straßenkampf geübt? Am 14. März 1939 gegen 15.00 Uhr lag der Marschbefehl vor. Das I. Bataillon des IR 84 sollte um 18.00 Uhr die Oderbrücke bei Mährisch-Ostrau überschreiten und in Mährisch-Ostrau einmarschieren, jeden bewaffneten Widerstand brechen und zusammen mit motorisierten Einheiten der Waffen-SS aus Berlin ganz Mährisch-Ostrau, die Wittkowitzer Eisenwerke und die am Südrand Mährisch-Ostraus liegenden Kohlengruben in Besitz nehmen und sich nach Osten und Südosten gegen die tschechisch-polnische Grenze in Richtung Oderberg und Teschen zur Verteidigung einrichten.
Die Aufbruchstimmung glich wieder der Hochstimmung beim Einmarsch in die sudetendeutschen Gebiete vor einem halben Jahr. Denn die Soldaten erwarteten, daß es auch hier wieder einen »Blumenkrieg« geben würde. Unteroffiziere und Offiziere waren weniger hochgestimmt. Denn sie wußten um den Ausbildungsstand der erst wenige Monate bei der Truppe befindlichen Rekruten und konnten sich überdies keine politische Erklärung für den erneuten Einmarschbefehl geben.
Es war daher für alle eine Erleichterung, als die Spähtrupps und Vorausgruppen meldeten, an der Mährisch-Ostrau'schen Oderbrücke stünden auf der tschechischen Seite einige hundert Menschen mit Blumen, und ein Widerstand sei nicht zu erwarten. Dennoch marschierten wir, je eine Gruppe auf jeder Straßenseite, tief gestaffelt, Handgranatentrupps und Nahkampfmittel, jeder-

zeit auf Widerstand eingestellt, durch das in der Abenddämmerung versinkende Mährisch-Ostrau. Die Tschechen standen ratlos auf den Straßen in den Geschäftsvierteln, manche winkten. Die Rolläden und Schaufenstergitter wurden eiligst heruntergelassen. Die Dunkelheit brach herein! Gegen 22.00 Uhr hatten wir ganz Mährisch-Ostrau besetzt und richteten uns in einigen Gastwirtschaften am Stadtrand mit Blickrichtung nach Osten und Südosten für die Nacht ein. An den Ausfallstraßen waren bereits motorisierte Einheiten und Panzerspähwagen der Waffen-SS in Stellung gegangen. Wie wir feststellen konnten, Einheiten der Leibstandarte Adolf Hitler, die aus Berlin im Landmarsch herangeführt worden waren.
Auch hier in den Randbezirken, die vorwiegend von der Arbeiterbevölkerung aus Bergbau und Eisenindustrie bewohnt waren, gab es keinen Widerstand, wohl aber lautstarke Proteste von zum Teil betrunkenen Tschechen, die sich in Richtung auf die tschechisch-polnische Grenze entfernen wollten. Wir haben sie zum Teil mit Gewalt zurückgeholt, weil wir keine Grenzgänger den Polen in die Hände laufen lassen wollten. Denn inzwischen hatte uns ein weiterer Befehl erreicht, daß aus der Gegend Oderberg-Teschen mit einem Einmarsch polnischer Truppen gerechnet werden mußte. In diesem Fall sollten die Polen zurückgedrängt und notfalls durch Schußwaffengebrauch zum Verlassen des tschechischen Territoriums gezwungen werden.
Oberleutnant Fiedler beauftragte mich, mit der Waffen-SS-Einheit Verbindung aufzunehmen und die Trennungslinie und die vordere Linie im Gelände festzulegen, damit es nicht nachts zu verhängnisvollem Schußwechsel und Zusammenstößen zwischen uns kommen konnte. Nun erwartete man mit Nervosität die ersten polnischen Vortrupps! Noch dramatischer vollzog sich der Wettlauf zu den Wittkowitzer Eisenwerken und den dort befindlichen riesigen Treibstofflagern. Es gelang, auch sie handstreichartig und unversehrt zu besetzen.
Gegen Mitternacht wurde ich zum Bataillonsgefechtsstand in einem Schulgebäude zum Bataillonskommandeur befohlen, um zu melden, daß die Verbindungsaufnahme zu den Einheiten der Waffen-SS erfolgt und gegenseitige Orientierung verabredet sei,

polnische Soldaten bisher nirgendwo festgestellt worden waren. Die Stimmung beim Bataillonsstab, der in einem Klassenzimmer einer Schule an Karten und Feldtelefonen saß, war gespannt, aber auch erleichtert zugleich. Erleichterung, weil es nirgendwo zu Zusammenstößen und zum Waffengebrauch gekommen war! Voller Spannung jedoch in der Sorge, daß durch Sabotage oder Unachtsamkeit die Treibstofflager jederzeit in die Luft fliegen könnten. Ihnen galt daher unsere besondere Sorge. In einiger Entfernung sah man den Lichtschein der Eisenwerke, das Gedröhne eines großen Industriewerkes ließ die Luft vibrieren, der Sternenhimmel stand über einer gespenstigen Szenerie in der Nacht vom 14./15. März 1939, aus der nur einzelnes Motorengeräusch und hier und da deutsche Kommandos zu vernehmen waren.

Als es hell war, wurden die abends nur behelfsmäßig bezogenen Stellungen im Gelände korrigiert. Maschinengewehrschützen und Granatwerfer erhielten den Befehl zum Eingraben, die Artillerie ging wenige hundert Meter hinter der vorderen Linie der Infanterie in Richtung polnische Grenze in Stellung. Wir beobachteten mit Ferngläsern gespannt die Übergänge und auch Bewegungen an der zu uns führenden Hauptstraße aus Richtung Oderberg-Teschen, ein ehemals tschechisches Gebiet, das die Polen ebenfalls im Oktober 1938 besetzt hatten.

Einzelne Arbeiter, die aus den Dörfern nach Mährisch-Ostrau kamen, berichteten uns, daß auch polnische motorisierte Einheiten auf dem Marsch waren, einzelne sogar schon tschechisches Gebiet im Vorfeld von Mährisch-Ostrau besetzt hätten, sich jedoch bei der Annäherung der deutschen Infanterie und motorisierter Verbände der Waffen-SS wieder auf polnisches Gebiet zurückgezogen hätten.

Auch der 15. März 1939 war kalt und an der Nullgrenze, durchnäßte mit Nieselregen und nassem Schnee unsere Uniformen. Wir lagen, durch Stroh gegen den nassen Boden geschützt, in unseren Schützenmulden und beobachteten die polnische Seite. Als den ganzen Tag über nichts geschah, konnte endlich am Abend der größte Teil der im Gelände postierten Soldaten abgelöst werden und sich in den Häusern aufwärmen und verpflegen. Nur ein

schwacher Sicherungsschleier verblieb über Nacht, alle Stunden abgelöst durch frische, aufgewärmte Gruppen.
Die Nacht verlief ruhig und ohne Zwischenfälle. Am nächsten Morgen brachte eine Zeitung, die eiligst von der Leibstandarte gedruckt und verteilt war und die auch bei unseren Einheiten gelesen wurde, als Sondermeldung, daß Truppen der Leibstandarte Adolf Hitler und des Gleiwitzer Infanterieregiments 84, verstärkt durch Artillerieeinheiten und Pioniere, das Industriegebiet um Mährisch-Ostrau besetzt und vor einem drohenden polnischen Überfall bewahrt hätten. Mit vielen Einzelheiten wurde das dramatische Geschehen nach Art von Kriegsberichterstattern ausgewalzt und zu einer heroischen Aktion der beiden Verbände propagandistisch hochstilisiert.
Zu unserer Verwunderung mußten wenige Stunden später alle Zeitungen wieder eingesammelt werden, weil sie vom Einmarsch am Abend des 14. März 1939 in den Mährisch-Ostrauer Raum berichteten, zu einer Zeit, da der Staatspräsident Dr. Hacha noch in Berlin mit Hitler verhandelte und erst Stunden später die deutsche Reichsregierung gebeten hatte, Böhmen und Mähren unter den Schutz des Großdeutschen Reiches zu nehmen. Was war geschehen?
In Berlin hatte Hitler am Spätnachmittag des 13. März 1939 den slowakischen Ministerpräsidenten Dr. Tiso empfangen. Tiso befürchtete eine Besetzung der Slowakei durch ungarische Truppen, die schon im Herbst während der Sudetenkrise gedroht hatte. Tiso bat Hitler um Hilfe und gab am nächsten Tag vor dem Parlament in Preßburg die Unabhängigkeit der Slowakei bekannt. Der britische Premierminister Chamberlain verkündete daraufhin, daß damit die Tschechoslowakei zu existieren aufgehört habe und die von England gegebene Garantie der tschechischen Grenze hinfällig geworden sei. Der tschechische Staatspräsident Dr. Hacha bat Hitler ebenfalls um eine Unterredung, die in der Nacht vom 14./15. März 1939 stattfand. Während der Unterredung mit Hitler erlitt er einen Schwächeanfall und bat schließlich das Deutsche Reich, das Schicksal der Tschechoslowakei unter seinen Schutz zu nehmen. Hacha und sein Außenminister unterzeichneten eine von deutscher Seite vorbereitete Erklärung, gleichzeitig

wurde den tschechischen Truppen befohlen, in den Kasernen zu bleiben und keinen Widerstand zu leisten.
Am Morgen des 15. März 1939 um 6.00 Uhr früh rückten deutsche Truppen in den tschechischen Teil der bisherigen Tschechoslowakei ein. Sie fanden nirgends Widerstand, stießen aber in Prag auf eine empörte und erbitterte Bevölkerung, die ihrem Unmut demonstrativ an den Straßenrändern Ausdruck gab. Junge Männer ballten in ohnmächtiger Wut die Fäuste, an der Prager Universität kam es zu Schlägereien zwischen verschiedenen Studentengruppen.
Hitler selbst fuhr noch am gleichen Tag nach Prag und proklamierte am 16. März 1939 im Hradschin, dem alten Schloß der böhmischen Könige und der deutschen Kaiser, die Errichtung des Reichsprotektorats Böhmen und Mähren.
Jetzt war auch klar, warum die Truppenzeitung mit der Meldung des Einmarsches deutscher Truppen in Mährisch-Ostrau am Abend des 14. März 1939 wieder eingezogen werden mußte. Denn um diese Zeit befand sich der tschechische Staatspräsident auf dem Weg nach Berlin. Die Vereinbarung mit Hitler kam erst spät in der Nacht zustande. Offensichtlich ist die vorschnelle Besetzung Mährisch-Ostraus unter der Drohung des bevorstehenden Einmarsches polnischer Truppen in dieses Gebiet erfolgt.
Die polnische Regierung hatte bereits in der Sudetenkrise ihr besonderes Interesse an Mährisch-Ostrau und den Wittkowitzer Eisenwerken bekundet, war aber von Berlin abgewiesen worden und mußte sich mit verschiedenen Zugewinnen im Olsa-Gebiet und bei Olderberg begnügen.
Nach der Veröffentlichung der Vereinbarungen zwischen Berlin und Prag bestand keine Gefahr mehr für das Mährisch-Ostrauer Gebiet. Wir gaben daher unsere Stellungen am Stadtrand von Mährisch-Ostrau mit Frontrichtung Osten und Südosten gegen die polnische Grenze auf und marschierten am 17. März 1939 in feldmarschmäßiger Gliederung in Richtung Süden und besetzten die beiden Landstädte Friedek und Mistek. Es waren saubere Städtchen mit mehreren Textilfabriken, Zuckerfabriken, Brauereien und zahlreichen Geschäften, die den Bedarf der umliegenden Landbevölkerung deckten.

Während die Kompanien in Schulen und Fabrikgebäuden untergebracht wurden, konnten Unteroffiziere und Offiziere in Privatquartiere vermittelt werden. So sah ich mich als Gast zusammen mit meinem dienstältesten Unteroffizier Budig im Hause einer wohlhabenden Fabrikantenfamilie aus der Tuchindustrie, die im Ort auch mehrere Geschäfte besaß. Es war auffallend, daß die Oberschicht der beiden Städte, die Ingenieure in den Werken, Kaufleute, Ärzte und der Mittelstand deutsch sprach und das tschechische Element mehr auf die Arbeiter und die Landbevölkerung beschränkt war. Von Verfolgung konnte keine Rede sein! Als einziger Akt der Demonstration gegen die Deutschen waren in den Hauptstraßen bei einer tschechischen Aktion einige Scheiben zu Bruch gegangen.
Unsere Gastgeber bemühten sich, uns zu verwöhnen. Ihre liebenswürdige österreichische Art wetteiferte mit österreichischen Erzeugnissen aus Küche und Backstube. Zum erstenmal in meinem Leben sah ich mich mittags mit meinen Kameraden Budig am Familientisch vor einem Berg in brauner Butter gebratener, panierter Froschschenkel. Ich hatte sie noch nie in meinem Leben gegessen und glaubte, es mit Hühnerfleisch zu tun zu haben, bis der Gastgeber uns genüßlich darüber aufklärte, daß in den Frühlingsmonaten März und April die Froschschenkel besonders saftig und wohlschmeckend seien. Budig, ein Breslauer, und ich schauten uns verzweifelt an. Aber wir machten gute Miene auch zu dieser Überraschung und ließen uns, wenn auch mit Hilfe einiger Gläser Sliwowitz, diese offensichtlich mährische Spezialität doch schmecken.
Außer einigen Marschübungen konnten wir uns mit der Fortsetzung der Waffenausbildung beschäftigen. Die Soldaten genossen die böhmisch-mährische Küche in ihrer Reichhaltigkeit und das gute Bier, und es herrschte die gleiche Stimmung wie nach einem überstandenen Manöver in der Vorfreude auf den Manöverball. Das einzige herausstechende Ereignis war nach 14 Tagen ein Hautausschlag, der alle Soldaten befiel, die aus der Feldküche verpflegt wurden. Da es dauernd Nudeln und Mehlspeisen gab, Kartoffeln fast unbekannt waren, führte der zum Bataillon abgestellte Truppenarzt dieses Übel auf einen Mangel in der Ernährung

zurück und verfügte, aus der Garnison Gleiwitz einige Lastwagen Kartoffeln heranzuholen. Nach 8 Tagen kartoffelreicher Verpflegung war das Übel verschwunden. Es war das erste Mal, daß wir so deutlich auf die Gefahr von Mangelerscheinungen ebenso hingewiesen wurden wie auf die gesundheitliche Bedeutung der Kartoffel. Später im Krieg in Rußland haben wir ähnliche und noch drastischere Belehrungen von der Natur erhalten, daß man sich nicht ungestraft einseitig ernähren darf.

Kurz vor unserem Rückmarsch in die Garnison Gleiwitz, als Vorübung der vor uns liegenden 150 km, wurde ein Ausflug der 2. Kompanie in die West-Beskiden unternommen auf die Lysa Hora, die 1325 m hoch lag und noch Schnee hatte, so daß auch einige Skiläufer zu ihrem Recht kamen. Wir alle sonnten uns in dem dortigen Baudengelände und genossen das Bier vom Faß ebenso wie unsere Marschverpflegung. In den nächsten Tagen haben wir allerdings den Preis für das Sonnenbad im Schnee zahlen müssen: Ein Sonnenbrand hatte alle so erwischt, daß das Tragen von Gepäck und Waffen für manchen zur Qual wurde.

Nach vier Tagen Marsch traf das Bataillon kompanieweise Mitte April in Gleiwitz ein, um gleich mit den Übungen für die Regimentsparade am 20. April zu beginnen. Sie hatte für uns 18 neubeförderte Leutnante eine besondere Bedeutung; denn zum erstenmal durften wir unsere Paradeuniform vorführen. Unsere Beförderung war am 1. April erfolgt mit gleichzeitigem Hinweis auf eine Einkleidungsbeihilfe von 1500,– RM. Unser Betreuer, Hauptmann von Debschütz, aber auch einige andere alte Offizierskameraden standen uns mit guten Ratschlägen zur Seite, wie wir die notwendigsten Uniform- und Bekleidungsstücke mit diesem Geld decken konnten.

Natürlich gab es in der Garnison einige Uniformschneider, die schon einen solchen Auftragsschub gewohnt waren und sich auf den 1. April und 1. Oktober als Beförderungsdaten eingerichtet hatten. Dort also wurden die Paradeuniform, Rock, Stiefelhose und lange Hose geschneidert. Für die Mütze war ein Mützenmacher zuständig. Die Stiefel, mit hartem Schaft, lieferte ein renommiertes Schuhhaus in Gleiwitz auf der Wilhelmstraße. Was an Wäsche und Ausrüstungsgegenständen noch fehlte, wurde bei der

Heereskleiderkasse in Berlin angefordert, die hierfür besondere Depots hatte. Das Teuerste war der lange, hellgraue Offiziersmantel in besonderem Tuch. Mit etwas Glück und einem kleinen Zuschuß vom Elternhaus konnte der frischgebackene Leutnant sich aus diesen 1500,– RM Einkleidungsgeld mit der ersten Garnitur eindecken.
Der 20. April 1939 war ein sonniger, wenn auch noch kühler Frühlingstag. Kompanieweise marschierten wir im Paradeanzug, mit Stahlhelm und Gewehr, Feldwebel und Offiziere mit Säbel, zum Paradeplatz in Gleiwitz, auf dem die 3000 Soldaten des Standortes – Infanterie, Artillerie und die Reiterzüge – Aufstellung nahmen. Nach dem Abreiten der Front durch den Regimentskommandeur Oberst Stoewer, den Regimentsadjutanten und zwei Ordonnanz-Offiziere, unter ihnen mein Freund Hans Hauke, ebenfalls frisch eingekleideter Leutnant, erfolgte der Vorbeimarsch zu den Klängen des Regimentsmusikkorps unter Musikmeister Wimmer, einem liebenswürdigen, schon etwas älteren Herrn mit leichtem Bauchansatz.
Für uns junge Offiziere war schon der Marsch aus der Kaserne durch die Stadt Gleiwitz über die Wilhelmstraße vorbei am »Haus Oberschlesien« ein unvergeßliches Erlebnis. Für den Witz des Tages aber sorgte natürlich einer der gerade beförderten Leutnante. Anders als die Truppe, die Stahlhelm trug, hatten der Regimentskommandeur Oberst Stoewer und seine Begleitung hoch zu Pferde nur die Offiziersmützen auf. Als daher beim Erscheinen des Regimentskommandeurs auf das Kommando: »Achtung, präsentiert das Gewehr! Zur Meldung an den Herrn Regimentskommandeur, Augen rechts« Musikmeister Wimmer mit dem Präsentiermarsch einsetzte, wurde das Pferd des Leutnants Hauke nervös. War es der Paukenschlag der Musik, es scheute und sauste im Galopp davon. Hauke hatte schon beim ersten Sprung des Pferdes seine Mütze verloren und während der ungewollten Ehrenrunde große Mühe, sich auf dem Pferd zu halten. Oberst Stoewer nahm den Ausflug seines Ordonnanzoffiziers mit Humor, ein hilfsbereiter Sanitäter brachte Leutnant Hauke die Mütze wieder.
Für ihn war der Tag verdorben! Mit hochrotem Kopf saß er auf

seinem Pferd. Wir anderen hatten unser Vergnügen, und noch oft mußte Leutnant Hauke, der im ersten Jahr des Rußlandfeldzuges fiel, die Geschichte von seinem Paraderitt über sich ergehen lassen.
Nach dem Abmarsch ging es wieder zurück in die Kasernen. Es erfolgte die feierliche Aufnahme der neuen Leutnante in die Gesellschaft des Offizierskasinos an einem gemeinsamen, großen kalten Buffet. Auch die Damen des Offizierskorps waren geladen. Es war eine nur noch mit einer Hochzeit vergleichbare Hochstimmung unter den 300 Gästen. Während die älteren Offiziere sich bald zum Skatspiel oder zu Trinkrunden zusammensetzten, waren wir jungen Offiziere die gesuchten Gesprächspartner der Damen, vor allem jener Offiziersfamilien, die heranwachsende Töchter hatten. Als die Stimmung sich am Nachmittag lockerte, wurde sogar getanzt. Natürlich standen auch hier wir jungen und begeisterten Tänzer im Mittelpunkt. Über die alten Kameraden hatte sich schon die Müdigkeit der Anstrengungen der Parade, des Essens und Trinkens gelegt.
Als Punkt 18.00 Uhr das Fest beendet und die Wagen vorgefahren waren, nahm manche Familie einen neugebackenen Leutnant mit sich nach Hause, wo natürlich weiter gefeiert oder getanzt wurde. Unser Ausbildungsoffizier, Hauptmann von Debschütz, hatte uns für diesen Tag besonders scharf die Distanz zum Alkohol empfohlen. Wir haben uns alle wechselseitig darin unterstützt, damit niemand aus der Reihe tanzen konnte. Die rechtzeitige Beendigung der offiziellen Kasinoveranstaltung sorgte im übrigen dafür, daß niemand zu Fall kam.
Das Kasinoleben vollzog sich ganz anders, als es in manchen literarischen Darstellungen oder Filmen landläufig dargestellt wurde. Es war kein Ort großer Saufgelage und hemmungsloser Orgien, aber auch kein vom Kastengeist geprägtes exklusives Herrendasein. Vielmehr bewirkte schon die Organisation der Aufsicht führenden Offiziere und die Öffentlichkeit des Betriebs, daß selbstverständlich gesittete Umgangsformen gewahrt wurden. Einer der ältesten Offiziere, der als Junggeselle auch über viel Zeit verfügte, wurde zum Kasino-Offizier gewählt. Ihm standen einige jüngere Offiziere als Gehilfen zur Seite. Dem Kasino-Offizier oblag

die Aufsicht über alle Räume einschließlich Küche und Keller und die Dienstaufsicht über alle im Kasino tätigen Personen. An deren Spitze stand ein Kasino-Unteroffizier, meist ein älterer Feldwebel oder Oberfeldwebel, dem wiederum einige andere zur Hand gingen. Man konnte morgens im Kasino frühstücken, um 13.00 Uhr fand das gemeinsame Mittagessen bis 14.30 Uhr statt, an dem alle unverheirateten Offiziere, die Verheirateten, soweit sie nicht bei ihren Familien essen wollten, teilzunehmen hatten. Der Kürze der Zeit und Einfachheit wegen nahmen auch viele verheiratete Offiziere an dem gemeinsamen Mittagessen teil. Die Speisenfolge wurde jeweils für die ganze Woche vorausgeplant. Es gab zweimal Fisch in der Woche, viel Obst und Gemüse, mittags wurde grundsätzlich kein Alkohol getrunken, sondern Obstsäfte oder Mineralwasser gereicht. Am Abend stand für das Abendessen die Kasinoküche von 19.00–22.00 Uhr zur Verfügung. Wer nicht am gemeinsamen Essen um 20.00 Uhr teilnehmen wollte, konnte vorher oder nachher noch einzeln speisen. Punkt 24.00 Uhr war das Kasino geschlossen. Die strenge Innehaltung dieser Vorschrift wurde vom Kasino-Offizier oder einem Beauftragten durch Stichproben überwacht.
Neben dem üblichen Betrieb gab es Skatabende, Musikveranstaltungen und mindestens einmal im Monat ein großes, geselliges Beisammensein mit einem Streichkonzert oder einem literarischen Vortrag am Beginn der Veranstaltung. Dazu waren auch Gäste des Standortes mit ihren Familien eingeladen. Die Mitnahme beschränkte sich allerdings auf Ehefrauen und Verlobte. Zukünftige Ehefrauen, die als Verlobte noch nicht eingeführt waren, waren ebenso vom Kasinobesuch ausgeschlossen wie Freundinnen oder sogenannte Begleiterinnen.
Es war selbstverständlich, daß jeder Offizier, der das Kasino betrat und dabei ältere Offiziere vorfand, diese begrüßte und sich unbekannten Gästen und jeder Dame vorstellen ließ. Ebenso selbstverständlich war es, daß man den ältesten anwesenden Offizier um Erlaubnis fragte, wenn das Radiogerät oder der Plattenspieler eingeschaltet werden sollte. Zu den größeren Festen erschienen auch die örtlichen Spitzen der NSDAP und ihrer Gliederungen, der SA, der SS und des NSKK.

Der politische Geist im Kasino war zwiespältig. Der Führer und Reichskanzler, der gleichzeitig Oberster Befehlshaber der Wehrmacht war, stand außerhalb jeglicher Diskussion. Man war einfach führertreu, vom Oberst und Regimentskommandeur bis hinunter zur Ordonnanz. Die älteren Offiziere, die durch ihre Reaktivierung ihr Farmerdasein in Südamerika beenden und damit erneut den Offiziersrock anziehen konnten, waren im besonderen Maße führertreu. Ihre Bewunderung für die Leistungen und Erfolge des Nationalsozialismus überstiegen bei weitem – wie oft bei Auslandsdeutschen – die Meinung der jüngeren Offiziere, die mit ihrer Kritik und selbsterlebten Beispielen nicht hinter dem Berge hielten.
Niemals habe ich bis zum Kriegsbeginn die später häufige Formulierung vom »böhmischen Gefreiten« über Hitler gehört.
Im Verhältnis zur Nationalsozialistischen Arbeiterpartei sah es allerdings anders aus. Da Berufssoldaten nicht Mitglied einer Partei sein durften, hatte niemand von uns irgendein Verhältnis zur NSDAP. Man betrachtete vielmehr die Partei mit einem gewissen Mißtrauen, zumal sie sich immer mehr in öffentliche Dinge hineinmischte und sich gegenüber den Offizieren auch als oberste Instanz des Staates auszugeben pflegte. Die Offiziere kompensierten das mit Mißachtung gegenüber den Funktionären der Partei.
Ebenso war es mit der SA und der SS. Bei ihnen kam noch hinzu, daß die Aufstellung bewaffneter SS-Verbände, wie Leibstandarte und Verfügungstruppe der SS, bereits zu einer Rivalität geführt hatte. Die SA- und SS-Ränge wollten mit den Wehrmachtsrängen gleichgestellt werden. So kam es vor, daß bei den geladenen politischen Funktionsträgern, beim Kreisleiter, den Ortsgruppenleitern, den SA- und SS-Führern des Standortes vorher jüngere Offiziere abgeordnet wurden mit der ausdrücklichen Weisung, sich um diesen oder jenen Funktionsträger zu kümmern und dafür zu sorgen, daß es nicht zu politischen Auseinandersetzungen im Kasino kommen konnte.
Das sah dann so aus: Hauptmann A., Sie kennen den Standartenführer B. Er hat doch bei Ihnen eine Reserveübung abgeleistet. Kümmern Sie sich heute abend um ihn und sorgen Sie dafür, daß er genügend zu essen und zu trinken bekommt. Sonst läuft gar

nichts! – Oberleutnant C., Sie werden heute abend Begleitoffizier des Kreisleiters sein. Sie waren ja früher HJ-Führer und werden sich gut mit ihm verstehen. – Oberleutnant D. und Leutnant E. werden Ihnen dabei helfen. Die Frau des Kreisleiters tanzt gerne, sorgen Sie dafür, daß sie viel in Bewegung ist! Und so ging es fort, so daß jeder dieser Amtsträger unter einer besonderen Betreuung stand. Dieses System hat sich ausgezeichnet bewährt. Es kam auch bei längeren Festen niemals zu einem Zusammenstoß.
Nur ein einziges Mal griff einer der älteren Offiziere, ein etwas dickleibiger Major, den schon am ersten Kriegstag ein Bauchstreifschuß traf, in das Geschehen ein. Als die jüngeren Offiziere den Lambethwalk, einen damals in Mode gekommenen englischen, aufgelockerten Tanz auflegten, schritt der Major Braumann entrüstet ein, stellte die Musik ab und zerbrach die Schallplatte. Dieser englische Modetanz war verpönt und galt als Zeichen von Dekadenz.
Am nächsten Tag begann wieder der normale Dienst. Ein neues Kapitel um die militärische Lage schien sich anzubahnen, nachdem die Frage Böhmens und Mährens so rasch und unblutig entschieden war. Doch vorerst galt es noch, einem alten Standortbrauch zu entsprechen.
Der erste Soldat, der vor einem neuernannten Offizier den pflichtmäßigen Präsentiergriff vollzog, erhielt ein Fünf-Mark-Stück. Die erste Wache, die heraustrat, wenn ein Offizier das Kasernentor passierte, mindestens einen Zwanzigmarkschein! Natürlich waren die Wachen des 21. April darauf eingerichtet. Es gab für sie bei der großen Zahl der neuernannten Leutnante abends nach Dienstschluß eine erfreuliche Nachfeier.
Die deutschen Zeitungen brachten wenig über das negative Echo, das der deutsche Einmarsch in England und Frankreich ausgelöst hatte. Ich hatte mir schon in meinem Quartier in Friedek angewöhnt, den Londoner Rundfunk zu hören, der auf der Mittelwelle in diesem Raum gut zu empfangen war. Diese Gewohnheit, aus Neugier, aber auch aus einem Informationsbedürfnis behielt ich in Gleiwitz bei.
Zusammen mit dem inzwischen zur 2. Kompanie versetzten Leutnant Stanjeck bezog ich die Offizierswohnung im Kompanieblock,

bestehend aus einem großen Wohnzimmer, zwei Schlafzimmern und einer Küche. Wir teilten uns die Miete in Höhe von 72,– RM. Immerhin betrug das Leutnantsgehalt netto 196,– RM, wovon alle Ausgaben, einschließlich Kasinoverpflegung und Lebensführung zu bestreiten waren. Abzüglich der 36,– RM der auf jeden entfallenden Wohnungsmiete verblieb jedem von uns ein Nettobetrag von 160,– RM. Das reichte sehr knapp, so daß wir oft am Monatsende gerade noch einmal in einer der Brauereigaststätten das billigste Gericht essen konnten, wenn wir nicht ins Kasino gehen wollten. Es bestand aus Bratkartoffeln und Rühreiern mit Salat und kostete –,80 RM, mit einem Glas Bier waren es genau 1,– RM.

Stanjeck – Lehrersohn aus Neisse in Oberschlesien – und ich verstanden uns gut, so daß niemand dem anderen politisch mißtraute. Wir hörten daher regelmäßig auch in unserer Wohnung mit unserem Dienstapparat, der zur Ausstattung der Leutnantswohnung gehörte, die Nachrichtensendungen des BBC London. Aus ihnen ging hervor, daß England und Frankreich nicht nur gegen die Besetzung Böhmens und Mährens formell protestiert hatten. Der britische Premierminister Chamberlain hatte offensichtlich in Kenntnis der nunmehr Polen drohenden Gefahren eine Erklärung vor dem Unterhaus abgegeben, daß im Falle eines Angriffs Polen jede Hilfe Großbritanniens zuteil werden sollte. Gleichzeitig erklärte Chamberlain, daß die französische Regierung ihn ermächtigt habe zu erklären, sie nähme in dieser Angelegenheit denselben Standpunkt ein. Diese britischen und französischen Garantieerklärungen haben dem polnischen Widerstand gegen Berlin eine erhebliche Rückendeckung und der polnischen Presse einen ungeheuren Auftrieb gegeben. Erneut wurde in der polnischen Presse die Forderung Ribbentrops an den polnischen Außenminister Beck vom Januar 1939 erörtert und entschieden zurückgewiesen. Polnische Zeitungen erhoben die Forderung, Danzig zu besetzen, andere waren für den Einmarsch der polnischen Armee in Ostpreußen und für die Annexion dieses Gebietes. Schließlich hieß es in einer sich überschlagenden nationalistischen Übersteigerung, Polens Grenze müsse bis an die Oder vorgeschoben werden. Nicht die Oder, sondern die Elbe sei Polens Westgrenze, und Berlin sei

keine deutsche Stadt, sondern eine alte polnische Ansiedlung, hieß es in öffentlichen Veranstaltungen und Plakaten.
Die polnische Regierung verfügte die Teilmobilmachung. An den Hauswänden in Warschau und auf Plakaten war zu lesen: Auf nach Berlin! Auch die deutschen Zeitungen und die Rundfunksendungen beschäftigten sich nun mehr und mehr mit den Leiden der deutschen Minderheiten in Polen und mit dem Unrecht des Versailler Vertrages, der die wertvollsten oberschlesischen Industriegebiete, trotz gegenteiligen Ergebnisses der Volksabstimmung, Polen überantwortet hatte und überdies mit dem unnatürlichen Korridor zwischen Ostpreußen und dem Reich. Wie in zwei kommunizierenden Röhren löste jede Drohung eine Gegendrohung, jeder hetzerische Artikel eine ebenso scharfe Gegendarstellung aus. Es trieb, auch in der öffentlichen Meinung, einer neuen internationalen Krise zu.
Während der großen Truppenparade zum polnischen Nationalfeiertag am 3. Mai 1939 begrüßten fanatisierte Massen jeden neuen Truppenteil mit Sprechchören: »Auf nach Danzig, vorwärts nach Berlin!« Man wolle die deutsche Wehrmacht, so erklärte man in Warschau, im Berliner Grunewald genauso vernichtend schlagen, wie das Heer des Deutschen Ritterordens 1410 bei Grunwald geschlagen wurde – das ist der polnische Name für Tannenberg.
Am 22. Mai 1939 wurde in Berlin das Militärbündnis zwischen Deutschland und Italien abgeschlossen, der sogenannte Stahlpakt, dem in der Presse und im Rundfunk eine außerordentliche Bedeutung beigemessen wurde. In ihm vereinbarten Deutschland und Italien bei kriegerischen Verwicklungen den militärischen Beistand zu Lande, zur See und in der Luft.
Auch im Standort Gleiwitz veränderte sich das Bild. Während man sonst auf den Truppenübungsplatz zu Gefechtsübungen marschierte, lautete der Befehl für die nächsten Wochen: Befestigungs- und Schanzarbeiten an der deutsch-polnischen Grenze! Entlang des Polen vorgelagerten Grenzraumes beiderseits der Gleiwitzer Grube begannen die Kompanien des Regiments Laufgräben, Unterstände, MG-Nester und Geschützstellungen auszuheben. Daneben lief die Ausbildung an Waffen und Gerät. Die wöchentliche Kompaniebelehrung, in der der Kompaniechef oder Kom

panieoffizier eine Art staatspolitische Unterweisung vornahm, fand nunmehr dreimal in der Woche statt. Die politischen Ereignisse wurden auf Grund von Richtlinien für Truppenoffiziere erläutert. Das Verhältnis zu Polen wurde immer mehr Gegenstand des politischen Unterrichts.
Die Modernisierung an Waffen und Gerät schritt fort. Erstmalig sollten auch Geländeübungen mit scharfen Schußwaffen und schweren Waffen stattfinden. Da dies im dicht besiedelten oberschlesischen Raum nicht möglich war, wurde das Regiment im Bahntransport im Monat Juli 1939 auf den Truppenübungsplatz Neuhammer am Queis verlegt. Da ohnehin ein Übungsplatzaufenthalt der Garnison nichts Neues ist, beobachtete die Bevölkerung von Gleiwitz die Verladungen auf den Rampen des Güterbahnhofs mit der gewohnten Neugier, wie ein Jahr vorher, als es zum Truppenübungsplatz Wildflecken in die Rhön ging. Man war verwöhnt von den Ereignissen der vergangenen Jahre. Daher glaubte man, daß, wie im Falle Österreich, der Lösung der Sudetenkrise und dem Einmarsch in Prag, auch diesmal wieder eine ähnliche, friedliche Kompromißlösung in Aussicht stehen würde.
Der Truppenübungsplatz Neuhammer war, wie wir bei unserer Ankunft feststellten, über und über belegt. Eine Hektik durch einmarschierende oder abmarschierende Truppeneinheiten, Neuverladungen oder Ausladungen und eine allgemeine Nervosität bei der Standortverwaltung waren unverkennbar. Offensichtlich wußte man auf der Ebene höherer Dienstgrade mehr und hatte Weisungen und Anordnungen, die uns jüngeren Offizieren nicht zuteil wurden. Das war auch, wie sich später herausstellte, der Fall.
Denn Hitler hatte bereits am 23. Mai 1939 die führenden Militärs in der Reichskanzlei versammelt und ihnen erklärt, daß er eine friedliche Regelung mit Polen nicht mehr für möglich halte und der Krieg unvermeidlich geworden sei. Die Generäle und Admiräle waren nicht nur überrascht, sondern gleichzeitig als militärische Fachleute voller Sorge, da die deutsche Wiederbewaffnung und Aufrüstung zwar angelaufen war, aber ihre Ziele bei weitem noch nicht erreicht hatten. Der Marineaufrüstungsplan sah erst für das Jahr 1945 für die deutsche Kriegsmarine die gleiche Stärke wie die

britische Navy vor. Auch für das Heer und die Luftwaffe waren die 40er Jahre als Abschluß der geplanten Aufrüstungsvorhaben festgesetzt.

Angesichts dieser Tatsache war die allgemeine Unruhe in den Kreisen der höheren Offiziere ebenso verständlich wie die häufigen Meldungen über Truppenbesichtigungen Hitlers und Görings bei Heer und Luftwaffe. Die Sensation sollte jedoch im politischen Bereich liegen und nicht im militärischen.

Die Gefechtsübungen, auch zahlreiche Nachtübungen, auf dem Truppenübungsplatz Neuhammer nahmen Führung und Truppe sehr in Anspruch. Gruppenschießübungen in Zug- und Kompaniestärke mit scharfer Munition, Gewöhnung an das Überschießen durch schwere Maschinengewehre und Flak und schließlich Scharfschießen auf von Flugzeugen geschleppte Luftsäcke in Gruppe, Zug und Kompanie waren an der Tagesordnung. Es war ein bisher ungewohntes Gefühl, wenn die Kompanie flach auf dem Boden lag und durch 2-cm-Flakgeschütze oder schwere Maschinengewehre wenige Meter über den Köpfen der auf der Erde liegenden Infanterie auf Feindziele überschossen wurde. Der Geschoßknall hatte bei der hohen Schußfolge der modernen Maschinengewehre und Flakgeschütze ein nervenzerfetzendes Geräusch zur Folge, an das man sich nur schwer gewöhnen konnte. Dabei ruhig zu bleiben, sich an den Boden zu krallen und nicht in Panik zu geraten, aufzustehen und davonzulaufen, war der Sinn solcher Übungen, die alle unfallfrei an uns vorübergingen.

Nur bei der Beschießung der Luftsäcke, die von Flugzeugen an einem etwa 300 m langen Seil geschleppt wurden, gab es einige Zwischenfälle. Hatten doch einige nicht auf den Luftsack, sondern auf das Schleppflugzeug geschossen. Als einmal der Kompaniechef nach einer Besprechung einer solchen Scharfschießübung die übliche Frage an die Kompanie stellte: »Alles verstanden, oder hat jemand noch eine Frage?«, meldete sich doch ein Schütze mit der Frage: »Herr Hauptmann, warum schleppt das Flugzeug einen rotweißen Sack hinter sich her?« Dem verdutzten Kompanichef blieb die Sprache weg. Hatte doch der Fragesteller, wie sicher auch einige andere, nicht auf den Luftsack, sondern auf das Flugzeug

geschossen. Darum war auch verständlich, warum die Leitstelle der Luftwaffe immer wieder bei der Truppe protestierte, weil es zahlreiche Einschüsse bei den Schleppmaschinen gab. Zu einem Abschuß hatte es allerdings bei keinem gereicht.
Ein schweres Übungsunglück traf jedoch die Luftwaffe. Bei einer vor hohen Militärs, einschließlich des Oberbefehlshabers der Luftwaffe, Hermann Göring, veranstalteten Übung, zu der eine Staffel Sturzkampfflieger vom Typ Ju 87, landläufig »Stuka« genannt, befohlen war, stürzten alle 12 Flugzeuge, der Staffelkapitän voran, aus 2000 m Höhe mit ihren Übungsbomben ins Ziel. Entweder hatte die Wetterstelle die Höhe einer Wolkenschicht falsch gemeldet, oder menschliches Versagen hatte zur Folge, daß die Höhe der Wolkenschicht nicht wie angenommen 2000 m, sondern in Wirklichkeit nur 600 m betrug, so daß alle Sturzkampfflieger, die die Wolkenschicht durchstoßen hatten, zu spät bemerkten, daß sie sich bereits in rasender Geschwindigkeit der Erde näherten und die Maschinen nicht mehr abfangen konnten. Augenzeugen berichteten von einem schrecklichen Bild der Zerstörung und des Grauens, das sich den Beobachtern bot. Die Übung wurde sofort abgebrochen und über das Unglück der Mantel des Schweigens gebreitet.
Ein erfreuliches, wenn auch zwiespältiges Erlebnis beendete den vierwöchigen Aufenthalt auf dem Truppenübungsplatz Neuhammer. Der Kommandeur des III. Bataillons unseres Regiments, Major Berger, hatte seine Familie noch in Berlin. Er wollte sie an einem freien Wochenende mit seinem viersitzigen, offenen Opel besuchen. Um nicht allein zu fahren, bot er drei Leutnanten die Mitfahrmöglichkeit nach Berlin an. Wir kamen sofort um Urlaub ein und erhielten tatsächlich die Erlaubnis zum Berlinbesuch. Mein Kompaniekamerad Leutnant Stanjeck, der aus Wien stammende Leutnant Nell und ich konnten in Zivil nach Berlin mitfahren.
Es ging an einem schönen Sommertag über die Autobahn von Sagan in einem Zug die 180 km nach Berlin. Für mich war es der erste Besuch in der Reichshauptstadt. Meine beiden Kameraden kannten sie schon von einem früheren Aufenthalt.
Als wir von der Autobahn abbiegend schließlich an der Fassade des Reichstages im brodelnden Verkehr um die Siegessäule herum

in Richtung Kurfürstendamm einbogen, waren wir alle von der Lebendigkeit und dem Tempo der Millionenstadt fasziniert.
Wir vier Herren im Sportwagen erregten die Aufmerksamkeit vieler Passanten, die uns zuwinkten. Entweder waren wir mit unserem militärischen Haarschnitt und der in den Übungswochen in Neuhammer erworbenen Bräune als Globetrotter aufgefallen, oder erschienen durch unsere vorsichtige Fahrweise und unser Aussehen als Soldaten in Zivil etwas provinziell. Jedenfalls drohten uns einige Taxifahrer, die uns überholten; denn wir hatten ja schließlich eine Besichtigungsfahrt durch die Stadt vor und es daher nicht so eilig wie die anderen, die uns ständig überholten.
Natürlich hatten wir für unseren Aufenthalt vorgesorgt. Wir mieteten uns in einer Pension ein, die Stanjeck schon kannte, in der wir von Freitag bis Sonntag für nur 5,– RM pro Nacht mit Frühstück ein sauberes Zimmer bekamen, mitsamt dem Nachtschlüssel, so daß wir jederzeit wieder Einlaß finden konnten.
Also ging es los! Erst entlang des Kurfürstendamms bis zur Gedächtniskirche, dann vom Potsdamer Bahnhof bis zum Brandenburger Tor, und dann natürlich in den »Wintergarten«, bei dem wir uns schon durch einen älteren Offizier, Hauptmann Koboldt, Karten besorgt hatten. Der »Wintergarten« bot ein hervorragendes Programm. Besetzt bis zum letzten Platz, sprang die Berliner Art auch auf die fremden Besucher über.
Im Anschluß daran ging es – natürlich um Geld zu sparen – zu Aschinger, wo neben der Erbsensuppe und einem Paar Knacker die Brötchen ungezählt und unbezahlt verzehrt werden konnten.
Es war schon heller Morgen, als wir drei wieder in unsere Pension kamen, müde und zerschlagen von den vielen Eindrücken und Erlebnissen. Berlin war in diesen beiden Nächten, in denen wir kaum geschlafen hatten, ein brodelnder Kessel der Lebensfreude und Lebenslust.
Den ersten Tag nutzten wir zum Besuch der Reichskanzlei, die wir natürlich nicht betreten durften, bummelten über den Potsdamer Platz, besuchten das Schloß und ließen uns natürlich um 12.00 Uhr das Aufziehen der Wache nicht entgehen; denn schließlich waren wir ja »Fachleute«. Den Sonntag verbrachten wir im Olympia-Schwimmbad und bewunderten einmal mehr die Anlagen des

Olympiastadions und des Olympia-Schwimmbades. Natürlich nicht allein, denn inzwischen hatten sich, angebändelt schon in der ersten Nacht, die Manöverfreundinnen eingefunden, Studentinnen, die auch etwas Abwechslung suchten und uns dadurch den Anschluß erleichtert hatten. Die Bedingung für den Ausflug ins Olympia-Schwimmbad war, daß wir am Sonntagnachmittag zum Fünf-Uhr-Tee ins Hotel Adlon gehen sollten. Wir haben natürlich zugesagt, aber ebenso betont, daß wir kaum Geld hätten, so daß es mehr als ein Kännchen Kaffee nicht werden dürfte. Also bezahlte ein jeder für sich. Es war eines der schönsten Tanzvergnügen am Sonntag im Hotel Adlon, das ich noch zu Friedenszeiten erlebt habe. Leider schlug um 20.00 Uhr die Abschiedsstunde; denn wir hatten uns um diese Zeit an der Gedächtniskirche mit Major Berger verabredet, nicht ohne vorher noch Adressen getauscht und ein baldiges Wiedersehen in Berlin mit unseren Bekanntschaften verabredet zu haben, zu dem es natürlich durch die folgenden Ereignisse nie kam.
Von politischen Ereignissen, Kundgebungen oder Besonderheiten war nichts in Berlin festzustellen. Als einziges Ereignis ist mir in Erinnerung, daß bei unserem Stadtbummel am Samstagabend in der Britischen Botschaft noch viele Fenster erleuchtet waren. Wir fragten einige vorbeikommende Berliner, was für ein Gebäude das sei und warum dort noch gearbeitet würde, und dazu am Samstagabend. In der üblichen, kurz angebundenen Art war die Antwort: »Das ist die Britische Botschaft, die sortieren schon die Papiere und packen die Koffer, denn bald ist es soweit.« Wir sahen uns überrascht an! Man hatte in Berlin mehr politische Fühlung mit dem Puls der Zeit und ahnte den drohenden Kriegsausbruch eher als wir auf dem Übungsplatz, 180 km von Berlin entfernt.
Wieder in der Garnison zurück, gab es diesmal nur eine Woche Urlaub, wie es nach einem Aufenthalt auf dem Truppenübungsplatz üblich war, man sprach sogar von Urlaubssperre.
Unsere Beschäftigung bestand in täglichen Schanzarbeiten im Vorfeld von Gleiwitz, als wenn es gelten würde, eine Verteidigungslinie vor Gleiwitz aufzubauen. Auch uns gegenüber vor dem Dorf Schönwald bei Gleiwitz, bekannt durch seine Schönwalder Trachten, schanzten die Polen und hoben ihrerseits Erdbefestigungen

aus. Wir beobachteten uns wechselseitig durch Ferngläser. In einem Fall ging ein Trupp bis unmittelbar an die ersten Gräben der Polen heran. Sofortiges Maschinengewehrfeuer über die Köpfe der Soldaten hinweg war die Folge. Getroffen wurde jedoch niemand. Nun brachten auch wir unsererseits Maschinengewehre in Stellung und lagen uns einige Stunden beobachtend gegenüber. Das war einer der Zwischenfälle an der deutsch-polnischen Grenze, wie sie dann später in Hitlers Rede vor dem Reichstag registriert wurden.

Am 22. August 1939 trauten wir unseren Ohren nicht. Der Reichsrundfunk meldete in seiner Nachrichtensendung, daß Reichsaußenminister von Ribbentrop nach Moskau geflogen sei, um dort einen deutsch-sowjetischen Nichtangriffspakt abzuschließen. Am nächsten Tag stand es in den Zeitungen und war das Hauptgespräch aller in Straßen, Geschäften und Büros. Eine geschickte Sprachregelung des Reichspropagandaministers feierte das deutsch-sowjetische Abkommen als einen Sieg des nationalsozialistischen Reiches gegen die von Polen, England und Frankreich ausgehende unmittelbare Kriegsgefahr. Dennoch sah man immer noch ratlose Mienen bei überzeugten Nationalsozialisten und Funktionsträgern der NSDAP. Hatten sie doch ihren ganzen Idealismus in den Dienst antibolschewistischer und antikommunistischer Gesinnung gestellt und dafür den Weg in die Partei Hitlers gewählt. Aber, wie immer auch in späteren Fällen, beruhigten sie sich auch hier mit dem Satz: »Der Führer hat immer recht!« Er wird schon wissen, warum er es getan hat. In jedem Fall haben wir jetzt den Rücken frei, einen Zweifrontenkrieg wird es diesmal nicht geben wie 1914.

5.
Der Angriff auf Polen

In diesen Tagen entfällt der tägliche Ausmarsch zu den Schanzarbeiten zwischen Schönwald und der Gleiwitzer Grube. Eine Urlaubssperre wurde verfügt, dann sogar Ausgangssperre, niemand durfte die Kaserne verlassen. Alle Vorbereitungen für den Ausmarsch wurden getroffen, Waffen und Gerät verladen, Maschinengewehrmunition gegurtet und zur Verteilung an die Soldaten bereitgehalten. Am 25. August 1939 in den Abendstunden traten die Kompanien vor den Kasernenblocks an. Scharfe Munition wurde ausgegeben! Das Kommando: »Gewehre laden und sichern« hallte über die Plätze. Jeden Augenblick sollte ausmarschiert werden. Da erreichte ein neuer Befehl die Truppe: Alles zurück in die Quartiere. Es wurde wieder entladen, die Munition eingesammelt, die Truppe hörte das Kommando: »Weggetreten!« Alles blieb in den Kasernen!

Was war geschehen? Um 15.00 Uhr waren von Berlin die letzten Befehle zum Einmarsch in Polen ergangen. Von Pommern und Ostpreußen bis Oberschlesien setzten sich die deutschen Truppen in Marsch. Die Telefonverbindungen mit dem Ausland wurden unterbrochen, die deutschen Flughäfen gesperrt, ausländische Maschinen durften das Reichsgebiet nicht mehr überfliegen. Der Angriff auf Polen sollte am 26. August 1939 um 4.30 Uhr beginnen. Da wir in Gleiwitz der polnischen Grenze am nächsten lagen, hätte es genügt, spätabends in die Bereitstellungsräume zu ziehen. Wir traten daher auch erst gegen Abend auf die Kasernenhöfe. Inzwischen aber traten politische Ereignisse ein, die die Kriegsmaschine noch einmal anhielten. Man spekulierte, daß möglicherweise, wie bei der Sudetenkrise, ein erneutes Treffen der Staatsmänner stattfinden sollte und noch einmal der Frieden gerettet werden könnte. Der letzte Vorschlag, den Deutschland an Polen richtete, bestand darin, im Korridor, dem von Polen besetzten Gebiet zwischen Deutschland und seiner Provinz Ostpreußen, eine Volksabstimmung durchzuführen. Entscheide sich die Bevölkerung zur Rück-

kehr nach Deutschland, dann sollte Polen eine exterritoriale Verkehrsverbindung durch dieses Gebiet nach seinem Ostseehafen Gdingen erhalten. Fiele die Entscheidung zugunsten Polens aus, dann sollte Deutschland eine exterritoriale Verkehrsverbindung durch dieses Gebiet erhalten.
Polen lehnte diesen Vorschlag ab und verfügte die Generalmobilmachung. Daraufhin wurde erneut der Angriffsbefehl durch Hitler an die Deutsche Wehrmacht für Freitag, den 1. September 1939, 4.30 Uhr verfügt.
Der letzte Augusttag war ein warmer, sonniger Spätsommertag. Am Nachmittag waren alle Vorbereitungen nunmehr zum zweiten Mal für den Abmarsch an die deutsch-polnische Grenze bei Schönwald und der Gleiwitzer Grube abgeschlossen. Ich ging, nachdem die Kompanie sich auf ihre Zimmer zurückgezogen hatte, in meine Leutnantswohnung, um mich von meinem Kameraden Stanjeck zu verabschieden. Er war zu den Heeresfliegern versetzt worden und wartete auf seinen Marschbefehl. Da er noch einiges zu besorgen hatte und von der Ausgangssperre nicht betroffen war, konnte er noch in die Stadt Gleiwitz.
Ich setzte mich hin und schrieb einen Abschiedsbrief an meine Eltern und Schwestern in Groß-Strehlitz, den die Mutter des Unteroffiziers Hadaschik mitnehmen sollte. Sie war gerade in Gleiwitz zu Besuch bei ihrem Sohn und befand sich im Kasernenblock.
Bei einem bekannten Gleiwitzer Fotografen hatte ich für meine Eltern einige Fotos machen lassen. Ich übergab ein größeres Porträt meinem Schulkameraden Unteroffizier Hadaschik mit der Bitte, es mit dem Brief meinen Eltern zu bringen, nachdem ich es mit einer Widmung versehen hatte. Dieses Bild und ein ähnliches meines in Frankreich gefallenen Bruders sollte im Januar 1945 noch eine besondere Rolle spielen. Beide Bilder hingen an einem Platz über dem Schreibtisch meines Vaters im Arbeitszimmer. Als die Rotarmisten Ende Januar 1945 das Schulgebäude besetzten und auch unsere Wohung durchsuchten, eröffneten sie mit ihren Maschinenpistolen erst das Feuer auf die beiden Uniformbilder und steckten schließlich aus Wut über vorgefundene Uniformstücke das ganze Schulgebäude in Brand. Glücklicherweise waren

meine Mutter und meine Schwestern bereits heraus. Einige Nachbarn, die noch versuchten, aus der Wohnung zu retten, was zu retten war, wurden Augenzeugen dieses Wutausbruchs der Rotarmisten.
Ich hatte in Gleiwitz den Rundfunkapparat eingeschaltet, um noch die Abendnachrichten zu hören, als plötzlich aus dem Lautsprecher nach einigen Nebengeräuschen ein Aufruf in polnischer Sprache zu hören war. Ich verstand zunächst nur die beiden ersten Worte: Uwaga, Uwaga, d. h. Achtung, Achtung! Nach einigen Minuten hörte der polnische Sprecher auf und es war Stille. Ich wunderte mich über diese Unterbrechung und konnte mir darauf keinen Reim machen. Irgendwas stimmte da nicht! Erst Tage später erfuhr ich, daß der Sender Gleiwitz durch polnische Soldaten überfallen und in Besitz genommen worden sei. Die Rede in polnischer Sprache sollte zum bewaffneten Aufstand aller Polen gegen Deutschland aufrufen.
Es gab bei dem Zusammenstoß im Sendegebäude des Gleiwitzer Senders auch Tote in polnischer Uniform. Hitler selbst erwähnte diesen Überfall in seiner Reichstagsrede am 1. September 1939. Mir erschien die ganze Sache etwas eigenartig, als ich einige Tage später die Einzelheiten lesen konnte. Denn der Gleiwitzer Sender lag in Sichtweite der Keithkasernen, in denen wir einsatzbereit auf den Marschbefehl warteten. Weder war eine Einheit alarmiert und zum Sender in Gleiwitz in Marsch gesetzt worden, noch hatte jemand davon eine Ahnung, was sich in unmittelbarer Nachbarschaft abgespielt hatte. Nicht einmal die einzige motorisierte Kompanie unseres Regiments, die Panzerjägerkompanie, war zur Hilfeleistung gegen einen angeblichen Überfall entsandt worden. Wenn in einer Garnisonstadt ein solcher Überfall durch reguläre polnische Truppen erfolgt wäre, hätte die Truppe oder zumindest die Regimentsführung sofort Kenntnis erhalten. Doch wir alle lasen davon erst in den Zeitungen. Erst nach und nach sickerte durch, daß es sich um einen fingierten Überfall unter Verwendung in polnische Uniformen gekleideter KZ-Insassen gehandelt haben soll, bei der die Geheime Staatspolizei (Gestapo) aus Berlin die Regie geführt hat.
Kurz vor 19.00 Uhr erfolgte der Abmarsch von den Keithkasernen

durch die Paul-Keller-Straße in Richtung Schönwald. Vor unserer Kompanie ritt der Kompaniechef Oberleutnant Fiedler, rechts und links des Marschweges standen viele Gleiwitzer Familien, auch die Angehörigen der in Gleiwitz wohnenden Berufssoldaten oder der eingezogenen Reservisten. Die Truppe marschierte schweigend, ohne ein Lied! Auch an den Bürgersteigen stand man still mit sorgenvollen Gesichtern, nur hier und da wurde ein Zuruf laut. Wenige hundert Meter nach dem Verlassen der Kaserne in unmittelbarer Nähe ihrer Wohnung stand auch die junge Ehefrau des Oberleutnants und Kompaniechefs Fiedler. Sie war sichtbar schwanger und wurde von der Mutter Fiedlers gestützt. Beide Frauen blieben stumm und sahen mit angstvollen Gesichtern zu Oberleutnant Fiedler hinauf, der, geradeaus blickend, die Hand grüßend an den Stahlhelm führte. Da ich am äußersten Rand des Bürgersteiges als Zugführer geradezu auf Tuchfühlung vorbeimarschierend ebenfalls grüßte, nickten beide Frauen. Ihre Gesichter habe ich noch viele Monate später nicht vergessen können. Es waren Gesichter voller Angst und Schrecken mit tieftraurigen Augen, als ob beide Frauen ahnten, daß ihr Mann und Sohn zwei Tage später tot sein würde.
Wir hatten von den lauten und lärmenden, fröhlichen Szenen bei Kriegsausbruch im August 1914 gehört und manche Bilder davon gesehen. Diesmal sah es ganz anders aus! Keine Marschmusik, keine jubelnden Menschen, keine demonstrative Begeisterung, sondern tiefe, geradezu lähmende Betroffenheit und Sorge bot das Bild zu beiden Seiten der Marschstraße. Da es sehr schnell dunkel wurde, konnte man kaum noch die Gesichter erkennen. Schemenhaft bewegten sich einzelne Gruppen neben unserer Marschkolonne, bis auch sie durch Absperrungen am Stadtrand von Gleiwitz am Weitergehen gehindert wurden. Einweiser führten die Kompanien auf das Gefechtsfeld. Abgeerntete Felder, Wiesen und Weiden, in denen den einzelnen Zügen die Bereitstellungsräume zugewiesen wurden. Es durfte nicht gesprochen werden, laute Kommandos unterblieben, es herrschte in der nun eingetretenen Dunkelheit eine beängstigende Stille.
Die Feldbefestigungen und Unterstände, die wir in wochenlanger Arbeit ausgebaut hatten, wurden kaum benutzt. Wir lagen auf

dem freien Feld und begannen zu frieren; denn es war eine klare, kühle Nacht zum 1. September 1939 mit Temperaturen nur um einige Grade über Null. Starke Taubildung durchnäßte unsere Uniformen.
In der Gliederung 1. Zug rechts, 2. Zug links, 3. Zug als Reserve rückwärts gestaffelt, war unsere 2. Kompanie in einer Angriffsbreite von 100 m im Gelände wenige 100 m vor den Grenzpfählen. Links in gleicher Aufstellung die 1. Kompanie.
Der Kompaniechef hatte auch hier gewechselt. Oberleutnant Schlabitz war an die Stelle von Hauptmann Gach getreten, der ebenfalls zu einer Neuaufstellung versetzt war. Der Friedenskommandeur des Bataillons, Oberstleutnant Pisarski, war zu einer anderen Formation abkommandiert, das Bataillon führte Major der Reserve Heinrici, ein Weltkriegsoffizier von etwa 50 Jahren.
Punkt 4.30 Uhr blies – wie in einem Manöver – der Hornist das Angriffssignal. Es war im ersten Morgengrauen, da man nur schwach einige hundert Meter sehen konnte. Im Gelände erhoben sich die Soldaten, hier und da hörte man ein gruppenweises »Hurra«, in das hinein einige polnische Maschinengewehre ratterten. Im Nu warfen sich die Infanteristen wieder auf den Boden. Offensichtlich hatten die polnischen Vorposten aus dem polnischen Grenzdorf Knurow aus einigen Gärten und Häusern das Feuer auf die vorrückenden Kompanien eröffnet. Nach einigen Feuerstößen unserer Maschinengewehre verstummte das Gefecht, die Polen zogen sich aus Knurow zurück.
Es gab nur einen Verwundeten, Major Braumann, den Kommandeur des II. Bataillons. Er hatte wegen seiner Beleibtheit hoch zu Pferd den Angriff begonnen und war von einer Maschinengewehrgarbe erwischt worden. Was ursprünglich als Bauchschuß bedenklich erschien, entpuppte sich später als ein ungefährlicher Durchschuß der Bauchdecke, bei der Figur des Majors mehr eine Fett- als eine Fleischwunde. Jedenfalls blieb sich dieser erste Verwundete des Regiments des Hohngelächters der Soldaten noch über Monate sicher.
Anders sah es bei uns vorrückenden Infanteristen aus. Anfangs durchsuchten wir noch in Knurow Haus für Haus – das Dorf war von der Bevölkerung geräumt – dann erreichten wir bald die

Bahnlinie in Richtung Ornontowitz. Beiderseits des Bahndammes, mit Sicherungen nach rechts und links, drangen wir ohne Gefechtsberührung etwa 12 km in polnisches Gebiet ein. Das Gelände wurde immer unübersichtlicher, stark bewachsen mit Laub- und Nadelwald und immer stärker ansteigend. Die erste Begegnung hatte ich erst bei der Bahnstation Ornontowitz. Aus dem Bahnhäuschen kamen zwei uniformierte Bahnbeamte und hoben die Hände. Sie erklärten uns, daß keine polnischen Soldaten sich im Gelände befänden, hatten jedoch noch telefonische Verbindung. Wir durchschnitten die Telefonleitung, rissen die Telefonhörer aus den Wänden und forderten die beiden auf, sich noch weiter im Bahnhäuschen aufzuhalten. Ihrem Wunsch, nach Hause zu gehen, konnten wir nicht entsprechen, denn es war zu befürchten, daß sie zwischen die Linien kamen.

Als wir die Dorfstraße in Ornontowitz erreicht hatten, setzte polnisches Artilleriefeuer ein. Es lag genau in unseren Linien. Auch bei der Nachbarkompanie des Oberleutnants Schlabitz kamen Einschläge. Mindestens drei Batterien, 10,5- und 15-cm-Artillerie schossen sich auf das Bataillon ein. Zur gleichen Zeit überflog das erste polnische Aufklärungsflugzeug unsere Linien in geringer Höhe. Es mußte nach einigen Feuerstößen aus unserem Zwillings-MG notlanden. Der Pilot, ein polnischer Oberleutnant, blieb unverletzt.

Das Artilleriefeuer wurde immer stärker. Als wir das Dorf Ornontowitz passiert hatten, lag es auf dem Dorf, die ersten Häuser brannten. Wegen der Wirkung dieses Artilleriefeuers, das genau auf der Dorfstraße und auf den Höhen um Ornontowitz lag, beeilten wir uns, aus dem Dorf herauszukommen, und liefen einen Abhang in Richtung der Grube Orzesche in allgemeiner Angriffsrichtung Südost hinab. Wir stießen auf die ersten verlassenen Laufgräben und Grenzbefestigungen der Polen. Die eigene Artillerie hatte noch nicht ihre Stellungen beziehen können. Wir lagen buchstäblich in den gezielten Salven der polnischen Artillerie, nur hier und da in Erdlöchern und einer verlassenen Sandkuhle Deckung suchend.

Inzwischen war es Mittag geworden. Die Sonne brannte, man hatte Durst, und die Soldaten wurden immer ungehaltener, weil

sich auf unserer Seite keine schwere Waffe regte. Feindliche Infanterie hatten wir noch nicht ausgemacht, die polnische Artillerie hatte sich jedoch hervorragend eingeschossen. Zum Glück waren verhältnismäßig viele Blindgänger bei den Feuerüberfällen der Artillerie zu verzeichnen.
Ich hatte mit meinem Zug auf dem Gelände zwischen Ornontowitz und Orzesche das freie Feld erreicht und die Gruppe weit auseinandergezogen. Ein Feuerüberfall lag mitten im Zug. Der erste Tote der Kompanie war der Schütze Mendla. Er war am Rande seiner Deckung an einer Sandgrube vor Erschöpfung eingeschlafen. Ein Granitsplitter hatte ihn mitten im Schlaf im Genick getroffen. Wir fanden ihn erst einige Minuten später, weil seine Gruppe schon weitergelaufen war, wie schlafend auf dem Gesicht liegend. Der Ruf, Schütze Mendla tot, führte zu einiger Verwirrung; denn bei der akustischen Gleichheit unseres Namens war daraus bald mein Name geworden, und das Gerücht pflanzte sich fort, ich sei tot.
In weit aufgelockerter Form, um Artillerieverluste zu vermeiden, griffen wir weiter in Richtung Südosten an und bekamen nun auch Infanteriefeuer. Auffallenderweise nicht von vorn, sondern von rückwärts aus den Häusern von Ornontowitz und seitwärts aus einigen Baumbeständen und Wegen.
Unteroffizier Richter brach, im Rücken getroffen, zusammen. Er war der zweite Tote unserer Kompanie. Immer stärker wurde mit Maschinengewehren und aus Gewehren aus allen Richtungen auf die vorgehende Kompanie geschossen.
Wir machten unsere ersten Erfahrungen mit den später so gehaßten Heckenschützen, die uns in den ersten Tagen verhältnismäßig hohe und unnötige Verluste beigebracht hatten. Die polnische Infanterie hatte in dem ihr bekannten Gelände in Baumkronen, Dachluken und anderen Verstecken ortskundige Schützen postiert, die mit ihren leichten Maschinengewehren von hinten auf die vorgehende Truppe schossen, nachdem sie sich zunächst von der vorgehenden Infanterie überrollen ließen.
Das Gelände wurde immer unübersichtlicher durch eingeschnittene Täler und rasch ansteigende Höhen. Es wurde immer schwieriger, die Verbindung zur Nachbarkompanie zu halten und zu vermeiden, daß man von der eigenen Truppe aus der Flanke

beschossen wurde. Bei Abenddämmerung lag das Bataillon unmittelbar vor Orzesche. Das Artilleriefeuer lag weiterhin auf den rückwärtigen Verbindungswegen, Straßen und Höhen. Wir Infanteristen vorn waren aus dem Streubereich heraus und offensichtlich schon nahe an den polnischen Feldbefestigungen, die gut getarnt und schwer in dem schwierigen Gelände auszumachen waren.
Als es dunkel wurde, zog ich den Zug etwas näher zusammen in einen Straßengraben. Die anderen Züge staffelten sich ebenfalls rückwärts, Sicherungen wurden im Gelände postiert. Eine allgemeine Nervosität und Unsicherheit bedrückte jeden in der ersten Kriegsnacht. Links und rechts von uns wildes Geschieße, offensichtlich, um sich Mut zu machen; denn man konnte in der Dunkelheit kaum ein Ziel ausmachen. Die eigene Artillerie schwieg weiter, was zu bösen Reaktionen bei uns Infanteristen führte. Denn wir hatten damit gerechnet, daß spätestens am Abend auch die eigene Artillerie in Stellung gehen würde. Das war leider nicht der Fall. Sie schien auf den wenigen Vormarschwegen nur langsam vorangekommen zu sein. Immerhin war sie ebenso als bespannte Artillerie wie wir als Infanterie auf einige hundert Pferdegespanne angewiesen, deren Marschtempo, bei den engen Wegen überdies durch Verstopfungen noch behindert, einen schnelleren Einsatz verhindert hatte.
Erst spät in der Nacht rauschten endlich die ersten deutschen Granaten über unsere Köpfe hinweg in die polnischen Stellungen bei Orzesche. Wir froren jämmerlich in dieser Nacht.
Die Feldküchen wurden vorgezogen, eine Erbsensuppe und heißer Tee wurden ausgegeben.
Östlich von uns war starkes Artilleriefeuer zu hören. Es rummelte die ganze Nacht, zum Teil links von uns in der Flanke. Einige meiner Soldaten meinten, das müsse der Russe sein, der von der anderen Seite komme. Ich mußte sie belehren, daß zwischen dem Russen und uns einige hundert Kilometer lägen. Es schien mir vielmehr die links von uns vorstoßende Panzertruppe zu sein, die in 50 oder 60 km Entfernung für den Artillerielärm sorgte.
Der 2. September 1939 begann ebenso sonnig mit blauem Himmel wie der 1. September. Die Kompanie bekam den Befehl, die Höhen

in der Angriffsrichtung Nikolai-Tichau und die Halden und Gruben bei Orzesche zu nehmen und in Richtung auf Tichau vorzustoßen. Nach einem Feuerschlag der eigenen Artillerie trat die Kompanie in der gleichen Aufstellung wie am Tage vorher an. Ich führte den 1. Zug bis auf die Höhe im Feuerschutz unserer Maschinengewehre. Links von mir hatte ich Anschluß an das Glatzer Infanterieregiment 38, rechts stand die 1. Kompanie des Oberleutnants Schlabitz. Wir erreichten ohne Verluste die Höhen und Häuser von Orzesche. Ich richtete mich links von den Häusern von Orzesche in einem Notbehelf mit meinem Zug ein, um erst einmal das Gelände vor mir zu beobachten. Die rechte Kompanie war offensichtlich schon in das Dorf eingedrungen, Gefechtslärm bewies es. Links hatte das IR 38 ebenfalls die gleiche Höhe. Zu meiner Überraschung traf ich als meinen Nachbarzugführer meinen Mitabiturienten Leutnant Maczieczyk. Ein solches Wiedersehen nach Jahren hatten wir uns wahrlich nicht gedacht. Wir schüttelten uns die Hände und wünschten uns Glück.
Der Angriff sollte nach Erreichen der Höhen auf ein Leuchtsignal hin weitergeführt werden. Es war gegen 10.00 Uhr, als wir uns nach dem Kommando: Alles auf, weiter Angriff Richtung vor uns liegende Grubenhalde, erhoben, und uns plötzlich aus nächster Nähe – etwa 50 bis 100 m – heftiges Maschinengewehrfeuer entgegenschlug. Wir waren, ohne es gewußt zu haben, unmittelbar vor gutgetarnte Feldbefestigungen der polnischen Infanterie geraten, die uns aus mehreren Maschinengewehren immer mit neuen Feuerstößen eindeckte. An ein Weiterlaufen war gar nicht zu denken. Einige Schritte, und man war getroffen. Im Nu hatte ich unmittelbar um mich herum einige getroffene Infanteristen meines Zuges. Der Schrei: »Sanitäter, Sanitäter« pflanzte sich fort. Als zwei Sanitätssoldaten zu den Verwundeten wollten, wurden auch sie heftig beschossen, trotz weithin sichtbarer Rotkreuzbinde.
Einige Unteroffiziere riefen mir zu: »Wir müssen hier weg, wir liegen hier auf dem Präsentierteller, die knallen uns alle ab!« Auch mir schien es besser, vorsichtig zurückzurobben und die Feldbefestigungen mit Granatwerfern und Artilleriefeuer einzudecken. Da wir zu nahe dranlagen, hätten wir uns mindestens 200 m zurück-

bewegen müssen. Auch nur der Versuch, sich zu bewegen, führte bei jedem von uns zu gezielten Feuerstößen. Nicht einmal den Spaten konnte man aus dem Futteral nehmen, ohne sofort Maschinen- und Gewehrfeuer auf sich zu ziehen. Also rief ich: »Liegen bleiben, totstellen!« Um mich herum lagen die ersten Toten, die sich nicht mehr rührten.

Oberleutnant Fiedler, der an einem kleinen Damm mit dem Fernglas die Feldbefestigung auszumachen versuchte, wurde von einer Maschinengewehrgarbe in die linke Seite getroffen. Es war unmöglich, sich zu bewegen. Mit den Händen erweiterte man die Kartoffelfurche; denn jede kleinste Erdkuhle, die einem Sichtschutz gab, lenkte auch die Feuergarbe des Maschinengewehres ab. Die Erde und Kartoffelpflanzen spritzten um einen herum! Die ganze Kompanie lag wie festgenagelt auf dem hohen Plateau. Während der Zug meines Nachbarn, des Leutnants M., versuchte, nach links auszubrechen, erreichte der Reservezug unserer Kompanie von rechts die ersten Häuser und konnte die Maschinengewehrnester der Polen unter Feuer nehmen.

Als wir erst bei Anbruch der Dunkelheit uns vorsichtig aus den Kartoffelfurchen lösen konnten, hatten wir auf der Höhe 14 Tote unserer Kompanie, davon acht allein in meinem Zug. Auch Oberleutnant Fiedler konnten wir erst bei Dunkelheit bergen. Er war bereits so, wie er das Fernglas gehalten hatte, erstarrt. Wir hatten Mühe, ihn in die Zeltbahn zu legen, weil er Arme und Beine von sich gestreckt hatte. Sein Anblick war für uns erschütternd. Mir fielen die Gesichter seiner Mutter und seiner Frau ein, in die ich noch vor 48 Stunden bei unserem Ausmarsch geblickt hatte. Der Tod war erstmals mitten unter uns, und das in einem Ausmaß, das vermeidbar gewesen wäre.

Ich machte mir Vorwürfe, meine Unteroffiziere beklagten sich: »Warum hat man uns ohne schwere Waffen gegen die Feldbefestigungen anrennen lassen, warum hat man uns nicht auf diese Feldbefestigungen vor unserem Angriff aufmerksam gemacht? Es muß doch sicher Luftbilder davon gegeben haben?« Tiefe Niedergeschlagenheit erfaßte unsere Kompanie, als wir uns neben dem Dorf Orzesche in einigen Laufgräben und Sandgruben zur Nacht einrichteten.

Der Gefechtslärm war verstummt. Nur die polnische Artillerie schoß Streufeuer. Ich hatte für den gefallenen Oberleutnant Fiedler die Kompanie übernommen und begab mich zum Kompanietrupp, um eine Übersicht zu gewinnen. Wir nutzten eine kleine Sandgrube, um, geschützt von der Zeltbahn, dahinzudämmern und den Morgen zu erwarten.
Offensichtlich muß im Morgengrauen unsere Bewegung im Gelände genauer zu sehen gewesen sein. Jedenfalls setzte das Artilleriefeuer genau auf die Stellung der Kompanie ein. Ein Feuerüberfall riß eine ganze Sandwand herunter, uns wirbelten Steine, Pflanzen und Zeltplane um die Ohren. Wieder der durchdringende Schrei: »Hilfe, Sanitäter, Hilfe!« Zwei meiner Soldaten waren durch Artilleriesplitter schwer verwundet. Ich selbst hatte einige Splitter in der Schulter und in der rechten Hand und durch die Sandmassen eine Brustquetschung erlitten. Als ich auf die Zeltbahn gelegt wurde, war mein erster Gedanke: Wir sind offensichtlich eine Unglückskompanie, gestern erwischte es den Oberleutnant und heute dich! Als der Tag anbrach, es war Sonntag, der 3. September, übergab ich noch die Kompanieführung dem Bataillonsadjutanten, Oberleutnant Schroeker, und wurde zum Verbandsplatz des Regiments getragen. Dort schlief ich nach der ersten Versorgung ein.
Stabsarzt Dr. Jüttner weckte mich, als die Sonne schon hoch am Himmel war. »Leutnant Mende, Sie werden jetzt zum Hauptverbandsplatz gefahren, für Sie ist der Krieg zunächst einmal aus. Es ist nicht gefährlich, beruhigen Sie sich, andere hat es schlimmer erwischt! Wir sehen uns in einigen Wochen sicher wieder!«
Mit einem Begleitzettel, auf dem der Name, Feldpostnummer und Verwundungsgrad standen, wurden vier Bahren in einen Sanka geladen, die schweren Fälle unten, die leichteren oben. Ich hatte einen vergitterten Fensterplatz, von dem ich die Straße sehen konnte. Ab ging es, zunächst unter dem Gestöhne meiner Mitverwundeten zum Hauptverbandsplatz der Division, einem großen Zelt in einem Waldstück bei Orzesche. Dort hörte ich noch, daß das Regiment zügig im Angriff auf Tichau war. Die Polen hatten die Grenzbefestigung bei Nikolai in der Nacht geräumt. Das Regiment erreichte noch am Sonntagnachmittag die Stadt Tichau.

Auf dem Hauptverbandsplatz ging es gleich unters Messer. Ein Granatsplitter aus dem rechten Schulterblatt wurde entfernt. Eine 10 cm lange und tiefe Fleischwunde war die Folge. Gottlob war der Granatsplitter im Schulterblatt steckengeblieben. Für die Brustquetschung gab es feuchte Wickel, so daß ich vom Hals bis zum Magen wie eine Mumie eingewickelt war. Nach einer kurzen Pause ging es am Spätnachmittag mit dem Sanka weiter durch Gleiwitz in Richtung Hindenburg. Ich konnte durch das obere Fenster sehen, daß die Menschen gruppenweise auf den Straßen standen, festlich gekleidet, denn es war schließlich Sonntagnachmittag. Beim langsamen Durchfahren durch enge Straßen wurde der mit der Rotkreuzflagge gekennzeichnete Wagen mit Blumen beworfen. Einzelne Apfelsinen prallten vom Fenster ab. Man hatte offensichtlich schon viele Wagen an diesem Sonntag ebenso begrüßt, denn es lagen Blumen und Obst neben dem Bürgersteig.
Nach etwa einer Stunde Fahrt fuhren wir in Hindenburg vor dem Knappschaftskrankenhaus vor, einem großen, grauen Krankenhaus für Bergarbeiter. Auch hier eine rührende Fürsorge, Menschengruppen standen vor dem Haupteingang, einige Frauen brachen in Tränen aus, als wir ausgeladen wurden. Je zwei Krankenwärter luden jeden von uns behutsam auf eine Bahre und transportierten uns ins Bad. Dort wurden wir Verwundeten zunächst gewaschen und von den Ärzten inspiziert. Wer bereits auf dem Hauptverbandsplatz operiert worden war, kam gleich in ein Krankenzimmer, die anderen in die Operationssäle. Es herrschte trotz des Sonntags lebhaftes Treiben, ein Kommen und Gehen von Ärzten, Schwestern und Helfern. Über allem lag eine traurige, aber gefaßte Stimmung. Man sprach leise, tuschelte in den Ecken. Das Ereignis, in der Bergarbeiterstadt Hindenburg viele Verwundete aufzunehmen, brachte die Bevölkerung in Erregung und Betroffenheit zugleich.
Auch polnische Verwundete lagen auf den gleichen Fluren. Sie wurden ebenso behandelt und versorgt wie wir.
In der ersten Nacht war an Schlaf nicht zu denken. Nicht nur, daß die Wunden schmerzten, auch das Atmen wurde durch die Brustquetschung immer schwieriger. Schließlich peinigte einen die Erinnerung der ersten zwei Tage und die erste Begegnung mit dem

Tod, der so wahllos und grausam das Leben auslöschte, ein sinnloses Sterben, das von so vielen Zufällen abhing. Warum waren wir ohne Artillerieunterstützung und ohne genügende Aufklärung so vor die polnischen Stellungen geraten? Hätte uns eine sorgfältigere Aufklärung und Vorbereitung des Angriffs vor den großen Verlusten bewahren können? Warum hatten wir keine Luftbilder der polnischen Stellungen vorher einsehen können? Warum kam die Artillerie erst so spät zum Einsatz, von der Luftwaffe ganz zu schweigen? Offensichtlich war unser Angriffsziel nur ein Nebenkriegsschauplatz. Der Schwerpunkt lag weiter nördlich bei den motorisierten und Panzerverbänden der 10. Armee. War es richtig, daß Offiziere und Unteroffiziere noch mit glänzenden Schulterstücken und Spiegeln, die Offiziere überdies noch mit braunem Koppelzeug und Schulterriemen, ins Gefecht gingen? Hatte man nicht aus den ersten Wochen des Ersten Weltkrieges die Lehren gezogen und die Infanterie so gleichmäßig gekleidet, daß Offiziere und Unteroffiziere nicht besonders auffielen? Schon im Lazarett sprach sich herum, daß besonders viele Offiziere und Unteroffiziere in den ersten Tagen gefallen waren. Die Verluste der Dienstgrade, gerade im Polenfeldzug, waren außergewöhnlich hoch, besonders die Offiziersverluste bei der Infanterie. Erst später erfuhr man, daß im polnischen Ausbildungsreglement Scharfschützen, die sich überdies noch in Bäumen und Hecken zu tarnen pflegten und sich überrollen ließen, die Anweisung hatten, auf durch die Uniform auffallende Gegner mit viel Glitzer und dünnen Stiefelbeinen zu schießen. Die Offiziersstiefel und Stiefelhosen waren nun einmal im Gelände auffällig genug und unterschieden sich von den Knobelbechern und Stiefelhosen der Mannschaften. Silberspiegel, Schulterstücke und Litzen bei Offizieren und Unteroffizieren hoben sich im Gelände stärker heraus als die grauen Schulterklappen und Spiegel der Mannschaften. Tarnanzüge gab es damals noch nicht. Was Wunder, daß die Ausfälle enorm hoch waren. Erst im Oktober 1939, nach Beendigung des Polenfeldzuges, änderte sich der Kampfanzug des Offiziers und der Unteroffiziere. Der Schulterriemen wurde abgeschafft, das Koppelzeug angeglichen und Wert darauf gelegt, im Gelände nicht durch Besonderheiten aufzufallen. Die

Schulterstücke wurden abgedeckt und der Tarnung mehr Bedeutung beigemessen. Leider hatten jedoch mehr als 10 000 Soldaten im Monat September in Polen ihr Leben verloren. Viele durch Fehler, die man bei Angriffsbeginn und in den ersten zwei Wochen hätte vermeiden können.

Die Nachrichten vom stürmischen Vorgehen der Panzerdivisionen hoben in den nächsten Tagen die Stimmung auch in unserem Lazarett. Die 14. Armee hatte das oberschlesische Industriegebiet befreit und stand bei Krakau und Tarnow im Vorgehen auf Lemberg. Die 10. Armee, aus dem Raum Kreuzburg O/S antretend, stand vor Radom und Lublin, die 8. Armee, aus dem Raum Breslau vorgehend, hatte Lodz und die Festung Kutno genommen und befand sich im Vorgehen auf die Weichsel. Die 4. Armee, aus Pommern vorstoßend, stand vor der Festung Modlin, die 3. Armee, aus Ostpreußen angreifend, war ebenso wie die 10. Armee unmittelbar vor Warschau. Die 3. Armee aus Ostpreußen näherte sich, nach Süden vorstoßend, dem Bug bei Brest-Litowsk.

Nachdem am 17. September 1939 auch die Rote Armee von Osten her in Polen einfiel, war das Schicksal Polens endgültig besiegelt. Reste der polnischen Armee kämpften zwar noch in den Wäldern um Lemberg und im Raum Rawa Ruska. Das eingeschlossene Warschau wurde bombardiert. Auf der Halbinsel Hela kämpfte die tapfere Besatzung weiter, die Festung Modlin machte den deutschen Angreifern schwer zu schaffen. Angesichts solcher Erfolgsmeldungen war es verständlich, daß man wieder heraus wollte aus dem Lazarett.

Vorerst jedoch sollte noch die Familie beruhigt werden. Durch die Namensähnlickeit des ersten Gefallenen der Kompanie, des Schützen Mendla, hatte sich in meiner Heimatstadt Groß-Strehlitz das Gerücht verbreitet, ich sei gefallen. Dann hieß es, ich läge verwundet in Hindenburg und hätte ein Bein verloren. Als ich schließlich am 7. September meine Eltern telefonisch verständigen konnte, ich sei am Leben, mir ginge es verhältnismäßig gut, kamen mein Vater und meine Mutter sofort mit dem nächsten Zug nach Hindenburg, um mich zu besuchen. Mein Vater war gefaßt! Schließlich wußte er, was Krieg bedeutet, und hatte zwei Söhne an der Front. Meine Mutter war schwer zu trösten. Eigentlich frage ich mich noch

heute, wer mehr Tränen vergossen hat: sie oder ich! Denn natürlich lösten sich bei mir beim Erscheinen der Mutter jene Verkrampfung und Spannung, die die Ereignisse der letzten Tage zwangsläufig bei jedem jungen Menschen hervorrufen mußten.
Nach und nach wurde der Besucherstrom aus Gleiwitz so stark, daß es zweckmäßig erschien, alle Verwundeten des Regiments, die transportfähig waren, nach Gleiwitz zu verlegen, wo die meisten Angehörigen des Regiments Verwandte oder Freunde hatten.
Nach knapp drei Wochen Aufenthalt in Hindenburg wurden wir 84er daher in eine als Behelfslazarett umgerüstete Schule nach Gleiwitz verlegt. Nach wenigen Tagen wurde ein Transport aus mehreren Autobussen und Lastwagen, etwa hundert Wiedergenesende, in Richtung Krakau in Marsch gesetzt, um wieder zum Regiment zu stoßen.
Krakau erschien mit seinen Bauten, Kirchen, dem Schloß und dem Marktplatz wie eine andere Welt. Das Leben hatte sich normalisiert, Gaststätten und Hotels waren geöffnet. Es war möglich, in den Restaurants nach polnischer Art zu essen: Krakauer Wurst mit Sauerkraut, die Kirchen zu besuchen und sich im Wawel umzusehen. Hier ruht der Leichnam des Volkshelden Marschall Pilsudski, des Siegers von 1920, da die Rote Armee durch polnische Truppen besiegt und zurückgeworfen worden war. Chef einer Militärmission bei Pilsudski war übrigens der französische General Weygand, in seinem Stab ein Offizier namens Charles de Gaulle. Der Wawel, das alte polnische Königsschloß, machte auf mich einen tiefen Eindruck. Noch mehr erschütterten mich die vielen polnischen Frauen, die in den Kirchen betend und kerzenspendend vor den Altären knieten. Die Namen der gegen die Rote Armee unter Pilsudski Gefallenen sind in einer Mauer auf dem Wawel verewigt, auch hier sah ich viele Blumensträuße und weinende Frauen.
Fast jeder konnte Deutsch sprechen. Bei Fragen erhielt man höfliche Auskünfte. Die Bilder waren schon wieder so weit dem Krieg entrückt, daß man es kaum fassen konnte. Da die Wälder ostwärts Krakaus von versprengten polnischen Kavallerieeinheiten noch verunsichert waren, dehnte sich unser Aufenthalt in Krakau einige Tage aus, und erst am 29. September trafen wir in Jaroslau am San unser Regiment wieder.

Hier erfuhr ich, daß auch der zweite Kompaniechef der 2. Kompanie, Oberleutnant Schroeker, bei einem Ortsgefecht Mitte September gefallen war. Die 2. Kompanie schien doch eine Unglückskompanie zu sein!
Ich meldete mich bei Major Heinrici zurück, der mich herzlich begrüßte. Mein Freund, Oberleutnant Proske, inzwischen Bataillonsadjutant, brachte mich zum neuen Kompaniechef der 2. Kompanie, Oberleutnant Strobl, einem hünenhaften, blonden Sudetendeutschen, der vorher als Offizier in der tschechischen Armee gedient hatte und vom Heer übernommen war.
In der Gegend von Jaroslau, einem flachen, sandigen, waldreichen Gebiet, wartete das Bataillon auf seinen Eisenbahntransport nach dem Westen. Es waren sonnige und erholsame Tage für die Truppe, die sich auffrischen und ihre Erfahrungen überdenken konnte. Der Abtransport erfolgte in den ersten Oktobertagen mit Personenzügen der polnischen Staatseisenbahn, wieder zurück über Tarnow, Krakau, durch Gleiwitz über Breslau, Görlitz, Dresden bis in den Raum von Köln. Es war eine lange Fahrt, bei der ich erstmalig erfuhr, wie sich Einheiten der Wehrmacht bei Lemberg mit Einheiten der Roten Armee im Gelände getroffen hatten, um die Demarkationslinien zwischen der deutschen Wehrmacht und der Roten Armee so festzulegen, wie sie bereits am 23. August 1939 in Moskau zwischen Ribbentrop und Molotow vereinbart waren. Das Schicksal Polens war bereits durch das deutsch-sowjetische Abkkommen, das im Kreml in Anwesenheit Stalins zwischen den beiden Außenministern Deutschlands und Sowjetrußlands – Ribbentrop und Molotow – unterzeichnet worden war, acht Tage vor Kriegsbeginn, besiegelt. Lemberg war nach dieser Vereinbarung der Sowjetunion zugesprochen. Es ergab sich am 23. September 1939 den bereits in Abmarsch befindlichen deutschen Truppen, wie es im Wehrmachtsbericht hieß. Die Polen wollten nicht in die Hände der Sowjets fallen, sondern lieber in deutsche Gefangenschaft gehen. Doch die Wehrmacht mußte sich an die politischen Vereinbarungen halten. Die Übergabeverhandlungen wurden daher mit den am Ostrand der Stadt stehenden sowjetischen Truppen geführt, während sich die deutschen Truppen an den San zurückzogen. 700 000 polnische Soldaten gerieten in

deutsche Gefangenschaft, 100 000 retteten sich über die Grenze ins Ausland, vor allem nach Rumänien. Etwa 200 000 polnische Soldaten fielen in Ostpolen in die Hände der Roten Armee, unter ihnen mehrere tausend Offiziere und Unteroffiziere, die die deutsche Wehrmacht später in den Massengräbern von Katyn unweit Smolensk wiederfand.

Bedenkt man diese geschichtlichen Zusammenhänge, dann versteht man, warum man heute in Moskau ebensowenig wie in Warschau an den 23. August 1939 und an das Hitler-Stalin-Bündnis gegen Polen erinnert werden will.

Am 6. Oktober 1939 erfolgte die Entladung des Truppentransportes und die Unterbringung im Raum Eitorf und Hennef bei Siegburg. Wir warteten das Eintreffen der Troßfahrzeuge und der Pferde ab, die in Güterwagentransporten längere Zeit brauchten. Wie der Sommer 1939, so hatte auch der Herbst ein Übersoll an warmen und sonnigen Tagen. Die Aufgeschlossenheit und Herzlichkeit der rheinischen Bevölkerung kamen hinzu, so daß die ersten Tage nach dem Polenfeldzug hier im Rheinland geradezu eine Manöverstimmung in der Truppe erzeugten. Als man erfuhr, daß das Infanterieregiment 84 im Osten eingesetzt und von der Garnison Gleiwitz bis Ostpolen an den San marschiert war, stieg die Hochstimmung noch mehr, zumal die ersten Eisernen Kreuze und Verwundetenabzeichen verliehen und bewundert wurden.

Als nach einer Woche das Regiment mit allen Nachschubeinheiten vollzählig beisammen war, erfolgte die Verlegung in den Raum Köln-Euskirchen, wo die 8. oberschlesische Division in Privatquartieren, Hallen, Schulen und Sälen untergebracht wurde.

Das Rheinland, auch die Großstädte Köln, Düsseldorf und Aachen waren bisher vom Kriege unberührt geblieben. Außer einigen englischen oder französischen Aufklärungsflugzeugen hatte sich nichts getan. Der Krieg im Westen hatte verhältnismäßig lustlos begonnen. Außer einigen französischen Vorstößen in der zweiten Kriegswoche beschränkte sich der Krieg an der Westfront auf Spähtruppunternehmen und hin und wieder einen Artillerieüberfall. Die Feindseligkeiten bestanden mehr in einem gegenseitigen Propagandakrieg: »Franzosen, wollt Ihr für Danzig sterben?« hieß es in einem deutschen Flugblatt, das über den französischen

Linien abgeworfen wurde! Der französische Oberbefehlshaber hatte im Pfälzer Wald einen Vorstoß auf deutsches Gebiet gewagt, die Truppen jedoch Ende September wieder in die Befestigungsanlagen der Maginot-Linie zurückgezogen.
Die Eigenart dieses Krieges im Westen wurde besonders deutlich, wenn man bedenkt, daß an der 170 km langen Oberrheinfront zwischen Karlsruhe und Basel seit Kriegsbeginn völlige Ruhe herrschte. An dieser Front wurde nur ein Mann verwundet, nicht durch eine Kampfhandlung, sondern durch einen Granatsplitter bei Flakbeschuß.
Zum Abschluß des Krieges gegen Polen und als Angebot an Frankreich und England sprach Hitler in Berlin am 6. Oktober 1939 vor dem Reichstag. Nach einem Rechenschaftsbericht bot er Frankreich und England Frieden an.
Die Zeitungen erschienen am nächsten Tag mit großer Schlagzeile: Friedensangebot des Führers! Keine Kriegsabsicht gegen Frankreich und England! Rüstungsbeschränkung – Konferenzvorschlag. Wieder kam eine Hoffnung in Deutschland und Frankreich auf. Für einen Krieg gegen England und Frankreich gab es keinen Grund. Viele französische Soldaten, die den Ersten Weltkrieg erlebt haben, erinnerten sich des Internationalen Frontkämpfertreffens vom Juli 1936 auf dem Schlachtfeld von Verdun. Deutsche, Franzosen, Engländer und Amerikaner waren in einem nächtlichen Schweigemarsch über das Trichterfeld gezogen. In diesem Raum, in dem 700 000 tote Soldaten ruhen, schworen die überlebenden Frontkämpfer in verschiedenen Sprachen: Frieden miteinander zu halten und zu verhindern, daß es je wieder einen Krieg gebe. 100 000 aus vier Nationen leisteten mit erhobener Hand einen mitternächtlichen Schwur vor dem Beinhaus des Forts Douaumont, nie wieder Krieg!
Diese Erinnerungen waren ebenso Gesprächsstoff, wo immer Gruppen in Deutschland oder Frankreich zusammenkamen, wie die politischen Bemühungen, die nach dem Ersten Weltkrieg zwischen Aristide Briand und Gustav Stresemann für eine deutsch-französische Freundschaft und ein geeintes Europa begonnen hatten, dem Graf Coudenhove-Kalergi, der Gründer der Paneuropa-Bewegung in Wien einen geistigen Rahmen gegeben hatte.

Im Rheinland begann sofort nach der Auffüllung der Verluste eine scharfe Ausbildungszeit. Im Gelände zwischen Köln-Marienburg, Rodenkirchen und Wesseling übten die Kompanien täglich in Gruppe und Zug den Angriff. Alle vierzehn Tage wurde eine Bataillonsübung anberaumt. Mehrfach wurde das Regiment alarmiert und in Richtung Frechen und Kall in der Eifel in Marsch gesetzt, aber immer wieder in die Quartiere zurückgerufen, so daß allmählich niemand mehr mit einem baldigen Angriff im Westen rechnete, alle Welt sich vielmehr auf eine Überwinterung hinter dem Westwall einstellte.
Aus den Erfahrungen des Polenfeldzuges wurden verschiedene organisatorische Maßnahmen befohlen. So sollte jedes Infanterieregiment einen eigenen Regimentspionierzug erhalten, bestehend aus einem Offizier, acht Unteroffizieren und 68 Mann. Angesichts zu erwartender Kämpfe um die Befestigung der Maginotlinie, um Feldbefestigungen und Straßen in den französischen Städten, sollte jedem Regimentskommandeur eine eigene, sofort einsatzbereite Truppe zur Verfügung stehen, die Minen räumen, mit gestreckten und geballten Sprengladungen umgehen und Behelfsbrücken errichten konnte, ohne daß die Pioniere des Divisionspionierbataillons in Anspruch genommen werden mußten.
Der Regimentskommandeur, Oberst Großmann, ließ mich zu sich kommen und befahl mir, unter Versetzung zum Regimentsstab, diesen Regimentspionierzug aufzustellen und zu übernehmen. Den zwölf Infanteriekompanien des IR 84 wurde befohlen, geeignete Soldaten abzustellen, kräftige Männer, die vom Beruf her für diese harten Aufgaben besonders geeignet erschienen. So fanden sich Bergarbeiter aus den oberschlesischen Gruben, Steinbrucharbeiter, Zimmerleute, Bauern, kurzum schwere Arbeit gewohnte, kräftige Burschen zusammen. Leider nutzte jeder Kompaniespieß auch die Gelegenheit, jene mißliebigen Rauhbeine und schwierigen Fälle loszuwerden, von denen es immer welche in jeder Einheit zu geben pflegt. Am Ende hatte ich zwar 76 kräftige Soldaten zusammen. Bei näherer Durchsicht der Papiere jedoch war kaum einer darunter, der nicht wegen Schlägereien, Ungehorsam, Aufsässigkeit oder anderer Delikte vorbestraft war.
Als ich das beschwerdeführend Oberst Großmann, einem gebürti-

gen Ostpreußen, meldete, sagte dieser zu meiner Verblüffung: »Das sind die richtigen Leute, je schwieriger sie sind, um so besser werden sie im Einsatz sein. Seien Sie froh, daß Sie so viele Bergleute haben, die schon mit Sprengstoffen umgehen können, so viele Zimmerleute und Schlosser, das sind alles harte Typen, die sollen Sie zu den besten Pionieren machen, die das Regiment je erlebt hat. Sie haben ja noch einige Monate Zeit!«
Die Ausbildung dieser Soldaten fand bei den Divisionspionieren in Rodenkirchen statt. Überquerung des Rheines in Schlauchbooten, Bauen von Brücken und Stegen, Verminen und Entminen, Umgang mit den genormten Sprengmitteln, einer Sprengbüchse von 1 kg Füllpulver 0,2, wie es in der Fachsprache hieß, einer geballten Ladung von 3 kg Gewicht Sprengkraft. Die Anfertigung gestreckter Ladungen zur Sprengung von Drahtverhauen und Minenfeldern. Das alles beschäftigte uns, und die Soldaten stellten sich wirklich geschickter an, als ich vermutet hatte. Es machte ihnen natürlich Spaß, beim Übungssprengen die Umgebung erzittern zu lassen. Das sollte sich allerdings eines Tages bitter rächen. Denn als wir im März 1940 in der Eifel bei Schleiden eine Übung zur Beseitigung von Straßensperren veranstalteten, war mir vom Forstamt ausdrücklich auferlegt worden, die Sprengladung so gering zu bemessen, daß die massiven Holzstämme möglichst nicht beschädigt wurden, da es sich um Nutzholz handele. Auch der Regimentskommandeur hatte noch darauf hingewiesen, daß Flur- und Holzschäden möglichst vermieden werden sollten.
Wir bauten aus etwa 20 Fichtenstämmen eine massive Straßensperre. Unteroffizier Sinsch hatte es übernommen, sie zu laden, und 1 kg Sprengstoff sollte andeutungsweise auf den Sprengeffekt hinweisen. Zur Beseitigung hätte man das 10fache anbringen müssen. Entweder hatte Unteroffizier Sinsch mich mißverstanden, oder es ging ihm wirklich darum, es kräftig krachen zu lassen.
Als ich dem Regimentskommandeur und seiner Begleitung die Straßensperre erläuterte und alle Anwesenden vor der Sprengung bat, etwa 100 m zurückzugehen, fragte Oberst Großmann: »Was geschieht mit dem Holz bei der Sprengung?« Ich antwortete: »Die Ladung ist so gering, Herr Oberst, dem Holz passiert nichts!«

Als ich den Befehl zur Sprengung gab, erschütterte eine donnernde Explosion die Umgebung. Die Straßensperre flog mit riesigen Holzstücken und Holzsplittern in die Luft. Als sich die Sprengwolke verzogen hatte und alle wieder aufsprangen, schrie mich Oberst Großmann mit wutentbranntem Gesicht in breitem Ostpreußisch an: »Dem Holz passiert nischt, danke sehr, Leutnant Mende, das genügt mir«, und verließ wütend den Übungsplatz. Er hat es mir nie verzeihen können, unser Verhältnis war von diesem Zeitpunkt auch dann noch getrübt, als sich der Regimentspionierzug in Frankreich hervorragend bewährte und ich bereits nach dem Übergang über die Maas in Belgien dafür am 1. 6. 1940 mit dem EK 1 ausgezeichnet wurde.
Auch später noch, als Horst Großmann bereits kommandierender General eines Armeekorps in Ostpreußen war und mich wiedersah, hatte er den Schreck dieser Pionierübung noch nicht vergessen. Das geflügelte Wort im Regiment hieß fortan, wo ich auch immer auftauchte: »Dem Holz passiert nischt!« Wer den Schaden hatte, brauchte wahrlich für den Spott nicht zu sorgen.
Köln war nicht nur unser Unterbringungsraum, sondern gleichzeitig im weitesten Sinn auch der Freizeitraum für die Schlesische Division. Man konnte von Godorf, Sürth und Rodenkirchen mit der Rheinuferbahn schnell nach Köln. Selbstverständlich brauchte man dafür zunächst keinen Urlaubsschein, da Köln zum Standortbereich gehörte. Als jedoch die Ausflüge nicht nur zum Kölner Dom überhandnahmen, wurde der Besuch in Köln für Unteroffiziere und Mannschaften an einen Urlaubsschein gebunden. Nur für die Offiziere galt Köln weiterhin als zum Standort gehörend. Wir haben davon ausgiebig Gebrauch gemacht. Die letzten Wochen des Jahres 1939 gehörten zu den schönsten Erinnerungen dieses so ereignisreichen Jahres.
Es durfte am Anfang sogar in Uniform im »Café Wien« in der »Charlotte Chérie« getanzt werden. Will Glahé mit seinem bekannten Tanzorchester und Jupp Gimbel spielten auf. Rosita Serrano, die chilenische Nachtigall, sang im Gürzenich vor begeisterten Zuhörern, fast durchweg Soldaten, ihre bekannten Chansons »Roter Mohn« und der »Kleine Liebesvogel«. Die Begeisterung kannte keine Grenzen. Es schien ein wenig Karneval in Köln

zu sein, wenn auch mit Verdunkelung, Lebensmittelkarten und in Wehrmachtsstiefeln.
Im alten »Weinhaus Duhr« am Rhein lernten wir jüngeren Offiziere des Regiments, Proske, Hauke, Schultz und ich, den rheinischen Heimatdichter Heinz Steguweit kennen, einen Bonvivant von geistiger Brillanz mit viel Humor und Fröhlichkeit. Selbst der Oberbürgermeister, Dr. Peter Winkelkemper, war alles andere als ein Nazifunktionär, wenn er trotz seines Parteiabzeichens, das er demonstrativ trug, sich über den Gauleiter Grohé lustig machte.
Der Jubel und Trubel der Oberschlesier in und um Köln und das herzliche Einvernehmen mit den gastgebenden Rheinländern führten schließlich dazu, daß das Tanzen in Uniform Ende November 1939 untersagt wurde.
Überhaupt dämpfte man durch immer strengere Handhabung der Urlaubsbestimmungen und der Aufenthaltserlaubnis die so wenig kriegsmäßige Fröhlichkeit am Rhein.
Das Weihnachtsfest verlebte ich mit meinen Quartierleuten in Sürth am Rhein zusammen mit dem Stabszahlmeister des Regiments, der im gleichen Hause einquartiert war. Es war das erste Weihnachtsfest, das ich nicht im Elternhaus verbrachte. Ich schien etwas gedrückt, nach 23 Jahren erstmalig Weihnachten außerhalb der Heimat zu verbringen. Das mag der Familie, dem Spirituosenfabrikanten Robert Clees, aufgefallen sein. Vielleicht hatte auch der Nachbar, ein Reservehauptmann Edmund Bauer, Mitinhaber der Anhängerfabrik in Köln, bei dem unser Arzt Dr. Möser einquartiert war, auf schlesische Bräuche hingewiesen.
Jedenfalls gab es am Weihnachtsabend, dem 24. Dezember 1939, überraschend die schlesische Weihnachtsgans, wenn auch rheinischen Ursprungs, und natürlich die guten Weine des Hauses.

TEIL II

Soldat im Westen

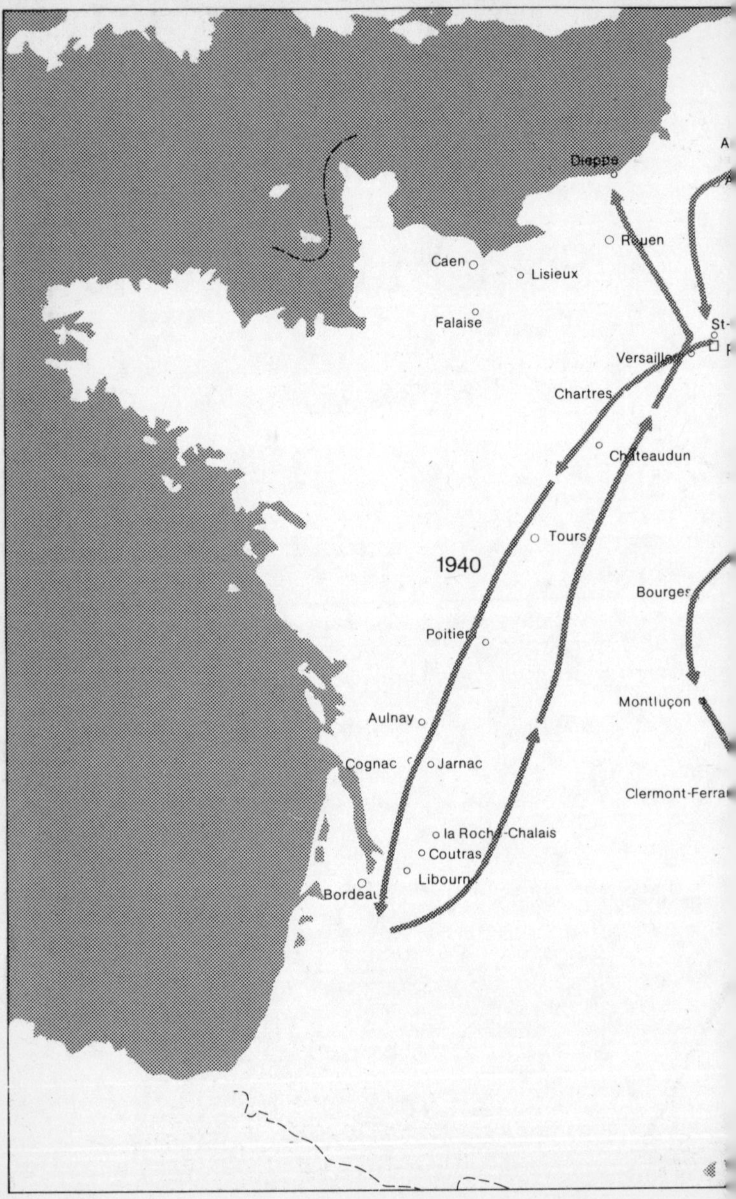
Dieppe
Rouen
Caen
Lisieux
Falaise
Versailles
Chartres
Châteaudun
Tours
1940
Bourges
Poitiers
Montluçon
Aulnay
Cognac
Jarnac
Clermont-Ferrand
la Roche-Chalais
Coutras
Libourne
Bordeaux

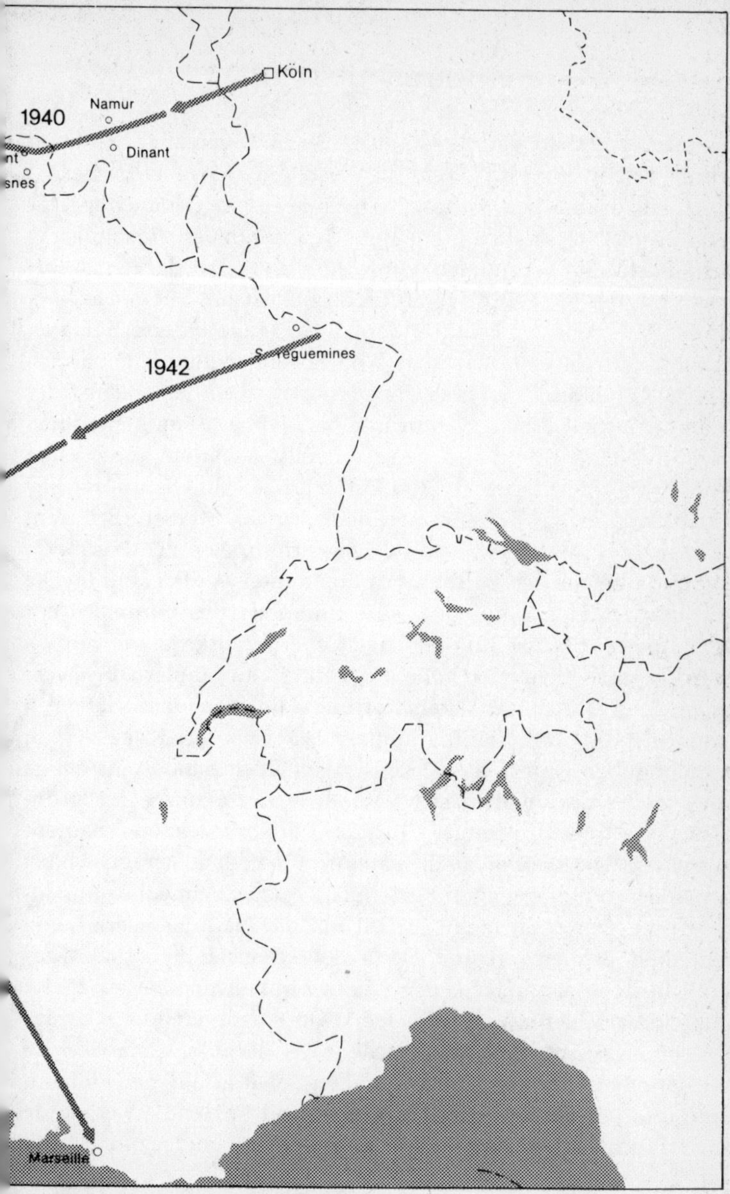

Köln
Namur
1940
Dinant
nt
snes
1942
S reguemines
Marseille

1.
Frankreichfeldzug

Der Winter 1939/40 war streng, auch hier im Rheinland. Frost und Schnee erschwerten im Januar die Ausbildung. Wiederum bekam ich einen zusätzlichen Auftrag, den ich zuerst im Regimentsstabsquartier und später auch in meinem Quartier in der Ulmenallee in Sürth ausführen konnte. Ich wurde zum Ic Offizier des Regiments bestimmt, der die Feindlage zu beobachten hatte, mit der Erlaubnis des Abhörens von Feindsendern, was für alle anderen Soldaten bei hoher Strafe verboten war. Weniger angenehm war, daß ich täglich Luftbilder, die über Belgien, vor allem im Gebiet der Ardennen, um Lüttich, Namur und bis Maubeuge aufgenommen waren, mit den vorhandenen Generalstabskarten vergleichen mußte, um die entsprechenden Eintragungen durchzuführen. Es war besonders auf Befestigungsanlagen, neue Straßen, Brücken, kurzum alles zu achten, was in den Karten noch nicht vermerkt war und nun aus den Luftbildern entnommen werden konnte. Die mühselige Arbeit, Zentimeter für Zentimeter des Luftbildes mit der Lupe abzutasten und mit der Generalstabskarte zu vergleichen, kostete nicht nur hohe Konzentration, sondern belastete einen auch durch die Verantwortung, die man damit auf sich nahm. Da die Luftbilder im Sommer 1939, also vor Kriegsbeginn aufgenommen waren, die Kartenwerke jedoch mindestens einige Jahre alt waren, ergaben sich zahlreiche Korrekturen, insbesondere von Straßenführungen, Brücken, Flugplätzen und Bauten. Vorwitzig – was mir oft auch später noch schadete – fragte ich bei der Ablieferung der ersten Kartenblätter den Regimentskommandeur, wie sich denn meine Arbeit mit der Neutralitätserklärung gegenüber Belgien vertrüge? Denn die Vervollständigung der Karten ließe doch darauf schließen, daß wir in Belgien über kurz oder lang einmarschieren würden. Oberst Großmann erwiderte darauf barsch: »Das ist nicht Ihre Sache, sich darüber Gedanken zu machen. Belgien und Holland stehen sowieso auf der anderen Seite und konspirieren mit Frankreich und England. Was Sie da tun, ist nichts anderes als eine Vorsichtsmaßnahme, wenn der Tag

kommt, da wir den anderen zuvorkommen müssen. Das war im Ersten Weltkrieg so, und es wird diesmal nicht anders sein.« Drehte sich um und ließ mich stehen.
Ich wußte nun Bescheid! Ein Angriff durch Belgien stand für mich fest. Die Alarme häuften sich, je mehr es auf das Frühjahr zuging. Am 5. März 1940 war endgültig Schluß mit den wohligen Quartieren im Kölner Raum. Alarm und Abmarsch in Richtung Kall/Eifel! Von dort in den Raum Schleiden, Gemünd und Reifferscheid. Es war eine wehmütige Trennung aus der Bequemlichkeit und dem Wohlleben am Rhein in die ruhigere und einfachere Lebensart in den Eifeldörfern an der deutsch-belgischen Grenze. Zum Abschied zerschlug ich durch eine unachtsame Bewegung mit dem Kopf auch noch die Hängeampel im Flur mit meinem Stahlhelm, so daß die Scherben des breiten Lampenschirms klirend auf die Marmorfliesen des Flures fielen. »Scherben bringen Glück«, trösteten die Quartierleute! Vielleicht!
Der Regimentspionierzug war in einem Gasthof in Reifferscheid in der Eifel untergebracht. Der große Saal war mit Feldbetten bequem für 100 Mann eingerichtet. Die Gastwirtin war ein ältliches Fräulein namens Elvira Pomp. Sie selbst gehörte offensichtlich zu ihren besten Kunden. Es hatte sich bald herumgesprochen, daß sie noch einige Fäßchen Portwein im Keller verwahrte, gewissermaßen als eiserne Reserve.
Mein Quartier, zusammen mit meiner Ordonnanz, war das katholische Pfarrhaus neben der Kirche in Ober-Reifferscheid. Pfarrer Schumacher, ein jovialer, gutaussehender 50er, dem man die Freuden an Küche und Keller ansah, weihte mich bald in die Besonderheiten des Ortes ein, auch in die Schrullen des ältlichen Fräuleins, das einer angesehenen Kölner Familie entstammte, die früher sogar den Bürgermeister in Köln gestellt hatte.
So war es für mich nicht überraschend, daß eines Tages Elvira Pomp mich hilfesuchend überfiel, als ich ihre Gastwirtschaft betrat. »Es hat sich etwas Furchtbares ereignet. Der Unteroffizier Sinsch hat auf mich geschossen!« Tatsächlich fanden sich im Türrahmen sechs Einschüsse aus der Armeepistole 08, und Unteroffizier Sinsch bestätigte, daß er geschossen habe. Aber nicht auf die Wirtin, sondern nur auf den Türrahmen, nachdem sie fortge-

laufen war. Als man schon Stunden gezecht hatte, weigerte sich Elvira Pomp, ein neues Fäßchen aus dem Keller zu holen. Auch die liebevollen Umarmungen des Unteroffiziers Sinsch und seiner Unteroffizierkameraden halfen nicht. Da habe er einfach die Pistole gezogen, und als die Wirtin weglief, einige Schüsse in den Türrahmen gesetzt.
Eigentlich wäre jetzt ein Tatbericht gegen Unteroffizier Sinsch oder gegen alle acht Unteroffiziere fällig gewesen, die an der Zecherei teilgenommen hatten. Es gelang jedoch, die Sache totzuschweigen, indem sich Unteroffizier Sinsch in besonders liebevoller Weise der Gastwirtin widmete, ihr hoch und heilig versprach, nicht mehr zu schießen und den Türrahmen wieder zu reparieren.
Mitten in die Einsamkeit des Eifelaufenthalts platzte die Nachricht von der Landung deutscher See- und Landstreitkräfte in Dänemark und Norwegen am 9. April 1940. Ich hatte wiederum, nachdem die ersten Nachrichten darüber im Reichsrundfunk zu hören waren, auch die französischen und englischen Sender abgehört und wußte, daß das Unternehmen zwar in Dänemark reibungslos abgelaufen war, dagegen in Nord-Norwegen hartnäckiger Widerstand geleistet wurde. Im Oslofjord wurde der deutsche schwere Kreuzer »Blücher« versenkt. Vor Bergen sank der leichte Kreuzer »Karlsruhe« nach schweren Torpedotreffern. Dennoch gelangen auch in Norwegen die Landungen. Die deutsche Marine hatte jedoch im Kampf um Narvik schwere Verluste, da wenige Stunden nach den deutschen Zerstörern englische Marineeinheiten einliefen. Die englische Flotte, begleitet vom Schlachtschiff »Warspite«, versenkte fast alle deutschen Zerstörer. Der deutsche Flottillenchef, Kommodore Bonte, fiel. In dem Gefecht zwischen deutschen und britischen Zerstörern fiel auch der britische Flottillenchef. Die noch übriggebliebenen deutschen Zerstörer hatten Mühe, sich zu halten.
Alle diese Nachrichten von der Tragödie der deutschen Marineeinheiten in Narvik blieben den Deutschen verborgen. Erst viel später sickerte durch, daß es in Narvik zu schweren Kämpfen und Verlusten gekommen sei, die die Marine getroffen hätten, während die gelandeten Gebirgsjäger unter General Dietl zwar in harte Kämpfe verwickelt waren, aber nicht so schwer getroffen wurden

wie die Zerstörereinheiten. Die britischen Sendungen feierten die Niederlage der Deutschen bei Narvik und übertrieben diese Nachrichten sehr.
Eines Abends war der NSDAP-Kreisleiter von Schleiden wieder einmal beim Pfarrer Schumacher zu Gast. Der Kreisleiter, mit dem Goldenen Parteiabzeichen, mittelgroß und gepflegt, war von einer natürlichen Lebensart. Er muß Kaufmann oder Ingenieur von Beruf gewesen sein. Pfarrer und Kreisleiter duzten sich und schienen auch sonst gut miteinander zu harmonieren. In Anwesenheit eines NSDAP-Kreisleiters schaltete ich natürlich nicht um 22.00 Uhr die englischen Nachrichten ein, wie ich es sonst jeden Abend zusammen mit dem Pfarrer und seiner Haushälterin getan hatte . . . Als die Zeit sich näherte, fragte der Pfarrer zu meiner Überraschung: »Herr Leutnant, wollen Sie nicht London einstellen, die Nachrichten kommen gleich. Wir wollen doch hören, wie es weiter in Narvik läuft!« Ich schaute den Pfarrer besorgt an, der aber sagte: »Sie können ruhig einschalten, der Kreisleiter ist ein vernünftiger Mann, der weiß ganz genau, daß ich auch immer einschalte, was ich will, und er tut es sicher zu Hause auch!« – Ein allgemeines Gelächter folgte. Ich schaltete BBC London ein, und vereint hörten der Pfarrer, der Kreisleiter und der Leutnant die Nachrichten.
Unser Augenmerk wandte sich, je mehr der Frühling ins Land gekommen war, den eigenen Problemen zu. Täglich übten wir Angriffe auf Befestigungen und Bunker. Kompanien des Regiments wurden abwechselnd als Besatzung in die deutschen Bunker bei Udenbreth an der deutsch-belgischen Grenze eingesetzt, um das Innere und das Funktionieren eines Betonbunkers kennenzulernen, wie wir sie später an der Maginot-Linie nehmen sollten.
Die Eifel begann sich in den ersten Maitagen 1940 in ihrem schönsten Schmuck zu zeigen. Denn der Ginster begann zu blühen. Der Frühling kommt hier zwar verspätet, aber mit doppelter Kraft, und die Maiwochen gehören zu den schönsten Zeiten im Eifelgebiet um Schleiden, Monschau und Gemünd.
In den ersten Maitagen wurde wiederum Alarm von Alarm abgelöst und die Munitionsausstattung aufgefüllt. Am Vormittag des 9. Mai 1940 war es dann soweit! Abmarsch des Regiments in die

Angriffsbereitstellung in den Wäldern am Losheimer Graben südlich Aachen.
Wiederum Abschied aus den Quartieren, in denen sich die Eifelbevölkerung an die schlesischen Soldaten gewöhnt hatte, nachdem es anfangs nicht die gleiche herzliche Gastfreundschaft gegeben hatte wie im Kölner Raum. Denn zum Unterschied von der reicheren Kölner Bevölkerung waren die Eifeler ärmer, den Fremden gegenüber mißtrauisch und ihrem Wesen nach verschlossener.
Um 18.00 Uhr setzte sich auch unser Regimentspionierzug in Bewegung. Elvira Pomp, die Wirtin des Gasthofes, stand winkend an der Straße, als ich nach meinem Abschied von Pfarrer Schumacher und den Mitgliedern der Pfarrei auf meinem Pferd »Pimpf«, einem hellen Trakehner mit dem Elchbrand am Schenkel, zu meinen Regimentspionieren ritt. Die Pioniere hatten, nachdem das letzte Portwein-Fäßchen im Keller geleert war, ihr aus Dankbarkeit viel instand gesetzt und den ganzen Gasthof so verschönt, daß er sich in den wenigen Wochen von Grund auf verändert hatte.
In der Dunkelheit fanden wir nur mit Mühe, von einheimischen Lotsen hingeführt, die Bereitstellungsräume mitten im dichten Fichtenwald, der zur belgischen Grenze durch Baumsperren und Verdrahtungen ein Durchkommen unmöglich machte. Wir gingen gleich daran, die Sperren zu beseitigen; denn weit und breit war kein belgischer Soldat zu sehen. Wir hatten die Wege so weit geräumt, daß ein letztes Stück auf belgischer Seite noch bei Tageshelle übrigblieb. Hier vermuteten wir Minen und versteckte Ladungen und zogen es daher vor, durch Sprengladungen die feindlichen Minen und Ladungen in die Luft zu sprengen. Punkt 5.30 Uhr im ersten Morgengrauen donnerten die Sprengladungen mit tausendfachem Widerhall in den Wäldern, gefolgt von Sprengungen benachbarter Pioniereinheiten. Ein einziges Donnern durch die Eifel und die Ardennen leitete den Angriff ein.
Der Regimentspionierzug war dem I. Bataillon unter Major Koboldt unterstellt. Wir sollten, zusammen mit den vorgehenden Infanteriekompanien, zu besonderen Einsätzen wie Minenräumen, Beseitigen von Sperren, Bauen von Brücken und Stegen zum Einsatz kommen. Die ersten Kilometer trafen wir auf keinen Widerstand. Die belgischen Vorposten hatten sich offensichtlich

zurückgezogen, weil sie durch die Geräusche auf der anderen Seite, spätestens jedoch durch die Detonationen bei der Beseitigung der Hindernisse im Morgengrauen gewarnt waren.
Bei strahlendem Sonnenschein durchzogen wir die ersten Dörfer um Eupen und Malmedy in Südbelgien. Hier und da wagte sich die Bevölkerung auf die Straße, die Dörfer waren nicht evakuiert. Vorsichtiges Winken und nach einigen Stunden ungestörten Vormarsches auch Blumen und Obst, Wasser und Kaffee. Denn es wurde heiß, und die Anstrengungen des Vorgehens mit allem Kriegsgepäck zeichneten sich in Bächen von Schweiß in den Gesichtern der Soldaten ab. Eupen und Malmedy waren deutsches Gebiet, das nach dem Ersten Weltkrieg an Belgien verlorenging. Darum begrüßten uns die Deutsch-Belgier dieser Kreise natürlich als Befreier mit allen Zeichen ihrer Heimattreue zu Deutschland. Die ersten Gefangenen wurden eingebracht und verhört. Aus ihren Aussagen war zu entnehmen, daß sich französische oder englische Truppen nicht in unmittelbarer Nähe befanden. Wir hatten es nur mit belgischen Soldaten zu tun.
Gegen Mittag erschienen die ersten britischen Aufklärungsflugzeuge im Tiefflug über uns, ohne zu schießen. Weiter im Lande lösten Detonationen einander ab. Die Belgier ihrerseits sprengten Brücken und Übergänge auf ihrem Rückzug. Die schwersten Stunden standen uns nun bevor, als es darum ging, die bespannten Geschütze, Munitionswagen und den Troß auf den zum Teil aufgeweichten und unbefestigten Feldwegen durch die Ardennen zu schleusen. Die wenigen festen Wege waren den motorisierten Einheiten vorbehalten. Die bespannte Infanterie und Artillerie mußten sich auf Wald- und Feldwegen bewegen, die zum Teil durch Abfuhr von geschlagenem Holz aus den Ardennen-Wäldern in tiefen Spuren manches Gefechtsfahrzeug im Morast stecken ließen. Da wir keine Feindberührung hatten, wurde ein Teil der Soldaten dazu abgestellt, die vielen bespannten Fahrzeuge über Knüppelwege und schnell gelegte Bündel aus Tannenzweigen durch die dichten Ardennen-Wälder zu bringen.
Ohne Verluste, aber schwer mitgenommen von den Anstrengungen des Tages, erreichten wir am Abend das Dorf Grand Halleux an der Salm, einen kleinen, idyllisch gelegenen Ardennen-Ort mit

Kirche und Kloster, unmittelbar neben der Vielsalm, einem etwa 6 m breiten Flüßchen, dessen Brücke gesprengt war. Auftrag an den Regimentspionierzug: »Bis zum Morgengrauen einen Übergang durch eine Behelfsbrücke sicherzustellen und mindestens zwei Stege für die Infanterie zu legen!«
Ich begab mich mit den Unteroffizieren den Fluß hinauf und entdeckte einige hundert Meter oberhalb der gesprengten Brücke einige hochgewachsene Eichen- und Fichtenbäume. Wenn man sie fällte und mit Brettern überdeckte, konnte man sehr schnell die beiden Stege herstellen. An einer anderen Stelle war sogar eine primitive Behelfsbrücke für Fahrzeuge möglich, wenn man die vorhandenen Stämme entsprechend unterstützte. Die einzelnen Gruppen des Pionierzuges bekamen ihre Aufträge und sollten ab 4.00 Uhr morgens an die Arbeit gehen. Bis dahin konnte geruht werden.
Das I. Bataillon hatte sich beiderseits Grand Halleux in Häusern und Bauernhöfen einquartiert, uns war das neben der Kirche liegende Nonnenkloster zugeteilt worden. Als ich mit den Unteroffizieren das Klostergebäude betrat, waren die Soldaten dabei, sich in den einzelnen, zum Teil abgeschiedenen Zellen der Nonnenblocks einzurichten. Natürlich war die Feldküche beim Vormarsch nicht mitgekommen, sondern steckte irgendwo in den Ardennen im Stau. Also galt es, im Keller selbst nach dem Rechten zu sehen. Beim Betreten des Eßsaales für etwa 50 Personen ein erschütterndes Bild. Auf dem Tisch standen gefüllte Schüsseln mit Rühreiern, Spinat und Kartoffelpüree. Die Nonnen mußten Hals über Kopf während des Mittagessens evakuiert worden sein. Keine Seele war im Ort anzutreffen, alles hatte angesichts der zu erwartenden Teutonen voller Schrecken Haus und Hof geräumt. Das Vieh auf der Weide blökte, weil es nicht gemolken war, streunende, verängstigte Hunde und Katzen liefen durch die Straßen. Im Nu hatte sich herumgesprochen, daß die Keller voller Eier, Speck und Schinken waren. Auch im Keller des Nonnenklosters lagerten Hunderte von Flaschen Bier – übrigens Pilsner Urquell –, wie ich überrascht feststellte. Massen von Eiern, Butter, Speck und ein großer Vorrat an eingemachten Früchten, Marmeladen und Konserven. Es hätte gereicht, um ein ganzes Bataillon zu

verpflegen. So schwelgten wir dann am ersten Abend in Rühreiern und Speck, Bier und Unmengen von Obst und Marmeladen.
Auch an den übrigen Tagen war bei dem stürmischen Vormarsch mit Truppenverpflegung nicht zu rechnen. Daher erging der Befehl an die vorgehende Truppe, sich aus den Vorräten der Zivilbevölkerung zu verpflegen, aber die Bestände ordnungsgemäß zu erfassen. Die Offiziere wurden angewiesen, alles zu unternehmen, um eine Vergeudung von Lebensmitteln oder gar Plünderungen zu vermeiden.
Erst spät am Abend kamen wir ermüdet von den Anstrengungen des Tages zur Ruhe. Die Posten wurden ausgestellt, und wir schliefen in den einzelnen Zellen der Nonnen, zugedeckt mit den zurückgelassenen Kleidungsstücken. Im Morgengrauen des nächsten Tages wurden Brücke und Stege gebaut. Als die Sonne aufging, hatten wir unsere Arbeit beendet. Ein tieffliegendes britisches Aufklärungsflugzeug entdeckte als erstes unser Werk. Ich fürchtete, es würde sofort durch Bomben zerstört werden und rief: »Fliegerangriff, volle Deckung!« Aber die Maschine zog nur eine Schleife und entfernte sich wieder in Richtung Westen.
Der weitere Vormarsch – auch ohne Feindberührung – aber hier und da behindert durch gesprengte Brücken, führte uns nach Bomal an der Ourthe. Hier galt es, den etwa 1 m tiefen aber reißenden Fluß an einer Furt zu durchwaten. Wir zogen zwei starke Seile über das etwa 50 m breite Flußbett, an dem sich die Infanteristen, nackt bis zu den Beinen, Stiefel, Hose und Gepäck über dem Kopf balancierend festhalten konnten. Mancher ging dabei in der Strömung ins Wasser, und es war gut, ein weiteres Seil mit Rettungsposten flußabwärts aufgebaut zu haben, um manchen aus dem eisigen Wasser zu bergen, bevor er von der Strömung fortgerissen wurde.
Am nächsten Tag folgten die ersten Gefechte mit belgischen Truppen, die uns auf Höhen und aus Waldstücken, geschickt getarnt, beschossen. Auch die ersten Fliegerangriffe mit vereinzelten Bombenabwürfen. Man näherte sich der Maas, und starker Gefechtslärm deutete darauf hin, daß motorisierte Verbände schon an uns vorbei an den Hängen vor der tief eingeschnittenen Maas um den Übergang kämpften.

Am 13. Mai 1940 – wieder bei schönstem Wetter – hatten wir das Gelände vor der Maas erreicht. Die Maas war noch etwa 5 km entfernt, wir sollten sie bei Yvoir südlich der Festung Namur erreichen.

Der Vormarsch der Infanterieeinheiten auf den wenigen Vormarschstraßen war so zügig vorangekommen, daß die 8. Schlesische Infanteriedivision den Übergang über die Maas in dieser Gegend erkämpfen und einen Brückenkopf auf dem Westufer bilden sollte, um den vor der Maas aufgefahrenen motorisierten Panzereinheiten einen weiteren Vorstoß zu ermöglichen. Links von uns auf den Anhöhen vor der Maas Geschütze und Panzer einer Panzerdivision, die sich bereits im Gefecht mit einer französischen Einheit auf der anderen Seite der Maas befand. Vor uns stockte wenige Kilometer vor der Maas der Vormarsch. Man hörte Gefechtslärm. Die Spitze der 3. Kompanie war auf den Feind gestoßen.

An einer Straßenkreuzung fielen der Kompaniechef, Hauptmann Freiherr von Pfungen, der Oberfeldwebel Purrmann und ein weiterer Feldwebel. Wie war das geschehen? Offensichtlich durch den bisher zügigen Vormarsch etwas unvorsichtig geworden, hatten sich Kompaniechef und Zugführer mit ihren Karten an der Straßenkreuzung mitten im Wald über die weitere Vormarschrichtung orientieren wollen und waren dabei in den Hinterhalt einer französischen Kavallerie-Einheit geraten, die auf die Gruppe das Feuer eröffnete. Alle drei waren sofort tot, einige aus der Vorhut verwundet.

Ich war erschüttert, war doch Hauptmann von Pfungen erst wenige Monate zuvor aus Wien nach Gleiwitz gekommen. Er war ein besonders beliebter Offizier, der mit seinem Wiener Charme zusammen mit seiner Frau viel zur Auflockerung des sonst so strengen Kasino-Reglements beitrug und sich besonders uns jüngeren Offizieren gewidmet hatte, sie beriet und oft zu sich einlud. Als ich noch betroffen mit meinen Unteroffizieren diskutierte und mehr Vorsicht beim weiteren Vorgehen empfahl, erschienen die beiden Ordonnanz-Offiziere des Regimentsstabs mit der Frage, was los sei, warum es nicht weitergehe. Ich erklärte den beiden, ein Feuerüberfall hätte die Spitze der 3. Kompanie getroffen, der

Kompaniechef, Hauptmann von Pfungen, sei gefallen, mit ihm einige weitere Soldaten. Man sei gerade dabei, die Spitze neu zu ordnen und die 1. Kompanie anstelle der 3. vorzuziehen.
Oberleutnant Drexler war betroffen: »O Gott, der Pfungen, der war doch auch erst kurze Zeit verheiratet!«
Am Abend, es dämmerte schon, erreichten wir den Ortsrand von Yvoir, ohne jedoch in den Ort einzudringen. Denn nach dem Vorfall am Spätnachmittag vermuteten wir französische Kavallerie noch auf dieser Seite der Maas. In jedem Fall schien die Maas der Schicksalsstrom der Westoffensive geworden zu sein. Denn im Wettlauf der deutschen Verbände vom Osten und der französischen Truppen vom Westen prallten hier die Spitzen erstmals aufeinander.
Das Infanterieregiment 84 erhielt den Befehl, im Morgengrauen des 14. Mai 1940 den Übergang über die Maas zu erkämpfen, unterstützt von starken Artillerieverbänden und Sturzkampfbombern der Luftwaffe. Nach dem Übergang sollte auf den Höhen westlich der Maas ein Brückenkopf gebildet werden. Das I. Bataillon unter Major Koboldt sollte vom Regimentspionierzug übergesetzt werden. Südlich davon das III. Bataillon unter Major Berger durch eine Pionierkompanie des Pionierbataillons 8. An Schlafen war für uns Regimentspioniere in dieser Nacht nicht zu denken. Kurz nach Mitternacht trafen unsere Floßsäcke ein. Das entsprechende Übersetzmaterial wurde zurechtgelegt. Der bisherige Kompaniechef, Oberleutnant Schlabitz, war inzwischen Regimentsadjutant geworden. Die Kompanie übernahm Leutnant Gawel, ein Lehrerssohn aus Beuthen. Ich schätzte ihn als sehr sportlichen und klugen Offizier, mit trockenem Humor. Seine Kompanie sollte ich als erste aufs andere Ufer bringen. Angesichts des etwa 70 m aufragenden, mit vielen Büschen bestandenen Steilufers auf der anderen Seite schien dies ein reines Himmelfahrtskommando zu sein. Denn in jedem Buschwerk auf dem Steilufer, von Kalksteinvorsprüngen geschützt, mußte ein MG-Nest des Gegners sein. Die vorgeschobenen Beobachter der Artillerie hatten geradezu ideale Feuerleitungsmöglichkeiten gegen uns und die Stadt Yvoir, die es erst zu besetzen galt.
Mit den üblichen Methoden des Flußüberganges war hier nicht

viel zu machen. Wir mußten uns etwas anderes ausdenken. Bei dieser ersten wichtigen Pionieraufgabe, die ich zu lösen hatte, stellte ich mir die gleiche Frage, die ich auch später an den Anfang jeder militärischen Überlegung stellte: »Wie würdest du dich verhalten und handeln, wenn du auf der anderen Seite der Gegner wärst?« Wir kamen daher zu dem Entschluß, noch bei Dunkelheit einen Flußübergang zu versuchen, zumindest eine Erkundung durchzuführen, ob Yvoir feindfrei war, und dann das Flußufer von unserer Seite vorsichtig nach den günstigsten Übergangsmöglichkeiten zu erforschen. Nach der Erkundung der ersten Häuser schien der Ort feindfrei zu sein. Französische Kavallerie muß ihn Hals über Kopf verlassen haben; denn in den einzelnen Häusern lagen noch Gepäckstücke und Pferdezeug herum. Weißbrot und Corned-Beef-Büchsen, die herumlagen, zeugten vom plötzlichen Aufbruch.

Am Nordrand des Ortes konnte man durch eine Schlucht bis an das Flußufer heran. Auf der anderen Seite am Steilhang war nichts zu sehen und zu hören. Dort schlief man offensichtlich. Jetzt mußte jemand ins Wasser und vorsichtig hinüberschwimmen, um die Strömungsgeschwindigkeit zu prüfen, und dann einige der ersten Schlauchboote mit einem Seil nach drüben bringen, um eine Treidelmöglichkeit zwischen beiden Flußufern zu schaffen. Aber wer sollte im Mai in das noch kalte Wasser der Maas und die Franzosen auf der anderen Seite übertölpeln? Der Gedanke schien zu frivol zu sein.

Da meldete sich Gefreiter Baron, meine Ordonnanz, ein mittelgroßer, rotblonder Handelsschüler mit Kaufmannabschluß aus Oppeln und meinte: »Ich schaffe es, ich bin früher oft nachts in der Oder geschwommen!« Und so geschah es. Vorsichtig glitt der Körper des Gefreiten Baron ins Wasser und trieb nach wenigen Schwimmzügen erheblich flußabwärts ab. Die Flußgeschwindigkeit lag etwa bei 2 m pro Sekunde. Wir mußten also den Versuch noch einmal mindestens 100 m flußaufwärts starten. Gefreiter Baron fror und klapperte mit den Zähnen. Er schaffte es trotz der Strömung, bis in die Mitte der Maas zu gelangen und an der Stelle wieder rauszukommen, wo wir unseren ersten Versuch unternommen hatten. Nun galt es, einige leichte Schlauchboote noch weiter

flußaufwärts zu bringen, um mit ihnen das erste Seil auf die andere Seite zu schaffen und an einem Baum zu verpflocken.
Unter größter Stille, nur durch Flüstern sich verständigend, schafften wir es, das erste Schlauchboot nach drüben zu bekommen und dort anzupflocken. Inzwischen wurde es dämmrig. Der Erfolg des ersten Schlauchbootes hatte uns so übermütig gemacht, daß wir sofort mit dem Übersetzen der ersten Gruppen des Leutnants Gawel begannen. Erst als schon am Treidelseil entlang das Schlauchboot mehrere Male übergesetzt und etwa drei Gruppen mitsamt ihrem Zugführer auf dem Westufer der Maas sich festgesetzt hatten, fielen die ersten Schüsse. Die Franzosen waren inzwischen wach geworden. Die Sichtverhältnisse waren aber noch so schlecht, daß ein gezieltes Feuer nicht möglich war. Man feuerte blindlings in die Gegend. Nun war auch der Rest des Bataillons wach und durchkämmte unter den Schüssen vom Westufer den Ort, in dem es selbst keinen Widerstand mehr gab. Keine Menschenseele war in den Häusern, außer dem zurückgelassenen Zeug französischer Kavallerie nichts Neues mehr.
Bei vollem Tageslicht setzte nun feindliches Artilleriefeuer auf unsere Übergangsstelle ein. Es war wie ein Spießrutenlaufen, mal flußaufwärts, mal flußabwärts, um den Einschlägen der Artillerie zu entgehen. Glücklicherweise fing das Wasser die Splitterwirkung der Artillerie-Granaten in den hochaufschäumenden Fontänen so ab, daß weder die Männer noch die Schlauchboote nennenswerten Schaden nahmen.
Inzwischen setzte auch links von mir die Pionierkompanie über, und als das volle Tageslicht erschien, war in einer Breite von 300 bis 400 m das Übersetzmanöver bei Yvoir in vollem Gange. Leutnant Gawel hatte als erster seine ganze Kompanie am Ufer und kämpfte einzelne Feindnester nieder, bei dem Steilufer eine mühselige und schwierige Aufgabe. Es folgte eine weitere Kompanie des 1. Bataillons, und schließlich hielt es Major Koboldt nicht mehr aus und wollte hinüber. »Aber Sie müssen mit«, sagte er zu mir. Inzwischen waren wir von den kleinen auf die großen Schlauchboote übergewechselt, die statt vier etwa zwölf Mann befördern konnten. Mitten im Fluß schlug eine Granate so nahe neben uns ein, daß Major Koboldt am Kopf verwundet wurde. Er verlor das

halbe Ohr und blutete stark. Ansonsten aber schien nichts weiter passiert zu sein.
Das Artilleriefeuer steigerte sich, es wurde aus der Festung Namur mit schwerem Kaliber auf die Übergangsstelle geschossen. Auch die eigene Artillerie deckte den Flußübergang, der nun in vollem Gange war. Auf dem Höhepunkt gegen Mittag erschienen die ersten Sturzkampfbomber, die sich auf Feindstellungen auf den Höhen von Warnant stürzten und mit ihren wiederholten Einsätzen sowohl uns an der Übergangsstelle wie am Brückenkopf am Westufer große Entlastung brachten.
Am Abend hatten wir den Brückenkopf auf den Höhen von Warnant westlich der Maas errichtet. Die Verluste waren, gemessen an dem schweren Übergang, geringer als befürchtet. I. und III. Bataillon hatten in einer Tiefe von 3 km und einer Breite von etwa 2 km die Möglichkeit geschaffen, mit dem Bau einer schweren Brücke zu beginnen, der in der Nacht durch ständige Bombenangriffe erheblich behindert wurde. Auch ein Panzerangriff, der in der Abenddämmerung gegen den Brückenkopf durch einige französische Panzer erfolgte, konnte an dem Erfolg des Tages nichts mehr ändern. Drei französische Panzer wurden abgeschossen. Die umliegenden Höhen westlich der Maas bis Bioul, einem kleinen Dorf auf der Straße nach Walcourt, waren fest in unserer Hand.
Der 14. Mai 1940 war ein entscheidender Erfolgstag durch die rasche Überschreitung der Maas, die mit ihren Steilufern gerade zwischen Namur und Dinant als ein unüberwindliches Hindernis gegolten hatte. Der Wehrmachtsbericht meldete über diesen Tag: »Schlesische Truppen haben als erste die Maas überschritten.« In der späteren Wehrpaßeintragung hieß es darüber militärisch kurz und bündig: »10. 5. – 12. 5. 1940 Durchbruch durch die südbelgischen Befestigungen und die Ardennen. Im besonderen: Übergang über Salm und Ourthe. 13. 5. – 14. 5. 1940 Erzwingung des Maas-Überganges bei Yvoir.« Was jedoch an Marschleistungen, Strapazen, Todesangst und Verlusten darin verborgen ist, gleichzeitig aber auch den Fortgang der Kampfhandlungen in Belgien und Frankreich entscheidend war, sollte erst später allen bewußt werden.
Der Widerstand der uns gegenüberliegenden französischen Trup-

pen war sehr heftig. Durch reinen Zufall erfuhren wir, daß uns bei Yvoir und in den folgenden Tagen das französische Infanterieregiment mit der gleichen Regimentsnummer 84 gegenüberlag. Denn ein französischer Kradmelder war der erste Gefangene, den meine erste Floßsackbesatzung am Westufer der Maas gemacht hatte.

Am 15. Mai 1940 wurde der Angriff auf Walcourt, ein kleines Städtchen südlich Charleroi, fortgeführt und in den Abendstunden die Höhen von Walcourt ohne nennenswerte Verluste genommen. Der Vormarsch ging in Richtung Beaumont und Maubeuge weiter. Wir standen am 17. Mai 1940 vor der Maginot-Linie an der belgisch-französischen Grenze. Sie war in diesem Teil gewissermaßen eine Fortsetzung und bei weitem nicht so ausgebaut wie weiter südlich am Rhein unmittelbar an der deutsch-französischen Grenze. Man nannte sie auch die Daladier-Linie, weil ihr Bau erst später unter Ministerpräsident Daladier erfolgt war. Sie bestand – ähnlich wie der deutsche Westwall – aus zahlreichen Betonbunkern und Geschützständen, die das Vorfeld in flankierendes Feuer aller Waffen nehmen konnten.

Wiederum hieß es, Pioniere nach vorn! Mit Sprengladungen sollte die Infanterie beim Erstürmen dieser Bunker unterstützt werden. Es war merkwürdig ruhig in der Bunkerlinie, als wir uns am Nachmittag des 17. Mai den ersten Betonbunkern näherten. Zum Teil waren sie frisch verdrahtet. Bei einzelnen Bunkern fehlte noch die Tarnfarbe. Sie waren ebenso spät fertig geworden wie die deutschen Befestigungen im Raume von Saarbrücken, die auch erst später angelegt wurden.

Ein Angriff bei Tageslicht schien uns selbstmörderisch zu sein. Bei der Einsatzbesprechung wurde daher befohlen, in einem Nachtangriff die Bunkerlinie zu durchstoßen. Die Pioniergruppen wurden einzeln auf die angreifenden Kompanien aufgeteilt. Ich selbst blieb mit zwei Reservegruppen im Zwischenfeld, um dort eingreifen zu können, wo Schwierigkeiten auftreten sollten. Der Kommandeur des III. Bataillons, Major Berger, bedauerte, daß nur der Regimentspionierzug ihm zugeteilt worden war, er hätte lieber die »richtigen« Pioniere, wie er sagte, genommen und meinte damit eine Kompanie des Pionier-Bataillons 8. Das hatte mich tief getrof-

fen; denn darin war offen die Geringschätzung gegenüber den Infanteriepionieren zum Ausdruck gekommen. Ich glaubte daher sagen zu müssen: »Herr Major, diese Regimentspioniere waren als erste am anderen Ufer der Maas und haben sich prächtig geschlagen. Ihr Bataillon mit den Divisionspionieren kam erst später über den Fluß. Auch heute werden meine Pioniere die ersten Bunker geknackt haben!« Das verärgerte ihn wiederum, denn Major Berger hatte dem Regiment gemeldet, er hätte als erster mit seinem Bataillon die Maas überschritten. In Wirklichkeit war es aber das I. Bataillon mit Major Koboldt, der sich jedoch dagegen nicht wehren konnte, weil er durch den Kopfsplitter, der ihn ein halbes Ohr gekostet hatte, nach dem Übersetzen wieder zurück zum Hauptverbandsplatz gekommen war.
Der Streit hat sich übrigens später fortgesetzt, nachdem Major Berger für den Übergang über die Maas und seinen Einsatz in den folgenden Wochen das »Ritterkreuz« erhielt, während Major Koboldt leer ausging, obwohl sein Bataillon eigentlich die Bresche ins Westufer geschlagen hatte, die dann den Übergang des ganzen Regiments erleichtert hatte.
Als es dunkel wurde – es fiel immer noch kein Schuß –, meldete mir ein Soldat, daß alle meine Pioniergruppen bereits an den Bunkern seien und die Sprengladungen an drei wichtigen, vorderen Bunkern schon angebracht seien. Ich robbte mit meinen zwei Gruppen so weit nach vorne, daß ich den ersten Bunker erkennen konnte und sah, daß meine Pioniere sich im toten Winkel der Betonbunkerwand an die Erde gepreßt hatten, die Zündschnüre für die Ladung in den Händen. Da aus dem Bunker keine Geräusche zu hören waren, schlugen wir gegen die Panzertüre und forderten die Besatzung zur Übergabe auf. Ich rief in französischer Sprache, man möge sich ergeben, da Widerstand sinnlos wäre, an den Schießscharten seien die Sprengladungen bereits angebracht. Aus dem Bunker kam keine Antwort. Daraufhin ließ ich eine Ladung zünden. Eine gewaltige Explosion riß ein tiefes Loch in die Panzerwand der Schießscharte und schleuderte sie nach innen. Es öffnete sich die Tür, und taumelnd stürzten 18 französische Soldaten, zum Teil durch die Sprengwirkung verletzt und blutend, ins Freie. Das war das Signal, es bei den anderen Bunkern gleich zu

tun, und in weniger als einer Stunde war durch die Einnahme von mehr als 6 Bunkern eine Bresche in die Befestigungslinie geschlagen, da die Besatzungen aller dieser Bunker nicht das Feuer eröffneten. Wie sich später herausstellte, hatte die französische Besatzung mit einem Nachtangriff nicht gerechnet, alle Scharten dicht gemacht und sich kräftig dem Rotwein hingegeben, der zur damaligen Truppenverpflegung eines jeden französischen Soldaten gehörte. Der Widerstandswille schien so gering zu sein, daß nicht einmal die anwesenden Offiziere und Unteroffiziere dagegen ankämpfen konnten.

Wir nutzten diesen Erfolg bis zum Morgengrauen. Ohne nennenswerte Zwischenfälle hatten wir die Besatzung von mehr als zehn Bunkern gefangengenommen und die Befestigungslinie zwischen Solre und Cousolre durchbrochen. Erst bei Tageslicht gab es bei einem großen Befestigungswerk heftigen Widerstand, und wir brauchten bis zum Nachmittag, um durch Hinzuziehung von Geschützen und Direktbeschuß gegen die Schießscharten auch dieses Hindernis zu nehmen. Als sich die Besatzung ergeben hatte, fanden wir die beiden Offiziere, einen Hauptmann und einen Oberleutnant, erschossen im Bunker. Ob sie sich selbst getötet hatten oder von der Besatzung erschossen wurden, damit der Bunker übergeben werden konnte, war nicht festzustellen.

Am nächsten Tag stellte sich das Infanterieregiment 84 zum Angriff auf die Industriestadt Hautmont bereit. Der Auftrag lautete, die Stadt Hautmont zu nehmen, die Sambre zu überschreiten und in Richtung Maubeuge vorzustoßen.

Hautmont, eine Stadt mit Eisenwerken und Halden, brachte uns in große Schwierigkeiten. Das II. Bataillon unter Major Retzlaff sollte mitten in der Stadt die Steinbrücke über die Sambre nehmen. Das III. Bataillon des Majors Berger, dem ich weiter zugeteilt war, sollte versuchen, Hautmont westlich zu umgehen. Dort führte eine Eisenbahnlinie mit einer unzerstörten Eisenbahnbrücke über die Sambre. Statt auch hier die Dunkelheit abzuwarten und einen Nachtangriff zu wagen, beging man den verhängnisvollen Fehler, noch am Abend bei Sonnenuntergang zu stürmen.

Auf der anderen Seite der Sambre, verschanzt in den Kellern der Häuser und in den Dachluken, war eine marokkanische Kompanie

eingesetzt. In ihrem Maschinengewehrfeuer brach der Sturm auf die Brücke an der Sambre zusammen. Major Retzlaff und 8 Soldaten lagen tot auf der Brücke. Der Angriff blieb liegen. Major Berger, durch die gute Zusammenarbeit beim Durchbruch durch die Maginot-Linie und durch überzeugende Leistungen meiner Infanterie-Pioniere wesentlich freundlicher geworden, fragte mich: »Wollen wir das nicht genauso machen wie vorgestern und abwarten, bis es dunkel ist?« Ich riet dringend ab, bei Tage etwas zu unternehmen, weil das Gelände um die Haldeneinschnitte und Fabrikgebäude sehr gefährlich sei und man eine angreifende Truppe schwer zusammenhalten könne, wenn sie sich in diesem Gelände verliere. Es sei besser, zunächst einen starken Spähtrupp über die Eisenbahnbrücke bis an den Stadtrand von Hautmont vorzuschicken. Wir selbst sollten uns auf eine Halde begeben und von dort aus das Vorgelände beobachten. Wir wurden daher Zeugen des bravourösen Sturms des Major Retzlaff, der in den Maschinengewehrgarben zusammenbrach.
Wir hatten mehr Glück! Es gelang in der Dunkelheit, Gruppe für Gruppe über die Eisenbahnbrücke zu schleusen, ohne Verluste den westlichen Stadtrand von Hautmont zu erreichen und sich in den Häusern festzusetzen. Einzeln holten wir die Marokkaner aus den Kellern, nur hier und da fiel ein Schuß. So gelang es, in der Nacht ganz Hautmont zu nehmen, die Brücke unversehrt in die Hand zu nehmen und die Leichen der gefallenen Angehörigen des II. Bataillons zu bergen. Im Morgengrauen marschierten zwei Kompanien marokkanischer Gefangener zu den rückwärtigen Sammelstellen.
Das Regiment erreichte Maubeuge, durch das die 7. Panzerdivision des Generals Rommel in Richtung Abbeville rollte. Am nächsten Tag Angriff auf Bavay, in dem noch heftiger Widerstand geleistet wurde und wo Straße für Straße, allerdings unter hervorragender Artillerieunterstützung, genommen werden konnte. Die eigenen Verluste hielten sich in Grenzen.
Bavay selbst war von der Zivilbevölkerung geräumt. Der Angriff des Regiments ging weiter in Richtung Denain, wo es hartnäckigen Widerstand auf den Grubenhalden und am Stadtrand bei Bouchain gab. Die Schelde fließt dort in einem stark bewaldeten,

mit sumpfigen Wiesen und vielen Büschen bestandenen Tal. Beim Angriff des Regiments über die Schelde von Bouchain gab es daher nicht nur starke Verluste durch Gewehr- und Maschinengewehrfeuer, sondern auch die französische Artillerie hatte sich auf den Schelde-Übergang und das Gelände um Bouchain eingeschossen. In den Baumkronen krepierende Granaten verursachten mit ihrer Splitterwirkung um so mehr Verwundete, weil man sich im Sumpfgelände nicht eingraben konnte, sondern buchstäblich mit dem Bauch im Wasser lag. Die Kämpfe im Raum Bouchain an der Schelde und Scarpe hielten uns vier volle Tage auf, bis es schließlich gelang, am 26. Mai Bouchain und Denain einzunehmen.

Die 8. Infanteriedivision wurde nunmehr im Raum zwischen Denain und Douai in Reserve gehalten und aufgefrischt. Denn inzwischen waren die Spitzen der Panzerdivisionen bereits an der Kanalküste, die französischen und englischen Truppen in einem großen Sichelschnitt durch den Vormarsch der Panzerdivisionen eingeschlossen.

Wir hatten Gelegenheit, uns anhand von Rundfunkmeldungen und durch die Informationsblätter der Division über die Gesamtlage zu informieren, als wir auf einem größeren Gut, in Frankreich »ferme« genannt, uns in unmittelbarer Nähe des Regimentsstabes einquartierten, der natürlich im zugehörigen Château lag. Regimentsreiterzug mit Leutnant Schultz und Regimentspionierzug konnten ihre landwirtschaftlichen Kenntnisse vervollkommnen. Da die Feldküche auch wieder hinzugekommen war, wurde ein Schwein geschlachtet und die Truppe mit allem Üblichen – vom Wellfleisch bis zu den Wellwürsten – bestens verpflegt. Außerdem galt es, das EK I zu feiern, daß man mir für den Übergang über die Maas verliehen hatte. Gleichzeitig wurden die zehn weiteren EK I des Regiments durch Oberst Großmann feierlich im Château an mehrere Offiziere und Unteroffiziere verliehen.

Was war seit dem 10. Mai 1940 geschehen? – Die französische Armee hatte entlang der französisch-deutschen Grenze und an der Grenze zu Belgien 82 Divisionen mobilisiert. Hinzu kamen 9 Divisionen des britischen Expeditionskorps unter General Lord Gort. In Belgien standen 16, in Holland 9 Divisionen gegen die deutsche Wehrmacht. Für den Angriff auf Holland, Belgien und

Frankreich waren 71 Divisionen der deutschen Wehrmacht aufgeboten. 47 Divisionen verblieben in Deutschland als Reserve. Mit dem 10. Mai setzten sich nicht nur die deutschen Divisionen in Bewegung, auch französische und britische Truppen begannen den Wettlauf an die Maas. Die deutsche Wehrmacht verfügte für den Angriff über etwa 2200 Panzer. Frankreich bot mehr als die doppelte Zahl auf. Hinzu kam, daß die französischen Panzer über stärkere Geschütze verfügten und eine stärkere Panzerung besaßen. Dafür waren sie aber etwas schwerfälliger und weniger beweglich als die deutschen Panzer. Der eigentliche kriegsentscheidende Unterschied war, daß die deutschen Panzer in geschlossenen Panzerdivisionen unter Ausnutzung aller Nachrichtenmittel hervorragend geführt wurden, während die französischen Panzer nur zur Unterstützung der Infanterie eingesetzt waren, nicht als selbständige Waffengattung. Sie verfügten daher auch nicht über die gleichen hervorragenden Nachrichtenmittel, insbesondere über ein gut funktionierendes Funknetz, das überhaupt erst eine unabhängige Bewegung aller Panzerdivisionen möglich machte.
Zwar hatte ein französischer Offizier, der damals noch unbekannte Hauptmann Charles de Gaulle, bereits in den 30er Jahren eine Panzertaktik und Panzerstrategie entworfen, die ebenfalls den Einsatz großer, geschlossener Panzerverbände vorsah. Man hatte jedoch seine Theorie abgelehnt. Ein deutscher Major der damaligen Reichswehr namens Heinz Guderian hatte sie nicht nur gelesen, sondern zudem weiterentwickelt und bei der Aufrüstung der deutschen Wehrmacht auch durchgesetzt. So schlug die deutsche Panzertruppe die französische Armee buchstäblich auf der Grundlage der Studien des früheren Hauptmanns und damaligen Obersten Charles de Gaulle. Er führte übrigens als Oberst den einzigen wenigstens zum Teil erfolgreichen Angriff einer der wenigen damals verfügbaren französischen Panzerdivisionen bei Montcornet an der Straße nach Lâon.
Trotz der stärkeren Panzerung und Geschütze der französischen Panzerdivisionen konnte sich die deutsche Panzertruppe behaupten, unterstützt von deutschen Sturzkampffliegern, die über Funk zu Hilfe gerufen wurden, als den deutschen Panzern Munition

und Kraftstoff auszugehen drohte. Überdies waren zu diesem Zeitpunkt auch schon die Vorausabteilungen der den Panzern stürmisch folgenden Infanterie auf dem Gefechtsfeld eingetroffen. Die ersten Junitage 1940 mit ihrer Auffüllung und Auffrischung südlich Douai boten Gelegenheit, auch wieder Rundfunkmeldungen zu hören. Nicht nur die eigenen Wehrmachtsberichte, sondern auch die Meldungen und Ausrufe französischer und englischer Rundfunksendungen. Daraus ging hervor, daß sowohl die französische Nord-Armee wie das britische Expeditionskorps nicht nur eingeschlossen waren, sondern bei Dünkirchen sich eine Katastrophe unvorstellbaren Ausmaßes für die dort auf engem Raum zusammengedrängten englischen und französischen Verbände anbahnte. Über uns zogen laufend Bombengeschwader der Luftwaffe in Richtung Kanalküste. Angeblich sollte die Luftwaffe allein die Aufgabe übernommen haben, die Reste der eingeschlossenen Verbände zu zerschlagen; denn die Panzerdivisionen waren durch höchsten Befehl angehalten worden und sollten nicht weiter an die Kanalküste vorstoßen. Erst später sickerte durch, daß aus Dünkirchen und anderen Häfen Hunderttausende englischer und französischer Soldaten über den Kanal gerettet wurden. Zwar hatten sie alles schwere Material und alle schweren Waffen zurücklassen müssen. Die Verbände jedoch waren weitgehend wieder kampffähig, wenn sie in England mit neuen Waffen ausgerüstet wurden. Unter den Soldaten wurde diskutiert, warum Frankreich so schnell einer Katastrophe entgegenging. Denn es war abzusehen, daß der Weg nach Paris diesmal leichter sein würde als im Ersten Weltkrieg. Zwar hatte der neue französische Oberbefehlshaber Weygand noch einmal eine »Weygand-Linie« aufbauen können und nach der Ablösung des Generals Gamelin noch einmal dramatische Appelle an die französischen Verbände gerichtet. Aber es ging ihm nicht anders als seinem Vorgänger Gamelin. Die Moral der französischen Soldaten war schwer angeschlagen. Viele sahen keinen Sinn in diesem Krieg. Wofür kämpften sie eigentlich? Hatte nicht Frankreich Deutschland den Krieg erklärt und nicht umgekehrt? War im Grunde genommen dieser Krieg nicht nur wegen der Polen in Gang gekommen? Was hatte Frankreich mit Danzig und dem Polnischen Korridor zu tun? Es zeigte sich bei vielen französischen Soldaten, daß die deutsche Zersetzungspropaganda durch Rundfunksendungen und Flugblätter nicht ohne Wirkung geblieben war. Der Widerstandswille vieler französischer Soldaten war so gering, daß die fast uneinnehmbar scheinenden bestens armierten Betonbunker ohne Verluste von deutscher Seite genommen wurden, weil die Besatzungen entweder nicht kämpften oder nachts nicht die nötigen Sicherungen und Posten eingesetzt hatten.

Beim Sturm auf die Höhen von Walcourt beispielsweise, der noch einmal mit »Hurra«, wie in alten Zeiten, durch das I. und III. Bataillon erfolgte, standen Hunderte französischer Soldaten aus ihren Deckungsgräben und Erdlöchern auf und ergaben sich. Viele davon haben nicht einen Schuß abgegeben. Trotz bester Ausrüstung und Bewaffnung zogen daher auf den Straßen nach Westen Gefangenen-Kolonnen an uns vorbei, in denen sportliche und junge Menschen, Offiziere aller Dienstgrade und offensichtlich aktive Verbände der französischen Armee froh zu sein schienen, daß die Sache für sie vorbei war.

Auf der anderen Seite gab es wiederum tapfer kämpfende und gut geführte Bataillone und Regimenter, die uns schwer zu schaffen machten, besonders bei den Kämpfen an Sambre und Schelde. Es waren jedoch meistens Kolonialtruppen, Marokkaner, Tunesier und Algerier, die, von französischen Offizieren geführt, kampfbereiter waren als ihre französischen Kameraden aus dem Mutterland.

Die ersten drei Wochen des Westfeldzuges, wie er offiziell genannt wurde, hatten eine solche Selbstsicherheit und Überlegenheit bei den deutschen Verbänden hervorgerufen, daß die Soldaten schon ungeduldig wurden, als es in den ersten Junitagen nicht weiterging. Man wollte weiter vormarschieren! Das geschah dann am 3. Juni 1940. Das Regiment wurde aus dem Raum Douai über Arras in Richtung Amiens in Marsch gesetzt und erreichte am Nachmittag des 5. Juni die Somme. Dort hatten am Morgen des 5. Juni andere deutsche Verbände die Somme überschritten und waren im zügigen Vormarsch nach Süden. Als wir am Spätnachmittag durch die Straßen von Amiens zogen, brannten noch zahlreiche Häuser.

Die 8. Infanterie-Division war Reservedivision und wurde in täglichen Märschen von etwa 30 km den vorrückenden motorisierten und Panzerdivisionen nachgeführt. Im Vorrücken hatten wir so viele Kraftfahrzeuge der Franzosen und Engländer erbeutet, aber auch so viele Fahrräder, daß eine große Umrüstung begann. Die bespannten Fahrzeuge wurden zurückgelassen und alles Gerät und Munition, aber auch das Gepäck, auf nagelneue erbeutete englische oder französische 6–10-Tonner geladen. Im Nu waren die Infanterie-Kompanien »Radfahr-Kompanien« geworden, und auf den guten Straßen war der Vormarsch, wegen der Luftgefahr meist nachts bis in die frühen Morgenstunden, nun keine große Strapaze mehr.
Ohne Kampfberührung, nur gelegentlich durch einige Nachtangriffe einzelner Flugzeuge gestört, erreichte die Spitze der Division über Beauvais den Raum nördlich Paris und das Tal der Oise zwischen Pontoise und Beaumont. Hier lösten wir die motorisierten Verbände ab, die sich mit auf dem anderen Ufer der Oise stehenden französischen Verbänden herumschlugen. Wieder, wie an der Maas, lautete der Auftrag an das Regiment, im Raum bei L'Isle Adam die Oise zu überschreiten und die Höhen südlich der Oise zu nehmen. Hier leisteten die französischen Verbände in der sogenannten Schutzstellung vor Paris erbitterten Widerstand. Hatte doch ihr Oberbefehlshaber einen flammenden Aufruf an die Trupee ergehen lassen, in dem es hieß: »Die Truppen, die nicht vorrücken können, müssen sich eher auf der Stelle töten lassen, an der sie stehen, als einen Fußbreit französischen Bodens aufzugeben, dessen Verteidigung ihnen anvertraut ist. In dieser Stunde heißt die Parole siegen oder sterben, wir müssen siegen!«
Es war natürlich, daß der Kampfgeist, da es letztlich um die Hauptstadt ging, noch einmal von einem letzten Widerstandswillen beflügelt wurde, Paris nicht in die Hände der Deutschen fallen zu lassen.
Ich wurde mit dem Infanteriepionierzug diesmal dem I. Bataillon zugeteilt, das anstelle des verwundeten Majors Koboldt Hauptmann Ring übernommen hatte. In den Abendstunden des 11. Juni übernahmen wir die vordere Linie der motorisierten Einheiten und ließen uns einweisen.
Die Oise fließt in vielen Windungen in einem eingeschnittenen Tal,

das sehr stark mit Büschen und Bäumen bewachsen ist, von Norden nach Süden in einem Bogen um L'Isle Adam, eine kleine Industriestadt, in Richtung Pontoise und mündet weiter südlich in die Seine.
Auf den Höhen bei Beaumont, die mit ihren dichten Laubwäldern eine gute Tarnung ermöglichten, stellte sich das Bataillon in den frühen Morgenstunden des 12. Juni bereit. Unsere Schlauchboote wurden in die vordere Linie gebracht. Der Auftrag lautete: Die 1. und 2. Kompanie, im Morgengrauen angreifend, bei L'Isle Adam über die Oise setzen. Das war leichter gesagt als getan! Denn von den Höhen bei Beaumont ging es mehrere hundert Meter über freies Gelände bis zu den ersten Häusern an der Oise. Auf dem anderen Ufer waren einzelne Betonbunker, ausgebaute Feldbefestigungen und eine starke Besetzung der Häuser und Straßen mit Maschinengewehrnestern erkundet worden. Französische Artillerie schoß schon in der Nacht Störungsfeuer auf unsere Bereitsstellung, die sich im Morgengrauen zu Feuerüberfällen steigerten. Die Baumkrepierer brachten erhebliche Splitterwirkung und die ersten Verluste schon in der Nacht. Trotz eigener Artillerieunterstützung blieb der Angriff am 12. Juni morgens im Maschinengewehr- und Granatwerferfeuer der französischen Verteidiger liegen.
Erst ein zweiter Versuch in den Mittagsstunden führte die 1. Kompanie bis an den Uferrand. Aber alle Schlauchboote waren zerschossen und lagen schlaff hinter den Häusern oder auf halbem Hang. Die Verluste der eigenen Infanterie waren groß, die Bergung der Verwundeten sehr schwierig.
Erst am 13. Juni, morgens, gelang es unter Ausnutzung der Dunkelheit, die ersten Schlauchboote, die wir nachts notdürftig geklebt hatten, über die Oise zu bringen und eine Kompanie hinüberzusetzen. Wiederum klappte, wie an der Maas, die Überraschung im Morgengrauen. Nachdem einige sich heftig wehrende Maschinengewehrnester mit Handgranaten und geballten Ladungen der Infanterie-Pioniere außer Gefecht waren, konnte das I. Bataillon übergesetzt werden.
Jetzt zeigte sich, wie viele Häuser und Feldbefestigungen offensichtlich in aller Eile zu einer Schutzstellung ausgebaut worden waren. Die Gefangenen, die wir machten, waren wiederum meist Marokkaner und Algerier, dabei auch einige Senegal-Neger.

Beim Durchkämmen der Stadt L'Isle Adam und der umliegenden Waldstücke fanden wir zahlreiche Geschütze, zurückgelassene Kraftfahrzeuge und Waffen aller Art. Offensichtlich hatte die Besatzung die Stellungen im Raum L'Isle Adam fluchtartig geräumt, als wir im Morgengrauen die Oise überschritten hatten.

2.
Einmarsch in Paris

Am 13. Juni 1940 gegen Abend erreichte das Regiment die Außenbezirke von Paris in der Gegend Enghién-Ecouen. Für den nächsten Morgen sollte der Angriff auf St. Denis, den nördlichen Stadtteil von Paris erfolgen. Wir richteten uns auf einen schweren Häuserkampf ein. Denn nach den Karten war dieser Ortsteil voller Fabrikanlagen, Mietshäuser und Wohnblocks, ein unübersichtliches und schwieriges Kampfgelände.
Nach den Erfahrungen mit der Schutzstellung an der Oise und dem harten Widerstand der dort eingesetzten Verbände mußte erst recht mit erbittertem Widerstand in diesen Außenbezirken der Hauptstadt Paris gerechnet werden. Folgerichtig erging an den Regimentspionierzug der Auftrag, sich für Stoßtrupps bei den Kämpfen des I. Bataillons bereitzuhalten und alles an Sprengladungen und gestreckten Ladungen vorzubereiten, was möglich war.
Ich teilte wiederum alle sechs Gruppen auf die beiden Infanteriekompanien auf, die für den Angriff auf den Nordrand von St. Denis vorgesehen waren. Wir rüsteten uns bis Mitternacht mit allem aus, was auf den Munitionslastwagen verfügbar war, um dann einige Stunden Ruhe zu finden.
Es war eine warme und sommerliche Nacht mit einer auffallenden Stille. Keine Detonationen von Sprengungen, nur ferner Geschützdonner weiter in südwestlicher Richtung. Gegen 5.00 Uhr morgens kam die erlösende Nachricht, die uns aus unseren Alpträumen eines bevorstehenden Häuserkampfes mit Sprengladungen und Flammenwerfern erlöste: Paris ist zur offenen Stadt erklärt! Das Infanterieregiment 84 rückt über St. Denis in Richtung Place Etoile, Arc de Triomphe und Versailles vor. Am Arc de Triomphe erfolgt Vorbeimarsch vor dem Oberbefehlshaber der Armee, General von Kluge und seinem Stab. Die Truppe ist in den denkbar besten Zustand zu versetzen. Wagen und Gerät, Pferde und Gespanne sind in parademäßige Ordnung zu bringen. Die Erleich-

terung der Soldaten war nicht zu beschreiben, ihre Sorgen waren in eine unbeschreibliche Freude umgeschlagen. Einmarsch in Paris, vorbei am Arc de Triomphe, noch heute abend in Versailles, und das ohne einen Schuß! Diese Vorstellung überstieg die Phantasie der Soldaten, die Maas-, Schelde- und Oise-Übergang noch in schlimmer Erinnerung hatten.
Ich befahl, sofort alle Vorkehrungen zu treffen, die Sprengladungen wieder zu entschärfen, die Sprengkapseln aus den Handgranaten zu nehmen und Spreng- und Zündmittel wieder zu trennen. Dann begann das große Reinigen und Putzen von Mann und Pferd.
Wir hatten in den Anlagen eines Schlosses übernachtet, in dessen Stallungen und Remisen unsere Pferde untergebracht waren. Als es an das Füttern und Tränken der Pferde und das Füllen der Feldküche gehen sollte, stellte man fest, daß die Wasserleitung keinen Tropfen Wasser hergab. Weit und breit kein Wasser und kein Tümpel. Wir schickten einige Kundschafter aus, um in der Umgebung nach einem Teich zu suchen. Doch nirgendwo war Trinkwasser zu finden. Da kam einigen Soldaten der Gedanke, in den Kelleranlagen des Schlosses nachzusuchen, ob es nicht dort wenigstens Wasserschächte oder einen Brunnen gäbe. Nichts dergleichen, dafür aber fanden sie Unmengen von Sekt- und Weinflaschen.
Es blieb nichts anderes übrig, als Sektflaschen aufzumachen, um sich ein bißchen waschen und rasieren zu können und aus Sektflaschen die Feldküche zu füllen. Dabei war das Rasieren mit Sekt gar nicht angenehm. Die Soldaten schrien, weil die Haut brannte und die Augen tränten. Nur der Feldküchenkoch schien seine Freude daran zu haben, eine Magnum-Flasche nach der anderen in den Feldküchenkessel zu schütten und damit die Erbsensuppe anzusetzen.
Schließlich stand um 7.00 Uhr das Regiment marschbereit und fädelte sich auf der Hauptstraße in zwei Kolonnen beiderseits der großen Straße marschierend so ein, daß der Vorbeimarsch ohne große Stockungen stattfinden konnte. An den Straßenrändern standen – ohne Regung und Bewegung – die Frauen und Kinder und einige alte Männer. Obermusikmeister Wimmer hatte Glück,

daß die Musikinstrumente des Regimentsmusikkorps in greifbarer Nähe waren. Er erhielt den Auftrag, mit dem Regimentsmusikkorps den Vorbeimarsch der 8. Oberschlesischen Infanteriedivision musikalisch zu betreuen.
Je näher wir mit einigen Stockungen an den Arc de Triomphe kamen, um so zahlreicher wurden die stummen Zuschauer beiderseits des Bürgersteigs. Die Fenster mußten geschlossen bleiben. Feldgendarmerie und Lautsprecherwagen fuhren durch die Straßen, die Verkehrsregelung entwirrte Stockungen, die Sonne schien und es wurde allmählich Mittag, als Kompanie für Kompanie, der Kompaniechef hoch zu Roß voran, bei klingendem Spiel am Arc de Triomphe vorbeimarschierten. Ein unvorstellbarer Gegensatz zu dem, was man noch einige Tage vorher im Kampf erlebt hatte. Träumten wir oder war es wirklich so: Ich saß auf »Pimpf«, meinem Trakehner, hinter mir der Regimentspionierzug, gefolgt vom Reiterzug und von der Stabskompanie, vor mir Oberleutnant Lampp, der Chef der Stabskompanie des Regiments, und links auf den Stufen des Arc de Triomphe Generäle, Offiziere und, mit sichtlicher Rührung, mit Stahlhelm besonders auffallend, weil alle anderen Offiziere die Schirmmütze trugen, der Regimentskommandeur Oberst Großmann.
Als ich bereits am Arc de Triomphe vorbei in die Avenue de la Grande Armée einbog, hörte ich hinter mir am Schluß meines Zuges, trotz der Musik, lautes Heilrufen. Ich sah mit Entsetzen, daß der Feldküchen-Unteroffizier, der nach dem Reglement auf seinem Sitz am hinteren Ende der Feldküche zu sitzen hatte, mit lautem Heil der Generalität und dem Oberst zuwinkte und mehr torkelnd als marschierend der Feldküche folgte. Ich dachte an die Folgen, und alle Freude des eben erfolgten Vorbeimarsches war vorbei. Ich hätte heulen mögen vor dieser Schande, weil ausgerechnet mir das Unglück passieren mußte, daß mein Feldküchen-Unteroffizier so aus der Rolle gefallen war.
Wie sich später herausstellte, hatte er einige Flaschen Champagner zum Auffüllen der Erbsensuppe nicht nur mitgenommen, sondern offensichtlich auch jede einzelne Flasche noch besonders gekostet. Jedenfalls war er an der Grenze seiner Gehfähigkeit angelangt, als wir am Arc de Triomphe vorbeizogen.

Das Donnerwetter blieb nicht aus. Keine Stunde später – wir waren in Richtung Versailles schon etliche Kilometer in südwestlicher Richtung weiter vorgerückt – wurde ich zum Regimentskommandeur Oberst Großmann befohlen und in einer Weise angebrüllt, wie es mir nicht einmal als Rekrut bisher ergangen war: »Was fällt Ihnen ein, das Regiment so zu blamieren! Wie konnten Sie am Oberbefehlshaber einen besoffenen Unteroffizier vorbeimarschieren lassen! Es ist eine Schande für unser Regiment!«
Ich kam gar nicht dazu, ihm die Umstände der Wassernot und des Champagner-Ersatzes am frühen Morgen erklären zu können. Ein Regimentszorn ohnegleichen schien über mich und meine Soldaten hereinzubrechen. Erst am Abend gelang es mir, den Regimentsadjutanten Hauptmann Wolf-Hubertus Schlabitz von den Umständen und der verhängnisvollen Wassernot der letzten Unterkunft zu überzeugen.
Inzwischen hatte das Regiment das Schloß Versailles erreicht und war in Versailles und seinen Häusern mit ausgestellten Sicherungen und Posten zur Ruhe gegangen.
Zur Strafe für das besondere Vorkommnis mußte der Regimentspionierzug die Nachtwache des ganzen Schloßkomplexes von Versailles übernehmen. Ich mußte erneut vor den Oberst, der dieses Mal etwas ruhiger zu sein schien. Hatte ihn doch sein Adjutant Hauptmann Schlabitz über die Umstände des Verhaltens des Feldküchen-Unteroffiziers aufklären können.
»Leutnant Mende, Sie übernehmen heute nacht die Garantie dafür, daß in Versailles nichts passiert. Es ist möglicherweise mit Sabotageakten und Brandstiftungen im Schloß von Versailles zu rechnen. Es kann auch sein, daß eigene Dummheiten zu einem Brand führen. Was auch immer kommt, wenn heute nacht im Schloß irgendwo ein Brand ausbricht, stehen Sie morgen vor dem Kriegsgericht. Sie haben noch einmal eine Chance!«
Mir blieb nichts anderes übrig, als meinen Unteroffizieren den Ernst der Lage ebenso deutlich darzulegen und sie aufzufordern, mit ihren Gruppen – in allen Räumen verteilt – auf Nachtschlaf zu verzichten und Brandwachen aufzustellen. Ich selbst ging mit meiner Ordonnanz, dem Gefreiten Baron, und zwei Meldern in den Spiegelsaal des Schlosses, von wo aus wir eine Übersicht über

mehrere Gebäudekomplexe hatten. Wir alle hatten nur eine Angst, daß es Brandgeruch geben könnte, und selten haben 70 Soldaten eine ganze Nacht schnuppernd nach Brandgeruch verbracht, wie der Infanterie-Pionierzug, jeder das Verhängnis vor Augen, das uns blühen würde, wenn das Schloß von Versailles in dieser Nacht in Flammen aufging.
Ohne ein Auge zugemacht zu haben, begrüßten wir am nächsten Morgen die aufgehende Sonne wie eine Erlösung, und als dann gegen 8.00 Uhr ein Sonderkommando der 4. Armee erschien, um das Schloß zu übernehmen, war uns zumute wie zum Tode Verurteilten, denen das Schicksal noch einmal die Gnade des Weiterlebens geschenkt hatte.
So oft ich später nach Paris kam und am Arc de Triomphe stand, fiel mir mein Küchenunteroffizier wieder ein, und ich habe nie mehr das Versailler Schloß betreten, ohne nicht wieder die beklemmende Angst zu spüren, die mich damals eine ganze Nacht verfolgte.
Für diese ereignisreichen Wochen verzeichnet die Eintragung im Wehrpaß lapidar: »Abwehrkampf an der Somme, Durchbruchschlacht an der Somme, Kämpfe um die Pariser Schutzstellung, insbesondere Erkämpfung des Oise-Überganges bei L'Isle Adam am 14. Juni 1940, Einmarsch nach Paris und Versailles!«
In den folgenden Tagen ging es über große Entfernungen in Richtung Südosten. Bis Chartres hatten wir keine Feindberührung. Den Alpdruck der Nacht von Versailles überwunden, kam uns jetzt die Schönheit der Stadt Paris, soweit wir durchmarschiert waren, und des Bois de Boulogne voll zu Bewußtsein. Die breiten Straßen, die großartige Anlage des auf einer leichten Anhöhe errichteten Arc de Triomphe mit den strahlenförmig wie bei einem Stern ausgehenden großen Avenuen des Place Etoile, der Blick vom Place Etoile die Champs-Élysées herunter bis zum Obelisken auf dem Place de la Concorde, die großen Ausfallstraßen in Richtung Süden und Südwesten durch die gepflegten Anlagen des Bois de Boulogne mit seinen Rennbahnen, Stadien und gepflegten Anlagen, hinterließen in uns allen, die wir zum erstenmal diese Stadt betraten, einen unauslöschlichen Eindruck.
Das Schloß von Versailles war mit seinen großartigen Garten-

anlagen jedem aus der Geschichte wohlbekannt, im Guten wie im Bösen! Hatte doch hier nicht nur die Gründung des deutschen Reiches von 1871 stattgefunden, sondern auch der Vertrag am Ende des verlorenen Ersten Weltkrieges wurde hier unterzeichnet und trug den Namen von Versailles.

Auf dem Marsch in Richtung Chartres über die sonnenbeschienenen Hänge vorbei an Weizenfeldern, reichhaltigen Fermen und Dörfern, wurde uns die Schönheit und der Reichtum Frankreichs von Tag zu Tag bewußter. Die Kathedrale von Chartres, schon kilometerweit bei der Anfahrt zu sehen, erinnerte uns an die Kölner Zeit, da wir täglich den Kölner Dom vor Augen hatten, als wir im Rheinland einquartiert waren. Da wir alle zu Fahrrad oder motorisiert bei schönstem sommerlichem Wetter zum Teil motorisierten Verbänden folgten, die vor uns bereits in Richtung auf die Loire vorgestoßen waren, hatten wir auch nicht die Sorge unmittelbar bevorstehender Kämpfe.

Von Chartres weiter in Richtung Châteaudun und weiter in Richtung Tours stießen wir am 17. Juni auf Feindwiderstand nördlich der Loire in der Gegend Authon-Tours. Einzelne, meist aus Kolonialeinheiten bestehende Infanterieverbände hatten sich in Waldstücken und auf Höhen festgesetzt und beschossen die Vormarschstraßen. Unser Auftrag war, die Waldstücke beiderseits der Vormarschstraße in Richtung Tours freizukämpfen. Es kam nur zu wenigen Feuergefechten. Der Kampfgeist auch der Marokkaner, Tunesier und Algerier, hier und da auch senegalesischer Einheiten ließ merklich nach. Einige Feuerstöße des MG 34 mit seiner hohen Feuergeschwindigkeit hatten psychologisch so starke Wirkung, daß ganze Kompanien die Waffen streckten und vom Waldrand über die Straße kamen, um in Gefangenschaft zu gehen.

Ich erinnere mich noch eines erregenden Vorfalls. Eine Kompanie von Senegalnegern war auf einem Gutshof gefangengenommen worden, und einige Feuerköpfe hatten die Macheten, mit denen Senegalneger ausgerüstet waren, als Mordwaffe an gefangenen deutschen Soldaten bezeichnet, mit denen unseren Kameraden die Kehlen durchgeschnitten werden sollten. Irgendeine Nachschubeinheit der schon vorausgepreschten motorisierten Verbände hatte dieses Gerücht verbreiten lassen, und es sah fast danach aus,

daß den auf dem Gutshof zusammengepferchten Negern Repressalien bevorständen. Man müsse alle erschießen, die mit diesem Messer angetroffen werden, meinte ein Nachschub-Unteroffizier der Truppe, die bereits auf dem Gutshof ihre Fahrzeuge stationiert hatte.
Ich konnte ihn und meine Soldaten darüber aufklären, daß die Machete zur Ausrüstung der Senegalneger gehörte, gewissermaßen das Buschmesser sei und irgendwelche Verstümmelungen deutscher Soldaten mir nicht bekannt seien. Auf keinen Fall sollte den kriegsgefangenen Negern eine andere Behandlung zuteil werden als den weißen Kriegsgefangenen. Auch sie stünden, wie die andern, unter dem Schutz der Haager Landkriegsordnung. (Dennoch soll es vorgekommen sein, daß diese Truppen Greueltaten an deutschen Soldaten verübt haben.)
Ich merkte an den Mienen auch meiner eigenen Soldaten, daß sie durchaus bereit gewesen wären, den Gerüchten Glauben zu schenken. Hier wurde mir bewußt, daß die eigene Propaganda, die in den letzten Wochen stark den Einsatz von Senegalnegern gegen die weißen Soldaten verurteilt hatte, mit ihrer Rassenhetze offensichtlich bei den einfachen Soldaten erfolgreich war. Jedenfalls hatten wir Mühe, auch in den folgenden Tagen gefangene Neger davor zu beschützen, sich auf den Misthaufen der bäuerlichen Höfe zu sammeln und schlecht behandelt zu werden.
Als wir am Abend des 17. Juni den Nordrand von Tours erreichten und sofort aufklärten, ob die Brücke über die Loire noch intakt war, erhielten wir vom anderen Ufer Maschinengewehrfeuer. Aus den Erfahrungen der Vergangenheit brach ich die Erkundung sofort ab und empfahl, die Dunkelheit der Nacht zum weiteren Vorgehen zu nutzen. Durch Ferngläser konnten wir feststellen, daß der Mittelteil der alten Steinbrücke gesprengt war und die Trümmer im Flußbett lagen. Mit einigem Geschick konnte die Infanterie durch Behelfsstege über die Trümmer hinübergeschleust werden. Wir bereiteten daher für den Morgen des 18. Juni den Übergang über die Loire vor, was um so leichter war, da offensichtlich auf der anderen Seite die Franzosen das Südufer der Loire räumten. Denn es fielen keine Schüsse mehr, als wir im Morgengrauen mit dem Stegebau über die Trümmer der Loire

begannen. Nur in östlicher Richtung in der Gegend von Blois-Orleans war schweres Artilleriefeuer zu hören. Dort war der Widerstand stärker als in Tours.
Auf den Vormarschstraßen südlich und südwestlich von Paris bot sich uns erstmals das Grauen der Flüchtlingstrecks. Offensichtlich war die Bevölkerung von Groß-Paris mit Tausenden von Personenkraftwagen, Lastwagen, mit Karren und Rädern vor den herannahenden deutschen Divisionen nach Süden und Südwesten geflüchtet. Die nicht gelenkten und wahllos in die Gegend ziehenden Flüchtlingstrecks begegneten sich mit den aus dem Süden und Südwesten vorrückenden französischen Truppen, die zum Einsatz gebracht werden sollten. In dieses unvorstellbare Verkehrschaos zweier gegenläufiger Verkehrsströme stießen die Angriffe der Bombergeschwader der deutschen Luftwaffe, insbesondere der Sturzkampfbomber und hinterließen grauenhafte Bilder der Zerstörung und des Leidens und Sterbens der Zivilbevölkerung.
Ausgebrannte Militärlastwagen, Geschütze und dazu Personenkraftwagen mit Hausrat, Betten und Sesseln, auf den Feldern zum Teil noch die verängstigten Menschen in notdürftigen Lagern, es waren erstmalig für alle Soldaten jene Bilder der grauenhaften Kriegsfurie, wie sie später auch über ganz Deutschland wütete.
Unsere Soldaten halfen, wo sie konnten, zogen hilfsbereit in die Gräben geratene Fahrzeuge und Autos wieder heraus, tankten, obwohl es streng verboten war, Zivilisten Treibstoff abzugeben, manches Fahrzeug auf und verschenkten heimlich manchen 20-l-Kanister. Ärzte und Sanitäts-Unteroffiziere verbanden verwundete Frauen und Kinder und halfen Kranken. So kam zwischen den verängstigten Flüchtlingen und der einmarschierenden Truppe Stunde um Stunde ein besseres Verhältnis zustande. Nicht Rache und Vergeltung, Ausschreitungen und Plünderungen, wie es ihre Propaganda ihnen vorher erklärt hatte, sondern Hilfsbereitschaft und Menschlichkeit traten im deutschen Soldaten den Franzosen gegenüber. Anordnungen, der Zivilbevölkerung jede Hilfe zuteil werden zu lassen, Kriegsgerichtsdrohungen gegen jede Plünderung und Gewaltmaßnahme trugen dazu bei, daß sich das Verhältnis zwischen den deutschen Soldaten und den Franzosen so verändert hatte, daß schon in der Stadt Tours, wo die Zivilbe-

völkerung zum großen Teil verblieben war, französische Frauen, besonders jüngeren Alters, die ersten freundschaftlichen Fäden zu den deutschen Landsern knüpften. Von irgendeiner Feindseligkeit konnte hier keine Rede mehr sein. Im Gegenteil!
Da wir den ganzen Tag in der Stadt Tours mit dem Bau der Stege und dem Übersetzen der weiter vormarschierenden Truppe beschäftigt waren, konnten wir uns auch in der Umgebung umsehen. Riesige Kalkstollen beherbergten hier Zehntausende von Wein- und Champagnerflaschen. Ganz Tours schien zumindest an den Ufern ein einziges großes Depot kostbarer Weine und Champagnersorten zu sein. Das brachte natürlich auch seine Gefahren, und eine Stimmung begann sich auszubreiten, die alles andere als kriegsmäßig war.
Von Tours in Richtung Poitiers waren es nur 104 km. Wir erreichten Poitiers schon nach zwei Tagen, Kämpfe fanden nicht mehr statt. Es war geradezu ein Wettlauf mit einer motorisierten Division in Richtung Bordeaux. Wir hatten den Befehl, an der großen Straßenspinne von Angoulème eine von Limoges kommende motorisierte Division der Waffen-SS vorzulassen, die nach Bordeaux vorstieß. Das war den Soldaten der 8. Infanterie-Division gar nicht recht, als sie sich zwei Tage in den berühmten Orten Cognac und Jarnac aufhalten mußten, um der motorisierten Division den Vortritt zu lassen.
Auch hier in Cognac waren Destillen und Lager von Tausenden von Litern jenes Weinbrands zu schützen, der den Namen dieser Stadt weltberühmt machte. Dort erreichte uns auch die Nachricht vom Waffenstillstand und der Übernahme der obersten Gewalt in Frankreich durch Marschall Pétain, den Helden des Ersten Weltkriegs.
Das Regiment marschierte über Barbezieux in Richtung Libourne, einer mittelgroßen Stadt ostwärts Bordeaux. Am 26. Juni bezog der Regimentsstab und die Regimentskommandantur sowie das I. Bataillon IR 84 Quartier in La Roche-Chalais, einer Kleinstadt mit Weinbergen und Weingütern und vielen schönen und gepflegten Häusern.
Die 8. Infanteriedivision wurde Besatzung im Raume ostwärts Bordeaux-Libourne und Coutras, einem der schönsten Weinan-

baugebiete Frankreichs mit der Möglichkeit, über Bordeaux auch in wenigen Stunden Autofahrt am Atlantischen Ozean zu sein.
In diesem Raum waren die Bewohner Elsaß-Lothringens einquartiert. Jedes Wohnhaus war übervoll mit Familien aus dem Elsaß und aus Lothringen. Nicht nur legten die Kriegsteilnehmer aus Elsaß-Lothringen ihre Eisernen Kreuze aus dem Ersten Weltkrieg an (sie waren offensichtlich als Erinnerungsstücke auch auf der Flucht nach Südfrankreich mitgenommen worden), sondern das elsässische Deutsch der vielen jungen Mädchen und Frauen trug seinerseits dazu bei, daß zwischen den schlesischen Soldaten in Frankreich und der einheimischen Bevölkerung, ob Elsässer oder Südfranzose, sich in wenigen Tagen eine geradezu herzliche Verbrüderung und Verschwisterung entwickelte.
Der Krieg in Frankreich war zu Ende! Wer in dieser besonders von der Natur gesegneten Gegend um Bordeaux zur Ruhe übergehen konnte, lebte in den nächsten Tagen und Wochen wirklich wie »Gott in Frankreich«.
Neben der Sicherung an der Demarkationslinie zwischen dem unbesetzten Frankreich und dem Küstenschutz an der französischen Atlantikküste widmete sich die Truppe der Auffrischung und Ausbildung. Denn die enge Verbindung zur Zivilbevölkerung, der viele gute und billige Wein, der Charme der französischen Frauen und nicht zuletzt die Sonne über diesem Land in den schönen Sommerwochen waren geeignet, die Disziplin zu sehr aufzulockern. Schließlich war der Krieg noch nicht vorbei!
Ein besonderes Betreuungsprogramm sah daher auch Informationsfahrten unseres Regiments in die Stadt Bordeaux und nach Biarritz in das weltbekannte Seebad vor. Bordeaux war unzerstört, das Leben ging in Stadt und Hafen weiter. Die Bevölkerung hatte sich an die deutschen Truppen gewöhnt. Der deutsche Soldat bezahlte seine Waren, benahm sich korrekt in den Restaurants und füllte in Gruppen und Zügen die Museen, die wieder geöffnet wurden, und sogar die Kirchen. Ein ganz anderes Bild als es vorher über die Teutonen durch die französische Kriegspropaganda verbreitet worden war.
Ich war von Bordeaux und seiner Umgebung sehr angetan. Den Höhepunkt aber bildete ein dreitägiger Urlaub in Biarritz. Zusam-

men mit fünf Kameraden fuhren wir von La Roche-Chalais über Libourne und Bordeaux auf der großen Nationalstraße nach Bayonne und Biarritz. Im Hotel »Präsident«, dem damals schönsten und größten Haus des Badeortes, wurden wir untergebracht. Auch hier hatten sich viele Franzosen aus Paris häuslich niedergelassen. Der Ort und die ganze Bucht von St. Jean de Luz und die Grenzstadt Hendaye waren überfüllt von Franzosen, meistens aus der Gegend von Paris und Bordeaux. Der Badebetrieb war in vollem Gange und hatte leider bei den die Strömung und die Felsen vor Biarritz unterschätzenden deutschen Soldaten die ersten Opfer gefordert. Denn allzu unbekümmert stürzten sich die deutschen Soldaten ins Wasser und wurden von dem starken Wellengang und der Strömung gegen die vor der Küste liegenden Felsen geschleudert. Die dabei erlittenen Knochenbrüche machten auch die besten Schwimmer bewegungsunfähig und führten zum Tod durch Ertrinken. Es dauerte Tage, bis es sich herumgesprochen hatte, wie gefährlich die Bucht von Biarritz auch für gute Schwimmer sein kann und um wieviel angenehmer es sich am flachen Strand von St. Jean de Luz badete. Wenn wir abends an der Bucht auf der Promenade spazierengingen, bot sich uns ein faszinierendes Bild: Während die französische Seite der Bucht im Dunkeln lag und alle Vorschriften über die Verdunklung strengstens beachtet wurden, präsentierte sich die spanische Seite an der Bucht von San Sebastian in glänzendem Licht. Zwei Welten, hier trotz Waffenstillstand immer noch Krieg und drüben Frieden und das Lichtermeer an der Küste Spaniens, dessen Bevölkerung nach einem grausamen Bürgerkrieg endlich den Frieden gefunden hatte und ihn auch über den ganzen Zweiten Weltkrieg behalten konnte.
Nach und nach erfuhren wir in unseren Quartieren – sei es durch deutsche Zeitungen, sei es durch den Rundfunk und die Wehrmachtsberichte – auch den Inhalt des Waffenstillstandsvertrages zwischen Deutschland und Frankreich. Er war in der Nacht vom 24. zum 25. Juni 1940 in Kraft getreten. Überall hockte man in dieser Nacht an den Radioapparaten und hörte den Deutschlandsender, als um 1.35 Uhr aus den Lautsprechern das Hornsignal zur Feuereinstellung ertönte. Überall in Deutschland wurden in die-

sem Augenblick von allen Kirchtürmen die Glocken geläutet. Jeden überrieselte es kalt, der das erlebte. Für Frankreich eine bittere Stunde, für die Deutschen die Hoffnung, daß nunmehr auch der Frieden sich einstellen könnte. Frankreich mußte zwei Drittel des Landes auf unbestimmte Zeit als deutsches Besatzungsgebiet zugestehen, entlang der Küste vom Kanal über Brest bis an die französisch-spanische Grenze. Das südöstliche Drittel Frankreichs blieb als unbeschränktes Hoheitsgebiet bei Frankreich, dessen neue Regierung unter Marschall Pétain und Ministerpräsident Laval sich in Vichy einzurichten begann.
Die französische Flotte, die den ganzen Krieg unversehrt überstanden hatte, verblieb bei Frankreich, sie mußte jedoch stillgelegt werden, soweit sie nicht in den französischen Kolonien gebraucht wurde. Deutschland verzichtete auf die Auslieferung der französischen Flotte. Frankreich behielt auch alle jene Divisionen, die nicht in deutsche Gefangenschaft geraten waren, sondern sich im unbesetzten Gebiet befanden. Es verpflichete sich jedoch, sich nicht an Kämpfen gegen Deutschland und seine Verbündeten zu beteiligen.
Die französische Luftwaffe sollte ursprünglich ausgeliefert werden. Schließlich begnügte man sich auf deutscher Seite damit, daß die Luftwaffe Frankreichs, die noch aus etwa 400 Flugzeugen bestand, stillgelegt wurde.
Die Forderung Deutschlands nach Auslieferung der politischen Emigranten wurde von Frankreich abgelehnt, da sie gegen das in Frankreich peinlich beachtete Asylrecht verstoßen würde. Sie hätte ohnehin nur für das unbesetzte Gebiet gegolten; denn in den besetzten Gebieten holte sich die Gestapo jeden, dessen sie habhaft werden konnte.
Am 19. Juli 1940 hielt Hitler vor dem Reichstag in der Berliner Krolloper eine mit viel Spannung erwartete Rede, die vom Großdeutschen Rundfunk übertragen wurde. Nach einem Überblick über den bisherigen Kriegsverlauf und über den Frankreichfeldzug richtete er noch einmal einen Friedensappell an England. Seine Rede war eine Mischung aus sachlicher Argumentation und demagogischer Ironie.
Großbritanniens Premierminister Winston Churchill wurde von

Hitler besonders angesprochen: »Herr Churchill sollte mir dieses Mal ausnahmsweise erlauben, wenn ich als Prophet jetzt folgendes ausspreche: ›Es wird ein großes Weltreich zerstört werden. Ein Weltreich, das zu vernichten oder auch nur zu schädigen niemals meine Absicht war . . . In dieser Stunde fühle ich mich verpflichtet vor meinem Gewissen, noch einmal einen Appell an die Vernunft auch in England zu richten. Ich glaube dies tun zu können, weil ich ja nicht als Besiegter um etwas bitte, sondern als Sieger nur für die Vernunft spreche. Ich sehe keinen Grund, der zur Fortsetzung des Kampfes zwingen könnte. Ich bedaure die Opfer, die er fordern wird. Auch meinem eigenen Volk möchte ich sie ersparen.‹«

Die allseits gehegte Hoffnung, daß England das Angebot zur Beendigung des Krieges annehmen würde, erfüllte sich nicht. Denn drei Tage später, am 22. Juli 1940, lehnte Englands Außenminister Lord Halifax im Namen der britischen Regierung das deutsche Friedensangebot kategorisch ab.

Die Anfang Juni von Hitler persönlich verfügte Anweisung, die Panzerdivisionen vor Dünkirchen anzuhalten und damit das Entkommen von 200 000 Engländern und 100 000 Franzosen über den Kanal zu ermöglichen, hatte keine psychologische Wirkung auf die englische Regierung. Es sprach sich jetzt auch in Kreisen der Offiziere herum, warum der seinerzeit so unverständliche Befehl ergangen war, die Panzer vor Dünkirchen anzuhalten, wodurch die Vernichtung und die Gefangennahme aller britischen Divisionen und französischen Truppen verhindert wurde.

Die Folgen dieser neuen Entwicklung bekamen auch wir in Südfrankreich zu spüren. Die Vorbereitungen für eine Verladung der 8. Schlesischen Infanteriedivision begannen, und auf dem bereits völlig wiederhergestellten französischen Eisenbahnnetz wurde die Truppe im Bahntransport in der letzten Juli-Woche an die Kanalküste verlegt. Am 26. Juli 1940 erreichte das IR 84 Rouen und wurde im Landmarsch in den Raum zwischen Rouen und Dieppe verlegt.

Die schöne Zeit in der so reichen südfranzösischen Weingegend mit ihrem milden Klima war zu Ende. Der rauhe Seewind der Kanalküste blies uns im wahrsten Sinne des Wortes ins Gesicht.

Die Stadt Rouen hatte nur wenig durch die Kriegseinwirkung gelitten und bot sich auch in ihren Baudenkmälern, insbesondere der Kathedrale, der Altstadt und dem Markt mit dem Denkmal der Jeanne d'Arc, die dort von den Engländern auf dem Place du Vieux-Marché 1431 auf dem Scheiterhaufen verbrannt worden war, in eindrucksvoller Schönheit.
Auch die Normandie hatte ihre besonderen Reize. Regimentsstab und damit auch der Infanterie-Pionierzug wurden in St. Victor l'Abbaye einquartiert. Die Offiziere in einem schönen Schloß mit großen Parkanlagen, die Bataillone des Regiments im Raume Tôtes, Auffay und Chriquetot. Auch hier war die Bevölkerung uns ausgesprochen freundlich gesonnen. Zwar gab es nicht das gleiche herzliche Einvernehmen wie mit den deutschsprechenden Elsässern im Raume Bordeaux. Der Menschenschlag der Normannen war vielmehr kühler und zurückhaltender. Dafür aber entschädigte der landwirtschaftliche Reichtum die Soldaten, deren Verpflegung durch Butter, Eier, Geflügel und jede Menge Obst aufgebessert werden konnte, die man in allen Geschäften und bei den Bauern kaufen konnte.

3.
Unternehmen »Seelöwe«

Für die bevorstehende Landung an der Kanalküste setzte im August 1940 ein richtiges Übungsprogramm ein: Überwindung der Brandung mit kleinen und großen Schlauchbooten, Erklimmen der Steilküste mit Strickleitern, Kampf um Küstenbefestigungen, Räumen von Minen, Überwindung von Strandhindernissen und Nahkampf wurden an der Küste bei Dieppe Tag und Nacht geübt. Ein Teil des Regiments und der Infanterie-Pionierzug wurden daher, um ständig am Wasser zu sein, nach Dieppe, Pourville und Varengeville verlegt.
Für die meeresunkundigen Schlesier war die Kanalküste voller Überraschungen. Die täglichen Übungen waren äußerst anstrengend. Der Unterschied zwischen Ebbe und Flut bei Dieppe liegt bei 8–10 m Höhe. Wir lernten die Besonderheiten des Anlandens bei Flut und das Schwimmen und Rudern bei schwerer Strömung und Flut kennen. In Dieppe und im Hafen von Rouen wurden Ein- und Aussteigeübungen der Kompanien in Landekähne angesetzt, die jeweils eine ganze Infanteriekompanie mit Waffen und Gerät faßten. Es waren notdürftig hergerichtete Rhein- und Elbkähne, die man entlang der Küste in den Raum zwischen Dieppe und Le Havre gebracht hatte. Wir Infanteristen betrachteten diese Vorbereitungen der Marine mit großer Skepsis.
Wie sollten wir mit diesen einfachen Flußkähnen die oft stürmische See des Ärmelkanals überwinden können, dessen Wellen manchmal 3–4 m Höhe erreichten? Würden unsere Holzkähne diese Belastung aushalten oder leck werden, wenn nicht gar zerbrechen? Es war mehr als Galgenhumor, sich diesen Seelenverkäufern anvertrauen zu müssen. Aber wir hofften, daß sich von Woche zu Woche auch die Marineausrüstung verbessern würde.
Währenddessen tobte über uns die Schlacht um England! Ganze Bomberströme überflogen den Kanal und griffen Anlagen und Städte in Südengland an, besonders London. Natürlich brachte der Wehrmachtsbericht nur Siegesmeldungen. In den Rundfunk-

meldungen des britischen Rundfunks aber hörte man auch von den schweren Verlusten, die die Luftwaffe hinnehmen mußte.
Da mein älterer Bruder als Offizier der Luftwaffe im Raum von Calais-Boulogne stationiert war, bat ich um einen Tag Urlaub, um ihn zu besuchen. Wir trafen uns in Marquise, einem kleinen Städtchen unweit des Cap Gris-Nez. Hier am Cap standen wir an einem sonnigen Augusttag 1940 und sahen auf der anderen Seite des Kanals die Sendetürme der Funkanlagen von Dover. Die englische Steilküste mit ihren Kreidefelsen schien greifbar nahe zu sein, und eine Überwindung des Kanals an dieser engen Stelle schien mir kein großes Problem zu sein. Mein Bruder Walter war anderer Meinung. Abgesehen von der schwierigen Frage der behelfsmäßig hergerichteten Landefahrzeuge aus Rhein-und Elbkähnen, war die britische Luftwaffe ein großes Risiko. Ihre Piloten kämpften außerordentlich tapfer, und mein Bruder sprach mit großem Respekt von den Spitfire-Jägern und Hurrikane-Maschinen, die der deutschen Luftwaffe große Verluste zufügten.
Ebenso gefährlich schien ihm die im Bristol-Kanal unter Dampf liegende britische »Home-Fleet« zu sein, die der deutschen Invasionsarmee in die Flanke stoßen könnte. Hatte es sich doch bei uns Infanteristen herumgesprochen, daß das Gleiwitzer IR 84 eine der Voraustruppen bei der Invasion sein sollte. Aufgabe der Ausbildung sollte es sein, die Küste zu gewinnen und einige Häfen in Besitz zu nehmen, den Vorausabteilungen sollte dann die erste Welle mit schweren Waffen folgen und schließlich eine zweite Welle mit Panzern, für deren Landung Häfen unabdingbar waren.
Also übten wir das Landen am Strand bei Dieppe und das Erklimmen der Steilküste, Kampf um Hecken, Häuser und in Straßenzügen, wie es uns auf der anderen Seite des Kanals bevorstand. In einem Planspiel, das die Division für alle Offiziere des Regiments veranstaltete, kam schließlich heraus, daß wir am Abend in der Gegend von Le Havre verladen werden sollten, um entlang der Küste bis in Höhe von Dieppe geschleppt zu werden. Von dort sollten wir dann im breiten Strom über den Kanal in die Gegend der Stadt Eastbourne gelangen und am Strand des Badeortes Eastbourne landen.
Der Auftrag des Regiments war die Besetzung der Küste der Stadt

Eastbourne und die Vereinigung mit Fallschirmtruppen. die die Höhen 3 km nördlich der Stadt in der Nacht besetzen sollten. Die in dem Planspiel verwendeten Straßenpläne und Luftbilder ließen erkennen, daß der Strand von Eastbourne als flacher Badestrand mit Hotels leichter zu nehmen sei, wenn man die in den Hotels und Verwaltungsgebäuden entlang des Strandes zu erwartenden Stellungen des Gegners durch Sturzkampfbomber und schwere Waffen ausschalten würde.
Das Problem schien uns Infanteristen und dem Infanterie-Pionierzug nicht so sehr die Landung an der englischen Küste und die Einnahme Eastbournes zu sein, als vielmehr die Frage, ob wir mit unseren Behelfskähnen, für die die Bezeichnung Landefahrzeuge ein makabrer Witz war, überhaupt bis an den Strand gelangen würden. Als auch Anfang September immer noch die gleichen Lastkähne und keine modernen Landefahrzeuge bereitgestellt waren, überkam uns tiefe Besorgnis. Es sprach sich herum, daß die Marine selbst große Bedenken hatte, mit ihrer unzulänglichen Ausstattung die Operation »Seelöwe« zu verantworten. Voraussetzung eines Landeunternehmens war auch für die Marine die Erreichung der deutschen Luftherrschaft über England. Erst die Ausschaltung der britischen Luftwaffe und die durch die Luftwaffe zu garantierende Niederkämpfung der britischen Flotte im Bristol-Kanal seien die selbstverständlichen Voraussetzungen für ein von der Marine durchzuführendes Landeunternehmen.
Diese Voraussetzungen jedoch waren nicht gegeben. Die von der Luftwaffe zunächst mit großem Optimismus begonnene Luftschlacht um England mußte wegen zu großer Verluste durch die britische Jagdwaffe abgebrochen werden. Mitte September, dem letzten Termin, an dem wegen der Sichtverhältnisse und der Gezeiten noch eine Landung möglich gewesen wäre, wurde das Unternehmen »Seelöwe« abgeblasen. Für die im Raum der Normandie untergebrachten Einheiten begann die Aufgabe des Küstenschutzes und einer intensiven Ausbildung durch Übungen auch im Rahmen größerer Verbände bis zur Regimentsstärke.
Nach dem Krieg habe ich mit einer Fähre in vier Stunden von Dieppe den britischen Hafen Newhaven erreicht und mich in Eastbourne umgesehen. In der Tat wäre eine Landung bei East-

bourne und die Einnahme der Stadt nach entsprechender Vorbereitung durch die Sturzkampfbomber und durch den Einsatz der Fallschirmtruppe im Rücken der Stadt möglich gewesen. Die einmal gelandete Infanterie hätte dank ihrer in Polen und Frankreich gewonnenen Fronterfahrung und angefacht von dem in den Kämpfen in Frankreich gewonnenen Selbstvertrauen und Überlegenheitsgefühl im Häuserkampf Straße für Straße der Stadt bis abends genommen und sich mit der Fallschirmtruppe vereinigen können, wenn auch unter erheblichen Verlusten. Die Stimmung in der Truppe war so gut, daß die Tapferkeitsleistungen der einzelnen Soldaten des Regiments selbst die schwierigsten Krisensituationen überwunden hätten. Das Problem der ersten Welle aber war die auf sechs Stunden angesetzte Überfahrt mit unzulänglichen Landefahrzeugen über den Kanal. Das hätte das größte Fiasko werden können, und rückschauend war es vielleicht ein Glück für die Truppe, daß ihnen das Unternehmen »Seelöwe« bei diesen unzulänglichen Ausrüstungen der Marine und der fehlenden Luftherrschaft der deutschen Seite erspart blieb. Nur wenige Enthusiasten, die sich bereits in London wähnten, trauerten dem begrabenen Unternehmen nach. Hatte es sich doch herumgesprochen, daß nach gelungener Landung die Voraustruppen der 8. Schlesischen Infanteriedivision, nach entsprechendem Nachfolgen der ersten und zweiten Welle deutscher Invasionstruppen, als Besatzung für Groß-London vorgesehen war. Man scheint also mit großen Ausfällen schon damals für unsere Division gerechnet zu haben und wußte, daß sie nachher nur noch für Besatzungsaufgaben in Frage kam, während andere Truppen die Aufgabe gehabt hätten, weiter in Großbritannien nach Norden und Nordwesten vorzudringen, wie es im Mai und Juni so hervorragend in Frankreich funktioniert hatte.
In den folgenden Wochen erfolgte eine Entlastung der durch die Übungen stark angestrengten Soldaten. Informationsfahrten führten zu den Sehenswürdigkeiten der Normandie, die zu den schönsten und geschichtlich reichsten Landschaften Frankreichs gehört. Mitten in dieser erholsamen und keineswegs kritischen Zeit, wenn man von gelegentlichen Bombenangriffen auf die Hafenanlagen an der Küste absah, fiel wie ein Donnerschlag ein Ereignis, daß die

folgenden Wochen und Monate für mich verdunkeln sollte, der Tod meines Bruders Walter. Als am 13. Oktober 1940 ein Major der Luftwaffe den Regimentskommandeur Oberst Großmann in St. Victor l'Abbaye zu sprechen wünschte, ahnte ich, daß möglicherweise etwas passiert war, da ich von einem Melder sofort zum Oberst befohlen wurde. Dort eröffnete mir Oberst Großmann, was ihm soeben der Major der Luftwaffe berichtet hatte: Mein Bruder war in der Nacht vom 12. zum 13. Oktober 1940 unweit des Cap Gris-Nez zusammen mit zwei weiteren Kameraden gefallen. Die drei Toten seien im Marinelazarett von Hardinghen ostwärts der Stadt Marquise aufgebahrt und sollten in einer Trauerparade auf dem Friedhof von Hardinghen am nächsten Tag beigesetzt werden.

Nachdem Oberst und Major mir ihr Beileid ausgesprochen hatten, erhielt ich sofort drei Tage Urlaub, um an den Beisetzungsfeierlichkeiten teilzunehmen und den Nachlaß meines Bruders zu ordnen. Mich hat der Tod zutiefst getroffen, war mein verheirateter Bruder doch gerade im Juli Vater des ersten Kindes, eines Töchterchens, geworden, das ihm nun nie mehr begegnen sollte. Noch Ende September hatten wir uns in Rouen getroffen, als er von einem Urlaub zurückkam.

Die Fahrt am 13. Oktober, einem sonnigen Sonntagnachmittag, auf der Küstenstraße von Dieppe bis Boulogne und weiter nach Hardinghen gehörte zu den schwersten Stunden meines Lebens. Denn selbst wenn man im Krieg jederzeit mit dem eigenen und anderer Kameraden Tod rechnen mußte, so schien bei uns Soldaten des Heeres diese Zeit der Ruhe uns so weit vom Heldentod entfernt zu haben, daß wir nicht mehr daran zu denken pflegten. Bei der Luftwaffe war es auch nach der Schlacht um England ganz anders. Die Verluste bei Luftwaffe und U-Booten waren auch weiterhin an der Tagesordnung, nur uns beim Heer war eine relative Ruhe vorläufig beschieden.

In einer ergreifenden Trauerparade vom Marine-Lazarett Hardinghen bis zum Friedhof wurden die drei Gefallenen mit militärischen Ehren beigesetzt.

Ein Wagen der Luftwaffe brachte mich am folgenden Tag wieder nach St. Victor l'Abbaye zurück. Aber es war nicht mehr das alte

St. Victor l'Abbaye, und auch alle Annehmlichkeiten der Normandie und die Ruhe der folgenden Wochen konnten nicht das aufwiegen, was der Tod eines Bruders an seelischen Veränderungen und Trauer gebracht hatte.
Der Winter an der Kanalküste fegte mit eisigem Sturm und peitschendem Regen über das Land. Wir hatten die Unterkünfte winterfest gemacht. An Holz und Heizmitteln war kein Mangel. Da setzte erneut eine Veränderung die Division in große Unruhe. Das dritte Bataillon des Regiments 84 wurde geschlossen unter Zurücklassung der Waffen und des Gerätes im Eisenbahntransport auf den Truppenübungsplatz Groß-Born verlegt, um für die Neuaufstellung einer Tochterdivision, der späteren 102. Schlesischen Infanterie-Division, zur Verfügung zu stehen.
Hauptmann Dr. Pier, der schon im Polenfeldzug als Reserveoffizier eine Kompanie geführt hatte und inzwischen beim Divisionsstab Dienst tat, erhielt unter Ernennung zum Bataillonskommandeur den Auftrag, aus den Zügen der übrigen Bataillone und herangeführter Reserven ein neues drittes Bataillon aufzustellen.
Ich wurde zu seinem Bataillonsadjutanten ernannt und mußte meinen Infanterie-Pionierzug, den ich vor Jahresfrist im Kölner Raum aufgestellt hatte und der sich mit so viel Bravour im Frankreichfeldzug geschlagen hatte, schweren Herzens meinem Nachfolger übergeben, um mich den neuen Aufgaben in Tôtes, einem kleinen Ort an einer wichtigen Straßenkreuzung zu widmen. Hier kreuzen sich die beiden Nationalstraßen Amiens—Le Havre und Rouen-Dieppe. Der Bataillonsstab nahm in einem kleinen Château in einem Park am Westrand von Tôtes Quartier. Die 9., 10. und 11. Infanterie-Kompanie lagen im Ort, die 12. MG-Kompanie mit ihren vielen Pferden in Bauernhöfen in der unmittelbaren Nachbarschaft.
Vielleicht war es gut, daß die viele Arbeit mit der Neuaufstellung und Fürsorge für fast 1000 Soldaten kaum Zeit zum Nachdenken ließ. Weihnachten rückte näher! Verheiratete durften zu ihren Familien fahren, die Ledigen hatten sich bis Januar zu gedulden. So setzte gleichzeitig mit den militärisch-technischen Pflichten die Vorbereitung der Weihnachtsfeiern für alle jene

ein, die in der Normandie ihr zweites Kriegsweihnachten weitab von der Heimat verleben mußten.
In Tôtes, unmittelbar an der Straßenkreuzung stand und steht noch heute das Hotel »du Cygne« (Zum Schwan). Es war bekannt für besonders gute Forellen und eine ausgezeichnete Küche. Während der Kämpfe hatte es nur einen Treffer im Dachstuhl erhalten. Ein englischer Offizier war dabei gefallen. Um die Straßenkreuzung war durch eine nach Dieppe vorstoßende deutsche Vorausabteilung gekämpft worden. Am Nordteil des Ortes waren die Gräber von 12 französischen Soldaten, die bei diesem ersten Kampf gefallen waren. Heute steht dort ein Ehrenmal mit den Namen der Gefallenen.
Dr. Bernhard Pier, der Kommandeur, hatte Heimaturlaub nach Beuthen/Oberschlesien erhalten. Er war an der dortigen Oberschule Oberstudienrat und lehrte die Fächer Deutsch, Englisch und Geschichte. Er war im Regiment schon im Sommer 1938 auf dem Truppenübungsplatz Wildflecken i. d. Rhön als Oberleutnant der Reserve aufgefallen, da er Vorträge bei den einzelnen Kompanien über staatspolitische Fragen hielt. Damals hatte es sich schon herumgesprochen, daß er als Ostpreuße zwar ein begeisterter Soldat und Patriot war, aber dem Nationalsozialismus mit großer Skepsis gegenüberstand. Als Leutnant aus dem Ersten Weltkrieg mit dem EK I heimgekehrt, hatte er sich mit Mühen als Werkstudent sein Studium verdienen müssen. Seine ganze Haltung war bestimmt von jenem Geist, den die Frontgeneration des Ersten Weltkrieges im Sinne von Walter Flex und Hermann Löns, Ernst Jünger und Stefan George verband: nicht in schwärmerischem Idealismus, sondern im Sinne beispielhaften Verhaltens. Daher hatte es auch zwischen dem Oberstudienrat Dr. Pier und dem Oberbürgermeister und Kreisleiter der NSDAP, Filusch, in der Nachbarstadt Hindenburg einen schweren Zusammenstoß gegeben, als der Kreisleiter das Bürgertum und die Akademiker in einer Rede beschimpfte. Dr. Pier hatte es für seine Pflicht gehalten, ihm an der gleichen Stelle entgegenzutreten und ihm erregt zu antworten: »Herr Kreisleiter und Oberbürgermeister, Sie haben keine Ahnung, wie schwer es für manchen Akademiker ist, sein Ziel zu erreichen, und was er alles opfern muß, um Akademiker zu

werden. Merken Sie sich, hinter einem weißen Kragen stecken oft mehr Entbehrung, Hunger und Not als hinter einer zottigen, tätowierten Männerbrust!«
Die Versammlung hatte diesen Auftritt mit großem Beifall bedacht, und der ohnehin als Trinker und Schläger bekannte Filusch hatte diese Niederlage nie vergessen. Zwar wurde Dr. Pier nach Beuthen strafversetzt, aber die Häscher, die im Auftrag Filuschs nach dem 30. Juni 1934 auch Pier in einem Aufwasch mit den SA-Führern und »Reaktionären« umbringen wollten, standen vor einer leeren Wohnung. Um besser geschützt zu sein, nutzte daher Dr. Pier jede Gelegenheit zu einer Offiziers-Reserveübung und meldete sich auch freiwillig im Sommer 1939, um als Hauptmann der Reserve und Chef einer Infanterie-Kompanie in den Krieg zu ziehen.
In manchen Kamingesprächen waren wir uns nähergekommen. Es gab keinen unter den Offizieren des Bataillons, der nicht voller Hochachtung von dem pädagogischen Geschick, dem umfassenden Wissen und beispielhaften Verhalten des Kommandeurs beeindruckt gewesen wäre.
Bevor Dr. Pier zu seiner Frau nach Beuthen in Urlaub fuhr, hatte er ausdrücklich befohlen, daß alle Offiziere die Weihnachtstage bei ihren Einheiten zu verbringen hätten, um sich um ihre Leute zu kümmern. Am Silvesterabend jedoch sollten die Soldaten unter sich sein, und es genüge, daß die Unteroffiziere und Feldwebel für Disziplin, auch gegenüber der Zivilbevölkerung, verantwortlich seien. Die Offiziere sollten sich am Silvesterabend im Hotel »Zum Schwan« versammeln, um auf diese Weise in einer Gemeinschaft den Übergang ins Neue Jahr kameradschaftlich zu feiern.
Wir taten es dann auch. Am Silvesterabend um 20.00 Uhr fand ein feierliches Essen bei Kerzenschein im »Hotel zum Schwan« statt, das an diesem Tag geschlossen hatte. Der Wirt, ein sympathischer Herr in den mittleren Jahren, seine Frau und zwei erwachsene Töchter, hatten es übernommen, den Abend auszugestalten und das Silvestermahl zusammenzustellen. Es gab gebackene Forellen nach Müllerin-Art, Hasenbraten in Wacholderrahm mit verschiedenen Beilagen, und zum Abschluß hatte sich der Wirt etwas Besonderes ausgedacht. »Ich mache Ihnen einen englischen Plum-

pudding, wie ich ihn genau vor einem Jahr in meinem Hotel für die britischen Offiziere gemacht habe. Sie haben vor einem Jahr hier genauso Silvester gefeiert, wie Sie es dieses Mal wollen. Ich brauche für Sie nur etwas weniger, denn Sie sind nur zwölf, bei den Engländern hatte ich vierundzwanzig Gäste in diesem Haus.«
Da wurde mir bewußt, wieviel sich in diesem Jahr geändert hatte. Als ich das Hauptmann Strobl, dem dienstältesten Offizier, berichtete, flocht er diese Mitteilung in seine Silvester-Ansprache ein, die um Mitternacht kurz und bündig hieß: »Kameraden, vor einem Jahr haben englische Offiziere im gleichen Raum Silvester gefeiert. Einer von ihnen ist wenige Monate später in diesem Haus gefallen, als er den Feind vom Giebelfenster aus mit dem Fernglas beobachtete. Wer weiß, wo wir nächstes Jahr sein werden, und wie viele bei uns dann fehlen werden. Eines ist sicher, so wie heute kommen wir nie mehr zusammen. Dennoch, sei es, wie es sei, lassen Sie uns auf das Wohl unserer Angehörigen in der Heimat und auf ein baldiges Ende des Krieges anstoßen.«
So tat man es dann auch, aber eine rechte Stimmung wollte nicht mehr aufkommen. Wir waren alle nachdenklich geworden! Hauptmann Strobl fiel bereits zu Beginn des Rußlandfeldzuges Mitte Juli 1941 vor Smolensk. Von den anderen anwesenden Offizieren lebte an der nächsten Jahreswende nur noch die Hälfte. Auch mein Nachfolger als Führer des Infanterie-Pionierzuges fiel im Sommer 1941, ebenso drei anwesende Leutnante.
Der Januar 1941 präsentierte sich mit Schnee und Kälte. Es war für uns ein ungewohntes Bild, die Viehherden – Rinder wie Schafe – auf den verschneiten Wiesen zu sehen. Denn in der Normandie pflegt das Vieh das ganze Jahr über draußen zu sein, allenfalls finden sie in Unterstellmöglichkeiten etwas Schutz vor Schnee und Kälte.
Auch die Häuser und Wohnungen sind nicht so auf Kälte eingerichtet, wie das in Schlesien üblich war, mit Doppelfenstern und Kachelöfen. So stand ein kleiner Kanonenofen in den Truppenunterkünften. Die Hauptheizquelle war neben der Küche jeweils der Kamin, um den herum die Soldaten in Gruppen saßen, Rundfunk hörten und Karten spielten. Die feuchte Luft und der ständige Wind führten zu zahlreichen Erkältungen.

Wir Binnenländer aus Schlesien, die wir das trockene Kontinental-Klima gewöhnt waren, brauchten eine Zeit, um uns an das stürmische, naßkalte Wetter an der Kanalküste zu gewöhnen. Doch da es weder an Benediktinerlikör fehlte noch an Calvados oder Cognac, schon gar nicht an Weiß- und Rotwein, den es zur Verpflegung portionsweise gab, ließ sich auch ein Winter in der Normandie wohl überstehen. Das Verhältnis zur Bevölkerung hatte sich so weit entspannt, daß die deutschen Soldaten bei den französischen Familien, ob Arbeiter oder Handwerker, Bauer oder Geschäftsmann, ein- und ausgingen. Die ersten Anträge auf Heiratsgenehmigungen mit französischen Frauen wurden eingereicht. Wir wußten nicht recht, wie wir uns dazu verhalten sollten, bis schließlich eine Weisung der Armee empfahl, bei solchen Heiratsanträgen besondere Zurückhaltung zu wahren und darauf hinzuweisen, daß es immerhin möglicherweise unüberlegte und später leicht zu bereuende Entscheidungen sein könnten. Daher wurde in unserem Regiment grundsätzlich keine Heiratsgenehmigung erteilt. Es soll jedoch heimliche, kirchliche Trauungen zwischen deutschen Soldaten und Französinnen gegeben haben. Denn die katholischen Schlesier füllten in allen Dörfern und Städten zur Sonntagsmesse die Kirchen. Die Uniformierten im Kirchenschiff waren oft zahlreicher als die Zivilisten. Pfarrer und Lehrer in jedem Ort waren von dieser Entwicklung überrascht, zumal gerade den oberschlesischen Soldaten eine besondere Frömmigkeit und Verbundenheit mit der katholischen Kirche auszeichnete.
Für die evangelischen Soldaten fanden regelmäßig Andachten durch den evangelischen Divisionsgeistlichen statt. Der katholische Divisionspfarrer las abwechselnd in größeren Kirchen des Divisionsbereiches die Messe.
Das gute Verhältnis zur Bevölkerung brachte es mit sich, daß sich die Disziplin zu lockern begann. Das abendliche Feiern an den Kaminen der einheimischen Bevölkerung zog sich oft so lange hin, daß der morgendliche Dienst dabei zu kurz kam. Eine Kontrolle des für 24.00 Uhr in allen Unterkünften angesetzten Zapfenstreichs war bei der Weitläufigkeit der Unterbringung kaum möglich. Daher wurde die Urlaubsquote erheblich erhöht, so daß in den Monaten Februar und März jeweils ein Drittel der Soldaten

sich auf dem ersehnten Heimaturlaub befand. Überhaupt drehten sich die Gedanken der Soldaten hauptsächlich um die vier Dinge: Verpflegung und Vergnügung, Feldpost und Heimaturlaub.
In wiederholten Tagesbefehlen wurde die Truppe ermahnt, Disziplin zu wahren und sich korrekt zur französischen Zivilbevölkerung zu verhalten. Offensichtlich war das in einzelnen Amtsstuben und auch in vielen Privathäusern angebrachte Bild des Marschalls Pétain mit Uniform und Orden für die französische Bevölkerung Symbol des Patriotismus und neuer Hoffnungen für die Zukunft. Für die deutschen Besatzer, insbesondere die älteren Offiziere, war Marschall Pétain gleichzeitig Symbol des Siegers von Verdun und eine bewunderte Soldatengestalt, die es in Frankreichs größter Not übernommen hatte, auch im hohen Alter noch politische Verantwortung zu übernehmen. Parallelen zu dem Sieger von Tannenberg, dem Generalfeldmarschall und Reichspräsidenten in der Weimarer Republik, Paul von Hindenburg, lagen nahe.
In den Richtlinien und Weisungen für die Kommandeure der deutschen Truppen in Frankreich war zu erkennen, daß auch die höchste politische und militärische Führung in Berlin auf die außerordentliche Persönlichkeit Marschall Pétains Rücksicht nahm. Es hatte sich herumgesprochen, daß der Gefreite des Ersten Weltkrieges Hitler und heutige Oberbefehlshaber der deutschen Wehrmacht eine stille Bewunderung und Verehrung für den Marschall von Frankreich hegte.
Irgendwelche Ausschreitungen oder Übergriffe deutscher Soldaten sollten daher schwer bestraft werden, um das Ansehen der Truppe und den guten Eindruck nicht zu gefährden. In den ganzen Monaten ereignete sich nur ein Vorfall im Regimentsbereich, der das Kriegsgericht beschäftigte. Ein Gefreiter, Bergarbeiter aus Hindenburg, hatte unter Alkoholeinfluß eines Abends versucht, einem Bauern zwei Kaninchen zu stehlen. Er war dabei vom Bauern überrascht worden und hatte diesen niedergeschlagen. Durch das Eingreifen des Unteroffiziers wurde die Schlägerei beendet, der Gefreite festgenommen und Tatbericht wegen Plünderung und Körperverletzung eingereicht. Das Kriegsgericht der Division verurteilte ihn zum Tode.

Alle Bemühungen, auch des Bataillonskommandeurs Dr. Pier, bis zur Armee, das Urteil nicht zu vollstrecken und einen Gnadenakt auszusprechen, da der Soldat sich im Polenfeldzug tapfer verhalten habe und das EK II besaß, hatten keinen Erfolg.
An einem Februarmorgen wurde der Zug der Kompanie, dem der Gefreite angehörte, nach dem Militärgefängnis Rouen transportiert, wo der zum Tode Verurteilte einsaß. Um ein Exempel zu statuieren und einer Lockerung der Disziplin vorzubeugen, wurde der Gefreite von den Kameraden seines eigenen Zuges im Hof des Militärgefängnisses von Rouen erschossen.
Alle Soldaten waren über dieses Vorkommnis tief erschüttert. Aber offensichtlich sollte eine solche Exekution nicht nur als abschreckendes Beispiel für die eigene Truppe, sondern auch als Hinweis bei der französischen Bevölkerung gelten, daß die deutsche Besatzung das Kriegsrecht achten und jegliche Übergriffe gegen die französische Bevölkerung ahnden würde.
Der Vorfall wurde natürlich nicht nur über den Divisionsbefehl den Soldaten bekanntgegeben. Auch die französische Zivilbevölkerung erfuhr davon durch die deutschen Soldaten und war gleichermaßen über die Härte der Bestrafung erschrocken. Dieser Vorfall war noch wochenlang Gesprächsstoff unter Soldaten und Zivilisten in der Normandie.
Von dem anderen Symbol Frankreichs, dem nach London ins Exil emigrierten General Charles de Gaulle hörte man nichts. Sein Name war weder den Soldaten noch der französischen Zivilbevölkerung zur damaligen Zeit ein Begriff. Auch Regungen irgendeiner Résistance der Franzosen, Sabotageakte oder andere Unfreundlichkeiten waren nicht erkennbar. Im Gegenteil, man mußte viel Überzeugungskraft aufbieten, um die Verbrüderung der Soldaten mit der französischen Bevölkerung in Grenzen zu halten.
Im März 1941, der Frühling begann sich bereits anzukündigen, erreichten uns neue Ausbildungsrichtlinien, die uns nachdenklich machten. Es hieß darin, daß folgende Übungen stattzufinden hätten: Überwindung von Sumpfgebieten, Selbsthilfe der Einheiten, Überwindung schlechter Wege, Luftschutz, einschließlich Tarnung und Flußübergänge, Angriff auf befestigte Feldstellun-

gen, Verhalten bei feindlichen Nachtangriffen, Kampf und Verhalten im Wald, Bekämpfung feindlicher Fallschirmtruppen, Vorgehen durch Ortschaften beim Angriff in Verbindung mit Aufklärungsfliegern. Weiterhin sollte die Bewachung von Gefangenen an unübersichtlichen Stellen, in Wäldern und in Ortschaften vermittelt werden. Ein Merkblatt über die Verkehrsregelung und Marschdisziplin wies darauf hin, daß Märsche die Voraussetzung für den Kampf schaffen. Es müsse ein reibungsloser Meldedienst eingerichtet werden. Die persönliche, schnelle Orientierung bei Kriegshandlungen durch Offiziere und Kommandeure trage wesentlich zum Erfolg bei. Dieses sei nur möglich bei peinlich geordneter Marschzucht. Mangelnde Marschzucht beinhalte auch mangelnde Kampfdisziplin. Deshalb sollte strengste Bestrafung erfolgen, wo Auflösungserscheinungen sichtbar werden. »Jeder Führer ist verpflichtet, bei Marschstauungen sofort und energisch einzugreifen!« Verkehrsregelungsorgane handelten auf Befehl der Führung. Ihren Anordnungen sei daher unbedingt Folge zu leisten. Bei Versammlungen zum Marsch sollten nicht die Hauptvormarschstraßen benutzt werden, die Einheiten sollten vielmehr auf Seitenwegen bereit stehen. Bespannte Fahrzeuge hätten beim Marschieren und Halten 20 m Abstand, motorisierte Fahrzeuge Tachometer-Abstand, beim Halten 20 m Abstand. Jede Marschkolonne sollte außerdem alle 150 m einen Ausgleichsabstand von 50 m einhalten.

Es war uns klar, daß diese Ausbildungsrichtlinien sich nicht auf eine möglicherweise verschobene Invasion in England beziehen konnte. Alles deutete vielmehr auf zu erwartende Kampfhandlungen über große Räume hin. Das konnte aber nur die Sowjetunion sein, mit der jedoch das Deutsche Reich einen Freundschafts- und Beistandspakt geschlossen hatte. Noch waren uns die Bilder in Erinnerung, als am 23. August 1939 in Anwesenheit Stalins die Außenminister Ribbentrop und Molotow im Moskauer Kreml den Vertrag unterzeichneten. Wie sollte sich das zusammenreimen?

Als dann jedoch ein Sonderführer zur Offiziersausbildung unseres Bataillons eintraf, der uns das kyrillische Alphabet und russische Sprachkenntnisse beibringen mußte, war uns klar, daß ein Angriff auf die Sowjetunion geplant war.

Schließlich wurden die Transportlisten für einen großräumigen Eisenbahntransport angefordert, und am 21. April 1941 begann die Verladung in Motteville bei Rouen in Richtung Ostpreußen. Die 8. Schlesische Infanteriedivision übergab alle Unterlagen für das Unternehmen »Seelöwe« an die 302. Infanteriedivision, eine Neuaufstellung mit vielen Reservisten, denen offensichtlich der Küstenschutz an der Kanalküste obliegen sollte.

Teil III

Soldat im Osten

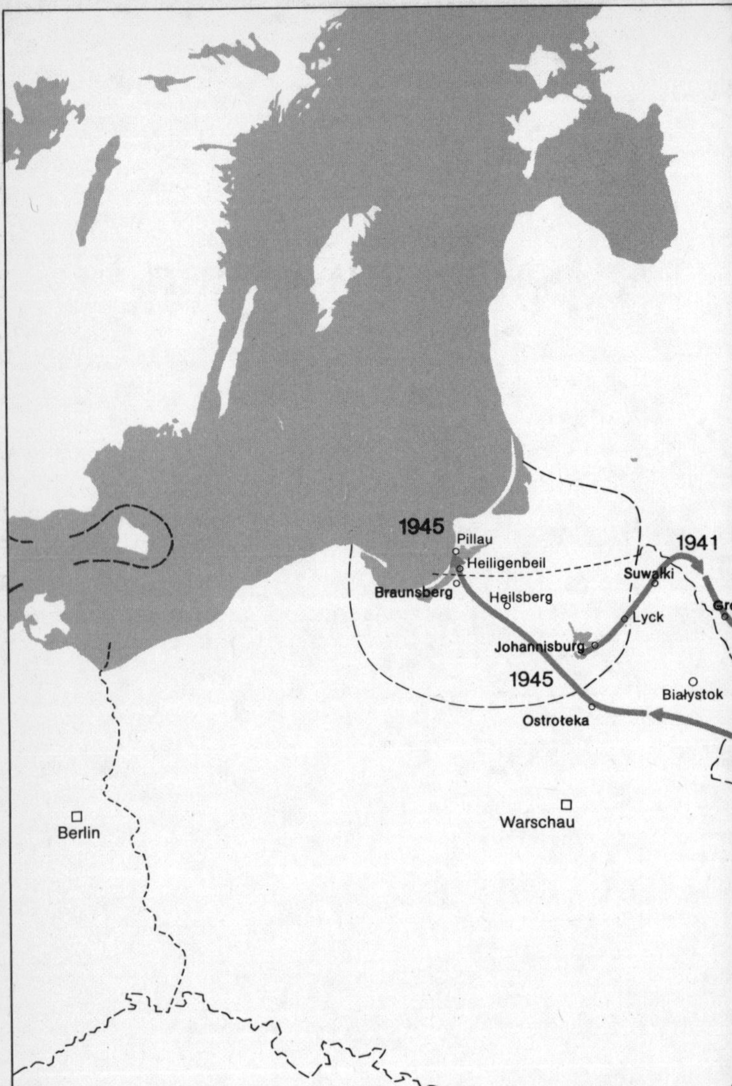
1945
Pillau
Heiligenbeil
Braunsberg
Heilsberg
1941
Suwalki
Lyck
Johannisburg
1945
Białystok
Ostroteka
Warschau
Berlin

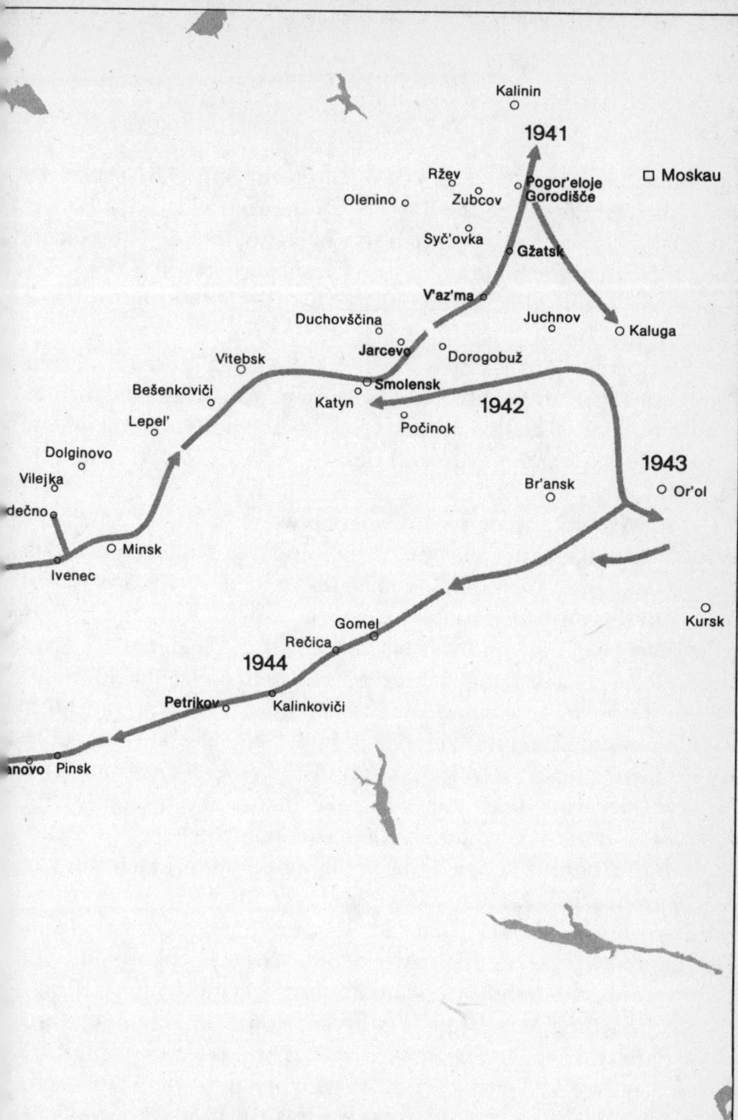
Kalinin
1941
Moskau
Ržev
Pogor'eloje
Gorodišče
Olenino
Zubcov
Syč'ovka
Gžatsk
V'az'ma
Duchovščina
Juchnov
Kaluga
Jarcevo
Dorogobuž
Vitebsk
Smolensk
Bešenkoviči
Katyn
1942
Lepel'
Počinok
Dolginovo
1943
Vilejka
Br'ansk
Or'ol
dečno
Minsk
Ivenec
Kursk
Gomel
Rečica
1944
Petrikov
Kalinkoviči
anovo
Pinsk

1.
»Fall Barbarossa«

Der Militärtransport vollzog sich ohne Störungen. Die Verladung der Gerätefahrzeuge und schweren Waffen erfolgte auf offenen Güterwagen, die Pferde wurden wie üblich in den geschlossenen und dafür hergerichteten Waggons transportiert. In jedem der Fahrzeuge sorgten die Pferdepfleger für die Fütterung und das Tränken der Tiere.

Die Kompanien mit leichten Waffen hatten den Vorzug, in den Personenwagen untergebracht zu werden. Auch die Feldküchen fuhren mit dem Bataillon mit, das sich in einem Eisenbahnzug mit seinen rd. 800 Mann am Abend des 21. April 1941 von Rouen in Marsch setzte.

Für die Offiziere und den Bataillonsstab waren mehrere 2.-Klasse-Wagen so eingerichtet, daß auch während des Militärtransportes die Schreibarbeiten weitergingen, Funkverkehr sowie das Abhören von Rundfunksendungen möglich waren. Auf der langen Fahrt über vier Tage und vier Nächte sahen die Soldaten alle Orte wieder, die sie vor kaum Jahresfrist auf dem Gefechtsfeld erlebt hatten. Denn es ging über Amiens, wo an der Somme nur noch wenig von den Zerstörungen des 5. Juni 1940 zu sehen war, über Arras, Douai, das Industriegebiet von Charleroi, über Namur und Lüttich wiederum über die Maas, diesmal in umgekehrter und friedvoller Reise. Dann durch die Ardennen, die sich im ersten Frühlingsgrün und in der Blüte der Bäume präsentierten, bis zur Reichsgrenze bei Aachen. Von dort über die Rheinbrücken bei Köln, vorbei am Kölner Dom, der Erinnerungen an das Halbjahr von 1939/40 weckte, da das ganze Schlesische Armeekorps sich im Großraum Köln–Bonn in Privatquartieren befand. Durchs Sauerland in Richtung Magdeburg bis Berlin, von dort über Frankfurt/Oder durch die weiten Ebenen Pommerns und Westpreußens über Posen, Thorn bis Allenstein. Der Ausladebahnhof war Nikolaiken, eine kleine Stadt am Spirdingsee, wo das III. Bataillon des IR 84 Quartiere bezog. Teile des Regiments und der Divisionsstab sowie

die Artillerieverbände wurden auf dem nahegelegenen Truppenübungsplatz Arys untergebracht.
Vier Tage und vier Nächte in einem Zugabteil bedeuteten nicht nur den Verzicht auf die Annehmlichkeiten von Tisch und Bett. Sie brachten auch ruhigere Stunden zum Überdenken unserer Lage. Wir konnten einen Rückblick auf die Ereignisse in Frankreich und das abgesagte Unternehmen »Seelöwe« mit der geplanten Landung in England machen. Sie gaben auch Gelegenheit zu einer Betrachtung der Gegenwart und einen Ausblick auf die Zukunft. Wie würde es weitergehen? Was hatte sich seit dem Ende des Frankreichfeldzuges ereignet?
Schon bevor Marschall Pétain um Waffenstillstand ersucht hatte, nutzte die Sowjetunion die Lage im Westen für sich durch einen geschickten Vorstoß im Osten aus. Am 15. Juni 1940 überfielen sowjetische Truppen Litauen und besetzten es. Es folgte, ebenso ohne Kriegserklärung, die Besetzung Estlands und Lettlands. Die Reichsregierung in Berlin wurde erst unterrichtet, als vollendete Tatsachen geschaffen waren. Die deutschen Gesandten in den drei Hauptstädten Riga, Kaunas und Reval wurden aufgefordert, ihre Gesandtschaften aufzulösen und das Land zu verlassen.
Auch im Südosten schickte sich die Sowjetunion an, Bessarabien und die Bukowina zu annektieren. Die Bukowina war bis 1919 Bestandteil Österreich-Ungarns und wurde durch den Friedensvertrag von St. Germain Rumänien zugeschlagen. Sowohl in Bessarabien wie in der Bukowina waren seit Generationen Deutsche angesiedelt. Diese Ereignisse und die Berichte, die der deutsche Botschafter Graf von der Schulenburg von Moskau nach Berlin leitete, warfen düstere Schatten auf das deutsch-sowjetische Abkommen vom 23. August 1939.
Das alles hatte im Frühjahr 1941 bis in die letzten Tage unseres Transportes nach Ostpreußen die Lage grundsätzlich verändert und auch für das Unternehmen »Barbarossa« schwerwiegende Folgen, wie sich später herausstellte.
Fast zur gleichen Zeit, da die Wehrmachtsberichte die letzten Kampfhandlungen in Griechenland und ihre Erfolge verkündeten, trafen wir, müde und zerschlagen nach viertägigem Transport und vier Nächten Schlaf im Sitzen in Uniform endlich am

25. April 1941 im Raum der Masurischen Seenplatte in Ostpreußen ein.
Auch hier in der kleinen Stadt Nikolaiken am Spirdingsee spürte man den beginnenden Frühling, wenn auch die Natur etwas weiter zurück war, als wir es im Rheinland und im Odergebiet feststellen konnten. Die meisten schlesischen Soldaten befanden sich zum erstenmal auf ostpreußischem Boden. Auch ich hatte zwar von meinem Bruder Walter, der 1933/34 als Leutnant in Königsberg stationiert war, vieles über das schöne Land gehört, vor allem über die Hauptstadt Königsberg und ihre Geschichte, über die Samland-Küste mit ihrer Bernsteinindustrie. Aber mir selbst war Ostpreußen unbekannt, was Geschichte, Land und Leute anbetraf. Hier zeigte sich wieder, wie viele Vorteile eine Truppe davon hatte, daß ihr Kommandeur ein gebildeter und in Geschichte und Kultur besonders geeigneter Pädagoge war.
Dr. Pier, selbst Ostpreuße, versammelte in den ersten Tagen Offiziere und Unteroffiziere zu Vorträgen über Ostpreußen und weckte damit nicht nur das Interesse der Soldaten für den Raum, in dem wir die nächsten Wochen leben sollten. Diese Aufklärung trug auch zu einer guten, freundschaftlichen Begegnung mit der Bevölkerung des Landes bei.
Ostpreußen, der nordöstlichste Teil des deutschen Reiches, umfaßte damals als preußische Provinz mit den Regierungsbezirken Königsberg, Gumbinnen, Allenstein und Westpreußen ein Gebiet von über 37 000 qkm mit 2½ Mio. Einwohnern. Es ist ein flachwelliges, im Durchschnitt etwa 200 m hohes, von der Eiszeit geprägtes Landgebiet mit nur wenigen Höhenzügen von 300 m südlich von Osterode und südlich von Goldap. Ein besonderes Kennzeichen sind mehrere tausend Seen mit buchtenreichen Ufern, meist mit Laub- und Nadelwäldern bewachsen und umgeben von fruchtbarem Acker- und Wiesenland. Die mehreren tausend Seen – unter ihnen die größten, der Spirdingsee, der Mauersee, der Sanskersee und Rheinschersee – sind miteinander verbunden und gehen nach Süden in große Kiefernwälder über, insbesondere in der Johannisburger Heide. Nach Norden senkt sich das Land gegen den Pregel und die Ostsee in ein von den Flüssen Pregel und Memel gegliedertes Hügelland mit fruchtbaren Schwemmland-Niederungen.

Die Küste im Samland zwischen dem Kurischen Haff fällt steil ab und ist die Fundgrube des seit vielen tausend Jahren dort geförderten Bernsteins.
Wir alle waren von der Schönheit des Landes ebenso beeindruckt wie von seiner Vielfalt und von seinem landwirtschaftlichen Reichtum. Die Bevölkerung sprach eine harte, breite Mundart, besonders im Gebiet der Masurischen Seen. Die Wirtschaft des Landes war weitgehend von Landwirtschaft, Ackerbau und Viehzucht geprägt. Besonders bekannt war die weitverbreitete Pferdezucht. Das Hauptgestüt in Trakehnen war der Ausgang für die berühmte Trakehnerzucht. Ein anderes Gestüt in Braunsberg war für den kaltblütigen, schweren Ermländer Pferdetypus maßgebend.
Etwa ⅔ der landwirtschaftlichen Nutzfläche wurde von Bauernbetrieben mit weniger als 100 ha genutzt. Es war ein reiches, mittelständisches Bauerntum, das die Struktur des Landes prägte. Etwa ⅓ der landwirtschaftlichen Betriebe besaßen eine Größe von über 200 ha, darunter große Güter mit Schlössern und Gutsgebäuden von imponierendem Reichtum. Die Industrie, der Handel und das Gewerbe waren in und um die Städte Königsberg, Elbing, Marienburg und Allenstein angesiedelt, im hohen Norden auch um Insterburg und Tilsit.
Es war am Anfang nicht so einfach, sich mit den Einheimischen zu verständigen. Als ich mich am Spirdingsee bei einem Fischer erkundigen wollte, ob es auch genügend Fische im See gäbe, dauerte es eine ganze Zeit, bis der alte, bärtige, untersetzte Mann seine Pfeife aus dem Mund nahm. Ich mußte meine Frage noch zweimal wiederholen, bis er schließlich in breitem Ostpreußisch antwortete: »Nä, Fäsche hatt's här käne – aber Hächte und Schläen«, was bedeuten sollte, Fische gibt es hier keine, aber Hechte und Schleien.
Überhaupt machten viele Mundartwitze und ostpreußische Anekdoten in diesen Wochen die Runde, wenn wir abends an den Seeufern zusammensaßen und bis Mitternacht in einer wunderbaren Mischung der Farben und Stimmungen philosophierten und die Welt verbesserten.
Bataillonskommandeur Dr. Pier und der Bataillonsstab lagen in einem Gasthof mit einer breiten Veranda zum Spirdingsee. Der

große Gasthof war nicht nur für die Unterbringung von Feriengästen mit vielen Zimmern ausgestattet. Er besaß auch eine große Küche. Täglich morgens brachten die Fischer ihren letzten Fang in den Gasthof. Es war daher selbstverständlich, daß es jeden Tag gebratenen oder gekochten Fisch gab, mit vielen Beigaben und Zutaten, so daß die Truppenverpflegung aus der Feldküche fast überflüssig wurde. Obwohl es Lebensmittelmarken für die Zivilbevölkerung gab, wir Soldaten nur auf die Truppenverpflegung angewiesen waren, gab es keinen Mangel an Fleisch und Wurst, Butter und Speck.
Die Familien, bei denen die Soldaten gruppenweise in Scheunen, auf Böden und in Gastzimmern untergebracht waren, wetteiferten miteinander in der Gastfreundschaft. Es roch förmlich nach Bratkartoffeln und Speck, wenn man abends durch die Straßen ging. Dafür revanchierten sich die Soldaten mit vielem, was sie noch aus dem reichen Frankreich mitgebracht hatten: Bohnenkaffee, Kakao und Schokolade, besonders aber mit dem guten französischen Cognac und dem Bénédictine. Denn wir hatten kurz vor unserer Abreise aus der Normandie noch ein gutes Tauschgeschäft gemacht. Da der Winter vorbei war, wir aber erhebliche Vorräte an Kohle und Koks angespart hatten, verfügte Dr. Pier, daß einige Lastwagen damit in die Benediktinerabtei nach Fécamp gebracht werden sollten. Wir hatten bei einem unserer Besuche bei den Benediktinern erfahren, daß dort erheblicher Mangel an Heizmaterial herrschte und überdies die Benediktiner zahlreiche jüdische Flüchtlinge versteckt hatten, die darauf hofften, nach England zu kommen oder sich in das unbesetzte Frankreich abzusetzen. Es war wieder einmal typisch für die Haltung des Kommandeurs, daß er den Benediktinern nicht nur Heizmaterial, sondern auch einige Kisten mit Fleischkonserven, einige Säcke Mehl und Zucker überließ. Dafür revanchierten sich die Mönche mit einigen Wagenladungen des köstlichen Bénédictine-Likörs, der an die Truppe verteilt und als Reserve bei allen Kompanietrossen gehütet wurde.
Natürlich standen an den langen Abenden immer zwei Fragen im Mittelpunkt unserer Gespräche: Wie war die politische Lage angesichts der Zuspitzung des deutsch-sowjetischen Verhältnisses und was stand uns möglicherweise bevor? Wie entwickelte sich der

Kampf im Südosten Europas, wo nach der Räumung Griechenlands durch die Engländer nur noch Kreta besetzt war?
Hier begann am 20. Mai 1941 das größte Luftlandeunternehmen der deutschen Wehrmacht. Viele tausend Fallschirmjäger unter General Student, dem kommandierenden General des XI. Fliegerkorps, sprangen über den Flugplätzen auf der Insel Kreta ab, nachdem sie mit fast 500 Ju-52-Transportflugzeugen in die Absprungräume transportiert worden waren.
Die Engländer hatten zahlreiche Scheinstellungen gebaut und sich so ausgezeichnet getarnt, daß die britischen Maschinengewehre die Tausende abspringender Soldaten buchstäblich als Zielscheibe benutzen konnten, als sie an den Fallschirmen pendelnd herunterkamen. Wie auf einem Schießstand setzten gezieltes Maschinengewehr- und Gewehrfeuer aus den massierten Feuerstellungen der Engländer ein, so daß viele der Abgesprungenen nur noch tot oder verwundet zur Erde kamen. Einzelne Lastensegler stürzten mitsamt der Besatzung ab. Erst am 21. Mai 1941 gelang es wenigstens, den Flugplatz Malemes zu erobern, und am 26. Mai fand der Durchbruch durch die britischen Stellungen vor der kretischen Hauptstadt Kania statt.
Am 28. Mai 1941 war nach einer Woche erbitterter Kämpfe mit hohen Verlusten auf beiden Seiten das »Unternehmen Kreta« geglückt. Erst später wurde die genaue Zahl der Verluste bekannt. Die britischen Truppen verloren fast 16 000 Mann an Gefallenen, Verwundeten und Gefangenen, die britische Mittelmeerflotte verlor in den Kämpfen um Kreta 3 Kreuzer und 6 Zerstörer, mehr als 2000 Seeleute fanden dabei den Tod. Die deutsche Wehrmacht beklagte 6600 tote, verwundete und vermißte Fallschirmjäger. Allein 150 Transportflugzeuge vom Typ Ju 52 gingen dabei verloren.
Durch die Kämpfe in Jugoslawien, Griechenland und Kreta wurden zahlreiche deutsche Verbände, auch Panzerverbände, gebunden. Das führte zu einer erheblichen Verzögerung der für den Angriff auf die Sowjetunion erforderlichen Transporte und Bereitstellungen. Während uns ursprünglich – wie vor Jahresfrist in Frankreich – der Mai als geeigneter Angriffsmonat erschien, zogen sich die Tage und Wochen immer mehr hin. Es wurde bereits Juni.

Die Truppe nutzte die Zeit zu Marsch- und Gefechtsübungen auf den zum Teil sandigen Landwegen Ostpreußens. Es war ein großer Unterschied, ob man auf den befestigten Wegen Frankreichs oder den sandigen, nach jedem Regen morastigen Straßen Ostpreußens sich bewegen mußte. Die schweren Marschübungen, aber auch die Belastungen für die Gespanne und Motoren waren ein Vorgeschmack dessen, was uns im Mittelabschnitt der Sowjetunion erwartete, wo Wege und Straßen noch viel schlechter sein mußten und die Natur noch mehr Hindernisse aufzuweisen hatte als in dem zivilisierten und erschlossenen Ostpreußen.
Anfang Juni 1941 trennten wir uns von Nikolaiken und dem Kreis Sensburg, in dessen Kreisstadt wir häufig die Kinos und Cafés besucht hatten. Sensburg mit 12 000 Einwohnern war eine typische ländliche Kreisstadt mit vielen Geschäften, Ausflugsrestaurants und Verwaltungsbehörden. Wie seinerzeit im Herbst 1939 im Rheinland, so hatte auch hier im Frühling 1941 im Kreis Sensburg manche Freundschaft zwischen der ostpreußischen Bevölkerung und den schlesischen Soldaten begonnen. Jeder Weg und jedes Waldstück, jeder See und Ausflugsort waren uns in diesen Wochen vertraut geworden, als wir Anfang Juni in Nachtmärschen aus dem Kreis Sensburg weiter ostwärts in den Kreis Lyck verlegt wurden. Niemand ahnte damals, daß das IR 84 vier Jahre später an der gleichen Stelle die erbitterten Winterkämpfe um Ostpreußen erleben und Zeuge einer der schlimmsten Tragödien des Zweiten Weltkrieges im eingeschlossenen Ostpreußen werden würde.
Bei den Marsch- und Gefechtsübungen stellte sich heraus, daß die Fahrzeuge und das Gepäck überladen waren. In den ersten Juniwochen wurde daher eine allgemeine Überprüfung der Ausrüstung und des Gepäcks durchgeführt, um Mann und Pferd weitgehend zu entlasten. Viele unnötige, noch aus Frankreich mitgeschleppte Gegenstände verschwanden daher in Depots auf dem Truppenübungsplatz Arys und in der Kreisstadt Lyck.
Das Bataillon lag um diese Zeit in einigen Ortschaften bei Lyck, der Bataillonskommandeur und sein Stab auf dem Gut Stradaunen. Die Gutsbesitzerfamilie hieß Aschmoneit und widmete sich besonders der Pferdezucht. Die einzige Tochter war Tierärztin und eine hervorragende Reiterin. Abend für Abend hörten wir dem Guts-

herrn und seiner Tochter zu. Die Wohnräume des Schlosses hingen voller Reiterbilder, und von Bild zu Bild schreitend erläuterte Herr Aschmoneit die Vorzüge seiner Zucht. Als er einmal von einem besonders wertvollen Hengst sprach, der bei einem Turnier bei einem Sprung über den Wassergraben gestürzt war, meinte Herr Aschmoneit: »Es sah aus, als wäre alles verloren. Die Zuschauer schrien auf, es war schrecklich, aber zum Glück: Dem Hengst war nichts passiert, er stand auf, schüttelte sich und lief weiter, als wenn nichts geschehen wäre.« Nach einer kurzen Pause fragte ich: »Und der Reiter?« Die Antwort von Herrn Aschmoneit klang geradezu vorwurfsvoll, als er sagte: »Der Reiter, der war natürlich tot.«

Damit war uns klar, daß für einen leidenschaftlichen Pferdefreund und Züchter das Pferd alles war!

Wer Rußland als möglichen, künftigen Kriegsschauplatz vor sich sah, konnte nicht umhin, an Napoleon zu denken. So war es auch bei unseren Gesprächen der Fall! Unser Bataillon hatte wiederum doppeltes Glück; denn der Kommandeur, Dr. Pier, hatte als Leutnant 1917 am Narew gelegen und war somit Kenner der Besonderheiten dieses Raumes. Als Oberstudienrat und Historiker war er gleichzeitig in der Lage, Geschichtsabläufe in größeren Zusammenhängen zu erkennen und seinen Zuhörern darzulegen. Die Parallele zu der napoleonischen Entscheidung, das zaristische Rußland anzugreifen, und der Entscheidung Hitlers, nach dem abgesagten »Seelöwe-Unternehmen« den Angriff auf die Sowjetunion vorzubereiten, war unverkennbar. Wie überhaupt auch in den folgenden Monaten immer wieder Ähnlichkeit, ja sogar die Gleichheit von Entscheidungen und Fehlern von 1812 und 1941 auffallend waren. Auch an Warnungen hatte es weder 1812 noch 1941 gefehlt.

Im Juni 1811 hatte Napoleons Gesandter am Zarenhof in Petersburg, Graf Caulaincourt, den Kaiser in Paris aufgesucht und ihn in einem fünfstündigen Gespräch vor einem Krieg mit Rußland gewarnt. Der französische Gesandte scheiterte jedoch mit seinem Versuch, Napoleon von seiner verhängnisvollen Entscheidung abzuhalten.

Nicht anders war es 1941. Auch hier gehörte der deutsche Botschafter in Moskau, Graf von der Schulenburg, der bei Stalin und Molotow in hohem Ansehen stand, zu den großen Warnern. Seine Berichte aus Moskau nach Berlin und ein letzter Versuch beim Vortrag in der Reichskanzlei vor Hitler im April 1941 scheiterten ebenso.

Für uns Soldaten in Ostpreußen folgten Tage der Nervosität und Spannung. Ende Mai besichtigte Generalfeldmarschall von Bock den Bereitstellungsraum des VIII. Schlesischen Armeekorps, zu dem die 8. Infanteriedivision, die 18. Infanteriedivision und die 28. Infanteriedivision gehörten, dazu Artillerie und Pioniere. Am 31. Mai 1941 erfolgte die Einweisung der Regimentsverbände, der Infanterieregimenter 28, 38 und 84 sowie des Artillerieregiments 8 und der Divisionstruppen im Gelände. In den ersten Junitagen wurden die Regimenter in den Bereitstellungsraum vorgezogen. Am 16. Juni 1941 übernahm das IR 84 die Grenzsicherung im Suwalkizipfel bis Augustowo. Aufgaben der Grenzsicherung waren: Dauernde Beobachtung des Gebietes jenseits der Grenze. In jedem Bataillonsabschnitt sollte ein Offizier als Beobachtungsoffizier eingeteilt werden. Die Beobachtung sollte folgende Aufgaben haben:

1. Taktische Aufklärung des russischen Gebietes, alle Veränderungen und Bewegungen sind laufend zu melden.
2. Erkunden und Festlegen der russischen Geländearbeiten, Feststellung, welches Material für die Bauten verwandt wird (Beton, Holz, Eisen), soweit möglich Feststellung der Bewaffnung, Aufstellung von Lichtmeßtrupps, Austausch der Nachrichten mit den Zollaufsichtsstellen. Russische Flugzeuge sind nur zu bekämpfen, wenn sie Bomben werfen oder zum Tiefangriff ansetzen. Auf Stichwort: Achtung Berta! Abmarschbereitschaft aller Truppen in ihren Unterkünften.

Am 12. Juni 1941 war der Riesenaufmarsch zweier Giganten beendet. Der eine, das Deutsche Reich, reichte mit seinen Soldaten von Narvik bis Athen und von Brest bis Brest-Litowsk. Der andere Gigant erstreckte sich vom Eismeer bis zum Kaukasus und vom Bug bis an die Beringstraße.

Auch die sowjetischen Truppenverstärkungen an der deutsch-sowjetischen Grenze waren nicht zu übersehen. Eigene Luftauf-

klärung und Agentenmeldungen, aber auch die Beobachtungen unserer eigenen Vorposten bewiesen das. Die Truppenkonzentrationen an der deutsch-sowjetischen Demarkationslinie, wie sie durch Erdbeobachtung und durch Luftaufklärung erkennbar waren, erreichten auch auf sowjetischer Seite den Charakter eines im Gang befindlichen Aufmarsches.
Auf seiten der deutschen Wehrmacht standen in diesen Tagen 153 Divisionen von der Ostsee bis zum Schwarzen Meer. Unter ihnen 119 Infanteriedivisionen, 19 Panzerdivisionen und 15 motorisierte Divisionen mit insgesamt rd. 3 Millionen Mann. Allein die Zahl der motorisierten Fahrzeuge betrug 600 000, die Zahl der Panzer 3580, die Zahl der Geschütze 7184. Für den Luftkampf standen 2000 Jagd – und Kampfflugzeuge zur Verfügung.
Die sowjetische Seite verfügte über 178 Divisionen allein an der Westfront. Nicht gerechnet die Truppenverbände jenseits des Urals und in Sibirien. Diese Truppenmacht gliederte sich in 138 Infanteriedivisionen und 40 Panzer- und motorisierte Divisionen, insgesamt 4,7 Mio. Mann an der europäischen Front. Auf den Flugplätzen standen 4600 Jagd- und Kampfflugzeuge zum Einsatz bereit.
Am 21. Juni 1941 um 16.00 Uhr wurden die Kommandeure der 8. Infanteriedivision zur Befehlsausgabe beordert, der Angriffsbeginn für den 22. Juni 1941, 3 Uhr 5 Minuten festgesetzt.
Mir ist die Befehlsausgabe an die Kommandeure noch in lebhafter Erinnerung, weil ich als Bataillonsadjutant den Kommandeur Dr. Pier begleitete und die Kartenausstattung für die ersten Angriffswochen entgegennahm.
Der Divisionskommandeur, Generalmajor Höhne aus dem Friedensstandort Oppeln, richtete einen ernsten Appell an seine Kommandeure, sich der Schwierigkeiten der kommenden Wochen und der großen Belastungen bewußt zu sein, die allen Soldaten in den nächsten Wochen auferlegt werden würden. Dies sei hier eine andere Front, nicht zu vergleichen mit dem Westfeldzug des Jahres 1940.
Er habe einen schwerwiegenden Befehl erhalten, den er jedoch nicht weitergäbe, er läse ihn jedoch den Kommandeuren vor und werde auch dazu seine Meinung sagen. Der Befehl, später als

»Kommissarbefehl« auch für die Wehrmacht zu einem düsteren Kapitel geworden, datierte vom 6. Juni 1941 und hatte folgenden Wortlaut:
»Richtlinien für die Behandlung politischer Kommissare
Im Kampf gegen den Bolschewismus ist mit einem Verhalten des Feindes nach den Grundsätzen der Menschlichkeit oder des Völkerrechts nicht zu rechnen. Insbesondere ist von den politischen Kommissaren aller Art als den eigentlichen Trägern des Widerstandes eine haßerfüllte, grausame und unmenschliche Behandlung unserer Gefangenen zu erwarten. Die Truppe muß sich bewußt sein:

1. In diesem Kampf ist Schonung und völkerrechtliche Rücksichtnahme diesen Elementen gegenüber falsch. Sie sind eine Gefahr für die eigene Sicherheit und die schnelle Befriedung der eroberten Gebiete.
2. Die Urheber barbarisch-asiatischer Kampfmethoden sind die politischen Kommissare. Gegen diese muß daher sofort und ohne weiteres mit aller Schärfe vorgegangen werden. Sie sind daher, wenn im Kampf oder Widerstand ergriffen, grundsätzlich sofort mit der Waffe zu erledigen.«

Der Divisionskommandeur fügte hinzu, dieser Befehl stehe nicht im Einklang mit der Haager Landkriegsordnung und damit dem Völkerrecht. »Ich habe Ihnen pflichtgemäß davon Kenntnis gegeben, aber befehle Ihnen, alle Kriegsgefangenen nach dem geltenden Grundsatz der Haager Landkriegsordnung zu behandeln. Unsere 8. Oberschlesische Infanterie-Division ist eine Truppe von Soldaten, nicht von Marodeuren und Mördern. Ich werde jeden vor ein Kriegsgericht stellen, der sich gegenüber Kriegsgefangenen Übergriffe zuschulden kommen läßt. Ich hoffe, meine Herren, Sie haben mich verstanden!«
Die Infanterieregimenter 28 und 38 sollten in vorderster Linie angreifen. Das IR 84 zunächst als Divisionsreserve folgen, um dann auf Stadt und Festung Grodno angesetzt zu werden.
Es war den ganzen Tag sonnig und heiß, ein richtiger Sommeranfang am 21. Juni 1941 in den Wäldern des Suwalki-Zipfels in Ostpreußen. Dieses Gebiet gehörte zwei Jahre vorher noch zu Polen, es war der besondere Wunsch des Reichsjägermeisters

Hermann Göring, bei der Aufteilung Polens zischen Ribbentrop und Molotow am 23. August 1939 diese Wälder für sich als Jagdgebiet zu reklamieren. Ob die Russen damals schon ahnten, daß es den Herren in der Berliner Reichskanzlei mehr um ein Sprungbrett auf die Festungsstadt Grodno und die Memelbrücke ging als um Elche und Wisente aus den Wäldern von Bialystock, das die Russen nicht abtreten wollten? Jedenfalls standen nun die Panzergruppe des Generals Hoth und die 9. Armee des Generalobersten Strauß in diesen Wäldern zum Sprung bereit.
Kalter Schweiß stand uns auf der Stirn bei dem Gedanken, die Sowjets könnten die massierte Bereitstellung in den knochentrokkenen Wäldern mit Phosphor und Schwefel bombardieren. Nicht auszudenken das brennende Chaos von Menschen, Pferden und Maschinen.
Ein Funkspruch, nur bis zu den Bataillonskommandeuren der Angriffsverbände bekannt, konnte den für Sonntag, den 22. Juni 1941, 3.05 Uhr, angesetzten Angriffsbeginn noch stoppen. Man hatte aus der letzten Augustwoche des Polenfeldzuges gelernt, als am 25.8.1939 bereits angreifende deutsche Vorausabteilungen nur mit großen Mühen noch zurückgeholt werden konnten, da ein letzter Versuch der Kriegsverhütung noch gemacht wurde. Wir hatten den Funkern eingeschärft, bei Einbruch der Dunkelheit auf Dauerempfang zu gehen und für alle Fälle auch eine Leitung zum Regimentsgefechtsstand noch offen zu halten.
Wie gebannt starrten Dr. Pier, der Bataillonskommandeur, und ich als sein Adjutant immer abwechselnd auf den grauen Kasten des Tornisterfunkgerätes und das Feldtelefon: »Holz für Barackenbau kann niedergelegt werden!« Würde dieser erlösende Satz kommen oder rollte mit Beginn der frühen Morgendämmerung die deutsche Angriffslawine in das weite Rußland? Jedenfalls drehten sich alle Gespräche in dieser Nacht um die Weite des russischen Raumes! »Wir werden von dieser Weite ebenso gefressen wie Napoleons Soldaten«, dozierte der Kommandeur. »Es werden mehr Männer durch Typhus, Fleckfieber und andere Gefahren des unwegsamen Weißrußlands ausfallen als im Kampf! Und wenn wir in den russischen Winter kommen, dann gnade uns Gott!« Er steigerte sich immer mehr in Ahnung und Sorge. »Die da oben, wissen die

eigentlich, worauf wir uns hier einlassen, wir gehen dem grausigsten Abenteuer unserer Geschichte entgegen, wenn nicht noch ein Wunder geschieht.«

Ich teilte diesen Pessimismus nicht! »Wir wissen ja nicht, ob und wie die Sowjets kämpfen werden!« Lag nicht ein Geheimbefehl des Oberkommandos der Wehrmacht an alle Truppenteile der ersten Linie vor, bei der zu erwartenden großen Zahl der Gefangenen den sowjetischen Einheiten die Feldküchen und Verpflegungsfahrzeuge zu belassen, um ihre Ernährung zu sichern? Man rechnete also »oben« mit keinem fanatischen Widerstand, eher mit der Kapitulation ganzer Verbände, wenn dieser Befehl seinen Sinn behalten sollte.

»Täuschen wir uns nicht, wir werden eine andere Lage vorfinden als vor einem Jahr in Frankreich, wo der Kampfgeist unseres Gegners sehr unterschiedlich war«, meinte der Kommandeur. »Die Jüngeren werden kämpfen, weil sie nichts anderes kennen als den Kommunismus. Die Älteren könnten sich anders verhalten. Aber was ist, wenn man sie aufruft, ›Mütterchen Rußland‹ zu schützen, in das wir einfallen?« Ein großes Fragezeichen blieb, was den Widerstandsgeist der Roten Armee anbetraf.

Mitternacht war nun vorbei – es wurde 2.00 Uhr morgens. Die erste Helligkeit ließ wieder die Gesichtszüge erkennen, es wurde bald 3.00 Uhr. Da nahm mich Dr. Pier beiseite, uns verband ein Vater-Sohn-Verhältnis. Denn er war fast 50 Jahre alt, ich ging auf die 25 zu. »Mende, prägen Sie sich diese Stunde gut ein! Denn über ihr steht eine schreckliche Drohung: Finis Germaniae! Das ist das Ende unseres alten Deutschland, das Ende unseres alten humanistischen Europa. Vom heutigen Tag an wird Europa in Blut und Tränen ersticken, es bereitet sich ein Grauen vor, wir werden uns zu Tode siegen und in diesem riesigen Rußland verlieren.« Ich schwieg betroffen, denn das war mehr, als ich an offener Kritik von meinem Kommandeur je gehört hatte.

Über uns ziehende Bombergeschwader und der Artilleriedonner beendeten das betretene Schweigen nach diesem Gefühlsausbruch – wir traten zum Angriff auf die Sowjetunion an, es war genau 3.05 Uhr auf meiner Wehrmachtsarmbanduhr. Und der 22. Juni, der gleiche Angriffstermin wie 1812 unter Napoleon!

In den ersten Stunden kaum Widerstand! Angehörige von Pionier- und Baueinheiten, die in den Feldbefestigungen lagen, wurden überrascht, zum Teil in den Unterkünften noch gefangengenommen. Mein erster Russe war ein Pionierhauptmann zusammen mit einem Oberleutnant, die von einem Reiter des Reiterzuges zum Bataillon gebracht wurden. Er salutierte und bat in deutscher Sprache, sich setzen zu dürfen. Ich mußte ihm die Bitte abschlagen, denn das Regiment hatte schon nach den Gefangenen verlangt, sie sollten sofort weiter zum Regimentsgefechtsstand. Im Gehen drehte sich der Hauptmann noch einmal um und fragte mit müder Stimme: »Warum habt ihr das getan? Warum?« Dr. Pier sah mich groß an, ging auf den Hauptmann zu und bot ihm einen Schluck aus der Feldflasche an. Der Russe schüttelte den Kopf und ging wortlos weiter.

So also war der neue Gegner! Die Sonne brannte. Wir gingen in breiter Front beiderseits der Straße auf die Festungsstadt Grodno zu, erst seit dem Polenkrieg eine sowjetische Garnison mit starken Panzerkräften. Nach 20 km Eindringtiefe, vorbei an Erdbunkern und Gräben mit schwacher Gefechtstätigkeit, die ersten Panzerkämpfe: Rechts von unserer Vormarschstraße waren die Panzerspitzen des Generals Hoth auf heftige Gegenwehr sowjetischer Panzer aus Grodno gestoßen. Die ersten schwarzen Rauchfahnen brennender Panzer vor uns – es war inzwischen 13.00 Uhr geworden, die ersten russischen Bomber in Geschwaderformation im Anflug nach Westen. Sie luden ihre Bomben weit hinter uns in den Wäldern ab. Die Maschinerie des Krieges war nun auch drüben angelaufen. Es war Sonntagmittag – über Grodno standen dichte Rauchwolken!

Meine Gedanken schweiften ab, ich dachte an Gleiwitz, unsere alte Friedensgarnison. Man spazierte jetzt die Wilhelmstraße entlang, ließ sich im »Haus Oberschlesien« zum Mittagessen nieder oder machte einen kleinen Bummel zum Flughafenrestaurant oder nach dem ländlich schönen Rauden. Auf Labands Fußballplätzen tummelte sich die Jugend oder schwamm in den Freibädern. Und zu Hause genoß man die Stille des Groß-Strehlitzer Parks und ließ den Blick zum Annaberg schweifen über die sommerlich fließende Weite der reifenden Felder mit ihren Roggen- und Weizenschlä-

gen, dazwischen die grünen Kartoffel- und Rübenzeilen. Frieden überall daheim – hier Feuer, Rauch und blutiger Krieg. Es stank förmlich nach Krieg, einem Gemisch aus brennendem Holz, glühendem Eisen und Ölrauch. Vor uns wurden die Rauchpilze immer zahlreicher. Die russischen Panzer bewegten sich scheinbar ziellos und verlassen im Gelände und wurden einer nach dem anderen abgeschossen. 8,8 Flak und eigene Panzer schienen im Scheibenschießen auf die Stahlkolosse der Sowjets zu wetteifern. Wir kamen am Nachmittag an die ausgebrannten Panzer heran, meist alte, schwerfällige Typen mit einem kastenartigen Geschützturm, nur wenige neuere Panzer darunter, sie ähnelten unseren eigenen Panzern IV bis auf die grüne Farbe und den roten Sowjetstern.
Ein ausgebrannter Panzer fiel uns besonders auf. Er war niedriger als die anderen, hatte sehr breite Laufketten und abgeschrägte Flächen. Der Geschützturm war durch explodierende Munition zur Seite geschleudert worden, nicht weit von ihm lag ein angesengtes Büchlein – die Beschreibung des fast neuen Panzers, Baujahr 1941. Wir hatten den ersten T 34 vor uns, der uns später noch viel zu schaffen machen würde. Das noch gut erhaltene Exemplar der Beschreibung ging mit einer besonderen Meldung zum Regimentsgefechtsstand zurück.
Es wurde dunkel, die Müdigkeit überfiel uns, schließlich waren wir seit 3.00 Uhr morgens auf den Beinen, von Schlaf konnte in der erregenden Nacht vor dem Angriff ohnehin keine Rede sein. Unser Bataillon ging als Regimentsreserve auf den Höhen vor Grodno in Stellung. Schnell die Zeltplanen heraus, ein wenig Stroh vom nächsten Getreidefeld geholt und fertig war das Lager. Verpflegung kam heran: Brot, Büchsenfleisch, Tubenkäse und eine Gemüsesuppe. Die Wachen wurden eingeteilt und dann geschlafen, wer weiß wie lange. Vor uns in einigen Kilometern Entfernung brannten große Teile Grodnos! Gegen Mitternacht erhellte eine riesige Explosion den Nachthimmel. Wie wir am nächsten Tag sahen, war es das Munitionslager, das in die Luft geflogen war, die Russen hatten es gesprengt. Kurz nach Mitternacht brachte der Regimentsmelder den Befehl für den weiteren Angriffstag: »I. und II. Bataillon greifen an und nehmen Grodno!« Unser Bataillon

folgte als Reserve und ging nach erfolgter Einnahme der Stadt am Südrand auf den Höhen in Stellung und sicherte gegen auf Richtung Bialystock zurückgehenden Feind!
Ein besonderer Auftrag erging an die Radfahrerkompanie meines Freundes Oberleutnant Fritz Proske: Sie sollte im Morgengrauen im Handstreich die Brücke über die Memel mitten in der Stadt nehmen, ihre Sprengung verhindern und so für die Panzerdivision des Generals Hoth den Stoß in Richtung Minsk ermöglichen.
Das Abenteuer gelang, schlafende Russen wurden überwältigt, in einer am Stadtrand gelegenen russischen Kaserne kam es zu heftigen Nahkämpfen, in denen die schnellen, in Polen und Frankreich fronterfahrenen Soldaten der Elitekompanie sich ohne große Verluste durchsetzten und die nur leicht beschädigte Steinbrücke über die Memel besetzten.
Rasch herangeführte Vorausabteilungen mit Panzern und Kraftfahrzeugen besetzten die durch Grodno führenden Straßen. Es gelang, in den Vormittagsstunden ganz Grodno zu nehmen.
Die Spitzen der Partei und Garnison hatten sich schon nachts abgesetzt, es gab weder Straßenkämpfe noch Widerstand in der Bevölkerung. Im Gegenteil, Frauen kamen mit Wassereimern aus den Häusern, brachten Obst und Zigaretten aus einer nahegelegenen Zigarettenfabrik, und sogar Bier aus einer Brauerei wurde kannenweise von der Bevölkerung an die Soldaten verteilt. In der Hauptsache von Frauen, Kindern und alten Männern. Die wehrfähigen Männer hatten die Sowjets mitgenommen, als sie sich nachts aus Grodno absetzten.
Lautes Schreien und Rufen lenkte unsere Aufmerksamkeit auf ein unweit der Kaserne liegendes Lager. Dort hatten Hunderte von Frauen und Kindern mit der Plünderung eines großen Lebensmittellagers begonnen. Alles, was laufen konnte, keuchte mit Mehl und Zuckersäcken, Büchsen und Kisten durch die Gegend, schleppte und stürzte, schrie und fluchte – es war ein bisher unbekanntes Bild. Wir mußten befürchten, daß mehr zerstört als weggetragen wurde und das Lager schließlich in Brand geriete.
Dr. Pier befahl, daß die Leute alles, was sie gefaßt hätten, noch abtransportieren sollten, dann aber das Lager geschlossen und bewacht werden sollte. Es ging nicht ohne Tränen und Geschrei –

aber schließlich kehrte Ruhe und Ordnung ein. Die Soldaten sahen weg, wenn noch die eine oder andere Gruppe einen Karren oder Handwagen beladen hatte. Nur brennen durfte das Ganze nicht!
Wir sahen uns in der Stadt um. Sie war fast unzerstört. Die Bevölkerung war größtenteils in der Stadt geblieben. Sie war vorwiegend polnischen Ursprungs und beherbergte auch viele jüdische Familien. Die russischen Amtsträger und alles, was zur Garnison gehörte, hatten sich abgesetzt. Zurückgeblieben war jene Bevölkerung, die zwei Jahre vorher bei der Teilung Polens an die Sowjetunion gefallen war. Manche sprachen sogar Deutsch und boten sich uns als Helfer und ortskundige Einweiser an. Viele Jungen im Alter zwischen 10 und 14 Jahren sprachen uns in Jiddisch an, das klang dann so: »Gute Herr aus Deitschland, mächt ich Ihnen hilflich sein, haben Sie Winsche?« Es schwirrte nur so von Gruppen Jugendlicher, die sich nützlich zu machen suchten.
Während die Panzer über die Steinbrücke von Grodno in Richtung Osten rollten, bekam das III. Bataillon IR 84 den Auftrag, Grodno nach Westen zu sichern und Stellungen am westlichen Stadtrand auszuheben. Die beiden anderen Regimenter der Division, IR 28 und IR 38, durchschritten Grodno und gingen weiter nach Süden vor.
Kaum hatten wir unsere Stellungen beiderseits der Straße Indura–Grodno besetzt und die Kompanie in die Stellungen eingewiesen, griffen sowjetische Panzer aus Richtung Indura beiderseits der Straße gegen Grodno an. Auf unseren Alarmruf wurden Panzerjäger und Sturmgeschütze in Richtung Lososna zu unserem Bataillon in Marsch gesetzt. Es gelang, 10 sowjetische Panzer abzuschießen, die zum Teil an der Straße liegen blieben.
Die erste Nacht, die wir am Westrand von Grodno in Stellung verbrachten, war ruhig. Zwar brannten noch in der Stadt einzelne Häuser, auch der Kirchturm stand in Flammen und leuchtete weithin wie eine Fackel ins Land. Es war eine warme Sommernacht, man hörte das Zirpen der Grillen und in der Ferne das Rollen der Panzer und Geschütze, die in Richtung Osten und Süden weiterfuhren.
Am 25. Juni 1941, einem sonnigen Sommertag, am frühen Vormittag die erste Überraschung: Drei sowjetische Panzer fuhren auf der

Straße in Richtung Grodno, die geradewegs zur Memelbrücke führte. Wir ließen sie bis auf 100 m herankommen und schossen den ersten ab, die beiden anderen rollten in Richtung Bialystock zurück und konnten trotz heftigen Feuers unserer Panzerabwehrkanonen entkommen. Es zeigte sich bald, daß die 3,7 cm Panzerabwehrkanonen sowjetischen Panzern nichts anhaben konnten. Die Geschosse prallten ab und hatten keine Wirkung. Die Landser quittierten das grimmig, indem sie diese leichten Panzerabwehrkanonen weiterhin nur noch die »Heeres-Anklopfgeräte« nannten. Nur die 5-cm-Panzerabwehrkanone hatte allenfalls eine Chance, durch einen Treffer einen sowjetischen Panzer außer Gefecht zu setzen, doch Verlaß war auch auf sie nicht. So wurde schließlich die 8,8-cm-Flak im Erdbeschuß gegen Panzer eingesetzt.
Am Abend setzten aus der gleichen Richtung Infanterieangriffe ein. Offensichtlich versuchten die im Raum Bialystock abgeschnittenen sowjetischen Verbände die Memel bei Grodno zu überschreiten und die Brücke wieder in die Hand zu nehmen. Die Gefechte gingen bis tief in die Nacht. Der Druck der angreifenden Rotarmisten wurde immer härter, die eigenen Ausfälle immer größer. Leutnant Welzel, Kompanieführer der 10. Kompanie, fiel durch Kopfschuß, Leutnant Österreich, Führer des Regimentspionierzuges und mein Nachfolger, ebenfalls. Die Ausfälle an Unteroffizieren und Zugführern häuften sich. Der Bataillonsgefechtsstand lag selbst in der vordersten Linie und kämpfte mit Gewehren und Maschinengewehren gegen die immer wieder andrängenden russischen Kompanien.
Auch der nächste Tag wurde schlecht! Wir brauchten Hilfe, wenn die Verteidigungslinie am Westrand von Grodno nicht zusammenbrechen sollte. Daraufhin wurde das I. Bataillon, das bereits auf dem Vormarsch nach Süden war, wieder zurück nach Grodno umdirigiert, um die Front des III. Bataillons zu stützen. Die Panzerjägerkompanie der Division machte kehrt und ging auf den Höhen hinter unserem Bataillon in Stellung. Auch die I. Abteilung des Artillerieregiments 8 machte auf dem Vormarsch kehrt, und eine Batterie unter Oberleutnant Graf von Hochberg ging auf Höhe 168 in Stellung. Die Lage wurde dramatisch, denn bataillonsweise, in immer neuen Wellen griffen die Sowjets an. Das Feuer der

Artilleriegranaten von Höhe 168 erfaßte die angreifenden Sowjets in der Flanke und hatte verheerende Wirkung.
Bei unseren Soldaten ging ein Aufatmen durch die schwer kämpfenden Stellungen, und man schöpfte wieder Hoffnung, den Durchbruch nach Grodno aufhalten zu können.
Wie schlecht die Lage war, erhellt auch ein Befehl der Division, die Memel-Brücke bei Grodno zu sprengen, wenn Grodno nicht zu halten wäre und die Russen es wieder einnehmen würden.
Am Nachmittag warf ein Aufklärungsflieger eine Meldung über uns ab mit der Warnung, daß 40 sowjetische Panzer in Richtung auf Grodno im Anmarsch seien. Die Durchbruchsversuche der Sowjets gewannen immer mehr an Boden, da man sich an den Ufern der Memel bis unmittelbar an unsere Stellungen heranschleichen konnte.
Der 26. Juni 1941 brachte den Höhepunkt der Krise um Grodno, als nach schwerem Artillerie- und Granatwerferfeuer am Spätnachmittag die Sowjets in breiter Front angriffen und auch zahlreiche Panzer in unsere Stellungen eindrangen. Ein Schlachtfliegergeschwader, das im Tiefflug mit Splitterbomben in den Erdkampf eingriff, und einige Sturzkampfgeschwader, die sich pausenlos auf die sowjetischen Panzerrudel stürzten, brachten in den späten Abendstunden schließlich eine Entlastung. Gegen Mitternacht hörten die Angriffe der Sowjets auf. Nur hier und da einiges Gewehr- und Maschinengewehrfeuer. Offensichtlich hatten die Angriffe der deutschen Fliegerverbände ihre Wirkung auf die sowjetischen Angreifer gehabt. Doch am 27. Juni griffen die Sowjets in Regimentsstärke erneut die inzwischen durch das I. Bataillon verstärkte Stellung des III. Bataillons an. Das Regiment 84 befand sich in einem schweren Abwehrkampf und erlitt wiederum hohe Verluste; denn die Sowjets kämpften, um mit aller Macht den Njemen – so nennt sich die Memel in russisch – zu überschreiten und einer Einkesselung zu entgehen.
Da die Lage im Bereich Grodno immer kritischer wurde, wurde die 256. Infanterie-Division rechts von der 8. Infanterie-Division zum Angriff in die Flanke der angreifenden Russen eingesetzt und dadurch der Druck auf Grodno und die dort kämpfenden Soldaten unseres Regiments gemildert. Dadurch konnte das Regiment am

28. Juni aus den Verteidigungsstellungen südlich Grodno nach Süden zum Angriff antreten. Die vordersten Teile erreichten die Höhen und den Waldrand südwestlich Gornica. Das Regiment 84 ging weiter ohne nennenswerten Widerstand auf Skidel vor, überschritt den Fluß Swisloz bei Litwinka und besetzte den Ort Litwinka, während die 8. Infanteriedivision sich im Vormarsch auf Indura befand.

Damit war Grodno nun fest in deutscher Hand! Alle Durchbruchsversuche der im Raum Bialystock eingekesselten sowjetischen Verbände waren, wenn auch unter hohen Verlusten, zurückgeschlagen.

Am 30. Juni marschierte das angeschlagene IR 84 hinter dem IR 38 in Richtung Molodetschno. Die erste Woche des Angriffs auf die Sowjetunion hatte nicht nur uns neue Lehren erteilt. Auch an anderen Fronten wurde hart gekämpft. Die Kriegshandlungen waren weder mit den Erfahrungen des Polenfeldzuges und erst recht nicht mit denen des Westfeldzuges zu vergleichen. Waren schon Vormarschstraßen, Wege und das unübersichtliche Gelände eine große Belastung für die kämpfende Truppe, so zeigte sich auch bald, daß die sowjetische Luftwaffe mit Bombenabwürfen Truppenbewegungen und -ansammlungen – vor allem auf Straßen und Brücken – erfolgreich angriff. Mehrere Bombentreffer im Bataillonsgefechtsstand brachten uns schon am zweiten Tag Ausfälle und Tote. Die große Überraschung aber war die Hartnäckigkeit und Sturheit, mit der die Sowjets ihre Angriffe vorantrugen. Ohne Rücksicht auf Maschinengewehre, Granatwerfer und Artillerie griffen die sowjetischen Infanterieeinheiten mit immer neuen Wellen an. Wäre bei Grodno nicht die Entlastung durch die Luftwaffe erfolgt, hätte der Feind sicher den Njemen nach Osten überschreiten können. Offensichtlich hatte man mit einem solchen fanatischen Ausbruchsversuch aus dem Kessel höheren Orts nicht gerechnet. Denn das ganze Kampfgeschehen in den letzten Junitagen um Grodno schien mehr als improvisiert. Wer erwartet hatte, daß die sowjetischen Soldaten in Scharen überlaufen oder sich, einmal eingekesselt oder umgangen, ergeben würden, sah sich bitter enttäuscht. Zum erstenmal war bei Grodno die ganze Grausamkeit der Kämpfe Mann gegen Mann, nächtlicher Einbrüche in

unsere Stellungen und die moralische Wirkung des Urrä-Geschreies angreifender sowjetischer Kompanien erkennbar geworden. Nach den Verlusten und Erfahrungen der ersten Tage bei Grodno war auch für die kommenden Kämpfe nichts Gutes zu erwarten. Der Ostfeldzug hatte sein wahres Gesicht gezeigt, und die Schrecken von Grodno saßen allen auch noch in den nächsten Wochen in den Gliedern, als in den ersten Julitagen der Marsch hinter den vorgepreschten Panzerdivisionen in Richtung Minsk begann. Sarkastisch bemerkte der eine oder andere, daß eigentlich die großen Gefangenenzahlen ausgeblieben wären. Hatte nicht ein Befehl vor Beginn des Rußlandfeldzuges dahingehend gelautet, daß mit großen Gefangenenzahlen in den ersten Tagen zu rechnen sei und daß daher den Gefangenen einige Feldküchen- und Verpflegungswagen belassen werden müßten, um einen Zusammenbruch der Versorgung der zu erwartenden russischen Kriegsgefangenen zu vermeiden? Aber nichts von alledem war eingetreten.
Wir hatten im Gegenteil in den ersten sieben Kampftagen höhere Ausfälle zu beklagen als im ganzen Frankreichfeldzug ein Jahr vorher.
Der Vormarsch in den ersten Julitagen in Richtung Molodetschno auf sandigen, nur zum Teil mit Kopfsteinpflaster befestigten Wegen mitten durch große Wälder brachte der Truppe große Strapazen. Denn das Wetter war sonnig, sehr heiß, die Staubentwicklung so schlimm, daß bald eine feine Staubschicht Mensch, Pferd und Gerät vollkommen verdeckte.
Am 7. 7. 1941 erreichte das Regiment Iveniec und schließlich Molodetschno, eine typisch polnisch-russische Kleinstadt mit vielen Holzhäusern, einigen wenigen Steinhäusern und einem großen, neuerbauten Kasernement. Hier waren die ersten drei Ruhetage eingeplant, in denen die Ausfälle bei Grodno durch Nachschub aus der Heimat ersetzt, die Kompanien wieder aufgefüllt und neues Gerät herangeschafft wurde. Diese drei Ruhetage in und um Molodetschno brachten uns alle zum Nachdenken. War nicht alles anders gelaufen, als manche es gehofft und manches so, wie andere es befürchtet hatten? Land und Leute brachten jeden Tag neue Eindrücke und Überraschungen. Die ersten unversehrten Ortschaften, die wir betraten, waren von Männern fast entvöl-

kert. Nur alte Männer mit biblisch anmutenden Bärten, Frauen mit ihren Kopftüchern und viele Kinder, die uns zum Teil auf der Straße mit Wasser und Obst empfingen, keinesfalls feindselig. In vielen Ortschaften kam der Dorfälteste, der »Starost«, mit buntgekleideten Mädchen und überreichte den einmarschierenden Soldaten Brot und Salz zum Zeichen der Unterwerfung. Ikonen in vielen Häusern, in anderen wiederum Stalin- und Leninbilder, in jedem Ort ein Konsum- oder Genossenschaftsladen, meistens durch die abziehenden russischen Truppen geplündert, keine Warenhäuser, keine Bauernhöfe, keine Gastwirtschaften, kein auch nur einigermaßen erkennbarer Wohlstand, sondern im Gegenteil Armut und noch einmal Armut. Die alten Männer trugen auch im Sommer ihre Schafspelze, das Fell nach außen, das Leder nach innen. Die Gesichter der Frauen und der älteren Männer waren verhärmt, nur die jungen Frauen von kraftstrotzender Vitalität, viele von ihnen schwanger. Die Kinder reagierten mit Lachen, wenn sie zähneputzende Soldaten sahen, denn offensichtlich war ihnen das Zähneputzen ebenso unbekannt wie die Schokolade, die unsere Soldaten ihnen gaben. Sie warfen sie weg, weil sie damit nichts anfangen konnten. Nur Brot, Zucker und Konservenbüchsen fanden dankbare Abnehmer.

Vor jedem Ort ein hölzerner Begrüßungsbogen, der offensichtlich von den Maifeiern noch stehengeblieben war und den kommunistischen Funktionären gegolten hatte. Überall kommunistische Transparente in kyrillischen Buchstaben, mit denen wir größtenteils nichts anfangen konnten. Aber das Wort Stalin kam immer wieder auf allen Plakaten und in allen Satzkombinationen vor. Heime für Komsomolzen, den kommunistischen Jugendverband der Sowjetunion, Kinderheime für die Pioniere, Ausbildungsstätten für Wehrsport in den Schulen und Kolchosen. Transparente und Holzwände voller Plakate im Sinne der kommunistischen Propaganda, Mädchen mit Ähren und Sicheln in bunten Trachten, Männer mit Hammer und Schlegel in der Faust, martialische Soldatengestalten, die mit dem roten Banner vorwärtsstürmten, und überall das hohe Lied des Traktoristen, der offensichtlich eine besondere Stellung auf den Kolchosen und in den Dörfern einnahm.

Stalin hatte eine ganze Woche geschwiegen. Sein Verhalten in den ersten 10 Tagen des deutschen Angriffs auf die Sowjetunion gab später den Anlaß zu vielen Deutungen der Historiker, auf die es bis heute nur Vermutungen als Antwort gibt. Denn obwohl Stalin immer wieder vor einem bevorstehenden deutschen Angriff gewarnt wurde, zuletzt sogar von Churchill, das genaue Datum und die Angriffsstunde erfahren hatte, schien er allen diesen Meldungen keinen Glauben zu schenken, oder tat er nur so?

Mir selbst erzählte einmal der spätere Verteidigungsminister Frankreichs, General Bilotte, Anfang der 60er Jahre, wie er im Frühjahr 1941 als französischer Major aus deutscher Kriegsgefangenschaft in Ostpreußen zu den Russen entfliehen konnte und welches Schicksal ihm dann in Moskau zuteil wurde. Von Dienststelle zu Dienststelle weitergereicht, hätte er immer wieder die Angriffsvorbereitungen, die Anlagen von Depots, schwerem Brükkengerät und die Massierung deutscher Verbände in Ostpreußen seinen sowjetischen Gesprächspartnern geschildert. Das Ergebnis seiner Warnungen sei schließlich gewesen, daß man ihn für Wochen in das Moskauer Gefängnis Lubjanka eingesperrt hätte. Erst nach dem Angriff der deutschen Wehrmacht sei ihm Genugtuung zuteil und er zu General de Gaulle nach England in Marsch gesetzt worden.

In einer Rundfunkrede am 3. Juli 1941 wandte sich Stalin an seine Genossen.

Schon auf dem Vormarsch hatten wir mehrfach Schallplatten mit Reden Stalins gefunden und sie abgehört. Die Stimme des Diktators im Kreml war ungewöhnlich tief, seine Aussprache ruhig. Der sonore Ton und die Art der Sprache hatten etwas Beruhigendes an sich. Schon die erste Rede und die folgenden Verlautbarungen hatten in der sowjetischen Bevölkerung etwas zuwege gebracht, was seitens der deutschen Führung nicht für möglich gehalten wurde: Ob überzeugter Kommunist oder Zweifler, vielleicht sogar Gegner des Systems, ob Weißrusse oder Ukrainer, Georgier oder Kaukasier – sie bildeten eine große nationale Schicksalsgemeinschaft, die sich nun für das »Mütterchen Rußland« zu schlagen bereit fand. Die Wortprägung vom »Großen vaterländischen Krieg« ist eine der genialsten Einfälle sowjetischer Kriegspropaganda gewesen. Denn unter diesem Oberbegriff fand der Internationalismus der kommunistischen Weltrevolution seine Entsprechung in einem russischen Nationalismus, der sogar zum Rückgriff auf die zaristischen Symbole, Uniformstücke und Orden führte. Wer geglaubt hatte, die ältere Generation würde nicht in gleichem Maße kämpfen wie die im Kommunismus groß gewordenen jüngeren Jahrgänge, wurde bitter enttäuscht. Alle Jahrgänge der Soldaten zeichneten sich durch außerordentliche Tapferkeit aus. Kämpften die Jungen zum Teil bis zur Selbstaufopferung, indem sie vor ihrer Gefangennahme eine Handgranate unter ihrer Brust abzogen, so fanden wir die älteren Reservisten tot in ihren Stellungen mit gefalteten Händen, ein Säckchen mit Heimaterde auf der Brust, damit sie nach altem Brauch in der Heimaterde ruhten, wenn sie fielen.

Diese Erkenntnis bestätigte manche Warnung, die unser Bataillonskommandeur schon in Ostpreußen ausgesprochen hatte. Nicht anders ging es mit den Ausfällen, die die Truppe aus den schlechten Wegen bei ihren erheblichen Marschleistungen bei großer Hitze und Staubentwicklung zu beklagen hatte. – Es war schwer, Trinkwasser zu finden, da alle Brunnen durch die zurückweichenden sowjetischen Truppen leergemacht oder zerstört waren. Das Tränken der Pferde machte oft große Schwierigkeiten, weil man erst mühevoll nach Bachgründen oder einem Flußlauf suchen mußte. Die Truppe durfte Wasser nur im abgekochten Zustand genießen, sei es als Kaffee oder Tee. Wo dieser Befehl nicht beachtet wurde, stellten sich bald böse Darmerkrankungen ein: Ruhr, Typhus und Fleckfieber forderten die ersten Opfer.

Um die Ausfälle durch Hitze und Staub zu verringern, aber auch wegen der hier und da erfolgten Tagesangriffe sowjetischer Flugzeuge auf die Marschkolonnen, wurde vom 14. Juli an nur noch nachts marschiert. Mitte Juli setzten endlich einige Gewitterregen ein und brachten am 17. Juli etwas Abkühlung und das ersehnte Regenwasser für Mensch und Pferd. Wir fingen es mit Zeltbahnen und Planen auf. Wasser wurde zu einer Kostbarkeit, und ein Bach oder Flußlauf, in dem man sich waschen, vielleicht sogar schwimmen und die Pferde tränken konnte, waren ein Geschenk des Himmels.

Die 8. Infanterie-Division marschierte nun auf Lepel über Beschenkowitschi in Richtung Witebsk ohne Feindberührung. Denn vor ihr war die 129. Infanterie-Division hinter der Panzergruppe 2 auf dem Vormarsch. Nur gelegentlich mußten Versprengte und von den Panzern überrollte Infanterie-Einheiten in den Waldstücken aufgespürt und niedergekämpft werden.
Das Gelände zwischen Minsk und Witebsk war waldreich, mit vielen Sümpfen durchzogen, nur wenige Straßen standen für den Vormarsch zur Verfügung. Es kam daher zu vielen Stauungen und Stockungen, die glücklicherweise durch die feindliche Luftwaffe unbeachtet blieben. Denn die Luftwaffe des Gegners griff mehr die auf Smolensk vorgestoßenen Panzerspitzen an als uns, die nachziehenden Infanterie-Divisionen. In Smolensk waren die Panzerspitzen bereits eingedrungen und hatten in harten Kämpfen einzelne Höhen der Stadt besetzt. Sowjetische Gegenangriffe hatten die eingedrungenen deutschen Panzerspitzen jedoch eingeschlossen und die Verbindungen und den Nachschub nach Smolensk unterbrochen. Daher wurde die Division südostwärts Witebsk zum Angriff auf den Einschließungsring bei Smolensk bereitgestellt. Am 24. Juli erfolgte der Angriff beiderseits der Straße Rudnja und Smolensk in Richtung Südosten auf Smolensk. In harten Kämpfen wurden die Waldgebiete gesäubert und das Sumpfgelände bei Rudnja umgangen. Der Widerstand der sowjetischen Truppen wurde immer heftiger, je näher der Angriff an Smolensk herangetragen wurde.
Offensichtlich waren frische Truppen, zum Teil Elite-Einheiten und Offiziersschulen in den Kampf um Smolensk geworfen worden, das unbedingt wieder zurückerobert werden sollte, möglichst unter Vernichtung der dort eingeschlossenen Panzerdivisionen.
Wir stießen auf verminte Wege und schwer besetzte Feldstellungen und hatten Mühe, am 25. 7. 1941 den Ort Rochol nach schwerem Feindwiderstand zu nehmen. Noch am Abend erreichte das Regiment das Flüßchen Udra, mußte jedoch den Angriff auf die Ortschaft Serubenki abbrechen. Erst als es dunkel wurde, gelang es, Serubenki einzunehmen.
Am 26. 7. Kampf um Tischino und die Feldstellungen bei dem Dorf Jermanki, die beide erst nach hartem Kampf genommen wurden.

Unsere Ausfälle waren groß, insbesondere durch das feindliche Artilleriefeuer, das aus 10,5-cm- und 15-cm-Geschützen mitten in den angreifenden Kompanien lag.
Die Verbindungen in den Waldstücken waren schwer aufrechtzuerhalten. Zur Nachbardivision, der 5. Infanterie-Division, klaffte eine Lücke, aus der feindliche Gegenangriffe uns schwer zu schaffen machten. Die Waldstücke bei Tischino wurden nur mit großen Mühen durchschritten. Zahlreiche Baum- und Minensperren mußten erst geräumt werden. Die harten Kämpfe steigerten sich, als am 28. 7. die 8. und 28. Infanterie-Division zum Angriff auf eine sowjetische Höhenstellung ostwärts des Dubrowenka-Abschnitts antraten. Die Sowjetrussen leisteten erbitterten Widerstand und hatten zahlreiche schwere Waffen im Umfeld von Smolensk, in dem unsere Panzereinheiten nach wie vor eingeschlossen waren. Eine Versorgung aus der Luft übernahmen JU-52-Transportmaschinen, die, im Tiefflug über die Wälder und Marschkolonnen hinwegziehend, Munitions- und Verpflegungsbomben über der schwer ringenden Panzertruppe in Smolensk abwarfen. Auch am 30. und 31. Juli, zwei heißen Tagen mit glühender Sonne, stand die Division in hartem Angriff in Richtung Smolensk. Schweres Artilleriefeuer und erbitterter Widerstand führten zu großen Verlusten in unseren Reihen. Die Sowjets griffen aus Richtung Smolensk mit Panzern an. Ein Volltreffer im Regimentsgefechtsstand tötete den Ordonnanz-Offizier und verwundete Hauptmann Strobl so schwer, daß er noch auf dem Hauptverbandsplatz starb.
Das Gelände, mit Waldstücken und lichten Anhöhen durchsetzt, bot den Sowjets gute Verteidigungsmöglichkeiten und erschwerte unseren Angriff. Hinzu kam, daß die sowjetischen Soldaten eine Meisterschaft im Anlegen von Feldbefestigungen, Panzerdekkungslöchern und in der Tarnung entwickelten. Während unsere Soldaten oft zu bequem waren, um sich sofort einzugraben und das Schanzzeug ohnehin im Angriff weniger benutzt werden konnte als bei der Verteidigung, wo man mehr Zeit hat, sich einzugraben und festzusetzen, benutzten die sowjetischen Soldaten jede Gelegenheit, um sich tief einzugraben und gut zu tarnen. Sie waren daher schwer auszumachen und manches Feindnest konnte nur auf kürzeste Entfernung erkannt und bekämpft wer-

den. Unsere Ausfälle waren dementsprechend hoch, besonders an Offizieren und Unteroffizieren.
Schon in den ersten drei Wochen hatte die 8. Infanterie-Division hohe Verluste zu beklagen:
9 Offiziere waren gefallen, 17 verwundet
110 Unteroffiziere und Soldaten waren gefallen,
407 verwundet und 16 vermißt.
Am 1. 8. 1941 griff das IR 84 bei Kurdynowa an und nahm den Abschnitt trotz erbitterten Widerstandes der Russen. Am nächsten Tag wurde der Angriff beiderseits der Poststraße fortgesetzt und der Fluß Wopez erreicht, der Ort Hermatschki genommen. Es bahnte sich auch am Dnjepr eine Kesselschlacht an, da jenseits des Dnjepr die 17. Panzer-Division stand und die 8. Infanterie-Division den Feind in Richtung der Panzer-Division drückte.
Der Feindwiderstand wurde geringer. Die Zahl der Gefangenen wuchs, erste Auflösungserscheinungen der im Kessel eingeschlossenen sowjetischen Truppen wurden erkennbar. Am 3. 8. erreichte, immer noch hart kämpfend, das IR 84 Watschkowo und Potschinok südostwärts Smolensk. Feindliche Fahrzeugkolonnen versuchten von Marewo nach Norden auszubrechen und erlitten in direktem Beschuß durch Artillerie und Flak große Verluste.
Am 4. 8. erreichte schließlich das Regiment 84 die Höhe zwischen Fedurno und Marewo und schloß mit der 129. Infanterie-Division einen Kessel. Das Sumpfgelände wurde durchkämmt und Tausende von Gefangenen gemacht. Einzelne sowjetische Einheiten wehrten sich erbittert und gaben dem Selbstmord den Vorzug vor der Gefangennahme. Es kam zu harten Nahkämpfen in den Büschen und Waldstücken der Dnjepr-Niederung. Allein am 4. 8. fielen in der 8. Infanterie-Division: 3 Offiziere und 64 Unteroffiziere und Mannschaften. 23 Unteroffiziere und Mannschaften wurden vermißt. Verwundet wurden 7 Offiziere und 45 Unteroffiziere und Mannschaften.
Feindliche Kolonnen versuchten immer wieder in Richtung Dnjepr auszubrechen, wo offensichtlich Übergangsstellungen zur Flucht nach dem Osten noch offen standen. Der Einschließungsring der 17. Panzer-Division schien nicht so dicht zu sein, wie man annahm. Besonders in den Nächten gelang es Tausenden sowjeti-

scher Soldaten, aus dem Kessel in Richtung Osten zu entkommen. Das zurückgelassene Gerät, Lastwagen und Geschütze, aber auch zahlreiche Panzer, waren unübersehbar.

Am 5. 8. 1941 war die Schlacht um Smolensk beendet und die Aufräumung des Kessels in vollem Gange. Nur einzelne Widerstandsnester und versprengte Reste russischer Truppen führten noch zu örtlichen Kampfhandlungen. Viele russische Soldaten versteckten sich in Kellern und Häusern, zogen sich Zivilkleidung an und tarnten sich als Kolchosarbeiter auf den Feldern oder in den Häusern.

Die 8. Infanterie-Division war bis in die Gegend Fedurno-Maschkino vorgedrungen. Die 129. Infanterie-Division war auf der Poststraße nach Süden vorgestoßen.

Am 5. und 6. August 1941 übernahm die 8. Infanterie-Division den Dnjepr- und Wopj-Abschnitt von der 7. Panzer-Division und der 30. motorisierten Infanterie-Division. In diesem sumpfigen, dichtbewachsenen und bewaldeten Gelände am Fluß Wopj wurde links das IR 84 und rechts zum Dnjepr hin das IR 38 in Verteidigungsstellungen gebracht, um das erreichte Gelände vor Smolensk gegen Osten abzusichern. Beim Gegner war offensichtlich eine Verteidigungsstellung auf dem anderen Ufer des Wopj und Dnjepr bereits so gut wie ausgebaut, daß überfallartiges Artillerie- und Granatwerferfeuer der Sowjets im ganzen Gefechtsabschnitt die Ablösung sehr erschwerte. Die Sowjets sparten nicht mit Munition. Ihr Nachschub aus der Gegend Moskau und Wjasma schien sehr gut zu funktionieren. Wir zählten täglich bis zu 60 Feuerüberfälle, mit denen insbesondere die Höhen im rückwärtigen Gelände des Wopj und Dnjepr eingedeckt wurden. Aber auch das sumpfige Wald- und Kusselgelände unmittelbar an beiden Flüssen verzeichnete viele Granatwerfer-Überfälle, die immer wieder zu Verlusten führten, besonders in den frühen Morgenstunden, wenn die Soldaten sich aus ihren behelfsmäßigen Unterständen und Stellungen erhoben, um sich zu waschen und zu rasieren und am Abend, wenn die Verpflegung und der Munitionsnachschub in die vorderen Linien gebracht wurde.

Auf den Höhen ostwärts des Dnjepr auf der Poststraße nach Dorogobusch hatten die Sowjets gute Einsicht in das von uns

besetzte Gelände. Überdies mußten sie auch über gute Luftbilder der hier ausgebauten deutschen Behelfsstellungen verfügen. Anders waren die zahlreichen Einschläge auch bei unserem Bataillonsgefechtsstand und sogar im Bereich der Verpflegungsausgabestellen und der Anmarschwege nicht zu erklären.
Besonders bösartig empfanden unsere Soldaten die Granatwerferüberfälle am Morgen auf ihren Latrinen. Bei der Hitze des Sommers war es notwendig, immer wieder neue Gruben auszuheben, sie zu tarnen und mit Chlorkalk zu desinfizieren, um Seuchen zu vermeiden. Immer wenn morgens zahlreiche Soldaten auf dem im Landserdeutsch »Donnerbalken« genannten behelfsmäßigen Klosett saßen, setzten die Granatwerfer- und Feuerüberfälle ein, so daß sogar Tote und Verwundete zu beklagen waren, und mancher, um sich vor dem Einschlag zu retten, sogar in die Abfallgrube sprang – eine nicht gerade erfreuliche Rettungsaktion. Aber was blieb einem übrig, wenn man nicht von Splittern zerfetzt werden wollte!
In diesen Tagen wurde jener sarkastische Ausspruch geboren, der noch Wochen die Runde machte und den tatsächlichen Verhältnissen entsprach: »In diesem verdammten Land gibt es weder etwas zu fressen, noch kann man in Ruhe scheißen!«
Der Vormarsch im Mittelabschnitt der Ostfront und die harten Kämpfe um Smolensk ähnelten in vielem den Erfahrungen, die schon Napoleon 1812 auf dem Vormarsch nach Smolensk gemacht hatte.
Der August 1941 brachte eine erhebliche Verschlechterung des Wetters. Viele Regenschauer und kalte Winde belasteten die im Sumpfgelände liegenden Soldaten, so daß die Kompanien alle fünf Tage herausgelöst und in einem rückwärtigen Dorf zur Auffüllung und Aufbesserung der Stimmung vorübergehend zurückgenommen wurden. Der Austausch der vorderen Kompanien vollzog sich nur nachts, da bei Tage jede Bewegung im rückwärtigen Gelände, insbesondere auf den Höhen, sofort mit Artillerie-Feuerüberfällen belegt wurde.
Nach einigen Wochen verhältnismäßiger Ruhe in diesem Abschnitt – wenn man von den ständigen Artillerie- und Granatwerferüberfällen absah – wurde das Infanterie-Regiment 84 erneut einer harten Prüfung unterworfen.

An einem von Gewitter- und Regenschauern erfüllten Tage wurde das Regiment am Nachmittag mit 40 Lastwagen aus dem Raum ostwärts Smolensk in Richtung Autobahn bei Jarzewo nordöstlich von Smolensk in Marsch gesetzt und dort der 161. Infanterie-Division unterstellt. Hier hatten Feindangriffe der Roten Armee im Raum Duchowschtschina schwere Einbrüche in die Stellung der 161. Infanterie-Division erzielt. Das Infanterieregiment 371 war zurückgeworfen worden, die Artillerie-Abteilung in diesem Bereich hatte alle Geschütze verloren. Auf dem ganzen Abschnitt an dem Flüßchen Lojna lag schweres feindliches Artilleriefeuer. Das Gelände war überdies durch kleine Flußläufe eingeschnitten und bot mit zahlreichen Waldstücken und Schluchten der Roten Armee gute Angriffsmöglichkeiten.
Die Sowjets griffen mit Panzern und starken Infanterieverbänden so nachhaltig an, daß die 161. Infanterie-Division wegen schwerer Verluste herausgezogen und durch die 14. motorisierte Infanterie-Division abgelöst werden mußte.
Am 22., 23. und 24. August 1941 entstand auch bei den beiden Infanterie-Bataillonen unseres Regiments eine dramatische Lage. Zwar hatten wir schon am 20. und 21. August den russischen Angriff, wenn auch mit erheblichen eigenen Verlusten, aufhalten können und mit Nahkampfmitteln zahlreiche Panzer erledigt. Als jedoch die Russen durch Nachtangriffe mit starken Kräften erneut einbrechen konnten, traten auch bei uns Krisen ein. Zum Teil im Nahkampf wurde Stützpunkt für Stützpunkt wieder genommen, aber in der folgenden Nacht erneut an die Russen, die mit Urrä-Geschrei in unsere Stellungen einbrachen, verloren.
Mit Hilfe von Einheiten der 7. Panzer-Division gelang es schließlich am 26.8., die alte Hauptkampflinie wiederherzustellen, die Gefallenen zu bergen und die Lage in diesem gefährdeten Bereich wieder zu stabilisieren.
Das II. und III. Bataillon des IR 84 – das I. war in Stellungen am Wopj verblieben – und der Regimentsstab wurden am 27. 8. wieder herausgelöst. Die Gefechtsstärke der Infanterie-Kompanien war von 150 Mann auf 45 Mann herabgesunken. Es waren die schwersten Verluste, die das Regiment seit den Kämpfen bei Grodno erlitten hatte. Daher erfolgte erneut mit Lastwagen der

Rücktransport aus dem Raume Kulagin in Richtung Poststraße ostwärts Smolensk.
Unser III. Bataillon wurde in das Dorf Leschenki zur Auffüllung verlegt, das II. Bataillon nach Lichoskoje, wo auch der Regimentsstab sich einquartierte.
Als Oberst Großmann mit seinem Regimentsadjutanten die Lastwagen entlangging, auf denen die Reste seiner beiden Bataillone nach dieser mörderischen Woche verladen wurden, sah ich erstmals Tränen in seinem übermüdeten Gesicht, das unter dem Stahlhelm grau und verfallen war. Wir alle müssen wie er nicht nur abgekämpft, sondern verwildert und dem Ende nahe ausgesehen haben. Hatten wir doch sieben Tage uns weder waschen noch rasieren können, kaum Schlaf gefunden und eine ganze Woche fast ununterbrochen im mörderischen Kampf verbracht, mal einige Höhen verloren und wieder zurückerobert, sie wieder verloren und mit Panzerunterstützung erneut genommen, bis endlich nach einer Woche der Russe offensichtlich ebenso erschöpft war wie wir. Denn auch er setzte die Angriffe am Lojna-Abschnitt nicht mehr fort.
Wir bezogen wieder abwechselnd die Stellungen ostwärts Smolensk an Dnjepr und Wopj, weiter unter Sumpf und Regen, Kälte und den ständigen Feuerüberfällen leidend. In den ersten Septembertagen steigerte sich das Artilleriefeuer. Die Sowjets versuchten, in Gegenangriffen die deutschen Stellungen zu überrennen. Die 8. Infanterie-Division meldete am 3. 9. 1941 an das VIII. Armeekorps: »Der Feind hat am 3. 9. 41 wieder mit starken Kräften angegriffen. Wieder ist es gelungen, seine Angriffe im zusammengefaßten Feuer vor der H.K.L. zusammenzuschießen. An einzelnen Stellen erzielte der Feind geringe Einbrüche, die augenblicklich im Gegenstoß zurückgeworfen werden konnten. Die Erfolge des Feindes waren dadurch möglich, daß die dünne Verteidigungslinie, die keinerlei Tiefe aufweist, durch das starke, zusammengefaßte Artilleriefeuer durch Volltreffer in einzelne Widerstandsnester Lücken aufwies, die nicht durch Truppen gedeckt werden konnten. Die Regimenter waren gezwungen, ausgefallene Waffen sofort aus ihrer Reserve zu ersetzen. Dem Nachschub an Waffen kommt daher besondere Bedeutung zu. Die Führung muß sich darüber

klar sein, daß in der Truppe ein beträchtliches Fehl sowohl an Personal als auch an Material besteht.
Im Abschnitt der 8. I.D. ist der Zustand erreicht, daß nun nichts mehr aus der Front herausgezogen werden kann. Bei anhaltenden Feindangriffen in der bisherigen Stärke kann die Lage im Abschnitt der Division bald sehr kritisch werden!«
In dieser im Kriegstagebuch der 8. Inf.-Division festgehaltenen Meldung wird ungeschminkt die schwierige Lage dargestellt, die sich auch in der Stimmung der Truppe breitmachte. Als Konsequenz wurde am 6. 9. 1941 das IR 84 aus der Stellung abgelöst und durch die 162. Inf.-Division ersetzt. Das schwer angeschlagene IR 84 hatte einige Tage Ruhe und konnte personell und materiell wieder aufgefüllt werden.
Ein Tagesbefehl der 8. Infanterie-Division vom 7. 9. 41 stellte fest: »8. I.D. hat trotz großer Breite ihres Abschnitts die H.K.L. im ganzen Verlauf gegen alle feindlichen Angriffe gehalten. Die Division hat damit einen großen Abwehrerfolg erzielt. Die Division setzt die Verteidigung in dem durch Einschieben der 162. I.D. verkleinerten Abschnitt mit I.R. 28 rechts, I.R. 38 links in der bisherigen H.K.L. fort. Es ist beabsichtigt, je nach Feindlage, die Regimenter für mehrere Tage in Ruhestellung zu setzen.«
Gottlob besserte sich auch Mitte September das Wetter. Die Tage waren sonnig und warm. Nachts kühlte es stark ab. Auf einen sternenklaren Himmel folgte morgens, besonders in den Flußniederungen und auf den Sumpfwiesen, dichter Nebel.

2.
Vor Moskau

Die Ungeduld der 8. schlesischen Division, die immer noch wegen des Grundwassers in nicht ausbaufähigen Feldstellungen in der Wopj- und Dnjepr-Niederung festlag, wurde größer, die Stimmung immer schlechter. »Warum geht es nicht weiter?« fragten die Soldaten ihre Unteroffiziere und Offiziere. Lagen nicht Wjasma und Moskau als nächste Angriffsziele vor uns auf dem Präsentierteller? Warum wurde die Zeit nicht genutzt, die bis zu den ersten Frösten und dem Einbruch des russischen Winters noch übrigblieb?
Es waren nur noch wenige Wochen, in denen man mit einigermaßen gutem Angriffswetter rechnen konnte. Statt dessen waren aus dem Mittelabschnitt immer mehr Panzerverbände und schwere Waffen abgezogen worden. Es sah jedenfalls im August und September nicht nach einem Angriff auf Moskau aus.
In dieser Situation entschloß sich der Bataillonskommandeur, zum Divisionsgefechtsstand zu fahren; kannte er doch aus der Zeit von 1940 vor der Übernahme des Bataillons eine Anzahl von Offizieren der Division, auch den Divisionskommandeur Generalmajor Gustav Höhne, der General Koch-Erpach gefolgt war. Um auch äußerlich seinen demonstrativen Protest gegen die scheinbare Vernachlässigung der Truppe Ausdruck zu geben, legte Dr. Pier alle Orden ab. So mußte er sich von Generalmajor Höhne rügend fragen lassen, warum er denn »nackt« vor seinem Divisionskommandeur erscheine? Dr. Pier, den aus vergangenen Jahren ein freundschaftliches Verhältnis zu Generalmajor Höhne verband, einem jovialen Endvierziger, der vorher Kommandeur des Oppelner IR 28 war, machte seinem Ärger Luft: »Wo soll die Truppe überwintern, wo werden die festen Winterstellungen ausgebaut, wann ist mit Winterbekleidung zu rechnen? Macht man sich über den russischen Winter jene falschen Vorstellungen, denen schon Napoleon zum Opfer fiel? Oder hat man vor, rechtzeitig vorzusorgen? Bisher läßt nichts darauf schließen, daß man sich höheren

Orts der Verantwortung für die anvertraute Truppe angesichts des russischen Winters bewußt ist, Herr General!«
Die Fragen und Vorwürfe hätten, so berichtete mir Dr. Pier nach seiner Rückkehr, Eindruck auf General Höhne gemacht. Er wurde ebenso offen, und es kam folgendes heraus:
Das Oberkommando des Heeres hatte bereits am 21. 8. 1941 eine Führeranweisung erhalten, in der es hieß: »Der Vorschlag des Heeres für die Fortführung der Operation im Osten vom 18. 8. stimmt mit meinen Absichten *nicht* überein. Ich befehle folgendes: Das wichtigste, noch vor Einbruch des Winters zu erreichende Ziel ist nicht die Einnahme von Moskau, sondern die Wegnahme der Krim, des Industrie- und Kohlengebietes am Donez und die Abschnürung der russischen Ölzufuhr aus dem Kaukasusraum, im Norden die Abschließung Leningrads und die Vereinigung mit den Finnen.«
Damit war eine schwerwiegende Entscheidung gegen den Ratschlag des Generalstabs des Heeres getroffen. Jetzt war auch klar, warum die Heeresgruppe Mitte zwei volle Monate vor Wjasma und Moskau liegengeblieben war. Diese Fehlentscheidung sollte sich wenige Monate später bitter rächen und fast zur Wiederholung der Tragödie von 1812 führen.
Denn in den Monaten August und September hätte, trotz des schlechten Wetters und trotz der großen Ausfälle und Verluste, bei entsprechendem Nachschub an Personal, Waffen und Gerät der Angriff auf Wjasma und Moskau fortgesetzt werden können. Der Angriffsschwung der Truppe hätte sich angesichts des zu erobernden Zieles erneut bewiesen. Eine Einschließung Moskaus wäre bis Mitte Oktober sehr wahrscheinlich gewesen, wenn man die Möglichkeiten im August und September mit den Schwierigkeiten vergleicht, die später im November und Dezember vor Moskau über die angreifenden deutschen Verbände hereingebrochen sind.
Im übrigen, so erklärte Dr. Pier nach dem Gespräch mit dem Divisionskommandeur Generalmajor Höhne, jeder Gedanke an eine Winterstellung und an eine Ausrüstung der Truppe mit Winterbekleidung sei geradezu sträflicher Defätismus und kriegsgerichtswürdig! Denn nach der Meinung des Oberkommandos, einschließlich des Führerhauptquartiers, werde der Ostfeldzug bis

zum Einbruch des Winters siegreich beendet sein. Die Überlegungen über Winterstellungen und einen Winterkrieg seien daher geradezu absurd!
Wir vorn in den Stellungen, die wir den Kampfgeist und den Kampfwert der Russen genauer kannten, waren schon in den Septembertagen anderer Meinung. Natürlich kämpften die Russen mit unterschiedlicher Tapferkeit. Auch zwischen den einzelnen Truppenverbänden gab es erhebliche Leistungsunterschiede. Im allgemeinen pflegten die jungen Soldaten der Roten Armee, ihre Offiziere und Unteroffiziere, tapfer zu kämpfen, auch wenn sie eingeschlossen waren. Die Zahl der Gefangenen war bei diesen Personengruppen verhältnismäßig gering, die Ausfälle an Toten und Verwundeten um so größer.
Anders sah es bei den Reservisten und älteren Jahrgängen der Roten Armee aus. Hier kam es gelegentlich zur raschen Gefangennahme, zum Überlaufen und zur schnelleren Aufgabe des Kampfes durch ganze Verbände, nachdem die Offiziere und Unteroffiziere gefallen oder verwundet waren.
Angesichts der kurzen Nachschublinie aus dem Raume Moskau verfügte die Rote Armee nicht nur über Unmengen von Waffen und Munition – wir hatten in den Wochen des August und September in den Verteidigungsstellungen am Wopj und Dnjepr damit genügend Erfahrungen gemacht – auch das Heranführen neuer und frischer Verbände war für die Rote Armee wesentlich leichter als für die Wehrmacht aus der Tiefe des Raumes von 1500 km bis zur Reichsgrenze.
Zudem hofften wir, daß die Einschließung und sogar die Eroberung Moskaus eine gleiche politisch-psychologische Wirkung haben könnte wie im Jahre vorher der Fall von Paris auf den Widerstandswillen der französischen Armee. Sicher, wir gaben uns keinen Illusionen hin, daß mit der Einnahme Moskaus der Krieg beendet sein würde. Auch hinter Moskau war Rußland die große Unbekannte bis zum Ural, ganz zu schweigen von den Überraschungen, die aus der Tiefe des sibirischen Raumes noch zu befürchten waren.
Es ging daher geradezu ein Aufatmen durch die Truppe, als es sich herumsprach, daß am 20. September 1941 die Abwehrstellungen

an Dnjepr und Wopj geräumt, die 8. Infanterie-Division herausgelöst und durch die 86. Infanterie-Division ersetzt werden würde. In drei Nachtmärschen ging es in die Gegend Duchowschtschina nordostwärts Smolensk. Dort sollte die Division für den Angriff der 9. Armee in Richtung Wjasma bereitgestellt werden. Der Auftrag der Division lautete: Mit den verstärkten Infanterie-Regimentern 28 rechts und 38 links antretend, mit scharf zusammengefaßten Kräften den vor ihrer Front befindlichen Feind anzugreifen und bis in die Gegend Schuklino durchzubrechen. Die Division sollte dann den Übergang über den Wopj erzwingen, auf den Höhen von Nowosjolki einen Brückenkopf bilden und in südostwärtiger Richtung weiter angreifen. Als Angriffsbeginn war gemeinsam mit der Panzergruppe 3 der 2. Oktober 1941, 6.00 Uhr morgens befohlen – ein neues Kapitel der Angriffshandlungen im Mittelabschnitt der Ostfront war aufgeschlagen.
Die Verlustzahlen der 8. Infanterie-Division betrugen vom Angriffsbeginn am 22. 6. 1941 bis zur Beendigung der Abwehrkämpfe Mitte September 1941 an Dnjepr und Wopj ostwärts Smolensk:

26 Offiziere gefallen, 89 verwundet
646 Unteroffiziere und Soldaten gefallen
2136 verwundet

Das heißt im Klartext, ein ganzes kriegsstarkes Bataillon war gefallen, ein ganzes Regiment verwundet!
Wie sehr bis zu diesem Zeitpunkt auch die Panzer- und motorisierten Truppen verschlissen waren, erhellt folgende Geheimmeldung an das Oberkommando des Heeres, die erst später bekannt wurde:

Die deutschen Totalverluste betrugen bei der Panzergruppe I und AOK 6 – 23%
bei der Panzergruppe 3 – 34%
bei der Panzergruppe 4 – 19%
und beim AOK 16 – 48%

das heißt, 7o2 Panzer oder 30 % waren seit Angriffsbeginn auf die Sowjetunion als Totalausfälle zu beklagen. Gleichzeitig befanden sich 1100 Panzer in der Instandsetzung, da sie wegen Überbeanspruchung oder teilweiser Beschädigung im Gefecht nicht mehr einsatzfähig waren. Auch diese Zahlen bestätigen, wie sehr

Truppe und Material in den ersten drei Monaten des Ostfeldzuges überbeansprucht wurden.
Es war ein kühler, aber sonniger Oktobermorgen, als am 2. 10. 1941 noch bei Morgendämmerung die Angriffsmaschinerie der Wehrmacht sich nördlich und südlich von Smolensk in Bewegung setzte. Nördlich die Panzergruppe 3 mit drei Armeekorps, südlich der Rollbahn die Panzergruppe 4 mit vier Armeekorps bis in die Gegend Roslawl. Die nördlichen Panzerkorps waren in der 9. Armee, die südlichen in der 4. Armee zusammengefaßt, alles zusammen bildete die Heeresgruppe Mitte unter Generalfeldmarschall Fedor von Bock. Gegenüber der deutschen Angriffsgruppierung waren die 30., die 19., die 24., die 41. und die 43. russische Armee festgestellt. Gleichzeitig mit der Offensive der 9. und 4. Armee gegen den Raum Wjasma trat die 2. Armee mit der Panzergruppe 2 aus dem Raum Gluchow nach Norden in Richtung Brjansk und Orel gegen Nordosten an.
In unserem überschaubaren Bereich leitete ein schwerer Artillerieüberfall auf die durch Luftbilder und Erdbeobachtungen erkannten russischen Erdbefestigungen und Stellungen den Angriff ein, der verheerende Wirkung zeigte. Das Feuer lag genau auf den russischen Stellungen und Erdbunkern, so daß die vorgehende Infanterie, durch Sturmgeschütze unterstützt, sofort im ersten Ansturm in die feindlichen Stellungen einbrach. Die Überraschung war gelungen.
Das IR 84 war zunächst Divisionsreserve und folgte den beiden angreifenden Regimentern, indem es Waldstücke und Sumpfniederungen durchkämmte, die von den beiden angreifenden Infanterieregimentern ausgespart waren. Am Abend des ersten Angriffstages war die gesamte sowjetische Front, sowohl im Raum beiderseits der Rollbahn wie im südlichen Teil der Heeresgruppe Mitte, in Richtung Brjansk und Orel durchbrochen. Das Vorgehen am nächsten Tag wurde durch zahlreiche Minenfelder erschwert. Auch setzte nunmehr schweres Artilleriefeuer des Gegners ein, nicht nur auf die vorgehenden Infanteriekompanien, sondern auch rückwärts auf Gefechtsstände, Artilleriestellungen und Nachschubwege. Das Infanterieregiment 84 wurde am 4. Oktober auf dem linken Flügel der Division eingesetzt. Gegen schwachen

Feindwiderstand erreichte das Regiment den Kamenkabach. Wir hatten auch am 5. Oktober nur geringen Feindwiderstand, als wir zusammen mit dem Infanterieregiment 83, unserem linken Nachbarn, weiter auf dem Wege den Fluß Wedossa erreichten. Am 7. Oktober überschritten wir mit beiden Bataillonen des IR 84 den Wopez, einen etwa 50 m breiten Fluß mit steil abfallenden Ufern auf beiden Seiten.
Mit Schlauchbooten übergesetzt, errichtete das Regiment am Nachmittag auf den Höhen ostwärts des Wopez einen Brückenkopf. Gleichzeitig erreichte uns die Nachricht, daß die vorgehenden Panzertruppen bei Wjasma einen Einschließungsring um die sowjetische Heeresgruppe Timoschenko geschlossen hätten und die Aufgabe der vorgehenden Divisionen der Infanterie die Niederkämpfung und Gefangennahme der im Kessel eingeschlossenen sowjetischen Divisionen wäre. Das IR 84 sollte weiter bis zum Dnjepr vorstoßen, den Dnjepr überschreiten und die Ortschaften Feschino und Krjukowa besetzen. Da die Luftaufklärung ergeben hatte, daß der Feind die Dnjepr-Stellungen geräumt hatte, fanden wir beide Ortschaften feindfrei vor. Der Dnjepr wurde mit Schlauchbooten schnell überquert, er hatte hier nur eine Breite von etwa 50 m. Pioniere räumten am Ostufer zahlreiche Minen.
Wir wurden Augenzeugen eines tragischen Unfalls. Ein Pionier-Unteroffizier stapelte Mine für Mine, die er geräumt hatte, aufeinander, ohne dabei zu bedenken, daß die untersten durch das Gewicht der oberen den ganzen Stapel zur Explosion bringen mußten. Als er die zehnte oder zwölfte Mine aufgelegt hatte, zerriß eine gewaltige Detonation am Ostufer die Stelle des Übersetzens der Infanterie-Kompanien. Der ganze Minenstapel war mitsamt dem Pionier-Unteroffizier in die Luft gegangen. Wir fanden nur noch Uniformstücke!
Die Feindstellungen am Ostufer des Dnjepr und in den Ortschaften waren schon für den Winter ausgebaut. Wir fanden tiefe Laufgräben mit starken Befestigungen ebenso wie zahlreiche aus Baumstämmen gebaute, mit einer etwa 1 m dicken Erdschicht bedeckte Unterstände. Sogar Unterstände in Saalgröße von 10 × 25 m waren mit allen erdenklichen Winterausrüstungen, wie Öfen, Liegen, Tischen und Bänken von Zimmerleuten und Pionie-

ren hergerichtet worden. Hier hatte die sowjetische Truppe vor, in einer festen Stellung den Winter abzuwarten.
Unsere Pioniere waren über die hervorragende Erd- und Stützarbeit der russischen Pioniere erstaunt. Es waren Meisterleistungen nicht nur mühseliger Erdarbeiten und Abstützungen, sondern auch einer guten Tarnung gegen Erd- und Fliegersicht. Hierfür waren viele Arbeitsstunden von Tausenden von Soldaten aufgewandt worden, die sich nunmehr als nutzlos erwiesen. Denn die dort eingesetzten Truppen wollten sich vor der Einschließung retten und die Wajsma nach Osten überschreiten.
Das Wetter, bis dahin klar und sonnig, mit allerdings sehr kalten Nächten, so daß Rauhreif frühmorgens die Wiesen und Waldränder bedeckte, hatte sich am 9. Oktober verändert. Es regnete stark, die Temperaturen sanken bis um null Grad.
Am 10. Oktober erreichte das Regiment Nikolino. Wir stellten fest, daß das Ostufer der Wjasma feindbesetzt war, die Brücke über die Wjasma war unzerstört. Auch das Nachbarregiment 28 machte die Beobachtung, daß auch in seinem Abschnitt der Ort Uljanowo am Ostufer der Wjasma feindbesetzt war.
Die Division erhielt den Befehl, das Ostufer der Wjasma anzugreifen und in die feindlichen Stellungen einzubrechen.
Die Kämpfe waren schwer! In dem grundlos aufgeweichten Boden und bei dem naßkalten Wetter hatten die angreifenden Kompanien es wesentlich schwerer als die Sowjets, die in den ausgebauten Stellungen und in den Ortschaften alle Vorteile des Verteidigers besaßen.
Am Abend des 11. Oktober hatten wir mit erheblichen Verlusten, unterstützt von starker Artillerie und von Sturmgeschützen, die feindlichen Stellungen genommen. Unsere Ausfälle waren hoch. Ohne die Unterstützung durch Sturmgeschütze und einzelner Angriffe von Sturzkampfbombern wäre es schwer gewesen, die einzelnen Dörfer zu nehmen.
Am 12. Oktober gelang es, ebenfalls dank starker Unterstützung durch Sturmgeschütze und nach einigen Fliegerangriffen der Stukas, zunächst den Ort Buchamowo zu nehmen und am Nachmittag das Dorf Tschichowa.
Die Zahl der Gefangenen wurde immer größer. Man merkte, daß

die sowjetischen Divisionen auf immer engerem Raum im Kessel zusammengedrängt wurden. Das Verhalten der sowjetischen Soldaten war sehr unterschiedlich. Während einzelne Einheiten sich erbittert wehrten, zum Teil auch höhere Stäbe, und nur unter schweren Verlusten durch die Sturmgeschütze und im Nahkampf niedergekämpft werden konnten, erhoben sich wenige hundert Meter weiter ganze Kompanien der Russen und ergaben sich den deutschen Angreifern. Offensichtlich hatten einzelne Stäbe und Elite-Einheiten die Absicht, keinesfalls in Gefangenschaft zu gehen, sondern sich entweder so zu tarnen, daß sie überrollt wurden und nachts eine Chance des Ausbruchs hatten, oder lieber den Tod zu erleiden, als sich zu ergeben.
Darum fanden am 13. und 14. Oktober schwere Kämpfe im Raum des Regiments 84 bei Gornewa – auf der Höhe 268 nordostwärts Rossnewa statt. Am Nachmittag hatten unsere vorgehenden Kompanien Sichtverbindung mit den deutschen Panzertruppen und dem Einschließungsring auf dem Ostufer der Nebrja. Es setzten starker Regen und Schneetreiben ein, und es wurde schwer, in der Dunkelheit Freund und Feind zu unterscheiden. So kam es vor, daß russische Wagenkolonnen parallel zu unseren vorgehenden Kompanien in Richtung Osten marschierten, einzelne Waldstücke hinter uns zurückgelassen wurden, in denen sich noch Hunderte von bewaffneten Russen aufhielten, in einzelnen Schluchten waren es sogar Tausende bewaffneter Russen, deren Kampfwert allerdings mit zunehmender Enge des Kessels und der naßkalten Witterung erheblich nachgelassen hatte.
Am Abend des 14. Oktober in der Dämmerung entwickelte sich plötzlich in der eigenen Vormarschkolonne unseres Bataillons eine Schießerei. Ein Melder stürzte in den Bataillonsgefechtsstand, der sich in einer Holzhütte befand: »Russische Autos sind in unserer Kolonne!« Ich stürzte mit Dr. Pier heraus und sah einige mit großen roten Kreuzen gekennzeichnete Wagen, aus denen das Mündungsfeuer von Maschinenpistolen blitzte. Die eigenen Truppen hatten diese Lastwagen mit dem Roten Kreuz eingekreist, und es war schwierig, Verluste durch die eigene Truppe zu vermeiden. Ich schrie daher: »Feuer einstellen, Feuer stoppen, aufhören zu schießen!«

Es gelang durch das Gebrüll und Abschießen einiger Leuchtkugeln. Als wir uns den Rotkreuz-Lkws vorsichtig näherten und feststellten, daß sich in den Lastwagen bewaffnete Russen verborgen hielten, eröffneten wir natürlich erneut, diesmal aber von der Seite, das Feuer. Da erschütterten mehrere Detonationen die in unserer Kolonne stehenden Lastwagen und Rotkreuz-Wagen.
Als wir die einzelnen Wagen untersuchten, bot sich uns ein grauenhaftes Bild. In jedem der Rotkreuz-Wagen hockten etwa 10 bis 15 zum Teil hochdekorierte sowjetische Offiziere, die sich mit Handgranaten selbst in die Luft gesprengt hatten, als sie die Aussichtslosigkeit ihres Vorhabens erkannten, sich in die deutsche Kolonne hineinzuschmuggeln, um so im Dunkel der Nacht die Chance zu haben, aus dem Kessel auszubrechen. Etwa 30 Offiziere, davon einige mit dem Lenin-Orden dekoriert, hatten das tollkühne Wagnis unternommen, unter der Tarnung der Rotkreuz-Wagen zu entkommen.
Wir haben das Vorkommnis dem Regiment gemeldet und ihm auch mehrere Lenin-Orden als Beweismittel zusammen mit den Papieren der gefallenen sowjetischen Offiziere zugeleitet.
Am nächsten Tag bot sich von den Höhen ein grausiges Bild. Zehntausende russischer Soldaten mit Tausenden von Lastwagen und Unmengen von Waffen und Gerät hatten den Widerstand eingestellt und versammelten sich an den einzelnen Tälern und Schluchten. Am anderen Rand des Kessels am Fluß Nebry hatte die 7. Panzerdivision Mühe, den Abtransport ganzer Kolonnen sowjetischer Gefangener zu bewerkstelligen.
Auch wir mußten bei dem Durchsuchen der Ortschaften und Waldstücke noch zahlreiche Tote und Verwundete beklagen, weil einzelne russische Einheiten, vor allem höhere Stäbe oder Offiziersgruppen, immer neue Durchbruchsversuche machten und sich von der einen Seite des Kessels in Richtung auf die andere Seite hin und her bewegten.
In einem Fall stießen wir am 15. Oktober auf etwa 50 neue sowjetische Panzer vom Typ T 34, in denen noch die Kontrollampen brannten. Sie waren wegen Treibstoffmangels in einem Waldstück liegen geblieben. Die Besatzungen hatten ihre Panzer fluchtartig verlassen. Während wir noch die einzelnen Panzer unter-

suchten, dröhnten am Nachmittag des 15. Oktober 12 sowjetische Flugzeuge wenige hundert Meter über unseren Köpfen hinweg und warfen Bomben ab, zum Glück jedoch Treibstoffbomben, die an Fallschirmen herunterkamen und die festgefahrene Panzereinheit wieder bewegungsfähig machen sollten. Es war jedoch zu spät! Alle heruntergekommenen russischen Treibstoff- und Verpflegungsbehälter fielen mitten in unser Bataillon. Dennoch war es eine tollkühne Aktion der sowjetischen Piloten, ihren eingeschlossenen Panzerkameraden auf diese Weise zu helfen.
Am 15. Oktober 1941 war die Schlacht von Wjasma beendet. Die Aufräumungsarbeiten und der Abtransport der Gefangenen waren in vollem Gange. Zum Teil irrten Verwundete, zum Teil kranke und abgekämpfte Gestalten zu Hunderten über die Wald- und Feldwege. Es war ein grauenhaftes Bild, die Reste der geschlagenen Roten Armee, soweit sie nicht in Kriegsgefangenen-Kolonnen abtransportiert wurden, hilflos umherirrend in der naßkalten Witterung umkommen zu sehen.
Wir selbst konnten ihnen nicht helfen, weil wir Mühe hatten, nach den Anstrengungen der letzten zwei Wochen uns selbst auf den Beinen zu halten und uns gegen Nässe und Kälte zu schützen. Nachtfröste waren hereingebrochen, auch die ersten Schneefälle traten auf. Die Beobachtungen dieser Tage gehörten zu den schrecklichsten Eindrücken, die je ein Schlachtfeld an einem grauen Herbsttag darbieten kann. Wo Leichen verstorbener oder gefallener Soldaten noch unbeerdigt herumlagen – und es waren Tausende im weiten Umfeld –, da flogen ganze Schwärme von Raben und Krähen heran und ließen sich auf den Leichen nieder. Manchen unserer Soldaten überkam das Würgen, so schlimm waren die Bilder dieser Tage!
Am 16. Oktober erhielt die 8. Infanterie-Division den Befehl, nicht weiter nach Osten zu marschieren, sondern sich für den Abtransport von Smolensk nach dem Westen bereitzuhalten. Dieser Befehl erzeugte eine unbändige Freude, winkte doch die Rückkehr in die Garnisonsstädte Oberschlesiens, für uns also Gleiwitz und nach Cosel. Oder wenn diese Hoffnung trog, auf jeden Fall zur Auffrischung und Auffüllung in das Besatzungsgebiet Frankreichs.
Die nächsten Tage hatte die Division den Befehl, Aufräumungsar-

beiten im Kessel zu leisten, Waffen und Gerät und Kriegsgefangenenkolonnen an die Straße Krassikowo-Buchanowa-Schipina zu verbringen. Auch diese Arbeit bei naßkaltem Wetter, bei Temperaturen um null Grad war eine große Belastung, zumal wir in unseren Sommeruniformen und Mänteln gegen die Nässe und Kälte keineswegs genügend geschützt waren.

Am 18. Oktober sorgte ein neuer Befehl für Verwirrung in der Division. Denn sie wurde erneut in Richtung Osten im Verband des VIII. Armeekorps vorgezogen, um hinter der 78. Infanterie-Division sich für einen Einsatz bereitzuhalten. Das Armeekorps hatte sein Hauptquartier in Gschatsk. Der Divisionsgefechtsstand der 8. Infanterie-Division wurde nach Wjasma verlegt. Das Regiment 84 erhielt Befehl, auf der Autobahn vorzumarschieren und am 20. Oktober den Raum Fedoroskoje zu erreichen. Der Vormarsch wurde durch starke Stauungen an der Brücke über die Wjasma erschwert. Alle bespannten Fahrzeuge und Fußtruppen mußten die Autobahn verlassen, damit sie ausschließlich den vorgehenden Panzertruppen und ihrem Nachschub vorbehalten blieb. Es waren große Verkehrsprobleme auch dadurch entstanden, daß die Dnjepr-Brücke bei Larino bei Überlastung durch einige Sturmgeschütze eingestürzt war.

Durch die Verstopfung der Straßen und das schlechte Wetter, das die Wege grundlos machte, traten große Schwierigkeiten in der Versorgung ein. Da beiderseits der Autobahn zahlreiche Truppenverbände sich in den Ortschaften zusammenballten, um bei der kalten Witterung einigermaßen Schutz zu finden, mußte die Verpflegung teilweise mit russischen Panjewagen von der Autobahnbrücke bei Wjasma in die Ortschaften gefahren werden. Es kam zu Engpässen und zu ersten Requirierungen für die Truppe, da für drei Mann nur 1 kg Kommißbrot zur Verfügung stand. Zum erstenmal hatte die Truppe ernsthafte Probleme mit ihrer eigenen Verpflegung. Nur durch Rückgriff auf manche in den Dörfern vorgefundenen Kartoffelmieten und manches Gurkenfaß konnte eine Notversorgung in diesen schweren Tagen gewährleistet werden.

Daß es den russischen Kriegsgefangenen noch um vieles schlimmer erging, daß sie reihenweise umfielen und zu Hunderten durch

Kälte und Hunger starben, gehörte mit zu den schrecklichen Übergangstagen eines verregneten, kalten Herbstes in einen grausigen, kalten russischen Winter.
Das Verkehrschaos, die Verstopfungen und das schwierige Vorgehen auf den grundlosen Wegen und Straßen führte schließlich dazu, daß die 8. Infanterie-Division wieder angehalten wurde und im Raum südwestlich Wjasma eingesetzt wurde. Die Aufgaben waren die Sicherung des Geländes zwischen der Rollbahn im Norden und den Städten Kirow-Wjasma im Osten, dem Fluß Ugra im Süden und dem Fluß Dnjepr im Westen.
Während unser Regiment 84 am 23. Oktober bei der Ausbesserung der Autobahn und der Verkehrsregelung auf der Autobahn eingesetzt war, bemühten sich die beiden anderen Regimenter, die Zehntausende von russischen Gefangenen einzusammeln und in die Sammelstelle der Stadt zu geleiten.
Nach Beendigung der Autobahnarbeiten wurde das Regiment zur Sicherung der Bahnlinie Kirow–Wjasma eingesetzt mit dem Befehl, keinen Zivilverkehr außerhalb der Ortschaften zu gestatten, um einen drohenden Partisanenkrieg zu vermeiden.
Am 24. Oktober wurde die 9. Kompanie zur Bewachung des Kriegsgefangenenlagers in Wjasma eingesetzt, der Rest des Regiments jedoch weiter mit Sicherungsaufgaben, dem Sammeln der Beute und dem Einsammeln noch herumirrender Kriegsgefangener betraut.
Die Verhältnisse in der Stadt Wjasma und im Kriegsgefangenenlager spitzten sich immer mehr zu. Wjasma, eine mittelgroße Stadt an der Autobahn und Eisenbahnlinie nach Moskau, war von der Zivilbevölkerung nicht verlassen, wenn man von den Spitzen der Partei und den wehrfähigen Männern absah, die sich zum Teil in Richtung Moskau abgesetzt oder in den Wäldern verborgen hatten. Für die Zivilbevölkerung reichten die Vorräte, die man in den Häusern hatte, an Kartoffeln und Mehl gerade aus. Irgendein Lager jedoch, aus dem die hunderttausend Kriegsgefangenen hätten verpflegt werden können, die in Wjasma in einem großen Gelände gesammelt waren, fiel nicht in deutsche Hände. In dem Kriegsgefangenenlager sah es daher grauenhaft aus. Immer mehr starben an Entkräftung, da alle im Freien liegen mußten. Wo

nachts die russischen Kriegsgefangenen kleine Feuer anmachten, um sich zu wärmen, luden sowjetische Nachtflieger ihre Bomben ab, so daß es zu neuen Verlusten unter den gefangenen russischen Soldaten kam.
Das Regiment meldete diese unhaltbaren Zustände dem Ortskommandanten in Wjasma und der Division und bat um dringende Hilfe, da sich im Kriegsgefangenenlager Wjasma eine Tragödie unvorstellbaren Ausmaßes anbahnte, wenn die russischen Kriegsgefangenen weiter bei Regen und Kälte unter freiem Himmel liegen und ohne geordnete Verpflegung überstehen sollten. Es rächte sich jetzt erneut der Grundsatz der »verbrannten Erde«, den Stalin Anfang Juli verkündet hatte. Er traf mit ganzer Wucht erst die Kriegsgefangenen der Roten Armee und später die Zivilbevölkerung von Wjasma und Umgebung.
Endlich wurde das Regiment 84 aus der schauerlichen Umgebung von Wjasma abgelöst. Wir wurden am 28. Oktober auf der Straße Wjasma–Dorogobusch in Richtung Smolensk in Marsch gesetzt. Regen, aufgeweichter Boden und schlechteste Wegverhältnisse der von Panzern und Lastkraftwagen aufgerissenen Straßen erschwerten unseren Rückmarsch so sehr, daß wir nicht mehr als 20 km am ersten Tag vorankamen. Auch auf diesem Marsch bot sich uns ein Bild des Grauens, da in den Waldstücken beiderseits der Vormarschstraßen und auf der Vormarschstraße selbst noch die zerstörten Kolonnen russischer Verbände und Artillerie, die zahlreichen Lastwagen und Geschütze, Hunderte von Pferdeleichen und viele Tausende gefallener russischer Soldaten zu sehen waren, zum Teil entsetzliche Verstümmelungen durch Fliegerangriffe und Artilleriebeschuß.
Wir waren glücklich, am 28. Oktober in einem kleinen Ort bei Dorogobusch uns etwas aufwärmen und säubern zu können. Es war mein 25. Geburtstag!
Als wir durch Regen und Schneenässe auf den matschigen Straßen und Feldwegen uns mühsam unserem zugewiesenen Übernachtungsort näherten, kam der Kommandeur des I. Bataillons, Major Koboldt, nach vorn geritten, um mir zu gratulieren. Ein großes Hallo hob an, als er mir sein Geschenk, eine Flasche französischen Cognacs, überreichte: »Die habe ich noch für Sie mitgebracht, es ist

meine letzte, die ich im Gepäck mitgeführt habe. Sie soll Sie auch daran erinnern, daß wir am 14. Mai vor einem Jahr an der Maas im gleichen Schlauchboot saßen, als mein halbes Ohr durch einen Granatsplitter verlorenging!«
Koboldt war im Ersten Weltkrieg Leutnant gewesen und danach nach Südamerika ausgewandert, wo er in verschiedenen Berufen, als Farmer, Sprachlehrer und Ausbilder gut über die Runden gekommen war. 1936 war er reaktiviert worden. Seine schöne Zeit in Paraguay und Bolivien hat er jedoch niemals vergessen können. Die klimatischen Verhältnisse in Rußland gefielen ihm gar nicht. Er fror jämmerlich, so auch an diesem Tag, und ich war nahe daran, die Flasche zu öffnen, um ihm einen Schluck anzubieten. Da wehrte er jedoch entschieden ab und meinte, das müsse am Abend in einer Hütte feierlich geschehen.
Wir hatten manchen Ausspruch über Major Koboldt immer zur Hand. Als Junggeselle gehörte er schon in der Gleiwitzer Zeit und später in Köln und in Frankreich zu den besonders aktiven Kavalieren, die dem weiblichen Geschlecht immer zur Verfügung standen, wenn irgendwo etwas los war. Seine Ausflüge aus der Normandie nach Paris waren uns Jüngeren ebenso in guter Erinnerung wie seine kameradschaftliche Hilfe und Fürsorge, die er uns besonders dann zuteil werden ließ, wenn wir vom Regimentskommandeur mit Recht oder Unrecht einen Rüffel zu erwarten hatten. Da er in Rußland so fror, war es das erste am Abend, daß sein Quartier besonders gut geheizt werden mußte. Das geschah dann manchmal so rasch, daß die Holzhütten durch die Überheizung des Kamins in Brand gerieten. Mehrere Quartierhäuser des Majors Koboldt waren daher bereits in Flammen aufgegangen, und wenn man abends noch einmal vor sein Quartier trat, um sich umzuschauen, wie das Wetter und der Himmel waren, hieß es immer, »der Koboldt brennt wieder«, wenn irgendwo ein Feuerschein in der Nachbarschaft unseres Quartiers zu sehen war. Rief man dann über das Feldtelefon auf seinem Bataillonsgefechtsstand an, dann hieß es lapidar: »Leitung gestört, Bataillonsgefechtsstand brennt!«
Das alles fiel mir ein, als Major Koboldt mit seinem Pferd kehrtmachte und wieder zu seinem Bataillon zurückritt, das hinter unserem marschierte.

Überhaupt war das Pferd in diesen Wochen das einzige zuverlässige Verkehrsmittel nach den eigenen Beinen. Die in Frankreich jedem Bataillonskommandeur und den Ärzten zugewiesenen Beutewagen waren schon in den Sommermonaten auf den schlechten Vormarschstraßen als Wracks liegengeblieben, und die Berittenen waren wieder auf ihre Pferde umgestiegen.

So war es auch, als wir auf den schlammigen Wegen uns in diesen Wochen bewegten. Der im Regiment beliebteste und am meisten geschätzte Truppenteil war der Reiterzug des Regiments unter Leutnant Schultz, einem Jahrgangskameraden von mir. Er stammte aus dem Kreis Leobschütz und war wie ich 1936 nach dem Abitur im Gleiwitzer Regiment Soldat geworden.

Der Reiterzug bestand aus 40 Reitern, meistens Bauernsöhnen, die über guten Pferdeverstand verfügten. Er leistete schon im Sommer beim Vormarsch, besonders aber in der Wjasma-Schlacht und in der Schlammperiode dem Regiment wertvolle Dienste. Spähtrupps, Melder, Aufklärung auf Anhöhen und von Waldstücken, Sicherung der Vormarschwege und Flanken und was alles in diesem unübersichtlichen Mittelabschnitt mit seinen Sümpfen und Wäldern nur durch das Pferd bewältigt werden konnte, waren seine Hauptaufgaben. Überhaupt kam das Pferd in Rußland, verglichen mit Frankreich, wieder zu hohen Ehren. Neben den zur Truppenausstattung gehörenden Trakehnern, Hannoveranern und den belgischen und niederländischen schweren Zugpferden hatten nach dem polnischen Feldzug auch ausgezeichnete polnische und in Frankreich französische Gestüte den Bestand an Truppenpferden aufgefüllt.

Da die Verluste jedoch in Rußland sehr hoch waren, mußten wir bald auf das russische Panje-Pferd zurückgreifen. Es ist ein kleines, struppiges, häßliches, aber um so ausdauernderes, genügsames und widerstandsfähiges Tier, das alle Krankheiten und Strapazen, die unsere hochgezüchteten Truppenpferde überfielen, offenbar nicht kannte. Die Bestände an Truppenpferden waren um diese Zeit schon halbiert, manches Pferd war von russischen Kriegsgefangenen verspeist worden. Unsere eigenen Soldaten lehnten es noch ab, Pferdefleisch zu essen, und rührten keinen Pferdekadaver an. Auch das sollte sich bald ändern.

Es war daher natürlich, daß wir Glücklichen, die noch ein Reitpferd besaßen, alles daran setzten, um es zu schonen und möglichst lange zu behalten.
In einer kleinen, mit wenigen erhaltenen Holzhäusern und Strohdächern auf einer leichten Anhöhe liegenden Ortschaft machten wir am Spätnachmittag endlich halt, durchnäßt und durchfroren, aber immer noch voller Hoffnung, weil es ja in Richtung Heimat ging. Wie eine Fata Morgana stand den Soldaten des Gleiwitzer Regiments ihre Garnison in Gleiwitz, Cosel oder ein Quartier in Frankreich in Gedanken vor Augen. So nahmen wir es daher auch mit Humor, daß die Verpflegung an diesem Tag nicht nach vorn gekommen war, Feldküche und Verpflegungswagen waren in Schlamm und Dreck steckengeblieben. Als Geburtstagsessen hatte daher die Ordonnanz des Kommandeurs einen Korb Kartoffeln aufgetrieben. Bataillonsstab, Funker und einige Melder feierten meinen Geburtstag mit Pellkartoffeln und Salz. Danach gab es Tee, den wir aus den in der Tasche immer mitgeführten Päckchen machen konnten, und als Krönung des Geburtstagsessens die französische Cognacflasche des Major Koboldt, die reihum ging. Natürlich waren die Pellkartoffeln abgezählt! Damit alles gerecht zuging, erhielt jeder nur fünf Pellkartoffeln zugeteilt. Dennoch kam eine Stimmung auf, die bei manchem späteren Geburtstagsessen nicht wiederkehrte. Das Glück beschwingte uns, trotz aller Verluste und Schwierigkeiten diesen schrecklichen Feldzug überstanden zu haben und noch vor dem Winter nach Hause zu kommen! Was wir in diesen Stunden nicht wissen konnten, war eine verhängnisvolle Entscheidung. Es trat das Gegenteil dessen ein, was wir so hoffnungsvoll in unseren Herzen trugen. Denn am gleichen Tag hatte der Ia der 8. Infanterie-Division, Major Deyhle, bei der Heeresgruppe Mitte in Smolensk eine Weisung des Oberkommandos des Heeres (OKH) in Empfang genommen, daß die beiden Infanterie-Regimenter 28 und 38 mit der Division zu einer Umstellung nach Frankreich abtransportiert würden. Sie sollte mit nur zwei Infanterie-Regimentern eine sogenannte leichte »Jägerdivision« werden. Das Infanterie-Regiment 84 dagegen, unser Regiment, sollte in Rußland verbleiben und später einer anderen Division unterstellt werden. Wie wir später erfuh-

ren, der 102. Infanterie-Division, einer schlesischen Tochterdivision.
Noch am 29. Oktober und am 30. Oktober marschierten wir bei naßkaltem Wetter und Dauerregen auf den schlechten Wegen in Richtung Dorogobusch zur Verladung. Wie auf dem Dienstweg üblich, erreichte uns erst am 31. Oktober die böse Nachricht: »Ihr bleibt da, alle anderen kommen nach Frankreich.«
Das I. und III. Bataillon machten daher wiederum kehrt, und unser Bataillon erhielt den Befehl, bis zum 4. November auf dem gleichen Weg wieder zurückzumarschieren und Wjasma zu erreichen. Eine große Niedergeschlagenheit erfaßte uns alle! Bei manchen Soldaten steigerte sich der durch das schlechte Wetter, die Nässe und Kälte erzeugte Unmut bis zum Heulen. Hatten sich doch alle längst innerlich auf Heimaturlaub eingestellt, und nun diese Enttäuschung. Man fühlte sich geradezu von der Führung verkauft und verraten! Warum mußten ausgerechnet wir hierbleiben? Warum hatte es gerade unser Gleiwitzer Regiment erwischt, das ohnehin in der Division in den zurückliegenden Monaten besonders geschlagen und gebeutelt war und die höchsten Verluste hatte? Es half alles Jammern nichts, der Befehl war nun einmal gegeben!
Das Regiment 84 schied aus dem Verband der 8. Infanterie-Division aus und trat zur 102. Infanterie-Division, die weiter nördlich in der Heeresgruppe Mitte im Einsatz war. Änderungen personeller Art und Versetzungen waren ab sofort verboten, damit niemand sich noch herausschmuggeln und mit der 8. Infanterie-Division aus Rußland absetzen konnte.
Die glücklichen Regimenter und Einheiten der 8. Infanterie-Division marschierten weiter auf Smolensk zu und wurden in Richtung Dijon nach Süd-Frankreich verlegt. Statt Smolensk war inzwischen Polozk als Verladebahnhof bestimmt.
Unsere Kompanien marschierten fluchend und schimpfend und voll innerer Wut nach Wjasma. Das IR 84 erhielt den Befehl, vom 5. November 1941 an die Bahnstrecke Wjasma nach Süden bis Taschilowa, ferner die Bahnstrecke Wjasma–Kaluga und vier Brücken bis zur Straße nach Juchnow zu bewachen, da diese Bahnlinien für den weiteren Angriff auf Moskau und für den

Nachschub von besonderer Bedeutung waren. Eine Kompanie des Regiments verblieb in Wjasma zur Gefangenenbewachung des dort noch immer verbliebenen russischen Gefangenenlagers mit mehr als 100 000 Sowjetrussen.

Die Tage des Rückmarsches, die langen Abende nach der früh einbrechenden Dunkelheit in den russischen Katen gaben uns Gelegenheit, unsere Lage zu überdenken und über den Tellerrand unserer eigenen unmittelbaren Erlebnisse hinauszusehen. Dabei half uns auch unser Rundfunksender. Wie bisher, nahmen wir jede Gelegenheit und Möglichkeit wahr, nicht nur die Rundfunksendungen des Großdeutschen Rundfunks abzuhören, die Soldatensender zu empfangen, bei denen das Lied von der Lili-Marlen zur besonderen Erbauung jeden Abend zu hören war. Wir schalteten auch, wenn wir im kleinen Kreis waren, Auslandssendungen ein. Den schon bekannten britischen Rundfunk auf der Langwelle und Mittelwelle, den Schweizer Rundfunk, soweit wir ihn empfangen konnten, und natürlich Radio Moskau. Wenn hier und da doch jemand Zeuge unseres Abhördienstes wurde, berief ich mich lautstark auf das Recht, Auslandssendungen zu hören seit dem Herbst 1939, als ich im Kölner Raum die belgischen Luftbilder auswertete und ausdrücklich ermächtigt wurde, sogenannte Feindsender abzuhören. Jedenfalls war diese Ermächtigung noch nicht zurückgezogen. Ich konnte mich zur Not immer darauf berufen. Aber es hatte bisher nirgendwo Schwierigkeiten gegeben. So wußten wir um die Nachrichten der letzten Wochen und ihren Optimismus, der in einem krassen Verhältnis zu den wirklichen Gegebenheiten stand, wie wir sie täglich erlebten.

Am Ende des ersten Abschnitts der Kriegshandlungen in der Division und am Beginn des zweiten Angriffes gegen Wjasma sind zwei Begebenheiten geeignet, die Breite menschlichen Erlebens in den harten Kämpfen Rußlands zu illustrieren.

Oberst Horst Großmann, der Kommandeur des IR 84, erhielt am 29. August 1941 das Ritterkreuz des Eisernen Kreuzes verliehen. Damit sollte nicht nur seine persönliche Tapferkeit und Pflichterfüllung in den schweren Kämpfen geehrt werden. Auch das Regiment sollte insbesondere für die schweren Kämpfe um Grodno und an der Lojna bei Jarzewo sichtbar ausgezeichnet werden.

Der Kommandeur des IR 28, Oberst v. Wülknitz, erlitt ein anderes Schicksal. Er hatte das IR 28 von Oberst Höhne übernommen, der zum Generalmajor befördert wurde und das Divisionskommando innehatte, nachdem General Koch-Erpach zu einer anderen Verwendung nach Breslau versetzt war.
Das Eingewöhnen in die schwierigen Verhältnisse des Kampfes in Rußland fiel Oberst v. Wülknitz sichtbar schwer. Einige Fehlentscheidungen hatten sein Ansehen auch bei den Offizieren geschmälert, insbesondere als er seine Panzerjägerkompanie wider alle Regel mit den Motorfahrzeugen und Panzerabwehrkanonen im Waldkampf einsetzte, wo sie naturgemäß nicht nur unbeweglich war, sondern auch hohe Verluste erleiden mußte. Daraufhin war er abgelöst worden, und General Höhne hatte ihm mitteilen lassen, er möge sich zur Rückversetzung in die Heimat krank melden. Als ihm das der Regimentsadjutant überbrachte, antwortete der Oberst: Ein von Wülknitz meldet sich an der Front nicht krank, er stirbt! Daraufhin begab er sich in seinen Gefechtsstand und erschoß sich mit seiner Dienstpistole.
Am 2. Oktober 1941 hatte das OKW den Beginn der letzten Schlacht an der Ostfront gemeldet. In seinem Tagesbefehl verkündete Hitler:
»Gebt dem Feind den letzten Stoß, der ihn noch vor Ausbruch des Winters zerschmettern wird.«
Nach einigen Tagen kamen dann die üblichen Sondermeldungen. Aus dem Führerhauptquartier wurde gemeldet, daß der Endsieg, den die entscheidenden Schlachten im Osten eingeleitet hätten, nunmehr da sei.
Zur gleichen Zeit standen wir in heftigen und verlustreichen Kämpfen vor Wjasma und hatten neben dem erbittert sich wehrenden Feind die ersten Eindrücke von Kälte und Nässe des herannahenden Winters. Unser Erschrecken war um so größer, je mehr wir uns die Einzelheiten der Fehlbeurteilung unserer Lage durch Berlin und das OKH hineindiskutierten.
Wie war es möglich, daß man die Bevölkerung des Reiches so täuschte, welcher Sinn sollte darin liegen, solche Überschriften zu schreiben, wie sie der »Völkische Beobachter« über die ganze Breite in roten Schlagzeilen ausführte?

Am 10. 10. Die große Stunde hat geschlagen :
Der Ostfeldzug ist beendet.

Am 12. 10. Die Vernichtung der sowjetischen Armeen ist fast beendet.

Aber auch Stalin schwieg nicht. Zum 24. Jahrestag der Großen Sozialistischen Oktober-Revolution am 6. 11. 1941 tönte es im Moskauer Rundfunk. Die Übersetzung bewies, daß er keineswegs ein geschlagener Diktator war und sich die Rote Armee nicht geschlagen und vernichtet gab.

Der gleiche stürmische Beifall, den Hitler im Bürgerbräukeller in München am 10. 11. 1941 erhielt, begleitete auch die Ausführungen Stalins in der Festsitzung des Moskauer Sowjets der Deputierten der Werktätigen der Stadt Moskau am 6. 11. 1941.

In Wjasma, wo wir in einem Holzhaus am Südrand der Stadt unweit des Flusses uns einrichteten, bewohnten Dr. Pier und ich je ein Zimmer. In seinem Zimmer war seine Ordonnanz, Unteroffizier Krautwurst, untergebracht, bei mir hatte sich meine Ordonnanz, der Gefreite Alois Michalski, eingerichtet. Da er ausgebildeter Melder und Funker war, stand bei mir das Funkgerät.

Aufgrund der Gefangenenaussagen stand Anfang Oktober bei Beginn der Wjasma-Schlacht unsere Division der 91. sowjetischen Schützendivision gegenüber mit den Schützenregimentern 503, 561, 613 und dem Pionier-Bataillon 496.

Der deutsche Angriff morgens um 6.00 Uhr hatte die Russen im Schlaf oder beim Frühstück überrascht. Die Verluste durch die deutsche Artillerie und Fliegerangriffe zwangen sie, die Lojna-Stellung zu verlassen. Die Division zog sich in eine zweite, ausgebaute Stellung ostwärts des Flusses Wopj zurück. In ihren Unterständen hatten sie vieles an Munition und Ausrüstung zurücklassen müssen. Auch in den folgenden Tagen hatte die 91. Schützendivision der Sowjets große Verluste. In den folgenden Kämpfen waren noch die 64. Schützen-Division, die 166. und die 214. Schützendivision der Sowjets gegenüber unserer 8. Infanterie-Division aufgetreten. Nach den Aussagen der Gefangenen war die Stimmung in den sowjetischen Kompanien zu Beginn des Angriffs nicht schlecht, die Verpflegung ausgezeichnet, die Ausstattung mit Gerät und Munition mehr als reichhaltig. Nur bei den älteren

Soldaten sei eine Neigung zur Einstellung des Kampfes erkennbar gewesen, sogar zum Überlaufen bei vielen russischen Soldaten, deren Heimatgebiete bereits von deutschen Truppen besetzt waren.
In Wjasma kümmerten wir uns um die Kriegsgefangenen, die zum Teil von den zurückmarschierenden Regimentern in Richtung Smolensk abtransportiert wurden.
An einem kalten, sonnigen Novembertag, so um Mitte November, besuchte ich mit dem Kommandeur das Lager. Unsere Soldaten hatten Anweisung, das Lager nicht zu betreten, sondern lediglich eine Außenkette um das mit Maschendraht eingezäunte Lager zu bilden. Das etwa 400 X 600 m große Gelände beherbergte einzelne Kasernen, zum Teil noch nicht fertiggestellte Rohbauten. Zwischen den einzelnen Bauten auf den Höfen hockten in Gruppen zwischen 50 und 100 Menschen die russischen Kriegsgefangenen eng beieinander, um sich zu wärmen. Überall waren kleine Feuerchen. Zwischen den einzelnen Gruppen bewegten sich in ihren langen Uniformmänteln, mehr taumelnd als gehend, die abgemagerten und kraftlosen Gestalten. Viele fielen hin und blieben liegen. Es war erschütternd anzusehen, wie sofort einige andere Russen den Liegenden plünderten, ihm die Stiefel auszogen, den Mantel abnahmen, obwohl er noch nicht tot war. Tausende Erfrorener und Verhungerter lagen herum. Der harte Frost, der inzwischen eingetreten war, hatte die Leichname frieren lassen, eine Bestattung war in dem hartgefrorenen Boden nicht möglich, dazu waren die sowjetischen Kriegsgefangenen viel zu schwach und kraftlos.
Hunderte von Frauen aus Wjasma und Umgebung drängten sich an die Zäune heran, tief vermummt mit Tüchern – ausgestattet mit wattierten Jacken und Filzstiefeln – hockten stundenlang am Zaun, um Angehörige unter den Kriegsgefangenen zu suchen. Die bewachenden deutschen Soldaten hatten Anweisung, die Frauen und älteren Männer nur dann an den Zaun zu lassen, wenn sie Verpflegung, wie Kartoffeln, Brot oder Gurken mitgebracht hatten. Die Gefahr, daß Waffen in das Lager geschmuggelt werden könnten, war gering.
Das Bild des Elends im Lager und die Sorgen der Zivilbevölkerung

ringsum deuteten keinesfalls auf irgendwelche Widerstandsabsichten hin. Die bewachenden Soldaten klagten, daß nur wenige Lastwagen mit Kartoffeln in das Lager hineingekommen wären, die sofort von den Kriegsgefangenen gestürmt wurden. Obwohl eine Art Selbstverwaltung und Lagerpolizei durch die Russen eingerichtet worden war, schien alle Ordnung zusammengebrochen zu sein. Fälle von Kannibalismus waren erstmalig von den Soldaten beobachtet worden. Der ins Lager mit einer Sanitätsgruppe entsandte Bataillonsarzt, Dr. Bredenbrock, berichtete von zahlreichen Leichen, denen die Muskulatur abgetrennt war und denen aus dem Körper Herz und Leber entfernt worden seien.
Ein erschütternder Bericht, der mit dem entsprechenden Protest dem Stadtkommandanten von Wjasma zugeleitet wurde. Gleichzeitig bat Dr. Pier, baldigst die Bewachung des Gefangenenlagers abgeben zu dürfen, da die dort vorhandenen Eindrücke den monatelang im Kampf strapazierten Infanteristen nicht zuzumuten seien. Viele von ihnen würden die schrecklichen Eindrücke seelisch nicht verkraften.

Daher wurde der Abtransport der Kriegsgefangenen aus dem Lager Wjasma in den nächsten Tagen beschleunigt. Aber auch die Transporte der in Richtung Smolensk marschierenden Einheiten scheinen Züge des Todes und des Elends gewesen zu sein. Viele entkräftete Kriegsgefangene blieben daher am Wegrand liegen und erfroren bei den immer stärker werdenden Kälteeinbrüchen in der zweiten Hälfte des Monats November.

Natürlich nutzten wir die Ruhe unseres Bataillons in Wjasma auch zur Auffüllung und Ausbildung unserer Truppe. Da bis Mitte November keine Wintersachen eingetroffen waren, die Truppe vielmehr ausschließlich in ihrer Sommerausrüstung zu marschieren und zu kämpfen hatte, wurden wenigstens Handschuhe und Kopfschützer an die Truppe ausgegeben. Sie waren als einzige »Winterhilfe« eingetroffen.

Der Kommandeur gab die Anweisung, soweit wie möglich die Stiefel der Soldaten auszutauschen und wo auch immer nach Filzstiefeln Ausschau zu halten. Die Soldaten sollten ihre Stiefel eine Nummer größer verpaßt erhalten, damit sie sich durch Zeitungseinlagen oder Stroh gegen den Frost besser schützen könn-

ten. Auch Pelze, soweit sie in russischen Häusern requiriert werden konnten, und weiße Bettlaken zur Tarnung im Schneegelände mußten gesammelt werden, um wenigstens den Posten und Feldwachen im Gelände etwas Schutz und Tarnung zu ermöglichen.
Der Bataillonskommandeur verfügte überdies, daß jeder Soldat ein Päckchen Tee in der einen und ein Beutelchen mit Salz in der anderen Tasche zu tragen hätte, dazu Streichhölzer, Bindfaden, Messer und selbstverständlich Verbandszeug. Denn mit der Feldküche würden sie bei den kommenden Gefechten im Winter ihre Not haben. Jeder Soldat müsse daher aus Schneewasser Tee machen können und für die ausgebuddelten Kartoffeln wenigstens etwas Salz haben. Eine strenge Anordnung Dr. Piers verfügte, daß die Zugführer und Kompanieführer Stichproben zu machen hätten.
Die noch anfangs belächelte und als Marotte des Kommandeurs verstandene Anordnung sollte sich in den Monaten Dezember und Januar für viele Soldaten unseres Bataillons als lebensrettend erweisen.
Bei einem Ausritt an einem sonnigen Nachmittag in der Umgebung von Wjasma erreichte ich mit meinem Kameraden Lindner und unseren Pferdepflegern einen unweit von Wjasma gelegenen Feldflugplatz. Wir kamen ins Gespräch mit einem Oberleutnant der Luftwaffe, der sich darüber beklagte, daß seine Aufklärungsflüge bis weit hinter Moskau nicht genügend beachtet würden. Er habe 500 km ostwärts Moskaus auf den Bahnlinien von Kirow nach Gorki und nach Jaroslawl einen Militärtransport nach dem anderen festgestellt. Zum Teil ständen die Transportzüge auf den sibirischen Eisenbahnlinien so dicht hintereinander, daß sie eine geschlossene, nur von den einzelnen Weichen durchbrochene Linie bildeten. Es seien Riesentransporte neuer Truppen und Waffen aus Sibirien in Richtung Moskau im Gange. Er melde ständig seine Beobachtungen, er habe aber nicht den Eindruck, daß sie beim Heer ernst genommen würden.
Uns haben die mit großem Ernst vorgebrachten Darlegungen des Oberleutnants der Luftwaffe sehr nachdenklich gemacht. Denn es schien sich etwas anzubahnen, was offensichtlich nicht in das Konzept der eigenen Heeresführung paßte. Meldeten doch auch

weiterhin die deutschen Wehrmachtsberichte ebenso Erfolge wie die deutsche Presse.
Im Norden von Moskau waren deutsche Panzer und motorisierte Verbände bis an den Moskwa-Wolga-Kanal – 30 km nördlich Moskau – vorgedrungen. Im Südabschnitt standen die deutschen Verbände in Rostow am Don. Südlich Moskau war die Panzertruppe des Generals Guderian an Moskau vorbeigestoßen und im Vorgehen auf Tula und Rjäsan. Der Vormarsch, zunächst durch die verschlammten und später hartgefrorenen und auch geländemäßig schwierigen Abschnitte um Moskau, hatte jedoch große Ausfälle an Menschen und Material zur Folge. Dies alles war Hauptgesprächsstoff, als wir am 24. November 1941 im »Napoleon-Haus« bei Wjasma den 49. Geburtstag unseres Kommandeurs Dr. Pier feierten.
Unsere schlimmsten Eindrücke vom Kriegsgefangenenlager der Sowjets in Wjasma waren überwunden, die Last der Verantwortung für das schreckliche Geschehen von uns genommen, weil das Lager in Richtung Smolensk in großen Marschkolonnen abtransportiert war. Der Moskauer Rundfunk hatte in verschiedenen Sendungen auf die unhaltbaren Zustände in dieser Kriegsgefangenensammelstelle hingewiesen. Offensichtlich war auch das Internationale Rote Kreuz aufgefordert worden, die Zustände zu überprüfen. So war die höhere Führung alarmiert worden und sorgte für einen planmäßigen Abtransport der sowjetischen Kriegsgefangenen in menschenwürdigere Verhältnisse. Das hat die sowjetische Luftwaffe nicht daran gehindert, das Lager nachts zu bombardieren, weil die russischen Kriegsgefangenen zahlreiche Feuer angezündet hatten, um sich vor dem Erfrierungstod zu retten. Denn die Fröste hatten inzwischen Temperaturen bis zu minus 20° in klaren Nächten erreicht.
Das Haus, in dem unsere Geburtstagsfeier stattfand, diente dem Ordonnanzoffizier Dr. Schimmel, einem Rechtsanwalt aus Breslau, und dem Bataillonsarzt Dr. Bredenbrock aus Münster i. W. zusammen mit ihren Ordonnanzen als Unterkunft. Es war ein gelb gestrichenes Steinhaus nach Art eines Herrenhauses und weit und breit am Südrand inmitten vieler Holzhäuser das einzige Steinhaus. Eigentlich war es für den Bataillonskommandeur und seinen

Stab vorgesehen. Aber Dr. Pier hatte es abgelehnt und für zweckmäßiger gehalten, dieses massive und repräsentative Steinhaus mit vielen Räumen, einer großen Küche und Anbauten dem Bataillonsarzt vorzubehalten, der auf diese Weise die Verwundeten und Kranken besser versorgen könnte. Außerdem widerstrebte es Dr. Pier, anders untergebracht zu sein als seine Männer.
Über das Steinhaus, das von den Russen »Napoleon-Haus« genannt wurde, gab es viele Gerüchte. Nach den Erzählungen der in dem Haus noch wohnenden alten Frauen sollte Napoleon 1812 auf dem Vormarsch gegen Moskau in diesem Haus einige Tage Quartier genommen haben. Unsere Nachforschungen ergaben tatsächlich, daß es sehr wahrscheinlich gewesen sei, daß dieses Herrenhaus, vielleicht damals inmitten eines Gutsgeländes oder Parkes gelegen, Napoleon und seinem Stab als Quartier gedient hatte. Was wir damals noch nicht wußten und erst später nach und nach von den alten Frauen und anderen Russen in der Umgebung uns mitgeteilt wurde, war, daß dieses Haus allgemein als »Unglückshaus« galt und auch Napoleon Unglück gebracht habe, als der große Brand von Moskau über ihn und die Grande Armée hereinbrach.
Tatsächlich hätte Napoleon bei Borodino ähnliche deprimierende Eindrücke auf dem Wege nach Moskau haben müssen, wie wir sie in der Wjasma-Schlacht erlebt hatten.
Als wir später den Südrand von Wjasma räumten und in die Kasernen einige Kilometer vor Wjasma verlegt wurden, berichtete Leutnant Dr. Schimmel, die Ordonnanzen wären sehr besorgt gewesen, als ihnen zum Abschied die etwa 80jährige älteste Frau des Hauses an der Türe ein Handkreuz mit Weihwasser gemacht und die Ikone vorgehalten habe, um sie zu segnen. Die Frau hätte, so viel war aus ihren Worten zu verstehen, erklärt, die dieses Haus betreten hätten, müßten bald sterben.
Wir haben natürlich diese Sache nicht ernst genommen, wurden aber bald nachdenklicher, als noch im Dezember der Bataillonsarzt Dr. Bredenbrock, während er Verwundete behandelte, durch eine einschlagende russische Panzergranate getötet wurde, ebenfalls seine Ordonnanz und zwei seiner Sanitäter, die im »Napoleon-Haus« ihm zu Diensten waren.

Einige Monate später fiel auch die Ordonnanz des Leutnants Dr. Schimmel, er selbst ein Jahr später ebenfalls.
War es Zufall oder Fluch? Es sind alle Angehörigen unseres Bataillons, die in diesen Wochen im »Napoleon-Haus« in Wjasma untergebracht waren, gefallen.
In den Kasernen am Südrand Wjasmas erhielt das Bataillon Nachschub aus der Heimat. Die Kompanien wurden auf volle Stärke aufgefüllt. Wir nutzten die Zeit, uns auf die kommenden Wintergefechte vorzubereiten.
Ich wurde am 1. Dezember 1941 als Oberleutnant und Kompaniechef zur 10. Kompanie versetzt. Mein Nachfolger als Bataillons-Adjutant wurde Leutnant Max Gohl, der bisherige Zugführer des uns zugewiesenen Infanterie-Geschützzuges. So konnte ich in meiner neuen Aufgabenstellung wenigstens beim alten Bataillon bleiben.

3.
Russische Gegenoffensive

Mitten in der Ausbildung im schneebedeckten Gelände um die zum Teil erst im Rohbau fertiggestellten Kasernen von Wjasma wurde unser Bataillon alarmiert und in Richtung Norden in Marsch gesetzt. Ein mühseliger Marsch gegen Schnee und Eis in Richtung Norden nach Sytschewka-Rshew bis in den Raum Staritza begann. Dort bei Pogoreloje-Gorodischtsche, einem unaussprechlichen russischen Ort, daher von unseren Soldaten kurz P. G. genannt, sollte unser Bataillon im Gelände eine Auffangstellung mit Hilfe der Bevölkerung ausbauen und besetzen.
Der Marsch vom 10.–16. Dezember 1941 war ein einziger Kampf gegen Schneesturm und Eiseskälte. Wir hatten nur die Sommerausrüstung, den grauen Mantel und als einzigen Winterschutz Handschuhe und Kopfschützer. Der eisige Wind ließ das, was durch die Vermummung der Kopfschützer noch durchlugte, in kurzer Zeit frieren. Die Soldaten mußten sich wechselseitig auf ihre weißen Nasenspitzen, Backenknochen oder das Kinn aufmerksam machen und sich mit Schnee Nasen, Kinn und Backenknochen einreiben, um so Erfrierungen zu vermeiden.
Trotz aller Vorsichtsmaßnahmen, häufig eingelegter Pausen zum Aufwärmen und Ausgabe heißer Getränke bei jeder Rast gab es die ersten Erfrierungen. Denn die Sommeruniformen und der graue Soldatenmantel gaben nicht genügend Kälteschutz. In den Lederstiefeln waren die Füße nicht genügend geschützt. Auch Hände und Finger waren in Gefahr, wenn man nicht rechtzeitig Fingerübungen machte und sich gegen die Brust schlug, um den Blutkreislauf anzuregen.
Was war geschehen? – Entgegen allen Voraussagen, die großspurig noch im Oktober aus Berlin und dem Hauptquartier zu hören waren, hatte die Rote Armee mit frischen, aus Sibirien herangeführten Verbänden am 6. Dezember 1941 vor Moskau eine Angriffsoperation begonnen. Russische Ski-Bataillone in weißen Schafspelzen, mit Propellerschlitten und breiten Kufen ausgerü-

stet, hatten an vielen Stellen unter geschickter Ausnutzung des Geländes an Straßen und Dörfern vorbei die deutsche Front durchstoßen und operierten im Hintergelände gegen unsere Nachschubwege. Weiß gestrichene Panzer vom Typ T 34 durchpflügten mit ihren breiten Raupenketten auch Schnee von 1 m Höhe. Mit Panzern und Artillerie bestausgerüstete, frische sowjetische Divisionen hatten auf breiter Front zwischen dem Oberlauf der Wolga bei Kalinin nördlich Moskau und bei Tula im Süden Moskaus eine Zangenbewegung um die Heeresgruppe Mitte eingeleitet. Gleichzeitig drückten vier russische Armeen westlich Moskaus gegen die deutsche Front zwischen oberer Wolga und oberer Oka. Zwischen Staritza im Norden und Kaluga im Süden war ein erbitterter Kampf zwischen den von den Sommer- und Herbstkämpfen geschwächten und ohne Winterausrüstung unter der Kälte leidenden deutschen Divisionen und den frischen, ausgeruhten und erstmals in den Kampf geworfenen, mit bester Winterausrüstung versehenen sowjetischen Divisionen im Gange.
Eine Katastrophe drohte über die Heeresgruppe Mitte hereinzubrechen. Bei der Panzergruppe 3, die am Moskwa-Kanal stand, warf der Feind immer neue Verbände in den Kampf und stieß auf dem rechten Flügel der 9. Armee südostwärts Kalinin bei der 162. Division tief in die deutsche Front. Vom Süden her meldete die Panzergruppe Guderian, daß das weit vorgestoßene IV. Korps von allen Seiten bedroht würde und daß bei der unerträglichen Kälte von über −30 °C jede Bewegung und der Kampf der müden, gelichteten Verbände aufs äußerste erschwert würden.
Die eigenen Panzer und die Motorfahrzeuge versagten bei diesen Kältegraden und sprangen nicht mehr an. Ein großer Teil der Panzer und Kraftfahrzeuge mußte liegen bleiben. Die Temperaturen erreichten Mitte Dezember bereits −40 °C. Die eigene Luftwaffe griff nur spärlich in die Kämpfe ein. Die feindliche Luftüberlegenheit wurde immer spürbarer. Am 16. 12. 1941 mußten sich bereits Teile der 2. Armee, die eingeschlossen waren, nach rückwärts durchschlagen. Zwischen Tula und Kaluga klaffte eine große Lücke, weil die dort eingesetzten Panzer Guderians fast alle in Frost und Schnee liegengeblieben waren. Ihre Besatzungen kämpften nur noch als Infanterie.

Die 267. Division und die 78. Division bei der Panzergruppe 4 wurden abgeschnitten. Der Panzergruppe 3 saß die Rote Armee bereits weit im Rücken. Sie hatte Mühe, ihre Rückmarschstraße freizukämpfen.
In dieser Lage befahl Hitler, keinen Schritt zurückzugehen und zu halten! Dies war für viele Verbände gleichbedeutend mit Einschließung und Tod. Darum war es selbstverständlich, daß örtliche Kommandeure sich um diesen unsinnigen Befehl nicht kümmerten. Wenn schon Material, Motorfahrzeuge, Geschütze und Panzer zurückbleiben mußten, sollten wenigstens die Menschen vor dem Kälte-Tod oder der Einschließung und Vernichtung gerettet werden.
Am 16. Dezember 1941 wurde der Oberbefehlshaber des Heeres, Generalfeldmarschall von Brauchitsch, abgelöst. Hitler selbst übernahm den Oberbefehl über das Heer. Auch zahlreiche andere bewährte Befehlshaber wurden abgelöst, auch der Oberbefehlshaber der Heeresgruppe Mitte, Generalfeldmarschall von Bock.
An zahlreichen Stellen hatten sowjetische Truppen die Front durchstoßen. Viele deutsche Verbände waren eingeschlossen und auf sich selbst angewiesen.
Kaum hatte unser Regiment die Auffangstellung erkundet und festgelegt, hieß es wieder Alarm! Abtransport vom Bahnhof Sytschewka in den Raum Kaluga, wo bei der Panzergruppe Guderian, deren Oberbefehlshaber ebenfalls abgelöst war, sich eine Katastrophe anbahnte. Wieder ging es im Schnee, diesmal den gleichen Weg zurück bis Sytschewka, dort Verladung am 23. Dezember.
In Güterwagen und mit der Weihnachtsausstattung an Alkohol und Verpflegung setzte sich das Bataillon am Morgen des 24. 12. 1941 nach Süden auf der Bahnlinie nach Wjasma, Suchinitschi in Richtung Kaluga in Marsch. Es war bitterkalt. Die Außentemperatur betrug −40 °C. Je ein Zug der Infanterie hatte mit 50 Mann einen Güterwagen zur Verfügung, der mit Stroh ausgelegt war. Mitten in dem Wagen hatten die Soldaten einen kleinen Weihnachtsbaum mit Kerzen hergerichtet. Trotz der Kerzenwärme und hier und da auch bullernder kleiner Kanonenöfchen war es so kalt, daß die Metallteile der Güterwagen selbst im Inneren Reif ansetzten. Die Nacht vom 24. zum 25. Dezember 1941 wurde dennoch zu

einem unvergeßlichen Erlebnis. Versuchten die schlesischen Soldaten doch immer das Beste aus der Sache zu machen und feierten, Güterwagen für Güterwagen, die Heilige Nacht. So tönte da und dort eine Ziehharmonika oder Mundharmonika, sangen die einen »O Tannenbaum«, die anderen »Stille Nacht«, und das mitten in dem eisigen Winter in dem ratternden Güterzug, der sich von Weiche zu Weiche mühevoll im Schnee nach Süden bewegte. Vor uns lagen auch andere Transporte. Es schien aus allen zusammengerafften Reserven eine Alarmaktion zur Schließung der bei Tula und Kaluga aufgerissenen Frontlücke im Gange zu sein. Bei Suchinitschi am nächsten Morgen wurde kurz haltgemacht, um heiße Getränke zu erhalten. Das russische Bahnhofspersonal hatte bereits die weißen Armbinden abgenommen, mit denen es als Wehrmachtshilfspersonal ausgewiesen war. Man hatte sich schon auf die Rote Armee eingestellt.

Am 26. und 27. 12. 1941 konnte der Zug daher auch nur von Station zu Station geleitet werden, nachdem vorher Spähtrupps erkundet hatten, ob sie noch feindfrei war. Partisanengruppen hatten überdies kurz vor Kaluga Schienen abmontiert, so daß wir mit Hilfe russischer Eisenbahner in stundenlanger Arbeit erst die Bahnlinien wiederherstellen mußten. Stückweise vorgehend und vorfahrend erreichte der Transport am Morgen des 27. 12. 1941 bei grimmiger Kälte den nördlich von Kaluga gelegenen Ausladebahnhof Worotynsk, einen wichtigen Eisenbahnknotenpunkt, der bereits durch angreifende, mit Skiern und Schlitten ausgerüstete sibirische Verbände gefährdet war.

Das Bataillon sollte noch am Abend eine abgekämpfte Einheit einige Kilometer südlich Worotynsk ablösen und die Linie halten, nachdem die Rote Armee bereits in Kaluga eingedrungen war und die Stadt verloren schien.

Der Bahnhof Worotynsk war mit Güterzügen voller Fliegerbomben, Granaten und Nachschubgeräten überfüllt. Hier hatten sich die Nachschubzüge für den Angriff auf Moskau gestaut, nachdem es bei Tula und Rjäsan nicht mehr voranging, da Guderians Panzer in Eis und Schnee eingefroren waren. Überdies waren als Hilfsarbeiter für die Eisenbahnanlagen auch einige hundert sowjetischer Kriegsgefangenen im Bahnhofsgelände untergebracht und beim

Ein- und Ausladen der Truppen, der Munition und des Gerätes hilfreich tätig. Es herrschte eine nervöse Stimmung. Man war bei der Ortskommandantur und bei den Transportoffizieren glücklich, ein Bataillon eines aktiven Regiments zu haben, ein Aufatmen ging durch alle verantwortlichen Stellen des Ortes.
Unser Bataillon war aufgefüllt, ausgeruht und auf den Winterkampf in der Gegend Wjasma ausgerichtet worden. Was uns allerdings fehlte, war Winterbekleidung, besonders Pelze, Filzstiefel und Winterausrüstung wie Skier, Schlitten und dergleichen. Wir transportierten unseren Troß noch auf den alten Pferdewagen mit ihrer Gummibereifung. Das einzige, was uns geglückt war, war eine behelfsmäßige Tarnung durch Bettlaken, weiße Tischtücher, Gardinen und sonstiges weißes Zeug, das wir in den Häusern hier und da hatten mitgehen lassen.
Diese Ausstattung wurde in den Stunden unseres Ausladens noch ergänzt. Denn Worotynsk hatte viele gut erhaltene und zum Teil auch von der Zivilbevölkerung noch bewohnte Häuser. Als wir in der Abenddämmerung uns in Marschordnung nach Süden in Bewegung setzten, erhielten wir Granatfeuer aus südlicher Richtung. Stärkere Verbände der Roten Armee hatten das Gelände um Kaluga bereits erreicht.
Ich übernahm noch in den Abendstunden mit meiner Kompanie den linken Abschnitt einer behelfsmäßigen Verteidigungslinie, die sich an den Häusern der Ortschaft an einem Bachgrund entlangzog. Rechts von meiner 10. Kompanie ging die 11. Kompanie in Stellung, während die 9. Kompanie und die Maschinengewehrkompanie am Nordrand der Ortschaft in einer Höhenstellung beiderseits des Bataillonsgefechtsstands in Reserve gehalten wurde. Da die Nacht hereingebrochen war, war es nicht mehr möglich, das Gelände zu erkunden. Es wurde überdies bitter kalt. Mit mehr als 40 °C Kälte bei sternenklarem Himmel! Eine Bewegung im Gelände war sehr schwierig, es lag Schnee in Höhe von fast einem halben Meter. Nur auf den geräumten Straßen und Wegen war einigermaßen Verbindung zu den Stützpunkten möglich.
Am nächsten Morgen, dem 28. 12., hatten wir gerade unsere Stellungen eingenommen, als die Rote Armee mit einem Feuer-

überfall gegen 7.00 Uhr angriff. In breiter Front sickerten beiderseits des Ortes immer stärkere Feindgruppen in weißen Schafspelzen auf Skiern und mit Schlitten ein und begannen, den Ort beiderseits zu umfassen. Einige Häuser gerieten in Brand, heftiges Gewehr- und Maschinengewehrfeuer erfüllte die ganze Ortschaft. Als ich die Gefahr erkannte, daß unser Bataillon durch mindestens zwei russische Bataillone eingeschlossen werden könnte, gab ich den Befehl, die vorderen Häuser zu räumen und sich kämpfend auf die Höhe des Bataillonsgefechtsstandes, etwa 500 m nördlich, zurückzuziehen. Von Haus zu Haus springend, erlitten wir in dem Feuer der russischen Scharfschützen immer mehr Verluste. Es war sehr schwer, die Verwundeten zu bergen und mitzuschleppen. Der rechte Zug meiner Kompanie, der eine größere Eisfläche überwinden mußte, erlitt starke Verluste, da die Russen bereits diesen Zug überflügelt und sich in den hinteren Häusern festgesetzt hatten. So liefen die Soldaten als Zielscheiben über die Eisfläche auf eine Häuserzeile zu, in der bereits sibirische Scharfschützen saßen. Im Nu bedeckten 20 Tote die Eisfläche, der Zug war zur Hälfte ausgefallen, bevor wir die sowjetischen Scharfschützen ausschalten konnten.
Ich schrie meinen Soldaten zu, sich in einigen Steinhäusern festzusetzen, da diese noch am meisten Schutz vor Gewehr- und Maschinengewehrfeuer boten.
Dr. Pier hatte den Bataillonsstab alarmiert und zusammen mit dem Infanteriegeschützzug als Auffanglinie eingesetzt. Doch jedes der zwei Infanteriegeschütze gab nur einen Schuß ab, dann war das Geschütz nicht mehr verwendbar. Die Bremsflüssigkeit hatte den Rückstoß nicht aufgefangen, sie war hart gefroren, der Bremszylinder war geborsten. Selbst Maschinengewehre versagten, wenn sie längere Zeit außerhalb eines Gebäudes in Stellung gebracht waren. Denn das Öl, das wir verwendeten, gefror bei 20 °C Kälte ebenso wie die Motorblocks und Ölwannen der Kraftfahrzeuge und Panzer bei −20 °C zersprengt wurden.
Wie wir später erfuhren, hatten die Russen ein Winteröl und Bremsflüssigkeiten in den Geschützen, Fahrzeugen und Panzern, die noch bei 50 °C Kälte das Funktionieren von Waffen und Gerät gewährleisteten. Mit Mühe und Not gelang es, am Nordrand des

Ortes eine neue Hauptkampflinie aufzubauen, aber mehr als die Hälfte der Kompanie war gefallen oder verwundet, auch mein Kompanie-Oberfeldwebel Siegmund, bei dem Versuch, die Troßfahrzeuge aus dem Ort zu bringen. Das war für die Kompanie ein schwerer Verlust, denn wegen seiner Umsicht und Tüchtigkeit hatte ich Oberfeldwebel Siegmund zur Beförderung zum Offizier und zur Übernahme in die Offizierslaufbahn vorgeschlagen. Auffallend war, daß viele der Verwundeten oder Toten durch Kopfschüsse getroffen waren. Wir hatten es mit einer sibirischen Scharfschützeneinheit zu tun, der es bei ihrer Winterausrüstung auch nichts ausmachte, stundenlang im Schnee zu liegen, während wir mit unserer Sommerbekleidung mühsam von Haus zu Haus, an Straßen und Plätzen halten mußten, um nicht zu erfrieren.

Nach etwa zwei Stunden hatte Dr. Pier mit den Resten der 9. Kompanie und seiner Reservekompanie 1 km nördlich von uns im Gelände eine neue Auffangstellung gebaut. Wir beobachteten, wie nun auch von Westen her der Feind in Bataillonsstärke in Richtung Kaluga, aufgegliedert in Ski-Einheiten und mit Schlitten und schwerem Gerät angriff. Es war offensichtlich, daß wir hier einen Angriff in Regimentsstärke gegen unsere Stellungen zu erwarten hatten, aber gleichzeitig auch der Feind aus Richtung Tula schon Kaluga weitgehend besetzt hatte. Denn von dort war ebenfalls Gefechtslärm nördlich von Kaluga zu hören. Eine große Angriffsoperation der Russen im Raum Kaluga hatte begonnen. Der Feind hatte auch schwere Geschütze mit. Wie wir später feststellten, 15,2-cm-Kanonen und Haubitzen, die von einem Traktor mit breiten Raupenketten geschleppt wurden. Es gelang, die neue Hauptkampflinie bis in die Abendstunden zu halten. Doch der Druck wurde immer stärker, und gegen Abend begann auch die Beschießung des Bahnhofsgeländes von Worotynsk 2 km hinter unseren Linien in unserem Rücken.

Das Bataillon war inzwischen dem Kommando des motorisierten SS-Regiments 4 unterstellt worden, das mit Transportflugzeugen aus seinem Standort Krakau eingeflogen worden war und im Rahmen der 4. Armee Auffangstellungen im Raum Kaluga verteidigen sollte.

Im Unterschied zu uns waren die SS-Einheiten in ausgezeichneter Winterbekleidung, pelzgefütterten Tarnanzügen mit Kapuzen, Filzstiefeln und modernen Waffen ausgerüstet. Es waren frische, ausgeruhte Eliteverbände, die bei Kaluga in harten Gefechten mit der vordringenden Roten Armee standen und nach hartem Kampf Kaluga räumen mußten.

Der Kommandeur des SS-Regiments befahl in den Abendstunden den Rückzug auf das Bahnhofsgelände von Worotynsk. In einer durchgehenden Front hatten wir Anschluß nach Osten an ein Bataillon des SS-Regiments, während die Flanke nach Westen offen war.

Zunächst galt es, die Hunderte von Kriegsgefangenen in einige Steinhäuser zu bringen, wo sie vor Beschuß besser geschützt waren und der Bewachung der Bahnhofskommandantur unterstanden. Denn sonst wäre in dem unübersichtlichen Bahngelände der angreifende Gegner von kriegsgefangenen hilfswilligen Russen, die bei der Transportkommandantur arbeiteten, nicht mehr zu unterscheiden gewesen.

Die kriegsgefangenen Russen fügten sich willig unseren Anweisungen, leisteten keinen Widerstand und waren froh, sich in die letzten Häuser zurückziehen zu können.

Wir besetzten das Bahngelände und erwarteten in den Abendstunden das weitere Vordringen der Russen. Gegen Mitternacht war es dann soweit. Nach einem Feuerschlag der russischen Geschütze auf das Bahnhofsgelände, wodurch einige Gebäude in Brand gerieten, griffen die Russen an. Wir verloren gegenüber der Überzahl der Angreifenden das Bahnhofsgelände und zogen uns außerhalb des Bahnhofsgeländes auf den Waldrand und das Kusselgelände einer neuen Auffanglinie zurück. Bei der bitteren Kälte blieb uns im Morgengrauen nichts anderes übrig, als auch diese Linie aufzugeben und uns in eine Ortschaft etwa 2 km rückwärts des Bahnhofs Worotynsk zurückzuziehen.

In diesen und in den folgenden Tagen zeigte sich die ganze Schwäche unserer Verteidigung. Während die vordringenden frischen sibirischen Einheiten mit Skiern und Schlitten und einzelnen Panzern mitten ins Gelände, auch bei Schneehöhen von 1 m, marschierten und angriffen, waren wir ohne Winterausrüstung

und Wintergerät auf Ortschaften, feste Straßen und Plätze angewiesen. Es war einfach unmöglich, unsere Soldaten länger als einige Stunden bei der Kälte von 40 °C im Gelände liegen zu lassen, wenn sie nicht den Erfrierungstod sterben sollten. So bewegten wir uns von Ortschaft zu Ortschaft, von Waldstück zu Waldstück, um einigermaßen Schutz vor Sicht und Kälte zu haben, während die Russen an uns vorbei kilometerweit ins Hinterland stießen, wenn sie am Ortsrand durch Maschinengewehrfeuer oder Gewehrfeuer durch uns im Vorgehen aufgehalten wurden. Das führte dazu, daß russische Verbände schon weit ins Hinterland vorgestoßen waren, Ortschaften mit deutscher Besatzung eingeschlossen hatten, rückwärtige Verbindungslinien abgeschnitten wurden und die Zeit der Einkesselungen deutscher Verbände begann. Das Stichwort »Kokarde« machte die Runde. Damit sollte zum Ausdruck kommen, daß manche Ortschaft mit deutscher Besatzung von vordringenden russischen Verbänden eingeschlossen war, die wiederum ihrerseits von deutschen vordringenden Truppen eingeschlossen wurden, die zum Entsatz der eingeschlossenen Kameraden befohlen waren.
Auch uns, den Einheiten des SS-Regiments 4 und dem III. Bataillon des IR 84 stand das gleiche Schicksal bevor. Denn am 29. und 30. 12. 1941 wurden wir weiter zurückgedrängt und standen schließlich am Nordufer der Oka am Oka-Knie westlich von Kaluga in den Ortschaften Rosswa und Kolyschewa, abgeschnitten von den rückwärtigen Verbindungen nach Juchnow, weil russische Truppen schon an uns vorbei in Richtung Suchinitschi, einem wichtigen Eisenbahnknotenpunkt, nach Westen vorgedrungen waren. Auch in Suchinitschi war die deutsche Besatzung eingeschlossen, desgleichen in verschiedenen Orten zwischen Suchinitschi und Juchnow. Wir hatten also weder mit Nachschub noch mit Verpflegung zu rechnen und sahen in kilometerweiter Entfernung russische Marschkolonnen mit Skiern und Schlitten und einzelnen Lastwagen an uns vorbei in Richtung Westen rollen.
Unvergeßlich war der letzte Tag des Jahres 1941, als wir gegen Abend zum Befehlsempfang zum Bataillonskommandeur Dr. Pier befohlen wurden. Wir ernährten uns zu dieser Zeit und in den

nächsten Tagen nur von Kartoffeln, die wir unterhalb der Häuser in den Vorratsgruben frostgeschützt vorfanden, und von Gurken, die der eine oder andere in einem Gurkenfaß ebenfalls vorfand. Dazu Tee, den wir aus dem Schmelzwasser des Schnees im Kochgeschirr bereiteten. Jetzt zeigte sich, wie klug die Vorsichtsmaßnahmen waren, jedem Soldaten ein Tee-Päckchen und ein Säckchen mit Salz aufzuzwingen. Denn ohne beides hätten wir nicht in dieser Einschließung überleben können.

Als um Mitternacht das Neue Jahr begann, hatte ein findiger Geist noch eine kleine Flasche Wodka irgendwo entdeckt. Mit dem gefüllten Trinkbecher prostete der Kommandeur uns zu und wünschte uns allen, daß wir aus dem Kessel herauskämen, und schloß mit dem Satz: »Da meine Frau heute am 1. Januar Geburtstag hat, werden Sie, meine Herren, verstehen, daß ich auch auf das Wohl meiner Frau trinke« – eine unvergeßliche Minute des Schweigens folgte, während jeder von uns aus dem Trinkbecher einen kleinen Schluck nahm.

In den folgenden Tagen nahm die Kälte noch zu. Wir hatten keine Feindberührung, nur ein Aufklärungsflugzeug der Russen kam täglich und flog den Oka-Abschnitt entlang, um sich zu vergewissern, ob wir noch da waren.

Um den 5./6. Januar 1942 traten die ersten Anzeichen von Kräfteverlust durch Unterernährung auf. Apathie, Müdigkeit, ja, die ersten Halluzinationen. Ich träumte im Halbschlaf von einer großen Erdbeerschüssel, die meine Mutter mir immer hinzustellen pflegte, wenn ich als Soldat in Urlaub kam. Wenn alles schon schlief und ich noch die Rundfunknachrichten hörte, war meine Mutter immer mit einem Einmachglas köstlicher Erdbeeren erschienen. Nicht immer zur Freude meiner Schwestern, die am nächsten Tag die leere Schüssel vorfanden.

So saß ich auch jetzt am Tisch und tunkte mein ganzes Gesicht in die Erdbeerschüssel, da meine Mutter noch keinen Löffel gebracht hatte. Als sie das sah, rief sie: »Aber doch nicht so, mein Junge!« Während der Vater ruhig entgegnete: »Laß ihn doch, die Soldaten können das!«

Es war mir, als wenn ich in einer Wüste an eine Quelle gekommen wäre, so schlürfte ich genußvoll das Erdbeerkompott. Als ich

wieder hellwach wurde, spürte ich noch den Erdbeergeschmack auf den Lippen. Die grausige Lage kam mir dann erst recht zu Bewußtsein.
Andere Soldaten träumten vom schlesischen Schweineschlachten, und wieder Dritte glaubten Mohnkuchen frisch vom Blech vor sich zu haben. Es war eine Selbsttäuschung, verbunden mit gelegentlicher Bewußtlosigkeit aus Schwäche; denn wir hatten nur noch Tee als einige Nahrung. Über dem Abschnitt des SS-Regiments 4, das gute Funkverbindungen hatte, wurden Verpflegungsbomben abgeworfen. Ein SS-Dienstgrad erschien mit einem Sack Knäckebrot und Schokoladen-Dosen für den Kommandeur und den Bataillonsstab. Fragte doch Dr. Pier: »Bekommen das meine Männer auch?« Das mußte natürlich der SS-Offizier verneinen, weil für unser Bataillon nichts zur Verfügung stand und die Menge gerade ausreichte, um die SS-Kompanien zu versorgen. Daraufhin drehte sich Dr. Pier brüsk um und sagte: »Dann will ich diesen Dreck auch nicht haben!« Betreten machte der Mann mit seinem Verpflegungssack kehrt. Aber niemand wagte nach diesem Satz auch nur mit dem Gedanken zu spielen, sich an ihn heranzumachen, um an die Kostbarkeiten von Knäckebrot und Schokolade heranzukommen.
Dieser Vorfall muß offensichtlich bei der Führung des SS-Regiments Eindruck gemacht haben. Denn beim nächsten Abwurf von Verpflegungsbomben wurden auch wir bedacht. Immerhin erhielt jeder einige Knäckebrotscheiben und eine Tafel Schokolade für einen Verpflegungstag.
Am 9. Januar 1942 – bis dahin hatte sich noch nichts vor unserer Front getan – erhielten wir den Befehl, uns nach Westen durch die Wälder in Richtung Tichonowa-Pustyn durchzuschlagen. Ein SS-Obersturmführer und ich erhielten den Auftrag, als Nachhut bis 3.00 Uhr morgens in den Ortschaften Rosswa-Kolyschewa zu verbleiben, während Dr. Pier mit dem III. Bataillon IR 84 und das SS-Bataillon samt Regimentsstab des SS-Regiments 4 sich bei Einbruch der Dunkelheit in Richtung Tichonowa-Pustyn absetzen konnten.
Zu allem Überfluß lautete der Befehl, beide Ortschaften vor ihrer Aufgabe um 3.00 Uhr nachts schlagartig in Brand zu setzen.

Inzwischen hatte, angesichts der Kältegrade, auch das deutsche Oberkommando den deutschen Verbänden Befehl gegeben, beim Rückzug alle Ortschaften in Brand zu setzen und alle deutschen Munitionslager und Gerätschaften zu sprengen. Die »verbrannte Erde« wurde diesmal in umgekehrter Richtung gehandhabt. Vielleicht war mit ursächlich für diesen Befehl, daß in den ersten Tagen der sowjetischen Offensive im Dezember 1941 große Versorgungslager und Munitionstransporte der deutschen Wehrmacht den Russen unversehrt in die Hände gefallen waren. Auch der Bahnhof Worotynsk war unzerstört mit Tausenden von Fliegerbomben, Munitionstransporten und Gerät in die Hände der Roten Armee gefallen.
Als wir darauf hinwiesen, daß die Inbrandsetzung beider Ortschaften uns die Verfolger auf den Hals hetzen würde, fügte Dr. Pier zwar einlenkend hinzu, »es muß ja nicht jedes vorderste Haus angezündet werden, wenn damit das Vorfeld so erleuchtet wird, daß Sie nicht mehr über den Schnee können, aber Sie müssen den Befehl ausführen. Ich kann daran nichs ändern!«
Von der Absetzbewegung des Gros hatten die vor uns liegenden sowjetischen Verbände offensichtlich nichts bmerkt. Es blieb auch weiterhin ruhig. Aus Richtung Kaluga hörten wir nur gelegentlich Motorengeräusche auf den Straßen nach Westen. Die Stunden vergingen überaus langsam. Selten hat eine Nacht so lange gedauert wie diese Absetznacht vom 9./10. Januar 1942. Endlich rückte der Uhrzeiger auf 3.00 Uhr. Ich hatte mit dem Obersturmführer der SS, meinem linken Nachbarn, verabredet, daß wir die Häuser nicht mit Fackeln anzünden sollten, sondern zu einer bestimmten Uhrzeit in jedem Haus ein Hindenburglicht auf einem Strohgebinde angezündet werden sollte, so daß nach etwa einer halben Stunde beim Abbrennen des Lichts das Stroh in Brand geraten würde, wenn wir längst in den Wäldern verschwunden waren.
Nach einigen Schwierigkeiten meldeten die Trupps, daß sie die Häuser auf diese Brandstifter-Art zur Zerstörung vorbereitet hätten. Punkt 3.00 Uhr, als wir uns absetzten, wurde jede Kerze und jedes Hindenburglicht wie befohlen angezündet, und wir machten uns so schnell wie möglich in Richtung Wald davon.
Am Waldrand noch ein kurzes Sammeln, Ausgabe der Marsch-

kompaßzahlen und des zu erreichenden Ortes Tichonowa-Pustyn, 30 km nordwestlich des Oka-Knies. – Es war ein mühseliger Weg durch knietiefen Schnee, der jedoch an einigen Waldwegen nicht so tief war und uns ein Fortkommen von einigen Kilometern pro Stunde gestattete. Nach etwa einer Stunde zeigte auch der Feuerschein, daß unsere erste befohlene Brandstiftung offensichtlich gelungen war. Beide Orte schienen in Flammen aufzugehen. Sie waren von der Zivilbevölkerung schon vor unserem Erscheinen Ende Dezember geräumt worden.
Als wir am nächsten Tag, dem 11. Januar 1942, nach den Strapazen des Marsches durch die dichten Wälder endlich Tichonowa-Pustyn, einen größeren Ort mit einem alles überragenden Kloster, erreichten, brannten der Dachstuhl und der Turm des Klosters, flüssiges Blei ergoß sich von den Dachgipfeln und dem Turm zischend in den Schnee. Die Dorfbevölkerung und unsere Soldaten bargen mit dem Popen Bibliotheken, Ikonen und andere Kirchenschätze, wiederum andere versuchten mit Eimern voll Schnee, die sie auf das Dach kippten, den Brand einzudämmen.
Dr. Pier schloß mich in seine Arme und sagte mit ernster Stimme: »Gott sei Dank, daß Sie da sind, ich hatte mit Ihnen nicht mehr gerechnet!« –
Erst da wurde mir bewußt, daß diese erste Nachhut, die meine Kompanie in den Abwehrkämpfen im Osten zu bilden hatte, doch gefährlicher gewesen sein muß, als es mir anfangs erschien. Vielleicht hatten wir auch Glück; denn wir hatten während unseres Ausbruchs keine Feindberührung, die riesigen Wälder vor Moskau hatten sich gleichzeitig als unser Schutz erwiesen. Die Kälte schien auch den russischen Soldaten zu groß zu sein, um die ganze Nacht im Wald Posten zu stehen.
Die Lage hatte sich bis dahin in der ganzen Heeresgruppe Mitte dramatisch verschlimmert. Die Ausfälle der Truppe an Menschen und Gerät durch die strenge Kälte, auch durch die Angriffe des Feindes, erreichten nie gekannte Ziffern. Zwischen Tula – Tichonowa-Pustyn im Raum westlich Kaluga wurden jeden Tag Ortschaft für Ortschaft am Tage verteidigt und nachts aufgegeben.
Am 23. Januar 1942 wurde das Bataillon ostwärts Juchnow am Flüßchen Ugra eingesetzt, um eine eingeschlossene Luftwaffen-

einheit zu entsetzen, die sich hartnäckig gegen angreifende Russen verteidigte und ohne Munition verloren schien. – Am Spätnachmittag trat das Bataillon mit zwei Kompanien in vorderer Linie zum Angriff auf diesen Ort an. Er brannte schon an allen Ecken und Enden. Durch den Feuerschein war die Dorfstraße hell erleuchtet, als wir parallel zur russischen Front die Dorfstraße herunterstürmten. Einer nach dem anderen wurde getroffen. Neben mir fiel Leutnant Dr. Kollmitz, ein Kriegsgerichtsrat der Division, der im Dezember 1941 zu mir als Reserveoffizier kommandiert war, durch Kopfschuß. Auch Unteroffizier Krautwurst, seit Herbst 1940 Ordonnanz beim Bataillonskommandeur Dr. Pier, fiel. – Die Ausfälle des Bataillons waren groß, als wir schließlich das Dorf Trebuschenki genommen und die Luftwaffen-Soldaten entsetzt hatten. Wenige hundert Meter vor uns lag – parallel zum langgestreckten Dorf – an einem Waldrand der Feind. Bei der großen Kälte war es nur möglich, Vorposten etwa 150 m vor die Häuserzeile zu schicken und sie alle halbe Stunde abzulösen.
Mitternacht war vorbei. Ich saß in einem russischen Haus, der Kamin war für die Kompaniemelder und die Ablösungen so geheizt, daß uns eine wohlige Müdigkeit überkam. Plötzlich trat der Posten, der vor dem Haus stand, herein und rief: »Herr Oberleutnant, unsere Leute kommen zurück!« Ich stürzte mit ihm hinaus – auch die Melder folgten – und lief einer Gruppe entgegen, die durch den Schnee auf mein Haus zu marschierte, und schrie sie an: »Seid Ihr verrückt, die Stellung zu räumen?« Weiter kam ich nicht, da blitzte auch schon das Mündungsfeuer auf. Ich spürte einen Schlag gegen die linke Schulter und den linken Arm und stürzte hin. Auch der Posten wurde in die Brust getroffen und fiel, die nachfolgenden Melder erwiderten das Feuer, und die Gruppe zog sich zurück.
Es waren nicht eigene Leute, sondern ein russischer Spähtrupp von 6 bis 8 Mann, der an unseren Vorposten vorbei bis kurz vor unser Haus gelangt war. Erst auf mein Rufen hin machten sie den Fehler zu schießen. Sie hätten uns sonst ohne einen Schuß gefangennehmen können, nachdem wir sie für eigene Soldaten gehalten hatten.
So war es im Dezember 1941 meinem Jahrgangskameraden Erwin

Schultz ergangen, als er ostwärts Rshew aus einem kurzen Krankenurlaub wieder zu seiner Kompaniestellung wollte und ihm eine Gruppe Soldaten in deutschen Fliegermänteln begegnete. Es waren Russen, die sich mit deutschen Fliegermänteln getarnt hatten, um durch die deutsche Front zu sickern. Erst zehn Jahre später kam Oberleutnant Schultz 1951 aus russischer Kriegsgefangenschaft wieder heim.

Auf den Gefechtslärm hin stürzten auch alle anderen Gruppen aus den Häusern, und es erhob sich zunächst eine wilde Schießerei in Richtung Waldrand, weil man einen Nachtangriff der Russen befürchtete, doch der blieb aus.

Unser Bataillonsarzt, inzwischen nach dem Tod Dr. Bredenbrocks der Gleiwitzer Arzt und Reservist Dr. Möser, stellte fest: Sie haben Glück gehabt, nur Schulterstreifschuß, aber dafür doppelter Schußbruch linker Arm! Elle und Speiche waren getroffen. Dort hatte ich auch den heftigen Schlag gespürt. Ein Seitengewehr schiente den Unterarm, Schmerz hatte sich noch nicht eingestellt, dazu war die Aufregung zu groß. Erst in der Morgendämmerung begannen linke Schulter und linker Unterarm zu schmerzen.

Im Morgengrauen wurden die Verwundeten der Nacht auf Schlitten zum Hauptverbandsplatz nach Juchnow gebracht. Wer noch laufen konnte, mußte einen Liegeplatz für die schwereren Fälle zur Verfügung stellen. Im übrigen war man bei der Kälte froh, wenn man sich bewegen konnte. Ein gleicher Schuß mit Schußbruch im Schienbein oder Kniegelenk hätte bei diesen Kältegraden und der Unmöglichkeit, genügend Decken aufzutreiben, sicher größere Gefahren mit sich gebracht.

Von Juchnow, das von russischen Flugzeugen mehrfach bombardiert wurde, ging es am nächsten Tag in Richtung Smolensk. Da die rückwärtigen Wege durch Partisanen und durchgesickerte russische Truppen gefährdet waren, insbesondere im Raum nördlich Brjansk und in den Wäldern um Roslawl, mußten die Sanitätskompanien von Panzern und Sturmgeschützen begleitet werden, die mehrfach den Weg freikämpften. Ohne Rücksicht auf die großen Rotkreuz-Zeichen an den Wagen unserer Sanitätskompanien wurden wir immer wieder aus den Waldstücken beschossen,

und auch auf dem Transport traten noch Ausfälle ein, wenn ein Sanka von einer Maschinengewehrgarbe getroffen wurde.
Ein Aufatmen ging daher durch alle, als wir endlich am Abend des 26. Januar 1942 Smolensk erreichten und dort in Behelfslazaretten untergebracht wurden. Auch Smolensk war unruhig! Täglich wurden einige Angriffe russischer Flugzeuge gegen die Stadt geflogen. In den Abendstunden griffen auch stärkere Verbände die Stadt an. Das Oberkommando der Heeresgruppe Mitte war unweit der Stadt untergebracht.
Zahlreiche Verwundetenzüge und Nachschubtransporte blockierten die Eisenbahnlinie zwischen Smolensk und Minsk in einem Maße, daß mit einem Abtransport erst in einigen Tagen gerechnet werden konnte.
Um den 10. Februar 1942 standen endlich für die leichteren Fälle Transportzüge bereit. Wir wurden in Richtung Orscha, Minsk und Warschau in Marsch gesetzt. Es war eine tagelange Fahrt in Personenzügen bei engbesetzten Abteilen ohne Verpflegung. Ein jeder mußte sehen, wie er durchhielt. Erst bei Minsk sahen wir zum erstenmal Rotkreuz-Helferinnen auf den Bahnsteigen. Sie erschienen uns in ihrer gepflegten Schwesterntracht und in ihrer liebenswürdigen Art wie Engel aus einer anderen Welt, als sie uns Tee und Kaffee in die Abteile brachten. Waren es doch die ersten ansehnlichen Frauen, die deutsch sprachen und uns ohne Verbitterung und Haß anschauten – seit acht Monaten – wahrlich eine Augenweide und außerdem ein tröstliches Gefühl, daß die Heimat einem wieder näher kam.
Unser Verwundeten-Transportzug mußte oft halten, und wir standen manchmal viele Stunden auf einem Abstellgleis. Teils waren es die an die Front mit Vorrang abgefertigten Militärtransporte, vor denen wir zurückstehen mußten, teils hatten aber auch in den dichten Wäldern zwischen Minsk und Warschau die ersten Partisaneneinheiten ihre Sabotageakte gegen Bahnstrecken und einzelne Nachschubstationen aufgenommen. Es war für uns rätselhaft, wie in der gleichen Gegend, die uns noch vor kaum einem Jahr in Weißrußland mit Salz und Brot, Wasser und Blumengebinden empfangen hatte, nunmehr Sprengkommandos und Partisanengruppen tätig sein sollten. Erst viel später im Lazarett in

Warschau, in Dresden und beim Genesungsbataillon in Saargemünd ist uns aufgegangen, auch durch Erzählungen vieler anderer verwundeter Kameraden, was sich im rückwärtigen Gebiet durch Zivilverwaltung, Polizei- und Einsatzkommandos des SD ereignet hatte und zu einer völligen Veränderung der Stimmung und Haltung in den besetzten Ostgebieten beitrug.
In Warschau wurden endlich in einem großen Krankenhaus unsere Verbände erneuert. Eine gründliche Behandlung und Unterbringung in gepflegten Krankenzimmern ließ uns die zurückliegenden schaurigen Eindrücke nach und nach vergessen. Warschau war übervoll mit Verwundeten, aber auch mit Dienststellen der Wehrmacht und Zivilverwaltung, Transporteinheiten und rückwärtigen Diensten. Nach allem, was wir im Lazarett hörten und lasen, mußte Warschau damals eine riesige Etappenstadt gewesen sein, in der es sich gut lebte und an allen Dingen Überfluß zu sein schien. Eine Verbitterung machte sich bei uns Verwundeten breit, als wir auch im Lazarett feststellen mußten, wie großartig und überreich das Leben der dort tätigen Ärzte, Zahlmeister und Sanitätsgrade zu verlaufen schien, während es tausend Kilometer ostwärts an allem fehlte. Nicht nur an Winterkleidung, Verpflegung und Munition, sondern auch an der Bereitschaft, noch an einen Sieg zu glauben, nachdem die Winterkatastrophe vor Moskau zu solchen Ausfällen geführt hatte.
Nach einer Woche mußten wir unser Lazarett in Warschau räumen. Ein neuer Verwundetentransport brachte uns nach Dresden. Man brauchte für die vielen Verwundeten und an Erfrierungen leidenden Soldaten in Warschau immer mehr Raum.
Die durch Erfrierungen eingetretenen Ausfälle waren bei der Infanterie höher als durch Waffenwirkung. Erfrorene Zehen führten zu Amputationen, manchmal auch der Füße, Erfrierungen an den Fingern und Händen ebenfalls. Erst später wurde uns bewußt, was es für einen Infanteristen bedeutet, alle Zehen verloren zu haben. Die Gehfähigkeit und die Einsatzmöglichkeiten des Infanteristen waren dahin.
In Dresden-Neustadt wurden die Verwundeten großzügig im Diakonissenhaus an der Holzhofgasse und in einem in der Nähe liegenden geräumten und als Hilfslazarett eingerichteten Gymna-

sium untergebracht. Es war Mitte Februar geworden. Die Nachrichten von der Front waren immer noch düster, der Wehrmachtsbericht verschleierte mehr als er offenbarte. Da wir weder in Warschau noch in Dresden ausländische Sender abhören konnten, fehlte uns auch bald jener Einblick in die Entwicklung der Lage, der zu einer Ausgewogenheit des Urteils führen konnte.
Als ich nach einigen Tagen guter Behandlung und viel Schlaf mich stark genug fühlte, auch die Familie zu benachrichtigen, schickte ich ein Telegramm nach Hause und bat um den Besuch meiner jüngeren Schwester Hildegard in Dresden. Sie kam mit der nächsten Fahrmöglichkeit und blieb einige Tage in der Stadt, um für mich dieses oder jenes zu besorgen und entsprechende Informationen nach Hause mitzunehmen. Ich gab ihr einen längeren Brief an meinen Vater mit, in dem ich schonungslos unsere Erlebnisse vor Moskau niedergeschrieben hatte, mit der vielleicht damals aus dem Erleben heraus deprimierenden Feststellung: »Der Krieg ist verloren, wir haben nur noch die Hoffnung, irgendeinen Kompromiß zu finden! Denn von diesen Verlusten, die wir an der Ostfront vor allem an altgedienten und fronterfahrenen Offizieren und Unteroffizieren, aber auch von Gefreiten und Obergefreiten erlitten haben, kann sich die Wehrmacht nicht mehr erholen!«
Ich selbst war wohl mit meiner 10. Infanteriekompanie ein schlagender Beweis: Nach den Gefechten um Kaluga, in der Einschließung am Oka-Knie und später beim Sturm auf Trebuschenki war es unmöglich, über Gefallene und Vermißte zu schreiben und über die Verluste im einzelnen Buch zu führen. Wir behalfen uns daher mit einer Nummer, die ein jeder gefallene, vermißte oder verwundete Soldat bekam, und einer kurzen Notiz, wo er gefallen oder wo er verwundet war. Ein solches Büchlein führte jeweils der Kompaniefeldwebel und der Kompaniechef. Mit 196 Mann war ich Anfang Dezember 1941 als kriegsstarke Infanteriekompanie angetreten. Als ich mich selbst in mein Büchlein am 24. 1. 1942 auf dem Hauptverbandsplatz in Juchnow eintrug, war ich die Nummer 36. Die 160 Kameraden vor mir waren entweder gefallen, mehr als die Hälfte auf jeden Fall, oder vermißt, der Rest verwundet oder in russische Kriegsgefangenschaft geraten, eine erschreckende Bilanz!

So wie es meiner Kompanie erging, traf das Schicksal alle in vorderer Linie kämpfenden Infanteristen, Artilleristen, Pioniere und Panzergrenadiere zwischen Kalinin und Tula

Nicht minder schwer wog der Vertrauensverlust, den diese Wochen in der Wehrmacht angerichtet hatten. Denn erstmalig waren ganze Divisionen und Armeekorps eingeschlossen, mußten Stellungen räumen oder waren zerschlagen worden. Die Front war an vielen Stellen aufgerissen, ein großer Teil der Befehlshaber abgelöst, darunter die bekanntesten Panzergenerale vom Range eines Guderian oder Hoepner, und schließlich war von einer verantwortungsbewußten Ausrüstung der kämpfenden Truppe mit Winterbekleidung bis zum Januar 1942 keine Rede. Als die ersten Sammlungen für Winterbekleidung und Skier in der Heimat stattfanden, hatten Zehntausende sich längst vor Moskau die Füße erfroren. Der krasse Gegensatz zwischen den großsprecherischen Reden und Verlautbarungen, den Balkenüberschriften des »Völkischen Beobachters« im Oktober 1941 und der Tragödie vor Moskau im Dezember 1941 und Januar 1942 war dem letzten Soldaten tief ins Bewußtsein geraten. Der Zweifel hatte von der Seele des Soldaten Besitz ergriffen. Von diesem Zweifel hat sich die Ostfront nie mehr befreien können. Daran haben auch spätere, teilweise erfolgreiche Angriffsoperationen nichts mehr ändern können!

4.
In der Lazarettstadt Dresden

Die Stadt Dresden, damals Hauptstadt im Land Sachsen, gehörte mit über 600 000 Einwohnern zu den schönsten, aber auch sichersten Städten des Deutschen Reiches. Bombenangriffe, wie sie bereits Köln oder Hamburg erlebt hatten, waren für Dresden einfach undenkbar. Die Stadt präsentierte sich als ein Schmuckstück architektonischer, kultureller und geschichtlicher Tradition. Zunächst aber war an derartige Schönheiten nicht zu denken. Denn unser überfülltes Lazarett in der Holzhofgasse in Dresden-Neustadt machte jedem von uns auch nur den Gedanken an einen Ausgang unmöglich. Die meisten der im Lazarett Untergebrachten waren Schwerverwundete, Amputierte, die durch Frostschäden ihre Zehen oder gar ihre Füße verloren hatten, denen die Hände amputiert waren, die die Ohren verloren hatten oder die andere schwere Verwundungen erlitten hatten. Auch mein Gesundheitszustand machte den Ärzten Sorgen. Ich bekam hohes Fieber, offensichtlich hatte sich die Wunde entzündet, der linke Unterarm mit dem Schußbruch schwoll dick an. Man sprach von der Gefahr eines Gasbrandes. Mit Sicherheit aber war es eine schwere Knochenhautentzüdung. Das hohe Fieber veranlaßte den Chefarzt, mehrfach am Tag bei mir vorbeizukommen, und eines Tages eröffnete er mir, mein linker Unterarm müsse bis über dem Ellbogen amputiert werden, ich hätte Gasbrand. Das war natürlich für einen aktiven Oberleutnant eine erschütternde Feststellung. Denn was war man als aktiver Offizier noch, wenn man nur einen Arm besaß? Ich wehrte mich daher gegen diese Operation. Mir kam der Oberarzt zur Hilfe. Es war ein Reservist, jovial, mittleren Alters, stammte aus dem Sudetenland und meinte: »So schnell schießen die Preußen nicht, ich werde noch einmal mit dem Chefarzt sprechen, ob es nicht doch möglich ist, durch Sonden und Operationen die Entzündung zu heilen und Sie vor der Amputation des linken Unterarmes zu bewahren!« Und so geschah es denn auch! Ich bin heute noch diesem Oberarzt der Reserve dankbar! Denn

wäre er nicht gewesen, liefe ich heute ohne linken Unterarm herum.
Natürlich hat man mit den verschiedenen Kameraden aus dem Lazarett Gespräche geführt. Der Eindruck war bei allen der gleiche: Eine Katastrophe hatte sich im Winter 1941/42 im Mittelabschnitt der Ostfront vor Moskau ereignet, und wie man nach diesem Rückschlag noch Siegeshoffnungen hegen konnte, schien einem jeden unverständlich. Als schließlich der März ins Land ging und man schon etwas vom Frühling ahnte – denn die Dresdener Bucht in der Elbniederung verzeichnet ein verhältnismäßig mildes Klima –, gab es endlich auch die ersten Möglichkeiten, in die Stadt zu gehen. Mein linker Arm war in Gips geschient, ich trug einen Verband, den man damals den »Stukaverband« nannte in Anlehnung an die Flügelform des Sturzkampfbombers. Es war eine unförmige, aus Gips und Scharnieren gefertigte Form, mit der ich den linken Unterarm in der Waagerechten halten mußte, gestützt von einem zunächst unter der Schulter getragenen Kissen und später durch eine um die Schulter geschwungene Arm- und Tragbinde. Natürlich konnte man keinen Rock anziehen, der Rock konnte nur um die linke Schulter gelegt werden. Wenn man ausging und sogar noch einen Mantel brauchte, war es auch mit dem Mantel ähnlich. Das gab mir, wenn ich im Straßenbild auftrat, ein eigenartiges Aussehen, und offensichtlich habe ich auch manches Mitleid erregt. Aber es gab erfreulicherweise auch andere Dinge. Dresden hatte ein besonders entwickeltes Theater- und Kulturleben. Und so gelang es über Besuche im Schauspielhaus, in der Oper – wir wurden bevorzugt mit Karten im Lazarett von der Kulturverwaltung der Stadt versorgt – auch der künstlerischen Seite Dresdens einiges abzugewinnen. Ich lernte den Staatsschauspieler Walter Kottenkamp kennen und wurde vom Ehepaar Kottenkamp auf den »Weißen Hirsch« eingeladen. Ich lernte Erich Ponto kennen, jenen Charakterschauspieler mit seinem unverwechselbaren Idiom, seinem Humor, den eleganten hochgewachsenen Paul Hoffmann! Bei den Frauen die mittelgroße, dunkle Antonia Dietrich, die junge Nachwuchsschauspielerin, die blonde Manja Behrens und manche andere bekannte Künstler vom Schauspielhaus. Unvergeßlich ist mir eine Aufführung von Goethes

Faust, 1. Teil, mit Paul Hartmann in der Rolle des Faust, Käthe Gold als Gretchen, Antonia Dietrich als Marthe und Gustaf Gründgens als Mephisto. Es war eine der großartigsten Darstellungen des Goetheschen Dramas! Als Käthe Gold als Gretchen ihr erschütterndes »Ach neige, du Schmerzenreiche, Dein Antlitz gnädig meiner Not!« in der Zwingerszene sprach, wurden einige Frauen im Zuschauerraum ohnmächtig und mußten hinausgetragen werden. Die Anwesenden waren zutiefst beeindruckt von dieser Schauspielkunst. Vielleicht war es aber auch die Zeit, die sich in einem solchen Schauspiel in der Erschütterung der Menschen offenbarte. In der Oper war Maria Cebotari unvergeßlicher Star, ebenso Margarethe Teschemacher. Die Stadt selbst hatte in der Prager Straße eine glänzende Geschäftsstraße, in der noch sehr vieles zu haben war, auch Schmuck, ostpreußische Bernsteine in Ketten, Armbänder. Ich schenkte meiner Schwester Hildegard als Dank für ihren Besuch im Lazarett eine Bernsteinkette, die sie noch heute als besondere Erinnerung trägt. Es war wunderschön, auf der Brühlschen Terrasse in der Märzsonne spazierenzugehen, die Hofkirche habe ich oft aufgesucht, nicht nur aus künstlerischen Gründen, auch zu einem Gebet, einem Dankgebet für die Errettung aus den schrecklichen Wochen im Dezember und Januar vor Moskau. Das Grüne Gewölbe beherbergte große Kunstschätze, wie überhaupt Dresden neben der Akademie der bildenden Künste, neben dem Ausstellungsgebäude des Sächsischen Kunstvereins, dem Ständehaus und der Gemäldegalerie viele hervorragende Gegenstände aus Kunst und Wissenschaft beherbergte. Es gab natürlich bei den verschiedenen Begegnungen kritische Gespräche über die politische Lage. In den Bekanntenkreisen, mit denen ich damals in Kontakt kam, herrschte eine Distanz gegenüber der Gauleitung. Es gab eine Vielzahl von Witzen über den amtierenden Gauleiter Mutschmann und die Partei. Die Bevölkerung war in diesen Zeiten noch gut gekleidet, eine bürgerliche Oberschicht füllte Theater und Konzerte. Aber auch die Arbeiterschaft aus den Rüstungsfabriken und selbst die schon in Dresden erkennbaren vielen Arbeiter aus den deutschen Ostgebieten oder aus Frankreich waren verhältnismaßig normal gekleidet und fielen im Stadtbild nur ebenso auf wie heute die Gastarbeiter aus Jugoslawien, Spanien oder aus Italien aufgrund ihres andersgearteten Erscheinungsbildes. Es näherte sich der April 1942, er führte im Lazarett zu einem Ereignis, das uns noch viele Sorgen machen sollte, dem Geburtstag Hitlers. Auch in unserem überfüllten Lazarett deutete sich dieser Tag an. Wir erhielten eine größere Verpflegungsration am Vorabend des 20. April, und jeder verwundete Soldat erhielt eine Flasche französischen Champagner, für je drei Soldaten gab eine Flasche Cognac. Natürlich wollten die Verwundeten ihre Champagnerflasche und auch ihren Cognac aufheben, bis sie nach der Entlassung aus dem Lazarett ihren Genesungsurlaub antreten konnten. Es begann also zunächst ein Tausch. Da immer für drei Verwundete eine Flasche Cognac vorgesehen war, tauschten diejenigen, die weniger dem Cognac zugetan waren, mit denen, die weniger den Champagner mochten. So war schließlich mehr oder minder alles gut verteilt. Der eine hatte seine zwei oder drei Flaschen Champagner und der andere seine Flasche Cognac. Es war so verabredet, daß man selbstverständlich als Verwundeter nicht im Lazarett den Alkohol zu sich nahm. Das war natürlich, denn schließlich waren die meisten von ihrer Verwundung so geschwächt, daß Alkoholgenuß, noch dazu in dieser Menge, sich verheerend auswirken mußte. Um so überraschender kam dann der Befehl, alles Leergut, also alle Champagnerflaschen und Cognacflaschen sollten am nächsten Tag, am 21. April, am Nachmittag eingesammelt werden. Es kamen, da ich auf meinem Flur der höchste Dienstgrad war, einige Unteroffiziere zu mir und meinten: »Wir können doch nicht einfach an einem Tag Sekt und Cognac in dieser Menge trinken, um am nächsten Tag bereits die Flaschen abzuliefern!« Ich gab ihnen recht, ging zum Stabszahlmeister, der für dieses Lazarett verantwortlich war, und machte meine Bedenken geltend. »Der Befehl, das Leergut schon am nächsten Tag abzuliefern, muß zwangsläufig zu einer Riesenbesäufnis mit allen daraus sich ergebenden auch gesundheitlichen Folgen und möglicherweise zu Ausschreitungen führen«, redete ich auf ihn ein. Ich fand aber nur einen ganz mürrischen, verschlossenen Stabszahlmeister vor, der gar nicht daran dachte! Befehl sei Befehl, er habe die Pflicht, einen Tag darauf, also am 22. April alle leeren Flaschen wieder abzuliefern, sie seien genau gezählt und er könne seinen Befehl auch nur an uns weitergeben. Der Erfolg trat dann auch ein! Die Soldaten tranken ihren Sekt und ihren Cognac! Es gab auf vielen Zimmern unerfreuliche Szenen, es war notwendig, die Rotkreuzschwestern und die Diakonissinnen aus dem Bereich der feiernden verwundeten Soldaten zu entfernen. Aber das Schlimmste trat dann am späten Abend ein! Als um 22.00 Uhr überall in den Zimmern das Licht gelöscht werden sollte und Ruhe geboten war, marschierten die verwundeten Soldaten stockbetrunken über die Flure im 1., im 2., im 3. Stock und sangen, hielten ihre amputierten Stümpfe in die Gegend, schwangen ihre Krücken und skandierten im Sprechchor: Das danken wir unserem Führer, das danken wir unserem Führer! Es fielen kritische, böse Worte über den Obersten Befehlshaber der Deutschen Wehrmacht, daß ein Kriegsgerichtsrat monatelang zu tun gehabt hätte, wenn er alle diese Ausdrücke, Beschimpfungen und Verwünschungen Hitlers dokumentiert und nach den damals geltenden Gesetzen auch geahndet hätte. Natürlich sprach sich diese Demonstration und alles, was in den Ausschreitungen zu beklagen war, bald herum. Einige Tage später erschien ein Ermittlungsrichter des Kriegsgerichts, um alle diejenigen zur Aussage zu zwingen, die von dem einen oder anderen denunziert worden waren. Auch das war leider damals an der Tagesordnung, daß der eine von anderen verpfiffen wurde, wenn er kritische Äußerungen über Hitlers Strategie, über die Lage an der Ostfront, über den Krieg und seine Chancen von sich gegeben hatte. Ich machte mich sofort auf den Weg zum Standortkommandanten und gab zu Protokoll, daß die Schuld an diesen Ereignissen ausschließlich jene Dienststellen träfe, die den verwundeten Soldaten diese Mengen Alkohol ausgeliefert hätten, mit der Maßgabe, daß binnen 24 Stunden alle Flaschen geleert werden sollten. Das habe aufgrund der Schwäche der Soldaten, aber auch nach monatelangen Entbehrungen sowohl an Verpflegung als auch an Alkohol zu jenen Exzessen geführt, die natürlich beklagenswert seien, die man aber nicht an den verwundeten Soldaten ahnden dürfe, sondern an jenen Dienststellen, die für diesen unsinnigen Befehl verantwortlich wären. Daß ich vorher dem Stabszahlmeister diese Bedenken geltend gemacht hatte und von ihm abgewiesen worden war,

rettete die Situation! Nach und nach sickerte durch, daß alle Verfahren eingestellt wurden und der Stabszahlmeister auf einen anderen Posten versetzt wurde. So gelang es, diesen 20. April 1942 im Dresdener Diakonissenhaus und seinem Hilfslazarett im anliegenden Gymnasium glimpflich hinter sich zu bringen, ohne daß jemandem ein Verfahren angehängt werden konnte.
Endlich trafen jetzt auch die ersten Nachrichten vom Bataillon über die Feldpost mit wochenlanger Verzögerung im Lazarett ein. Das Bataillon hatte noch schwere Kämpfe in den folgenden Wochen zu bestehen gehabt. Es war der sowjetischen Offensive gelungen, bei Welikije Luki und bei Suchinitschi durchzubrechen und mit frischen sibirischen Divisionen tief ins Hinterland der deutschen Front zu stoßen. Im Februar war bei Demjansk ein Kessel der Roten Armee um einige deutsche Divisionen geschlossen. Der Kessel von Demjansk stand in den Märzwochen im Mittelpunkt erbitterter Abwehrkämpfe. Die Einheiten im Kessel konnten nur aus der Luft mit dem Notwendigsten versorgt werden. Es gelang schließlich erst im April, durch eine Gegenoffensive den Kessel von Demjansk zu öffnen. Die Verluste waren auf beiden Seiten, auf seiten der deutschen Soldaten wie der angreifenden Roten Armee, außerordentlich groß, weil die erbitterten Kämpfe sich im hohen Schnee bei Kältegraden zwischen 20 und 40° minus abspielten. Mein Kamerad, Leutnant Budig, war bei einem Angriff auf eine durchgebrochene sowjetische Fallschirmeinheit, durch einen Kopfschuß gefallen. Der Bataillonskommandeur, Major Dr. Bernhard Pier, war erkrankt und mußte mit schwerer Nieren- und Blasenentzündung in ein Lazarett in die Heimat geschafft werden. Auch das, was in den verschiedenen Zeitungsmeldungen stand und den Wehrmachtsberichten im Großdeutschen Rundfunk zu entnehmen war, bot nicht gerade Anlaß zu Optimismus. Es wurde immer wieder von Abwehrerfolgen, von harten Abwehrschlachten und von großen Verlusten der angreifenden Divisionen der Roten Armee gesprochen. Ortsbezeichnungen wurden vermieden, so daß man wußte, wie schlecht sich die Lage nicht nur im Mittelabschnitt der Ostfront entwickelt hatte. Mitte Mai 1942 wurde ich endlich aus dem Dresdener Lazarett entlassen und erhielt einen zweiwöchigen Genesungsurlaub, den ich in meiner Heimatstadt

Groß-Strehlitz in meinem Elternhaus verbrachte. Hier konnte ich auch wieder meinen Informationsbereich erweitern, indem ich selbstverständlich wieder jeden Tag BBC-London, Beromünster-Schweiz und andere Auslandssender einschaltete und die Nachrichten aus England und der Schweiz zur Erweiterung der Urteilsbildung nutzen konnte. Es zeigte sich, daß es gelungen war, die sowjetische Offensive im Winter 1941/42 von Moskau aus zwar unter hohen Verlusten, aber doch in der Tiefe des Raumes so abzufangen, daß die Heeresgruppe Mitte alles in allem intakt geblieben war. Nun sollte im Frühjahr 1942 eine Gegenoffensive stattfinden, um die Einbruchstellen zu bereinigen und einen Frontverlauf im Mittelabschnitt der Ostfront wiederherzustellen, der eine neue Offensive gegen Moskau zu einer späteren Zeit ermöglichen sollte. Der Schwerpunkt der im Frühsommer gestarteten Offensive aber lag wieder im Südabschnitt der Ostfront. Es meldeten auch bald die Wehrmachtsberichte von den ersten Erfolgen einer Panzerschlacht um Charkow. Die Erfolgsserie des Jahres 1941 schien sich im Frühsommer 1942 fortzusetzen. Die Stimmung aber war inzwischen anders geworden. Die Verluste des Winters hatten sich herumgesprochen. Es war kaum eine Familie, die nicht Verluste zu beklagen hatte. Auch die Gefallenenanzeigen in der Heimatpresse hatten das ihre dazu beigetragen, die Stimmung auf einen Tiefpunkt sinken zu lassen. Hinzu kamen die schweren Bombenangriffe auf deutsche Großstädte mit verheerender Wirkung. Der erste große Bombenangriff mit mehr als 1000 Bombern traf Köln am 31. Mai 1942 mit großen Verlusten und schweren Zerstörungen durch eine Kombination von Brandbomben, Phosphorkanistern und Sprengbomben.

Die Stimmung in meiner Heimatstadt Groß-Strehlitz war alles in allem normal. Man wußte um die Verluste, man hatte eine geregelte Versorgung, die Ernährungslage war keineswegs so, daß irgendwelche Not zu beklagen war. Im ländlichen Raum um Groß-Strehlitz gab es immer noch zusätzlich zu den Lebensmittelkarten das eine oder andere, was man sich noch frei besorgen konnte. Der Tauschhandel Textilien, Fertigwaren, Geräte gegen Butter, Speck, Eier hatte bereits einen Höhepunkt erreicht. Es gab beiderseits noch vieles zu tauschen. Manches Radiogerät wechselte den Besitzer, und bei der Landbevölkerung ging im Agrarbereich ohnehin die Produktion normal weiter. Anfang Juli wurde ich aus dem Urlaub zum Genesungsbataillon des Infanterieregiments 84 nach Saargemünd kommandiert. Saargemünd, ein kleines Städtchen mit einer französischen Garnison, mit einer Porzellanfabrik, einigen Textilfabriken, liegt unweit der Stadt Saarbrücken und gehörte bis 1940 zu Elsaß-Lothringen. Es war im Rahmen der Grenzänderungen annektiert worden und gehörte nunmehr mit Elsaß-Lothringen zum Deutschen Reich. Bei meiner Ankunft in Saargemünd stellte ich fest, daß dieses Städtchen außerordentlich schön ist, aufgelockert durch ein Flüßchen, die Blies, die in Richtung Saarbrücken in die Saar fließt und durch eine waldreiche Umgebung. Das Genesungsbataillon führte ebenfalls als Kommandeur ein Oberstudiendirektor namens Professor Niedlich, ein jovialer Herr von etwa 50 Jahren, sehr zu Scherzen aufgelegt, aus Schlesien stammend. Das Bataillon gliederte sich in vier Genesungskompanien zu je etwa 250 Mann. Ich übernahm eine dieser vier Kompanien. Es ging darum, die genesenden Soldaten wieder in den Gefechtsdienst einzuführen, Übungen an Waffen und Gerät in Gruppe, Zug und Kompanie mit der Möglichkeit, auf einem nahegelegenen früheren französischen Truppenübungsplatz in Bitche auch Übungen in scharfem Schuß durchzuführen. Das Leben in der kleinen Garnisonsstadt hatte fast friedlichen Charakter. Es gab in den Geschäften noch manches zu kaufen, natürlich auf Lebensmittelkarten, aber auch gelegentlich ohne. Es waren einige Cafés und Konditoreien geöffnet, es herrschte normales Leben mit einer keineswegs feindselig gesinnten Bevölkerung. Die meisten Saargemünder Bürgerinnen und Bürger waren als Evakuierte bis Südfrankreich gelangt und von dort wieder zurückgeführt worden. Sie hatten guten Kontakt zu den deutschen Soldaten schon in ihrem Exil in Südfrankreich aufgenommen. Ohnehin sprachen die meisten Elsässer das Elsässer Dütsch. Die Verständigung mit den reichsdeutschen Soldaten bereitete keine Schwierigkeiten. Bei den Ausmärschen der Kompanien oder auch in Bataillonsstärke wurde gesungen, es wurde auf Marschdisziplin und auf besonders stramme Haltung bei den Vorbeimärschen vor dem Kommandeur unweit der auf einer Anhöhe gelegenen Kaserne in Saargemünd

geachtet. Das Bild des Genesungsbataillons des Regiments 84 in Saargemünd machte einen durchaus disziplinierten und sympathischen Eindruck in der Bevölkerung, wie an den Reaktionen beim Vorbeimarsch in der Stadt abzulesen war. Bombenangriffe auf Saargemünd hatten nicht stattgefunden. Erst im Spätsommer 1942 fielen die ersten Bomben auf Saarbrücken, dann aber gleich auch mit schweren Schäden. Ich bekam in einer feierlichen Zeremonie durch den Bataillonskommandeur Major Niedlich das Deutsche Kreuz in Gold verliehen. Dieses Deutsche Kreuz in Gold, auf der rechten Brustseite getragen, war ein Stern mit einem goldenen Eichenkranz, in der Mitte prangte ein überdimensional großes Hakenkreuz, so daß es sich im Landserdeutsch bald als »Spiegelei mit Hakenkreuz« wiederfand. Dieses Deutsche Kreuz in Gold hat im Ausland manchen Soldaten in den Augen der nichtdeutschen Bevölkerung als besonders hohen Nazifunktionär erscheinen lassen, sah es doch aus wie ein großes goldenes Parteiabzeichen. Die Voraussetzung einer Verleihung des Deutschen Kreuzes waren sechs aufeinanderfolgende Tapferkeitstaten, von denen jede für sich getrennt zur Verleihung des Eisernen Kreuzes erster Klasse hätte führen müssen. Das Deutsche Kreuz in Gold war daher ein sehr schwer zu erringender Orden. Denn sechsmal hintereinander mit dem EK I ausgezeichnet zu werden, war eine Seltenheit, wenn man weiß, daß gerade bei der Infanterie die Ausfälle besonders hoch waren. In der Verleihungsurkunde hieß es außerdem, daß mir das Deutsche Kreuz in Gold insbesondere dafür verliehen worden sei, daß ich als Oberleutnant und Kompaniechef im Kampf im Raum Kaluga bei Worotynsk eine von den sowjetischen Divisionen versuchte Einschließung deutscher Truppen verhindert und einen rechtzeitigen Ausbruch aus dem schon fast geschlossenen Einschließungsring mit meiner Kompanie dadurch ermöglicht hätte, daß für die zurückgedrängten anderen Einheiten durch eine Nachhutstellung die Absetzmöglichkeiten geschaffen worden wären. Weitere Begründungen betrafen ähnliche Kämpfe, die sich südlich und westlich Moskaus abgespielt hatten und in denen meine Kompanie an Brennpunkten eingesetzt war, oft in Nachhutgefechten, in hohem Schnee und bei großer Kälte.
Ein Ereignis ist mir in besonderer Erinnerung geblieben. Es wur-

den im Juli 1942 Soldaten aus allen Kompanien ausgewählt, die zu den Bayreuther Festspielen in einem Sonderzug von Saarbrücken aus fahren sollten. Man hatte die Bayreuther Festspiele auch in den Kriegsjahren stattfinden lassen. Als besonderes Zeichen der Verbundenheit von Rüstungsarbeitern und Soldaten wurde ein großer Teil der Plätze für die Bayreuther Festspiele an Rüstungsarbeiter und Rüstungsarbeiterinnen sowie an verwundete Soldaten bei den Genesungsbataillonen ausgegeben. So fand ich mich mit etwa 20 Soldaten des Genesungsbataillons 84 in Saarbrücken in einem Sonderzug. Einige hundert Rüstungsarbeiterinnen und Arbeiter der im Saarland gelegenen Stahl- und Eisenwerke in festlicher Kleidung ebenfalls. Unser Sonderzug fuhr mit großem Hallo und Musikabschied vom Hauptbahnhof Saarbrücken in Richtung Bayreuth. Auf allen größeren Bahnhöfen gab es Verpflegung, Kaffee, Erfrischungsgetränke. Es schien beinahe so, als wenn es zu einem Volksfest gehen sollte. In Bayreuth wurden wir auf dem Bahnhof von vielen jungen Mädchen in BDM-Tracht empfangen, die uns einzeln in die Quartiere brachten. In Privatquartiere die Offiziere, die Unteroffiziere und Soldaten in Schulen, in Turnhallen, in geräumte Hotels. Alles war sehr gut organisiert, wir waren sehr gut untergebracht und versorgt. Am nächsten Tag fanden wir uns vor dem Festspielhaus auf dem Festspielhügel in Bayreuth ein. In großer brauner Uniform mit viel Gold stand dort Dr. Robert Ley, der Reichsorganisationsleiter. Er war im Range eines Reichsleiters gleichzeitig der Chef der Deutschen Arbeitsfront, die etwa der Position einer Gewerkschaft in einer Demokratie entspreche sollte, aber selbstverständlich ein durch und durch organisiertes, totalitäres Arbeitnehmerwesen darstellte. Neben Reichsleiter Robert Ley stand Frau Winifred Wagner. Mir fiel auf, daß selbst ein Arbeiterführer – und als solcher wollte ja Robert Ley gelten – ihr in aller Öffentlichkeit die Hand küßte. So vornehm ging es damals selbst im Krieg auf dem Festspielhügel in Bayreuth zu! Nach dem üblichen Zeremoniell und Fanfarensignal nahmen wir unsere Plätze zur Aufführung der »Meistersinger« ein. Es war auch im Festspielhaus sehr heiß, und offensichtlich hat die Aufführung der »Meistersinger« mancher Rüstungsarbeiterin weniger gefallen als der neben ihr sitzende Frontsoldat aus dem Genesungsbataillon. Als dann nach einer Aufführung von 2½ Stunden eine einstündige Pause eintrat, in der jedem Soldaten eine Flasche Wein ausgehändigt wurde und ein Beutel mit, man würde in Bayern sagen einer Brotzeit, also mit Wurst, Brot, Gebäck und Äpfeln, fand sich schließlich nach der Pause kaum noch ein Zehntel der Festspielbesucher im Festspielhaus wieder zusammen. Während sich die Meistersinger bemühten, ihre Stimmen zu Gehör zu bringen, ertönte von draußen von den großen Feierlichkeiten, die sich da bei der Flasche Wein und der Brotzeit zwischen Rüstungsarbeiterinnen und Soldaten entwickelt hatten, immer wieder das Lied »Es geht alles vorüber, es geht alles vorbei, nach jedem Dezember kommt wieder der Mai«. Es war ein Lied, das im Großdeutschen Rundfunk bei den Wunschkonzerten von einer charmanten Künstlerin namens Maria von Schmedes häufig gesungen wurde und das natürlich der Landser in seinem bissigem Humor im Text bald umgewandelt hatte, so daß es dann lautete »Es geht alles vorüber, es geht alles vorbei, erst hängen wir Hitler und dann die Partei«. Solche Lieder mit diesem Text waren allerdings lebensgefährlich! Denn wo jemand etwa von irgendeinem Denunzianten oder einem Parteifunktionär bei einer derartigen Kritik festgestellt wurde, war das Todesurteil beim Volksgerichtshof wegen Zersetzung der Wehrkraft, wegen Defätismus, Beleidigung des Führers oder was es immer an Strafvorschriften gab, sicher. So war also wohl nicht der letztere, sondern der erstere Text das gemeinsame Anliegen da draußen bei den sangesfreudigen Soldaten und den Rüstungsarbeiterinnen aus Saarbrükken in dem weiten Park um das Festspielgelände in Bayreuth, »es geht alles vorüber«. Für uns, die wir pflichtgemäß die Meistersinger bis zu Ende in der immer heißer werdenden Halle anhören mußten, war das ein Grund mehr, darüber nachzudenken, ob es sinnvoll ist, nach schwerer Arbeit Menschen nach Bayreuth zu holen, nur um den Eindruck zu vermitteln, hier gäbe es eine gemeinsame Verbrüderung von verwundeten Soldaten der Front und den Arbeitern der Heimat aus der Rüstungsindustrie. Die Rüstungsarbeiter und -arbeiterinnen hatten ein anderes Interesse als die »Meistersinger« zu hören. Dazu war die Zeit für sie zu schwer, als daß sie sich einem solchen Kunstgenuß wirklich wid-

men konnten. Auch uns Soldaten waren Freizeit, ein Spaziergang im Sonnenschein, ein erholsames Stündchen im Gespräch mit einem netten Mädchen oder in einer Runde ebenfalls viel angenehmer als das pflichtgemäße Anhören noch so hoher künstlerischer Darbietungen aus Richard Wagners Schätzen in Bayreuth. Überraschenderweise landeten im August 1942 britische und kanadische Einheiten bei Dieppe. Es schien zunächst so, als wenn es sich um den Beginn der Invasion handeln könnte. Jedenfalls wurde auch für unser Genesungsbataillon Alarm gegeben. Es stellte sich aber bald heraus, daß es sich um eine örtliche Angelegenheit gehandelt hatte, um ein Kommandounternehmen, das verlustreich für die Briten und Kanadier abgeschlagen werden konnte. Immerhin war es jedoch Soldaten der gelandeten britischen Kommandoeinheiten gelungen, bis nach Dieppe einzudringen. Sie hatten zwar alle ihre Panzer am Strand verloren, auch sonst hatte es ein Fiasko bei der britischen und kanadischen Kommandoeinheit gegeben. Dennoch war es einigen von ihnen gelungen, wertvolle Hinweise der deutschen Radartechnik zu erbeuten, indem zwei Großgeräte der deutschen Radarstationen bei Pourville unweit von Dieppe ausgehoben und nach Großbritannien verbracht werden konnten. Sie waren wertvolle Hilfen für die Weiterentwicklung des dann so kriegsentscheidenden Radargerätes zur Bekämpfung der U-Boot-Waffe, aber auch bei den Großangriffen britischer und amerikanischer Bomber gegen deutsche Städte.
Über die Entwicklungen an der Ostfront überwogen im allgemeinen die positiven Meldungen.

5.
Nach Westen

Am 28. Oktober 1942, einem sonnigen milden Herbsttag, feierte ich in Saargemünd meinen 26. Geburtstag. Es war der 4. Kriegsgeburtstag, nachdem ich erst im Raume Köln, dann in der Normandie und schließlich ein Jahr vorher bei Wjasma diesen Tag unter manchmal ganz außergewöhnlichen Umständen erleben mußte. Es lag wieder etwas in der Luft. Alarmübungen mit Nachtmärschen fanden in den ersten Oktoberwochen statt. Die Ausgangsbeschränkung weitete sich zur Ausgangssperre aus. Schließlich wurde in den ersten Novembertagen eine Alarmeinheit zusammengestellt. Ich übernahm eine motorisierte Vorausabteilung, bestehend aus einer Infanteriekompanie von rund 150 Unteroffizieren und Mannschaften, einem Fliegerabwehrzug, dem »Flakzug«, einem Panzerabwehrzug, dem »Pakzug«, einem Pionierzug und schließlich einigen Nachrichtenstaffeln mit Funkgeräten. Das Ganze etwa 300 Unteroffiziere und Mannschaften mit einigen Offizieren und verlastet auf 20 Lastkraftwagen, einigen Horch-Kübelwagen und einigen Beutewagen der französischen Armee. Am 6. November 1942 ging es in Richtung Grenze zwischen besetztem und unbesetztem Gebiet in Frankreich nach Südwesten. Am 10. November überschritt die Vorausabteilung in Richtung Bourges die Demarkationslinie. Der Auftrag war: Einzumarschieren und jeden Widerstand zu brechen! Verbände der 1. Armee und einer Armeegruppe Felber wurden über die Demarkationslinie in das unbesetzte Frankreich geführt. Widerstand wurde nirgendwo geleistet! Eine Botschaft an Marschall Pétain sollte die Gründe für den deutschen Einmarsch ins unbesetzte Frakreich erläutern. Als wir am frühen Morgen des 10. November 1942 die Demarkationslinie überschritten und nach wenigen Kilometern auf die erste französische Garnison stießen, stand der Doppelposten vor dem Kasernentor erstaunt und salutierte. Wir fuhren an ihm vorbei, nachdem wir den Gruß erwidert hatten, und zerschnitten einige 100 Meter hinter der Kaserne sämtliche nach Süden und Südwesten führende Kabel der Nachrichtenverbindungen. Der weitere Weg führte dann ohne die geringste Störung durch die gerade im Morgen sich bewegenden, zur Arbeit gehenden Franzosen durch Bauerndörfer, wo gerade angespannt wurde, durch Ortschaften, wo man zum ersten Schwätzchen vor der Gaststätte stand erst in Richtung Bourges, das bekannt ist durch seine Kathedrale. Die Bevölkerung sah uns interessiert an, nirgendwo eine Drohgebärde, aber auch nirgendwo Beifall. Man gab sich unbeteiligt! Manchmal wurde bewußt die Zeitung gelesen und von uns keine Notiz genommen, wenn wir an einem der vielen Restaurants und an einem der vielen Marktplätze vorbeizogen. Von Bourges ging es in Richtung Montluçon weiter, bekannt durch einen großen Flugplatz, wo wir einen Tag haltmachten. Nachdem noch einmal der Bestand der Vorausabteilung an Personal und Material überprüft wurde und sich alles in die neue Rolle hineingefunden hatte, ging es weiter nach Süden in Richtung Clermont-Ferrand, einer großen Industriestadt mit den bekannten Michélin-Autowerken, einem großen Flugplatz und einer berühmten Universität. Hier ging die Vorausabteilung und auch die nachfolgende Truppe in verschiedenen geräumten französischen Kasernen zur Ruhe über. Unser Auftrag war, in Clermont-Ferrand Ruhe und Ordnung zu gewährleisten, die Michélin-Werke zu überwachen, den Flugplatz zu sichern und für gesonderte Aufgaben dem Standortkommandanten, einem Oberst, zur Verfügung zu stehen. Es kam auch in den folgenden Tagen und Wochen in Clermont-Ferrand zu keinen Zwischenfällen oder Widerstand. Das Leben in der französischen Bevölkerung vollzog sich weiter in der gewohnten Form. Selbst das Universitätsleben lief weiter, die Schulen unterrichteten! Es war so, als wenn sich nichts ereignet hätte. Im Straßenbild fielen die deutschen Soldaten kaum auf. Der größte Teil der deutschen Einheiten war in den Kasernen alarmbereit zusammengezogen. Nur ein kleiner Teil bewegte sich in der Öffentlichkeit, um nicht zu provozieren. Der Herbst in der Auvergne ist von besonderer Schönheit. Die Höhenlage zwischen 600 und 1200 m hat eine besonders farbenprächtige Laubfärbung zur Folge, Eichen, Buchen, herrliche Hügel! Es war ein faszinierendes Bild, in der Herbstsonne die Auvergne mit ihren Höhen und Tälern, mit ihren dunklen Waldstücken und hellen laubgefärbten Buchen- und Eichenwäldern zu sehen. Aber auch der Aufenthalt in Clermont-Ferrand dauerte nur einige Wochen. Ende November erfolgte die Verladung des gesamten Bataillons – wir waren ja schließlich nur eine Vorausabteilung – in Eisenbahnzügen in Richtung Marseille. Es ging durch die Camargue in die Stadt Marseille. Dort wurde das Bataillon als Teil des Grenad. Rgt. 252 (B) als Küstenschutz in Richtung nach dem Mittelmeer eingesetzt. Meine Kompanie übernahm am Camp Croisette die Küstensicherung in einem Streifen von 5 bis 6 km. Der Auftrag war, Landungen rechtzeitig zu melden, das Absetzen von Agenten durch U-Boote zu verhindern, das Tätigwerden von Widerstandsgruppen in Zusammenarbeit mit gelandeten oder vor einer Landung stehenden Schiffseinheiten zu beobachten und wenn nötig durch Waffengewalt zu verhindern. Auch hier in Marseille das gleiche Bild wie vorher schon in Montlucon und Clermont-Ferrand: Die Bevölkerung tat uninteressiert, sie bewegte sich wie immer auf den Straßen und im Hafen. Weder oppositionelle Drohgebärden noch Sympathiekundgebungen, eine gewisse Uninteressiertheit und Langeweile wurden zur Schau gestellt. Man nahm uns zur Kenntnis, brachte aber auch zum Ausdruck, daß man uns nicht sehen wollte, daß man uns verachtete. Inzwischen war uns auch bekanntgemacht worden, warum wir so überraschend in das unbesetzte Frankreich einmarschiert und bis nach Marseille gelangt waren: Amerikaner und Engländer waren mit rund 110 000 Mann in der Nacht vom 7. zum 8. November 1942 in Marokko und Algerien gelandet. Sie hatten sowohl bei Casablanca wie bei Oran und Algier Truppen an Land gesetzt und damit eine völlig neue Lage sowohl für das Afrikakorps Rommels wie auch für die französischen Streitkräfte in Nordafrika geschaffen. Obgleich die Regierung des Marschalls Pétain in Vichy den französischen Truppen den Befehl erteilt hatte, Widerstand zu leisten, stießen die Amerikaner und Engländer nur vereinzelt auf Widerstand vichytreuer französischer Truppen. Admiral Darlan, bis zuletzt der Oberbefehlshaber der vichytreuen französischen Truppen in Nordafrika, war hinter dem Rücken des Marschalls Pétain mit Amerikanern und Engländern in Verbindung getreten und hatte sich an der Vorbereitung des alliierten Landungsunternehmens beteiligt. Es mußte daher auf deutscher Seite befürchtet werden, daß auch Truppen in Südfrankreich sich dem Widerstand gegen die deutsche Wehrmacht anschließen würden und so auch eine Landung in Südfrankreich unmittelbar bevorstand. Daher dieser übereilte und zum Teil mit Genesungseinheiten vollzogene Einmarsch ins unbesetzte Frankreich. Um Stärke vorzutäuschen, hatten wir den Befehl, mit unserer Vorausabteilung mehrfach eine Stadt zu durchfahren. Auch die in Marseille eintreffende Panzerdivision markierte Stärke, indem sie mehrfach mit den gleichen Einheiten die gleichen oder die Nachbarstraßen durchfuhr und so der Eindruck einer großen Truppenmassierung entstand, wo in Wirklichkeit immer nur im Kreis herumgefahren wurde, ein Bluff, um vorzutäuschen, was damals in Südfrankreich an Truppenstärke seitens der deutschen Wehrmacht nicht vorhanden war, von der Kampfkraft der Genesungs- und Reserveeinheiten ganz zu schweigen. Inzwischen hatte Hitler wieder eine seiner berühmten Siegesreden gehalten. Fast ähnlich wie ein Jahr vorher nach der Doppelschlacht von Wjasma und Brjansk vor Moskau, wo der Gegner schon geschlagen war und sich nie mehr erheben sollte. Hitler entwickelte in einer Rede im Löwenbräukeller in München am Abend des 8. November 1942 ein Bild der Lage, das wenige Wochen später zerstört werden sollte. Ich hatte die stille Hoffnung, dennoch zu Weihnachten für einige Tage Urlaub zu erhalten und zu meinen Eltern nach Groß-Strehlitz in Oberschlesien zu fahren. Zumindest aber, wenn das nicht zu erreichen war, hoffte ich, ein ruhiges Weihnachtsfest in Marseille in einer kleinen Villa zu erleben, in dem Abschnitt, den wir zu überwachen hatten. Er war etwas zurückgelegen und bot eine schöne Aussicht auf das Mittelmeer und zur Linken auf das sonnenbeschienene hügelige Marseille. Doch es kam anders! Am 16. Dezember traf ein Fernschreiben beim Genesungsbataillon ein. Erst wollte es der Kommandeur, Oberstleutnant Niedlich, selbst nicht glauben. Eine Rückfrage ergab jedoch, daß es kein Irrtum war. Ich wurde mit sofortiger Wirkung zum Regimentsadjutanten des Infanterieregiments 84 an der Ostfront in der 102. schlesischen Infanteriedivision ernannt und hatte mich bei der Frontsammelstelle in Minsk zu melden, um

von dort weitergeleitet zu werden. Ein erneuter Weg in den russischen Winter begann. Oberstleutnant Niedlich hatte offensichtlich ein Einsehen, als er mir vorschlug, doch die Fahrt an die Front in meiner Heimatstadt Groß-Strehlitz zu unterbrechen. Denn ich müsse mich ja wohl für die völlig andersgearteten klimatischen Verhältnisse an der Ostfront entsprechend einkleiden. Man könne ja schlecht verlangen, daß ich von der Mittelmeerküste bei Marseille in einem Zug, ohne auf die veränderten Verhältnisse mich einstellen zu können, an die sowjetische Front gehen könnte. Ich war für diesen Vorschlag natürlich sehr dankbar und konnte auf diese Weise Weihnachten, mein viertes Kriegsweihnachten, zu Hause verleben.
Am 16. Dezember setzte ich mich in den Fronturlauberzug in Marseille, der überfüllt war nicht nur mit Soldaten des Heeres, vor allem der Panzertruppe, sondern auch der Luftwaffe. Es schien so, als wenn eine größere Anzahl von Transporten aus dem Mittelmeerraum aus Südfrankreich in Richtung Deutschland in Marsch gesetzt wurde. Die Bahnsteige waren von Soldaten überfüllt. Es sah weniger nach Urlaubern aus als vielmehr nach Abkommandierungen an neue Fronten. So war auch unser Zug bis zum letzten Platz besetzt, darunter viele Panzersoldaten, von denen man bald erfuhr, daß ihr Ziel Stalingrad war. Sie waren dafür vorgesehen, das eingeschlossene Stalingrad in einer Entsatzaktion wieder zu befreien. Es waren vor allem Panzerkommandanten, Offiziere, auch einige Oberste. Ich kam mit ihnen bald ins Gespräch. Sie hatten einen guten Eindruck von den Möglichkeiten, das eingeschlossene Stalingrad wieder zu entsetzen, und meinten, im vorigen Jahr wäre es ja auch möglich gewesen, eingeschlossene deutsche Verbände wieder freizukämpfen. So in Suchinitschi im Mittelabschnitt der Ostfront, in Demjansk, in Cholm. Auch hier wären wochenlange Einschließungen schließlich durch Entsatzoffensiven wieder freigekämpft worden. Die Rotarmisten wären nicht in der Lage gewesen, die Kessel zu zerschlagen und die dort eingeschlossenen deutschen Verbände gefangenzunehmen. Ähnlich meinte man, würde es auch hier bei Stalingrad möglich sein, durch einen Panzervorstoß und entsprechende Luftwaffenunterstützung die eingeschlossene 6. Armee freizukämpfen. Mir schien diese Paral-

lele etwas gewagt zu sein. Denn schließlich handelte es sich ein Jahr vorher bei den Einschließungen und Kesseln im Mittelabschnitt der Ostfront um Verbände kleineren Ausmaßes, um Regimenter, um Divisionen. In diesem Fall war jedoch eine ganze Armee von fast 300 000 Mann eingeschlossen. Eine Versorgung dieser Truppe über die weiten Entfernungen bis an die Wolga schien auch aus der Luft wesentlich schwieriger zu sein, als das damals im mittleren Abschnitt der Ostfront in den Wintermonaten 1941/1942 noch der Fall war. So endeten unsere Gespräche doch bei der Frage, ob wir es diesmal genauso schaffen würden, die Front wieder zu stabilisieren oder ob nicht eine große Gegenoffensive der Roten Armee uns sowohl im Kaukasus am Don wie auch an der Wolga große Schwierigkeiten machen würde. Unser Zug fuhr mit beträchtlicher Geschwindigkeit durch das Rhônetal, wo bekanntlich alle Züge unter Ausnutzung der Gegebenheiten des Tales wesentlich schnellere Durchschnittsgeschwindigkeiten auch heute noch haben. So ging es über Metz nach Köln, das wir schon nach 24 Stunden erreichen, und von Köln weiter über Dresden, Breslau, Oppeln nach Groß-Strehlitz, eine Entfernung von fast 2000 Eisenbahnkilometern, die wir in zwei Tagen zurücklegten. Am 18. 12. traf ich in meiner Heimatstadt ein, natürlich zur großen Freude der Familie. Es war winterlich, es lag Schnee, die Temperaturen waren, wie üblich um diese Zeit, einige Grad unter Null, ein richtiges Weihnachtswetter, wie man es sich wünscht. Die Stimmung war einerseits freudig erregt, daß man wieder zusammensein konnte, aber auch etwas bedrückt; denn es war klar, daß es sich im Grunde genommen nur um einen Zwischenaufenthalt handeln könnte und anschließend wieder die Ostfront einem vor Augen stand, nicht, wie beim Genesungsbataillon das ruhige Südfrankreich und Marseille, sondern das wesentlich aufgeregtere Geschehen in der Gegend um Rshew, wo sich die 102. Schlesische Division befand. Natürlich benutzte ich die Gelegenheit am Abend, auch die Rundfunkmeldungen Moskaus, Radio Beromünster, BBC London, abzuhören und sie mit unseren deutschen Wehrmachtsberichten und Meldungen zu vergleichen. Es schien sich eine Katastrophe in Stalingrad anzubahnen. So meldete der Moskauer Rundfunk, daß die sowjetischen Truppen immer stärkeren Druck auf die eingeschlossenen Belagerten ausübten, daß viele Kampfstände durch die sowjetische Armee im Fabrikviertel von Stalingrad erobert werden konnten, auch im Stadtzentrum zahlreiche Häuserblocks, die die Deutschen zu Festungen ausgebaut hatten. Jeder Block sei von einer ganzen deutschen Kompanie verteidigt worden. Sie hätten Stacheldrahtverhaue, zahlreiche MG-Stellungen, leichte Geschütze um diese Häuserblocks postiert, und russische Pioniere hätten unterirdische Gräben gezogen, durch die die Einbrüche in diese Gebäude möglich seien. Einige in den Kellern angelegte Schutzräume, in denen sich die Deutschen verschanzt hätten, mußten mit Dynamit gesprengt werden, wobei die Besatzung ums Leben kam. Es sei ein Kampf, ein erbittertes Ringen von Treppe zu Treppe, von Zimmer zu Zimmer. Die deutschen Besatzungen würden vernichtet oder gefangengenommen. Die Zahl der deutschen Gefangenen wurde schon Mitte Dezember mit über 60 000 angegeben. Der deutsche Wehrmachtsbericht meldete um die gleiche Zeit, daß in Stalingrad und im Dongebiet die Sowjets bei der Fortsetzung ihrer Angriffe hohe blutige Verluste hätten und daß sie 16 Panzer verloren hätten. Die Diskrepanz zwischen den Siegesmeldungen der Roten Armee und den etwas zurückhaltenden Formulierungen der deutschen Seite war eindeutig! Der Großdeutsche Rundfunk und die deutsche Presse verschwiegen auch das Scheitern der Entsatzoffensive, die der Panzergeneral Hoth am 12. Dezember 1942 begonnen hatte und in deren Verlauf zwei Panzerdivisionen, dann eine weitere Panzerdivision und eine motorisierte Division versucht hatten, sich bis nach Stalingrad durchzukämpfen. Die Armeegruppe Hoth war in harten Kämpfen bei winterlicher Witterung bis 48 km an Stalingrad und damit an den Einschließungsring herangekommen. Ein Versuch der 6. Armee, am 22. und 23. Dezember auszubrechen und sich mit der Armeegruppe Hoth zu vereinigen, wurde ausdrücklich durch das Führerhauptquartier abgelehnt. Der Oberbefehlshaber Paulus schwankte und hatte nicht die Kraft, auf eigene Faust einen Durchbruch in Richtung der Armeegruppe Hoth zu wagen. So trat schließlich das Verhängnis ein, daß der Ring um die eingeschlossene 6. Armee in Stalingrad immer enger, die Entbehrungen immer schlimmer, die Kälte fühlbarer wurden und von außen Hilfe nicht mehr zu erwarten war. Denn Meldungen, die durch das Schweizer Radio Beromünster ausgestrahlt wurden, aber auch durch BBC London, ließen erkennen, daß sich die Zahl der deutschen Soldaten, die in dem Kampf um Stalingrad in Gefangenschaft gerieten, Hunderttausend näherte, außerdem der Befehl gegeben war, auch die Kaukasusfront zurückzunehmen, die durch den Fall von Stalingrad und die dort eingetetenen Verluste in große strategische Gefahren geraten war. Alle diese Nachrichten, die die Masse der deutschen Bevölkerung nicht kannte, die nur denjenigen vertraut wurden, die den Mut hatten, ausländische Rundfunksendungen zu hören, drückten die Stimmung in der Weihnachtszeit sehr. Schließlich war die Jahreswende 1942/43 gekommen. Es war Zeit, sich wieder auf den Weg zu machen. In den ersten Januartagen bestieg ich einen Zubringerzug, der mich nach Oppeln brachte, dort erreichte ich den Zug für Fronturlauber, der in Richtung Warschau fuhr. Es war winterlich kalt, es lag etwa 20 bis 30 cm Schnee, aber die Stimmung der Bevölkerung schien noch gut zu sein, man hatte genügend zu essen. Die Verpflegungszuteilungen reichten aus, und bei der Landbevölkerung in Oberschlesien war es durchaus möglich, das eine oder andere noch zusätzlich im Tausch zu erwerben. Die Gespräche während der Fahrt nach Warschau drehten sich natürlich um Stalingrad. Wenn auch Einzelheiten der schwierigen Lage nicht bis ins letzte bekannt waren, so hatte es doch eine Menge Informationen gegeben, die darauf schließen ließen, daß sich dort ein Drama anbahnte. Hinzu kam, daß das VIII. Schlesische Korps unter General Heitz auch im Kessel von Stalingrad mit schlesischen Truppen eingeschlossen war, so daß auch viele schlesische Familien von den Nachrichten über Stalingrad unmittelbar berührt waren. Als unser Zug in Warschau ankam, fiel als erstes die Vielzahl deutscher Uniformen auf! Warschau war ein einziges Heerlager von Nachschubdiensten und Stäben sowie Polizeieinheiten. Man sah Uniformen vom Sonderführer über den Zahlmeister und Intendanten bis zum Polizeimajor. Warschau war ein einziges riesiges Etappenlager, und man fragte sich, wo eigentlich die Front wäre, wenn in diesem Umfang rückwärtige Dienste, Nachschublager und Versorgungsdienste sich hier etabliert hatten.

Ich meldete mich bei der Standortkommandantur und der Frontleitstelle und bekam zunächst für zwei Tage, bis der Weitertransport in Richtung Minsk zusammengestellt war, ein Quartier in einem Hotel. Das Leben in diesem Warschauer Hotel war normal, das Personal polnisch, freundlich und sehr entgegenkommend, wie überhaupt im Stadtbild von Warschau in den ersten Januartagen 1943 nichts von Widerstand aktiver oder passiver Art zu bemerken war. Die Menschen liefen verhältnismäßig normal gekleidet herum, zum Teil vermummt. Viele Pelze im Straßenbild, die Zivilbevölkerung machte nicht den Eindruck größerer Not oder Verfolgung. Zahlreiche Soldatenkinos waren geöffnet, es liefen die neuesten Filme. Viele Soldatenheime boten den durchreisenden Soldaten die Möglichkeit, sich für einige Stunden aufzuhalten. Es wimmelte von Straßenschildern, Hinweisschildern und Aufforderungen, in dieses oder jenes Soldatenheim zu kommen oder diese oder jene Veranstaltung zu besuchen. Warschau machte den Eindruck einer Etappenstadt, in der die Polen in der Minderheit zu sein schienen, jedenfalls was das Straßenbild um die Hotels und im Inneren der Stadt anbetraf. Die Zerstörungen von den Kämpfen von 1939 waren weitgehend beseitigt, viele Neubauten waren entstanden. Zumindest bot die Innenstadt von Warschau damals ein durchaus normales Bild. Ich machte von der Möglichkeit Gebrauch, mich etwas umzusehen, und landete in einem Soldatenkino, in dem gerade ein neuer deutscher Film lief, »Wir machen Musik«, ein sehr lustiger Film. Das Soldatenkino war bis auf den letzten Platz gefüllt, allerdings nur von uniformierten deuschen Soldaten, Rotkreuzmädchen und Nachrichtenhelferinnen. Die polnische Bevölkerung war von dem Besuch ausgeschlossen. Es gab nur hier und da Zivilisten, die, wie sich bald herausstellte, im Dienste der Deutschen Wehrmacht oder der Polizei tätig waren, also Polen, die sich zu Deutschland bekannten und gewisse Vorzüge in der Stadt genossen. Als wir auf dem Warschauer Bahnhof, auf dem der Transportzug nach Minsk abfahren sollte, die Vielzahl von bewaffneten Flaksoldaten sahen, war uns bewußt, daß die nächste Fahrt in den Raum von Weißrußland nicht mehr so glimpflich vonstatten gehen könnte wie die bisherigen Bahnfahrten durch Frankreich, Deutschland und Polen. Es wurde außerdem

Munition ausgegeben. Die Offiziere wurden so auf den Transport verteilt, daß sie jeweils eine Gruppe Soldaten für gewisse Gegenangriffe bei einem Überfall auf den Zug kommandieren konnten. Es sah recht kriegsmäßig aus, und wir erfuhren auch bald, warum. Die Partisanenbewegung hatte sich erheblich verstärkt. Sie war besonders im Mittelabschnitt der Ostfront, begünstigt durch das Gelände, auf Divisionsstärke angestiegen. Ich erfuhr im Zug durch Gespräche mit Offizieren, die zwischen Warschau und Minsk die einzelnen gefährlichen Stellen kannten, und als Begleitoffiziere für diese Transporte öfter die Strecke abgefahren waren, daß beispielsweise im Raum von Newel westlich Welikije Luki etwa 12 000 Partisanen, ausgerüstet mit schweren Waffen, Granatwerfern und einzelnen Flakgeschützen, die durch die Fallschirme abgeworfen waren, schweren Schaden bisher bei Truppentransporten und an Nachschubwegen angerichtet hätten. Westlich von Smolensk im Raume zwischen Borissow und Witebsk in den Wäldern waren etwa 11 000 Partisanen registriert und südlich von Minsk in der Gegend Bobruisk, Slobin, in den Pripjetsümpfen und den angrenzenden Wäldern, in der Dnjeprniederung, hat man sie sogar mit etwa 26 000 angesetzt. Ebenfalls in den Wäldern bei Brest-Litowsk schätzte man die Zahl der dort Organisierten, in Zügen, Kompanien, ja sogar in ganzen Bataillonen operierenden Einheiten der Partisanen auf etwa 7000. Sprengungen von Nachschubzügen, Brücken, Überfälle auf einzelne Transporte, auch auf Verwundetentransporte, waren daher an der Tagesordnung. Die Lage hatte sich grundlegend zum Nachteil der Deutschen Wehrmacht und ihrer Nachschubwege verändert. Nicht zuletzt hatten auch dazu die Maßnahmen im Hinterland der Frontbereiche beigetragen. Die unverständlichen rigorosen Maßnahmen nicht nur der rückwärtigen Sicherheitspolizei und Sondereinheiten, sondern auch die der Zivilverwaltung hatten in einer Art und Weise gewirkt, daß von Sympathiekundgebungen gegenüber den deutschen Soldaten, wie wir sie noch beim Einmarsch 1941 erlebten, und zwar im gleichen Raum in der Gegend Witebsk, Minsk, Orscha, überhaupt keine Rede mehr sein konnte. Es war harter Kampf, erbitterter Widerstand und eine große Verbitterung in den Kreisen der Bevölkerung, die, soweit sie konnte, sich in die Wälder zurückzog und ein

Doppelleben führte. Am Tag waren sie irgendwo tätig, zum Teil sogar als Hilfswillige in der Deutschen Wehrmacht bei rückwärtigen Diensten, bei der Eisenbahn, und nachts haben die gleichen Leute die Sprengungen an Weichen und Brücken und Eisenbahnanlagen durchgeführt. Aus erbeuteten Unterlagen ging hervor, daß die Partisanen, die sich auch »Soldaten der Waldarmee« nannten, eine sehr bewegliche, unfaßbare, überraschende Truppe waren. Sie setzten sich aus den verschiedensten Teilen der Bevölkerung zusammen. Sowohl der Kolchosbauer wie der Traktorist, der Buchhalter wie der Schlosser von der Motoren- und Traktorenstation, Mädchen aus den städtischen Mittelschulen, Lehrer, Vorsitzende von Dorfverwaltungen, untergetauchte ehemalige Kriegsgefangene, Rotarmisten, Jugendliche. Überall ging wie ein Lauffeuer die Summe ihrer Heldentaten herum, erzählt von Ort zu Ort. Man sagte, daß die Deutschen die Partisanen zunächst gar nicht ernst genommen hätten. Man hätte die einzelnen Widerstände im Hinterland als gewöhnliche Erscheinungen einer Okkupation betrachtet. So hätte es in der Schrift der Deutschen Wehrmacht »Ostfront« gestanden. Aber dann begannen die Deutschen, so der Bericht, nervös zu werden, und es wurde für jede Art des bewaffneten Widerstandes die Todesstrafe verkündet. Schließlich entstand eine solche Nervosität bei den rückwärtigen Truppen und bei den Nachschubeinheiten, daß es zu einer Hysterie in der Bekämpfung der Partisanen kam und vielleicht auch zu manchen, weit über das Ziel hinausschießenden Gegenmaßnahmen. Die Partisanen selbst waren gegliedert in Gruppen, Züge, Kompanien. Jeder hatte seine Waffe. Viele trugen auf dem Rücken selbstangefertigte Feldsäcke, zusammengerollte Joppen wie Soldatenmäntel. Ihre Lebensmittel bestanden aus Korn, aus Honig, Zucker, die sie in den Wald geschafft und in besonderen Lagern untergebracht hatten.

Die deutschen Truppen wagten sich auch kaum noch in die Wälder, besonders im Raum Brest-Litowsk und Minsk. Die Partisanen hatten außerdem den großen Vorteil der Ortskunde, der Möglichkeit, sich besser zu tarnen als die deutschen Truppen, der besseren Verständigung, des Nachschubs aus dem eigenen Land, und nicht zuletzt verfügten sie über ausgezeichnete Funkverbindungen auch mit höheren Dienststellen in Moskau, so daß ein Funknetz zwischen den großen Partisanengruppierungen im Mittelabschnitt der Ostfront und Moskau oder anderen Zentralen beobachtet werden konnte. Damit waren die Partisanen zu einer neuen Front geworden, zu einer Bedrohung nicht nur des Nachschubs, auch zu einer Verunsicherung aller im rückwärtigen Gebiet stationierten Reserveeinheiten und Verbindungslinien.

Unser Transport wurde nicht behelligt. Wir fuhren allerdings auch nur bei Tageslicht vom Morgengrauen bis zum Einbruch der Dunkelheit. Dann wurde der Zug auf ein Abstellgleis in der Nähe eines Bahnhofs gesetzt. Wachen wurden eingeteilt und das Bahnhofsgelände samt Zug durch ständig einer Ablösung unterworfene Sicherungen und Wachen vor Überfällen geschützt. Nach drei Tagen hatten wir endlich Minsk erreicht. Was sonst unter normalen Umständen an einem Tage hätte zurückgelegt werden können, wurde nun durch die Tätigkeit der Partisanen erheblich verlangsamt und gefährdet. Sie erforderte überdies eine große Anzahl von Sicherungs- und von Bewachungseinheiten, die für den Einsatz an der unmittelbaren Front dadurch verlorengingen. In der Stadt Minsk angekommen, fiel einem zunächst das weitgehend zerstörte Stadtbild auf. Ganze Wohnungsblöcke, ganze Straßen waren Ruinen. Es standen nur die ausgebrannten Vorderfronten oder die Kamine und Schornsteine, die Stadt war zu etwa ⅔ zerstört. Es wurden nur jene Versorgungseinrichtungen wieder aufgebaut und waren schon in Betrieb, die für Deutschland und seine Wirtschaft oder für die Truppe vonnöten waren. Elektrizitätswerk, Gaswerk, Wasserwerk und verschiedene Fabriken waren alle durch deutsche Ingenieure und Fachleute besetzt. Das Personal stellten meistens die Russen.

Es waren viele Russenfrauen beschäftigt, sie konnten zum Teil deutsch. Ganz offensichtlich arbeiteten sie bei deutschen Dienststellen, da sie Verpflegung bekamen und sich so wesentlich besser stellten als jene, die nicht von der deutschen Truppe versorgt wurden. Auch in den Soldatenheimen, in den verschiedenen Lazaretten und Einrichtungen der Deutschen Wehrmacht waren viele russische Frauen beschäftigt. Die Aufsicht allerdings hatten immer wieder deutsche Stellen, so waren Rotkreuzhelferinnen,

Rotkreuzschwestern und ältere Frauen aus Deutschland, meist sehr resolute Damen überall dort tätig, wo Russinnen beschäftigt waren. Das Beschäftigen von Russen war natürlich gleichzeitig eine Gefahr für die deutsche Truppe. Denn eine bessere Möglichkeit, Informationen über Transportzüge, Truppenteile, Stimmung bei der Truppe, konnten eigentlich die Russen nicht sammeln, als an allen jenen Stellen, wo sie bei Deutschen, sei es in Soldatenheimen, sei es in Lazaretten oder in Dienststellen beschäftigt waren. Bei der längeren Dauer des Krieges wuchs der Nachrichtenapparat des Gegners, nicht nur in Frankreich, Holland und Belgien, wo das Absetzen von Agentenkommandos durch Fallschirme an der immer stärkeren Zusammenarbeit zwischen der sich bildenden französischen Résistence einerseits und den aus England abgesprungenen Agentengruppen in Gang kam. Noch schlimmer war die Zusammenarbeit mit den Partisanen und den Agenten im Bereich der Ostfront.
Die Tiefe des Raumes, die großen Wald- und Sumpfgebiete, unzugängliche Geländebereiche, waren geradezu ein Anreiz für die Sowjetarmee, durch immer stärkere Partisanenkommandos, durch Beobachtung deutscher Truppenbewegungen, durch die Fallschirmagenten, aber auch durch Einschleusung von Agenten in deutsche Dienststellen jenes Material zu bekommen, das zu rechtzeitigen Erkenntnissen der deutschen Absichten notwendig war. So wurden auch wir hier in Minsk, 250 Offiziere aller Dienstgrade bis zum Oberst einschließlich über das Problem der Lage an der Front informiert, durch eine Dienststelle, die sich »Führerreserve Heeresgruppe Mitte« nannte. Sie hatte einen Schulungsstab mit etwa 20 Offizieren und stand unter der Leitung einiger ausgebildeter Propagandaoffiziere, die eine Einführung in die allgemeine Lage gaben und uns auch auf die notwendigen Geheimhaltungsvorschriften hinwiesen.
Hitler hatte bereits 1940 einen Geheimhaltungsbefehl herausgegeben, der dann am 12. Juli 1942 noch erheblich verschärft wurde. Wenn auch diese strenge Geheimhaltung sicher ihr Gutes hatte, so bewirkte sie jedoch andererseits, daß die kommandierenden Generäle und die Armeeoberbefehlshaber im Grunde genommen über die größeren operativen und strategischen Absichten im unklaren

blieben, ganz zu schweigen von der Unkenntnis der Divisions-, Regiments- und Bataillonskommandeure, was langfristig das operative, das strategische Ziel der deutschen Kriegführung sein sollte.

6.
Zurück an die Ostfront

Am 12. Januar 1943 endlich wurden wir erneut mit einem geschützten Transport nach Smolensk und Wjasma in Marsch gesetzt. Auch diesmal wieder vor dem Eisenbahntransport der berühmte Minenschutz, die Güterwagen, mit Sand und Kies beladen, während in der Mitte des Zuges und am Ende je ein Vierlingsflakgeschütz montiert zur Flugabwehr und zur Abwehr von Bodenangriffen der Partisanen dienen sollte. Auch in diesem Fall wurden die einzelnen Waggons unter Führung von Unteroffizieren und Offizieren als schnelle Eingreiftruppe mit Munition versehen, so daß ein Überfall auf den Zug auch zu sofortiger Reaktion hätte führen können. Die Fahrt ging in verhältnismäßig normalem Tempo durch die weiten Gebiete zwischen Minsk und Smolensk, jene Räume, die wir im Sommer noch zu Fuß durchmessen hatten. Vorbei an Orscha, vorbei an dem Flußtal des Dnjepr bis Smolensk, das wir nur kurz zu einem Aufenthalt von einigen Stunden erreichten, um dann nach Wjasma weiterzureisen. Hier wurde der Zug auf einzelne Transporte aufgeteilt. Diejenigen, die nach Norden in den Bereich Rshew kommandiert waren, mußten sich in der Frontleitstelle zusammenfinden, um am gleichen Abend noch in Richtung Sytschewka-Rshew nach Norden in Marsch gesetzt zu werden. Kaum hatten wir den Zug verlassen, gab es auf den Bahnhof und die Stadt bereits die ersten Bombenangriffe. Die sehr weit vorn gelegene Frontstadt war ständigen Bombenangriffen ausgesetzt. Besonders aber lag die Bahnlinie, die nach Sytschewka und Rshew führte, so nahe an der Front, daß von seiten der Roten Armee mit Geschütz- und Granatwerferfeuer auf die Bahnlinie geschossen werden konnte. Alle Transporte nach Sytschewka und Rshew konnten daher nur nachts stattfinden. Vor der Bahnlinie, etwa 5 bis 6 Kilometer, war die Front der deutschen Infanterie. Die Russen haben sich große Mühe gegeben, immer wieder die Bahnlinie zu erreichen. Eine Vielzahl von Vorstößen mußte abgewehrt werden, mehrfach war in den letzten Wochen die Bahnlinie an mehreren Stellen durch russische Stoßtrupps und russische Vorstöße unterbrochen. Im November und Dezember 1942 hatte es schwere Panzerangriffe der Roten Armee gegen den Brückenkopf bei Rshew, diesen vorspringenden Bogen in Richtung Olenino gegeben, die alle unter hohen Verlusten für die Rote Armee abgewehrt werden konnten. Auch bei diesem Transport gab es selbstverständlich das übliche Granatwerferfeuer, mehrere Artillerieeinschläge lagen nahe an unserem Zug, so daß wir mehrfach unsere Köpfe einzogen und in Deckung gingen. Natürlich hatte das wenig Sinn. Denn ein Granateinschlag hätte mit Leichtigkeit uns auch dadurch erreicht, daß die dünnen Holzwände der Personenzugwagen durchschlagen worden wären.

Mitte Januar 1943 war man also wieder bei seiner alten Truppe. Die 102. Schlesische Division lag im Raum zwischen Rshew und Olenino mit Frontrichtung zum Teil nach Osten, zum Teil im Rshewbogen nach Südosten und Süden. Es war ein verhältnismäßig großer Abschnitt, der durch die Division und ihre drei Infanterieregimenter zu sichern war. Das Regiment 84, früher bei der 8. Oberschlesischen Division, war im Frühjahr zur Schlesischen 102. Infanterie-Division, einer Tochterdivision gestoßen, nachdem die 8. Oberschlesische Infanterie-Division aus dem Mittelabschnitt der Ostfront im Dezember 1941 herausgezogen worden war und als Jägerdivision mit nur zwei Infanterieregimentern in Frankreich neu gegliedert, aufgefüllt und ausgerüstet worden war. Ich erreichte zunächst den Divisionsgefechtsstand. Die Division führte Oberst Hitzfeld, ein mit dem Eichenlaub ausgezeichneter Regimentskommandeur, der sich bei der Erstürmung von Sewastopol hervorgetan hatte und den man daher auch scherzhaft und mit einer gewissen Bewunderung den »Löwen von Sewastopol« nannte. Er war Schwabe, stammte aus Baden-Württemberg, war ein sportlicher, hochgewachsener Mann von einer imponierenden Natürlichkeit und Frische. Es war überraschend, daß er schon als Oberst eine Division von einem Generalleutnant übernommen hatte, aber wenige Monate später sollte auch er die Generalsuniform tragen, als er zum Generalmajor befördert wurde. Dann zum Infanterieregiment 84, dort hatte ich mich bei dem Regimentskommandeur Oberst Werner von Bercken zu melden. Natürlich hatte

ich mich schon vorher erkundigt, mit wem ich es zu tun haben würde und erfuhr, daß Oberst von Bercken ein tapferer, sehr strenger, hervorragend für die Truppe sich einsetzender Soldat sei, der allerdings auch außerordentliche Anforderungen an die Truppe stellen würde. Ich meldete mich bei Oberst von Bercken. Er musterte mich von oben bis unten, mit kalten, graublauen Augen, einem schmalen Kopf, grauen Schläfen. Hochgewachsen war er, etwa einen Kopf größer als ich und begann: »Sie kommen direkt aus Frankreich?« Ich bejahte! »Aber, warum hat es dann so lange gedauert, ich habe Sie schon früher erwartet?« Ich konnte erwidern, daß ich sowohl zur Umkleidung und Umrüstung einen kurzen Urlaub um die Weihnachtszeit erhalten hätte, als auch noch dann bei der Frontleitstelle in Warschau und bei der Frontleitstelle in Minsk einige Tage hätte zubringen müssen, weil die Zusammenstellung der Transporte an die Front wegen der Partisanengefahren diesmal schwieriger gewesen sei. Auch die Witterungsbedingungen hätten die Transportzüge in Richtung Front erschwert. Oberst von Bercken schien Gefallen an mir zu finden. Er musterte meine Kriegsauszeichnungen und fragte, wann ich das Deutsche Kreuz in Gold und warum ich es bekommen hätte. Ich hatte ihm kurz schon vorher meinen Werdegang geschildert. Er fand es beachtlich und für meine neue Aufgabe gut, daß ich als Zugführer im Polenfeldzug begonnen und dann schließlich alle Stufen durchlaufen hätte, Bataillonsadjutant, vorher Regimentsinfanteriepionierzugführer, Kompaniechef einer Infanteriekompanie im Herbst und Winter 1941/42 vor Moskau und schließlich die Ausbildung auch als Chef einer Vorausabteilung aus dem Genesungsbataillon 84 in Saargemünd.
Der Regimentsgefechtsstand und der Regimentsstab mit den Nachrichtentrupps und den Verbindungskommandos lagen in einer Schlucht in einer sogenannten »Balka«, einem der aus Lehm und Lößboden durch Schmelzwasser ausgeschwemmten Flußtäler, in denen man sehr gut mit etwas Mühe einen Stollen in die Wand graben konnte, der dann abgestützt wurde mit Balken und so einen gewissen Unterstand zumindest gegen leichte Artillerie- und Granatwerfer bot. Es lag etwa 30 cm Schnee, die Temperatur schwankte zwischen −10 und −15° C. Im Gegensatz zum Jahr

vorher hatten alle Soldaten eine ausgezeichnete Winterbekleidung. Sie trugen einen gefütterten Anorak, außen weiß, innen in der Tarnfarbe braun-grün-gesprenkelt, mit Kapuze, eine Hose, ebenfalls gefüttert, die oben und an den Beinen zuzuschnüren war, so daß man gegen Schneesturm und Kälte weitgehend geschützt war. Ich bezog mit einer Ordonnanz, die mir zugeteilt wurde, einem kleinen schmächtigen jungen Mann, der aus Kattowitz in Oberschlesien stammte, dem Gefreiten Alois Michalski, einen solchen Unterstand, den ich zusammen mit dem Ordonnanzoffizier und dem Nachrichtenoffizier, Leutnant Helmut Lindner, teilte. Es gab damals eine normale Verpflegung, viel Büchsenfleisch und Büchsenwurst, man nannte die Leberwurst in Büchsen bald in der Landsersprache die Betonwurst. Tubenkäse, täglich ein halbes Kommißbrot für einen Mann. Was sehr angenehm war, es gab damals für den Regimentsstab gepreßten Bohnenkaffee, der morgens wach machte, und wenn man nachts zu arbeiten hatte, auch noch weit nach Mitternacht einen wachhalten konnte. Nur wenige 100 m vom Regimentsgefechtsstand des Infanterieregiments 84 lag auch der Abteilungsgefechtsstand jener Artillerieabteilung, mit dem unser Regiment zusammenzuarbeiten hatte. Es war die III. Abteilung des Artillerieregiments Nr. 104. Der Kommandeur war Major Dr. Fritz Ludwig, ein Rechtsanwalt aus Hannover, der bereits am 1. Weltkrieg teilgenommen hatte, klein, sportlich, straff und obgleich er schon 52 Jahre alt war, lernten wir ihn bald als einen tüchtigen Wanderer, Skiläufer und Sportsmann kennen, der den Belastungen eines Krieges durchaus noch gewachsen war. Bei ihm lernte ich auch den Batteriechef Leutnant Franz Meyers kennen, einen Rechtsanwalt aus Mönchengladbach, mit dem ich in den nächsten Jahren noch oft zu tun hatte. Denn er führte später als Oberleutnant eine Batterie, die sich im Kampf bei den Rückzügen im Jahre 1943 vom Mittelabschnitt der Ostfront bis hin in den Raum der Pripjetsümpfe oft ausgezeichnet hatte. Dr. Franz Meyers, der nach dem Krieg Ministerpräsident des Landes Nordrhein-Westfalen wurde, hat in seiner typischen, offenen rheinischen Art mir gleich einige Besonderheiten über meinen neuen Kommandeur berichtet, und mich vor ihm gewarnt. »Wenn er die Front besichtigt, ist es immer sehr schwierig, ihm den Einschlag, den drohenden Einschlag einer Granatensalve oder einer Salve der Stalinorgel, jener gefürchteten Salvengeschütze der Sowjets anzuzeigen!« Oberst von Bercken hört schlecht und bemerkt einen Artillerieeinschlag erst, wenn es zu spät ist! Daher legt er sich selten hin und es ist gut, wenn man ihn darauf aufmerksam macht, wann er sich hinzuwerfen hat. »Im übrigen ist er auch noch farbenblind, was natürlich bei der Frontbesichtigung manchmal zu Komplikationen führt. Ich warne Sie also, Ihr Oberst ist sehr tapfer, aber erstens hört er schwer, zweitens ist er farbenblind und wenn er vorn ist, gibt es immer Ärger!« Ich sollte bald selbst diese Beobachtung machen, als ich mit Oberst von Bercken die Bataillone des Regiments, die im Rshewbogen in vorderster Linie eingesetzt waren, aufsuchte. Das konnte natürlich nicht bei Tage geschehen, sondern nur bei Nacht. Und hier zeigte sich schon, daß nicht nur Farbenblindheit, sondern auch Nachtblindheit den Regimentskommandeur belasteten. Um so tapferer und mutiger war sein Verhalten! Er zeigte mir die Stelle, an der 1942 im Dezember die Angriffe zusammengebrochen waren, deren Absicht es war, den Rshewbogen zu umgehen, nördlich und südlich von Rshew durchzubrechen und in einem großen Kessel die im Raum Rshew eingesetzten deutschen Divisionen einzukesseln und zu zerschlagen. Es hatte in den Dezemberwochen sehr harte Kämpfe um Olenino, Rshew, Sytschewka gegeben, bei denen es zum Teil sowjetischen Panzereinheiten gelungen war, in die Front der deutschen Armee einzubrechen. Sie wurden abgeriegelt! Die Zahl der Panzerverluste war groß. Die Absicht Stalins und seines Marschalls Schukow bei Rshew einen Sieg zu erringen, und die dort kämpfenden deutschen Truppen zu vernichten, wurde vereitelt, nicht zuletzt durch die außerordentliche Tapferkeit der schlesischen Truppen. Es war daher auch kein Zufall, daß der Wehrmachtsbericht am 18. Dezember 1942 gemeldet hatte, bei den Abwehrkämpfen um Rshew zeichnete sich die Schlesische 102. Division besonders aus. Es war die 3. Nennung der 102. Schlesischen Division im Bericht des Oberkommandos der Wehrmacht. In dem Gelände zwischen Ossuga und Wassusa, zwei kleinen Flüssen mit Sumpfniederungen – man nannte sie bei den Soldaten das Zwischenstromland – lagen etwa 160 Panzerwracks, zum Teil festgefahren in den Sumpfniederungen, abgeschossen oder durch Panzernahkampfmittel vernichtet. Wenn man am späten Abend oder am frühen Morgen bei Dämmerlicht die Frontlinie, die einzelnen Stützpunkte aus Bunkern, natürlich nur als Erdbefestigungen mit Abstützung durch Balken, aufsuchte, mußte man über die Findigkeit der Soldaten staunen. Da hatten sie kleine Kanonenöfchen, Herde, kleine Röststellen, wo sie sich zusätzlich noch Kartoffeln oder Fleisch zu den Feldküchenmahlzeiten bereiten konnten. Der Erfindergabe der Obergefreiten und Gefreiten vor allem der alten Ostkämpfer war keine Schranke gesetzt. Natürlich hatte man auch eine Art Tarnung entwickelt, so daß man gegen Luftsicht und gegen Erdsicht sich weitgehend schützte. Der Schnee lag überall, zum Teil verharscht. Es war sehr schwer, im Gelände zu gehen, ohne zu stürzen. Darum wurde befohlen, daß alle Soldaten im Skilauf auszubilden seien, alle Offiziere und Spähtrupps, die Störtrupps der Nachrichtentruppe und die Verbindungstrupps sollten perfekte Skifahrer werden. Also hieß es bald auch für mich, wieder auf die Skier und das Skifahren üben. Oberst von Bercken war bereits ein recht guter Skifahrer. Er erzählte, daß er oft als Soldat von Landsberg an der Warthe oder später von Berlin ins Schlesische Gebirge zum Skilaufen gefahren wäre. Wir hatten Mühe, mit dem Oberst mitzuhalten, der Ordonnanzoffizier, Nachrichtenoffizier, der Regimentsarzt und die uns beigegebenen Soldaten, Melder und Funktrupps. Nach und nach lernte ich den ganzen Frontabschnitt der vorn eingesetzten Kompanien und Bataillone kennen. Die Bataillonskommandeure und auch die Kompaniechefs waren zum Teil aus meiner eigenen Gleiwitzer oder aus meiner Frontzeit mir gut bekannt. Viele frühere Offiziere waren inzwischen ausgefallen oder verwundet. Die Nachgerückten waren meistens ehemalige Feldwebel, Oberfeldwebel, die inzwischen zu Offizieren befördert waren. Die großen Ausfälle an Offizieren führten dazu, daß bewährte Unteroffiziere und Feldwebel zum Offizier aufrücken konnten. So wurde eine große Anzahl älterer Feldwebel, die zum Teil noch in der Reichswehr und im 100 000-Mann-Heer gedient hatten, nun Leutnante, Oberleutnante oder Hauptleute. Die Meinung über die plötzlich zu Offizieren beförderten Unteroffiziere und Feldwebel war bei den

Soldaten geteilt. Das Böseste, was die Soldaten in ihrer oft sarkastischen Art formulierten, war der Begriff des »Vomag«, Volksoffizier mit Mannschaftsgesicht. Ich fand diese Deklassierung der ehemaligen Unteroffiziere, die jetzt Offiziere geworden waren, beleidigend. Denn sie traf nicht zu. Es waren bewährte, tapfere Unteroffiziere, denen durchaus auch im Frieden die Offizierslaufbahn offengestanden hätte. Es war daher selbstverständlich bei den großen Ausfällen, die das Offizierkorps mit Friedensausbildung zu erleiden hatte, daß hier auf bewährte Praktiker zurückgegriffen wurde. Der Bildungsstand und das allgemeine Niveau waren natürlich mit Friedensoffizieren nicht zu vergleichen. Aber schließlich war Krieg und es kam ja nicht darauf an, ob man gut mit Messer und Gabel umzugehen wußte und die Formen des Kasinos beherrschte, sondern vielmehr darauf, ob man in der Lage war, Männer zu führen, ihnen vorzuleben und wenn es darauf ankam, auch vorzusterben. Hier haben die ehemaligen Unteroffiziere, Feldwebel, Oberfeldwebel, die nun Leutnante, Oberleutnante oder gar Hauptleute wurden, eine ausgezeichnete Bewährung erbracht. In diesen Wochen war es verhältnismäßig ruhig am Frontabschnitt im vorgeschobenen Bogen von Rshew. Sicher lag das daran, daß der Schwerpunkt der Operationen der Sowjetischen Armee um Stalingrad lag. Wir hatten zwar gelegentliche Vorstöße einzelner Spähtrupps, auch Angriffe in Kompanie- und Bataillonsstärke gegen die Front der Division, aber es blieb bei diesen örtlichen Vorstößen, die dank unserer gut ausgebauten Stellungen und der guten Winterausrüstung, aber auch eines gewissen Selbstverstrauens, immer abgewehrt wurden. Dieses Selbstvertrauen rührte noch aus den Dezemberwochen her, in denen die schweren Panzerangriffe und Vorstöße gegen den Rshewbogen erfolgreich aufgehalten werden konnten.
Es lag eine unheimliche Stimmung über der Front. Natürlich wußte man aus dem täglichen Wehrmachtsbericht, aber auch aus den durch das Regimentsfunkgerät abgehörten Nachrichtensendungen, daß sich die Lage um Stalingrad Tag für Tag verschlimmert hatte. Wir konnten zwar BBC London nicht empfangen. Aber die deutschen Sendungen von Radio Moskau, bei denen man natürlich viel Propaganda abstreichen mußte. Aus allen Nachrich-

ten, den Verlautbarungen des Deutschen Wehrmachtsberichtes, aus den Nachrichtensendungen, die wir abgehört hatten, ergab sich ein dramatisches Ringen um Stalingrad. Der Kessel wurde immer enger und von der fast 300 000 Mann starken 6. Armee kämpften ungefähr nur noch 100 000 im Kessel von Stalingrad. Die meisten waren gefallen, erfroren, verhungert oder schon teilweise in Gefangenschaft geraten. Am 10. Januar 1943 hatte der letzte große Sturm auf Stalingrad begonnen. Mehrere tausend Geschütze, Panzerdivisionen, Schützendivisionen griffen den Kessel an, trennten ihn in zwei Teile. Die Versorgung erfolgte noch mühselig über den letzten noch in deutscher Hand befindlichen Flugplatz Gumrack. Aber auch dieser Flugplatz ging schließlich verloren. In dieser Not richtete Generaloberst Paulus einen Hilferuf an das Oberkommando der Wehrmacht, schilderte die erschütternde Lage und bat um die Erlaubnis zu kapitulieren. Hitlers Antwort war »Verbiete Kapitulation, die Armee hält ihre Position bis zum letzten Soldaten, bis zur letzten Patrone und leistet durch ihr heldenhaftes Aushalten einen unvergeßlichen Beitrag zum Aufbau der Abwehrfront und zur Rettung des Abendlandes!« Mit diesem pathetischen Befehl an die 6. Armee in Stalingrad war praktisch ihr Schicksal besiegelt. Tod – Gefangenschaft! Auf uns Soldaten im Bereiche des Frontbogens von Rshew legte sich eine tiefe Niedergeschlagenheit. Denn wir ahnten, daß nach der Beendigung der Kämpfe von Stalingrad Ähnliches möglicherweise auch uns im vorgeschobenen Frontbogen von Rshew zuteil werden könnte, wenn eine sowjetische Angriffsoperation nördlich und südlich von Rshew an uns vorbeistoßen würde und sich hinten zu einem Kessel vereinigen würde. Ohnehin lag ja unsere einzige Versorgungsbahn von Wjasma nach Sytschewka in Richtung Rshew, Olenino unter ständigem Beschluß in unmittelbarer Frontnähe. Die Achillesferse unseres vorgeschobenen Frontbogens war jedem Soldaten bewußt.
Aber zunächst ging es darum: »Wie soll es weitergehen in Stalingrad?« Es näherte sich der 30. Januar 1943, der 10. Jahrestag der Machtergreifung des Nationalsozialismus und Adolf Hitlers in Deutschland. Da war ein Befehl gekommen, daß dieses 10. Jahrestages bei allen Truppenteilen gedacht werden sollte und in kurzen

Veranstaltungen auf die Bedeutung dieses Tages hingewiesen werden sollte. Es war ein Ablenkungsmanöver von den dramatischen Vorgängen und dem Ende in Stalingrad, das hier von dem Reichspropagandaminister und auch von dem Wehrmachtsführungsstab beabsichtigt war. Oberst von Bercken befahl mir, daß ich die Stabskompanie am 30. Januar 1943 in unserer Mulde unweit des Gefechtsstandes versammeln sollte, um an sie einige Worte im Sinne des Befehls zu richten. Ich erklärte: »Herr Oberst, es ist doch ausgeschlossen, daß wir angesichts der Vorgänge in Stalingrad, die ja jeder Soldat zur Kenntnis genommen hat und angesichts auch dieses Wetters hier – es lag Schnee und es war kalt – eine solche Veranstaltung machen können! Das wirkt geradezu widersinnig. Außerdem ist die Gefahr sehr groß, daß wir durch Granateinschläge zufälliger Feuerüberfälle unnötige Verluste erleiden!« Oberst von Bercken blieb hart und sagte: »Es ist Befehl und darum wird es stattfinden! Sie sind für die Durchführung verantwortlich! Geben Sie Leutnant Lindner den Befehl, daß er die Stabskompanie, die Nachrichtenstäbe und alle Ordonnanzen antreten läßt und Ihnen meldet. Sie halten dann die Ihnen befohlene Rede zum 10. Jahrestag der Machtergreifung. Es bleiben nur die Funker auf ihren Posten, die Telefonisten und was unbedingt hier zur Sicherung des Gefechtsstandes in der Stellung ist.« Ich weihte meinen Freund Leutnant Lindner ein und erklärte ihm, wir würden es ganz kurz machen. Ich würde einige Worte zur Lage in Stalingrad und zum Gedenken der Soldaten sprechen. Und so geschah es auch. Um 11.00 Uhr trat alles, was frei war, in einem Viereck an. Es begann heftig zu schneien, der Schnee blies uns in die Gesichter, ich hatte Mühe, nach der Meldung von Leutnant Lindner »Stabskompanie des Regiments 84 angetreten«, mich verständlich zu machen. Ich habe nur wenige Sätze gesprochen: »In diesen Stunden gedenken wir des heldenhaften Kampfes unserer Kameraden in Stalingrad. Auch dort stehen schlesische Divisionen unter unserem früheren Befehlshaber des VIII. Schlesischen Armeekorps, General Heitz, der bis vor Jahresfrist kommandierender General unseres Armeekorps war. Wir gedenken aller dort kämpfenden Soldaten, und möge Gott uns davor bewahren, daß wir in eine ähnliche Situation kommen. Wir wissen, was das Schicksal von

Soldaten in einem Kessel ist! Schließlich haben wir bei Smolensk und Wjasma die Einkesselung der dort kämpfenden Divisionen der Roten Armee erlebt!« Es schien mir ausgeschlossen, in diesem Augenblick etwas über den 30. Januar 1933 und über die Machtergreifung des Nationalsozialismus zu sagen. Wir hatten eine bitterböse Meinung nach alledem, was uns an Versäumnissen und an enttäuschten Hoffnungen inzwischen bekannt geworden war. Die Hoffnung, daß eine Entsetzung des Kessels durch die Panzerarmee Hoth erfolgen könnte, hatte sich zerschlagen. Nachdem Hitler eine Kapitulation verboten hatte, wagte auch die eingeschlossene Generalität keinen Ausbruch. Vielleicht war die Armee in ihrer geschwächten Kampfkraft nicht mehr in der Lage, einen Ausbruch zu wagen; das konnten nur die beurteilen, die an Ort und Stelle die wahre Sachlage kannten. Am 30. Januar 1943 beförderte Hitler noch den Generaloberst Paulus zum Feldmarschall und mehr als 100 Offiziere zum nächsthöheren Dienstgrad. In Berlin hielt der Reichsmarschall Göring eine Rede, die geradezu als Hohn bei uns Soldaten empfunden wurde. Er sprach von Sparta, den tapferen Soldaten, die in Sparta Geschichte gemacht hätten und meinte, noch in 1000 Jahren würde jeder Deutsche mit heiligem Schauer von diesem Kampf sprechen und sich erinnern, wo trotz allem Deutschlands Sieg entschieden worden ist! Auch diese großsprecherische und in ihrer Vortragsart aufreizende Rede Görings hat zu einer Verbitterung und einer nachdenklichen Haltung vieler unserer Soldaten geführt. Natürlich überlegte sich ein jeder, wann uns möglicherweise ein ähnliches Schicksal zuteil werden könnte. Wenige Tage später meldete auch der deutsche Wehrmachtsbericht erst am 3. Februar, was in Stalingrad geschehen war. Der Bericht des Oberkommandos der Wehrmacht wurde mit dumpfen Trommelwirbeln eingeleitet und mit dem zweiten Satz aus Beethovens 5. Symphonie beendet. Eine viertägige Nationaltrauer wurde angeordnet. Theater, Kinos und Vergnügungsstätten blieben für diese Zeit geschlossen. Auf uns alle legte sich in diesen Tagen und Wochen eine tiefe Niedergeschlagenheit, die natürlich von der sowjetischen Propaganda sehr geschickt ausgenutzt wurde. Über unseren Stellungen wurden Flugblätter abgeworfen, die sehr die Depression und Trauer der Soldaten ausnutzten und eine allgemeine Resignation und Kampfesunlust erzeugen sollten. Schon im Jahr vorher, im Dezember und Januar 1941/42, hatte die sowjetische Propaganda eine ähnliche Wirkung beabsichtigt, als nach den ersten Rückschlägen und Rückzügen und den ersten, wenn auch kleineren Einschließungen deutscher Verbände Flugblätter über Cholm, über Suchinitschy, über Demjansk abgeworfen wurden, auf denen zu sehen war, wie tote Deutsche im Schnee lagen und Hunderte von Raben sich auf ihnen niedergelassen hatten oder sie umkreisten. Ein schauriges Bild, unter dem dann unter anderem von Erich Weinert, einem in Moskau lebenden deutschen Kommunisten, die Zeilen zu lesen waren: »O weh, o weh, in Rußlands tiefem Schnee, da fressen Euch die Raben, Ihr wolltet's ja so haben.« Ich erinnere mich, daß wir damals, als wir diese schrecklichen Fotos sahen, mit den sehr wirkungsvollen Formulierungen Erich Weinerts, sehr betroffen waren. Und es beeilten sich damals auch die Division und das Armee-Oberkommando, alle diese Flugblätter als nicht für den Soldaten geeignet zu verurteilen und ihre sofortige Vernichtung zu befehlen. Wer ein solches Flugblatt weitergab oder es vorlas oder mit seinem Kameraden darüber sprach, machte sich der Zersetzung der Wehrkraft schuldig und hätte mit dem Tode durch Erschießen bestraft werden können. So wurde damals schon die Propaganda des Gegners in den ersten Rückschlägen des Winters 1941/42 richtig beurteilt. Ähnlich war es auch jetzt! Wiederum von Erich Weinert wurde ein Gedicht abgeworfen mit dem Titel »Gegen den wahren Feind«. Auf dem Hintergrund der Katastrophe von Stalingrad und der eigenen Unzulänglichkeit, die man mehr und mehr spürte, hatte natürlich dieses Flugblatt eine psychologische Wirkung auf die Soldaten. Gegen den wahren Feind, so hieß es. »Soldaten, es hat sich ausmarschiert, die Herren haben zu früh triumphiert! Nun müßt Ihr rückwärts in Eis und Schnee, denn jetzt marschiert die Rote Armee. Vorwärts, da helfen Kanonen und Panzer nicht mehr, aus klammen Händen fällt das Gewehr, aus allen Dörfern, aus jedem Haus, aus allen Löchern müßt Ihr heraus. Rückwärts, dahin hat Hitlers Krieg Euch geführt, daß Ihr am Wege ruhmlos krepiert!« Zwar hatte dieses Flugblatt keine Wirkung, es gab weder Überläufer noch Selbstverstümmelungen

oder Zersetzungserscheinungen. Aber ein deprimierender Einfluß war nicht zu verkennen.
Eine weitere interessante Veränderung, auch in der psychologischen Beurteilung der kommenden Monate und Jahre war gegeben, als der totale Krieg verkündet wurde. Auch hier hatten wir zunächst die Rede des Reichspropagandaministers Joseph Goebbels in unseren Funkgeräten empfangen können. Später wurde sie im »Völkischen Beobachter« nachgedruckt. Es waren auch Aufnahmen von der großen Kundgebung im Berliner Sportpalast zu sehen, in denen Goebbels seine demagogische Rede gehalten hatte. Sie hat auf uns Soldaten keine positive, eher eine negative Wirkung ausgeübt. Denn diese, wenn auch meisterhaft formulierten Propagandaphrasen, standen im krassen Widerspruch zu dem Erlebnis der Frontsoldaten an der Rußlandfront. Besonders die in Frageform gekleidete plebiszitäre Seite seiner Rede wirkte auf uns abstoßend!
Das Ergebnis der Überlegungen eines jeden Soldaten im stillen, aber auch unsere Gespräche unter uns Offizieren, war eine neue Philosophie des Krieges an der Ostfront, die durch Stalingrad ausgelöst wurde. Man müsse unter allen Umständen in Zukunft Einschließungen vermeiden, weil, wie Stalingrad bewiesen hat, ein Entsatz, ein Wiederheraushauen eingeschlossener deutscher Truppenverbände schwerlich zu erhoffen war. Die Philosophie von Stalingrad lautete also, Einschließungen vermeiden, lieber Absetzen, lieber Stellungen räumen, als sich vorn einschließen und dann schließlich vernichten zu lassen. »Fürchte Stalingrad und handle klug«, war eines jeden Offiziers und Kommandeurs stille Konsequenz, die man aus dieser Tragödie für sich selbst und für den Truppenanteil zog, für den man Verantwortung trug. Offensichtlich scheinen Überlegungen ähnlicher Art auch beim Oberkommando der Wehrmacht zumindest aber beim Oberkommando der Heeresgruppe Mitte erfolgt zu sein. Ende Februar traf ein Befehl ein, Stichwort »Büffelbewegung«, wonach wir etappenweise den Brückenkopf Rshew räumen und in Richtung Orel uns absetzen würden. Und so kam es auch! Anfang März wurde der Frontbogen um Rshew zurückgenommen. Leider war die Operation den Sowjets bekannt geworden. Sie drängten immer wieder

nach und schossen auch mit schwerer Artillerie auf die Brücken und in die Flußniederungen, die wir auf den Räumungsstraßen zu passieren hatten. Es war sehr schwierig, sich am Abend aus der vorderen Linie zu lösen und auf den schneebedeckten Wegen in Richtung Wjasma, in Richtung Smolensk einzureihen. Oft brach der Gegner in die Absetzbewegungen ein und es kam zu harten Kämpfen, die auf beiden Seiten erhebliche Verluste kosteten. Immerhin ging es um unser Leben! Wir wollten aus dem Bogen heraus und nicht in einem Kessel sitzen. Aber auch die andere Seite hatte ihre Chance erkannt, vor der Räumung des Bogens doch noch die in der vorspringenden Nase von Rshew sich aufhaltenden 7 bis 8 deutschen Divisionen einzuschließen und zu vernichten. Die Kämpfe um den Rückzug waren durch das Tauwetter sehr erschwert. Man hatte nasse Füße, die Zahl der Erkältungskrankheiten nahm zu und es war sehr schwer, nach einem nächtlichen Rückzug am Tag wiederum eine Front zu halten ohne genügend Gelegenheit zum Aufwärmen und zum Trocknen der nassen Sachen zu haben. Die Ausfälle wurden immer größer, an die Infanteristen wurden in diesen Tagen harte Anforderungen gestellt. Aber überall gelang es, sich herauszulösen, nirgendwo wurde eine Kompanie, ein Bataillon oder gar eine größere Einheit eingeschlossen, abgedrängt oder gefangengenommen. Schließlich gingen wir auf der großen Straße, auf der Poststraße, die wir schon einmal 1941 in Richtung Moskau marschiert waren, wieder in Richtung Smolensk zurück und von Smolensk dann in Richtung Brjansk wieder vor nach Südosten, um dort Lücken zu schließen, die vom Winterkrieg noch offen waren, durch die der Russe einströmte und insbesondere auch, um die zahlreichen in den Brjansker Wäldern noch kämpfenden Partisanen abzuschneiden und eine durchgehende Front wiederherzustellen. Wir griffen nach dem 21. März 1943 südostwärts von Brjansk in Richtung Ssewsk an. Die Stadt Ssewsk war ein Gebiet, das sich noch in den Händen der Roten Armee befand. Eine Lücke von etwa 40 km war offen, durch die sowohl reguläre Truppen in die Brjansker Wälder einströmen konnten, um dort die Partisanen zu verstärken und wiederum auch die Partisanen gegen unsere Nachschubwege operierten. Es war auch eine für die Truppe notwendige Aufmunterung, als wir in Bataillons-, Regiments- und Divisionsstärke über die schneebedeckten Felder zum Angriff antraten, Ortschaft für Ortschaft zurückeroberten und schließlich bis zum 31. März 1943 die durchgehende Front bei Ssewsk in Richtung Orel wieder schließen konnten. Die Verluste waren verhältnismäßig gering. Unsere Ausrüstung war gut, wir hatten unsere Tarn- und Schutzanzüge. Wir verfügten auch über Sturmgeschütze, mit denen unsere Angriffe auf die einzelnen Ortschaften und Höhenzüge unterstützt wurden, so daß wir die Höhen bei Ssewsk erreichen und damit die alte Frontlinie vor den Einbrüchen des Winters wiederherstellen konnten. Bei dieser Gelegenheit eroberten wir auch die ersten amerikanischen Panzer vom Typ Sherman und viele Lastwagen amerikanischer Bauart, amerikanische Fleischkonserven, Schokolade, Milchpulver, Eipulver. Es zeigte sich, daß die großen Lieferungen der Amerikaner über Murmansk mit den damals kaum gestörten Geleitzügen aus dem Pacht- und Leihvertrag zwischen Amerika und der Sowjetunion der Roten Armee außerordentliche Hilfen an Waffen, Gerät und Nahrungsmitteln zuteil werden ließen. Auch hier ging ein Mythos verloren! Hatte man uns doch immer wieder eingeredet, daß amerikanische Lieferungen über Murmansk durch die deutsche Luftwaffe verhindert werden und die amerikanischen Zusagen an die Russen kaum gehalten werden könnten. Das Gegenteil war der Fall, es waren so viele Geleitzüge durchgekommen und die Lieferung an Waffen, Geräten, Nahrungsmitteln, Bekleidung, Ausrüstung hatte einen solchen Umfang erreicht, daß bereits die uns gegenüberliegenden Verbände im Raum von Brjansk und Orel davon leben konnten. Der ganze Umfang der amerikanischen Hilfe an die Rote Armee aber wurde erst nach dem Krieg bekannt*. Vom 1. Oktober 1941 bis zum 31. Mai 1945 waren in amerikanischen Häfen 2660 Schiffe mit einer Gesamtladung von 16½ Millionen Tonnen nach der Sowjetunion ausgelaufen! Bis auf 77 Schiffe, die versenkt wurden, gelangten alle an ihre Zielhäfen und brachten der Sowjetunion

* Aus Georg von Rauch: »*Geschichte des bolschewistischen Rußland.*« 1955 Rhein. Verlagsanstalt GmbH, Wiesbaden, S. 426/427, und Dean, J. R. »*Ein seltsames Bündnis*«. Wien o. J., S. 86/87.

427 284 Lastkraftwagen, 13 303 Panzer, 35 170 Motorräder und 2328 Fahrzeuge, über 2½ Millionen Tonnen Flugbenzin und Benzinzusatz sowie Treibstoff für alle Typen von Fahrzeugen sowie rollendes Material für die sowjetischen Eisenbahnen: 1900 Dampf- und 66 Diesellokomotiven, über 10 000 Eisenbahnwagen aller Art. Das gesamte rollende Material wurde der russischen Spurenweite entsprechend hergestellt. Hinzu traten Werkzeuge und industrielle Ausrüstungen, Ersatzteile, Waffen, Medikamente, Stoffe und Schuhe. Insgesamt fast 4½ Millionen Tonnen Fleischkonserven, Zucker, Mehl, Salz und Fett. Man hat berechnet, daß die Lieferungen bei einer durchschnittlichen Stärke der Roten Armee von 12 Millionen Mann jedem einzelnen mehr als ½ Pfund hochwertige Nahrung pro Tag gesichert haben. Insgesamt betrug der Geldwert aller amerikanischen Lieferungen rund 11 Milliarden Dollar!

Als die Front zwischen den Brjansker Wäldern und Ssewsk in Richtung Orel geschlossen war, gingen wir weiter in kampfmäßiger Gliederung in den Raum südlich Orel, wo wir Mitte April die Bereitstellungsräume für eine dann später geplante Angriffsoperation einnahmen. Das Unternehmen »Zitadelle«, die letzte große Angriffsoperation der Deutschen Wehrmacht an der Ostfront, um den Frontbogen abzuschneiden, der sich von Orel nach Westen und dann wiederum nach Süden bis südlich Kursk zog und in Richtung ostwärts Charkow den Donez bei Artemowsk erreichte. Das Ziel der zu erwartenden Offensive war, die in diesem Frontbogen zwischen Orel und Kursk und Charkow eingesetzten sowjetischen Truppenteile abzuschneiden, einzukesseln, zu vernichten. Die Vorbereitungen zu diesem letzten großen Angriffsunternehmen der Deutschen Wehrmacht liefen an. Das Infanterieregiment 84 befand sich etwa 30 km südlich von Orel in einer Kampfstellung, rechts und links je ein Bataillon in vorderer Linie. Es waren meistens ausgehobene Gräben, Unterstände, gut ausgebaut, so daß man sich einigermaßen sicher fühlen konnte. Dieser Abschnitt wurde von der Münchener 7. Infanterie-Division übernommen. Die bayerischen Soldaten hatten dieses Gebiet die ganzen Wochen und Monate gehalten, hatten den Winterkrieg und auch das Tauwetter und die Schlammperiode hinter sich gebracht. Sie wurden gut versorgt, bekamen sogar Bier und für uns war es überraschend, daß diese bayerische Division sogar über 50-Literfässer guten bayerischen Bieres verfügte. Wir tauschten natürlich, was wir noch an französischen Cognac-Vorräten hatten, gegen die bayerischen Bierfässer und waren froh, endlich einmal wieder gutes bayerisches Bier zu genießen. Die Bayern fluchten und schimpften auf diese schreckliche Gegend und meinten, dieses Land sei im Grunde genommen nur unter Alkohol zu ertragen. Ohne Wodka und Bier sei dieses Land so deprimierend, daß man sich am liebsten aufhängen würde. Wir fanden das nicht so schlimm! Es kam der Frühling, es grünte und blühte in den Tälern. Das Gebiet südlich Orel ist ein fruchtbares Schwarzerdegebiet, viele Felder waren bestellt, die Dörfer von der Zivilbevölkerung nicht geräumt, das ganze Land um Orel war so, wie man sich Rußland im Frieden vorstellt. Lediglich die Männer fehlten! Aber Frauen, viele Kinder und alte Männer bevölkerten die Dörfer. Es gab noch Schweine, Kühe, viele Hühner und für uns, die wir im Raum von Rshew nur Birkenwälder, Sumpfniederungen und Waldstücke kennengelernt hatten, kargen Boden, kaum noch Vieh, keine Zivilbevölkerung, war es ein kleines Paradies, gemessen an den traurigen Verhältnissen im Raum von Rshew und Sytschewka. Wir hatten natürlich bald auch heraus, woran es bei den Russen fehlte. Die Bevölkerung litt an Salzmangel und gab alles her, wenn sie Salz bekommen konnte. Wir hatten die Möglichkeit, durch die Päckchenmarken uns mehrere Päckchen im Monat schicken zu lassen. Natürlich haben wir uns in diesen Wochen nur Salz aus der Heimat schicken lassen. Für ein Päckchen Salz gab es bei der russischen Zivilbevölkerung viele Eier, Milch, Kartoffeln und was sonst noch aus der Landwirtschaft damals vorhanden war. Wir haben selten so viel Omeletts mit unserer Wehrmachtsmarmelade, selten so viel Rühreier mit Bratkartoffeln, hartgekochte Eier, Eierspeisen in allen Variationen gegessen wie in den Monaten Mai und Juni im Raum von Orel auf dem Regimentsgefechtsstand in Ignatejewa! Ignatejewa war ein großes Straßendorf beiderseits eines tief eingeschnittenen Flußtales. Holzhäuser, wie wir sie in Rußland schon kannten, keine Zerstörungen im Dorf! Wir lebten mit der Zivilbevölkerung in gutem Einvernehmen. In den meisten Häusern blieb ein Teil der Frauen, schon um uns beim Waschen der Wäsche, beim Sauberhalten des Hauses, des Gartens und beim Anbau von Gemüse zu helfen. Später haben wir einen Teil des Dorfes, der hinter unseren Gefechtsständen, unseren Nachschub- und Funk- und Fernsprecheinrichtungen lag, evakuiert, so daß der etwas zurückliegende Teil des Dorfes nur von der Zivilbevölkerung bewohnt war, während die von uns benötigten Häuser freigemacht waren. Nur die eine oder andere Putzfrau oder der eine oder andere russische Hilfswillige durften in der vorderen Linie und bei den Gefechtsständen tätig sein. Das geschah schon aus Sicherheitsgründen, um nicht allzuviel bei den Informationsmöglichkeiten der russischen Bevölkerung und der Weitergabe durch die Partisanen, auch durch Funk, von unseren militärischen Dingen an den Gegner gelangen zu lassen. Das Verhältnis zur Bevölkerung war gut, die russischen Frauen und Mädchen sehr hilfsbereit und entgegenkommend. Die älteren Männer waren etwas zurückhaltender, aber von irgendeiner Feindseligkeit uns gegenüber konnte keine Rede sein. Bei Niederkünften mußten unsere Sanitäter und unser Regimentsarzt Geburtshilfe leisten. Auch wo hier und da Unfälle zu Verletzungen geführt hatten, griffen selbstverständlich unsere Sanitäter und unsere Ärzte ein. Es war kriegsmäßig ausgedrückt ein normales Verhältnis zwischen den Soldaten der Division und der russischen Bevölkerung. Die Verständigung war dadurch leichter möglich, daß viele der schlesischen Soldaten entweder der polnischen Sprache oder auch der russischen Sprache mächtig waren und sich mit der Zivilbevölkerung, wenn auch manchmal radebrechend, unterhalten konnten. Die Monate Mai und Juni 1943 wurden zur Ausbildung genutzt, eine Kampfschule des Regiments unter Major Lampp in der Nähe des Divisionsgefechtsstandes eingerichtet, wo Unteroffiziere und Offiziersanwärter ausgebildet wurden. Die Zeit schien uns schon zu lang zu werden. Wir erwartten den Angriffsbeginn für das Unternehmen »Zitadelle« – so nannte man die beabsichtigte Angriffsoperation gegen den Orel-Kursk-Bogen – schon im Juni, aber es wurde immer später. Auf Rückfragen wurde vieldeutend gesagt, der Aufmarsch sei noch nicht beendet, es fehlte noch an Panzern, insbesondere die neuen schweren deutschen Panzer vom Typ »Ferdinand«, auch die »Tiger« und »Panther« waren noch nicht in genügender Anzahl für die Angriffsoperationen bereitgestellt. Der Transport aus Deutschland und aus Polen hatte unter häufigen Unterbrechungen der Nachschublinien zu leiden. An der Front war es verhältnismäßig ruhig, nur gelegentliche Spähtruppunternehmen und Feuerüberfälle. Das Land war wellig mit vielen eingeschnittenen Flußtälern, Waldstücken, eigentlich ein ausgezeichnetes Gebiet für das Operieren von Panzern, die unter Ausnutzung von Schluchten und Höhenzügen sich sehr geschickt hätten im Gelände vorbewegen können. Das galt auch für uns Infanteristen, die wir übrigens umbenannt waren! Wir waren inzwischen »Grenadiere« geworden, auch hier vermutlich eine gewisse Aufmunterung dadurch, daß die Infanterie-Divisionen nun zu Grenadier-Divisionen wurden und die Infanterieregimenter ab sofort Grenadierregimenter hießen. Außer einer Verbesserung der Nachlieferung von Waffen, Gerät, war praktisch mit der Umbenennung mehr ein psychologischer Effekt verbunden, aber keiner, der sich auf die Kampfbereitschaft und Ausrüstung nachhaltig auswirken sollte. Die verhältnismäßige Ruhe, die gute Verpflegung, auch der nun herankommende Sommer mit vielen heißen Tagen, sehr warmen Nächten, einer üppigen Vegetation, hatten Truppe und Kommandeure in eine Hochstimmung versetzt. Alles wartete auf den entscheidenden Angriffstermin! Zwei Ereignisse sind mir in Erinnerung, die die ruhige Atmosphäre störten. Eines Tages hieß es, es sei ein Impfstoff gekommen, die Offiziere und Soldaten des Regimentsstabes sollten gegen Fleckfieber geimpft werden. Das Fleckfieber hatte bereits erhebliche Ausfälle verursacht. Denn der Nachteil des Wohnens in den russischen Holzhäusern, Hütten und Datschas und auch das Zusammensein mit der russischen Zivilbevölkerung war das Aufkommen einer Läuseplage. Es gab kaum einen, der nicht von Läusen befallen war und überdies gab es zusätzlich noch eine Unmenge von Flöhen. Obgleich ein Läusebekämpfungsmittel geliefert war, ein in Beutelchen verpacktes, übel riechendes bräunliches Pulver mit dem Namen »Lauseto«, also vermutlich Lausetod, und die Soldaten es sich in den Nacken, unters Hemd und in die Unterhosen geschüttet hatten, war von einem Erfolg nichts zu spüren. Einzelne Soldaten machten sich sogar das Vergnügen, dieses Lausetodmittel auszuschütten und lebende Läuse, die sie gefangen hatten, auf diesem angeblichen Läusevernichtungsmittel spazierengehen zu lassen. Es hieß, der Leibarzt Hitlers, Professor Morell, sei selbst der Erfinder dieses Läusebekämpfungsmittels! Wir meinten, es müsse ein Scharlatan sein, der uns dieses Läusebekämpfungsmittel zugemutet habe. Denn von irgendeiner Wirkung gegen die Läuse konnte keine Rede sein.

Es blieb leider bei dem einfachen Hausmittel: die Soldaten zogen sich an ruhigen Tagen im Scheine der Sonne aus, gingen die Nähte ihres Hemds, ihres Unterhemds, ihrer Hose und Unterhose durch, um die einzelnen Läuse zu fangen und zu knacken. Eine unappetitliche, aber einfach nicht zu vermeidende Art, sich das Ungeziefer vom Leibe zu halten. Wer da noch Gelegenheit hatte, konnte anschließend seine Unterwäsche waschen und kochen. Das sicherste Mittel war das Auskochen der Unterwäsche! Aber was dann immer noch in der Uniform oder in der Uniformjacke blieb, das mußte eben wieder eingefangen werden durch mühseliges Filzen. Schließlich konnten wir ja weder die Hosen noch die Uniformjakken ebenso kochen wie die Wäsche, die ohnehin nach dem Waschen erheblich eingelaufen war. Durch vieles Ziehen der Unterwäsche konnte man sie so weit strecken, daß sie wieder dem Träger paßte. Ein besonderes böses durch die Läuse erzeugtes Problem war das Fleckfieber. Es war bekannt, daß Fleckfieber durch Läuse und Flöhe übertragen würde. Um die Ausfälle wenigstens in den Stäben zu senken, sollte der Regimentsstab gegen Fleckfieber geimpft werden. Da nicht genügend Impfstoff für alle Soldaten vorhanden war, sollten der Regimentskommandeur, der Regimentsadjutant, Ordonnanzen und Offiziere, kurzum der engere Regimentsstab geimpft werden. Ich hatte dabei ein ungutes Gefühl und lehnte die Impfung ab, übrigens auch Oberst von Bercken. Mir schien ebenso wie ihm die geringe Erfahrung, die man mit diesem neuen Impfstoff hatte, und die Einseitigkeit, in der man hier vorging, problematisch zu sein. Dagegen wurden alle anderen, der Ordonnanzoffizier, der Nachrichtenoffizier, die Unteroffiziere bei den Funktrupps und die Soldaten geimpft, auch der Regimentsarzt selbst und sein Assistenzarzt spritzten sich das

Fleckfieberserum. Einige Tage später erkrankten fast alle Geimpften an Fleckfieber. Der Regimentsstab bestand nur noch aus einigen wenigen nicht Geimpften. Von diesem Zeitpunkt habe ich eine Abneigung gegen alle Impfungen. Vermutlich war der Impfstoff noch nicht genügend entwickelt und erprobt, jedenfalls bekamen die Geimpften als erste das Fleckfieber. Sie haben zwar alle ihre böse Erkrankung überstanden und kamen nach einigen Wochen wieder zur Truppe zurück. Aber dieses Erlebnis des Fleckfieberausfalls eines ganzen Regimentsstabs haben wir so bald nicht vergessen.

Ein zweites Erlebnis war die Notlandung einer schweren viermotorigen Gorkimaschine der sowjetischen Luftwaffe. Nachts, plötzlich ein Gedröhn, als wenn ein Panzer mitten durch den Ort fuhr. Plötzlich Schluß des Gedröhns, ich stürzte heraus, weil ich glaubte, daß ein Panzer durchgebrochen sei und unmittelbar vor unserem Gefechtsstand stünde, hörte auch Geschrei, sah Taschenlampen aufblitzen und schließlich sprach sich herum, daß wenige hundert Meter vor unserem Regimentsgefechtsstand auf einem Feld der schwere viermotorige Bomber vom Typ Gorki notgelandet war. Ein sofort ausgeschickter Suchtrupp fand die Maschine verlassen, am Morgen sandten wir Reiter unseres Regimentsreiterzuges aus, um in den Tälern, im Kusselgelände unweit des Dorfes Ignatejewa nach den Piloten zu suchen. Von ihnen war zwar ein Stück der Ausrüstung, der Verpflegung, Schokolade und einige Karten im Flugzeug zurückgelassen worden, ansonsten keine Spur. Die Bemühungen, die Piloten zu finden, waren erfolglos. Wir hatten leider keine Schäferhunde, die wir vielleicht auf die Spuren hätten ansetzen können. Erst später stellte sich heraus, daß alle acht Besatzungsmitglieder sich im Gelände versteckt, zum Teil eingegraben hatten. Die Reiter waren an ihnen vorbeigeritten, hatten sie jedoch nicht entdeckt. Ein Oberstleutnant ist in der nächsten Nacht bei dem Versuch, die vordere Linie in Richtung Front zu durchbrechen, gefangen und zum Regimentsgefechtsstand gebracht worden. Ich verhörte ihn, er sprach gut Deutsch, war ein sympathischer Mann, etwa Anfang 40, Ingenieur von Beruf, und hatte bei Stalingrad Einsätze geflogen. Er gab bereitwillig Auskunft darüber, daß der viermotorige Bomber in der Nähe von Brjansk nach dem Abwurf von Gerät und Waffen für die dort kämpfenden Partisanen der Roten Armee durch einen Flaktreffer über Brjansk zur Notlandung bei Ignatejewa gezwungen war. Die anderen sieben Sowjetsoldaten waren spurlos verschwunden. Er selbst, von zwei Soldaten des Reiterzuges bewacht, ist dann, bevor er noch zum Divisionsgefechtsstand gebracht werden konnte, am Nachmittag geflohen. So ganz ist es nie herausgekommen, ob nicht vielleicht die Bewachung ihn laufen ließ, weil er ein so sympathischer, angenehmer Typ und im übrigen durch leichte Kopfverletzungen etwas benommen war. Möglicherweise haben die Reitersoldaten sich gesagt: Wenn die anderen weg sind, soll er auch laufen gehen oder sie scheuten den langen Weg zurück zu dem etwa 20 km entfernten Divisionsgefechtsstand bei dem heißen Wetter, wohin sie diesen gefangenen Oberstleutnant verbringen sollten. Das gab natürlich großen Ärger, der Divisionskommandeur war empört, forderte harte Bestrafung und die beiden Soldaten und der Reiterzugführer bekamen wegen mangelnder Sorgfalt bei der Bewachung eines Kriegsgefangenen 14 Tage Arrest, was natürlich an der Front kaum zu vollziehen war. Ein weiterer Ärger kam noch hinzu, als die Luftwaffe Anspruch auf die Ausschlachtung des Flugzeuges erhob. Als erst nach drei Tagen ein Kommando der Luftwaffe kam, um sich diesen Großbomber anzusehen, war ein großer Teil brauchbarer Gegenstände schon von unseren Soldaten entfernt. Ledersessel, Gummibezüge und verschiedene Vorrichtungen, Apparaturen, alles was nicht niet- und nagelfest war, selbst einzelne Stücke des Flugzeugrumpfes, mit denen man sein Erdloch ja gut abdecken konnte, also Aluminiumplatten waren abmontiert. Es gab erneut Krach, weil sich das Luftwaffenkommando beim Armeekommando beschwerte. Es sei strikter Befehl, bei gelandeten Flugzeugen nichts zu entfernen, sondern einer Spezialtruppe der Luftwaffe die Bergung und Ausschlachtung der Maschinen zu überlassen. Da aber selten bei uns in vorderer Linie Flugzeuge des Gegners gelandet waren, war dies uns unbekannt. Daher das Verhängnis, daß das Kommando der Luftwaffe nicht mehr viel vorfand. Ohnehin war es ein Bomber, der sicher bekannt war, ein alter Typ. Wie sehr die Russen zu improvisieren in der Lage waren, zeigte sich, da Teile der Luftschraube mit etwa 8- bis 10zölligen Nägeln, nicht einmal mit Schrauben festgenagelt waren. Der Bomber war, gemessen an dem, was wir bei der deutschen Luftwaffe in Frankreich auf den Feldflugplätzen beobachtet hatten, höchst primitiv in Ausstattung und Ausrüstung. Aber immerhin, er flog und war in der Lage, sogar einen ganzen Regimentsgefechtsstand und eine Division in Verlegenheit zu bringen, als er mitten im Dorf Ignatejewa unweit des Regimentsgefechtsstandes notgelandet war.

7.
Vom Angriff zum Rückzug

Endlich, am Sonntag, dem 4. Juli 1943, traf der Angriffsbefehl ein. Die Operation »Zitadelle« sollte am 5. Juli, also Montag früh um 3.30 Uhr beginnen. Die Gliederung unseres Regiments in der vorderen Linie verblieb, das I. Bataillon des Grenadierregiments 84 wurde von Hauptmann Reimann, das II. Bataillon von Hauptmann Großschopf geführt, die III. Abteilung des Artillerieregiments 104 unter Major Dr. Ludwig war die uns unterstützende Artillerieabteilung. Die 102. Schlesische Division sollte zunächst in ihren vorderen Linien verbleiben. Der Angriff wurde mit 13 Angriffsdivisionen und starken Panzerverbänden, unter ihnen die neuen Kampfpanzer »Ferdinand« und »Tiger« von der 9. Armee unter Generaloberst Model im Norden angeführt, während weiter südlich von Bjelgorod eine starke Panzergruppe der Armee des Generalfeldmarschalls v. Manstein die Angriffsoperation einleitete. Es war ein sonniger, warmer Sommertag und uns allen schlug das Herz höher, als Fliegerverbände, wie wir sie seit Monaten nicht mehr gesehen hatten, über uns hinwegzogen in Richtung Südosten. Es waren erst 27, dann 100 und schließlich weit über 300 Maschinen, die in großen Höhen, etwa 4000 bis 5000 Meter über uns hinwegzogen. Ein einziges Brausen in der Luft, gleichzeitig aber setzte auch an der ganzen Front ein schweres Artilleriefeuer ein. Die Erde bebte von den Einschlägen und ein Rauschen von den Tausenden von Abschüssen der Artillerie im Bereich des Angriffskeiles südlich von Orel erfüllte den Morgen. Die 102. Schlesische Division blieb im XXXXVI. Panzerkorps des Generals Herrlein zunächst in ihrer Stellung, gewissermaßen als Scharnier, von dem aus nach Osten die Angriffsoperation in Richtung Süden im Rahmen der 9. Armee in Gang kam. Der Gegner erwiderte mit Artilleriefeuer, auch bei uns auf die vordere Linie, aber auch auf das rückwärtige Gebiet. Die ersten Einschläge in Ignatejewa, in der Nähe unseres Regimentsgefechtsstandes. Die lange Verzögerung des Angriffsbeginns bis zum 5. Juli 1943 hatte natürlich auch die andere Seite in die Lage versetzt, sich auf den bevorstehenden Angriff einzurichten. Es konnte einfach nicht geheim bleiben, daß sich in den Räumen Orel und Kursk große deutsche Truppenverbände massierten und Panzertransporte in diese Richtung zu beobachten waren. Es war mit Sicherheit schon aus den eigenen Feindbeobachtungen, aus der Luftaufklärung und nicht zuletzt auch aus den Partisanenmeldungen der sowjetischen Armeeführung längst bekannt, daß im Raum Orel und Kursk eine Offensive bevorstand. Entsprechend hatte die Rote Armee Zeit, sich auf alles einzustellen, wochenlang ebenso für die Abwehr sich zu rüsten, wie wir es für den Angriff taten. Stalin hatte als Oberster Befehlshaber der Roten Armee zum 1. Mai 1943 einen Tagesbefehl erlassen, den wir natürlich aus den Moskauer Rundfunksendungen entnommen hatten und der zum Teil auch durch Flugblätter über unsere Linien abgeworfen wurde. Die Flugblätter mußten zwar eingesammelt werden, weil es ja Feindpropaganda war. Immerhin, der Befehl zum 1. Mai zeigte, mit welcher Verbitterung, aber auch mit welchem Haß und Offensivgeist Stalin die Rote Armee zu weiteren Angriffen auf die Deutsche Wehrmacht anfeuerte. Dieser Aufruf Stalins zeigte nicht nur eine außerordentliche psychologische Geschicklichkeit im Ansprechen jedes Soldatenverbandes und jedes im vaterländischen Krieg engagierten Sowjetbürgers, sondern auch von Stalingrad herrührend eine triumphierende Überlegenheit, die auf alle sowjetischen Soldaten ausstrahlen und ihnen im Kampf gegen die deutschen Divisionen Kraft verleihen sollte. Auf beiden Seiten, auf deutscher wie auf der russischen, waren an diese große Offensive im Mittelabschnitt der Ostfront große Hoffnungen gesetzt. Erbittert war auch entsprechend das Ringen mit zum Teil neu eingesetzten Panzertypen, mit neuen Salvengeschützen, mit schwereren panzerbrechenden Waffen. Es war noch einmal ein Höhepunkt der modernen Panzerschlachten, wie sie nur auf den Schlachtfeldern des Ostens in dieser Intensität und Ausdehnung möglich waren.

Das Regiment 84 war zunächst nicht im Brennpunkt der Kämpfe, aber wie sich auch die 102. Schlesische Division und schließlich unser Regiment in die dramatische Entwicklung hineinversetzt fühlte, sagt am besten das fragmentarisch geführte Kriegstagebuch des Regiments aus, das Oberleutnant Rössler, aus der Genesung wieder zur Front gekommen, in diesen Tagen geführt hat. Er schreibt unter dem 6. Juli 1943: »Unsere Hoffnungen, der Gegner würde sich unter dem Druck der Zangenbewegung absetzen, müssen wir aufgeben. Die Sowjets denken gar nicht daran. Wir warten auf weitere Orientierung! Wir hören, daß die Tagesziele einiger Divisionen erreicht wurden, aber nur unter Brechung schwersten Widerstandes und unter außergewöhnlich hohen eigenen Verlusten an Menschen und Material. Das Verteidigungssystem der Sowjets hat eine Tiefe bis zu 20 km. Die Sowjets hatten eine tiefgestaffelte Panzerabwehrzone mit 7,5 cm Panzerabwehrgeschützen, hatten Unmengen von Minen gelegt und wenn die deutschen Angriffsspitzen glaubten, eine befestigte Stellung mit Bunkern, Gräben, Panzergräben und Panzerabwehrgeschützen, Artillerie, Flammenwerfern, Raketengeschützen überwunden zu haben, sahen sie sich wieder im Feuer der nächsten zurückliegenden Linie der Sowjets. Hier mußte sich in diesen tiefgestaffelten Minen, Panzerabwehr und Artillerie und in diesen tief im Hinterland ausgehobenen Befestigungssystemen der deutsche Angriff unter schweren Verlusten einfach festlaufen. Hinzu kommt, daß die Sowjets, sobald sie irgendwo ein Stoppen des deutschen Angriffs spürten, sofort zu einem Gegenangriff ihrerseits mit Panzern antraten. Die Sowjets hatten verbesserte Panzer, nicht nur den bekannten T 34, sondern auch schwerere Panzer, die selbst vom Kaliber 10,5 cm nicht mehr zu durchschlagen waren, sondern 15 cm Kaliber Artilleriegeschützgranaten oder die bekannte und bewährte 8,8 cm Flak konnten allein diesen Stahlungetümen beikommen.« Am 7. Juli war es vor dem eigenen Abschnitt noch verhältnismäßig ruhig. Die Abendnachrichten über den bisherigen Verlauf des Unternehmens »Zitadelle« sprechen von schweren Kämpfen sowohl im Raume Orel wie im Raume Bjelgorod. Am 8. und 9. und 10. Juli entwickelten sich bei Bjelgorod die schwersten Materialschlachten dieses Zweiten Weltkrieges. Die Sowjets boten alle verfügbaren Kräfte auf, um die deutschen Panzerkeile aufzuhalten und abzuriegeln. Das Wetter war heiß und schwül. Schließlich wird dann die 102. Infanteriedivision herausgelöst aus den Stellungen und soll als Stoßdivision in den Angriff gegen Süden eingreifen. Am 14. 7. ist es dann soweit! Es wird inzwischen sehr kühl, schwere Gewitter lösen die Hitzeperiode ab, die Wege werden schlammig, das Vorwärtskommen wird schwierig, die Panzerdeckungslöcher und die Stellungen der Soldaten laufen voller Wasser, es wird den Soldaten sehr viel an Energie abgezwungen durch die Verschlechterung des Wetters und durch die dauernden fast tropisch anmutenden schweren Regenfälle. In den Kämpfen am 17. Juli schwere Feuerüberfälle, russische Stoßtrupps gegen unsere Stellungen werden abgewiesen. Beiderseits lebhafte Fliegertätigkeit in der Nacht, anhaltende Detonation in Richtung Dmitrowsk. In diesem Augenblick treffen neue Rekruten ein, die vom Regimentskommandeur begrüßt und auf die einzelnen Kompanien aufgeteilt werden. Junge Menschen, helle Knabenstimmen noch, sie kamen aus Oberschlesien, aus dem Sudetenland, aus Mittel- und Niederschlesien, aus Westfalen und Bayern. Ihnen war nur eine Nacht Ruhe vergönnt, denn am nächsten Tag, am 18. 7. befindet sich das Regiment schon in schwersten Kämpfen. Oberst von Bercken war kurz vor Beginn des Angriffs am 5. 7. in den wohlverdienten Heimaturlaub gefahren. Das Regiment übernahm Oberst Barde, der Kommandeur des Artillerieregiments 104, aus Neiße stammend, bis Mitte der 30er Jahre hieß er Badziura, ein typisch oberschlesischer Name. Er war ein mittelgroßer, untersetzter, vierschrötiger Mann, ein Naturbursche von außerordentlichem Instinkt, der bereits das Ritterkreuz trug für die Tapferkeitsleistungen, die er mit seinem Artillerieregiment 104 im Jahre 1942 im Mittelabschnitt der Ostfront bewiesen hatte. Am 19. und 20. griffen die Sowjets nach schwerem Bombardement mit Artillerie und Schlachtfliegern in mehreren Wellen das Regiment 233, das heißt den linken Flügel unserer Division an. Das Regiment hat große Verluste, muß zurückgenommen werden. Auch am 20. und 21. schwere Angriffe auf unser Regiment und auf die Division. Am 22. wird nur der linke Flügel der Division angegriffen.

Das Regiment 84 bleibt unbehelligt, aber starke Fliegerverbände der Russen fliegen ins Hinterland und bombardieren offensichtlich die Nachschubwege und die rückwärtigen Verbindungen. Die Schwierigkeiten in beiden Angriffskeilen, sowohl im nördlichen von Orel als auch südlich von Bjelgorod werden immer größer und die Verluste immer stärker, daher wird schließlich der Angriff eingestellt. Nachdem inzwischen die Sowjets ihrerseits nördlich von Orel einen schweren Angriff gegen die deutsche Front unternommen hatten, wird schließlich das ganze Unternehmen »Zitadelle« abgesagt. Um nicht eingeschlossen zu werden, muß sich die ganze Front auf Absetzbewegung, auf Rückzug, einstellen. Am 25. Juli noch einmal schwere Angriffe, ein Feuerorkan um 8.45 Uhr morgens durch Artillerie und Stalinorgeln. Mit etwa 30 Panzern gelingt es den Sowjets, die beherrschende Höhe 260,1 zu nehmen und uns schwere Verluste zuzufügen. Es greifen auch neuartige sowjetische Panzertypen in den Kampf ein. Die Bombenwürfe sind viel genauer als früher von den üblichen russischen Bombern. 20, 30, 40, 50, 60 zweimotorige Bomber. Wir nannten sie die »Spitzschnauzen«, weil sie sehr ausgeprägte spitze Kanzeln hatten. Sie bombardierten laufend die Rollbahnen, die Zuwege, insbesondere auch die Rollbahn Chromy und Dmitrowsk. Das Wetter ist regnerisch trüb, aber warm. Es heißt in den Aufzeichnungen des Oberleutnants Rössler unter dem 27. Juli: »Um 8.45 Uhr fängt nach ruhiger Nacht der Zauber wieder an. Erhebliche Feindbewegungen, Panzer gegen das Regiment 232, stärkstes Artillerie- und Salvengeschützfeuer auf die 5., 6. und 7. Kompanie des Regiments 84. Nach zweimaligem Anrennen massierter Infanterie gelingt ein Feindeinbruch bei der 6. Kompanie des Regiments 84, einem Abschnitt der immerhin schon besonders schwierig war. Krasnaija, Strelitza, Sswettlj-Lutsch, die Höhe 260,2, Murawtschik und die Höhe 260 gehen verloren. Schließlich muß der Kommandeur des II. Bataillons, Hauptmann Großschopf, in kritischen Stunden sein Bataillon unter schwierigen Bedingungen zurückführen, um nicht eingeschlossen und abgeschnitten zu werden. Am 28., um 8.45 Uhr, Fortsetzung des Angriffs. Der Russe trommelt mit gut liegenden Salvengeschützen. Unsere Verluste sind groß. Es mehren sich die Lücken durch starke Ausfälle. Wir haben keine Reserven. Es ist ein bedrückendes Gefühl zu wissen, wie schwach wir sind. Wir können den Kompanien nicht helfen. Wir ziehen die letzten Reserven zusammen. Sturmgeschütze, die von der Division zugesagt sind, sollen kommen. Alles lauert gespannt auf die Sturmgeschütze. Das geringste Fliegengesumme wird als Motorengeräusch der zu erwartenden Sturmgeschütze mißdeutet. Es bleibt Fata Morgana. Die Sturmgeschütze kommen nicht, sie kommen erst am nächsten Tag, weil sie in dem Schlamm einfach nicht vorankommen konnten. Am 29. Juli um 10.00 Uhr sollen durch Teile der 4. Panzerdivision erneute Angriffe vorgetragen werden. Doch Munitionsmangel infolge des schlechten Wegezustandes verzögert den Angriffsbeginn bis 14.00 Uhr. Bis dahin erleben wir bange Minuten. Wer wird wohl zuerst antreten? Die Sowjets nähren die Einbruchstelle sowie den Wald südlich Martinowski laufend mit Infanterie. Auf den Höhen 256,5 und 252,6 wird russische Artillerie in offene Feuerstellung gefahren. Unsere Hoffnung setzen wir auf die 4. Panzerdivision und die Sturzkampfbomber. Endlich um 14.00 Uhr beginnt der Feuerzauber, geleitet von Oberst Barde, der das Artillerieregiment 200 führt. Zunächst geht unser Angriff zügig voran, bleibt aber bald im feindlichen Abwehrfeuer liegen. Die Sowjets merken, worum es geht, wollen ihre Höhen halten und schießen in direktem Beschuß in unsere Infanterielinien, die Stalinorgeln toben sich aus und zwingen unsere Soldaten immer wieder in den vom Gewitterregen verschlammten Dreck. Die 14., die Panzerjägerkompanie unseres Regiments verliert zwei Geschütze. Oberleutnant Böhm, unser Kompaniechef, will sie mit einigen Leuten zurückholen. Er fällt dabei durch Kopfschuß, ebenso fallen sechs Mann, die ihm dabei behilflich waren, die Geschütze zu bergen. Auch ein nächster Angriff der Stuka-Bomber hilft nicht weiter. Der dritte schwere Kampftag ist vorbei. Unsere Männer sind nur noch halbwache Gestalten in Dreck und Lehm mit fiebrigen Augen, trocknen Lippen, aber sie gehen mit einer Selbstverständlichkeit ohnegleichen in die vierte schlaflose Nacht, liegen in nassen Löchern, reißen ihre müden und nach Schlaf verlangenden entzündeten Augen auf, wachen, bis es hell wird, um schon am nächsten Tag wieder neue schwere Abwehrkämpfe zu bestehen. Am 30. Juli kommt Oberst von Bercken vom Urlaub zurück und übernimmt das Regiment, das in schwersten Abwehrkämpfen auch noch den 31. und schließlich den 1. August meistert. »Die Hölle ist am 1. August los«, trägt Oberleutnant Rössler in seinem fragmentarischen Tagebuch ein. Vorspiel ist ein starker Lufwaffeneinsatz mit

Schlachtfliegern und Jägern der Sowjets. Feindangriffe auf dem ganzen Regimentsabschnitt. Im I. Bataillon, II., III. Bataillon, starker Granatwerfereinsatz, Artilleriebeschuß ohne Schwerpunktbildung, aber eine tiefe Wirkung bis zur Wolga nach Martinowski. Es ist schlimm. Alarmnachrichten, dringende Munitionsanforderungen für Granatwerfer. Artilleriefunksprüche gehen in den Äther. Neue Feuerüberfälle, Tieffliegerangriffe. Im Gefechtsstand hängen Kommandeur und Adjutant an den Apparaten, alles telefoniert, flucht, schimpft, schwitzt in engem Raum, die Nerven sind zum äußersten gespannt. Sperrfeuer auslösen, wie ist die Lage, Meldung von, Einbruch wo, wann Gegenstoß mit Panzern, Orientierung an die Division, ein toller Wirbel! Aber es funktioniert, so schreibt Rössler, weil niemand die Nerven verliert, verlieren darf, die Sorge um die Grenadiere, um die Verantwortung für jeden Mann ist groß.
Das II. Bataillon 84 und das II. Bataillon des Panzergrenadierregiments 12 sowie das I. Bataillon 233 und das I. Bataillon 84 hatten sich beim Jaltawald prächtig geschlagen. Der Regimentskommandeur, Oberst von Bercken zollte Offizieren, Unteroffizieren und Soldaten Dank, ging zu einzelnen Kompanien oder übermittelte ihnen durch Funk aufmunternde Worte. Viele Offiziere sind gefallen und verwundet. Am 1. August hat allein das I. Bataillon sechs Gefallene und neun Verwundete. Hauptmann Flegel, der Bataillonskommandeur, meldete am 2. August die Gefechtsstärke seines Bataillons mit fünf Offizieren, sechzehn Unteroffizieren und 126 Mann. Das ist normalerweise nicht einmal eine kriegsstarke Kompanie, so war durch die Verluste das I. Bataillon geschrumpft. Die Gefahr der Überflügelung und Einkesselung wurde immer größer. Darum wurde eine Absetzbewegung am 2. August befohlen, die zurückführen sollte bis in eine sogenannte »Hagenstellung«. Es war inzwischen wieder warm geworden, klares Sonnenwetter! Das Regiment 84 war dazu ausersehen, die Nachhut bei der Absetzbewegung in die Hagenstellung zu bilden. An der Narussa wurde am 8. August eine neue Stellung bezogen. Es wurde wieder kühler, starke Gewitter und wolkenbruchartiger Regen erschwerten das Marschieren, das Ausheben und das Besetzen der Stellung. Die Sowjets griffen wieder an, der Angriff wurde von unse-

rem Regiment abgewiesen, aber beim rechten Nachbarn, der 72. Infanteriedivision, gelang den Sowjets ein tiefer Einbruch. Auch beim linken Nachbarn. Wir waren in Gefahr, eingeschlossen zu werden! Doch wieder auch hier im rechten Augenblick entsprechende Gegenangriffe und es gelang, die Front zu halten. So erreichten wir schließlich am 10. August die vorgesehene Stellung, die sogenannte Hagenstellung, in der zunächst einmal die unmittelbare Gefahr einer Einschließung und Vernichtung durch eine durchgehende Abwehrfront gebannt zu sein schien.
Wie sah man nun im Oberkommando der Wehrmacht die Entwicklung von »Zitadelle«? Am 15. Juli 1943 hieß es noch in den Berichten des Oberkommandos der Wehrmacht: »Bei Kursk gewann der eigene Angriff gegenüber sehr zähem feindlichem Widerstand nur langsam an Boden. Mehrere feindliche Gegenangriffe wurden abgeschlagen. Bei der 2. Panzerarmee erneuerte der Feind seine starken Panzerangriffe in den drei Einbruchstellen und erzielte weiteren Geländegewinn. An der übrigen Ostfront nur örtliche Kämpfe. Die Luftwaffe unterstützte mit rund 3000 Einsätzen am Tag und in der Nacht die eigene Truppe und schoß 212 feindliche Flugzeuge bei 23 eigenen Verlusten ab!«
Ein Tag darauf, am 16. Juli, hieß es, die Angriffsgruppe der Heeresgruppe Süd konnte weiteren Geländegewinn erzielen. Der Gegner dehnte seine Angriffe auf die ganze Front der 9. Armee aus, die überall Abwehrerfolge erzielen konnte. Ebenso wies die 2. Panzerarmee starke feindliche Panzerangriffe ab. An der übrigen Front keine besonderen Kampfhandlungen. Aber am 19. Juli 1943 erfolgte das Eingeständnis der Niederlage. Der Gegner setzte seine Offensive mit starken Artillerie- und Panzerkräften von der Luftwaffe unterstützt fort. Die Angriffe gegen die 17., 6. und 1. Panzerarmee konnten abgewiesen oder abgeriegelt werden. Im Raum Charkow, Orel, wurde die Hauptkampflinie überall gehalten. Dagegen erfolgten nordwestlich Orel nach stark überlegenen feindlichen Angriffen neue Einbrüche. Angesichts der heftigen feindlichen Offensive erscheint die weitere Durchführung von »Zitadelle« nicht mehr möglich, hieß es dann weiter. Um durch Frontverkürzungen Reserven zu schaffen, wurde der eigene Angriff eingestellt! Aus dem Angriffsunternehmen »Zitadelle« war

im ganzen Abschnitt der Heeresgruppe Mitte eine Absetzbewegung geworden. Durch die sowjetischen Gegenangriffe sowohl bei der Heeresgruppe Süd wie bei der Heeresgruppe Mitte drohten Einschließungen, drohte das Abschneiden ganzer Divisionen. So wurde als erstes eine sogenannte »Hagenstellung«, eine Auffangstellung 60 km rückwärts der ursprünglichen Front bei Orel bezogen. Orel ging verloren, viele Orte wurden in diesen Wochen geräumt, die Absetzbewegung wurde auch in der zweiten Augusthälfte fortgesetzt. Aus der Hagenstellung, einer verhältnismäßig ruhigen Stellung, bei der nur örtliche Angriffe des Gegners zu verzeichnen waren, wurde die 102. Division in der 2. Augusthälfte schleunigst herausgezogen. Denn bei Ssewsk war die Rote Armee von Süden nach Norden vorgestoßen und drohte die gesamten Rückzugswege des Armeekorps abzuschneiden. Es wurde für die 102. Division buchstäblich aus dem Stand der Angriff nach Süden befohlen, um die Rückzugslinien für das XXXXVI. Panzerkorps nach Westen freizuhalten und ein Abschneiden des Panzerkorps des Generals Herrlein und vieler anderer im Korps mitkämpfender Truppen zu vermeiden. Es kam zu einer dramatischen Entscheidung: Justament, als General Hitzfeld auf dem Regimentsgefechtsstand anrief und den Angriff mit beiden Bataillonen in Richtung Süden befahl, war Oberst von Bercken wieder einmal unterwegs zur vorderen Truppe. Ich erklärte General Hitzfeld: »Der Oberst ist unterwegs!« »Dann befehlen Sie, treten Sie sofort an mit beiden Bataillonen und führen Sie den Angriff!« Als Hauptmann und Regimentsadjutant befahl ich beiden Bataillonen den Angriff. Erstes Angriffsziel war die Flankensicherung nach rechts und links. Als der Angriff nach mehreren Stunden in vollem Gange und es gelungen war, die Hauptrückzugsstraße etwa 5–6 km südlich abzusichern, erschien Oberst von Bercken. Ich klärte ihn auf! Er war nicht sehr erfreut über die Lage, auch nicht, daß ich unmittelbar vom Divisionsgeneral Hitzfeld den Befehl erhalten und an die Bataillone weitergegeben hätte. Mir schien, daß er es sich selber vorwarf, im entscheidenden Augenblick gefehlt zu haben, um unmittelbar den Angriff zu führen. Aber er war vornehm genug, zu schweigen und mich seinen Unmut und seine Enttäuschung nicht weiter fühlen zu lassen. Jedenfalls hatte die

102. Division an diesem Tag etwas fertiggebracht, was kaum noch für möglich gehalten wurde: Aus einer Marschbewegung heraus um 90° nach Süden zu schwenken und aus dem Marsch unmittelbar in eine Angriffsposition gegen auf uns vorrückende sowjetische Panzerspitzen und Infanterieeinheiten anzutreten. Das hatte offensichtlich auch die Sowjets so überrascht, daß sie sich zurückzogen und wir an diesem Abend etwa 8–10 km Raum nach Süden und damit die Sicherung unserer Hauptrückzugsstraße des Korps in Richtung Westen erreicht hatten. Aber damit war das Abenteuer noch nicht beendet. Denn natürlich griffen am nächsten Tag die Sowjets wiederum in Richtung auf unsere Rückmarschwege an. Es war sehr schwierig, in der nur flüchtig ausgebauten Feldstellung einem vielfach überlegenen Gegner standzuhalten und trotz des Einbruchs von ein bis zwei Feindregimentern in Aleschkowitschi mit schwachen Abriegelungskräften einen Durchbruch zu verhindern. Durch diese Handlung war dem XX. Armeekorps der Rückzugsweg ebenso offengehalten, wie dem XXXXVI. Panzerkorps. Durch die enge Zusammenarbeit mit der 31. Infanteriedivision war eine Katastrophe für mindestens zwei Korps abgewendet worden. Schließlich wurde dann für den 4. 9. 1943 eine Abwehrlinie, die »Heinrichstellung« bezogen und für den ganzen Monat September ein weiteres Absetzen befohlen. In der Nacht absetzen, marschieren, am Tag Abwehrkämpfe gegen den nachdrängenden Feind, wiederum marschieren in der Nacht, wiederum kämpfen am Tag. Es war für uns alle eine Belastung, aber es ging ja wahrlich um unser Schicksal und darum, für uns ein neues sommerliches Stalingrad zu vermeiden. Schließlich erreichten wir, gegenüber dem nachdrängenden Feind oft als Nachhut eingesetzt, am 26. September 1943 den Raum um den Fluß Ssosh, einen Nebenfluß des Dnjepr. Dort wurde am 26. September 1943 eine neue Abwehrstellung bezogen. Während der Absetzbewegungen hatten wir so wenig Schlaf und so wenig Erholung, daß wir am Rande der Erschöpfung standen. Erinnerlich ist mir eine Begebenheit, die mich heute noch im Traum verfolgt. Oberst von Bercken und der Fahrer, Unteroffizier Franz Gomolla, saßen vorn in unserem Horchkübel. Hinten das Funkgerät mit dem Regimentsfunker, in der Mitte rechts saß ich mit dem Kartenbrett, um den Weg zu

verfolgen, links der Nachrichtenoffizier, der inzwischen zum Oberleutnant beförderte Helmut Lindner. Fahrer Unteroffizier Gomolla fragte gelegentlich zurück: »Herr Hauptmann, wohin geht es jetzt?« So kamen wir auch nachts an eine Wegegabelung. Ich war längst über meinem Kartenbrett eingenickt und hörte, wie wiederum der Fahrer, Unteroffizier Gomolla, fragte: »Herr Hauptmann, rechts oder links?« Mehr im Halbschlaf als bei Bewußtsein sagte ich, ohne auf die Karte zu schauen: »Rechts!« Unteroffizier Gomolla steuerte an der Gabel in den rechten Weg. Wenige Kilometer später hörten wir eine gewaltige Detonation. Wir fuhren zurück und sahen, daß der Kraftwagen einer Pioniereinheit mitsamt der Besatzung in die Luft geflogen war. Sie waren an der Gabel nach links gefahren, wo eine deutsche Minensperre angelegt war. Die die Minensperre überwachenden deutschen Pioniere, die eigene Fahrzeuge warnen sollten, waren übermüdet eingeschlafen. So war der deutsche Lastkraftwagen mit den Pionieren buchstäblich zerrissen worden. Hätte ich links gesagt, wären wir das Opfer der deutschen Minensperre gewesen und nicht der uns nachfolgende Lastkraftwagen einige Minuten später. Ein anderes Mal waren wir, nachdem wir Nachhut gewesen und schließlich im Morgengrauen die Truppe wieder in die neue Auffangstellung eingewiesen hatten, mit dem Regimentskommandeur, Oberst von Bercken, und seinem engeren Stab in Richtung auf einen vorgesehenen Regimentsgefechtsstand gefahren. Wir hatten uns dafür eine auf einer Anhöhe liegende Kolchose ausgesucht. Als wir unvorsichtigerweise direkt in den Innenhof hineinfahren wollten, entdeckte der Fahrer, Unteroffizier Gomolla, den Hof voller Russen, die sich wuschen, an ihrer Feldküche standen und offensichtlich auch in größerer Zahl, etwa in Kompaniestärke, sich die Kolchose als Raststätte ausgesucht hatten. Ohne ein Wort zu sagen, schaltete Unteroffizier Gomolla den Rückwärtsgang ein und langsam bewegten wir uns aus der Einfahrt zur Kolchose wieder die 30, 40, 50 Meter bis auf die Landstraße zurück, um dann mit vollem Motor abzubrausen, eine Staubwolke hinter uns lassend. Es gab zwar einige Maschinenpistolensalven und auch ein Maschinengewehr knatterte hinter uns her, die Schüsse peitschten über uns hinweg, aber wir hatten Glück! Wir kamen mitsamt

unseren Kradfahrern und den Begleitfahrzeugen heil aus dieser Gefahr und waren froh, nicht mitten unter den Russen gelandet zu sein.
Unsere letzte Offensive an der Ostfront im Raum Orel–Kursk hatte sich in eine Absetzbewegung umgekehrt, in der wir mehr als 300 km Raum nach Westen freigeben mußten. Diese über 300 km Absetzbewegung forderte viele Opfer, gewaltige Marschleistungen, harte Entbehrungen und führte zu einer tiefen Niedergeschlagenheit. Es war selbstverständlich, daß die Verluste an Menschen, an Material und Raum nicht mehr aufzuholen sein würden.
Am Ssosh-Westufer wurden die neuen Stellungen bezogen. Es war ein ungünstiges Gelände mit vielen Waldstücken, einzelnen Inseln und Sümpfen. Beide Bataillone konnten in vorderer Linie etwa einen Raum von 6 km Breite als Verteidigungsstellung decken.
Hier in der Verteidigungsstellung am Ssosh im Raume Gomel kam endlich auch nach mehr als vier Wochen die erste Feldpost. Ich erhielt einen Brief meiner Schwester, aus dem hervorging, daß mein Vater Mitte August bei Schanzarbeiten auf dem Neuen Ring in Groß-Strehlitz einen Gehirnschlag erlitten hatte und nun schwer darniederlag. Als ich diesen Brief gelesen hatte, wußte ich noch nicht, daß mein Vater bereits tot war. Er war an den Folgen dieses Schlaganfalls am 14. September 1943 gestorben. Nachrichten irgendwelcher Art hatten mich und alle Soldaten in den letzten vier Wochen nicht erreicht. Erst später sagten mir meine Schwestern, daß sie verzweifelt versucht hätten, Verbindung mit mir aufzunehmen, um mich wenigstens zur Beerdigung meines Vaters für einige Tage frei zu bekommen. Aber die Nachrichtenverbindungen waren damals bei der ins Wanken geratenen gesamten Ostfront so schlecht, daß ein Durchkommen weder per Telegramm noch auf andere Weise zu der 102. Schlesischen Division möglich war. Erst später im Oktober, bei meinem Urlaub, erfuhr ich die Umstände. Mein Vater war 36 Jahre lang Volksschullehrer an der Volksschule IV. in Groß-Strehlitz. Er hatte mehrfache Berufungen als Hauptlehrer, so beispielsweise nach der Stadt Ujest Ende der 20er Jahre abgelehnt, damit wir Kinder auf die höhere Schule gehen konnten, ohne Fahrschüler sein zu müssen. In Groß-Strehlitz war im Umkreis von etwa 20 km das einzige Gymnasium und

die einzige höhere Mädchenschule. Wären wir nach Ujest gezogen, hätten wir Kinder nur als Fahrschüler oder in einer Pension in Groß-Strehlitz weiter das Gymnasium und die höhere Mädchenschule besuchen können. Das Opfer gegenüber uns Kindern haben wir unserem Vater hoch angerechnet. Groß-Strehlitz, eine angenehme Kreisstadt, bot natürlich ganz andere Möglichkeiten der Fortbildung, aber auch der Zerstreuung, des Sports, der Ausflugsmöglichkeiten als das kleine, etwas verkehrsmäßig abgelegene Ujest.
Mein Vater hatte die Leitung der Schule IV übernommen, nachdem einige Lehrer eingezogen waren. Es war eine achtklassige Volksschule, es fehlte an Lehrern. Nach der Rede des Propagandaministers Goebbels im Berliner Sportpalast mit der Ausrufung des totalen Krieges hatten sich auch die Verhältnisse in meiner Heimatstadt geändert. Eine Delegation der Kreisleitung der NSDAP erschien und forderte von meinem Vater als Schulleiter die Entfernung aller Kruzifixe aus den Klassenzimmern der Schule und die Beendigung der am Beginn und Schluß des Unterrichts üblichen Gebete und Choräle. Dafür sollten kernige Sprüche und Durchhalteparolen eingeführt werden. Mein Vater lehnte es ab, die Kreuze zu entfernen und erklärte: »Ich bin an dieser Schule bald 40 Jahre Lehrer, solange ich hier etwas zu sagen habe, werden in dieser Schule die Kreuze weiter so hängen bleiben, wie sie es seit Jahrzehnten tun. Und wir werden den Schulunterricht so beginnen wie bisher. Ich glaube, wir haben das Beten heute und in den nächsten Jahren nötiger denn je!«
Wenig später wurde mein Vater zu Schanzarbeiten verpflichtet, die sein Ende bedeuteten!
Ein zweites entscheidendes Ereignis sollten wir jetzt Ende September in unseren etwas ruhigeren Stellungen am Ssosh im Raume Gomel erfahren. Nachdem bereits im Mai 1943 die deutsche Panzerarmee in Afrika vernichtet war, 248 000 Gefangene in die Hände der Amerikaner und Engländer gefallen waren und ganz Nordafrika sich in alliierter Hand befand, landeten im Sommer Amerikaner und Engländer in Sizilien. Am 18. August überschritten britische und amerikanische Truppen die Straße von Messina und landeten auf dem italienischen Festland. Schließlich hatte eine

Landung bei Salerno die ganze süditalienische Halbinsel in die Hände der Alliierten gebracht. Schwere Kämpfe zwischen deutschen Truppen und englischen und amerikanischen Verbänden waren im Gange. Am 25. Juli war Mussolini nach einer Besprechung des Großen Italienischen Rates gestürzt worden und unter Arrest gestellt. Schließlich brach die innere Front in Italien völlig zusammen. Der Nachfolger Mussolinis, Marschall Badoglio, schloß am 12. September 1943 in London einen Waffenstillstand. Auch wenn sofort eine Gegenaktion der Deutschen Wehrmacht unternommen wurde und nach schwerem Kampf mit starken italienischen Kräften deutsche Fallschirmjäger unter dem Oberbefehl von Generalfeldmarschall Kesselring am 10. September die Hauptstadt Italiens, Rom, besetzten und überall in Italien die Gefangennahme und Entwaffnung der italienischen Streitkräfte durch deutsche Divisionen in Gang kam, selbst nach der sensationellen Befreiung Mussolinis am 12. September 1943 durch Fallschirmjäger aus seinem Gefängnis auf dem Gran Sasso in den Abruzzen blieb dennoch das Ergebnis dieser Ereignisse, daß Italien den Krieg für verloren ansah und sich aus dem Kreis der Achsenmächte auf die Seite der Alliierten geschlagen hatte.

Es war nur eine Zeitfrage, wann die Sowjets wieder antreten und die geschwächten Divisionen an den neuen Auffanglinien in der Gegend des Ssosh und Dnjepr überrennen würden. Hinzu kam noch ein weiterer Aspekt, nämlich das Nationalkomitee Freies Deutschland. Aus den gefangenen Generalen, Offizieren und Mannschaften des Stalingradkessels hatte unter Leitung emigrierter deutscher Kommunisten, vor allem Walter Ulbrichts, Erich Weinerts und anderer sich ein »Nationalkomitee Freies Deutschland« gebildet mit schwarz-weiß-rot als Emblem und dem Sowjetstern in der linken oberen Ecke. Dieses Nationalkomitee Freies Deutschland war in Krasnogorsk bei Moskau am 12. und 13. Juli 1943 gegründet worden. Es entfachte eine große Propaganda, nicht nur durch Lautsprecheraufrufe, sondern auch durch Manifeste, die mit schwarz-weiß-roter Farbe im Emblem »Nationalkomitee Freies Deutschland« über den Stellungen unserer Soldaten abgeworfen wurden.

Obgleich nach und nach durchsickerte, daß sowohl Wilhelm Pieck, der spätere Staatspräsident der Deutschen Demokratischen Republik und Walter Ulbricht, der spätere erste Sekretär der SED in der DDR und Generalfeldmarschall Paulus, General von Seydlitz und viele andere, General Vincenz Müller, General Lattmann, General von Lenski, General Dr. Korfes, sich dem Nationalkomitee Freies Deutschland angeschlossen hatten, und Briefe der Generale an ihre ihnen bekannten deutschen Kameraden über den Gefechtsständen abgeworfen wurden, blieb doch die Propaganda des Nationalkomitees Freies Deutschland wirkungslos. Denn zu viel hatten die deutschen Soldaten an Armut, an Unterdrückung im stalinistischen Rußland selbst erlebt, als daß sie den Versprechungen in den Flugblättern und der Propaganda der Lautsprecherwagen an den Fronten Glauben schenken sollten. Dazu war der Eindruck, den man selbst in den zwei Jahren im Mittelabschnitt der Rußlandfront gewonnen hatte, viel zu abschreckend, als daß man solchen Aufrufen etwa hätte folgen und entsprechend handeln können. Dennoch, jeder, der einigermaßen noch Zeit zum Nachdenken und Überdenken der Lage hatte, war sich der sich abzeichnenden Katastrophe bewußt. Aber, es steckte in der Tragik des Soldaten: Überlaufen zur Roten Armee, das war kein Weg, den Krieg zu beenden! Zurückzugehen und Desertieren, das war der Weg zum Feldkriegsgericht und zum Tod durch Erschießen oder durch den Strang. Es war eine verhängnisvolle Situation! Die Rote Armee vor sich, die Drohung mit Kriegsgericht und Tod hinter sich, im Herzen nur die Hoffnung auf ein Wunder einer Beendigung des Krieges, durch einen Kompromißfrieden, durch die Räumung der Gebiete, die das nationalsozialistische Reich besetzt hatte und durch die Abwendung der Katastrophe durch einen rechtzeitigen, noch einigermaßen vertretbaren Waffenstillstand. Am 6. Oktober 1943, einem schönen, sonnigen, milden Herbsttag, hatte ich endlich den Urlaubsschein in der Hand und sollte mich zum ersten Mal wieder seit dem Dezember des vergangenen Jahres zum Heimaturlaub nach Groß-Strehlitz begeben. Der Koffer war gepackt, die Stellung am Ssosh war verhältnismäßig ruhig, nur gelegentlich Störfeuer der russischen Artillerie und einiger Panzerkanonen in Hinterland. Ich verabschiedete mich von meinen Kameraden auf dem Regimentsgefechtsstand und wartete das Auto ab, das mich zum nächstliegenden Bahnhof nach Gomel bringen sollte. Aber beinahe schien auch dieses Datum gefährdet zu sein. Plötzlich setzte ein heftiger Artilleriefeuerüberall ein und erwischte auch unseren Regimentsgefechtsstand. Eine Granate schlug unmittelbar vor dem Holzhaus ein, in dem ich mich gerade auf dem Feldbett etwas ausgestreckt hatte. Scheibensplitter flogen herein, die Fensterkreuze zum Teil mit durch den Luftdruck, die Bauernstube eines russischen Holzhauses war voller Qualm, Staub und Dreck. Alles schrie durcheinander und schließlich stellte sich unter befreiendem Lachen heraus, daß niemand verletzt war. Außer den Fenstern war nichts zu Bruch gegangen. Ich sah das als ein böses Omen an. Denn möglicherweise konnte ja eine Urlaubssperre verfügt werden, wie das früher öfter der Fall war, wenn der Russe plötzlich angegriffen hatte. Sogar in rückwärtigen Bereichen wurden dann die Urlauberzüge angehalten und die Urlauber zu sogenannten Alarmeinheiten zusammengestellt, die meistens einer grausamen Vernichtung entgegengingen. Sie wurden wahllos in Lücken hereingeworfen. Niemand kannte seinen Nachbarn. Artillerieoffiziere führten zum Teil Infanterieeinheiten. Es war meistens das Schicksal der Alarmeinheiten, dann namenlos unterzugehen oder wie der Landser sagte, verheizt zu werden. Ein solches Schicksal drohte auch für den Fall jetzt, daß die Sowjets einen Angriff gegen die Ssosh-Stellung planten. Aber das war nicht der Fall, es war ein einzelner Feuerüberfall. So kam ich schließlich nach Gomel, von Gomel nach Retschitza. Es gab nicht den üblichen Urlauberzug, sondern nur einige wenige Wagen waren zusammengestellt worden. An der Spitze der mit Kies und Sand beladene Minenschutzwagen einige offene Rampenwagen mit Flakgeschützen und Bedienungsmannschaften besetzt, um den Zug sicher durch das Partisanengebiet der Pripjetsümpfe zu leiten. Die Fahrt ging von Gomel über Retschitza nach Kalinkowitschi, bis Brest-Litowsk und von da aus verhältnismäßig reibungslos in einem normalen Fronturlauberzug über Warschau, Breslau, Oppeln, mehr als 1000 km schließlich bis Groß-Strehlitz. Das Wetter war schön geblieben, ein Spätherbst mit Laubfärbung, verhältnismäßig milden Temperaturen lag über dem schlesischen Land und offensichtlich gab es für viele in dieser Zeit Urlaub. Ich traf manchen Schulfreund und manches bekannte Gesicht in den Straßen meiner Heimatstadt. Natürlich wollte ich nicht die ganzen drei Wochen zu Hause verbringen. Ich hatte mich daher bei dem Abteilungskommandeur der Artillerieabteilung, Major Dr. Ludwig, erkundigt, wo man denn noch im Oktober schwimmen könne und etwas wärmeres Wetter anträfe. Er riet mir nach Velden in Österreich an den Wörther See zu fahren, wo es im Schutz der Karawanken noch verhältnismäßig milde Tage gäbe und wo ich, wenn ich Glück hätte, sogar im Wörther See noch schwimmen könnte. Ich blieb daher nur wenige Tage in Groß-Strehlitz und ließ mir noch einmal die Einzelheiten des Todes meines Vaters von meiner Mutter und meinen Schwestern schildern. Die Stimmung in der Familie war natürlich niedergeschlagen. Nach dem Tode meines Bruders Walter im Oktober 1940 nunmehr der Tod meines Vaters im September 1943. Die beiden Schwestern und meine Mutter wohnten nun allein in der Dienstwohnung im Schulhaus auf der Coseler Straße in Groß-Strehlitz. In der Stadt und im Umfeld hatte sich nichts verändert, der Park bot sich in herbstlicher Schönheit dar. Allerdings die Spaziergänger waren seltener geworden und die auf den freien Plätzen ausgehobenen Luftschutz- und Splittergräben deuteten darauf hin, daß auch Schlesien, früher der Luftschutzkeller des Reiches, in den Bereich des Bombenkrieges gekommen war. Die großen Hydrierwerke bei Krappitz, Deschowitz, Blechhammer an der Oder bis herauf in den Raum Gleiwitz, Beuthen, Hindenburg, hatten Luftangriffe amerikanischer und britischer Verbände auf sich angezogen, so daß schließlich auch der oberschlesische Raum in diesen Herbsttagen 1943 Luftwarnungen und Luftangriffe über sich ergehen lassen mußte. Die Versorgung der Bevölkerung war noch gut. Es gab alles auf Karten. In diesem auch landwirtschaftlich reichen Raum konnte man sich dieses oder jenes auch noch im Tausch bei den Bauern unmittelbar besorgen. Es gab also nichts, was damals fehlte und so glaubte ich nach einigen Tagen ruhig die Familie in Groß-Strehlitz allein lassen zu können. Es ging in Richtung Wien! Hier im Hotel Meisl und Schaden erlebte ich einige Tage das alte, unzerstörte in ganzer Schönheit und Pracht sich in historischen Bauten darstellende Wien. Im Stadtbild wesentlich weniger Uniformen als beispielsweise in Breslau oder in Oppeln, viel mehr Zivil. Eine unbeschwerte Fröhlichkeit in den Restaurants, in den Lokalen, obgleich es natürlich alles nur noch auf Karten gab. Aber der Fronturlauber hatte genügend Lebensmittelkarten zugeteilt bekommen und konnte mit dem, was man auf Karten bekam, noch einen Urlaub genießen. Velden am Wörther See präsentierte sich in herbstlicher, zauberhafter Stimmung. Die Karawanken spiegelten sich im See. Es war sehr mild, Temperaturen um 20° bis 25° C. Auch das Wasser hatte noch eine Temperatur von 20° C, so daß der geliebte Schwimmsport nicht zu kurz kam. Wenn es etwas zugig am See war, konnte man immerhin sich wenigstens mit dem Ruderboot über den Wörther See begeben. Spaziergänge zwischen Velden und Pörtschach vervollständigten die Erholung, es war ein friedensmäßiger Aufenthalt, weit entfernt vom Grauen und von den noch im Traum erscheinenden Szenen des Rückzugs im Sommer 1943 im Mittelabschnitt der Ostfront. Hier, zwischen Pörtschach und Velden am Wörther See verstand man, warum Johannes Brahms in dieser Umgebung sein berühmtes und zauberhaftes Violinkonzert komponiert hatte. Was man in den Gesprächen zu Hause und im Urlaub in den Restaurants und bei den Begegnungen mit der Bevölkerung erfuhr, war das Überhandnehmen des Bombenkrieges, der sich ab Mai 1942 in Köln zu großen Angriffen auf die Städte erst des Rhein-Ruhr-Industriegebietes, dann auch der Städte mit besonderer Bedeutung wie Hamburg und Bremen, Frankfurt, Stuttgart, München zu einem Inferno gesteigert hatte. Die im Jahre 1943 abgeworfene Bombenlast übertraf etwa um das fünffache die Zahl, die 1942 auf deutsche Ziele abgeworfen worden war. Es waren immerhin 350 000 Tonnen Bomben. Die Zerstörungen und die Verluste der Zivilbevölkerung waren entsprechend groß, insbesondere nach den schweren Angriffen auf Köln, auf das Ruhrgebiet, in Essen und auf die Hansestadt Hamburg, während die Städte in Ostpreußen, Schlesien, Pommern, in Sachsen und Thüringen noch verhältnismäßig wenig zu leiden hatten. Die Nachrichten in der Presse wurden wiederum schlechter, als bekannt wurde, daß Mitte Oktober im Mittelabschnitt und im Südabschnitt der Ostfront sich wieder harte Kämpfe entwickelt hatten und die deutschen Divisionen gezwungen waren, sich weiter auf den Dnjepr abzusetzen. Auch vom Südabschnitt der europäischen Front wurden die Meldungen schlechter. Nach der Kapitulation Italiens erklärte nunmehr Marschall Badoglio, der neue Regierungschef Italiens am 13. Oktober 1943 Deutschland den Krieg. Italien war von Anfang an eine Last, seitdem deutsche Verbände sowohl in Griechenland wie später in Afrika helfen mußten und die Zusammenarbeit mit den italienischen Divisionen und Kommandostäben sich nicht so entwickelt hatte, wie man es sich deutscherseits erhofft hatte. Die Verluste auf den Nachschubwegen nach Afrika wurden immer größer. Schließlich kam man zu der Erkenntnis, daß ein Italien im Krieg *gegen* Deutschland nicht mehr Lasten und Schwierigkeiten bringen würde, als es bisher mit dem Bundesgenossen Italien der Fall war. Nachdem im September bereits die Städte Stalino, Noworossijk, schließlich Brjansk und Smolensk im Mittelabschnitt der Rußlandfront verlorengegangen waren, hatte eine neue russische Herbst- und Winteroffensive, die vom Schwarzen Meer bis Witebsk eingeleitet war, auch zu einem russischen Durchbruch bei Nevel geführt. Es mußte der Kubanbrückenkopf durch die 17. Armee geräumt werden. Am 23. Oktober gelang der sowjetischen Panzerspitze ein Durchbruch bei Melitopol, wodurch die Halbinsel Krim abgeschnürt wurde und schließlich verlor die Deutsche Wehrmacht auch am 24. Oktober die wichtige Industriestadt Dnjepropetrowsk. Es war eine Hiobsmeldung nach der anderen! Auch ich sollte noch in besonderer Weise Empfänger einer solchen Hiobsbotschaft sein! Als ich nach 14 Tagen erholt von Velden am Wörther See wieder über Wien in Groß-Strehlitz, meiner Heimatstadt eingetroffen war, lag ein Brief vor, unterzeichnet von dem Regimentskommandeur, Oberst von Bercken. Mein Schulkamerad, Absolvent des Staatlichen humanistischen Gymnasiums »Johanneum« in Groß-Strehlitz, Alfred Pandel, der ein Jahr nach mir das Abitur gemacht und als Hauptmann ein Bataillon des Regiments 84 geführt hatte, war bei den Kämpfen zwischen Ssosch und Dnjepr Mitte Oktober bei einem Gegenangriff gefallen. Er hatte durch Panzerbeschuß schwere Kopfverletzungen erlitten und war auf dem Wege zum Hauptverbandsplatz gestorben. Oberst von Bercken schrieb mir, ich möge, da ich ja aus der gleichen Stadt und von der gleichen Schule stamme, die Nachricht vom Tode Alfred Pandels seinen Eltern in Groß-Strehlitz selbst überbringen. Die Eltern des Hauptmanns Alfred Pandel betrieben eine Schneiderwerkstatt, der Vater war Schneidermeister. Es war eine angesehene Familie, die mehrere Söhne und mehrere Töchter hatte, fromm katholisch und von der Art, wie man sich eine Meisterfamilie vorstellt. Ich rief kurz telefonisch an und meldete mich für den nächsten Vormittag zu einem Besuch an. Dieser Besuch war einer der schwersten meines Lebens. Als ich das Geschäft und dann das Wohnzimmer betrat, war die erste Frage der Mutter: »Wie geht es unserem Alfred? Sie wollen doch sicher von ihm Grüße überbringen, haben Sie auch einen Brief?« Ich wich dieser Frage aus und sah am Gesicht der Frau ein Erschrecken. Der Vater meinte: »Nun, wir haben lange von Alfred nichts mehr gehört, wir dachten daher, daß Sie einen Brief an uns mitbringen würden, aber auf jeden Fall werden Sie doch sicher ein Päckchen, ein kleines Päckchen für ihn mitnehmen, wir haben es schon gepackt!« Nun konnte ich nicht anders, ich mußte die grausame Wahrheit mitteilen: »Nein, ich kann kein Päckchen mehr mitnehmen!« An meinem Tonfall muß es Frau Pandel gemerkt haben, denn sie fragte: »Lebt Alfred nicht mehr, ist ihm etwas zugestoßen?« Ich konnte nur noch gerade mit Mühe und Not sagen: »Alfred ist gefallen, ich habe die traurige Pflicht, Ihnen das mitzuteilen! Als ich gestern aus Wien wieder zu Hause eintraf, lag ein Brief des Obersten von Bercken vor, daß er Mitte Oktober bei einem Panzerangriff nach schweren Kopfverletzungen gestorben ist!« Die Mutter weinte und schluchzte, auch die Schwestern, die in den Raum kamen, während Vater Pandel außerordentlich gefaßt ein Gebet sprach: »Gott gib ihm den ewigen Frieden, das ewige Licht leuchte ihm, Herr laß ihn ruhen, in Frieden, Amen!« Wir blieben dann noch im Gespräch etwa eine Stunde zusammen. Ich berichtete über die letzten Monate, wie schwer es gerade im Mittelabschnitt der Ostfront gewesen sei und welche Strapazen wir alle in dem über 300 km währenden Rückzug von Mitte Juli bis Ende September 1943 auf uns hatten nehmen müssen, wie oft ich mit Alfred Pandel zusammen war. Das Gespräch bekam dadurch eine gewisse ausgleichende Wirkung, daß ich auch darauf hinweisen konnte, daß ich ja auch meinen Vater nicht begraben konnte, weil in dieser Zeit keine Nachricht zu uns nach vorn durchgedrungen war. Der Tod des Sohnes Alfred Pandel auf der einen Seite und der Tod meines Vaters einen Monat vorher schlug eine Brücke des gemeinsamen Leides zwischen der Familie Pandel und mir. Alfred Pandel, ein immer fröhlicher, optimistischer junger Mann, sportlich und von hoher Intelligenz, war der Stolz der Familie. Er war der einzige, der von den Kindern aufs Gymnasium gegangen war und der dafür vorbestimmt war, zu studieren, vielleicht Theologie. Der Wunsch der Mutter war es natürlich, daß er katholischer Pfarrer werden sollte. Es war eben anders gekommen, der Krieg hatte solche Gedankengänge in ein Nichts verweht. Daran änderte auch das Ritterkreuz nichts, das posthum verliehen wurde. Ich habe zu Hause noch eine andere schlechte Nachricht vorgefunden, als ich vom Urlaub zurückkam. Wenige Tage nach meiner Abreise aus der Stellung am Ssosh waren die Sowjets zum Angriff angetreten und hatten die Stellung des Ssosh durchbrochen. Weitere Angriffe, südlich des Lojew hatten schließlich dazu geführt, daß in der Nacht vom 17. zum 18. Oktober 1943 die Ssosh-Stellung geräumt werden mußte und die Division nunmehr am Westufer des Dnjepr eine neue Verteidigungslinie bezogen hatte. Oberst von Bercken hatte die Führung der 102. Schlesischen Division übernommen, nachdem Generalmajor Hitzfeld aus dem Urlaub nicht mehr zurückgekehrt war, sondern eine neue Verwendung in der Heimat gefunden hatte. Oberst von Bercken, der wenige Monate später Generalmajor wurde, war nunmehr der neue Divisionskommandeur! Das Ende meines Urlaubs war gekommen, ich mußte am 30. Oktober wieder zurück an die Front und erfuhr schon auf der Reise, daß es sehr schlimm um die Front im Mittelabschnitt, aber noch schlimmer um die Front im Südabschnitt in der Sowjetunion stünde.

Unterhaltungen im Zug von Oppeln nach Breslau und dann weiter über Warschau, Brest-Litowsk, wieder den gleichen Weg zurück bis Kalinkowitschi bewiesen, daß überall die Front ins Wanken geraten war und die Partisanen eine rege Tätigkeit in der Sprengung von Straßenkreuzungen und Brücken entwickelt hatten. Die Zusammenarbeit zwischen den rückwärtigen Partisanenverbänden und Widerstandsgruppen, nicht nur in Weißrußland, in der Ukraine, auch in Polen war gut und der Einsatz zur Sicherung der rückwärtigen Verbindungswege der Transporte, auch der Urlauberzüge, erforderte immer mehr Kräfte. In den schweren Kämpfen, besonders bei den Großangriffen der Sowjets Ende Oktober, hatte das Regiment 232, eines der drei Regimenter der 102. Schlesischen Infanteriedivision, bei der den sowjetischen Panzern ein Durchbruch gelungen war, schwere Verluste. Auch das Regiment 84 hatte einen schweren Stand und hohe Verluste bei den Kämpfen um Jastrebka, Tschanez und Lipnjaki. Alle Angriffe im Regimentsbereich 84 konnten jedoch zum Teil mit Unterstützung durch eigene Sturzkampfflieger und Bomberverbände abgewiesen werden. Schwere Kämpfe entwickelten sich auch bis zum 31. Oktober im Abschnitt Wolkoschanka und herunter bis Tschenz. Es gelang, wenn auch unter hohen Verlusten, die alte Hauptkampflinie am Westufer des Dnjepr zu halten, erfolgte Einbrüche im Gegenangriff wieder zu bereinigen und so eine Durchbruchs- und Einschließungsgefahr zu verhindern. Die Nachbardivision, die 216. Infanteriedivision, erlitt jedoch sehr starke Verluste, wurde als Division aufgelöst und als Divisionskampfgruppe in die 102. Schlesische Infanteriedivision eingegliedert, um so die Ausfälle, die wir erlitten hatten, einigermaßen auszugleichen, bevor Nachschub aus der Heimat eingetroffen war. Meine Rückkehr zur Division vollzog sich unter dramatischen Umständen. Ich war im Raum Kalinkowitschi zum Gefechtsstand der 102. Schlesischen Infanteriedivision gekommen und hatte mich bei Oberst von Berkken zurückgemeldet. Er ließ mich ausführlich über die Stimmung in der Heimat, über die allgemeine Lage, Verpflegung der Bevölkerung, Einstellung der Bevölkerung zu der politischen Führung, zum Soldaten, zur Wehrmachtsführung berichten. Es war ein sehr offenes Gespräch! Oberst von Bercken hatte in dem ganzen Jahr, da ich sein Regimentsadjutant war, großes Vertrauen zu mir, wie auch ich sehr offen zu ihm sprechen konnte, auch an Kritik niemals zurückhielt, wenn unsinnige Befehle oder politische Entscheidungen uns erregt hatten. So ging es auch diesmal hin und her. Bis Mitternacht war sowohl auf der einen Seite mein Bericht aus der Heimat, aber auch seine Einschätzung der Frontlage

Gegenstand eines offenen Gesprächs, bei dem wir beide zu der Erkenntnis kamen, daß uns ein schwerer Winter bevorstünde. Auch die Ereignisse in Italien und die Sorge um eine Invasion im Westen trugen dazu bei, daß es sich allmählich dem Ende des Krieges zu nähern schien. Was wir nicht wußten war, daß es doch noch leider über 1½ Jahre dauern sollte, bis dieser schreckliche Krieg zu Ende war. Oberst von Bercken ließ mich im Divisionsquartier übernachten und meinte, am kommenden Morgen würde mich ein Kettenkrad mit einem Melder, der ohnehin zum Regiment reisen würde, dort hinbringen. Das Regiment hatte vorübergehend Major Drexler übernommen, ein großer, gutgewachsener Sportsmann von Gestalt, blond, so richtig das Bild eines germanischen Helden. Er trug bereits das Ritterkreuz und stammte noch aus dem Friedensoffizierskorps des Gleiwitzer Infanterieregiments. Von Beruf war er Pelzkaufmann und im dritten Dienstjahr Leutnant der Reserve geworden. Dann aber hatte er sich aktivieren lassen und war inzwischen Major. Ich war sehr froh, ihn wiederzutreffen und wir verstanden uns auf Anhieb glänzend! Allerdings, bis ich zu ihm gelangte, war noch ein sehr harter Tag zu überstehen. Als ich im Morgengrauen des nächsten Tages gegen 7.00 Uhr mit dem Kettenkrad in Richtung Regimentsgefechtsstand fuhr – es gab in diesem Sumpfgebiet nur wenige feste Wege und feste Landbrücken –, sah ich mich plötzlich unweit des Regimentsgefechtsstandes einem Panzerrudel von etwa 30–40 Panzern gegenüber, die in Gruppen auf uns zufuhren. Ich war fest überzeugt, daß es sich um eigene Panzer handelte, und war angetan von der Menge eigener Panzer im Raum des Regimentsgefechtsstandes 84, bis plötzlich mein Fahrer aufschrie: »Mein Gott, das sind ja Sowjets!« Wir fuhren mit Müh und Not in eine kleine Schlucht, warfen uns auf den Boden, da setzte auch schon heftiges Kanonenfeuer der Panzerkanonen ein und gleichzeitig Artilleriefeuer von Artilleriegeschützen. Wir waren mitten in eine eigene Batteriestellung gekommen. Nachdem die sowjetischen Panzer die Artilleriestellung zu überrollen versuchten, wehrten sich die Kanoniere und schossen auf kürzeste Entfernung einen nach dem anderen ab. Eine Panzerbesatzung ganz in unserer Nähe bootete aus! Ich schoß mit meiner Pistole auf den auf uns zukriechenden

Russen, bis meine Pistole Ladehemmung hatte. Jetzt schoß ein eigenes Artilleriegeschütz mit 10,5 cm Granaten auf diesen Panzer. Es gab einen mächtigen Einschlag und der Panzer explodierte. Waren es die Splitter der eigenen Granate oder die explodierende Panzermunition, meinem Fahrer war ein Bein abgerissen! Ich hatte Mühe, ihn in eine kleine Deckung zu schleifen und ihm den stark blutenden Stumpf abzubinden. Die Russen, die ausgebootet waren, hatten sich erhoben und waren von unseren Artilleristen gefangen genommen worden. Ein nur einige Minuten dauerndes schlimmes Erlebnis, an dessen Ende viele Panzer brannten! Die anderen Panzer der Russen drehten ab, und es gelang uns mit Hilfe einiger Sanitäter, den Kradfahrer wieder aus seiner Bewußtlosigkeit zu wecken, ihn zu verarzten und nach dem Hauptverbandsplatz zurückzubringen. Wie ich später erfuhr, hat er diesen Tag überstanden! Es mußte ihm zwar das Bein oberhalb des Knies amputiert werden, aber er lebte und war diesem Zusammenprall mit einem russischen Panzerangriff, in den wir mitten hineingeraten waren, wenn auch schwer verwundet, entkommen. Auch ich sah ziemlich lädiert aus, zerfetzte Uniformjacke, blutende Knie, alles andere als ein Urlauber. So stellte ich mich bei Major Drexler, dem neuen Regimentskommandeur und Oberleutnant Lindner, der mich inzwischen vertreten hatte als Regimentsadjutant und Oberleutnant Rössler, dem Ordonnanzoffizier vor. Aber statt Hochachtung und Lob erntete ich lautes Gelächter. Ich muß eine so komische Figur gemacht haben und einen so zerfetzten Eindruck, daß trotz des Ernstes der Ereignisse der Regimentskommandeur und seine Offiziere in lautes prustendes Lachen ausbrachen. Sie hatten von ihrem sicheren Unterstand den Panzerangriff an sich vorüberrollen lassen, wohl wissend, daß in der Artilleriestellung der Angriff gestoppt werden würde. So war es auch! Denn viele Ausweichmöglichkeiten in diesem Sumpfgelände um Kalinkowitschi hatte der sowjetische Panzerkeil ohnehin nicht. Er war überdies schlecht geführt und ein Musterbeispiel dafür, daß auch eine Panzerüberlegenheit dann nicht zum Erfolg führt, wenn die Panzeroffiziere mit ihren Gefechtsfahrzeugen und Panzern nicht richtig umgehen und nicht entsprechend den Geländeverhältnissen operieren können. Die Sowjets versuchten immer wieder durch örtliche Angriffe in Richtung Kalinkowitschi vorzustoßen. Kalinkowitschi ist ein wichtiger Eisenbahnknotenpunkt. Durch Kalinkowitschi führt die Eisenbahn von Gomel in Richtung Brest-Litowsk, aber gleichzeitig auch die Nord-Süd-Eisenbahn von Mogilew nach Schitomir. Dadurch, daß in den Pripjetsümpfen wenige Verkehrsverbindungen und feste Straßen vorhanden sind, waren diese beiden Eisenbahnlinien, die Nord-Süd- wie die Ost-West-Eisenbahnlinie, mit dem Eisenbahnknotenpunkt Kalinkowitschi von strategischer Bedeutung. Die Sowjets versuchten immer wieder, auf Kalinkowitschi durchzustoßen, um diesen Eisenbahnknotenpunkt in ihre Hand zu bekommen und die nördlich und südlich von Kalinkowitschi dann stehenden deutschen Divisionen einzuschließen und ihnen den Rückweg abzuschneiden. Das war auch von seiten des Oberkommandos der Heeresgruppe Mitte erkannt worden. Es wurden den Divisionen dieses Raumes daher neue Kräfte zugeführt, Nachschub an Mannschaften und Unteroffizieren, aber auch an Gerät, so daß bis Mitte Dezember die Truppe aufgefüllt war und über neue Waffen, sogar motorisierte Flak- und Sturmgeschütze in ihrem Bereich zur Abwehr sowjetischer Angriffe verfügte. Mitte Dezember griffen nach schweren Artilleriefeuerüberfällen auch mit Salvengeschützen die Sowjets erneut an, besonders im Raum des Grenadierregiments 84 und des Grenadierregiments 232. Es wurden zahlreiche Panzer abgeschossen, die Front wurde gehalten. Auch am 16., 17. und 18. Dezember 1943 konnten alle Versuche der Russen, nach Kalinkowitschi durchzustoßen, abgewehrt werden. Schließlich stellte sich um die Weihnachtstage dann Ruhe ein, sowohl am 25. wie am 26. Dezember 1943. Die Front verlief immer noch im alten Abschnitt, die 102. Schlesische Division wurde zum drittenmal im Jahre 1943 im Wehrmachtsbericht erwähnt, zum zweitenmal am 2. Oktober und nunmehr im Wehrmachtsbericht des 10. Dezember 1943. Die Division hatte das auch verdient! Denn es war dank ihrer Tapferkeit gelungen, den Durchbruch der Russen nach Kalinkowitschi und damit einen schweren Rückschlag für diesen Raum der Heeresgruppe Mitte abzuwehren. Anfang Dezember 1943 wurde Major Drexler versetzt. Er übernahm ein anderes Regiment und ein neuer Regimentskommandeur stellte sich ein. Es war Major Dr.

Mahnken, ein Oberstudiendirektor aus Düren im Rheinland. Er trug nicht nur das Ritterkreuz, das er ein Jahr vorher im Winterkrieg als Kommandeur einiger Kavallerieeinheiten im Mittelabschnitt der Ostfront erhalten hatte, sondern auch das goldene Parteiabzeichen der NSDAP. Aus den ersten Gesprächen ging hervor, daß er ein glühender Patriot, aber ein noch überzeugterer Nationalsozialist war, der schon in den 20er Jahren mit Parteigrößen Kontakt hatte und viele Jahre vor der Machtergreifung für den Nationalsozialismus im Rheinland eingetreten war. Das war natürlich für uns ein Grund, etwas vorsichtiger in unseren Gesprächen zu sein. Wir konnten uns solche kritische Bemerkungen zur allgemeinen Lage und zur Kriegssituation wie unter Oberst von Berkken oder Major Drexler nicht mehr leisten. Funkstille, so hieß das Gebot der Stunde, wenn der neue Regimentskommandeur in unserer Nähe war. Ich mochte ihn ohnehin nicht, er mich auch nicht! Er schien mir zu verkrampft und zu sehr als Besserwisser bereits den Krieg für gewonnen erklären zu wollen, sprach dauernd von neuen Waffen, von Wunderwaffen, die in der Produktion seien und es würden sich die Gegner noch wundern, was alles auf sie zukäme, er hätte ganz außerordentliche Beziehungen zum Führerhauptquartier, Beziehungen auch zu Generaloberst Busch, den er von früher her aus der Kampfzeit kenne, zu Generaloberst Model. In der Tat hat er mehrfach von seinem Regimentsgefechtsstand Telefongespräche mit der Heeresgruppe Mitte geführt, sowohl mit Model wie auch mit Busch und mit anderen Offizieren. Damit wollte er offensichtlich seine guten Verbindungen, auch uns, seinem Regimentsstab darlegen und seine Position behaupten. Ich war froh, als ich daher bald zum Kommandeur des II. Bataillons des Grenadierregiments 84 ernannt wurde. Mein Nachfolger als Regimentsadjutant wurde der Oberleutnant der Reserve, Freiherr von Schlotheim, ein Landgerichtsrat aus Breslau.
Wie groß inzwischen das Mißtrauen Hitlers gegen die Wehrmacht gewachsen war, vor allem gegen ein Großteil des Offizierskorps, ergab sich aus der Einführung des NSFO, des Nationalsozialistischen Führungsoffiziers. Derselbe Hitler, der den Politruk, nämlich den sowjetischen politischen Kommissar, der in keiner roten Einheit fehlte, übermäßig haßte, und durch den Kommissarbefehl

am Beginn des Ostfeldzuges 1941 erbarmungslos ausrotten wollte, führte nun durch einen Erlaß am 22. Dezember 1943 den deutschen Politruk, so wie er bald von den Soldaten genannt wurde, in der Wehrmacht ein.

Im einzelnen wurde in der Verfügung bestimmt, daß sämtliche Einheiten bis herunter zur Division, Regiment, Abteilung bei der Artillerie, Bataillon bei Infanterie und Pionieren und Nachrichtenabteilung einen sogenannten NSFO, einen Nationalsozialistischen Führungsoffizier, einzustellen hätten, der ständig auf dem direkten Dienstweg, also vom NSFO des Bataillons an den des Regiments, vom NSFO des Regiments an den der Division an das Korps, Armee usw. direkt vorbei am jeweiligen Kommandeur berichten und Vorfälle zu melden habe. Es waren also nicht nur der kritischen Beobachtung, sondern auch der Schnüffelei, dem Denunzieren Tür und Tor geöffnet. Doch die Truppe behalf sich auch hier mit altbewährten praktischen Erfahrungen. Es wurden nominell nur NSFO's bestellt, von denen man wußte, daß sie besonders kritisch den Entwicklungen der Lage gegenüberstanden. Im großen und ganzen blieb es bei unserer Division reine Theorie! Als Oberleutnant Dr. Franz Meyers zum nationalsozialistischen Führungsoffizier der Division ernannt werden sollte, sträubte er sich dagegen, indem er dem General von Bercken erklärte, er sei kein Parteigenosse, worauf Bercken lakonisch sagte: »Ich auch nicht!« Als dann schließlich noch Franz Meyers unter Parteizugehörigkeit »Zentrum« und Religionszugehörigkeit in großen Buchstaben »Römisch Katholisch« schrieb, ging sogar an Franz Meyers dieser Kelch vorüber. General von Bercken lehnte es ab, Franz Meyers zum nationalsozialistischen Führungsoffizier zu machen. So blieb die Stelle zunächst eine ganze Zeit bei unserer Division unbesetzt. Das gleiche galt für das Regiment 84.

Die Truppe erlebte das Weihnachten 1943 in verhältnismäßig ruhigen Stellungen im Raum Kalinkowitschi. Es setzte Frost ein, so daß der sumpfige, nasse Boden härter wurde. Auch Schnee lag um die Weihnachtszeit, ein richtiges Weihnachtswetter! Bis auf gelegentliche Feuerüberfalle und Störfeuer ging es im ganzen Divisionsraum um die Weihnachts- und Neujahrszeit ruhig zu. Die Truppe bekam eine ausreichende Verpflegung. Es gab Marketenderwaren, die

Weihnachtspost kam und es wurde viel Alkohol an die Truppe verteilt, so daß bei dem naßkalten und frostigen Wetter die Stimmung der Soldaten leicht gehoben war. Es war das 5. Kriegsweihnachten, wir gingen nunmehr in ein neues Jahr, 1944, von dem niemand wußte, was es uns bringen würde. Nach den bisherigen Erfahrungen der Jahre 1941, 1942 und 1943 im Mittelabschnitt der Ostfront bestimmt nichts Gutes, sondern neue Strapazen, noch härtere Kämpfe, noch weitere Rückzüge, wenn nicht gar das Ende. Ich nutzte die ruhigen Tage, um meine Kompanien in den Stellungen zu besuchen. Die 5. und 7. Kompanie waren in vorderer Linie im Raum Bol-Avtjuki und Alexandrowka eingesetzt, wo seitens der 102. Schlesischen Division zwei Regimenter, nämlich 84 und 232 in vorderster Linie lagen, das dritte als Divisionsreserve weiter rückwärts gehalten wurde. Ich besuchte die einzelnen Stützpunkte, die zum Teil nur notdürftig ausgebaut waren, da der hohe Grundwasserstand Gräben und Stellungen nicht zuließ, nur an einzelnen Sandbänken, an einzelnen Erderhebungen ließen sich einigermaßen sichere Deckungslöcher als kleine Feldstellungen ausbauen. Die alten Ostkämpfer hatten, findig wie sie waren, sich kleine Öfchen besorgt, zum Teil gab es auch für die Truppe verteilt solche tragbaren Kanonenöfen. Es wurde das rauchlose Feuer entdeckt, man konnte mit frischem Birkenholz Feuer machen, ohne daß es für den Feind sichtbar eine Rauchentwicklung gegeben hätte. Ich fand manches bekannte Gesicht noch aus früheren Jahren, sogar noch manchen, den ich schon aus dem Friedensstandort des Grenadierregiments 84 in Gleiwitz kannte. Ein großer Teil war allerdings nicht mehr da! Viele waren gefallen oder so schwer verwundet, durch Erfrierungen, durch Amputationen so in Mitleidenschaft gezogen, daß eine Frontverwendung nicht mehr in Frage kam. Mehr und mehr stellte sich ein Vertrauensverhältnis zwischen den älteren Feldwebeln, Unteroffizieren und vor allem den Obergefreiten heraus. Jenen unverwüstlichen harten, meist oberschlesischen Bergleuten, Bauern, Straßenarbeitern, die auch schon im Beruf manches harte Schicksal gewöhnt waren. Natürlich gab keiner der Soldaten offen zu, daß der Krieg verloren war, aber jeder ahnte es! Es war ein Fatalismus, der jeden erfahrenen Ostfront-Kämpfer erfaßt hatte. »Entweder wir kommen hier

raus, dann werden wir neu anfangen müssen, oder wir bleiben hier, dann brauchen wir uns ohnehin keine Gedanken mehr zu machen«, war die tägliche Lebensphilosophie des vorn eingesetzten Frontkämpfers.
Diese Zeit gab auch wieder die Möglichkeit, geregelt Rundfunksendungen Moskaus und auch des britischen Rundfunks zu empfangen. Gelegentlich konnte man auch den Schweizer Sender Beromünster hören. Man erfuhr so einiges Zusätzliches zu den Informationen der Truppe oder zu den Informationen, die den Titel trugen »Nur zu verteilen durch Offiziere, Verteiler nur bis zum Bataillons- oder Abteilungskommandeur!« Die Informationen, die wir Offiziere und Kommandeure bekamen, waren etwas ausführlicher als die allgemeinen Informationen für die Truppe, aber Wesentliches mehr war auch hier nicht enthalten. Vieles mußte man sich noch hinzudenken, man mußte zwischen den Zeilen lesen. Eine gute Ergänzung dieser Informationen war das Abhören sowohl des sowjetischen Armeeberichtes wie das Abhören der Sendungen von Radio London und des Schweizer Senders Beromünster. Zusätzliche Informationsmöglichkeiten gaben Gespräche, die man auf dem Divisionsgefechtsstand führen konnte. Hier war der Sohn des 1941 im Winter vor Moskau abgesetzten Generalobersten Hoepner, Rittmeister Hoepner, 2. Generalstabsoffizier, also der für die Versorgung der Division zuständige Offizier. Rittmeister Hoepner war ein sehr aufgeschlossener gesprächsbereiter Offizier. Wir kamen schnell ins Gespräch, und ich war natürlich daran interessiert, wie sein Vater die Ereignisse vor Moskau 1941 beurteilt und wie er seine Abschiebung innerlich verkraftet hätte. Hoepner sprach von einer tiefen Verbitterung, die seinen Vater erfaßt hätte ob der Fehlentscheidungen, die 1941 vor Moskau getroffen waren. Denn sowohl der damalige Oberbefehlshaber des Heeres, Generalfeldmarschall von Brauchitsch, wie die meisten Armeeoberbefehlshaber in der Heeresgruppe Mitte, so auch Generaloberst Hoepner, hatten die Rücknahme der Front auf eine Winterstellung vorgeschlagen, nachdem der Angriff auf Moskau gescheitert war. Eine solche Winterstellung und eine Zurücknahme der Front war von Hitler entschieden abgelehnt worden. Hätte man eine solche Winterstellung mit tief

gestaffelten Verteidigungsmöglichkeiten und mit bereitgestellten Reserven damals im Mittelabschnitt der Ostfront eingerichtet, wären viele Opfer an Menschen und Material, aber auch viel Vertrauensverlust zur Führung in der Truppe vermieden worden. Rittmeister Hoepner erzählte noch von einer Auseinandersetzung, die uns Truppenoffizieren damals nicht bekannt war. Es war die Aufstellung einer russischen Armee unter dem General Wlassow. Auch hier, so folgerte Hoepner, sei die Chance vertan worden, sowjetische Einheiten gegen die Rote Armee einzusetzen. Zumindest jene Minderheiten, die unter Stalin und dem sowjetischen Joch gelitten hatten und die schon seit der Oktoberrevolution von 1917 in einer inneren Opposition zum Stalinismus Moskaus gestanden hatten. Erst viel später, 1944, sah man ein, daß man einen großen Fehler begangen hatte, sich dieser Chance, Russen gegen Russen auftreten zu lassen, zu begeben. Als man dann Wlassow die Chance gab, sowjetische Einheiten aufzustellen, war es natürlich viel zu spät.
Auch die Entwicklung der internationalen Lage war häufig Gesprächsstoff. Nicht nur mit Rittmeister Hoepner, dem I b, sondern auch dem I a, dem Oberstleutnant von Frankenberg und Ludwigsdorf, der den bisherigen I a der Division, Oberst Schuster, abgelöst hatte. Von Frankenberg und Ludwigsdorf war ein typischer Aristokrat, gebildet und außerordentlich interessiert an dem Urteil der Truppenoffiziere über die allgemeine Lage. So wurde manches Gespräch auch beim Divisionsgefechtsstand, im kleinsten Kreis natürlich, über das geführt, was sich international inzwischen entwickelt hatte. Radio Moskau hatte mehrfach von der Konferenz von Moskau berichtet, an der die Außenminister Cordell Hull (USA), Anthony Eden (Großbritannien) und Molotow (Sowjetunion) teilgenommen hatten. Es hieß unter anderem, sobald irgendeiner in Deutschland gebildeten Regierung ein Waffenstillstand gewährt werden würde, werden jene deutschen Offiziere, Soldaten und Mitglieder der Nazipartei, die für Grausamkeiten, Massaker und Exekutionen verantwortlich gewesen sind oder ihnen zustimmten, in die Länder zurückgeschickt werden, in denen die abscheulichen Taten ausgeführt wurden, um gemäß den Gesetzen dieser befreiten Länder und der freien Regierungen,

welche in ihnen errichtet werden, vor Gericht gestellt und bestraft zu werden! Das Kriegsverbrecherproblem war somit aktuell geworden. Es sollte später eine große Rolle spielen und viele Schuldige, aber auch Unschuldige treffen, Schuldige und Unschuldige in oft propagandistisch, keineswegs aber immer rechtsstaatlich zu nennenden Verfahren. Nicht minder eindrucksvoll und für uns, was die Zukunft Deutschlands anbetraf, geradezu erschütternd, waren die Informationen, die wir aus den abgehörten Rundfunksendungen über die Konferenz von Teheran erfuhren. Diese Konferenz, die vom 28. November bis zum 1. Dezember 1943 getagt hatte und an der Präsident Roosevelt, Premierminister Churchill und Marschall Stalin mit ihren Außenministern und Chefberatern teilgenommen hatten, beschloß, daß Deutschland aufgeteilt werden sollte. Der amerikanische Präsident hatte eine Aufteilung in fünf Teile vorgeschlagen. Marschall Stalin wiederum meinte, wenn man schon Deutschland zerstückele, dann müsse es richtig zerstückelt werden und nicht nur in fünf oder sechs Teile aufgesplittert werden. Allen Beteiligten war gemeinsam die Zerschlagung Preußens und die absolute Entmachtung und Aufgliederung des Deutschen Reiches in eine Vielzahl kleiner und kleinster Staaten. Man konnte sich denken, welches staatsrechtliche Chaos dann auf dem Gebiet des alten Deutschen Reiches nach der Vorstellung der Siegermächte entstehen sollte. Diese Nachrichten über die Konferenz von Teheran hatte zwei Seiten. Auf der einen Seite machte sie uns Frontsoldaten den Ernst der Lage sichtbar und gestattete keine geistigen und moralischen Ausweichmanöver mehr. Man mußte vor sich selbst und vor seiner Truppe nun entsprechend auf diese Entwicklung gefaßt und sich seiner Verantwortung bewußt sein. Auf der anderen Seite aber gab natürlich die Konferenz von Teheran und alles, was seitens der Siegermächte von morgen bereits veröffentlicht war, der Propaganda des Nationalsozialismus, besonders dem Reichspropagandaminister Joseph Goebbels, die Möglichkeit, den Verteidigungswillen der Soldaten und der Heimat dadurch zu provozieren und zu letzter Kraftanstrengung anzuheizen, da ihnen in schwärzesten Farben das Schicksal ausgemalt wurde, das über Deutschland hereinbrechen würde, wenn wir den Krieg verlieren würden. Darum immer

wieder auch bei den Soldaten der Satz »Genieße den Krieg, der Frieden wird furchtbar!« Eine fatalistische, ja eine geradezu niederschmetternde Zukunftserwartung hatte den Soldaten ergriffen. Hinzu kam, daß die Lage auch an der Südfront Europas, in Italien, immer bedrohlicher wurde und Mitte Januar die Front bereits von nördlich Neapel in Richtung Pescara verlief. Monte Cassino war hart umkämpft, Rom und die Tiberstellung waren das nächste, was an Auffangstellungen seitens der deutschen Truppen in Italien erwähnt wurde. Nicht minder schlimm sah es in Jugoslawien aus, wo die Partisanenkämpfe immer stärkere deutsche Truppen banden. Dazu kamen die immer zahlreicher werdenden Luftangriffe auf Deutschland, nunmehr auch auf die bisher als Luftschutzkeller geltenden Bereiche in Ostpreußen, Pommern und Schlesien. Amerikanische und britische Bombenverbände überflogen das Reichsgebiet, warfen ihre Bomben auch im oberschlesischen Industriegebiet, besonders über den Hydrierwerken an der Oder bei Odertal, im Raum Gleiwitz, Beuthen, Hindenburg ab und flogen dann auf sowjetische Flugstützpunkte weiter, nachdem zwischen den Vereinigten Staaten von Amerika und der Sowjetunion ein Abkommen über die Errichtung amerikanischer Feldflugplätze in der Ukraine und in Südrußland vereinbart war.
Inzwischen hatte sich die Lage bei der Heeresgruppe Süd dramatisch zugespitzt. Dem sowjetischen Marschall Rokossowski war ein tiefer Einbruch gelungen, der die Heeresgruppe Mitte in der Flanke bedrohte. Denn wenn Marschall Rokossowski in der Heeresgruppe Süd nach Norden einschwenkte, war die gesamte 2. Armee und darüber hinaus die Heeresgruppe Mitte in der Gefahr einer Einschließung. Daher wurde die 102. Grenadierdivision in aller Eile aus den Stellungen bei Kalinkowitschi herausgelöst, um zum Schutz der Flanke der 2. Armee in den Pripjetsümpfen bei Petrikow eingesetzt zu werden.
Die Übergabe der Hauptkampflinie im bisherigen Abschnitt Kalinkowitschi und das Absetzen in Richtung Pripjetsümpfe Petrikow vollzog sich in der Nacht ohne wesentliche Störungen. Zwar griffen die Russen gelegentlich in die Absetzbewegung ein, aber da sie selbst von dieser Umorganisation überrascht waren, blieb ein größeres Chaos, wenn die Russen in die Ablöse- und Absetzbe-

wegung hineingestoßen hätten, uns erspart. Ich übernahm im Rahmen des Regiments 84 einen etwa 6 km breiten Bataillonssicherungsabschnitt südlich des Pripjet. Es war ein versumpftes Gelände mit einzelnen Waldstücken, Birkenwäldchen, viel Kusselgelände, in dem der Feind bis an die Stützpunkte hätte herankommen können. Ein Ausbau im Sinne einer durchgehenden Verteidigungslinie war in diesem Sumpfgelände ausgeschlossen. Wir waren froh, daß wir auf den einzelnen sogenannten Inseln, das sind Sandbänke, kleine Erderhebungen, unsere Stützpunkte ausbauen konnten. Aber schon nach einem halben Meter sickerte das Grundwasser ein. Es war daher schwer, einfache Feldbefestigungen und Feldstellungen gut getarnt in dieser 6 km Verteidigungslinie nach Süden einzurichten. Glücklicherweise herrschte leichter Frost. Es lag auch Schnee, so daß wir wenigstens im gefrorenen Gelände entsprechende Sicherungen aufstellen und mit Spähtrupps das schwierige Gelände vor unserer Front überwachen konnten. Links vom II. Bataillon war das I. Bataillon 84 in einer etwa gleich breiten Verteidigungslinie eingesetzt, so daß allein unser Regiment mit drei Bataillonen im Einsatz eine Breite von etwa 20 km zu decken hatte.

Rechts von uns wurde die Skibrigade Meergans eingesetzt, ein Skibataillon, geführt von Hauptmann Günter Meergans, einem bekannten Skiläufer, der von den Hirschberger Jägern stammte, da die Skibrigade in der Hauptsache aus Einheiten der Hirschberger Jäger zusammengesetzt war. Wie es der Zufall will, traf ich auch hier bei einer Verbindungsaufnahme mit dem Nachbarn Hauptmann Meergans meinen alten Friedenskameraden, mit dem ich 1936 in Gleiwitz eingetreten war und der im Zusammenstoß mit dem Schützen Torka ein blaues Auge davongetragem hatte, den jetzigen Zollbeamten und Leutnant der Reserve Dubois aus Gleiwitz.

In den letzten Januartagen 1944 versuchten die Sowjets mehrfach vom Süden vorzufühlen und in die Stellungen einzubrechen. Es war schwierig, den großen Raum, vor allem nachts, zu überwachen. Wir versuchten es daher mi Stolperminen und mit Scheinstellungen, die wir vor unseren Stellungen aufgebaut hatten. Uns war es unheimlich zumute, wenn wir nachts zum anderen Stützpunkt meistens 200–300 m entfernt keine Sichtverbindung zueinander hatten, sondern allenfalls nur noch eine Hörverbindung. Um diese im Sumpf gelegenen Stützpunkte südlich des Pripjet bei dem zu erwartenden Tauwetter im Frühling aufgeben zu können – denn das ganze Gelände ist bei Tauwetter weit in die Tiefe des Landes auf viele Kilometer überschwemmt –, baute die Division am Nordufer des Pripjet auf einem Höhenzug eine endgültige Verteidigungsstellung auf. Zu den Schanzarbeiten wurden auch viele Bewohner aus den umliegenden Dörfern herangezogen, da das ganze Gebiet im Raum Kalinkowitschi, Gomel, bis herunter nach Petrikow und Pinsk, voller Zivilbevölkerung war. Viele Frauen, sehr viele Kinder, alte Männer, die wehrfähigen Männer waren meistens von den Rotarmisten auf den Rückzügen mitgenommen, sie waren von rückwärtigen Kommandos der Deutschen in die Rüstungsindustrie verschleppt oder sie waren in die Wälder geflüchtet und hatten sich den Partisanen angeschlossen. Die Pripjetsümpfe sind ein riesiges, viele Quadratkilometer umfassendes Sumpfgebiet mit einzelnen Inseln von Birken- und Kiefernwäldern, ein unübersichtliches und schwer zugängliches Gelände, das schon während des Angriffs 1941 weitgehend ausgespart werden mußte, weil es nur eine einzige Bahnlinie in Richtung Osten gibt, über Brest-Litowsk, Pinsk, Kalinkowitschi, Minsk. Es ist eines der unberührtesten Naturschutzgebiete, die man sich denken kann, mit einer Vielzahl von Pflanzen und Tieren. Wir fanden sogar Wolfsspuren. Als wir zur Sicherung der Stützpunkte einmal auch Stolperdrähte und Splitterminen ausgelegt hatten, fing sich eine Wölfin in einer solchen Sperre und erlag den Splittern einer Mine. Sie konnte geborgen werden und war als Trophäe für das II. Bataillon ein besonderer Anziehungspunkt. Alles schaute sich die Riesenwölfin an. Man enthäutete sie, präparierte den Kopf, der auf dem Kompaniegefechtsstand mit einer Kerze versehen, eine besondere Art von Leuchter war. »Wenn die Wölfin hier erlegt wurde, kommt auch der Wolf! In wenigen Tagen haben wir auch den Wolf, der ihrer Spur folgt!« sagte ich. Und so war es auch! Eines Tages wurde ich vom Kompaniechef angerufen. »Kommen Sie, Herr Hauptmann, der Wolf ist da!« Er war tatsächlich an der gleichen Stelle, an der die Wölfin ins Minenfeld geriet, ebenfalls der Minensperre erlegen. Der Wolf war noch wesentlich stärker und kräftiger als die Wölfin. Auch hier wurde der Kopf präpariert und mir zum Geschenk gemacht. Das Fell blieb natürlich beim Kompaniechef, aber wie ich hörte, hat man es bald wieder herausgesetzt. Es stank so sehr, obgleich es einigermaßen mit Salz gereinigt und an der Sonne getrocknet war, daß man es nicht verwenden konnte.

Eine besondere Begebenheit war der Besuch des Chefs des Stabes der 2. Armee in der Heeresgruppe Mitte, des Generals Henning von Tresckow. Von Tresckow und von Bercken waren schon aus früheren Zeiten befreundet. Eines Tages rief General von Bercken bei mir an und meinte: »Sie bekommen heute Besuch des Chefs des Stabes der 2. Armee, Generalmajor von Tresckow! Erwarten Sie uns auf Ihrem Bataillonsgefechtsstand um 10.00 Uhr!« Ich fragte zurück, ob ich das dem Regimentskommandeur, Oberstleutnant Mahnken, melden sollte! General von Bercken wünschte ausdrücklich, nein! »Wir wollen Sie besuchen und wir wollen mit Ihnen sprechen! Sie waren lange genug bei mir Regimentsadjutant und müssen wissen, Mende, daß ich keine anderen dabeihaben möchte!« Gegen 10.00 Uhr fuhren der Wagen des Generalmajors von Tresckow und der Kübelwagen des Generals von Bercken vor! Ich meldete und schilderte die Lage im Abschnitt des Bataillons, wies auf die Schwierigkeiten bei dem zu erwartenden Tauwetter hin und sagte: »Herr General, wenn jetzt der Schnee schmilzt und der Pripjet über die Ufer tritt, auch die vielen Nebenflüsse und Sumpfniederungen unter Wasser stehen, dann werden wir Hals über Kopf zurückgehen müssen, um nicht zu ersaufen! Ich habe ohnehin schon eine ganze Anzahl von etwa 25 m langen Kabelteilen ausgeben müssen, um, wenn ein Spähtrupp jetzt schon durch das Gelände geht, nicht den einen oder anderen meiner Soldaten absaufen zu sehen. Der erste Mann bindet sich an einem Karabinerhaken das Nachrichtenkabel um den Gurt, der zweite in 5 Meter Abstand hakt ebenfalls ein, der dritte, der vierte und der fünfte, so daß fünf Männer eines Spähtrupps über ein 25 Meter langes Nachrichtenkabel wenigstens so weit gesichert sind, daß, wenn einer bis zur Brusthöhe in den Sumpf gerät, er von den anderen gerettet werden kann, die ihn mit der Kraft von Vier herausziehen. Da es keine Seile oder Stricke dafür gab, mußten wir zwangsläufig uns mit gedrillten Nachrichtenkabeln behelfen!« »Das will ich hier nicht hören, wie Sie mit Ihrem Gelände fertig werden, das ist Ihre Sache, Herr Hauptmann! Ich möchte mit Ihnen etwas ganz anderes besprechen. Sie wissen, daß ich im Stab der Armee selten die Möglichkeit habe, einen Frontoffizier zu sprechen, der, wie mir General von Bercken sagte, schon so lange an der Ostfront ist. Ich bin gekommen, um Sie einmal zu befragen, wie Sie die Lage sehen!« Ein Blick von General von Bercken, der mir zuzwinkerte, ermunterte mich so zu sprechen, wie ich es sonst Fremden gegenüber wohl kaum getan hätte. Die beiden Generäle nahmen mich in die Mitte, und wir gingen entlang eines Sandweges gedeckt durch einige Waldstücke in der Höhe des Bataillonsgefechtsstandes, 150 m auf und ab. »Herr General, die Lage an der Front der Heeresgruppe ist Ihnen bekannt. Wie es hier aussieht, das zeigt Ihnen das Gelände. Aber Sie wollen sicher wissen, wie es in uns drinnen aussieht!« »Genau, das ist es«, sagte General von Tresckow. »Es gibt keinen mehr hier unter meinen Kompaniechefs, Zugführern und unter meinen Soldaten, der noch an einen Sieg glaubt, so wie wir ihn 1939 gegenüber Polen und 1940 gegenüber Holland, Belgien und Frankreich und vorher über Norwegen und Dänemark oder in Südeuropa gegenüber Griechenland und Jugoslawien erreichten. Hier ist die Wende des Krieges längst eingetreten. Nach meiner Überzeugung schon im Winter 1941/42. Erst recht nach Stalingrad und nach dem Rückzug im Sommer vorigen Jahres über 350 km von Orel bis hier in die Pripjetsümpfe. Das ist für den letzten Soldaten ein Beweis dafür, daß es weiter zurückgehen wird bis an die Reichsgrenze, daß wir den Krieg bald im eigenen Land haben werden!« »Ja, was würden Sie denn tun, wenn Sie Oberbefehlshaber wären oder gar, wenn Sie der Führer wären?« Meine Antwort lautete: »Herr General, es ist höchste Zeit, Schluß zu machen! Wenn man den Krieg nicht mehr gewinnen kann, muß man versuchen, eine Lösung zu finden, die einigermaßen noch zu verantworten ist. Ich würde die Front im ganzen Bereich der Sowjetunion zurücknehmen auf die alte Reichsgrenze oder auf die alte Linie, wie sie nach dem Polenfeldzug zwischen Moskau und Berlin vereinbart war. Also entlang des Bug bis herunter an den San, Räumung aller nach dem 22. Juni 1941 in der Sowjetunion besetzten Gebiete. Nach der planmäßigen Räumung Ausbau einer tiefgestaffelten Verteidigungszone mit der entsprechenden Bereitstellung beweglicher Reserven. Ich würde auch im Westen das besetzte Frankreich, Holland und Belgien räumen und die Deutsche Wehrmacht in die alte Westwallinie von 1940 zurücknehmen. Auch hier würden dann starke Truppenverbände zur Verteidigung des Deutschen Reiches tief gestaffelt in einer beweglichen Abwehrzone zur Verfügung stehen.« »Das soll es also sein, was Sie vorschlagen?« »Nein, das soll nur der erste Teil sein! Selbstverständlich müssen mit diesen militärischen Maßnahmen, Herr General, auch politische einhergehen! Wir müssen einen Waffenstillstand suchen. Zunächst mit dem Westen, wenn es geht oder auch mit den Russen. Wir haben ja 1939 mit den Russen verhandelt. Es kam zu dem überraschenden Abkommen zwischen Stalin und Hitler am 23. August 1939. Warum sollen Herr Ribbentrop und Herr Molotow nicht ein neues Abkommen schließen, das für beide Seiten erträglich ist und den Krieg hier an der Ostfront beendet? Zu gewinnen ist er von unserer Seite ohnehin nicht, und bevor das eigene Land umkämpft wird und unsägliches Leid über Deutschland zusätzlich zu dem Bombenkrieg noch hereinbricht, ist es doch besser, hier nach einer Kompromißlinie zu suchen und von der uns noch verbliebenen Stärke in politischen Verhandlungen Gebrauch zu machen!« Von Bercken und von Tresckow sahen sich vielsagend an. Ich hielt inne, und General von Bercken meinte: »Sprechen Sie weiter, Hauptmann Mende, sprechen Sie weiter, sprechen Sie sich mal alles von der Seele!« »Herr General, das was ich hier denke und ausspreche, ist unser Gespräch im kleinen Kreis von Offizieren, im Gespräch mit unseren alten Feldwebeln und Unteroffizieren. Es gibt keine andere Möglichkeit, sich ein Ende hier vorzustellen, als solche weitgreifenden Rückzugsmaßnahmen, und das Suchen nach politischen Lösungen.« »Ja, glauben Sie«, sagte General von Tresckow, »daß das im Führerhauptquartier erörtert und eines Tages auch befohlen werden würde?« Meine Antwort: »Herr General, das kann ich nicht beurteilen! Aber wenn man sich 1918 vorstellt, dann war es damals sicher auch richtig, den Krieg zu beenden, bevor er auf das

Deutsche Reichsgebiet übergriff. Wie man 1918 noch rechtzeitig, aber spät genug, einen Waffenstillstand erreichte, so sollte es diesmal auch besser sein, rechtzeitig einen Krieg zu beenden, bevor er in einem Chaos völlig außer Kontrolle gerät und noch viele Menschen den Tod erleiden werden für nichts und wieder nichts! Denn zu gewinnen ist dieser Krieg nicht mehr! Dazu sind die Verluste zu groß, nicht zuletzt auch der Vertrauensverlust! Sehen Sie, Herr General, im ersten Winter bei Moskau haben wir einigermaßen noch halten können. Im Jahre 1942 haben wir sogar weitgehend die alte Hauptkampflinie wieder herstellen können, wenn auch mit großen Opfern. Stalingrad wurde erobert oder fast erobert und dann kam der Rückschlag. Erst bei Stalingrad, dann im Mittelabschnitt der Ostfront. Inzwischen ist die ganze Front so weit zurückgenommen, daß alles, was wir an Gut und Blut eingesetzt hatten, im Grunde genommen wieder verloren ist. In einer nächsten großen sowjetischen Offensive wird es wieder einige hundert Kilometer nach Westen gehen, und dann stehen wir mitten in Ostpreußen, dann stehen wir an der Weichsel mitten in Polen und vielleicht bald sogar in Pommern und Schlesien. Das kann doch nicht der Sinn unserer Strategie sein, die Führung muß ja mit Blindheit geschlagen sein, wenn sie nicht sieht, wohin der weitere Weg zwangsläufig führen muß, wenn man jetzt nicht Schluß macht! Das mindeste wäre eben ein Rückzug auf eine verkürzte Frontlinie entlang der Ausgangsposition von 1941, um damit Kräfte zu sparen, den guten Willen zu zeigen und Möglichkeiten für politische Verhandlungen, für Waffenstillstandsverhandlungen zu schaffen!« Ich hatte mich so richtig in Erregung geredet, wohl wissend, daß ich so offen sein konnte. Denn dazu kannte ich General von Bercken zu gut. Wenn er den Generalmajor von Tresckow hierher zu einem solchen Gespräch bringt, muß es sicher einen tieferen Sinn haben, so dachte ich. Also sag alles, was du auf dem Herzen hast und verhehle nicht, daß viele junge Offiziere, aber auch ältere Feldwebel und Unteroffiziere genauso denken wie du. Sag alles, wie es ist, damit niemand sich mehr etwas vormachen kann! Die beiden Generale verabschiedeten sich. Inzwischen war auch Oberstleutnant Mahnken angefahren. Er hatte natürlich durch seine Melder erfahren, daß der Divisionskommandeur und noch ein anderer höherer Offizier sich in den Abschnitt des Regiments 84 begeben hatten. Er meldete, war etwas erstaunt, aber General von Bercken meinte: »General von Tresckow wollte sich hier mal die Frontlinie ansehen. Wir sind so weit und gehen wieder zurück, vielen Dank, Oberstleutnant Mahnken. Wir wollten Sie in Ihren Pflichten nicht weiter beeinträchtigen. Wir wollten nur mal einen Blick ins Gelände tun, nachdem ohnehin weite überschwemmte Teile in wenigen Tagen uns zu neuen Dispositionen zwingen werden!« Oberstleutnant Mahnken schien etwas verdattert zu sein. Er mißtraute mir ohnehin und wußte um mein enges Verhältnis zu meinem früheren Regimentskommandeur und hatte immer schon den Argwohn, daß manches an ihm vorbei unmittelbar telefonisch zwischen dem Divisionskommandeur und seinen früheren Adjutanten lief. Das war sicher auch der Grund, weswegen ich dann im April 1944 versetzt wurde und als Kommandeur das Divisionsfüsilierbataillon übernahm, eine Neuaufstellung mit modernsten Waffen, Panzerabwehr, Vierlingsflak und Sturmgeschützen. Es sollte eine für den Divisionsgeneral unmittelbar einsatzfähige Divisionsreserve als Feuerwehr sein, wenn es irgendwo brannte. Oberstleutnant Mahnken fuhr zurück zu seinem Regimentsgefechtsstand. Ich stand da und blieb mit meinen Gedanken allein. Was im Kopf des Chefs des Stabes der 2. Armee der Heeresgruppe Mitte, Generalmajor Henning von Tresckow vorgegangen sein mag und was dieser vorher mit Generalmajor Werner von Bercken, seinem Freund und Kameraden aus vielen Jahrzehnten, besprochen haben könnte, wurde mir erst Monate später bewußt, als nach dem gescheiterten Attentat auf Hitler am 20. Juli 1944 Generalmajor von Tresckow am 21. Juli sich mit einer Handgranate in die Luft sprengte und den Freitod suchte, um nicht in die Hände der Geheimen Staatspolizei zu fallen und schließlich vor dem Volksgerichtshof in Berlin stehen zu müssen.

Ende März setzte das erwartete Tauwetter ein. Die Straßen wurden grundlos, Knüppeldämme mußten zur Hilfe geholt werden, um wenigstens die schweren Waffen und das Gerät noch herauszubringen. Es war sehr schwierig, das Wasser stieg immer höher, die Knüppeldämme wurden vom Wasser überspült und weggerissen, und wir hatten viel Mühe, Gruppe für Gruppe, Zug für Zug, Fahrzeug für Fahrzeug aus den Niederungen des Pripjet vor dem immer stärker uns umgebenden Hochwasser über den Pripjet auf das Nordufer zu bringen, um dort die vorbereiteten Stellungen zu besetzen. In wenigen Tagen sah der ganze Raum südlich des Pripjet wie ein riesiges Seengebiet aus. Kilometerweit schweifte der Blick nur über Wasser, hier und da schauten Baumkronen und Büsche heraus. Das Land hatte sich vollkommen verändert, die Pripjetniederung war nicht mehr wiederzuerkennen. Ein einziger reißender Strom mit gelben und grauen Wassern und voller schwimmender Teile von Holz, Baumresten, Sträuchern, eine wilde Seen- und Flußlandschaft. Mit Müh und Not war es gelungen, die 102. Division, aber auch die Nachbardivisionen, die 7. bayerische und die 292. Division in die festen Stellungen und ausgehobenen Feldstellungen nördlich des Pripjet zu bringen. Ein Angriff drohte nicht, denn natürlich waren auch die Einheiten der Roten Armee in der gleichen Not, weil sie südlich der Pripjetsümpfe saßen. Die Pripjetsümpfe waren für uns alle, die wir nördlich das Ufer besetzt hatten, ein Schutz. Mit größeren Operationen war angesichts der allgemeinen Überschwemmungslage im Monat März und noch in der ersten Hälfte des April nicht zu rechnen. Dafür setzten uns aber die Partisanen im Hinterland zu. Die Eisenbahnlinie von Pinsk nach Luniniec und Petrikow wurde öfters durch Sprengungen unterbrochen. Auch einzelne Stützpunkte im Hinterland wurden überfallen. Über uns war nachts das Dröhnen der sowjetischen Flugzeuge zu hören, die tief ins Hinterland fliegend diese Partisanenstützpunkte mit Funkgeräten, Waffen, Sprengmitteln und nicht zuletzt auch mit Nahrung und Bekleidung versorgten.

In den ersten Apriltagen wurde ich zum Divisionskommandeur, General von Bercken, auf den Divisionsgefechtsstand befohlen. Er erklärte mir, daß ich einen interessanten Auftrag erhalten würde. Im Heer sei immer wieder beklagt worden, daß es kaum noch Offiziers- und Unteroffiziersnachwuchs gäbe. Während die Luftwaffe keinen Mangel an Offiziersbewerbern und Bewerbern für die Laufbahn des Unteroffiziers hätte, die Waffen-SS wiederum durch Werber bei der Hitlerjugend, aber auch in den höheren

Klassen der Schulen und dadurch, daß sie im Bewußtsein immer stärker als eine Eliteformation erscheine, ebenfalls keine Nachwuchsschwierigkeiten habe, sei das Heer in großer Sorge, ob es genügend Offiziers- und Unteroffiziersanwärter noch für sich gewinnen könne. Daher habe der Chef des Heerespersonalamtes, General Burgdorf, den Gedanken an die Heereseinheiten weitergegeben, durch besondere Delegationen in den Friedensstandorten die Werbetrommel zu rühren. Ich sollte als Hauptmann mit einem anderen Hauptmann und weiteren zwölf Soldaten, Feldwebeln, Unteroffizieren und Gefreiten, die alle hoch dekoriert waren, mindestens das Eiserne Kreuz I. Klasse hatten, meistens auch noch Infanteriesturmabzeichen, das silberne Verwundetenabzeichen, Deutsches Kreuz in Gold, eine solche Abordnung in die Heimatgarnisonsstädte Gleiwitz und Cosel führen. In den nächsten drei Wochen hätten wir in der Garnisonsstadt Gleiwitz, in Cosel, in Beuthen, in Hindenburg, in Kattowitz, also im Einzugsgebiet des alten Friedensstandorts des Infanterieregiments 84 die Werbetrommel zu rühren. Wir sollten in den höheren Schulen, bei Veranstaltungen der Hitlerjugend und in Heimatabenden das Dasein eines Infanteristen so schildern, daß daraus ein Anreiz für die jungen Menschen käme, sich freiwillig auch zum Heer zu melden, zur Infanterie, zur Artillerie, zu den Pionieren. Ich fand diesen Auftrag nicht nur ehrenvoll, sondern auch sehr angenehm, bedeutete er doch schließlich, daß ich auf diese Weise wenigstens einige Urlaubstage zu Hause verleben könnte. »Natürlich werden Sie nicht jeden Tag herumgereicht werden und jeden Tag Reden halten und Schulen oder ein Werk oder eine Veranstaltung besuchen müssen. Es wird in den drei Wochen auch möglich sein, daß Sie sich zu Hause erholen können! Stellen Sie daher Ihre Truppe so zusammen, daß alle auch aus diesen Städten Gleiwitz, Beuthen, Hindenburg, Kattowitz, Groß-Strehlitz, Cosel stammen, also aus dem alten Bereich, in dem das Infanterieregiment 84 heimisch war. Sehen Sie zu, daß Sie sich möglichst in den nächsten drei Tagen mit Ihren Soldaten in Marsch setzen. Alle Einzelheiten können Sie mit meinem Divisionsadjutanten, Major Hetcamp, besprechen, der auch schon eine Liste für in Frage kommende Offiziere, Unteroffiziere und Soldaten zusammengestellt hat. Ich wünsche

Ihnen eine gute Reise. Bitte, kommen Sie, bevor Sie sich in Marsch setzen, noch bei mir vorbei. Wir können dann noch das eine oder das andere besprechen und ich gebe Ihnen auch für meine Frau und Familie noch etwas Post mit!« So ging es in den ersten Apriltagen 1944 vom Bahnhof Luniniec ostwärts von Pinsk auf der einzigen Bahnlinie durch die Pripjetsümpfe in Richtung Brest-Litowsk und von da über Warschau bis Posen. Wir nahmen selbstverständlich unsere Waffen mit, einige Karabiner 98 K und Maschinenpistolen und auch Handgranaten. Denn es hatte sich herumgesprochen, daß das Gebiet stark partisanengefährdet war; auch der Raum etwa zwischen Brest-Litowsk und Warschau. Wir waren 14 Soldaten, frohen Muts, erst mal wieder in die Heimat zu kommen, aber auch Abstand zu gewinnen von den Ereignissen der letzten Monate, die uns sehr niedergeschlagen hatten.

Es tat sich nichts Besonderes auf der langen Fahrt. Die Landschaft zeigte sich schon im ersten Frühlingskleid, die Birken und Weiden grünten, wie überhaupt dieses Tal des Pripjet sich landschaftlich als eines der unberührtesten und schönsten Fluß- und Waldgebiete offenbarte, die ich je erlebt habe. In Richtung Warschau war nichts Besonderes zu bemerken. Auch als wir am Bahnhof Warschau selbst nur für eine Stunde Aufenthalt hatten, ist uns nichts aufgefallen, vielleicht die etwas stärkere Bewachung und der Streifendienst durch Feldgendarmerie. Man nannte sie damals bei uns Soldaten die Kettenhunde, jeweils ein Feldwebel oder Oberfeldwebel mit zwei, drei oder vier Begleitern, Stahlhelmen, schwer bewaffnet und vor der Brust das hellglänzende Metallschild »Feldgendarmerie«. Von Warschau ging es über Kutno nach Westen bis Posen. In Posen hatten wir uns beim Chef des Generalkommandos zu melden. Dort wurden unsere Waffen deponiert, denn die brauchten wir ja nun nicht mehr im Heimatgebiet. Wir behielten nur die Pistolen und die Mannschaften ihr Seitengewehr. Das Generalkommando kleidete uns ein. Unsere Frontblusen und Fronthosen waren nicht gerade neuesten Datums. So wurden wir mit nagelneuen Frontblusen und langen Überfallhosen neu ausgestattet, dazu Wäsche, Schnürschuhe. Wir sahen eher mit unseren Gebirgsmützen einer Gebirgstruppe ähnlich, auch durch die Überfallhosen, als einer normalen Infanterietruppe. Der Empfang

durch den Chef des Stabes des Generalkommandos war sehr aufschlußreich. Natürlich ließ er sich die Lage an der Front schildern. Ich war sehr vorsichtig und sagte nicht mehr als das, was unmittelbar im Bereich des Raumes um Petrikow sich ereignet hatte und daß wir nunmehr gerade mit der Schneeschmelze und den Überschwemmungen viel zu tun hatten. Ein Empfang beim Posener Regierungspräsidenten schloß sich an. Uns wurde angeboten, die Stadt zu besichtigen und uns den einen Tag, den wir in Posen unterbrechen konnten, mit der Stadt vertraut zu machen. Das war eine gute Idee! Posen, eine Gründung Magdeburger Rechts aus dem 12. Jahrhundert war eine vom Krieg verschonte, schöne und mit etwa 150 000 Einwohnern durch und durch deutsche Stadt. Besonders auffallend waren die Innenstadt, der Alte Markt mit einem im italienischen Renaissancestil gebauten Rathaus und einem spätgotischen 71 Meter hohen Turm. Westlich der Altstadt lag auf einer Anhöhe das Schloß. Einen großen Eindruck machte auf uns auch die Dominsel mit dem aus dem 15. Jahrhundert stammenden Dom, wie die Marienkirche, das Erzbischöfliche Palais und viele andere Bauten, vor allem um den Alten Markt. Das Leben in der Stadt pulsierte. Es herrschte eine normale friedliche, in keiner Weise von Krieg geprägte Stimmung.
Von da ging es dann direkt nach Breslau, Oppeln, Kattowitz, wo unser erster längerer Halt war.
In Kattowitz sind wir in Privatquartieren untergebracht worden. Ich hatte die Ehre, beim Regierungspräsidenten Dr. Springorum, in dessen Dienstvilla unterzukommen. Eine in jeder Weise ansprechende Familie, die für einige Tage ein gastliches und aufgeschlossenes Heim bot. In Kattowitz wurden wir natürlich, da es ja inzwischen zur Hauptstadt der Provinz Oberschlesien erklärt war, von den Landesbehörden empfangen, auch von den entsprechenden Behörden der Nationalsozialistischen Partei. Es lud uns der Gauleiter Bracht zu einem längeren Gespräch in die Gauleitung ein. Ebenfalls der Gebietsführer der dortigen Hitlerjugend Horst Huisgen und schließlich der Standortkommandant, ein älterer Generalleutnant aus dem alten preußischen Adelsgeschlecht derer von Boysen. Die Stadt Kattowitz machte einen sehr aufgeräumten geschäftigen Eindruck. Das Bild der Stadt war nicht anders als das

einer anderen schlesischen Großstadt, wie etwa Beuthen oder Gleiwitz, stark industriell geprägt, viele Verwaltungsbauten, es hatte sich seit den Jahren vor 1939 kaum verändert. Im Stadtbild viele Uniformen! Es lagen nicht nur Lazarette, sondern auch Verwaltungen und Schulen sowohl der Wehrmacht wie der einzelnen Parteigliederungen in Kattowitz, sonst wäre das bunte Uniformbild nicht erklärlich gewesen. Der Gauleiter Bracht schilderte uns die Lage in Oberschlesien und die Schwierigkeiten, die er mit der polnischen Widerstandsbewegung habe. Mich erschütterte die Zahl, die er nannte! Er müsse als Gauleiter und Reichsverteidigungskommissar täglich 60 Todesurteile vollstrecken lassen. Die Polen würden tapfer und als Widerstandskämpfer heldenhaft in den Tod gehen. Wie es weitergehen sollte, und wie die Gauleitung mit den Problemen des polnischen Widerstandes fertig werden wollte, war nicht zu erkennen. Einsperren, Verurteilen, Erschießen war die landläufige, von der Gauleitung beachtete Regel, besonders auch die der zahlreichen Sicherheitsdienste der geheimen Staatspolizei und der Gendarmerie.

Bei Veranstaltungen der Hitlerjugend hielten wir unsere Vorträge. Unser Auftreten spielte sich immer so ab, daß wir bei einer Veranstaltung von 500 jungen Menschen, meistens Hitlerjungen und Mädeln des BDM, begrüßt und Lieder gesungen wurden. Wir stellten uns auf der Bühne auf, ich leitete mit einer kurzen Darstellung unserer Aufgabe den Abend ein und übergab dann das Wort den einzelnen Soldaten, die schilderten, wie sie ihre Kriegsauszeichnungen bekommen hatten. Dabei machte ein Gefreiter einen besonders guten Eindruck. Er trug das EK I, das Infanteriesturmabzeichen und Verwundetenabzeichen und war deswegen ausgezeichnet worden, weil er seinen verwundeten Unteroffizier in schwerem Feuer durch ein Minenfeld getragen und so dem sicheren Tod entrissen hatte. Für diese beispielhafte Aufopferung – er selbst war dabei auch verwundet worden – hatte er seine Auszeichnung erhalten. Diese menschliche Tat, diese bewiesene Kameradschaft hat ihm, dem Zwanzigjährigen, viele Sympathien eingebracht. Dann kam der Unteroffizier mit den Panzernahkampfabzeichen und schilderte, wie er zwei sowjetische Panzer geknackt hatte und dabei unversehrt geblieben war und wie leicht es im Grunde genommen sei, sich an einen Panzer heranzumachen, da das Sichtfeld des Panzers viel geringer sei als man allgemein annähme. Schließlich kam der Waffenmeister unseres Regiments, Oberfeldwebel Wolf, ein begabter Techniker aus Sachsen, an das Rednerpult. Er schilderte, wie er durch Verbesserung an Waffen und Gerät seine hohe Auszeichnung, das Ritterkreuz zum Kriegsverdienstkreuz erworben hatte, das sehr selten verliehen wurde. Er war der einzige Oberfeldwebel, der diese hohe Auszeichnung damals in der Wehrmacht besaß.

In unseren Begegnungen im Industriegebiet Oberschlesien wurde auch über das Konzentrationslager in Auschwitz gesprochen. Aber niemand wäre auf den Gedanken gekommen, daß sich in Auschwitz der schreckliche, später bekannt gewordene Vorgang einer planmäßigen Vernichtung von Menschen vollzog mit der Auslese an den Rampen und der Vergasung und Verbrennung von Tausenden, besonders jüdischer Mitmenschen. Aber selbst wenn der eine oder andere das ausgesprochen hätte, hätte niemand das geglaubt, sondern das als Feindpropaganda abgetan. Das planmäßige Vernichten von Menschen, der Rassen- und Völkermord, noch dazu auf die brutalste Form der Vergasung und anschließenden Verbrennung gebracht, war so undenkbar, daß niemand auch nur im entferntesten sich mit diesem Gedanken vertraut machen konnte. Dazu kam, daß ja Konzentrationslager selbst nichts Ungewöhnliches waren. Schon in der Mitte der 30er Jahre war es ein geflügeltes Wort, wenn jemand Kritik übte, daß man ihm sagte: »Sei vorsichtig, sonst kommst du nach Dachau!« In Bayern hieß ein geflügeltes Wort »Lieber Gott mach mich stumm, daß ich nicht nach Dachau kumm«. Daß in Dachau ein großes Konzentrationslager für Gegner des Nationalsozialismus unterhalten wurde, auch in Buchenwald bei Weimar, das war im allgemeinen bekannt! Auch andere Namen, wie im Krieg Theresienstadt, nordwestlich von Prag oder auch Ravensbrück in der Gegend zwischen Rostock und Stettin oder Neuengamme bei Hamburg, das waren mit vorgehaltener Hand hier und da geflüsterte, aber immerhin bekannte Konzentrationslager, in denen die Gegner des Nationalsozialismus kürzere oder längere Zeit festgehalten wurden. Auch daß

es natürlich nicht sehr human zugehen würde, sonst hätte man ja nicht das ganze Thema der Konzentrationslager mit einem Mantel der Geheimniskrämerei umgeben.
Im polnischen Raum war neben der Einrichtung von Ghettos für die jüdische Bevölkerung, insbesondere das bekannte Ghetto von Warschau, auch mancher andere Name nicht unbekannt geblieben, sei es durch Abhören von Auslandssendern, vielleicht auch durch Flüsterinformation der Bevölkerung die Namen Treblinka und Sobibor. Ich jedenfalls hatte sie zu dieser Zeit schon gehört, und es war bekannt, daß dort die Konzentrationslager für polnische Widerstandskämpfer sich befinden sollten. Was da wirklich vor sich ging, und wie die Verhältnisse in den Lagern und vielleicht noch in manchem anderen waren, das blieb uns unbekannt. Darüber zu sprechen war ja auch lebensgefährlich! Als ich daher Ende April 1944 wieder bei meiner Truppe ankam, habe ich natürlich nicht nur dem General von Bercken ausführlich Bericht erstattet über alle Eindrücke, Begegnungen, Gespräche über die Stimmung in der Heimat im fünften Kriegsjahr, sondern ich habe selbstverständlich auch mit meinen Kameraden darüber gesprochen, dort noch ausführlicher, weil wir an den Abenden insbesondere in den Monaten Mai bis Mitte Juni in der verhältnismäßig ruhigen Frontstellung nördlich des Pripjet genügend Zeit zu einem solchen Austausch hatten. Meine Kameraden haben mich dringend gewarnt, mich nicht über diese Dinge zu verbreiten. Das sei nicht nur lebensgefährlich, das sei auch höchst unvorsichtig, weil man nie wisse, wohin das und in welcher Form weitergetragen werden würde. Wie schnell der Kriegsgerichtsrat dann eines Tages auftauchen würde, war ja manchem aus vergangener Erfahrung schon bekannt geworden. Ich habe mich natürlich an diese wohlmeinden Ratschläge weitgehend gehalten. Aber mich ließ das nicht los, was ich gesehen, was ich gehört hatte und was sich möglicherweise noch hinter dem Gesehenen und Gehörten verbarg. Erst viel später ist der ganze Umfang des Grauens mir bewußt geworden. Es ist unmöglich gewesen, bei den Geheimhaltungs- aber auch bei den Verfolgungsvorschiften der damaligen Staatsjustiz hinter die Dinge zu kommen, wenn man nicht zufällig durch irgendwelche Reisen oder Begegnungen dieses oder jenes

erfuhr, was anderen bis zum Ende des Krieges zwangsläufig verborgen bleiben mußte.
Nach meiner Rückkehr übernahm ich das neu aufgestellte Divisionsfüsilierbataillon unter Versetzung vom Regiment 84 zur Division. Denn das Divisionsfüsilierbataillon unterstand unmittelbar dem Divisionskommandeur. Es war eine mit modernen Waffen ausgerüstete Einheit mit drei Schützenkompanien, einer Maschinengewehrkompanie, einer Panzerjägerkompanie mit Kanonen auf Selbstfahrlafette, eine Flakkompanie mit Vierlingsflak, ebenfalls auf Selbstfahrlafetten. Sie war auf Zusammenarbeit angewiesen mit einer Sturmgeschützabteilung, die ihrerseits aus 12 schweren Sturmgeschützen bestand. Eine bewegliche und feuerkräftige Einheit, die zur Verfügung des Divisionskommandeurs zunächst als Divisionsreserve in den Waldstücken nördlich des Pripjet unweit von Petrikow untergebracht war. Wir waren zum Teil in Baracken, gut getarnt in den Waldstücken, zum Teil in den Zelten so gegliedert, daß wir auf der einen Seite guten Luftschutz hatten, das heißt, wir waren aufgegliedert in viele kleine Stellungen, hatten auch eigene Feldbefestigungen ausgehoben als Splitterschutz gegen die Luftangriffe, hatten die Tarnung sehr ernst genommen und übten hier im Monat Mai ständig, zum Teil im Kompanie-, zum Teil im Bataillonsverband, das Zusammenwirken der verbundenen Waffen und Gegenangriffe. Denn wir waren ja dazu ausersehen, bei Einbruchstellen im Gegenangriff die Hauptkampflinie wieder herzustellen und überall dort Divisionsfeuerwehr zu spielen, wo es in den kommenden Kämpfen im Rahmen des Divisionsbereiches der 102. Schlesischen Division zu Schwierigkeiten kommen könnte. Diese Arbeit der Ausbildung, aber auch das schöne Maiwetter – der Frühling war nun mit ganzer Kraft und Pracht im Pripjetraum angekommen – gab uns die Möglichkeit, manches für die Kameradschaft, für den Zusammenhalt der Truppe zu tun. Ich besuchte Zug für Zug, Kompanie für Kompanie und unterhielt mich mit den Männern! Die meisten waren Rückkehrer aus den Lazaretten, über das Ersatzbataillon wieder zurück zur Division gekommen. Sie waren zum Teil Rekruten, die neu eingezogen waren, viele junge Menschen im Alter von 19 und 20 Jahren, auch viele Offiziersanwärter. General von Bercken hatte

mir auch die Ausbildung der rund 50 Offiziers- und Reserveoffiziersanwärter der Division überantwortet, so daß jeder Tag im Monat Mai ausgefüllt war mit Ausbildung, Gefechtsübungen, mit dem Studium der allgemeinen Lage und mit gelegentlichen Gesprächen, sei es beim Divisionsgefechtsstand mit dem General oder auf den Regimentsgefechtsständen bei den vorn am Pripjet in Feldstellungen eingesetzten Infanterieregimentern. Die Nachrichten von der Front waren schlecht. In der Heeresgruppe Süd waren den Sowjets tiefe Einbrüche gelungen und ein weit vorspringender Keil in die deutsche Front hineingetrieben worden. Auch Leningrad war befreit. Im Norden waren sowjetische Gegenangriffe erfolgreich, und in der Heeresgruppe Mitte wartete man gespannt auf die kommenden Ereignisse. Denn auch hier wußten wir, daß ein Großangriff bald bevorstand. Das Abhören der sowjetischen Rundfunksendungen aus Moskau, aber auch die Möglichkeit, schwedische und englische Sender zu empfangen, gaben einen Überblick über die allgemeine Lage.
Ab Ende Mai 1944 übernahm das Divisionsfüsilierbataillon 102 abwechselnd Bataillonsabschnitte in den Feldbefestigungen nördlich des Pripjet und löste damit Bataillone der dort eingesetzten Infanterieregimenter nacheinander ab, so daß für die vorn eingesetzten Bataillone auch einmal eine Woche Ruhe zur Verfügung stand. Nacheinander waren wir im Raum des Regiments 84 und dann im Raum des Regiments 232 und bei der Divisionsgruppe 216 eingesetzt und übernahmen jeweils in der Nacht einen Bataillonsabschnitt in der vorderen Linie, um ihn nach sechs oder sieben Tagen wieder mit dem inzwischen aufgefrischten und erholten Infanteriebataillon abzuwechseln. In diese Zeit, Anfang Juni, fiel auch ein Ereignis, das uns alle sehr überraschte. Eines Nachmittags befahl der Divisionskommandeur General von Bercken, die drei Regimentskommandeure und den Kommandeur der Artillerie sowie mich als den Kommandeur des Divisionsfüsilierbataillons zu sich auf den Divisionsgefechtsstand und erklärte: »Meine Herren, ich habe hier einen eigenartigen Befehl, der mich betroffen macht. Morgen früh werden Einheiten der rückwärtigen Sicherungsgruppen in den Dörfern unseres Divisionsbereiches eine Razzia und eine Einsammlung aller Jungen und Mädchen im Alter von 10

Jahren an aufwärts durchführen. Aufgrund eines Befehles, den leider auch die Armee und das Korps an mich weitergegeben haben, ist die Rückführung aller Kinder in diesem Alter aus dem Raum unseres gesamten Armeekorps, also auch aus dem Raum unserer 102. Schlesischen Division befohlen. Es sollen die Kinder ins Reich, in Schulen und Ausbildungsstätten geschafft werden. Ohne Unterschied, ob Junge oder ob Mädel, werden morgen alle Dörfer und alle Häuser ausgekämmt. Ich bin aufgefordert worden, den Sicherungskommandos und den für die Aktion zuständigen Organen der SS-Kommandos die notwendige Hilfe zu gewähren!« Als erster meldete sich Oberstleutnant Dr. Ludwig. Von Hause aus Rechtsanwalt in Hannover. Er machte sofort auf die völkerrechtswidrige Handlung aufmerksam und erklärte: »Herr General, diese Maßnahme steht im Widerspruch zu der Haager Landkriegsordnung und damit zu den Grundsätzen, unter denen die Zivilbevölkerung behandelt werden muß. Diese Maßnahmen richten sich eindeutig nicht gegen Kämpfer, sondern gegen Zivilisten und in diesem Fall gegen Minderjährige. Ich halte es für unmöglich, an dieser Aktion teilzunehmen, wenn wir uns nicht kriegsgerichtlich eines Tages verantworten wollen, wegen Bruches der Haager Landkriegsordnung und wegen Verbrechen gegen die Bevölkerung!« Nicht anders reagierten die anderen Kommandeure und schließlich meinte der General resigniert: »Ich habe den Befehl, was soll ich machen? Morgen, im Morgengrauen werden mit Lastkraftwagen und Kolonnen die Kommandos hierherkommen. Was sollen wir tun? Ich stelle mir vor, wie es seinerzeit im alten Land der Bibel gewesen sein muß, als Herodes die Kinder töten ließ. Was sollen wir tun?« Da ich den Divisionskommandeur gut kannte und wußte, wie sehr er unter diesem Befehl leiden mußte, hatte er doch selbst zwei Kinder, einen Jungen und ein Mädel, an denen er sehr hing, meldete ich mich. »Herr General, überlassen Sie das uns! Wir werden Wege finden, heute uns so zu verhalten, daß morgen früh kein einziger Junge und kein Mädel in den Dörfern und Häusern zu finden sein wird!« »Wie meinen Sie das?« »Herr General, es ist besser, Sie überlassen das jetzt einem Gespräch der Regimentskommandeure und Abteilungskommandeure. Wir werden uns jetzt draußen darüber unterhalten, was zu tun ist, aber Sie können sich darauf verlassen! Morgen früh wird niemand aus den Häusern verschleppt. Die Lage ist heute nacht bereits bereinigt!« Es zeugte von dem Vertrauen, das General von Bercken zu mir hatte, als er diesen Vorschlag annahm, sich von uns verabschiedete und sagte: »Meine Herren, bleiben Sie hier und besprechen Sie das!« Ich erklärte »Nein, Herr General, es ist besser, wir gehen nach draußen, in einem kleinen Gespräch beim Spazieren läßt sich so etwas unbefangener und leichter besprechen als hier auf Ihrem Divisionsgefechtsstand! Wir finden uns draußen in dem kleinen Waldstück mehr in der Natur und auf neutralem Boden!« Es lockerte die Stimmung etwas auf, wir gingen heraus und ich meinte zum Dienstältesten: »Herr Oberst, wir haben doch alle unsere Vertrauensmänner in unseren Ordonnanzen. Ich habe einen, der heißt Alois Michalski, er ist schon seit Jahren bei mir, stammt aus Kattowitz und spricht gut polnisch, auch russisch und tauscht immer unsere Salzpäckchen gegen die Eier, wenn die Russen hier das Salz brauchen. Wir bekommen auch gelegentlich Kartoffeln und den berüchtigten Samagonka, das ist ein selbstgebrannter Rübenschnaps. Ich werde den Gefreiten Alois Michalski zu den Starosten schicken und ihnen klarmachen, daß heute nacht alle Kinder aus den Ortschaften zu verschwinden haben. Die Starosten müssen sich untereinander so verständigen, daß kein einziges Dorf morgen noch ein Kind in den Häusern beherbergt!« Und so geschah es! Ich fuhr zurück und informierte den Gefreiten Michalski unter vier Augen von dem, was uns bevorstand. Ich wußte von den anderen Kommandeuren, daß sie es mit ihren Ordonnanzen nicht anders machten. Gefreiter Michalski war zu Tränen gerührt, für das Vertrauen und für die Hilfe, die er anderen bringen konnte. Er verschwand und blieb bis Mitternacht. Nach Mitternacht kam er so voll bepackt mit Eiern und Samagonka, daß er den Sack, den er über der Schulter hatte, kaum schleppen konnte. Das waren alles Gaben der Leute in den einzelnen Ortschaften. Es hatte sich wie ein Lauffeuer in dieser Nacht herumgesprochen, daß am nächsten Morgen eine Verschleppungsaktion zu erwarten war. Und so waren in dieser Nacht alle Kinder und viele Männer und auch viele junge Frauen einfach in den Wäldern, in den Sümpfen, in den Unterschlüpfen verschwunden. Wir haben kaum in dieser Nacht geschlafen. Als die Sonne aufging, standen wir vor unseren Gefechtsständen und warteten die Dinge ab. Denn die Truppe mußte natürlich verständigt werden, daß eine Sicherungsaktion am nächsten Tag bevorstand und Sicherungstruppen in die Ortschaften kommen würden. Das ist dann auch geschehen. Was sie im einzelnen zu tun hatten, das haben wir unserer Truppe natürlich verschwiegen.

Am nächsten Tag kamen etwa 50 Lastkraftwagen von der Straße Pinsk in Richtung Petrikow. Sie schwärmten in alle Ortschaften aus. SS-Einheiten, Hilfswillige, Ukrainer, Freiwilligenverbände, zum Teil in deutschen Uniformen mit den russischen Abzeichen der Wlassowarmee auf dem linken Oberarm, durchkämmten Haus für Haus. Man hörte bald lautes Rufen und lautes Schreien. Es fielen keine Schüsse. Offensichtlich ging die ganze Aktion ins Leere. Als sie am Nachmittag beendet war, war nicht ein einziger Lastwagen mit Kindern gefüllt. Man hatte nur einige ältere Männer, vermutlich als Zeugen für das Fehlschlagen der Aktion, mitgenommen, um sie zu verhören. Und wenige Tage später trafen auch jene Fernschreiben ein, die den Divisionskommandeur vor die Fragen stellten, warum im Bereich der 102. Schlesischen Division das ganze Unternehmen fehlgeschlagen und die Kinder bereits außer Haus waren.

Wiederum ließ General von Bercken mich zu sich kommen und sagte: »Nun habe ich den Befehl, ich muß berichten, warum in meiner Division niemand von den Kindern angetroffen worden war. Die ganze Aktion scheint der Bevölkerung bekannt geworden zu sein!« Ich erklärte dem General scheinheilig, er möge berichten, daß in der Tat anzunehmen sei, daß die Bevölkerung von der Aktion rechtzeitig Wind bekommen habe. Schließlich würde ja niemand besser die Verstecke hier in den Pripjetsümpfen kennen, als die Einheimischen. Aber genauso wäre es uns ja schon am 5. Juli 1943 bei Beginn der Operation im Raum Orel-Kursk gegangen. Auch das Unternehmen »Zitadelle« stieß auf vorbereitete Verteidigungsstellungen der Roten Armee und war von Anfang an in allen Einzelheiten den Verteidigern im Bogen von Orel bis Kursk bekannt. Sonst hätten wir uns nicht in den tief gestaffelten Verteidigungsstellungen so festfahren und festlaufen können. »Also,

genauso wie damals, Herr General, das Zitadelle-Unternehmen sicher bekannt wurde und dadurch auch unter anderem gescheitert ist, ist auch dieses Unternehmen sicher bekannt geworden! Durch welche Kanäle und Informationen immer, hier geht ja jedes Gerücht und jede Nachricht wie ein Lauffeuer durch die Gegend. Außerdem gibt es ja auch noch genug Verbindungen der Partisanen. Es ist sicher und Sie sollten auch das zugeben, daß die Aktion den Einheimischen bekannt war und daher der Fehlschlag einfach unvermeidlich schien. Wir von der Truppe haben damit nichts zu tun. Wir haben andere Sorgen, als uns um die Sicherungsverbände und deren Aktion im Hinterland zu kümmern!« General von Bercken war erleichtert und diktierte in meiner Anwesenheit ein Antwortfernschreiben des Inhalts, daß natürlich diese Aktion bekannt geworden sein mußte. Im übrigen könne er zu dem Bekanntwerden dieser Aktion nichts sagen.
Damit war die Sache erledigt, wir atmeten auf. Der General war mit dem Ergebnis am meisten zufrieden und wir konnten uns der Geschenke, der Zuwendungen und der Freundlichkeiten der Zivilbevölkerung im Raum zwischen Petrikow und Pinsk nicht mehr erwehren. Das Verhältnis zu den Starosten und zu den Familien hatte sich, obgleich es vorher schon normal und keineswegs feindselig war, geradezu in eine freundschaftliche, hilfsbereite Atmosphäre verwandelt. So rasch können kleine Dinge die allgemeine Situation, auch des Frontsoldaten, verändern. Wir selbst waren natürlich auch stolz, daß wir menschliches Leid und unverantwortliche Grausamkeiten durch vernünftiges Handeln abgewendet hatten. Es zeigte sich einmal mehr, daß nicht der Buchstabe eines Befehls, sondern der gesunde Menschenverstand am ehesten in der Lage ist, solche krisenhaften Lagen zu meistern.
Mit dem Ende der ersten Juniwoche 1944 war auch die verhältnismäßige Ruhe im Abschnitt der Heeresgruppe Mitte zu Ende. Wir wurden am 7. und 8. Juni von den Nachrichten über die Invasion in der Normandie überrascht. In den ersten Meldungen wurde von schweren Kämpfen mit den Invasionstruppen berichtet, aber schon um den 10. Juni ließen die Meldungen, auch die »Informationen für die Truppe« und die Exklusivinformationen für die Kommandeure erkennen, daß es amerikanischen und britischen

Truppen gelungen war, auf der Halbinsel Cotentin in der Normandie Fuß zu fassen und durch eine gewaltige Überlegenheit Geländegewinne zu erzielen, so daß der großsprecherische Satz Hitlers gleich wieder die Runde machte. »Die Herren Churchill und Roosevelt, die wollen irgendwo am Atlantikwall landen. Das sollen sie ruhig tun, sie können von Glück reden, wenn sie länger als drei Tage an Land bleiben!« Nun, sie waren schon länger als drei Tage an Land und die Nachrichten, die wir in unseren Rundfunkempfängern von allen Seiten hörten, besagten, daß die Landung nicht nur geglückt war, sondern sich eine Lawine aus Luftwaffe, Marine, Landungsfahrzeugen und Panzerdivisionen darauf vorbereitete, die Normandie zu überrollen. Aber wir hatten wenig Zeit, unsere Gedanken auf den Fortgang der alliierten Invasion in der Normandie zu verwenden. Uns selbst stand das Wasser buchstäblich bald bis zum Hals. Denn am 22. Juni 1944, genau auf den Tag drei Jahre nach Beginn der deutschen Offensive am 22. Juni 1941 gegen die Sowjetunion, traten die Sowjets im Bereich der Heeresgruppe Mitte zum großen sowjetischen Hauptangriff an, genau zwischen den Pripjetsümpfen, dem Südrand der Heeresgruppe Mitte, und der Düna am Nordrand zur Heeresgruppe Nord. Die Schwerpunkte waren die Räume bei Witebsk ostwärts Mogilew und Bobruisk. Es gelang schon in den ersten Tagen der starken Panzer- und Luftüberlegenheit der Russen, in die Front der Heeresgruppe Mitte einzubrechen, zahlreiche Divisionsstellungen aufzureißen und ganze Korps einzuschließen. Wie immer in solchen katastrophalen Lagen wechselte natürlich wieder das Oberkommando der Wehrmacht die Führung. Generalfeldmarschall Busch als Oberbefehlshaber der Heeresgruppe Mitte wurde Ende Juni durch den Generalfeldmarschall Model ersetzt. Es gelang den Sowjets am 1. Juli 1944, die Heeresgruppe Mitte tief zu durchbrechen durch einen Vorstoß auf die Bahnlinie Baranowitschi und Minsk und schließlich war am 3. 7. 1944 auch die wichtige Stadt Minsk gefallen. Am Ende waren am 8. 7. rund 40 Divisionen in der Heeresgruppe Mitte eingeschlossen, davon 28 zerschlagen. Der Verlust betrug etwa 350 000 Mann.

Wir selbst saßen in den Pripjetsümpfen zunächst unberührt von den Angriffskeilen der sowjetischen Panzerdivisionen. Denn jetzt war der Sumpf mit seiner Unwegsamkeit unser Glück! Während nördlich von uns die sowjetischen Panzerdivisionen weit an den Pripjetsümpfen vorbeistießen und tiefe Einbrüche in die 2. Armee erzielten, nördlich von der 2. Armee die Reste der 9. Armee eingeschlossen und fast zerschlagen waren, ebenfalls nördlich von der 9. Armee die 4. Armee in Gefahr war, die 5. Panzerdivision und die 170. Division sich westlich von Minsk in tiefer Not befanden, stand das XX. Armeekorps und das XXIII. Armeekorps immer noch weit in einem Bogen in den Pripjetsümpfen zwischen Luniniec und Brest-Litowsk. Die Heeresgruppe Süd meldete weitere Einbrüche bis in den Raum Kowel, ja fast bis Brest-Litowsk! In dieser Situation befahl die Heeresgruppenführung das Absetzen, auch des XXIII. Armeekorps und des XX. Armeekorps. Wir räumten die Stellungen bei Petrikow und gingen in Richtung Luniniec zurück. Die Sowjets drängten scharf nach. Die Hauptangriffe richteten sich vor allem gegen die Eisenbahnlinie Kowel-Brest-Litowsk, und sowjetische Sturmbataillone versuchten, unseren Rückzugsweg entlang der Bahnlinie Luniniec-Pinsk-Brest-Litowsk und entlang der dortigen Straße zu durchstoßen, uns damit den Rückweg abzuschneiden und uns ebenfalls einzuschließen. In schwierigen Waldkämpfen, besonders in den Räumen um Schitkowitschi und Mikaschewitschi gelang es, die beiden Armeekorps vor einer Einschließung zu bewahren und ein Zurückfließen des vorgeschobenen Bogens zu ermöglichen. In der Nacht vom 9. zum 10. Juli wurde die 102. Division auf den Straßen in Richtung Beresa-Kartuska verlegt und beiderseits von Beresa-Kartuska eine Abwehrfront aufgebaut, um das Aufnehmen noch ostwärts von Beresa-Kartuska stehender eigener Verbände zu sichern und ein Durchstoßen des Gegners nach Westen und Südwesten zu verhindern. Im Süden war inzwischen bereits Kowel verlorengegangen und durch das Einschwenken entlang der Eisenbahnlinie Kowel-Brest-Litowsk waren die wichtigen Eisenbahnknotenpunkte Brest-Litowsk und Zabinka in Gefahr geraten. Ebenso aber auch die ganze Eisenbahnlinie von Brest-Litowsk in Richtung Nordosten nach Beresa-Kartuska-Baranowitschi. In dieser Not wurde entlang der Eisenbahnlinie eine Auffanglinie aufgebaut. Es gelang in schweren Kämpfen, sowohl diese Eisenbahnlinie und die dort

aufgebaute Front wie Brest-Litowsk und auch Pruzana, einen Ort nicht weit nordostwärts von Brest-Litowsk zu halten.
Am 12. Juli 1944 wurde ich überraschend zum Divisionskommandeur befohlen. Er eröffnete mir, daß ich zum Major befördert und zur Generalstabsausbildung abkommandiert sei. Ich sollte mich bei dem Ersatzbataillon des Grenadierregiments 84 in Cosel melden. Von dort würde ich dann weitere Befehle für eine Verwendung an der Invasionsfront in der Normandie in Frankreich erhalten. General von Bercken, der mein Erstaunen bemerkte, sagte: »Ja, es ist richtig, was Sie jetzt vermuten, daß ich Ihnen das eingebrockt habe. Aber ich habe Sie vor Monaten schon zur Generalstabsausbildung nominiert, weil ich der Meinung bin, daß Truppenoffiziere mit so vielfacher Verwendung und Erfahrung, wie Sie sie gesammelt haben, in die Stäbe müssen, damit wir nicht weiterhin so wirklichkeitsfremde und unvernünftige Befehle bekommen, wie das heute leider manchmal geschieht. Denn viele sitzen in den Stäben, die die wahren Verhältnisse an der Front, sowohl die Stärkeverhältnisse sowie unsere Möglichkeiten überhaupt nicht mehr kennen. Es tut mir leid, daß Sie offensichtlich von dieser Veränderung nicht begeistert sind, wie ich Ihnen ansehe!« Ich antwortete: »Herr General, ich freue mich natürlich über dieses Kommando, aber ich verlasse ungern die Division und gerade auch das Regiment 84, das ich durch den Tod des Oberstleutnants Mahnken nun übernommen habe!« Er erwiderte: »Wer weiß, vielleicht kommen Sie doch wieder eines Tages zu unserer Division zurück! Auf jeden Fall, das ist nicht mehr zu ändern, Sie müssen so bald wie möglich fort. Aber zuerst müssen Sie das Eintreffen des neuen Regimentskommandeurs für das Regiment 84 abwarten, übergeben Sie ihm das Regiment. Erst dann können Sie abreisen, ich hoffe, Sie kommen noch rechtzeitig weg!« Während ich noch bei dem Divisionskommandeur, General von Berkken, war, trafen alarmierende Meldungen aus dem Bereich der Abwehrlinie des Korps ein. Die Sowjets hatten mit starken Panzerverbänden sowohl nördlich unserer Division, also im Nachbardivisionsabschnitt, als auch südlich schwere Angriffe unternommen und dabei tiefe Einbrüche erzielt. Insbesondere die 1. Königliche Ungarische Infanterie-Division, die vor uns und rechts von uns

eingesetzt war, stand in harten Abwehrkämpfen und war auf dem Rückzug. Ich bekam den Befehl, sofort nach vorn wieder zum Regiment zu gehen und zu versuchen, die ungarische Truppe ostwärts Pruzana aufzuhalten. Wenn das nicht möglich sei, selbst im Gegenangriff vorzugehen und die Front unbedingt auf den Höhen ostwärts Pruzana zu stabilisieren. Es ging mit höchster Geschwindigkeit mit dem Kübelwagen, Unteroffizier Franz Gomolla am Steuer, wieder zurück zum Regiment, dort sofort Einweisung der Bataillonskommandeure, daß sich das Regiment zu einem Gegenangriff bereitstellen sollte. Aber bevor überhaupt die Lage einigermaßen übersichtlich war, kamen schon die ersten ungarischen Truppen, gut ausgerüstet, motorisiert, mit vielen Personenkraftwagen, Lastkraftwagen, mit Geschützen auf Selbstfahrlafette, Panzerspähwagen und vielen Motorrädern mit Beiwagen zurück. Wir versuchten, die Ungarn aufzuhalten und ich erwischte einen Oberst und machte ihm Vorhaltungen, daß die gut ausgerüstete Division hier in voller Flucht sei. Es war ihm offensichtlich peinlich, mir zu bestätigen, daß die Sowjets mit Panzern angriffen und seine Männer nicht mehr zu halten seien. Oberleutnant Dr. Dundaleck, ein Kompaniechef des Regiments, herrschte den Oberst an, zog seine Pistole und wollte den Oberst zwingen, seine Soldaten aufzuhalten. Aber ich wies ihn zurück: »Es hat keinen Zweck, wenn die Lage so ist, daß auch nicht mehr der geringste Kampfgeist in der ungarischen Division hier in Ostpreußen vorhanden ist, dann hat es gar keinen Zweck, mit Gewalt die Ungarn aufzuhalten!« Im Grunde genommen war es verständlich, daß die ungarischen Soldaten angesichts der Lage in ihrer Heimat nicht mehr willens waren, an der Grenze Ostpreußens mit den Sowjets zu kämpfen und hier ihr Leben zu verlieren.
Nach etwa drei Stunden war das rechte Bataillon im Vorgehen. Es war ein gespenstisches Bild! Von vorn kamen die ungarischen Züge und Kompanien, gut ausgerüstet, motorisiert und in annehmbarer Verfassung, die Uniformen sauber, die Waffen gepflegt, zurück, während unsere abgekämpften, unrasierten, struppigen und übermüdeten Infanteristen nach vorn gingen, an den gepflegten und ausgeruhten ungarischen Soldaten vorbei, nicht ohne eine gewisse Verachtung zu zeigen für das, was sich

hier abspielte. Da geht eine gut ausgerüstete Division geradezu fluchtartig nach Westen zurück, während die Reste einer anderen völlig abgekämpften und übermüdeten Division zum Angriff antreten. Es gelang ohne Widerstand, die Höhen ostwärts von Pruzana zu besetzen, es gab überhaupt keine Feindberührung. Erst spät am Abend tauchten die ersten sowjetischen Panzer auf. Die aufgesessenen Infanteristen sprangen von den Panzern und griffen an, offensichtlich überrascht von dem zusammengefaßten Maschinengewehrfeuer, Granatwerfern und auch Panzerabwehrfeuer. Unsere Panzerjäger stoppten die Russenpanzer. Aber am nächsten und am übernächsten Tage haben die sowjetischen Einheiten rechts von uns neue schwere Angriffe unternommen. Es gelang ihnen, bei der Nachbardivision einzubrechen und am 14. Juli war die Lage ausgesprochen kritisch. Die Sowjets hatten bereits Rudniki und Bieleczyc, zwei Ortschaften links von uns, genommen, waren durchgebrochen und standen bereits mit ihren Panzern in unserem Rücken. Es schien so, daß sie eine Umgehung unserer 102. Division vorhatten. Noch kritischer wurde die Lage rechts von uns. Auch dort waren nicht nur die Ungarn zurückgegangen, auch unser Nachbar meldete schwere Panzerangriffe, so daß wir den Eindruck hatten, daß unsere Division unmittelbar vor einer Einschließung stand. Glücklicherweise griff die Luftwaffe ein, und am 15. Juli gab es nicht nur eine Zuführung von Sturmgeschützen und einzelnen Panzerabwehrgeschützen auf Selbstfahrlafette, auch einige Pioniere kamen zur Verminung nach vorn. Schließlich griffen deutsche Schlachtflieger pausenlos sowohl nördlich wie südlich unserer Front, aber auch vor unserer Front an, schossen zahlreiche Panzer ab und stoppten so den sowjetischen Angriff. Wir haben in einem Gegenstoß sogar den Westteil der bereits von den Russen besetzten Stadt Pruzana wieder nehmen können, um ein Abfließen der Absetzbewegung über Linowo nach Süden zu gewährleisten. Inzwischen traf auch der neue Regimentskommandeur des Regiments 84 ein. Ich war erleichtert, hatte ich doch in der Nacht vom 15. zum 16. Juli die schweren Luftangriffe der sowjetischen Luftwaffe erlebt, die weit hinter uns bereits nördlich und südlich offensichtlich ihren vorgehenden Panzerverbänden den Weg freibomben sollte. Wir waren noch etwa 5–6 km vor diesen beiden Einbruchstellen auf den Höhen und am Stadtrand nördlich und südlich von Pruzana. Der neue Regimentskommandeur, ein Oberstleutnant mit Ritterkreuz, entschuldigte sich, daß er mit einigen Tagen Verspätung gekommen sei. Es wäre schwierig gewesen, nach vorn zu kommen. Die Lage auch in den rückwärtigen Verbindungen sei vollkommen durcheinander geraten. Man sei dabei, die rückwärtigen Einrichtungen zu verlegen, zum Teil zu sprengen, die Lager würden geräumt, es herrsche hinter uns im rückwärtigen Gebiet ein großes Durcheinander. Ich wies ihn ein, erklärte ihm unsere Erfahrungen mit der I. motorisierten ungarischen Infanteriedivision vor zwei Tagen und die Panzervorstöße, die bei unseren Nachbarn nördlich und südlich eingebrochen wären. Es war fraglich, ob es überhaupt noch möglich sein würde, die Stadt Pruzana zu halten. Pruzana war die Kreisstadt eines früher noch zu Polen gehörigen Bereiches, der dann nach 1939 zu Ostpreußen gekommen war. Die Bevölkerung war weitgehend noch vorhanden. Es war sehr mühevoll, sie davon zu überzeugen, daß eine Absetzbewegung der Bevölkerung kaum noch möglich sei. Sie verkrochen sich, meistens waren es Polen, in den Kellern. Die wenigen Deutschen waren längst evakuiert oder hatten sich abgesetzt. Die Polen sahen den Besetzungen der Straßen und Ortschaften und der Stadt Pruzana durch die Russen mit großer Sorge entgegen und meinten, nun würden sie vermutlich vom Regen der deutschen Besetzung in die Traufe der kommunistischen Besetzung durch die Rote Armee kommen. Es sei doch schrecklich, was ihnen alles in diesen Jahren zugemutet worden sei. Nun wäre nicht einmal die Deutsche Wehrmacht in der Lage, sie zu schützen und sie vor dem Zugriff der sowjetischen Soldaten zu bewahren. Tiefe Erschütterung und Traurigkeit lag in den Gesichtern der Frauen, aber auch der vielen Kinder, die sich ängstlich um die Frauen drängten.

8.
An die Normandiefront

Ich war nun frei und hätte mich in Richtung des Bahnhofs Brest-Litowsk in Marsch setzen sollen. Aber von einer Möglichkeit, nach Brest-Litowsk zu kommen, konnte keine Rede sein. Die Straßen waren alle hinten durch sowjetische Panzer gesperrt und sollten erst freigekämpft werden. Ein deutsches Schlachtflugzeug, das im Tiefangriff ostwärts Pruzana angegriffen hatte, war von einem sowjetischen Jäger abgeschossen worden und landete hinter unseren Linien. Der Pilot konnte sich aus der Maschine retten. Die Maschine geriet nicht in Brand, es war eine geglückte Notlandung. Er wurde zu unserem Regimentsgefechtsstand gebracht und suchte eine Funkverbindung zu seiner Funkleitstelle. Die bekam er auch und forderte einen Fieseler Storch an, der ihn westlich von Pruzana auf einem kleinen Wiesengelände abholen sollte. Er selbst hatte aus seiner Maschine ein wertvolles Zielgerät ausgebaut und hielt es unter dem Arm. Das sei ein Zielgerät, so erklärte er, das unter keinen Umständen in Feindeshand fallen dürfe. Dieser Oberleutnant der Luftwaffe machte einen frischen, keineswegs deprimierten Eindruck. Seine Maschine war nicht gesprengt, er versuchte es, bekam aber vom sowjetischen Jäger, der immer noch darüber kreiste, Maschinengewehrfeuer, so daß ich ihm erklärte, es wäre wohl besser, die Maschine so zu lassen, wenn er das Gerät ausgebaut habe. Die Infanterie würde das schon, bevor sie den Ort Pruzana und das Gelände hier in der Absetzbewegung räumte, erledigen. Das war ihm auch ein willkommener Rat und nach etwa einer Stunde setzte der Fieseler Storch mit einem Oberfeldwebel der Luftwaffe auf der Wiese ohne Schwierigkeiten auf. Der Oberleutnant bot mir an, mich bis zum Feldflughafen Kobrÿn, wo seine Staffel und sein rückwärtiger Stab stationiert waren, mitzunehmen. Wir verstauten das Notwendigste und das Zielgerät im Fieseler Storch, der im allgemeinen nur mit zwei Personen fliegen darf. Mit drei Personen waren wir eigentlich überlastet, aber es gelang dem Oberfeldwebel, die Maschine hochzuziehen und in

Richtung Kobrÿn zu starten. Ich hatte meinen Karabiner mitgenommen, wie ich überhaupt in den letzten Monaten immer wieder mich auf meinen Karabiner verließ und nicht auf die Maschinenpistole. Denn bei diesen Rückzügen war eine Pflege der automatischen Waffen kaum möglich und ich wollte mich nicht in die Gefahr begeben, daß meine Maschinenpistole oder auch meine Pistole durch Sand und Schmutz versagten. Also vertraute ich auf den guten alten Karabiner 98 K. Den nahm ich auch mit in die Maschine! Wir überflogen in einer Höhe von 100 bis 200 Meter Partisanengebiet. Es war hier und da auch eine ausgebaute Partisanenstellung erkennbar. Aber durch den Tiefflug liefen die Partisanen zum Teil erschreckt in ihre Deckung. Wir wurden nicht beschossen! Für alle Fälle hatte ich meinen Karabiner so aus dem Fieseler Storch postiert, daß ich auf schnell auftretende Ziele hätte schießen können, wenn diese uns beschossen. Aber da kein Schuß von unten fiel, hatte ich auch keinen Anlaß, nach unten auf die laufenden oder nach oben starrenden Gestalten zu schießen. Es ging auch zu schnell, mehr oder minder war das eine Art Selbstberuhigung und weniger eine wirkliche Abwehr, die ich mit meinem Karabiner bot. Nach einer knappen halben Stunde landeten wir auf dem Feldflughafen Kobrÿn. Der Geschwaderkommodore, ein Hauptmann, umarmte und begrüßte überschwenglich seinen geretteten Oberleutnant. Dann wandte er sich zu mir und sagte: »Sie wundern sich, daß wir hier in Aufbruchstimmung sind, aber der Feldflughafen Kobrÿn muß geräumt werden. Sie haben die Möglichkeit, mit einer Me 108, einer zur Reisemaschine umgebauten Messerschmitt 108, nach dem Feldflughafen bei Brest-Litowsk zu fliegen. Aber erfrischen Sie sich erst mal, erholen Sie sich vom Schreck. Kommen Sie, wir geben Ihnen etwas zu essen!« Ich war wiederum einmal mehr erstaunt, nicht nur über die Gastfreundschaft der Luftwaffenoffiziere und Unteroffiziere, über ihre Kameradschaft, sondern auch über das, was sie noch bieten konnten an Büchsenfleisch, Butter, an Schokolade, an Erfrischungen. Es war so ziemlich alles da, was uns Infanteristen längst nicht mehr zur Verfügung stand. Ich griff natürlich zu, und nach einer Pause war ich rechtschaffen müde und wollte mich etwas hinlegen. Da aber meinte der Geschwaderkommodore, es sei doch besser, da alles in

Aufbruchstimmung sei, in Richtung Brest-Litowsk zu starten, die Me 108 stand auch bereit. Es war ein Major der Luftwaffe, der vom Stab ebenfalls nach Kobrÿn geflogen und wieder nach Brest-Litowsk zurückgebracht werden sollte. Die Maschine startete und setzte uns nach wiederum knapper Zeit, etwa 30 Minuten, auf dem Feldflughafen westlich von Brest-Litowsk ab. Ich flog noch einmal über das zerstörte Brest-Litowsk. Die Ortschaften auch in der Umgebung zeigten noch die schweren Zerstörungen des Bombenkrieges. Offensichtlich hatten die Sowjets die ganzen Ortschaften im Raum Brest-Litowsk bombardiert. Es war auch dieser Feldflughafen bereits zur Sprengung vorbereitet. Als ich im Offizierskasino zu einem Abendessen eingeladen wurde – ich sollte die Nacht im Offizierskasino auf dem Feldflughafen in Brest-Litowsk verbringen –, merkte ich, daß überall an den Säulen, in den Gängen, 100- und 300- und 500-Kilo-Bomben bereits zur Sprengung des Kasinos und aller Flugplatzanlagen montiert waren. Der ganze Feldflughafen Brest-Litowsk stand bereits zur Sprengung bereit. Auch hier war die Absetzbewegung bereits in vollem Gange. Die beweglichen Teile des dortigen Feldflughafens waren durch Maschinen der Luftwaffe, durch Ju 52 Geschwader, abtransportiert, zum Teil auf dem Landwege. Es war Aufbruchstimmung! In Kenntnis des Zusammenbruchs der Heeresgruppe Mitte gab man sich keinen Illusionen hin, daß eine Front hier in diesem Raum zu halten wäre. Noch auf dem Feldflugplatz bei Brest-Litowsk erfuhr ich, daß Pruzana aufgegeben werden mußte, daß die schweren Kämpfe anhielten und auch herangeführte Reserven bisher nicht in der Lage waren, das weitere Vordringen des sowjetischen Angriffskeils in Richtung auf die ostpreußische Grenze zu stoppen. Die Lage sei verzweifelt und gerade die Luftwaffe mußte durch viele Angriffsflüge versuchen, den schwerkämpfenden Infanteristen und Panzerbesatzungen eine Entlastung durch pausenlose Luftangriffe gegen die sowjetischen Angriffsspitzen zu verschaffen.

So schied ich aus einer katastrophalen Entwicklung im Raum der Heeresgruppe Mitte und aus einer völligen Veränderung der Lage der Ostfront, ohne zu ahnen, daß ich bald in eine nicht minder katastrophale Entwicklung und ebenfalls in eine völlig

veränderte Lage an der Westfront in der Normandie geraten würde.
Zunächst einmal ging es im Eisenbahnzug in Richtung Warschau. Dort umsteigen auf den fahrplanmäßigen Zug in Richtung Breslau. Von Breslau schließlich nach Cosel, wo ich am 21. Juli eintraf. Beim Ersatzbataillon in Cosel lag für mich noch kein Befehl vor. Erst am nächsten Tag, am 22. Juli, erfuhr ich, daß ich mich zur Frontleitstelle in Paris zu begehen hätte und von dort weiter in den Raum der 272. Infanteriedivision, die im Bereich der Normandiefront in schweren Kämpfen stand und in der ich die Stelle des stellvertretenden ersten Generalstabsoffiziers im Rahmen meiner Generalstabsausbildung zu übernehmen hätte. Auf der langen Bahnfahrt hatte ich natürlich kaum etwas Näheres über die Entwicklung der politischen Lage erfahren. Am 21. Juli hörte ich von dem mißglückten Sprengstoffattentat auf Adolf Hitler in der Wolfsschanze in Ostpreußen. Die Nachrichten waren zunächst etwas verworren. Ich hatte keine Gelegenheit, den Rundfunkapparat einzuschalten. Es schien aber so, daß das Attentat mißglückt war. Hitler lebte, und eine allgemeine Unsicherheit hatte sich ausgebreitet. Meine Eindrücke in Cosel waren zweifach: Ein Teil der Soldaten war erleichtert, daß das Attentat mißlungen war. Sie sahen es als eine schimpfliche Tat an, mitten im Krieg den Obersten Befehlshaber zu töten. Ein anderer Teil, vor allem die älteren Soldaten, machten ein bedenkliches Gesicht und waren im Grunde genommen sehr niedergeschlagen, daß die Ausschaltung Hitlers nicht gelungen, das Attentat gescheitert war. Ich selbst sagte als erste Reaktion: »Schade, das hätte den Krieg jetzt beenden, zumindest um einige Monate verkürzen können!« Als ich in die Gesichter der mich umstehenden Offiziere blickte, merkte ich ein Erstaunen. Ich war wohl zu weit gegangen! Aber ich milderte dann diese Aussage, indem ich auf die katastrophale Entwicklung an der Ostfront und auf den Zusammenbruch der gesamten Front der Heeresgruppe Mitte hinwies und darauf, daß der Krieg nunmehr in den nächsten Tagen auf das Reichsgebiet in Ostpreußen übergreifen würde. Im übrigen nahm ich mir vor, mich in Zukunft etwas mehr in acht zu nehmen. Auf der langen Fahrt von Cosel nach Köln hatte ich Zeit, nicht nur über die Entwicklung nachzudenken, sondern auch in

Gesprächen mit mitreisenden Offizieren weitere Informationen zu sammeln. So erfuhr ich, was an Verlautbarungen am Abend des 20. Juli und 21. Juli über den Rundfunk gekommen war, und in Köln bekam ich auch wieder am 23. Juli die ersten Zeitungen in die Hand. Vor Abfahrt des D-Zuges nach Paris war noch etwas Zeit. Ich konnte mich etwas in Köln am Hauptbahnhof und um den Dom herum umsehen. Zunächst wurde ich von einem Oberleutnant der Feldgendarmerie höflich darauf aufmerksam gemacht, daß der deutsche Gruß eingeführt sei, auch für die Wehrmacht, und daß das Handanlegen an die Kopfbedeckung durch einen besonderen Befehl des Reichsmarschalls Hermann Göring aufgehoben sei. Ich antwortete dem Oberleutnant, es habe sich noch nicht bis an die Front vor Ostpreußen herumgesprochen. Da käme ich gerade her, aus Brest-Litowsk und dem unmittelbar an Ostpreußen grenzenden Kampfgebiet meiner alten Division. Auf der langen Bahnfahrt sei uns an Befehlen in die Züge nichts hereingereicht worden. Vielleicht werde das erst später allen Soldaten zur Kenntnis kommen können, die sich jetzt in härtesten Kämpfen sowohl an der Ostfront wie an der Westfront befänden. Im übrigen dankte ich ihm für die Information. Ich merkte an dem Verhalten des Oberleutnants und der ihn begleitenden Feldwebel, daß allen selbst nicht sehr wohl war. Immerhin war der jahrhundertealte Gruß der Soldaten in aller Welt, das heißt das Anlegen der Hand an die Kopfbedeckung, erstmalig für die Wehrmacht verändert worden.

Die Umgebung des Kölner Doms sah grauenhaft aus. Die Hohestraße, einst Kölns beliebteste und belebteste Einkaufsstraße, war nur ein Trümmerhaufen, man konnte sie gar nicht mehr betreten. Auch der Dom hatte einige Treffer abbekommen. Die Umgebung des Doms war ein Trümmerfeld. Alles, was ich aus verschiedenen früheren Besuchen Kölns kannte, an öffentlichen Gebäuden, an Hotels, war ausgebrannt. Köln sah schrecklich aus! Es hatte in den Angriffen 1943 schwerste Schäden und Tausende von Toten über sich ergehen lassen müssen. Auf den Gesichtern der mir begegnenden meistens älteren Männer und Frauen lag Resignation, tiefe Bekümmernis. Der Kölner, von dem man ja sagt, er sei von Natur aus besonders begabt und helle, hatte offensichtlich in diesen

Tagen mehr Informationen als wir Soldaten, die tagelang in den Truppentransportzügen verbracht hatten. Man wich Gesprächen aus, kapselte sich ab und wartete die Dinge ab, die da kommen sollten. Nach endlos langer Fahrt mit vielen Stopps, vermutlich durch drohende Luftangriffe, erreichte ich endlich am 24. Juli 1944 Paris. Die Stadt wimmelte von Uniformen, vom Gare du Nord, dem Nordbahnhof von Paris, bis in die Innenstadt zur Feldkommandantur, wo ich mich zu melden hatte, Soldaten über Soldaten, viele aus rückwärtigen Diensten, aus Stäben, man sah es an ihrer Uniform, ihrer Art aufzutreten. Viele Nachrichtenhelferinnen, Rotkreuzschwestern, Paris bot das Bild einer bunt bewegten, von der Deutschen Wehrmacht durch und durch beherrschten großen Stadt. Die Franzosen selbst gingen ihren Geschäften nach. Die Läden waren offen, die Restaurants, die Estaminets, und zum Unterschied von Köln stand man in Gruppen beisammen und diskutierte; ich versuchte natürlich die Gesprächsfetzen mitzubekommen. Aber wo ich auch in die Lage kam etwas zu hören, verstummten die Gespräche der Franzosen. Keine Informationen über die Stimmung und über die Auffassungen der Pariser. Dafür aber bekam ich bei der Feldkommandantur einen Tagesbefehl in die Hand gedrückt, der wirklich mehr war, als ich damals erwartete. Wenn schon der Text des Führerbefehls vom 23. Juli 1944 in seiner Diktion Aufsehen erregen mußte, so war, was Generaloberst Guderian, der damalige Chef des Generalstabes des Heeres noch zusätzlich an die Soldaten herausgegeben hatte, noch peinlicher. Schon die wenigen bekanntgewordenen Namen der Verschwörer bestätigten die Unrichtigkeit sowohl des Hitlerschen Aufrufes wie des Zusatzes zum Tagesbefehl Hitlers durch Generaloberst Guderian. Denn es waren bekannte und ausgezeichnete Generalfeldmarschälle, Generaloberste mit Namen wie von Witzleben, Beck, von Falkenhausen, Halder, Fromm, Hoepner und viele andere. Wahrlich keine Clique und wahrlich keine Offiziere der Etappe oder der rückwärtigen Verantwortung. Zu meiner Überraschung bekamen wir Offiziere, die wir uns bei der Offizierskommandantur in Paris gemeldet hatten, Hotelunterkünfte zugewiesen. Es mußte also noch recht sicher in Paris zugehen, wenn man uns in Hotels für die Nacht zum 25. Juli unterbrachte. Am 25.

ging es dann mit Lastwagen in Richtung Lisieux, wo ich von einem Nachschubtransport für die 272. Infanteriedivision aufgenommen wurde, die an der Orne nördlich Caen lag. Der Offizier der Transportgruppe, ein Major, machte mich darauf aufmerksam, daß man nur noch nachts in diesem Raum Transporte durchführen könnte. Die Luftüberlegenheit der Amerikaner und Engländer sei so überwältigend, daß man am Tag kaum größere Transporte über die Straßen bringe. Insbesondere die Jagdbomber, abgekürzt Jabos genannt, kontrollierten alle Straßen, alle Truppenansammlungen, und es sei außerordentlich problematisch, sich am Tage auf die Straße zu begehen. Wir würden im Morgengrauen auf dem Gefechtsstand der 272. Grenadierdivision und bei Generalleutnant Schack, dem Divisionskommandeur eintreffen. Am 26. Juli, morgens um 07.00 Uhr, war ich endlich auf dem Divisionsgefechtsstand und meldete mich gleich bei Generalleutnant Schack. Er war ein fronterfahrener General, der an der Ostfront schon das Ritterkreuz erworben hatte, sehr streng, mit der ausgesprochenen Neigung, kritisch zu fragen und hinter die Dinge zu kommen. Er ließ sich zunächst von mir die Lage an der Ostfront schildern.

Ich machte keinen Hehl daraus, daß ich den Kampf an der Ostfront für verloren ansähe, und in Kürze die Roten Divisionen deutschen Reichsboden erreichen würden. Er war betroffen! Denn seine Familie saß in Brieg. Ich erklärte: »Herr General, wir haben im Sommer 1943 etwa 350 km Raum im Mittelabschnitt der Ostfront verloren. Im Jahre 1944 waren es mehr als 400 km und wir stehen jetzt fast an den alten Grenzen unserer Ausgangsoperationen von 1941. Dort, wo wir vor drei Jahren mit der Offensive gegen die Sowjetunion begonnen hatten. Wir, das heißt, die Divisionen der Deutschen Wehrmacht, ausgeblutet, bis auf geringe Bestände noch an alten erfahrenen Frontsoldaten, dezimiert, mit wenig Material, wenig Munition und einer Luftwaffenunterstützung, die kaum nennenswert ins Gewicht fällt. Dagegen steht die Rote Armee mit außerordentlicher Kampfkraft, ausgerüstet mit vielen Panzern, Geschützen und einer Luftüberlegenheit, wie wir sie bisher an der Ostfront überhaupt nicht gekannt hatten. Es ist daher damit zu rechen, daß bei der nächsten Offensive wiederum 400 bis 500 km durch die Rote Armee an Raum gewonnen werden. Wohin das führt, das ist ja für uns, die wir in Schlesien wohnen, leicht zu sagen. Von Ostpreußen will ich gar nicht reden, Herr General, es ist möglich, daß das noch in den nächsten Monaten verlorengeht, wenn die Rote Armee in einer Zangenbewegung am Südrand Ostpreußens an die Küste in Richtung Elbing vorstoßen wird!« Der General war erschüttert, so war ihm die Lage an der Ostfront noch nicht geschildert worden. Aber ich kam ja unmittelbar aus dem Geschehen und meine Darstellung war daher noch von den dramatischen Ereignissen der letzten Wochen geprägt, daß sie wirkte. Umgekehrt führte er mich dann in die Lage an der Normandiefront ein, die zwar nicht so dramatisch war, daß man von einem Zusammenbruch der gesamten Westfront sprechen konnte, aber zumindest war die Invasion gelungen, die Cotentin-Halbinsel war in der Gewalt englischer und amerikanischer Divisionen. Die Front zog sich am Südrand der Cotentin-Halbinsel etwa von Grandville nach Nordosten bis an die Ornemündung in der Seinebucht schräg hin. Dabei lag die 272. Division im Rahmen der 5. Panzerarmee nördlich von Caen und hatte einen Schleier bis an die Ornemündung ausgebreitet, so daß wir von der Ornemündung die riesige Invasionsflotte in der Seinebucht beobachten konnten. Weiter südlich stand die 711. Division, das SS-Panzerkorps unter Sepp Dietrich, der früher einmal die Leibstandarte befehligt und dessen Leibstandarte nunmehr sich auf ein Panzerkorps ausgedehnt hatte im Rahmen der 5. Panzerarmee. An die 5. Panzerarmee schloß sich dann die 7. Armee an. General Schack erwähnte vor allem die erdrückende Luftüberlegenheit, die am Tage Bewegungen in der Truppe, insbesondere auch den Nachschub oder das Heranführen oder Verlegen von Verbänden, fast unmöglich machte. »Wenn«, so sagte er, »24 Panzer an eine Einbruchstelle dirigiert würden, so kann man bei Tage von Glück reden, wenn 12 noch ankommen, die anderen 12 aber schon von Jagdbombern auf dem Wege in den Einsatzraum abgeschossen werden!« Der Truppe habe sich daher eine Niedergeschlagenheit bemächtigt, angesichts einer Luftüberlegenheit von etwa 100 : 1. Dennoch sei es den englischen und amerikanischen Vorstößen noch nicht geglückt, deutsche Truppenverbände einzuschließen. Es sei immer noch gelungen, die Front einigermaßen in den Kampfhandlungen, wenn auch mit großen Verlusten, zurückzunehmen. Allerdings tobe gegenwärtig eine Schlacht mit der bei Caen angesetzten Truppe des Panzerkorps. Der Gegner, und zwar die 2. Englische Armee, wolle Caen nehmen. Weiter südlich drohe ein ebenso harter Vorstoß kanadischer, polnischer und amerikanischer Verbände gegen Falaise, so daß abzusehen sei, daß möglicherweise die Front bald von der Orne auf den Fluß Dives zurückgenommen werden müßte, falls die starken Panzerangriffe mit ihrer großen Luftunterstützung weiter an Raum gewinnen würden. Überhaupt, es gab kaum eine Stunde, in der nicht, sei es bei Tage, sei es bei Nacht, starke gegnerische Luftverbände über uns waren. Nachts das Bombardement rückwärtiger Verbindungen von Gefechtsständen und von Truppenansammlungen. Am Tag das ständige Kreisen der Jagdbomber, die sich ihre Opfer sogar in einzelnen Kraftfahrzeugen, in einzelnen Lastwagen, ja sogar in vorgehenden einzelnen Infanterie- und Panzerverbänden aussuchten und ihnen große Verluste zufügten. Ich empfand sehr schnell eine innere Übereinstimmung mit Generalleutnant Schack, aber auch er schien in meiner Offenheit und in der Beurteilung der Lage in mir den richtigen Mann gefunden zu haben. Er drückte mir die Hand und sagte: »Nun gehen Sie zum Gefechtsstand, lassen sich dort von den Offizieren, auch von meinem Ia einweisen und kommen Sie dann wieder zu mir zurück. Ich möchte mich mit Ihnen auch über die Ereignisse um den 20. Juli unterhalten. Wenn Sie aus Cosel, aus Köln und Paris hierher kommen, haben Sie ja sicher über die Dinge mehr erfahren, als uns hier bisher an Einzelheiten bekannt geworden ist.« Beim Ia, einem kränklichen Oberstleutnant, der in wenigen Tagen Urlaub antreten sollte, traf ich die Ordonnanzoffiziere. Der erste Ordonnanzoffizier fiel mir auf. Er war ein mittelgroßer, sympathischer Mann mit offenem Gesicht, ein Oberleutnant von der Malsburg, Gutsbesitzer aus Nordhessen. Ich kam sehr schnell mit ihm in Kontakt, und wir verstanden uns in den nächsten Tagen in jeder Weise so ausgezeichnet, daß mir der Divisionsstab schnell eine Art zweite Heimat in den neuen Verhältnissen wurde. Oberleutnant von der Malsburg hat nicht nur für mein leibliches Wohl gesorgt. Zum Unterschied von der Ostfront gab es hier alles an Verpflegung. Unmengen von Butter, von Brot, vor allem auch von Fleisch. Die Normandie ist eine besondere landwirtschaftliche Reichtumsoase Frankreichs, und es fehlte auch nicht an dem für die Normandie typischen Cidre und dem aus dem Cidre gemachten hochprozentigen Schnaps, dem Calvados, der in Mengen, sei es in Fässern oder in Flaschen abgefüllt, in vielen Kellern lagerte. Die Front verlief durch die Gärten, Gehöfte, angelehnt an Ortschaften, wo die Steinhäuser natürlich einen guten Schutz gegen Beschuß und gegen Bomben boten, anders als an der Ostfront mit den Holzhäusern. Die Truppe versuchte daher immer wieder, sich an die Ortschaften anzulehnen, in den Gärten Schutz zu finden und die zahlreichen Fermen auszunutzen, die natürlich mit ihren Hecken, mit ihren zahlreichen, von vielen Apfelbäumen bestandenen Gärten, den Büschen und Knicks, die die Wiesen umsäumten, mit den einzelnen Waldstücken und Pappelalleen einen guten Schutz sowohl gegen Lufteinsicht wie gegen Erdeinsicht boten. Das durchbrochene, von vielen Hecken, Waldstücken, Gärten, Gehöften durchzogene Gelände war für die Verteidiger wesentlich angenehmer als für die Angreifer. Daher hatten die angreifenden englischen, kanadischen und amerikanischen Divisionen ebenfalls sehr hohe Verluste, weniger durch Luftwaffe und Bomben wie wir, als vielmehr durch Erdbeschuß durch unsere Maschinengewehrschützen, durch unsere Panzerkanonen, durch unsere Artillerie. Wenn aber der Widerstand, sei es an einem Ortsrand oder in einem Waldstück, besonders stark war, pflegten die englischen und amerikanischen Verbände sofort haltzumachen und Luftwaffenunterstützung anzufordern. Und wenige Stunden später ging ein massiver Luftangriff von 50, 60, ja manchmal 100 zweimotorigen oder viermotorigen Bombern auf das Dorf nieder, auf die Ferme, auf das Waldstück, das von den deutschen Verbänden gehalten wurde. Es war natürlich am Ende immer eine Katastrophe! Wenn der Luftangriff über das Waldstück und über das Dorf herübergerauscht war, gab es kaum noch ein Leben in dem Dorf, in der Ferme. Deutsche Soldaten wie französische Zivilisten, Frauen und Kinder, fanden in diesen Wochen ihre Massengräber in den Ortschaften, Waldstücken oder in einzelnen Fermen. Hier hörte ich auch zum ersten Mal von der verheerenden Wirkung der

sogenannten Bombenteppiche. Das heißt der Bombenabwurf der Geschwader der Engländer oder Amerikaner war so angelegt, daß über ganze Ortschaften und Waldstücke und Verteidigungslinien eine Art Teppich von Tausenden von Bomben herniederging, so daß kaum eine Bombe weiter als 25 Meter von der nächsten fiel. Am Ende war es buchstäblich ein Fleckenteppich von Hunderten oder manchmal Tausenden eingeschlagener Bomben. Daß in einer solchen Landschaft und in einer solchen Verteidigungsstellung kein Leben mehr nach einem solchen Bombenteppich zu verzeichnen war, versteht sich von selbst! Wenige Tage nach dieser Information durch die Offiziere des Divisionsstabes habe ich selbst ein solches schreckliches Erlebnis gehabt. Ich begleitete General Schack auf eine Anhöhe. Es war etwa 11.00 Uhr vormittags und wir beobachteten das Gelände. Während es im Abschnitt der 272. Division verhältnismäßig ruhig war, nur gelegentliche örtliche Angriffe zu verzeichnen waren, hatte im Nachbarabschnitt ein Panzerangriff stattgefunden. Schwere Artilleriefeuerüberfälle und Gefechtslärm drangen zu uns herüber! General Schack deutete auf ein Waldstück von etwa 2 km Breite und etwa 500 m Tiefe hin und sagte: »Dort hat sich der Angriff der englischen Panzer festgefahren! Sie greifen sehr tapfer an! Es sind kanadische Einheiten, und dieses Waldstück ist zwar südlich und nördlich umgangen, aber ein Bataillon unserer Nachbardivision hält sich dort hartnäckig und offensichtlich scheinen die Angriffsspitzen der kanadischen und britischen Divisionen nicht weiter voranzukommen!« Als wir uns noch über diesen tapferen Kommandeur und sein Bataillon unterhielten, setzte ein gewaltiger Lärm ein, und Hunderte von Flugzeugen kamen etwa in 2000–3000 m Höhe über das Waldstück und luden dort Phosphorbomben, Sprengbomben, Brandbomben ab.
Der in Wellen vorgetragene Angriff verwandelte das ganze Waldstück in ein rauchendes, dröhnendes und brennendes Inferno. Wenn man sich vorstellte, daß dort jetzt etwa 600 Infanteristen, Pioniere, Kanoniere, zum Tode verurteilt waren, stockte einem der Atem! Der blaugraue Rauch wurde vom Wind bis zu uns herübergetrieben, er ätzte unsere Augen, wir konnten kaum atmen. Das waren die Phosphorwolken der abgeworfenen Phosphorkanister

und Phosphorbomben. Der in Wellen vorgetragene Angriff dauerte etwa eine halbe Stunde. Als diese halbe Stunde vorbei war, war der Wald umgepflügt, brannte und stand in einer einzigen Rauch- und Feuerwolke. Uns war wirklich übel zumute. Denn wir wußten, daß nunmehr 600 deutsche Soldaten buchstäblich zerfetzt, zerbombt, verbrannt, ihr Leben verloren hatten! Bei jedem Widerstandsnest, das sich den Angriffen der kanadischen, britischen und amerikanischen Divisionen gewachsen zeigte, ob ein Ort oder ein Waldstück oder eine Höhe, wiederholte sich diese Hölle. Noch unter dem Eindruck dieser grauenhaften Bilder fuhren wir dann in unserem Jeep weiter, vorsichtig natürlich, weil Jagdbomber, dauernd in der Luft, auch einzelne Fahrzeuge unter Feuer nahmen. Wir landeten schließlich am Ende der Ornemündung, in das breit sich hinziehende Meer der Seinebucht. Mit unseren Ferngläsern beobachteten wir Hunderte von Schiffen aller Art, größere, kleinere Truppentransporter, Nachschubschiffe, Kreuzer, Torpedoboote. Es war eine einzige Armada, die von der Ornemündung in Richtung Westen und Nordwesten an der bereits eroberten Normandieküste entweder ankerte oder auslud oder hin und her schipperte und den Nachschub in die einzelnen Ausladeräume brachte. »Da sehen Sie«, sagte General Schack, »was die anderen an Material und an Kampfkraft hier in das Gefecht werfen, und wie stehen wir da! Nicht ein einziges Flugzeug ist in der Lage, die Ansammlung von Schiffen zu bombardieren!« Die Luftüberlegenheit war so eindeutig, daß einem zumute war, als wenn man mit leeren Händen einem Verhängnis entgegenging, das schlimmer sein mußte als an der Ostfront bei der Heeresgruppe Mitte. Wieder zum Divisionsgefechtsstand zurückgekehrt, gingen unter dem Eindruck des soeben Erlebten General Schack und ich auf und ab. Unser Gespräch erreichte einen Höhepunkt in der Feststellung, daß auch hier der Krieg verloren schien. Es war nur eine Frage von Wochen, bis die ganze Invasionsfront zusammenbrach. »Also haben doch die Leute Recht gehabt, die spät genug am 20. Juli versucht haben, noch zu retten, was zu retten ist!« erklärte ich General Schack. Auch er war der Meinung, es handelte sich um den letzten verzweifelten Versuch, die Katastrophe wenigstens vor ihrem Höhepunkt aufzuhalten. General

Schack empörte sich insbesondere über eine Rede, die der Reichsorganisationsleiter und Führer der deutschen Arbeitsfront, Dr. Ley, gehalten hatte. Dr. Ley genoß nicht gerade den besten Ruf, da er dem Alkoholismus verfallen war und seine Reden meistens in betrunkenem Zustand hielt. Gerade dieser Mann hatte es gewagt, von »blaublütigen Schweinen« zu sprechen, die das Attentat gegen Hitler versucht hätten. »Blaublütige Schweine«, so sagte General Schack, »ich habe in meiner Division tapfere adelige Offiziere, viele Soldaten in der Nachbardivision sind auch adelig! Sollen die alle unter ›blaublütige Schweine‹ gefaßt sein? Ich finde Leys Rede empörend und frage mich, wie soll man hier noch kämpfen, wenn man in einer solchen Weise, wie das von einem Reichsminister geschieht, vor aller Öffentlichkeit beleidigt wird!«
Die Ereignisse überschlugen sich! Täglich weitere Einbrüche trotz verbissensten Widerstandes, insbesondere auch der südlich von uns eingesetzten Panzerdivisionen. Es schwenkte das 8. Englische Armeekorps, das 2. Kanadische Armeekorps, das bereits Caen erobert hatte, nach Süden ein und hatte im Raum Falaise eine große Anzahl deutscher Einheiten abgeschnitten. Unser Nachschub wurde immer spärlicher. Es fehlte an Waffen, um die Ausfälle zu decken. Es fehlte an Gerät, und besonders nachteilig machte sich auch bemerkbar, daß kaum personeller Nachschub an die Front kam. Als ich wieder einmal am Abend, es war in den ersten Augusttagen, meinen Rundfunksender eingeschaltet hatte, nur Oberleutnant von der Malsburg war dabei, hörten wir die Meldung vom Durchbruch amerikanischer Verbände bei Avranches. »Avranches«, so sagte ich, »das ist doch die Quartiermeisterabteilung unserer Armee! Dort sitzt doch der Quartiermeister mit allen Nachschublagern und von da bekamen wir doch bisher immer unsere Verpflegung, unsere Munition, unser Gerät!« Mir war klar, daß heute nacht unsere Nachschubkolonne nicht nach Avranches dirigiert werden durfte. Und zufällig kam auch gerade der Offizier der Nachschubabteilung zum Divisionsgefechtsstand. Ich erklärte ihm: »Diesmal fahren Sie nicht nach Avranches zur Quartiermeisterabteilung nach Westen, sondern Sie fahren in Richtung Osten direkt nach Paris und decken sich dort mit allem Nötigen ein. Avranches ist für Sie als Nachschubbasis nunmehr

erledigt!« Mehr konnte ich wohl nicht erklären; denn zu diesem Zeitpunkt hatte noch niemand von der Katastrophe und dem Durchbruch der Amerikaner von Avranches gehört. Ich konnte ja schlecht meine Informationen preisgeben, da sie aus dem Britischen Rundfunk gekommen waren. Also mußte ich auf die Gutgläubigkeit und auf das Einsehen des Nachschuboffiziers vertrauen. Der schien mich verstanden zu haben und erklärte: »Herr Major, ich fahre auch viel lieber in Richtung Osten nach Paris als in Richtung Westen! Schon aus Gründen der Gefährdung unserer Kolonne durch die ständigen Jaboangriffe der Engländer und Amerikaner!« Leider haben die Nachbardivisionen nicht die gleichen Informationen gehabt, wie auch weiterhin entscheidende Einbrüche und Niederlagen viel zu spät der Truppe mitgeteilt wurden, so daß manchmal mancher noch ins Verhängnis fuhr, obgleich es hätte verhindert werden können. Ganze Nachschubkolonnen mehrerer Divisionen fielen in dieser Nacht bei Avranches den amerikanischen Panzerspitzen in die Hände und waren nie mehr gesehen worden. Wieder einmal hatte sich meine Neugier und der Wille, so früh wie möglich über alles Entscheidende informiert zu sein, als eine gütige Fügung erwiesen, nicht nur Menschenleben zu retten, sondern auch den Soldaten das Nötigste für den nächsten Tag an Verpflegung und Munition beizubringen.
Es war überhaupt in den nächsten Tagen, in den ersten Augustwochen, immer richtig, so viel wie möglich sich über die Abschnitte weiter im Süden und über die Gesamtlage zu informieren, um sich und die Truppe vor Fehlentscheidungen zu bewahren. Da das der Divisionskommandeur wußte, ließ er mich manchmal eine Stunde, so gegen 22.00–23.00 Uhr, bewußt allein, um mir die Möglichkeit zu geben, die Abendberichte der britischen und der amerikanischen Sendungen zu hören, um auf diese Weise nicht nur den Verlauf der Front, sondern auch die Bewegung des Tages und die voraussichtlichen Gefahren der nächsten Tage einigermaßen richtig kalkulieren zu können.
Nicht nur durch Avranches hatte sich die Lage grundlegend geändert, weil nunmehr die amerikanische 12. Heeresgruppe und vor allem die 3. Amerikanische Armee in Richtung Osten vorstoßen konnte im Loiretal entlang, Richtung Angers und Orleans. Sie

erreichte auch bald Le Mans. Auch in unseren Raum stieß die 1. Kanadische Armee und die 2. Englische Armee vor Caen herunter nach Süden und schloß bei Falaise den Kessel, den die 1. US-Armee mit dem 15. Korps an der Orne um die dort kämpfenden Verbände, insbesondere Infanteriedivisionen und Einheiten der Waffen-SS abgeriegelt hatte. Es war eine böse Situation auch für unsere Division entstanden, die noch nördlich Caen ebenfalls in die Gefahr kam, in die Einschließung hereingezogen zu werden. Daher kam der Absetzbefehl in Richtung Seine. Es war ein schwieriges Unterfangen, sich nachts 20–30 km abzusetzen und am Tag eine Verteidigungsstellung zu beziehen, um in der folgenden Nacht wiederum zurückzugehen, eine neue Auffangstellung zu beziehen und wiederum am Tag die nachstoßenden Panzereinheiten der Engländer und Amerikaner mit ihren Angriffen aufzufangen. In diese Absetzbewegung kam ein mich betreffender Befehl.

9.
Über Prag nach Ostpreußen

Mit sofortiger Wirkung wurde ich aus der Generalstabsausbildung entlassen. Wie ich später erfuhr, galt das für alle damals in der Generalstabsausbildung stehenden Offiziere. Ich sollte mich bei der Frontleitstelle in Prag melden, wo ich weitere Befehle entgegennehmen sollte. Mein Divisionskommandeur versuchte noch, den Versetzungsbefehl rückgängig zu machen und schlug vor, wenn schon die Generalstabsausbildung beendet war und alle sogenannten »Zauberlehrlinge« zu Truppenkommandeuren gemacht werden sollten, so wolle er mir ein Bataillon in seiner Division anvertrauen, damit ich bei der Division verbleiben könne. Damit wäre dem Anliegen des Heerespersonalamtes auch Rechnung getragen, statt Generalstabsoffizier nunmehr wieder Truppenkommandeur zu sein. Das Ersuchen wurde abgelehnt. Es wurde vielmehr darauf bestanden, daß ich so bald wie möglich in Richtung Prag in Marsch zu setzen sei. Ich hatte dabei ein ungutes Gefühl. Denn Prag war eine Adresse, mit der ich nicht zu Rande kam. In Prag gab es weder ein besonderes militärisches Institut, noch war mir sonst klar, was man in Prag mit mir anfangen wollte. Sollte etwa der 20. Juli und alles, was im Rahmen des 20. Juli an personellen und auch an politischen Maßnahmen in Gang gekommen war, vielleicht die Ursache für meine Versetzung an einen so ungewöhnlichen Ort sein? Mich plagte die Sorge, aber zu überlegen war keine lange Zeit, zumal die Front nicht nur in Bewegung, sondern allmählich auch in eine Auflösung zu geraten schien.

General Schack empfahl mir, mich mit einem Kraftwagen, begleitet von einem Feldwebel und einem Unteroffizier als Fahrer, sofort in Richtung Paris zu begeben. Bei Tage war überhaupt nicht daran zu denken, diese Fahrt zu wagen. Also fuhren wir um Mitternacht in Richtung Paris ab und gelangten bis in die Gegend von Paris um den 19. August 1944. Auf den Straßen war erkennbar, daß große Teile, insbesondere von Nachschubeinheiten bereits sich in Richtung Seine absetzten. Dagegen waren kaum

Transporte zur Front, also nach Westen zu bemerken. Am Abend des 19. August waren wir recht müde, aber froh, wenigstens Paris erreicht zu haben. Am Stadtrand von Paris gingen wir in eine Kneipe, um uns etwas aufzufrischen. Wir wollten dann in die Stadt fahren und dort bei der Standortkommandantur uns für die Nacht ein Quartier geben lassen. Ich wollte am nächsten Morgen dann einen Zug von Paris in Richtung Reichsgrenze, entweder Köln oder Mühlhausen erreichen, um von dort dann in Richtung Prag zu reisen. Es war ein warmer, schöner Augustabend, die Estaminets und Restaurants waren voll, die Franzosen und Französinnen saßen wie gewohnt auf ihren Sesselchen, Stühlen und Bänken vor den Häusern und vor den Kneipen und tranken ihr Gläschen Wein oder ihren Aperitif vor dem Essen. Was mir auffiel war eine gelöste Stimmung, man sang, man winkte sich zu. Irgendwie war man in einer aufgeräumten, freudigen Erregung. Im Verlaufe unseres kleinen Abendessens, das wir dort serviert bekamen mit einer Flasche Wein, kamen wir auch in ein Gespräch mit der Serviererin. Sie war sehr freundlich. Als sie hörte, daß wir noch nach Paris hinein wollten, um dort zu übernachten, schaute sie sich um und meinte dann leise in Französisch: »Es wäre besser, Sie fahren nicht mehr nach Paris! Es geht ohnehin kein Zug mehr vom Gare du Nord nach Deutschland. Es wäre besser, Sie fahren heute noch mit dem Auto weiter! Vielleicht erreichen Sie in Château Thierry noch den letzten Zug oder Sie müssen sogar bis Chalons-sur-Marne fahren.« Wir schauten uns erstaunt an. Bevor wir noch etwas sagen konnten, war die Serviererin freundlich nickend und augenzwinkernd, wie mir schien, bereits an die Theke gegangen. Wir beratschlagten kurz und meinten, irgendwas liege in der Luft! Es sei doch besser, noch jetzt aufzubrechen und in Richtung Château Thierry zu fahren. Wir zahlten und fuhren los, unsere Gewehre geladen und unsere Handgranaten bereitgelegt! Denn es war vollkommen leer auf den Straßen, die wir nunmehr in Richtung Château Thierry zu fahren hatten. Als wir nach einigen Stunden den Bahnhof von Château Thierry erreichten, vollkommene Stille. Wir hörten nur, daß der letzte Zug bereits durch sei. Wenn wir Glück hätten, würden wir ihn noch in Chalons-sur-Marne erreichen. Wir also weiter und erst im Morgengrauen erreichten wir tatsächlich in Chalons-sur-Marne den letzten Transportzug, der mit verwundeten Soldaten, mit Angehörigen von Stäben, Nachrichtenhelferinnen und Rotkreuzschwestern am Morgen des 19. August Paris' Gare du Nord verlassen hatte und nunmehr in Richtung Metz, Saarbrücken weiterfahren sollte. In dem Zug befanden sich auch einige bewaffnete Kommandos. Man erzählte uns, daß mehrfach auf den Zug geschossen worden sei. Offensichtlich hatten Résistancekämpfer die Gelegenheit benutzt, den als Rotkreuz- und Ziviltransport gekennzeichneten Zug noch anzuhalten, zumindest ihm Schaden zuzufügen. Meine beiden Begleiter verabschiedete ich in Chalons-sur-Marne mit einem Hinweis, daß sie mich nicht hätten in Paris absetzen können, sondern bis hierher hätten fahren müssen, um mir die Möglichkeit einer Weiterreise noch zu eröffnen. Ich gab ihnen den Befehl in Richtung Metz zu fahren, sich dort bei der Standortkommandantur zu melden und sich möglichst mit der 272. Division in Verbindung zu setzen, um weitere Marschbefehle zu erhalten. Keinesfalls sollten sie in Richtung Westen zurückreisen. Sollten sie in Metz keine Verbindung bekommen, empfahl ich ihnen, in Saarbrücken das Standortkommando aufzuzusuchen und weitere Befehle abzuwarten. Ich würde meinerseits Verbindung zur 272. Infanteriedivision aufnehmen, um die Veränderung der Lage und den neuen Marschbefehl auch General Schack mitzuteilen. In Saarbrücken verließ ich diesen Zug in Richtung Köln. In Köln stieg ich in den fahrplanmäßigen Zug nach Dresden um und von dort in einen Anschlußzug nach Prag, so daß ich am 21. August in Prag eintraf. Am 22. morgens meldete ich mich bei der dortigen Standortkommandantur. Hier lag bereits der Marschbefehl des Heerespersonalamtes im Oberkommando des Heeres, daß ich mich bei der unweit von Prag liegenden Fahnenjunkerschule VII Milowitz, zu melden hätte, und alles Nähere in der Kommandantur der Fahnenjunkerschule der Infanterie für mich bereitläge. In Prag wurde mir auch bewußt, welchen Schutzengel wir in der Kellnerin am Nordrand von Paris am 19. August gehabt hatten. Denn in der Nacht vom 19. zum 20. August und in den folgenden Tagen brach der Aufstand der Résistance in Paris aus, und die dort noch verbliebenen Truppenkommandos, Wehrmachtdienststellen, aber auch Zivildienststellen, ja sogar die Lazarette sahen schweren Tagen entgegen. Es stand Schreckliches den noch in Paris verbliebenen Deutschen bevor, da sie die ganze Rache der französischen Résistance und des allgemeinen Widerstandes gegen die Deutschen traf, bevor die alliierten Truppen am 25. August 1944 in Paris einzogen.

Milowitz war ein großes tschechisches Militärarsenal, ein Truppenübungsplatz mit Kasernen, Schießplätzen und mit einer Umgebung, in der größere Truppenübungen auch mit scharfem Schuß stattfinden konnten. Auf der Fahnenjunkerschule VII waren etwa 1200 Offiziersanwärter, Fahnenjunker, Unteroffiziere, Feldwebel, Oberfeldwebel. Sie waren aufgegliedert in einzelne Lehrgruppen, und als ich mich beim General und Kommandeur der Fhj.Schule VII meldete, wurde mir bedeutet, daß ich die Aufgabe hätte, als Taktiklehrer, insbesondere die Umstellung auf die veränderten Verhältnisse im Westkrieg den angehenden Offizieren beizubringen. Denn an der Normandiefront wären völlig neue Gegebenheiten aufgetaucht, die außerordentliche Luft- und Materialüberlegenheit des Gegners, die jede größere Bewegung bei Tage unmöglich machte, die viel stärkere Tarnung, aber auch häufigen Gebrauch des Spatens zum Eingraben, nötig machte. Da ich ja gerade von der Normandiefront käme, wäre ich der Geeignete, die Westerfahrungen ebenso zu vermitteln, wie auch die Osterfahrungen, die man sich im Mittelabschnitt der Ostfront erworben hatte. Ich war in einem hellen großen Zimmer untergebracht und begab mich sofort zum Lehrgruppenkommandeur, einem Oberstleutnant von Petersdorff, ausgezeichnet mit dem Ritterkreuz, sehr zurückhaltend und vornehm in seiner ganzen Art. Ich hatte den Eindruck, daß wir uns sicher gut verstehen würden. Auffallend war auf der Schule in Milowitz der außerordentliche Idealismus, die Frische, mit denen die jungen Offiziersanwärter ans Werk gingen. Der Tag bestand aus morgens Sport, Lauf, Training, Leichtathletikübungen, nach dem Duschen anschließend eine Stunde Unterricht, Pause, wieder Unterricht, Waffenübungen, Geländeübungen, Geländebesprechungen, Ausnutzung des Geländes, Auswertung in der Befehlssprache, kurzum alles, was ein kommender Offizier eines Infanteriezuges wissen mußte. Die meisten der hier anwesenden Älteren, der Feldwebel, Oberfeldwebel, trugen bereits Kriegsauszeichnungen und sollten aus dem Unteroffiziersstand nun ins Offizierskorps übernommen werden. Die Jungen waren meistens 19- und 20jährige Unteroffiziere, die zum Teil die Offizierslaufbahn von Anfang an eingeschlagen hatten oder an der Front wegen besonderer Haltung und Tapferkeit zur Offizierslaufbahn von ihren Kommandeuren vorgeschlagen waren. Die Welt dieser jungen Leute war die Ausbildung und der Wille, so schnell wie möglich als Offizier wieder an die Front zu kommen. Es war erstaunlich, was der Ehrgeiz, die Schulterstücke des Leutnants tragen zu können, für eine innere Haltung, Opferbereitschaft und Hingabe bei den jungen Leuten auslöste. Die Arbeit machte mir Spaß. Die jeweils vormittags stattfindenden zwei Unterrichtsstunden brachten mir die Möglichkeit, die veränderten Kampfverhältnisse im Westen darzulegen, wobei ich natürlich immer wieder auf die Luftüberlegenheit der Anglo-Amerikaner und auf ihre überall einsatzbereiten, schnellen und geschickt operierenden Jagdbomber zu sprechen kam. Es dauerte nicht lange, so hatte ich einen Spitznamen weg. Ich wurde »Jabo« genannt, die Abkürzung für den so gefürchteten Jagdbomber. Wobei ich nicht etwa gefürchtet war, im Gegenteil! Ich hatte das Gefühl, daß ich mich einer gewissen Wertschätzung erfreute und die Kameradschaft mit den jungen Leuten war hervorragend. Wir kamen miteinander recht gut aus! Aber der häufige Gebrauch dieser Abkürzung »Jabo« mußte zwangsläufig bei der von mir erfolgten Überbetonung des Einflusses dieser Jagdwaffe auf die infanteristischen und Panzerbewegungen zu einer solchen Schlußfolgerung der jungen Leute führen, die ihren Humor auch am Ende des Krieges noch nicht verloren hatten. Am Abend nutzte ich die Gelegenheit, in das nahe Prag zu fahren. Keine halbe Stunde und man war mit der Eisenbahnverbindung mitten in Prag. Die Stadt bot sich in friedensmäßigem Glanz dar, das Stadtbild wimmelte natürlich von deutschen Uniformen aller Wehrmachtsteile und vielen Rotkreuzschwestern und Nachrichtenhelferinnen. Die Tschechen gingen ihrer Beschäftigung nach. Die Cafés am Wenzelplatz waren voll. Es fanden Konzerte statt, es war ein friedensmäßiges Leben, das ich in Prag

vorfand. Die Stadt ist eine der schönsten Hauptstädte der Welt. Sie war vor etwa 1000 Jahren gegründet worden, hatte im 10. Jahrhundert schon Stadtrechte erhalten und war insbesondere unter Karl IV. Mitte des 14. Jahrhunderts durch viele Neubauten zu ihrer architektonischen Schönheit gekommen. Sie beherbergt mit der 1348 durch Karl IV. gegründeten Universität die älteste Universität Mitteleuropas. Besonders schön ist der Hradschin mit seinen fast 700 Gemächern in der Burg, den großen Sälen. Dort saß jeweils der tschechische Staatspräsident und jetzt der oberste Repräsentant des 3. Reiches im Protektorat Böhmen und Mähren. In der ersten Septemberwoche erhielt ich überraschenden Besuch. Ein Gerichtsoffizier des Kommandeurs der Kriegsschule und zwei Zivilisten, die sich dann als Kriminalbeamte der Gestapoleitstelle Prag auswiesen, wünschten mich zu vernehmen. Sie fragten nach den Verbindungen, die mein Divisionskommandeur, Generalleutnant von Bercken, zum Generalmajor Henning von Tresckow, dem Chef des Stabes der Heeresgruppe Mitte, gehabt habe. Ich konnte dazu nichts sagen, sondern erklärte, daß ich ja seit über einem Jahr nicht mehr in der Umgebung des Generals von Bercken, sondern als Bataillonskommandeur immer eingesetzt war, vorn an der Front oder in der Divisionsreserve beim Divisionsfüsilierbataillon. Welchen Einfluß der Major Hoepner in unserer 102. Division ausgeübt habe, ob ich ihn kannte. Ich erwiderte, daß ich natürlich mit Major Hoepner, damals noch Rittmeister und 2. Generalstabsoffizier unserer Division manches Gespräch geführt habe. Wohin später der inzwischen zum Major beförderte Sohn des Generaloberst Hoepner gekommen sei, wüßte ich nicht. Schließlich fragte man mich, warum ich mich am 20. Juli 1944 beim Ersatzbataillon des Regiments 84 in Cosel aufgehalten hätte. Ich verwies auf das Kommando des Heerespersonal-Amts im Rahmen der Generalstabsausbildung. So, wie ich damals nach Cosel gekommen sei, so sei ich jetzt durch einen erneuten Befehl aus der Normandie nach Milowitz bei Prag gekommen. Die Herren machten ihre Notizen und entfernten sich. Ich habe nie mehr etwas von ihnen gehört.
Ansonsten war man in Milowitz und Prag ziemlich isoliert. Das Abhören von Rundfunksendungen war natürlich nicht möglich, ich hatte auch keinen eigenen Rundfunkapparat. Ich war nur auf

die Nachrichten angewiesen, die ich in der Gemeinschaftssendung im Offizierskasino oder in den Baracken der Soldaten hören konnte. Der »Völkische Beobachter« war das täglich eintreffende Organ der Pressebeeinflussung der Soldaten und im übrigen kamen weiterhin Nachrichten, die alles andere als erfreulich waren. Im Westen näherten sich nach der Befreiung ganz Frankreichs die alliierten Truppen der deutschen Reichsgrenze. In den ersten Septembertagen war die Hauptstadt Belgiens, Brüssel, befreit, Antwerpen und Lüttich waren bereits in alliierter Hand. Ein Vorstoß auf Aachen und Metz war im Gange. Es war eine Zeitfrage, wann die alliierten Invasionsstreitkräfte in ganzer Breite den Rhein erreicht haben würden. Nicht viel anders waren die Nachrichten von der Ostfront. Schwere Kämpfe im Mittelabschnitt, schwere Kämpfe im Südabschnitt. Die Wehrmachtsberichte ließen erkennen, daß es hier ebenfalls zwar gelungen sein mußte, in der Heeresgruppe Mitte die Front zu stabilisieren, aber man sprach vom Aufstand in Warschau, schweren Kämpfen in der Vorstadt von Warschau, Praga. Man sprach von schweren Kämpfen an der Front in der Eifel, in den verschiedenen Waldstücken des Hürtgenwaldes. Es deutete alles darauf hin, daß sowohl im Westen wie im Osten ein Rückschlag nach dem anderen zu verzeichnen war. Schließlich schlug wie eine Bombe die Nachricht ein, daß am 21. Oktober 1944 die Alliierten Aachen genommen hatten. Damit war zum erstenmal eine deutsche Großstadt in den Händen der Alliierten. Die Niedergeschlagenheit war groß; denn wenn jetzt nicht noch irgendwie ein Ende des Krieges, ein Waffenstillstand erreicht werden würde, mußte nun jede weitere Stadt auf deutschem Boden mit dem Schicksal Aachens rechnen, im Westen wie im Osten.

Am 23. Oktober 1944 erhielt ich überraschend einen neuen Marschbefehl. Ich sollte mich zur Frontleitstelle in Allenstein begeben. Von dort sollte ich zur 102. Schlesischen Infanterie-Division gelangen, die an der Ostfront am Narew in Stellung lag. Der Divisionskommandeur, Generalmajor von Bercken, hatte mich als Regimentsführer für eines seiner drei Infanterieregimenter angefordert. Ich verabschiedete mich kurz und fuhr erst nach Groß-Strehlitz, um mich entsprechend umzukleiden für den zu erwartenden neuen Kriegswinter. Denn im Oktober ist es in Ostpreußen schon empfindlich kalt. Mein Aufenthalt in Groß-Strehlitz sollte der letzte in dem noch friedvollen und unzerstörten Heimatort sein. Ich sagte meiner Mutter und meinen Schwestern, daß wir uns wahrscheinlich hier nie mehr wiedersehen würden, weil bei der zu erwartenden Winteroffensive der Roten Armee Schlesien in außerordentlicher Gefahr sei. Ich empfahl ihnen, falls die Rote Armee die Pilica in der Gegend Tschenstochau erreicht haben würde, ein kleines Flüßchen, das schon bei dem Vorstoß der Truppen der Zarenarmee im 1. Weltkrieg eine Rolle gespielt hatte, sie sich auf den Weg machen sollten. Meine Mutter und meine Schwestern waren natürlich tief betroffen von den schrecklichen Aussichten, denen sie sich gegenübersahen. Aber mir schien, daß es besser war, ihnen die ganze Wahrheit der kommenden Ereignisse zu vermitteln, damit sie wenigstens innerlich auf die Katastrophe und den Verlust ihrer Heimat eingestellt waren. Ich wiederholte, unter keinen Umständen, wenn die sowjetischen Vorstöße etwa den Raum um Tschenstochau an der Pilica erreicht hätten, in Richtung Oppeln oder Breslau zu fahren, sondern den kürzesten Weg über Heydebreck in Richtung Dresden und gab ihnen die Adressen aus meinem Lazarettaufenthalt von 1942 in Dresden. Vor allem vom Weißen Hirsch, natürlich von Walter Kottenkamp und seiner Familie und noch anderer aus der damaligen Zeit mir vertrauenswürdig erscheinender Bekannter. Auch für das Packen der Koffer mit den notwendigsten und wichtigsten Dingen gab ich meinen Angehörigen einige Ratschläge, die sie dann später auch gottlob befolgten. Selbstverständlich suchte ich auch noch den alten Lehrer, Professor Ullrich auf. Er war sehr gealtert, zusammengefallen und beschäftigte sich fast nur noch mit seiner Bibliothek und mit den Nachrichten, die ihm durch Rundfunk und Presse zugänglich waren. Wir stellten beide fest, daß es keinen Zweifel mehr daran geben könne, der Krieg sei so total verloren, wie er nach Dr. Goebbels total geführt werden sollte. Die Ereignisse der letzten Wochen bestätigten diese Auffassung. Denn in der letzten Augustwoche war Rumänien vom Bündnis abgefallen, hatte bei Jassy unweit des Pruth das Eiserne Tor geschlossen und die deutschen zurückflutenden Divisionen in schwerste Verlegenheiten gebracht. Dabei war auch mein Freund aus der Friedensgarnison, inzwischen Oberstleutnant und Regimentskommandeur, Fritz Proske, gefallen, als er auf seinem Regimentsgefechtsstand mit einer Panzermine einen sowjetischen Panzer ansprang, um ihn zu vernichten. Die deutschen Divisionen hatten in der Einschließung bei Jassy schwerste Verluste. Rumänien war also in der letzten Augustwoche auf seiten der sowjetischen Armee. Nicht anders sah es mit Finnland aus. Unter dem Druck der Sowjetunion hatte in der ersten Septemberwoche auch Finnland die Fronten gewechselt und Deutschland den Krieg erklärt. Schließlich in der zweiten Septemberwoche war auch Bulgarien nach inneren Unruhen und einem Umsturz in das Lager der Roten Armee gewechselt und hatte Deutschland den Krieg erklärt. Professor Ullrich verwies auf seine pessimistischen Voraussagen. »Wissen Sie noch, wie ich Ihnen schon 1936 nach Ihrem Abitur sagte, was ich an Unglück auf uns zukommen sehe? Sie haben das damals alle nicht geglaubt, inzwischen ist leider alles eingetreten, was ich befürchtet habe. Die halbe Abiturklasse ist schon gefallen. Hans Hauke, Ihr Mitschüler, und viele andere. Es ist ein Jammer, daß ich auf meine alten Tage dies noch erleben mußte!« Ich riet Professor Ullrich und seiner Gattin, sich doch auf eine Flucht vorzubereiten. Die wichtigsten persönlichen Dinge in einen Koffer zu packen, stets griffbereit, und in Richtung Dresden, vielleicht sogar noch weiter in Richtung Bayern sich zu begeben und Adressen ausfindig zu machen, auf die man dann zurückgreifen könnte. Mein alter Lehrer lehnte das ab. »Was soll ich mich noch auf den Weg machen, ich bleibe hier, mehr als töten können sie mich nicht! Was sollen sie mit mir altem Mann schon anfangen? Nein, ich verlasse meine Bibliothek, meine Wohnung, ich verlasse meine Welt nicht!« Wir schieden in dem Bewußtsein, daß wir uns nie mehr sehen würden. Professor Ullrich erlebte den Einmarsch der Roten Armee, wurde schwer mißhandelt und schließlich doch durch die Polen aus seiner Wohnung geworfen und ausgewiesen. Er starb verarmt, gebrochen, 1947 in Oldenburg.

Von der Wohnung meines alten Lehrers ging ich durch die Stadt in dem Bewußtsein, einen letzten Gang durch das unzerstörte Groß-Strehlitz zu machen, vorbei am Neuen Ring, wo mein Vater bei den Schanzarbeiten im August 1943 vom Tode gezeichnet wurde und bald starb, über den Alten Ring mit dem Rathaus, vorbei an meiner alten Pfarrkirche, an der Evangelischen Kirche in Richtung auf den Friedhof, um noch einmal das Grab meines Vaters zu besuchen. Meine Gedanken gingen zurück in die Schülerzeit. Ich hatte einen Aufsatz geschrieben, »Vom Johanneum zur Barbarakirche«, um damit einen Gang durch Groß-Strehlitz zu beschreiben. Denn unser Gymnasium »Johanneum« lag am Südrand der Stadt neben dem Landratsamt, während die Barbarakirche am Nordrand der Stadt eine unter Denkmalschutz stehende alte Schrotholzkirche war. Wer also durch Groß-Strehlitz von der einen zur anderen Seite schritt, konnte nicht umhin, die besonderen Sehenswürdigkeiten und die Geschichte der Stadt zu beschreiben; das alles fiel mir wieder ein. Nach dem Besuch des Grabes meines Vaters machte ich noch einmal einen Umweg durch den alten schönen Park mit den jahrhundertealten Bäumen und dem kleinen Parkteich, dem großen Parkteich, die immer im Oktober abgelassen wurden, um den Karpfenbestand abzufischen. Es war ein innerlicher Abschied von meiner Geburtsstadt und ihrer schönen Umgebung. Am nächsten Tag stand ich dann mit meinen beiden Schwestern auf dem Bahnsteig in Groß-Strehlitz, um über Breslau, Posen, Deutsch-Eylau in Richtung Allenstein zu fahren. Auf dem gleichen Bahnsteig stand auch die Mutter eines Kameraden, Frau Vally Jung, die Gattin des bekannten Arztes Doktor Jung. Mit dem ältesten Sohn, Dieter Jung, war ich in die gleiche Klasse gegangen, einem jüngeren, Hans-Joachim Jung, hatte ich Lateinstunde gegeben. Er stand nun als Oberleutnant auch auf dem Wege nach Ostpreußen, bereit wieder zu der Panzergrenadierdivision Großdeutschland zurückzukehren, ausgezeichnet mit dem EK I, allerdings hatte er auch ein Auge bei den Kämpfen in Ostpreußen verloren. Ich begrüßte Frau Jung und Hans-Joachim, wir standen beieinander und warteten auf den Zug nach Oppeln. Ich erklärte: »Hier, meine Lieben, auf diesem Bahnsteig sehen wir uns nie mehr wieder. Betrachtet alles noch einmal genau, es ist das letzte Mal, daß wir uns hier verabschieden!« Frau Jung nickte betroffen, Hans-Joachim, ihr Sohn, machte ein empörtes Gesicht. Ich nahm ihn beiseite: »Lieber Hans-Joachim, ich komme von der Normandiefront und du kennst die Ostfront, wie ich auch! Das nächste Mal steht die Rote Armee in einigen Monaten hier und noch weiter in unserem Land. Daran gibt es keinen Zweifel, es gibt auch keine Wunder mehr, die uns retten können!« Hans-Joachim, gläubig wie viele junge Leute damals, sagte: »Aber wir haben doch noch einiges in der Hinterhand!« Er spielte damit auf die Wunderwaffen an, V 1, V 2, waren schon seit der Invasion auf Großbritannien abgeschossen worden. »Lieber Hans-Joachim, was haben uns V 1 und V 2 genützt, die Alliierten stehen an der deutschen Grenze. Das ist ein Irrglaube, es gibt über die Infanterie und die Panzerdivision, die Artillerieverbände und Pioniere keine Wunderwaffen. Was wir nicht schaffen, schaffen auch einige Raketen nicht. Es ist ein Irrglaube, hüte dich, daran zu glauben!« »Aber wir müssen doch noch etwas haben, sonst hat es doch keinen Sinn mehr, noch zu kämpfen!« »Ja, das ist es ja eben, es ist sinnlos geworden, und trotzdem können wir nicht Schluß machen! Vielleicht gibt es noch eine Hoffnung, aber ich glaube, wir werden den Kelch bis zum bitteren Ende leeren müssen!« Frau Jung und meine Schwestern hatten Tränen in den Augen, als wir uns verabschiedeten. »Auf Wiedersehen, aber leider niemals mehr hier, das ist vorbei«, so unsere letzten Worte! In Oppeln erreichten wir dann den Frontzug. Ich konnte mich noch mit Oberleutnant Jung eine ganze Weile über seine Erfahrungen und Eindrücke unterhalten. Auch manches Gespräch im Zug drehte sich um die Wunderwaffen. Es schien, als wären einzelne kriegsbeschädigte Soldaten bewußt in diese Züge gesetzt worden. Denn auffallend viele Gespräche über die Wunderwaffen wurden geführt, und ein schwerversehrter Oberfeldwebel, ein Auge verloren, schwere Kopfverletzungen, ein Arm amputiert, war besonders lautstark in der Erzählung. Nach V 1 und V 2 erklärte er, gäbe es nun bald V 3 und V 4 und schließlich V 5 und dann eine ganz besondere, ganz geheime Waffe, die TV. Auf meine Frage, was das sei, erklärte er, TV, das sei die totale Vernichtung. Das Wort Atombombe oder Atomrakete war damals noch nicht geläufig. Aber es müßte sich um etwas ganz Besonderes handeln, denn der Ausdruck totale Vernichtung, der beweise schon, daß damit das Ende des Krieges, nämlich der deutsche Sieg, in greifbare Nähe gerückt sei. Der Führer hätte bisher nur gezögert, diese Waffen einzusetzen, wegen der unvorstellbaren Zerstörung, die sie verursachten. Hans-Joachim Jung leuchteten bei dieser Darstellung die Augen. Ich blieb weiter skeptisch und verschloß meine Gedanken in mir selbst, weil ich mich nicht auf ein Gespräch einlassen wollte. Denn nach den Ereignissen, die dem 20. Juli gefolgt waren, war es doppelt nötig, auf der Hut zu sein. Es rasten die Volksrichter des Volksgerichtshofes, und man tat gut daran, seine wahren Gedanken zu verschließen und nicht unbedingt vor jedermann zu äußern. An der Grenzstation Deutsch-Eylau ein großes Durcheinander, alle Züge wurden angehalten, ausgekämmt, und ich traf plötzlich auf dem Bahnhof Oberleutnant Dr. Franz Meyers aus unserer III. Artillerieabteilung des Regiments 104, mit dem ich gerade in dem Regiment 84 in den zurückliegenden Jahren oft zusammengearbeitet hatte. Dr. Franz Meyers, Rechtsanwalt in Mönchengladbach, erklärte, er sei durch Zerbombung seines Hauses in einen Bombenurlaub nach Mönchengladbach geschickt worden, um noch zu retten, was zu retten sei. Und nun plötzlich habe man eine Urlaubssperre verkündet und alle Züge ausgekämmt, man stelle hier Alarmeinheiten zusammen! »Und ich, Herr Major, soll eine Infanteriekompanie übernehmen! Ich bin doch Artillerist, es ist doch schrecklich, wenn ich jetzt hier eine Infanteriekompanie von mir völlig unbekannten Leuten übernehmen soll. Können Sie nicht etwas für mich tun?« Ich begab mich zum Standortkommandanten, einem Generalmajor, stellte mich vor und erklärte, ich sei auf dem Wege, das Regiment 216 bei der 102. Schlesischen Division am Narew zu übernehmen. Der Divisionskommandeur sei General von Bercken und ich hätte soeben einen wichtigen Mann aus unserer Division, den Oberleutnant der Reserve Dr. Franz Meyers getroffen, der hier ebenfalls von einem Urlaubszug zu einer Alarmeinheit abgestellt werden sollte. Ich bat den General dringend, Oberleutnant Dr. Meyers nicht zu vereinnahmen, sondern ihn in Richtung Mönchengladbach reisen zu lassen, da er für unsere Division, die am Narew in schwieriger Position sei, wichtige Ausrüstungsstücke zu beschaffen und andere Angelegenheiten bei unseren Ersatztruppenteilen in Oberschlesien zu regeln hätte. Der General sah mich groß an und sagte, es sei ein schwerer sowjetischer Einbruch zu beklagen.

Er habe den Auftrag, alles Verfügbare an Truppen in diese Einbruchstelle zu werfen, aber er notierte sich den Namen Dr. Franz Meyers, 102. Infanteriedivision, und versprach, daß er tun wolle, was er tun könne. Ich ging zurück zu Oberleutnant Franz Meyers und bedeutete ihm, daß er sich auf seinen Bahnsteig begeben sollte. Ich brachte ihn durch die Sperre der Feldgendarmerie, wies mich kurz aus und sagte: »Wir wollen zur Front, der Oberleutnant gehört zu mir!« Das etwas hart und befehlsgemäß Ausgesprochene führte dazu, daß die Feldgendarmerie, dabei auch ein Hauptmann, salutierten und uns durchließen. Franz Meyers kam wieder auf den Bahnsteig, von dem sein Zug in Richtung Heimat fahren sollte. Ich selbst mußte wieder auf den anderen Bahnsteig, denn dort fuhr wenige Minuten später mein Zug in Richtung Allenstein und von da weiter in Richtung Ortelsburg. Später habe ich von Meyers erfahren, daß er bangenden Herzens doch seinen Platz im Urlauberzug erreicht und nach Mönchengladbach gekommen wäre. Wiederum aber war mir auch bekannt geworden, daß die Alarmeinheiten, die dem russischen Einbruch entgegengeworfen wurden, fast vollkommen aufgerieben wurden. Es bestätigte sich wiederum, wie falsch es war, wild zusammengestellte Züge, Kompanien und Bataillone in krisenhaften Situationen an die Front zu werfen und zum Abriegeln oder Auffangen sowjetischer Durchbrüche einzusetzen. Da niemand niemanden kannte, niemand auf Zuverlässigkeit und Kameradschaft seines Nachbarn bauen konnte, die Erfahrungen der einzelnen Unterführer und Offiziere grundverschieden waren, sie auch zum Teil aus verschiedensten Truppenteilen und Waffengattungen kamen, konnte ein solcher Gegenangriff nur schiefgehen. Sein Nutzen stand in keinem Verhältnis zu den ungeheuren Verlusten, die diese Alarmeinheiten zu beklagen hatten.
Die ostpreußischen Städte, die wir durchfuhren, Allenstein, Ortelsburg, wo wir ausstiegen, um mit einzelnen Lastwagenkolonnen zu den jeweiligen Einheiten zu fahren, boten ein friedensmäßiges Bild. Wären nicht die Vielzahl von Nachschubeinheiten, Hinweisschilder auf Truppen an den Straßenkreuzungen, an den Ausfallstraßen zu sehen gewesen, so hätte man geglaubt, man wäre hier im friedlichen Ostpreußen. Aber die Massierung von

Nachschubeinheiten, die vielen Uniformen im Straßenbild, ließen doch erkennen, daß die Front sehr nahe gekommen war. Die Bevölkerung war keineswegs beunruhigt, man hatte offensichtliches Vertrauen zu der sogenannten »Ostpreußischen Schutzstellung«, die die Truppe bezogen hatte.
Es war nach meinem Verlassen der Front in der Gegend Pruzana noch zu harten Kämpfen gekommen, die den ganzen Monat August angedauert hatten, bis schließlich die Division zunächst am Bug westlich von Wyschkow eingesetzt war, um dann schließlich im Raum Sniadowo mehrfache Durchbruchsversuche sowjetischer Panzereinheiten aufzuhalten. Schließlich war nach den harten Kämpfen im August und September, bei denen die Division zahlreiche massive Vorstöße sowjetischer Panzereinheiten mit Luftwaffenunterstützung abgewehrt hatte, die Front Mitte September am Narew zum Stehen gekommen. Diese Ostpreußen-Grenzstellung verlief im Raum Lomza, Ostrolenka bis nach Nowogorod. Die Divisionen hatten hier am Westufer des Narew Feldstellungen ausgehoben, viele behelfsmäßige Bunker gebaut, sie abgestützt. Es war in der Ruhe der 2. September- und 1. Oktoberhälfte auch Nachschub herangekommen. Sowohl an Personal wie an Material, die Narewfront hatte sich so gefestigt, daß etwa die gleichen Verhältnisse herrschten, wie vor Jahresfrist am Dnjepr nach dem Rückzug aus dem Raum Orel bis in den Raum Gomel-Retschitza. Aber der Schein trog; denn die Sowjets hatten südlich von Ostrolenka bei Rozan einen Brückenkopf über den Narew erkämpft, und es war trotz mehrfacher Gegenangriffe den deutschen Divisionen nicht gelungen, den Brückenkopf einzudrücken und die Sowjets wieder über den Narew zurückzuwerfen. Damit aber besaßen sie eine Möglichkeit zu neuen Panzervorstößen über den Narew nach Nordwesten. Dieses sollte aber nicht die einzige Schwäche der ostpreußischen Schutzstellungen am Narew sein. Eine ganze Anzahl anderer Unzulänglichkeiten kam noch hinzu.
Ich suchte den Divisionsgefechtsstand auf und meldete mich bei General von Bercken. Die letzten Monate waren nicht spurlos an ihm vorübergegangen. Er sah älter, abgekämpft, ja verfallen aus und man spürte ihm an, welche schweren Strapazen er körperlich ertragen, aber auch welche innere seelische Not ihn in den letzten

Monaten belastet hatte. Mußte ihm doch gerade das alles besonders nahe gegangen sein, was sich nach dem 20. Juli über viele seiner Kameraden an Tod und Verhängnis ausgebreitet hatte. Angefangen von dem Tod seines Freundes und Kameraden, des Generalmajors Henning von Tresckow, bis zu der schimpflichen Hinrichtung vieler anderer durch den Volksgerichtshof zum Tode verurteilter Generalfeldmarschälle und Generäle. General von Bercken machte daher auch keinen Hehl aus seinem Pessimismus. Er beurteilte die Lage ganz schlecht. Wenn gegenwärtig eine gewisse Ruhe an der Ostfront herrschte, so sei das nur die Ruhe vor einem neuen Sturm, so erklärte er. Ich meinerseits konnte ihm davon berichten, daß es eine Westfront alter Art praktisch gar nicht mehr gäbe, sondern auch hier nur durch harte Befehlsmaßnahmen eine Stabilisierung der Front gelungen sei. Es sei eine Frage der Zeit, wann tiefe Einbrüche ins Rhein-Ruhrgebiet und in die übrigen Räume des Reiches von Westen her zu erwarten seien. Der Divisionskommandeur sprach sich sehr lobend über die Regimentskommandeure und Bataillonskommandeure, ja überhaupt über seine ganze Division aus, die sich hervorragend in den schweren Kämpfen im Juli, August und September geschlagen habe und seit Anfang Oktober eine Ruhepause durchaus verdient hätte. Das eine Regiment unter Oberst Klasing, ausgezeichnet mit dem Eichenlaub zum Ritterkreuz, das andere unter dem mir ja wohlbekannten Oberstleutnant Dr. Pier, meinem früheren Bataillonskommandeur, und das 3. Regiment, das Regiment 216, gebildet aus den Resten der 216. Infanteriedivision, nunmehr Divisionsgruppe 216, sollte ich übernehmen. Mein Vorgänger, Oberst Gnoth, sei zu neuer Verwendung zur Führerreserve versetzt worden. Auch bei der Artillerie würde ich bekannte Gesichter wiedersehen. Oberstleutnant Dr. Ludwig führe nach wie vor die Artillerie. Ich erzählte General von Bercken, daß ich den Oberleutnant Dr. Meyers auf der Herfahrt getroffen habe. »Ja«, sagte General von Bercken. »Meyers wird in Kürze Hauptmann der Reserve, er ist einer meiner tüchtigsten Artillerieoffiziere!« Ich fuhr nunmehr mit einem unserer Volkswagenjeeps in Richtung Narew. Das Gelände in der Niederung des Narew ist sandig, mit zahlreichen Waldstücken und Birkenwäldchen durchsetzt, eine typische Flußlandschaft, abwechselnd Sumpfniederungen, viel Vegetation. Im Grunde genommen undurchdringlich, sehr schwer für einen Verteidiger die einzelnen Räume zu übersehen, nur selten ausreichendes Schußfeld, Wald und noch mal Wald, wie er für diesen Raum an Weichsel und Narew typisch ist. Die Ortschaften waren meistens evakuiert, die Tätigkeit der Partisanen im rückwärtigen Raum hielt sich in Grenzen. Am Regimentsgefechtsstand angekommen, begrüßte mich Major Robra. Er hatte für den bereits abgereisten Oberst Gnoth die Regimentsführung übernommen, war mehrere Jahre schon bei der 102. Division, Niedersachse, schlank, groß und der älteste Bataillonskommandeur, der daher zwischenzeitlich die Regimentsführung übernommen hatte. Wir kannten uns bisher nicht, und der Empfang fiel nach meinem Eindruck etwas frostig aus. Angenehmer schien mir der Regimentsadjutant, Oberleutnant Anton Kleintje, ein Reserveoffizier, Bauunternehmer aus Peine in Niedersachsen. Wie überhaupt das Regiment 216 als Restbestand der alten 216. Division im Gegensatz zu der übrigen 102. Schlesischen Division meistens aus Niedersachsen bestand, aus der Gegend Hannover, Braunschweig, Göttingen bis herauf nach Oldenburg und Friesland. Nachdem Major Robra mich eingewiesen hatte und sich wieder nach seinem Bataillon verabschiedete, kam ich mit Oberleutnant Anton Kleintje in ein längeres Gespräch. Ich meinte, ich hätte den Eindruck, daß Major Robra recht ungern wieder zu seinem Bataillon gegangen wäre. »Es stimmt, Herr Major«, antwortete Oberleutnant Kleintje. »Sie müssen verstehen, Major Robra ist bereits seit Jahren bei uns und wir Niedersachsen halten sehr zusammen! So sehr wir Sie vom Regiment 84 noch kennen, so lobend Sie General von Bercken immer wieder herausgestellt hat, so darf ich Ihnen doch nicht verhehlen, daß wir es lieber gesehen hätten, wenn Major Robra das Regiment übernommen hätte und nicht Sie. Denn Sie sind für uns ein Unbekannter und, wenn Sie so wollen, als Schlesier etwas fremder als der Niedersachse Robra, ein alter Angehöriger unserer Division 216!« Ich verstand das und sagte kurz: »Nun ich will versuchen, Herr Kleintje, auch bei den Niedersachsen heimisch zu werden, denn ich komme gerade von einer Division, die auch in der Hauptsache aus Niedersachsen bestand,

nämlich der 272. Inf. Div. an der Normandiefront. Und im übrigen gewöhnt man sich allmählich an jeden Volksstamm. Ich glaube, daß ich mit den Niedersachsen nicht schlechter auskommen werde als mit den Oberschlesiern oder den Rheinländern und Westfalen, mit denen ich es bisher zu tun gehabt habe!«
Regimentsarzt war ein Doktor Wende. Die Namensähnlichkeit führte dazu, daß oft die Post später verwechselt wurde. Ich bekam seine Heimatpost, er die meine, aber da er als Regimentsarzt ja immer in der Nähe des Regimentsgefechtsstandes war, machte uns das nicht viel aus. Ich hatte bald sowohl zu Kleintje wie zum Regimentsarzt Doktor Wende aus Hannover ein ausgeprochenen kameradschaftliches Verhältnis. Daher schlug ich Oberleutnant Kleintje vor, in den nächsten Tagen alle Kommandeure und Kompaniechefs des Regiments sowie, wenn möglich, die Zugführer aus der Narewstellung an einen Ort zu befehlen, an dem ich mich als neuen Regimentsführer vorstellen und so sofort alle Offiziere und Feldwebel kennenlernen konnte. Kleintje nahm den Vorschlag positiv auf: »Wir wollen in den nächsten Tagen zwischen den beiden Bataillonen und dem Regimentsgefechtsstand in einem kleinen Waldstück eine Regimentsbesprechung aller Kommandeure, Kompaniechefs und Zugführer machen. Bei der gegenwärtigen Lage ist es durchaus zu verantworten, sie alle herauszuziehen, und Sie können dann in einer Ansprache die Lage schildern und gleichzeitig sich mit den Kommandeuren und Offizieren und Feldwebeln vertraut machen!« In den ersten Novembertagen führte ich vor den in einem Viereck aufgelockert angetretenen Kommandeuren, Offizieren und Unteroffizieren aus: »Kameraden, ich habe die Ehre, das Regiment 216 zu führen. Ich komme, wie Sie wissen, von der Normandiefront über die Fahnenjunkerschule in Milowitz bei Prag, wo ich Taktiklehrer war. Vorher war ich die ganze Zeit im Mittelabschnitt der Ostfront. Daß ich hier bin, verdanke ich dem Divisionskommandeur, der mich aus seiner Tätigkeit als Regimentskommandeur gut kennt, weil ich seinerzeit ein Jahr bei ihm Hauptmann und sein Regimentsadjutant war. Ich werde mir Mühe geben, das Vertrauen zu rechtfertigen und der bisherigen tapferen Haltung des Regiments 216 und der alten 216. Infanteriedivision gerecht zu werden!« Alsdann schilderte ich die

völlig andersgearteten Verhältnisse an der Westfront und insbesondere, warum die Westfront zusammengebrochen sei und englische, kanadische und amerikanische Divisionen bereits Aachen und Metz genommen und unmittelbar vor dem Angriff auf den Rhein stünden. Ich verwies auf die außerordentliche Luftüberlegenheit des Gegners, auf seinen geradezu unerschöpflichen Vorrat an Panzern, an Artillerie, an Munition, an Verpflegung und an Soldaten. »Wie es an der Ostfront aussieht, das wissen Sie am besten! Obgleich ich seit Mitte Juli die Ostfront nicht kenne, habe ich jedoch mitbekommen, was hier alles geschehen ist, besonders in der Heeresgruppe Mitte, aber nicht minder im Süden und auch im Norden. Sie wissen, daß fast alle unsere Verbündeten jetzt im Lager unseres Gegners stehen, und Sie wissen auch, was sich alles nach dem 20. Juli auch in der höheren Führung der Wehrmacht ereignet hat, was alles über uns gekommen ist. Es hat keinen Sinn, daß wir uns hier etwas vormachen!« Meine anschließenden Darlegungen gipfelten dann in der Feststellung: »Kameraden, wir müssen ehrlich vor uns selbst bekennen, der Krieg ist verloren! Von einem Sieg oder auch von einem Kompromiß und Waffenstillstand kann nicht mehr die Rede sein. Wir gehen bitteren Wochen und Monaten bis zum Ende entgegen. Für uns gibt es dennoch ein Kriegsziel und das lautet: So viel wie möglich von unseren Soldaten müssen nach Hause kommen! Denn Deutschland braucht jeden Mann beim Wiederaufbau. Und ich sehe es als meine Aufgabe als Ihr Regimentsführer an, nichts zu tun, was auch nur unnötig das Leben eines Soldaten aufs Spiel setzt, aber alles zu tun, um die Front zu halten und um sicherzugehen, daß wir in geschlossener Front soweit wie möglich Reichsboden verteidigen, um dann, wenn es zu Ende geht, in ehrenhafte Gefangenschaft zu gelangen. Wenn die Rote Armee wieder angreift – und niemand von uns möchte gefangengenommen werden, um nach Sibirien zu gelangen – müssen wir die Front, wenn menschenmöglich, halten. Ist sie nicht mehr zu halten, ist der Bataillonsgefechtsstand die erste Auffanglinie für die zurückgehenden Kompanien und der Regimentsgefechtsstand die zweite Auffanglinie. Wenn wir geschlossen handeln, geschlossen zurückgehen, zusammenhalten und einer für den anderen einsteht, und wenn wir vor allem vermeiden, daß wir in kleinen oder größeren Kesseln eingeschlossen werden, haben wir die Chance, zu überleben! Denn Überleben ist alles, überleben und nach Hause kommen, die Heimat wiedersehen, wie sie auch aussieht. Das, meine Kameraden, ist unser Kriegsziel! Dem zu dienen, lohnt es noch weiterzukämpfen!« Ich spürte an der Reaktion eine gewisse Erschrockenheit, ja ein Erstaunen! Ich habe selten in soviel fragende Gesichter gesehen wie in die der etwa 60 Offiziere, Feldwebel und älteren Unteroffiziere. Dann ließ ich sie wegtreten und erklärte, ich würde in den nächsten Tagen Zug für Zug, Kompanie für Kompanie und Bataillon für Bataillon in der Narewstellung aufsuchen, um mir Kenntnis vom Gelände und von jedem einzelnen Bunker, von jedem Gefechtsstand, von jedem Stück der Hauptkampflinie zu verschaffen.

Als Oberleutnant Kleintje, der Regimentsarzt Doktor Wende und ich wieder auf dem Regimentsgefechtsstand, einem in einem Waldstück ausgebauten behelfsmäßigen Bunkersystem, eintrafen, herrschte mich Oberleutnant Kleintje buchstäblich an. »Herr Major, ist Ihnen klar, was Sie da eben angerichtet haben? Unter den Angetretenen waren sechs höhere SA-Führer, ein Hauptmann, ein Oberleutnant und vier Feldwebel. Davon tragen allein vier das goldene Parteiabzeichen! Sie sind hierherkommandiert als Reserveoffiziersanwärter und Reserveoffizier. Das, was Sie gesagt haben, werden die zwangsläufig nach hinten melden, und ich kann nur sagen, gnade Ihnen Gott, wenn da hinten dann das Greifkommando sich in Marsch setzt. Die holen Sie hier raus und Sie kommen vors Kriegsgericht. Wie können Sie auch so zu einer so großen Zahl von Soldaten sprechen!« Ich entgegnete dem Oberleutnant Kleintje: »Aber hören Sie, das war doch die Wahrheit, die ich gesagt habe. Glauben Sie etwa, es hat noch einen Sinn sich etwas vorzumachen und den Männern noch Illusionen zu machen?« »Natürlich ist dies die Wahrheit, aber man spricht sie nicht aus, jedenfalls nach dem 20. Juli würde ich vorsichtig sein, das in dieser Form in einem solchen Kreis so offen auszusprechen! Sie wissen doch, was mit all denen geschehen ist, die sich so geäußert haben oder so gedacht haben wie Sie!« Jetzt war ich an der Reihe, betroffen zu sein, denn Kleintje hatte recht. Ich fragte:

»Was meinen Sie, was soll ich tun? Jedenfalls warten, bis sie mich abholen, das werde ich nicht!« Oberleutnant Kleintje schlug vor: »Herr Major, ich werde die sechs, die sowieso erst seit 14 Tagen hier sind, zu Ihnen bitten und dann sprechen Sie mit Ihnen. Vielleicht gibt es eine Chance, daß die Leute vernünftig sind, vielleicht gelingt es, sie zu einer Art Stillhalteabkommen zu überreden!« Nach einigen Stunden waren die sechs bei mir im Gefechtsstand. Ich lud sie zu einer Tasse Kaffee ein, Cognac, Zigaretten und fragte sie, was sie denn über meine kurze Vorstellung gedacht hätten. Ich sei zwar sicher sehr offen gewesen, aber es sei nun mal meine Überzeugung, daß die Zeit der Offenheit an der Front gekommen sei, damit wir nicht noch für größere Enttäuschungen und Verluste in der nächsten Zeit mitverantwortlich würden. Ich wartete nun gespannt ab, wie die Reaktion der anwesenden SA-Führer in der Uniform der Wehrmacht war. Auch jetzt bemerkte ich, was mir bisher nicht bekannt war, das goldene Parteiabzeichen an der linken Brusttasche des einen oder anderen. Es meldete sich der Älteste, ein Hauptmann, zu Wort. Überhaupt, alle sechs waren älter als ich, waren zum Teil Kriegsteilnehmer des 1. Weltkrieges, trugen das EK I oder die Spange zum EK II. Der Hauptmann, ein SA-Oberführer, wie ich später erfuhr, erklärte: »Herr Major, Sie haben natürlich recht. Die Frage war nur, ob es taktisch klug war, einem so großen Kreis so reinen Wein einzuschenken. Was uns anbetrifft, so haben wir, nachdem Sie ›Wegtreten‹ befohlen hatten, uns natürlich zusammengestellt. Wir sind darin übereingekommen, Ihre Offenheit anzuerkennen, Ihnen dankbar zu sein. Denn im Grunde genommen haben Sie natürlich vollkommen recht. Auch wir denken so, und wir sehen gerade aufgrund unserer Stellung als SA-Führer für uns noch schlechter, für unser persönliches Schicksal und das unserer Familien, wie Sie sich denken können. Sie brauchen sich über unser Stillschweigen und unser Verhalten keine Sorgen zu machen. Wir werden Offenheit mit Verschwiegenheit vergelten, und wir werden nichts tun, aber wir werden auch dafür sorgen, daß Ihnen von anderer Seite nichts getan werden kann. Denn Sie können sich natürlich vorstellen, daß nicht alle so denken, wie wir älteren Offiziere und Feldwebel. Es gibt da noch den einen oder anderen jungen HJ-Führer, der

natürlich bis zur letzten Stunde glaubt. Wer will ihm das verdenken, nachdem ihm 12 Jahre dies und nicht anderes von uns beigebracht wurde!« Es schloß sich nun eine Aussprache von mehr als einer Stunde an. Ich erzählte von den erschütternden Eindrükken, die ich insbesondere aus der Gegend Caen-Falaise mitgenommen hätte. Von der außerordentlichen Kampfkraft der alliierten Streitkräfte, ihrer Luftüberlegenheit und der geradezu makabren Hilflosigkeit und materiellen Unterlegenheit der deutschen Verbände. Ich erzählte, daß auch Offiziere des SS-Panzerkorps Dietrich nicht anders dächten. Ich hätte mehrere Gespräche meines Generals Schack, des kommandierenden Generals von Obstfelder und des Oberstgruppenführers und Befehlshabers des SS-Panzerkorps Sepp Dietrich mitgehört und wüßte, daß die Verzweiflung bei den SS-Kommandeuren nicht geringer war als bei den Kommandeuren des Heeres. Wir würden nun in einem Boot sitzen, und das sei doch sicher auch die Erkenntnis der SA-Führer, daß es darauf ankäme, Menschenleben zu retten, sie vor Sibirien, aber auch vor unnötigem Tod und Verzweiflung zu bewahren.
Als die sechs sich verabschiedeten, hatte ich den Eindruck, sechs Kameraden gewonnen zu haben, auf die ich mich in den kommenden Wochen verlassen konnte, aber auch sechs überzeugte Nationalsozialisten, die Idealisten und keine Verbrecher waren. Sie waren alle Familienväter und ihre Gedanken kreisten mehr um das Schicksal, das ihnen und ihren Familien bevorstand als um irgendwelche Überlegungen, mich wegen meiner Offenheit ans Messer zu liefern. Als sie gegangen waren, atmeten wir alle erleichtert auf, und Kleintje in seiner unverwechselbaren, offenen niedersächsischen Art sagte: »So, Herr Major, jetzt ist aber Schluß, jetzt sprechen nur wir hier untereinander die Wahrheit aus. Um uns herum wollen wir eine Zone der Funkstille verbreiten, denn man weiß nie, was noch alles an Denunzianten auch hier herumläuft. Zunächst einmal haben wir diese Krise gemeistert, jetzt werden wir uns um den Narew und unsere Soldaten im einzelnen kümmern müssen!« Ich hatte nun eine Lehre und Lebenserfahrung mehr mitbekommen, es sollte allerdings nicht die letzte sein. Meine etwas vorwitzige, vielleicht manchmal auch spontane Art zu reagieren und offen meine Meinung zu äußern, sollte mir auch

in Zukunft noch manche Sorgen und manchen Kummer bereiten. Dennoch, so ganz überzeugt von meiner Sicherheit war ich nicht. Denn wenn auch die sechs SA-Führer sicher, was meine Sorgen anbetraf, zu sein schienen, so hätte es unter den 60 Zuhörern noch den einen oder anderen geben können. Ich habe daher Oberleutnant Kleintje offen gesagt, daß in dem Augenblick, in dem ein Greifkommando, sei es des Sicherheitsdienstes oder der Feldgendarmerie, auf den Regimentsgefechtsstand kommen würde, ich untertauchen müßte. Ich würde mir einen vorgeschobenen Gefechtsstand unmittelbar am Narew einrichten, würde mir dort einige Waffen, einen Karabiner, Leuchtspurmunition, einen Kasten mit Handgranaten und auch etwas Verpflegung deponieren. Denn sollte doch jemand noch vor dem Regimentsgefechtsstand erscheinen, um mich abzuholen, würde ich dort untertauchen. Im übrigen würde ich mit dem mir auch persönlich sehr vertrauten Nachbarn, dem Oberstleutnant Dr. Pier, Kommandeur des Regiments 84, Verbindung aufnehmen und ihm meine Lage schildern, und mit Sicherheit würde ich auch bei den mir seit vielen Jahren bekannten Soldaten des Regiments 84, vor allem bei den Offizieren und Unteroffizieren, einen persönlichen Schutz genießen. Oberleutnant Kleintje stimmte zu. Er meinte: »Ich habe da etwas, wir haben ohnehin zwischen dem Narew, der vorderen Linie, den beiden Bataillonen und dem Regimentsgefechtsstand einige Auffanglinien, und das Gelände hier ist so unübersichtlich, und die Möglichkeiten hierherzukommen sind so schwierig, daß wir noch etwas Zusätzliches machen werden. Wir haben nur zwei Wege, die hierher von der Division durch die Waldstücke und Sümpfe zur vordersten Linie führen. Bei dem einen werden wir ein Schild aufstellen, ›Achtung, Partisanengefahr‹ und bei dem zweiten, ›Achtung, Minengefahr‹. Wenn also von der Division oder an der Division vorbei vom Korps direkt jemand hier erscheint, wird er sich sicher in acht nehmen und wird vermutlich erst Verbindung zum Regimentsgefechtsstand aufnehmen, bevor er erscheint.« Und so geschah es auch! Unser Regimentszeichner entwarf auf Sperrholzplatten zwei Schilder mit Totenkopf, »Achtung Partisanengefahr«, »Achtung Minengefahr, nicht weiterfahren!« Gewiß, mit diesen beiden Schildern, die wir selbstverständlich auch dem Divisionskommandeur mit der nötigen Erklärung offenbarten, haben wir uns ungebetene Besucher in den nächsten Wochen vom Halse gehalten. Es spricht aber für den Geist und auch für den gesunden Instinkt der Offiziere und Unteroffiziere des Regiments 216, daß niemand meine Erklärung vor ihnen zum Anlaß genommen hatte, irgend jemandem darüber eine Meldung zu machen, die natürlich für mich gewisse Konsequenzen haben mußte. Nachdem dieses Problem einigermaßen gelöst schien, begab ich mich zu dem Nachbarregimentskommandeur, Oberstleutnant Dr. Pier, und einen Tag später zu Oberst Klasing. Dr. Pier hatte sich kaum verändert. Wir hatten uns zwei Jahre lang nicht gesehen; denn im Frühjahr 1942 war er nach schwerer Erkrankung zunächst ins Lazarett und dann zu einem höheren Stab in Dänemark gekommen. Er war inzwischen 52 Jahre alt und wir saßen wiederum an einem Kaminfeuer zusammen in einem behelfsmäßig ausgebauten, mit dicken Balken abgesicherten Unterstand, wie vor vier Jahren Ende 1940 in der Normandie zwischen Rouen und Dieppe in dem kleinen Château von Tôtes, unweit von Dieppe. Ja, was ist alles geschehen in diesen vier Jahren, und wie hat sich die Welt verändert! Natürlich philosophierten wir über Gott und die Welt, und das Ergebnis war, daß es nur noch Monate dauern könnte und ein großes Fragezeichen über unserem Schicksal stand. Würde sowjetische Gefangenschaft unser Schicksal sein, oder gäbe es noch die Möglichkeit, in britische oder amerikanische Gefangenschaft zu gelangen? Wir hofften auf ein Vordringen der amerikanischen und britischen Truppen, die ja bereits in breiter Front die Reichsgrenze erreicht hatten und mit ihren Spitzen sich dem Rhein näherten. Wir hofften, daß es den Alliierten gelänge, ganz Deutschland zu besetzen, bis die Rote Armee den Oderraum erreicht haben würde. Daß diese Hoffnung eine verhängnisvolle Illusion war, sollte sich bald herausstellen. Mit Oberst Klasing kam ich auch gut zu Rande, er war ein sehr gebildeter und in jeder Weise den schweren Belastungen gewachsener Reserveoffizier, sportlich, von einer ausgeprochen optimistischen Lebenshaltung. »Wir werden hier schon herauskommen, wir haben bisher immer noch die richtige Kurve bekommen«, erklärte er. Nicht anders erging es mir bei dem Gepräch mit dem Kommandeur des Artille-

rieregiments 104, Oberstleutnant Dr. Ludwig, und seinem Vertrauten, Hauptmann Dr. Meyers.
An der Front herrschte Ruhe, wir nutzten sie zu zahlreichen Besuchen der Gruppenstützpunkte, der Züge der Kompaniechefs. Die etwa vier Kilometer breite Front des Grenadierregiments 216 kannte ich in wenigen Tagen wie meine Westentasche. Es gab kein Waldstück, keinen Laufgraben, keinen Stützpunkt, den ich nicht in diesen Tagen mit wachem Sinn erkundet hatte. Es gab von der Linie der beiden vorn eingesetzten Bataillone eine gute Übersicht über den Narew, der dort eine Breite von etwa 120 bis 150 Metern hatte. Durch geschickte Linienführung der Hauptkampflinie waren alle freien Flächen zum Teil durch sich überkreuzende Feuermöglichkeiten gesichert. Rückwärtige Stützpunkte ermöglichten bei eventuellen Einbrüchen das Auffangen der Truppe. Die ganze Verteidigungsstellung am Narew schien mir so gut angelegt zu sein, daß, solange der Narew nicht zugeforen war, eine Angriffsoperation der Russen uns nicht gefährlich werden konnte. Überdies besaß ich noch eine Reservekompanie, so daß unweit des Regimentsgefechtsstands ständig eine Stoßreserve bei Einbrüchen hätte eingesetzt werden können. Die Artillerie hatte ihre Stellungen. Die Sperrfeuerräume waren erschossen. Der linke Nachbar, das Regiment 84, zuverlässig und mir vertraut von den ersten Tagen des Krieges her und auch das Regiment 232 des Oberst Klasing. Die ganze 102. Schlesische Division, eingesetzt am Narew, konnte sich durchaus sehen lassen. Rechts von der 102. Infanteriedivision lag die 14. Infanteriedivision, die den Raum Ostrolenka deckte. Von ihr wiederum nach rechts gestaffelt die 292. und, vor dem Brückenkopf von Rozan, die 129. Infanteriedivision. Nördlich von uns die 547. Volksgrenadierdivision und die 562. Volksgrenadierdivision bis in den Raum von Lomza. Wir waren dem XX. Armeekorps des Generals Freiherr von Roman unterstellt. Im gleichen Raum lag noch das »Panzerkorps Großdeutschland«, das den Raum zwischen Neidenburg und Ortelsburg abzudecken hatte als mögliche Einsatzreserve.
Die Volksgrenadierdivision war wieder so eine neue Wortprägung. So wie wir von den Infanteristen vor Jahresfrist zu Grenadieren umbenannt waren, als wenn das etwa den Kampfwert hätte

erhöhen können, so waren auch die neu aufgestellten Divisionen, insbesondere nach der Ausrufung des totalen Krieges und der Auskämmung aller Stäbe »Volksgrenadierdivisionen« genannt worden, VGD. Ihr Kampfwert war recht unterschiedlich. Es gab ausgezeichnete Kämpfer unter ihnen, fronterfahrene Kommandeure. In den nachfolgenden Kämpfen haben sich die Volksgrenadierdivisionen unterschiedlich bewährt. Von tapfer kämpfenden zu weniger guten und einsatzbereiten Einheiten ging hier der große Bogen.

Im Hinterland hatte man sich auch etwas Neues einfallen lassen. Aus nicht wehrfähigen alten Leuten und noch nicht eingezogenen Jungen, insbesondere aus dem Bereich der Hitlerjugend, wurde der Volkssturm aufgestellt, als letztes Aufgebot zur Verteidigung des Heimatbodens. Auch hier war die Kampfkraft und Ausrüstung denkbar gering. Was konnte schon der Volkssturm ausrichten, so meinten unsere Obergefreiten, wenn wir, die aktiven Divisionen und Regimenter, nicht mehr in der Lage waren, den Russen aufzuhalten! Typisch für die Fehleinschätzung der Lage, aber auch für die großmäulige Propaganda war eine Ausgabe des »Völkischen Beobachters« vom 25. September 1944, die mir erst jetzt in die Hände kam. Es hieß da in dem Erlaß Hitlers vom 25. September 1944 über die Bildung des Deutschen Volkssturms wörtlich: »Nach fünfjährigem schwerstem Kampf steht infolge des Versagens aller unserer europäischen Verbündeten der Feind an einigen Fronten in der Nähe oder an den deutschen Grenzen. Er strengt seine Kräfte an, um unser Reich zu zerschlagen, das deutsche Volk und seine soziale Ordnung zu vernichten, sein letztes Ziel ist die Ausrottung des deutschen Menschen. Wie im Herbst 1939 stehen wir nun wieder ganz allein der Front unserer Feinde gegenüber. In wenigen Jahren war es uns damals gelungen, durch den ersten Großeinsatz unserer deutschen Volkskraft die wichtigsten militärischen Probleme zu lösen, den Bestand des Reiches und damit Europas für Jahre hindurch zu sichern. Während nun der Gegner glaubt, zum letzten Schlag ausholen zu können, sind wir entschlossen, den zweiten Großeinsatz unseres Volkes zu vollziehen. Es muß und wird uns gelingen, wie in den Jahren 1939 bis 1941, ausschließlich auf unsere eigene Kraft bau-

end, nicht nur den Vernichtungswillen der Feinde zu brechen, sondern ihn wieder zurückzuwerfen und solange vom Reich abzuhalten, bis ein die Zukunft Deutschlands, seiner Verbündeten und damit Europas sichernder Friede gewährleistet ist.«
Wahrlich, man konnte nur den Kopf schütteln über so viel propagandistischen Nebel, der die wahren Verhältnisse verschleiern sollte und über den völlig unzulässigen Vergleich zu 1939 bis 1941. Inzwischen waren fast alle deutschen Großstädte und Industriezonen in Schutt und Asche versunken, hatten wir Millionen an Verlusten zu beklagen, an Toten, an Verwundeten, und von einem Widerstandsgeist und Siegeswillen, wie er noch 1939/40 oder 1941 zu verzeichnen war, konnte in der Bevölkerung, von einigen Fanatikern abgesehen, überhaupt keine Rede mehr sein. Auf der anderen Seite allerdings wußte inzwischen auch der Soldat, was ihm drohte, was vor allen Dingen seinen Angehörigen bevorstand, wenn die Rote Armee deutsche Dörfer und Städte in Besitz nahm und dort noch Angehörige, Frauen und Kinder antraf. Beim Angriff im Oktober gegen ostpreußische Ortschaften im Kreise Gumbinnen und im Kreise Goldap, hatten die Rotarmisten in verschiedenen Dörfern, vor allem in Nemmersdorf, ein furchtbares Massaker unter der Bevölkerung, insbesondere unter Frauen und Kindern angerichtet. Schweizerische und schwedische Journalisten und Vertreter des Internationalen Roten Kreuzes waren herbeigerufen worden, um sich an Ort und Stelle von den grausamen Kriegsverbrechen der Roten Armee zu überzeugen. Die Aufnahmen und die Schilderungen gingen nicht nur durch die deutsche Presse. Es wurde immer wieder den Soldaten, auch durch die Propaganda, eingehämmert: »Denk an Nemmersdorf, willst du deine Frau, willst du dein Kind, willst du deine Eltern der Rache von Nemmersdorf aussetzen? Wenn nicht, dann kämpfe um jeden Fußbreit deutschen Bodens, um deine Frau, um deine Familie zu schützen!« So verband sich in der Seele des Soldaten die Aussichtslosigkeit der Fortführung des Kampfes einerseits mit dem Willen, die deutschen Menschen in den Grenzgebieten vor Nemmersdorfer Grausamkeiten zu bewahren. Jeder Soldat war in einem inneren Zwiespalt, die seelische Belastung wurde von Woche zu Woche größer.

10.
Letzte Kriegsweihnachten am Narew

Es kam die sechste und letzte Kriegsweihnacht. Die Zuteilungen für die Truppe, auch die Sonderzuteilungen, hielten sich im üblichen Rahmen. Es gab Alkohol, Schokolade, mehr Fleisch, mehr Brot, Butter, Wurstkonserven, die über das normale Maß hinausgingen. Man hatte sich außerdem etwas Besonderes ausgedacht: Rotkreuzschwestern kamen in ihren grünen Mänteln und weißen Kopfhauben aus den ostpreußischen Lazaretten an die Front, um Weihnachtspäckchen in die Stützpunkte der einzelnen Soldaten zu bringen und so für Weihnachts- und Heimatstimmung zu sorgen. So war es auch bei mir! Es meldeten sich 24 Rotkreuzschwestern aus Ortelsburg an. Sie wollten am 23. und 24. Dezember 1944 möglichst weit vorn Päckchen und Liebesgaben an die in der Hauptkampflinie eingesetzten Soldaten übergeben. Ich teilte einige Unteroffiziere ein, die die Rotkreuzschwestern zu begleiten hatten, empfing sie auf dem Regimentsgefechtsstand mit einer kleinen Ansprache und mit einem Dank im Namen der Soldaten, die sie nun besuchen sollten. Je zwei Rotkreuzschwestern, begleitet von drei Soldaten, immer unter Führung eines Unteroffiziers, machten sich nun auf den Weg zu den vorn eingesetzten Kompanien. Sie haben wirklich eine gewisse Weihnachtsstimmung durch ihre Anwesenheit und durch ihre Geste der Verbundenheit bei den vorn in den Stützpunkten eingesetzten Soldaten verbreiten können. Da die Russen nur wenige Feuerüberfälle auf unsere Linien in diesen Tagen schossen, ging die ganze Bescherung auch ohne Verluste vonstatten. Ich war natürlich froh, als die Rotkreuzschwestern unversehrt und stolz auf ihre Mission wieder nach Ortelsburg zurückkehrten. Mit meinem Regimentsadjutanten hatte ich vereinbart, daß ich eine ähnliche Aktion am Heiligen Abend machen würde. Ich würde nach Einbruch der Dunkelheit auch die vorderen Linien beider Bataillone vom rechten Bataillon beginnend aufsuchen und möglichst viele Stützpunkte und vorn eingesetzte Gruppen mit kleinen Geschenken, Zigaretten, Schokolade, SchokaCola, mit manchem guten Tropfen bedenken. Wir machten uns auf den Weg, etwa 15 Soldaten, denn es waren ja eine Anzahl von Säcken mitzunehmen. Wir kamen uns wirklich vor wie Weihnachtsmänner, die zur Bescherung antraten. Die ganze Angelegenheit war gar nicht so einfach. Ich mußte natürlich in jedem Stützpunkt mit den dort eingesetzten Soldaten ein Gläschen Schnaps trinken und das Ganze zog sich von etwa 18.00 Uhr die ganze Nacht bis zum Morgengrauen des 25. Dezember hin. Nur das ständige Laufen in der kalten Winternacht – es lag eine leichte Schneedecke, die Temperatur war etwa um minus 4–5 °C – verhinderte, daß wir alle, die wir natürlich anstoßen mußten, blau wieder in unseren Regimentsgefechtsstand zurückkamen. Oberleutnant Kleintje und unser Regimentsarzt, Dr. Wende, waren jedenfalls froh, daß wir unversehrt, wenn auch müde und voll des Alkohols, wieder auf unserem Gefechtsstand eingetroffen waren. Der andauernde Frost hatte um die Jahreswende den Narew zufrieren lassen, so daß es unruhiger wurde. Denn über das Eis kamen Nacht für Nacht Spähtrupps der Roten Armee, auch Stoßtrupps. Die Aufmerksamkeit unserer Stützpunkte und die der Besatzungen in der Hauptkampflinie war angespannt. Auch am Tag versuchten einzelne Gruppen, den Narew zu überschreiten und Erkundungsvorstöße bei unserer Hauptkampflinie durchzuführen. Vielleicht war das der Grund, weswegen auch seitens der Division ähnliche Vorstöße unsererseits befohlen wurden. Als erstes begann das Regiment 84 ein Stoßtruppunternehmen mit einem Artilleriefeuerüberfall. Er führte zur Gefangennahme einiger Russen aber auch zu einigen eigenen Verlusten. In den ersten zwei Wochen des Januar 1945 bereiteten wir ein größeres Stoßtruppunternehmen gegen eine vor uns eingesetzte russische Kompanie vor. Zwei unserer Kompanien sollten an den beiden Flügeln der russischen Kompanien einbrechen ohne einen Schuß und ohne irgendwelche Geräusche die Kompanie ausheben und buchstäblich in der Ruhestellung überraschen. Das Unternehmen gelang! Während ich im linken Bataillon einen Feuerzauber veranstaltete um abzulenken, brachen die beiden Kompanien umfassend in die russische Stellung ein. Es gelang ihnen 36 Gefangene zu machen, ein Teil der sich wehrenden Unteroffiziere und Offiziere der Russen fiel, die Waffen konnten mitgenommen werden. Das erfreulichste aber an dieser Aktion war, daß wir selbst nur einen Leichtverwundeten hatten, der durch die Splitter seiner eigenen Handgranate verletzt war. Aus den Aussagen der Gefangenen, die sowohl das Regiment 84 gemacht hatte wie unser Regiment 216, ging hervor, daß ein Angriff kurz bevorstand. Denn die Einheiten waren aufgefüllt, schwere Waffen, Artillerie waren in Stellung gefahren. Man hörte in den Nächten noch Panzergeräusche. Wir wußten, daß jeden Tag im Januar 1945 der erwartete Großangriff gegen die ostpreußische Stellung losbrechen konnte. Ziel dieses Großangriffs konnte, was uns betraf, nur die Abschnürung und schließlich Einschließung Ostpreußens sein. Daher richtete sich unsere Hoffnung auf genügend Reserven, vor allem beweglicher Panzereinheiten, die einen in Richtung Ostsee vorstoßenden sowjetischen Panzerkeil abfangen und die Verbindung Ostpreußens nach Danzig und nach Pommern offenhalten konnten. Um so überraschter und betroffener waren wir daher, als am 16. Dezember 1944 mit viel Propaganda die deutsche Ardennenoffensive gestartet wurde. Wir faßten uns an den Kopf! Wie kann man angesichts der hier im Osten drohenden Gefahr seine besten Panzerdivisionen und noch vorhandenen Divisionen der Infanterie und der schweren Waffen gegen den Westen wenden! Unsere Hoffnung war ja doch gerade, daß Amerikaner, Engländer, Kanadier, soweit wie möglich als kleineres Übel das Reichsgebiet besetzten und nicht die Rote Armee! Auch die Hinweise auf die hier eingesetzten Vergeltungswaffen, insbesondere V 2, waren nicht geeignet, diese Entscheidung als richtig empfinden zu lassen. Wir sahen den Verlust von Divisionen, die uns an der Ostfront wesentlich nötiger gewesen wären als im Aufhalten des amerikanischen und britischen Vorgehens von West nach Ost. Zwei Tage nach Beginn der Ardennenoffensive war am 18. Dezember die 5. Panzerarmee des Generals Hasso von Manteuffel bis zum großen Straßenknotenpunkt Bastogne vorgedrungen. Auch die Panzereinheiten des SS-Oberstgruppenführers Sepp Dietrich hatten anfangs Erfolg. Nur mit Mühe gelang es einem amerikanischen Armeestab rechtzeitig sich abzusetzen, jedoch hat dann die 101. Amerikanische Luftlandedivision Bastogne entlasten können.

Nach wenigen Tagen war das schlechte Wetter, das einen alliierten Lufteinsatz unmöglich gemacht hatte vorbei, der Himmel klarte auf, Frost, Schnee, typisches Winterwetter, auch in den Ardennen. So gewannen die amerikanischen Divisionen den Kampf um Bastogne. Die deutschen Panzer hatten zum Schluß weder Treibstoff noch Munition. Der Nachschub wurde wegen der schweren alliierten Luftangriffe zerbombt, es mußte der Rückzug eingeleitet werden. Wenige Tage nach dem erfolgreichen Beginn, also in den ersten Januartagen, waren die zerschlagenen Reste der angreifenden Panzer und Infanteriedivisionen wieder auf ihre Ausgangspositionen zurückgeworfen. Die Ardennenoffensive war zu Ende, aber die letzten Reserven der Deutschen Wehrmacht waren vernichtet. Eine Fehlentscheidung Hitlers ohnegleichen, die er angeblich gegen den Rat des Chefs des Generalstabes Guderian und anderer Militärs aus Eigensinn, wie schon so oft, getroffen hatte. Am 12. Januar begann die sowjetische Großoffensive aus dem Baranow-Brückenkopf in Richtung Oder und obere Weichsel. Dem massierten Einsatz russischer Artillerie- und Werfer-Batterien und der etwa zehnfachen Übermacht an Panzern und Infanterie-Divisionen gelang es, schon am ersten Tag, tiefe Einbrüche in die deutsche Front zu erzielen. Vor unserem Abschnitt am Narew war es noch ruhig. Wir hörten allerdings das Gedröhne und Getrommel des Kampflärms südlich von uns und ahnten Schlimmes. Am 14. Januar 1945 brach der Angriff auch aus dem Raum der 2. weißrussischen Front, die unter Marschall Rokossowski sechs Armeen und fünf Panzerkorps umfaßte, gegen die 2. Armee des Generalobersten Weiß der Deutschen Wehrmacht los, und zwar südlich Ostrolenka aus dem Rozan-Brückenkopf. Der Stoß traf die 292. Infanteriedivision, die 129., die 299., die 7. Infanteriedivision und die 5. Jägerdivision. Nach etwa einstündigem Trommelfeuer aller Kaliber stießen sowjetische Panzerkeile durch die deutsche Front. Die Divisionen hatten Mühe, in harten wechselvollen Kämpfen die Hauptkampflinie zu halten. Gegenangriffe bereinigten einige Angriffe, im großen und ganzen gelang es, wenn auch unter großen Verlusten, den ersten Stoß abzufangen. Ein schwerer Einbruch der sowjetischen Panzerkeile aber war bei der 129. und der 292. Division erfolgt. Dort gelang es den Sowjets, die Front südlich

Ostrolenka aufzureißen und in Richtung Nordwesten vorzustoßen. Auch in unserem Regiments- und Divisionsabschnitt setzte heftiges Artilleriefeuer am 15. und 16. Januar ein. Die Sowjets versuchten, auch im Abschnitt der 102. Division den Narew zu überschreiten. Dank der guten Geländekenntnisse – wir lagen immerhin nun zwei Monate in der Stellung am Narew – und der gut ausgebauten Feldstellungen der Stützpunkte, die durch flankierendes Feuer der Maschinengewehre den ganzen Raum gut getarnt unter Feuer nehmen konnten, brachen alle Angriffe der Sowjets im Abschnitt unserer 102. Division zusammen. Wo einzelne sowjetische Gruppen in unsere Stellung eingebrochen waren, wurden sie durch Gegenangriffe sofort wieder durch rasch herangeführte Stoßtrupps aus der Hauptkampflinie vertrieben. In den folgenden Tagen verlegte sich der Kampflärm immer weiter an uns vorbei in Richtung Nordwesten. Wir hatten den Eindruck, daß die Front bereits südlich von Ostrolenka tief aufgerissen und in Richtung Neidenburg, Ortelsburg sich sowjetische Panzervorstöße bewegten. So jedenfalls war es aus dem Kampflärm und aus den nächtlich am Himmel erkennbaren Feuerscheinen und Bränden zu erkennen. Das Artilleriefeuer und die Angriffe auch vor unserem Abschnitt wurden immer heftiger. Die ersten Verluste traten durch Artilleriefeuer ein, obgleich wir eine schon an der Normandiefront bewährte Taktik anwandten. Da wir wußten, daß am Morgen der sowjetische Angriff über dem Narew mit einem Trommelfeuer aus Geschützen aller Kaliber erfolgen mußte, zogen wir die Hauptkampflinie etwa 600 bis 800 Meter in eine Auffangstellung zurück, so daß das morgendliche Trommelfeuer der russischen Artillerie nur auf leere Gräben herunterging und wir weitgehend die Verluste vermieden, die wir sonst bei besetzten Hauptkampflinien am Narew gehabt hätten. Als dann die sowjetischen Stoßtrupps und angreifenden Kompanien zum Teil mit Panzern in die deutsche Hauptkampflinie einbrachen, fanden sie keinen Soldaten vor. Bei ihrem weiteren Vorgehen allerdings gerieten sie in das zusammengefaßte Feuer aller unserer Infanteriewaffen und der Artilleriebatterien im Raum der 102. Division. Auf diese Weise war es sowohl am 16., wie am 17. und 18. gelungen, alle sowjetischen Panzervorstöße abzuwehren. Wir hatten 16 Panzer abgeschossen, die zum

Teil brennend, zum Teil in den einzelnen Sumpfniederungen durch Panzerfäuste erledigt, als Wracks lagen. Das gab natürlich meinen Soldaten einen großen Auftrieb. Ich selbst war auf dem vorgeschobenen Gefechtsstand und ging von Kompanie zu Kompanie, um den Soldaten meine Anerkennung und die Freude über den gelungenen Abwehrerfolg zum Ausdruck zu bringen.
Durch den tiefen Einbruch, den der sowjetische Panzervorstoß im Raum der 2. Armee erzielt hatte, im Raum bei Ostrolenka-Rozan, war unsere 102. Division von der Verbindung zum XX. Armeekorps und zur 2. Armee des Generaloberst Weiß abgeschnitten. Die 102. Division bog daher ihren rechten Flügel zum Flankenschutz mit Front nach Süden ein und verharrte weiter in der Narewstellung bis in den Raum Nowogorod. Sie wurde nunmehr der 4. Armee des Generals der Infanterie Hossbach unterstellt und kämpfte weiter im Verband dieser 4. Armee.
Inzwischen hatte der sowjetische Panzerdurchbruch südlich von uns bei der 2. Armee einen Umfang erreicht, der ein weiteres Halten der Narewstellung nicht mehr verantwortlich erscheinen ließ. Wir räumten daher in der Nacht zum 19. Januar 1945 die Narewstellung und gingen in eine neue Auffangstellung weiter nördlich bei Myczíniec. In unserer Division und natürlich auch in meinem Regiment herrschte ein berechtigter Stolz, daß wir die Narewfront gegen alle Angriffe auch mit Panzern gehalten und so eine Absetzmöglichkeit für die Zivilbevölkerung am Südrand Ostpreußens noch ermöglicht hatten. Für diese Leistung und für die dann später um Sensburg ausbrechenden Kämpfe wurde ich einen Monat später mit dem Ritterkreuz des Eisernen Kreuzes ausgezeichnet.
Es war inzwischen sehr kalt geworden, Temperaturen zwischen 10 und 20 °C minus, starke Schneefälle, eine Schneedecke von 20 cm. Alle Bewegungen waren erheblich erschwert. Die Artillerieeinschläge hatten eine viel stärkere Splitterwirkung, wenn sie auf den gefrorenen Boden trafen. Unsererseits war ein Eingraben überhaupt nicht mehr möglich. Der Boden war bis zu 30–40 cm tief gefroren. Die Infanterie kämpfte also um Häuser, um Dörfer, ausgehobene Stellungen fanden wir nur selten vor. Reserven fehlten. Es rächte sich jetzt bitter, daß unsere Panzerdivisionen in

der Ardennenoffensive untergegangen waren und nichts zur Verfügung stand, um den in Richtung Nordwesten auf Elbing vorstoßenden Panzerkeil des Marschall Rokossowski in der Flanke anzugreifen oder zu stoppen. Von Myczиniec wurde die Front weiter am 20. 1. 45 zurückgenommen in die Gegend der alten ostpreußischen Reichsgrenze, der Johannisburger Heide. Auftrag unseres Regiments war, die Front vor der kleinen Stadt Puppen zu sichern. Es war die erste deutsche ostpreußische Kleinstadt, die wir betraten. Sie war bereits evakuiert. Da an der Grenze Zollbehörden tätig waren, war Puppen mit zahlreichen Beamtenwohnungen versehen. Wir hatten unseren Regimentsgefechtsstand in einer dieser Zollbeamtensiedlungen. Es war gespenstisch, die Wohnungen zu besichtigen. Alles aufgeräumt, guter Mittelstand, zum Teil neue Möbel, die Schränke voller Bekleidung, darunter auch die Paradeuniformen der Zollbeamten, die meistens Offiziere der Reserven waren und nun an der Front standen. Der von uns Soldaten so häufig humorvoll bezeichnete »Kaiser-Wilhelm-Gedächtnisrock«, die Schirmmütze, der Mantel, der Offizierssäbel. In der Küche standen die Vorräte, die eingemachten Früchte des Sommers, Fleischkonserven. Es war so, als wenn jemand eine aufgeräumte Wohnung verlassen hätte, um sich für einige Tage zu Verwandten oder Bekannten oder in den Urlaub zu begeben. Der Ort war menschenleer, die Evakuierung aber mußte ganz plötzlich und Hals über Kopf erfolgt sein. Ein erschütterndes Bild der ersten verlassenen, unzerstörten deutschen Stadt, in der wir nun die vordere Linie im Kampf gegen die Rote Armee zu bilden hatten. Die Sowjets stießen mit einzelnen Panzergruppen nach. Die Infanterie saß auf den sowjetischen Panzern auf und bei dem guten Straßennetz waren die sowjetischen motorisierten Einheiten schnell hinter uns her. Beim ersten Feuerwechsel stiegen die aufgesessenen Rotarmisten ab, schwärmten rechts und links des Panzers im Gelände aus, der Panzer gab ihnen Feuerschutz. Es war für uns verhältnismäßig einfach, die Infanteriesoldaten zu bekämpfen, zumal wir aus den festen Häusern, auch aus den Fenstern der oberen Stockwerke eine gute Übersicht über die Schneefläche hatten. Schwieriger war es schon in den Waldstükken. Wir waren natürlich in unserer Ausrüstung und Bewaffnung hoffnungslos den angreifenden Rotarmisten unterlegen, die mindestens mit 10, 12 und 15 Panzern sofort das Feuer eröffneten, wenn wir aus einem Waldstück oder aus einem Dorf oder einem kleinen Städtchen uns zur Wehr setzten und versuchten, den Vorstoß der Roten Armee aufzuhalten. Da die Front in unserer rechten Flanke weit aufgerissen war, bereits die Städte Neidenburg, Deutschwaldau, Osterode und Allenstein verloren waren und der Feind sich im Vormarsch in Richtung Elbing befand, wurde die Front weiter zurückgenommen, die offene Flanke war auch für die 4. Armee eine immer größere Gefahr. Wir erhielten den Auftrag, eine neue Auffangfront südlich des Spirdingsees zwischen Rudzanny, das sich jetzt verdeutscht Niedersee nannte, und in Richtung Sensburg auf den Höhen einige Kilometer südlich von Sensburg mit Front nach Süden zu bilden und dafür Sorge zu tragen, daß der Feind aus Richtung Ortelsburg und Allenstein nicht in unsere Flanke stieß. Im Gegensatz zu den Orten Myczíniec und dem ersten deutschen Ort Puppen und den umliegenden Dörfern waren Rudzanny und Sensburg noch voller ostpreußischer Bevölkerung und vieler Flüchtlinge, die seinerzeit aus den bombengefährdeten Räumen des Rhein-Ruhrgebietes und Hamburgs nach Ostpreußen in den damaligen Luftschutzkeller des Reiches evakuiert worden waren. Ich meldete dem Divisionskommandeur, daß es sehr schwierig sei, auf den vollgestopften Straßen, in denen sich die Flüchtlingstrecks erst zusammenfanden, die befohlenen Bewegungen zeitgemäß durchzuführen und die befohlene Hauptkampflinie einzunehmen. Denn natürlich gaben wir den Flüchtlingstrecks den Vorrang. Es war schließlich der Sinn unseres Kampfes, ihnen noch eine Möglichkeit zur Flucht zu verschaffen, wie konnten wir es da verantworten, sie etwa von der Straße zu drängen, um früher als sie die befohlene Hauptkampflinie zu erreichen? Außerdem forderte ich, daß die Front im Raum zwischen Rudzanny und Sensburg mindestens noch einige Tage halten müsse, um die etwa 12 bis 15 000 Einwohner umfassende Stadt Sensburg noch evakuieren zu können. Denn hier war nichts geschehen! Die Kreisleitung der NSDAP, die Behörden der nationalsozialistischen Partei, alles war bereits getürmt, wie uns die Einwohner sagten. Die Bevölkerung war ausschließlich auf sich selbst und die nunmehr durch die Wehrmacht bereitgestellte Hilfe angewiesen. Es zeigte sich, wie verhängnisvoll es war, Ostpreußen nicht zu evakuieren, zumindest die Randgebiete Ostpreußens nicht rechtzeitig zu räumen, sondern jeden Gedanken an eine Evakuierung und Räumung als ein Verbrechen unter Todesstrafe zu stellen. Nachdem ich die einzelnen Stützpunkte auf den Höhen südlich Sensburg aufgesucht und ihnen dringend nahegelegt hatte, alles zu tun, um die Front hier zu halten, weil wir die Stadt Sensburg evakuieren müßten, begab ich mich selbst nach Sensburg. Das Bild war erschütternd. Frauen und Kinder und nochmal Frauen, kaum ein älterer Mann darunter. Sie flehten die Soldaten an, helft uns, helft uns, bringt uns weg. Einige hatten sich in ihr Schicksal ergeben. »Nein, wir gehen nicht, wir bleiben, es hat ja keinen Sinn!« Es war inzwischen sehr kalt geworden, Temperaturen um −20 °C und Schneefall, so daß jeder Weg für Gespanne, aber auch für Kraftfahrzeuge, durch Glatteis und durch die Schneefälle erschwert war. Es galt als erstes, den Flüchtlingen zu helfen. Ich ließ den Regimentsarzt Dr. Wende kommen und befahl ihm, mit allen Sanitätern und mit den hier auf dem Regimentsgefechtsstand freien Meldern, Funkern und Soldaten, die Evakuierung vor allem von Frauen und Kindern in Richtung Westen, in Richtung Rotfließ, in Richtung Heilsberg in Gang zu bringen. Dazu sollte jeglicher Leerraum bereitgestellt werden, der entbehrlich war, Lastkraftwagen, Pferdegespanne, was auch immer aufzutreiben war. Alles Gerät, das nicht unbedingt für den Kampf notwendig war, sollte abgeladen werden. Auch die Personalakten, die Wehrpässe, die Schreibmaschinen, alles was wir nicht mehr für den Kampf unmittelbar nötig hatten. Auf diese Weise haben wir nicht nur in unserem Regiment, sondern auch bei der ganzen Division die Wehrpässe gerettet, die im Gegensatz zum Soldbuch der Soldaten nicht am Mann mitgeführt werden, sondern sie gehören zu der rückwärtigen Nachschubtruppe und werden dort in Kisten und Kästen transportiert. Die Ausgabe der Wehrpässe gestattete nicht nur wiederum Freiraum zu gewinnen für die Evakuierung, sondern jedermann trug nunmehr auch den Wehrpaß bei sich und konnte dann nach dem Krieg nachweisen, wo er sich aufgehalten und was er an Verwundungen oder Krankheiten sich zugezogen hatte. Mancher war sehr dankbar, auf diese Weise später eine Urkunde zu haben, die ihm ermöglichte, soweit er als Ostpreuße, Schlesier oder Pommer ohnehin alle Personalunterlagen, Heimat und Wohnung verloren hatte, seine Identität nachzuweisen. Dr. Wende und seine Sanitäter stürzten sich mit aufopfernder Begeisterung in diese Aufgabe. Es wurde in allen verfügbaren Wohnungen von Sensburg durch unsere Sanitätssoldaten Kaffee, Tee gekocht, Verpflegung bereitgestellt. Daran gab es ja keinen Mangel. Denn Sensburg hatte ein großes Verpflegungslager, in dem alles, was wir zum Teil wochenlang entbehrt hatten, von der Schokolade bis zum Schweinefleisch in Büchsen, Ölsardinen, Tomatenfisch in Büchsen, Kaffee, Tee, in Unmengen gestapelt war. Wir sorgten dafür, daß dieses Versorgungslager der Bevölkerung zur Verfügung stand. Es setzten sich die ersten Pferdegespanne und Autos in Bewegung. Der Verkehr lief reibungslos, gelegentlich durch Luftangriffe behindert, aber in den Abendstunden des 23. 1. 1945 war das Trecken in vollem Gange und in der Nacht zum 24. und 25. floß aus dem Raum Nikolaiken–Sensburg die Evakuierung auf vollen Touren. Tausende sind auf diese Weise aus dem Raum des Kreises Sensburg noch in Richtung Heilsberg, Braunsberg und schließlich über das Haff nach Pillau gekommen. Auf jeden Fall hatte der Kampf hier wieder einen Sinn. Denn es gelang, Frauen und Kinder vor dem Zugriff der Russen zu bewahren. Da die Seenplatte um Rudzanny, Sensburg, auch der Spirdingsee, zugefroren waren, machten die Sowjets Vorstöße sowohl über die zugefrorene Seenplatte wie durch die einzelnen Waldstücke und Schluchten. Wir standen in schweren Kämpfen auf den Höhen südlich Sensburg, mußten die Front von Rudzanny zurücknehmen, bis etwa an die Höhen von Nikolaiken. Erst am 26., als der größte Teil Sensburgs evakuiert war, gaben wir, später als es befohlen war, die Verteidigungslinie von Sensburg auf und richteten uns bei Bischofsburg neu zur Verteidigung nach Süden und nach Osten ein. Wir hatten bei den Abwehrkämpfen um Sensburg und um die Seenplatten aber auch beim Zurückgehen auf Bischofsburg erhebliche Verluste, weil der Angriffsgeist der Roten Armee natürlich angestachelt war durch die Hoffung, in die Vorratskeller, in die Häuser, die Dörfer und auf das Beutegut der deutschen

Bevölkerung zu stoßen. Es gab erbitterte Nahkämpfe sowohl im Sensburger Raum als auch in der Stadt Sensburg. Tragisch, daß einige tausend doch in Sensburg verblieben und es ablehnten, die Stadt Sensburg zu verlassen. Die große Kälte mag mit dazu beigetragen haben, viele davon abzuhalten, sich in das Verhängnis der Flucht auf den verstopften Straßen zu begeben. Eine Begebenheit, kurz bevor wir Sensburg räumten, ist mir noch in Erinnerung. Eine Frau kam weinend zu uns und erzählte, sie und eine andere Frau hätten vor dem Angriff der Russen ihr Haus verlassen. Ihre drei Kinder aber hätten sie auf der Flucht verloren, diese wären wieder schreiend zurückgelaufen. »Kommen Sie, helfen Sie mir, holen Sie mir meine Kinder aus dem Haus!« Ich stellte einen Stoßtrupp aus zehn Soldaten zusammen und fragte meine umstehenden Soldaten: »Wer meldet sich freiwillig, um mit dieser Frau die Kinder herauszuholen?« Es meldeten sich mehr, als für die Aktion notwendig waren. Ich beauftragte einen mir bekannten, tapferen Obergefreiten, mit dem EK I ausgezeichnet, er solle den Stoßtrupp anführen, aber erst bei Einbruch der Dunkelheit. Der Artilleriebeobachter, der bei uns war, legte einen Feuerschlag auf den Stadtteil westlich der Häuserzeile, um die Möglichkeit des Herankommens für den Stoßtrupp zu erleichtern. Um 18.00 Uhr, es war dunkel, schlichen sich nach dem Artilleriefeuerüberfall auf das benachbarte Gelände die Soldaten an das Haus, begleitet von der Frau. Nach etwa einer Stunde kamen sie zurück. Sie brachten die drei Kinder, die Frau war überaus dankbar. Der Obergefreite aber, der diesen Stoßtrupp angeführt hatte, war im Nahkampf, als er den Rückzug seiner Gruppe deckte, gefallen!
Welche Veränderung hier in diesem landschaftlich so schönen Raum Sensburg, Nikolaiken, Rudzanny, Johannisburg gegenüber der Zeit vor vier Jahren. Im Mai und Juni 1941 hatten wir hier einen herrlichen Frühling erlebt, als wir aus der Normandie kommend für den Angriff auf die Sowjetunion in diesem Raum versammelt waren. Die herrlichen langen Nächte, das Gefühl, mit der Bevölkerung eins zu sein im eigenen Land und nicht in Feindesland wie in Frankreich, damals wirklich erlebte Lebensfreude und Liebe. Und heute, vier Jahre später, Tod, Vernichtung und Haß. Dazu die Eiseskälte eines harten und schneereichen ostpreußischen Win-

ters, der uns allen zu schaffen machte, Soldaten wie Zivilbevölkerung.
Wir hatten jedenfalls wenigstens die Genugtuung, soviel wie möglich für die Räumung und Rettung der Bevölkerung aus dem Raum Sensburg getan zu haben, als die Stadt schließlich am 28. Januar in die Hände der Roten Armee fiel.
Die Lage in Ostpreußen hatte sich dramatisch zugespitzt. Es war den sowjetischen Panzerkeilen gelungen in Elbing einzudringen. Man hatte sie zwar wieder herausgedrückt, und Elbing wurde tapfer verteidigt, aber die Russen hatten bei Tolkemit am 27. Januar das Haff erreicht und damit Ostpreußen von den Verbindungen nach Westen abgeschnitten. Es blieb lediglich noch der Weg über das Haff, über die Frische Nehrung, über Danzig oder nach Pillau, von dort auf dem Seewege nach Danzig, Gotenhafen oder über die Halbinsel Hela in Richtung Dänemark oder in noch in deutscher Hand befindliche Ostseehäfen. Auf der Flucht über das zugefrorene Frische Haff spielten sich entsetzliche Tragödien ab. Denn natürlich belegten die sowjetischen Schlachtflieger die Trecks mit Bomben, und viele Gespanne versanken mit Mann und Maus in den Fluten des Haffs. Viele Hunderttausend aber sahen es noch als eine Gnade an, über das zugefrorene Haff und über die Frische Nehrung in Richtung Stutthof, Danzig und Gotenhafen zu kommen, um dort wenigstens, wenn schon nicht die Wagen und die Pferde, so das nackte Leben mit den aus Zoppot, Gotenhafen und Hela auslaufenden Rettungsschiffen zu bewahren. Es waren geradezu apokalyptische Bilder, die den Soldaten zugemutet wurden, wenn sie die Trecks zum Teil zerstört durch Schlachtfliegerangriffe, zum Teil überrollt von sowjetischen Panzern, nach Gegenangriffen in ihrem ganzen Jammer erlebten. Die Sowjets rollten einfach mit ihren Panzern über Menschen, Pferde und Wagen hinweg. Bilder des Grauens, die einen noch wochen- und monatelang im Schlaf verfolgten, mußten die Soldaten täglich in diesen schweren Kämpfen über sich ergehen lassen. Das spornte aber auf der anderen Seite auch wieder ihren Widerstandswillen an. Ein besonderes Verhältnis ergab sich aus der Zusammenarbeit der Soldaten mit der Zivilbevölkerung. Viele junge Mädchen und junge Frauen hatten sich der zurückgehenden Truppe angeschlos-

sen. Zum Teil in Wehrmachtsmänteln, zum Teil mit Stahlhelmen, mit Waffen, nahmen sie sogar in vorderer Linie an Kampfhandlungen teil. Die Sorge der Kommandeure, daß sich aus der unmittelbaren Berührung der Zivilbevölkerung und der Truppe eine Minderung des Kampfgeistes, ja sogar Auflösungserscheinungen ergeben würden, war völlig unbegründet. Im Gegenteil, die Soldaten spürten, daß es sinnvoll war, für das Leben dieser jungen Frauen und der Kinder zu kämpfen. Umgekehrt wiederum waren die jungen Frauen als Helferinnen beim Verpflegungs-, beim Munitionsnachschub, bei der Pflege Kranker und Verwundeter, eine wertvolle Hilfe geworden. Die jungen Mädchen sagten: »Wenn wir schon sterben müssen, dann wenigstens mit euch! Es ist besser, mit euch gemeinsam unterzugehen als in die Hände der Russen zu fallen!« So stark hatten sich die Bilder von Nemmersdorf und das was die Propaganda auch darüber verbreitete, bei den jungen Menschen festgesetzt, daß sie lieber in vorderer Linie an der Front mit den deutschen Soldaten kämpfend sterben wollten, als in die Hände der Russen zu fallen. Ich habe selten so tapfere, umsichtige und so mutige Frauen erlebt, wie in diesen Wochen im Kampf um Ostpreußen. Sei es bei Sensburg, bei Heilsberg, in der Mehlsacker Stadtheide, in den Kämpfen bei Braunsberg, Heiligenbeil und wo auch immer. Natürlich waren alle diese Ortschaften voll mit ostpreußischer Bevölkerung, mit Soldaten aber auch mit vielen Kriegsgefangenen.
Die belgischen und französischen Kriegsgefangenen verdienen es hier erwähnt zu werden. Mancher Treck wäre nicht möglich gewesen, hätten die auf dem Bauernhof tätigen französischen und belgischen Kriegsgefangenen nicht die Rolle des abwesenden und im Kampf an der Front stehenden Familienvaters oder des Sohnes übernommen. Hoch auf dem Kutscherbock oft französische und belgische Kriegsgefangene, mitleidend, mitsterbend unter den sowjetischen Schlachtfliegerangriffen, unter den Panzervorstößen oder unter den Maschinengewehren oder Maschinenpistolen einbrechender sowjetischer Infanterie. So haben Tausende französischer und belgischer Kriegsgefangener vielen tausend ostpreußischen Familien das Leben gerettet und sie vor Untergang und Sibirien bewahrt.

Im schweren Schneesturm bei etwa −20 °C Kälte kämpfte sich unsere 102. Division über Rotfließ in Richtung Heilsberg durch. Immer wieder von nachstoßenden sowjetischen Panzer- und Infanteriegruppen angegriffen, hielt sie die Front nach Süden und verhinderte eine Abschnürung der noch weit ostwärts von uns stehenden Verbände der 4. Armee, die noch zum Teil im Raum Rastenburg und Bartenstein in schweren Kämpfen gegen den von Osten drückenden sowjetischen Gegner standen. Die Stadt und Festung Heilsberg war in große Gefahr gekommen, als es im Rahmen der Fluchtbewegung sowjetischen Panzern gelungen war, mit den Trecks in den Abendstunden des 30. Januar in Heilsberg einzudringen. Durch diesen Zufall war Heilsberg kampflos in die Hände der Roten Armee gefallen. Damit war das Abfließen vieler Trecks, die noch ostwärts Heilsberg standen, unmöglich gemacht worden. Ich wurde zum Divisionskommandeur befohlen und bekam den Auftrag, in einem nächtlichen Angriff in der Nacht vom 30. zum 31. Januar 1945 Heilsberg wieder zu nehmen und die dortigen eingedrungenen sowjetischen Soldaten aus Heilsberg herauszuwerfen. Der Angriff sollte überfallartig ohne Artillerie-Vorbereitung erfolgen. Ich nahm die beiden Bataillonskommandeure, die Chefs der Regimentskompanien und eine mir zugeteilte Pioniereinheit zur Befehlsausgabe zusammen. Uns standen die Stadtpläne von Heilsberg zur Verfügung. Eine Stadt über 10 000 Einwohner, auf einer Höhe gelegen. Von Südost nach Nordwest führte die Hauptstraße, die von Sensburg nach Braunsberg führte. Auf dieser wichtigen Straße waren die Panzer in Heilsberg eingedrungen. Ich teilte einige Stoß- und Sturmgruppen für den nächtlichen Angriff auf Heilsberg ein, der für 03.00 Uhr vorgesehen war: »Die einzelnen Stoßgruppen greifen jede für sich einen hier auf dem Plan erkennbaren Häuserblock und eine Straßenflucht an!« Ich teilte den ganzen Südrand von Heilsberg in einzelne Stoßgruppen auf. »Unser Ziel ist es, Punkt 03.00 Uhr antretend Häuserblock für Häuserblock, Straße für Straße zu gewinnen.« Damit wir uns nicht gegenseitig durch unsere Angriffe gefährdeten, sollte jeder Stoßtrupp und jede Gruppe, die einander begegneten, sich das Kennwort »Heilsberg« zurufen. Falls der Gegner dieses Kennwort aufgenommen haben könnte, sollte ein

Ausweichkennwort »Bercken« lauten. Damit wollte ich sicherstellen, daß bei dem zu erwartenden nächtlichen Geschieße und bei der Gefahr, daß eigene Stoßgruppen aufeinander gerieten und es zu einem Durcheinander kommen konnte, jede einzelne Gruppe durch den Zuruf von Heilsberg sich als deutsche Kampfgruppe erkennbar machte. Pioniere mit geballten Ladungen und Panzer- und Tellerminen wurden den einzelnen Gruppen zugeteilt, um die in Heilsberg eingedrungenen etwa 24 sowjetischen Panzer zu bekämpfen. Der Sinn dieses Angriffs auf Heilsberg, der ohne Feuerunterstützung nur als Infanterieangriff stattfinden durfte, war, die Straße wieder freizukämpfen, Heilsberg in Besitz zu nehmen und so einen wichtigen Stützpunkt der Verteidigung des Kessels Ostpreußen in deutscher Hand zu behalten. Dieser Sinn leuchtete den Offizieren und Zugführern ein, und ich war guten Mutes, als ich um 01.00 Uhr die Befehlsausgabe beendete, daß wir es schaffen würden, zumal von Heilsberg kaum noch Geräusche zu uns drangen. Offensichtlich waren auch die Rotarmisten übermüdet in den Schlaf gefallen. Wenn es uns gelang, die wenigen sicher aufgestellten Posten zu erledigen, konnten wir damit rechnen, Heilsberg wieder zurückzuerobern. Als wir dann in die Bereitstellung zu gehen im Begriff waren, kam plötzlich der Befehl: Der Angriff auf Heilsberg ist abgeblasen. Heilsberg bleibt in sowjetischer Hand. Die 102. Division bezieht eine neue Front und zwar nordwestlich von Heilsberg am Rand der Mehlsacker Stadtheide. Die Mehlsacker Stadtheide, ostwärts der Kreisstadt Mehlsack, war ein ziemlich unübersichtliches, von Wald und Kusseln bewachsenes Heidegebiet. Dort war es sowjetischen Vorstoßtrupps gelungen, einzudringen. Es bestand die große Gefahr, daß ähnlich wie bei Heilsberg, auch Mehlsack verlorengehen und damit auch Braunsberg und Heiligenbeil gefährdet sein würden. Heiligenbeil war der einzige noch im Kessel beflogene Flugplatz, von dem wir sowohl Personal- wie Materialnachschub in die Frontlinie erhielten. Um diese Zeit waren nur noch neben Frauenburg an der Haffküste, Braunsberg, Heiligenbeil und Rosenberg die Städte Wormdit, Guttstadt, Landsberg, Preußisch Eylau, Zinten, Kreuzburg und Brandenburg in deutscher Hand. Die Westfront des Kessels verlief von Frauenburg nach Südosten entlang des Flüßchens Passarge, machte ostwärts von Gutstadt einen Bogen, an Heilsberg vorbei, das nun verloren war, um Bartenstein herum und schwenkte dann bei Schippenbeil wieder nach Norden und schließlich nach Nordwesten im Raum von Brandenburg. Weiter nördlich waren das eingeschlossene Königsberg und der Hafen Pillau mit Palmnicken, Brüsterort und Fischhausen noch in deutscher Hand. Die Kämpfe in der Mehlsacker Stadtheide gestalteten sich sehr schwierig. Immer wieder Vorstöße russischer Kompanien! Unsere Ausfälle waren groß, aber es gelang, die Front westlich von Heilsberg herum bis Mitte Februar zu halten.

Dann erneuter Befehl, 102. Division übernimmt einen Frontabschnitt südlich von Braunsberg entlang der Passarge und verteidigt Braunsberg. Also wieder herausgezogen und im Nachtmarsch auf den verschneiten und vereisten Straßen bei Kältegraden um −10−15 °C in Richtung Braunsberg und dort in eine etwa 4 km breite Abwehrfront südlich und südwestlich von Braunsberg mit Front in Richtung Elbing. Wir lösten dort ein anderes Regiment ab, das in dieser Stellung den gleichen Abschnitt von etwa 4 km Breite gehalten hatte. Die Division hatte insgesamt etwa 8 km Frontbreite, ein Regiment in Reserve und zwei Regimenter in vorderer Linie. Der Vorgänger, ein Major, hatte seinen Regimentsgefechtsstand im Park des Gutes Rodelshöfen, etwa 3 km südlich von Braunsberg in Feldstellungen, Bunkern, gut abgesichert mit Balken, gut getarnt, etwa 150 m abgesetzt vom Hauptgebäude des Gutes Rodelshöfen angelegt. Da das Gutsgebäude, auf einer kleinen Anhöhe stehend, weit sichtbar war, auch oft schon unter Artilleriebeschuß lag, hatte er es abgelehnt, sich im Gutsgebäude festzusetzen. Zwar saß im oberen Stockwerk ein Artilleriebeobachter, aber der Major meinte, es sei doch besser, wenn man von den ausgebauten Gefechtsständen Gebrauch machte. Oberleutnant Kleintje und ich sahen uns die Gefechtsstände an. Sie waren sehr gut und wohnlich eingerichtet, mit Pritschen für die Soldaten. Alles, was aus dem Schloß herausgeholt werden konnte an Decken und Betten, an Stühlen, Tischen, war hier in den unterirdischen Gängen und in den Bunkern und Unterständen eingebaut. Man hatte das aus den oberen Stockwerken des Schlosses herausgeholt. Dagegen war das untere Stockwerk vollkommen eingerichtet. In jedem Zimmer ein, zwei Betten, ein großes Kaminzimmer, ein Musikzimmer, in dem ein Flügel stand, große Bibliotheken mit Tausenden von Bänden. Es war ein Ritterschloß mit einer Einrichtung, gediegen und schön, wie man sich es nur erträumen konnte. Natürlich entschieden wir uns sofort für das Schloßgebäude und Oberleutnant Kleintje meinte: »Herr Major, wir wären ja verrückt, wenn wir da in die Erdbunker gingen, angesichts dieser schönen, wohnlichen und angenehmen Räume. Sehen Sie sich einmal die Mauern an. Die sind dicker als ein Meter, das ist genügend Splitterschutz. In der Erde werden wir noch lange genug liegen, bleiben wir doch hier!« »Kleintje, Sie haben vollkommen recht!« sagte ich. Auch der Stabsarzt stimmte zu. So entschied ich schließlich, alle, die zum Regimentsgefechtsstand gehörenden Nachrichtenleute, die Funker, die Fernsprecher, die Melder, sollten in den ausgebauten Bunkern des bisherigen Gefechtsstandes untergebracht werden. Dagegen der engere Bereich, Oberleutnant Kleintje, der Ordonnanzoffizier, der Arzt, einige Ordonnanzen und einige Melder, sollten in das Schloß ziehen, die unteren Räume sollten entsprechend aufgeteilt werden. Der Divisionsgefechtsstand lag in Braunsberg selbst in einem alten Kloster, das zuletzt als Lazarett gedient hatte. Braunsberg, ehemalige Hauptstadt des Ermlandes, Kreisstadt, war bereits im 13. Jahrhundert gegründet, mit lübischem Recht ausgestattet und hatte eine Vielzahl höherer Schulen, Priesterseminare, Museen, Krankenhäuser. Es war eine reiche und baulich wohl ansehnliche ostpreußische Mittelstadt mit den entsprechenden Behörden, Gericht, Finanz-, Landratsamt. Die Stadt war unzerstört! Allerdings, die Bevölkerung war evakuiert, da Braunsberg durch den Vorstoß der sowjetischen Panzerdivisionen nach Elbing und in den Raum um Tolkemit unmittelbar bedroht war. Allmählich wich die Winterkälte, in der zweiten Februarhälfte kamen etwas mildere Temperaturen. Es setzte leichtes Tauwetter ein, und Anfang März ahnte man schon etwas vom Frühling. Die Sonne wärmte, es war schön, im allgemeinen beschränkte der Feind sich auf gelegentliche Artilleriefeuerüberfälle und auf Vorstöße entlang der Passarge und weiter nordwestlich davon. Wo kleine Einbrüche stattfanden, gelang es, sie bald zu bereinigen. Im großen und ganzen war die zweite

Februar- und die erste Märzhälfte in unserem Raum einigermaßen ruhig, von einem verheerenden Bombenangriff Anfang März abgesehen. In der ersten Märzwoche, es war ein sonniger Märzmorgen, dröhnte plötzlich die Luft und wenige Sekunden später, wir sprangen gerade aus den Betten, zitterte auch das alte Gebäude mit hörbarem Knistern in seinen Grundmauern. Das ganze dauerte keine 30 Sekunden. Wir waren kaum in den Keller gerannt, war der Spuk vorüber. Als wir aus dem Schloß herausstürzten, sahen wir noch dic Rauchwolken eines Bombenteppichs, den etwa zwanzig sowjetische Flugzeuge genau in das Stellungssystem des Regimentsgefechtsstandes der Funker, Fernsprecher, der Melder und der Stabskompanie gesetzt hatten. Es waren die berühmt-berüchtigten Spitzschnauzen, wie wir sie nannten. Amerikanische, zweimotorige Bomber, die seitens Amerikas im »Pacht- und Leih-Gesetz« den Sowjets geliefert waren. Sie hatten verhältnismäßig genaue Zieleinrichtungen und, war es nun Absicht oder war es ein Zufall, das Schloß hatte nicht einen einzigen Treffer abbekommen. Aber der Bombenteppich von mehr als hundert Einschlägen lag genau in der Linie des Parks, in dem die Bunker, Feldstellungen und Gänge des Regimentsstabes und der Soldaten der Stabskompanie lagen. Die Verluste waren entsprechend hoch, 24 Tote waren zu beklagen. Sie waren gar nicht zu bergen, ihre Unterstände waren umgepflügt. Man fand nur Uniformfetzen, Koppelzeug und hier und da einen Papierfetzen. Diese 24 hatten in den Detonationen in ihren eigenen Bunkern ihr Grab gefunden. Eine große Anzahl war verletzt, einige konnten wir ausgraben. Es war für uns, die wir nicht dem Rat unseres Vorgängers folgten, ein großes Glück. Denn gerade der Gefechtsstand unseres Vorgängers und die umliegenden Bunker waren total zerstört.

11.
Im Ostpreußenkessel

Um den 12. März 1945 verstärkte der Russe seine Angriffe. Er drückte nicht nur gegen Braunsberg weiter vor, Mehlsack und die Mehlsacker Stadtheide waren längst verlorengegangen, ebenfalls Landsberg, Preußisch Eylau, Zinten und Kreuzburg. Der Kessel hatte noch eine Länge von etwa 30 km von Braunsberg entlang der Küste über Rosenberg, Balga, bis in den Raum westlich Brandenburg und eine Tiefe von Eisenberg bis zum Hafen Rosenberg von etwa 15 bis 18 km. Zu allem Überfluß standen die Fesselballons der sowjetischen schweren Artillerie an allen Ecken und Enden. Denn der ganze Kessel konnte natürlich jetzt eingesehen werden, und mit schweren Geschützen 17,2 cm, 15 cm, ja in einigen Fällen noch mit schwereren, vermutlich 21 cm Kanonen schoß nun der Russe von allen Seiten in den Kessel. Auch auf Braunsberg setzten um den 15. März 1945 schwere Angriffe ein, Braunsberg mußte aufgegeben werden. Der letzte Gefechtsstand meines Regiments lag im bisherigen Divisionsgefechtsstand im alten Kloster, das vorher als Hilfslazarett benutzt worden war. Schwere Bombenangriffe gingen auf Braunsberg nieder. Der Artilleriebeschuß erzeugte zahlreiche Brände. Braunsberg sank, hart verteidigt und hart umkämpft von der 102. Division, in Schutt und Asche. Unsere Verluste waren verhältnismäßig gering, weil wir in den Kellern dieser alten Stadt gute Deckung fanden. Es gab auch viele Luftschutzkeller mit schweren Armierungen und Betondecken, so daß selbst bei Granateinschlägen eine Sicherung der Truppe gegeben war. Am 20. März wurde Braunsberg, das nur noch ein Trümmerhaufen war, geräumt, die 102. Division zog sich in Richtung Heiligenbeil zurück, wo sie ebenfalls eine Auffangstellung zwischen Rosenberg und Heiligenbeil bezog. Noch war der Flugplatz in Betrieb, noch konnten Verwundete über Heiligenbeil ausgeflogen werden, noch kamen Nachrichten, ja sogar gelegentlich Post in den Kessel von Heiligenbeil, durch den einzigen uns noch verbliebenen Feldflughafen. Die Aufgabe unseres Regimentsgefechtsstandes Gut

Rodelshöfen tat uns besonders weh. Wie wir feststellten, gehörte das Gut einem Ministerialrat Dr. Gramsch aus dem Reichsinnenministerium in Berlin. Die wertvolle Bibliothek, die sich im Schloß befand, war das Stadtarchiv und die Stadtbibliothek von Braunsberg. Viele in Leder gebundene alte Bände in Latein, in Griechisch, in Französisch. Offensichtlich waren die Stadtbibliothek von Braunsberg und die Klosterbibliothek hier in das Gut Rodelshöfen ausgelagert worden. Aber auch der Besitzer des Gutes, Ministerialrat Dr. Gramsch, verfügte über eine sehr wertvolle und umfangreiche Bibliothek, unter anderem sehr viel naturkundliche Literatur. Wir fanden ganze Bände des Vogelforschers Bengt Berg mit Widmungen an seinen Freund Gramsch. Es tat uns weh, diese Bibliothek und dieses Schloß verlassen zu müssen. Wir haben nichts zur Sprengung und zur Vernichtung des Schlosses unternommen, in der Hoffnung, daß die wertvollen Schätze der Bibliothek vielleicht von wissenschaftlich orientierten Russen doch noch geborgen und vielleicht auch geschützt werden würden. Nachdem Braunsberg am 20. März 1945 verlorengegangen war, ging auch im konzentrischen Angriff von Panzern, Flugzeugen und einer außerordentlich genau schießenden und den ganzen Kessel überfallartig befeuernden Artillerie Heiligenbeil am 24. März verloren. Die zusammengedrängte Truppe hatte sich nur noch in einem kleinen Raum entlang der Haffküste um den Hafen Rosenberg bis in Richtung Balga und Kahlholz versammelt. Viele Zehntausende von Soldaten, Reste von Stäben, im Grunde genommen war die gesamte 4. Armee hier zusammengedrängt. Eine Evakuierung war lange durch das Hauptquartier untersagt worden. Erst als nicht mehr viel zu retten war, wurde die Evakuierung von schwerem Gerät und die Evakuierung von Stäben über das Haff nach Pillau und nach Fischhausen gestattet. An der Haffküste vom Hafen Rosenberg bis Balga, aber auch südlich von Rosenberg, stauten sich Tausende von Fahrzeugen, Geschützen, Panzern. Es war ein »Dünkirchen«, wie man aus den Bildern von 1940 von den Resten der britischen Divisionen noch in Erinnerung hatte. Ein neues Dünkirchen, das war das Bild, das sich uns von Heiligenbeil über Rosenberg bis Balga bot. Auch Auflösungserscheinungen, viele Soldaten versuchten mit selbstgebauten Flößen, mit Kanistern, mit verschiedenen anderen Hilfsmitteln das nun inzwischen aufgetaute Haff zu überwinden und auf die Frische Nehrung oder nach Pillau zu gelangen, immerhin 6,8 bis 10 km, die man in dem eisigen Wasser kaum durchstehen konnte. Die Wassertemperatur betrug damals 8 bis 10°C. Auf die vielen hundert paddelnden Flöße und Soldaten stieß immer wieder die sowjetische Luftwaffe herunter. Es war ein erschütterndes Bild, die Hilflosigkeit von Tausenden von Soldaten, die im Haff ihrem Untergang preisgegeben waren, zu sehen, während wir als Nachhuten den Kessel zwischen Rosenberg und Balga noch glaubten so lange halten zu können, bis die Evakuierung vor allem der Verwundeten über Rosenberg und Balga auf die Nehrung und nach Pillau von statten gegangen war. General von Bercken erklärte, es gehe jetzt nur noch darum, alle Verwundeten zu bergen und sie nach Pillau und ans Haff zu bringen. Wir, die 102. Division und Teile Großdeutschlands waren Nachhuten. »Es ist unsere Pflicht, jeden Meter Bodens hier zu halten, denn jede Stunde, die wir hier halten, rettet Hunderten anderer das Leben. Wir, die 102. Division, sind nun einmal mit Großdeutschland hier die letzte Hoffnung Tausender, die noch in Rosenberg, in Balga und an der Küste auf ihre Rettung warten!« Inzwischen war von Pillau und von der Nehrung her eine Vielzahl kleinerer Boote gekommen, wie fast damals in Dünkirchen, nur nicht in so großem Umfang und mit so modernen Mitteln. Es waren meistens kleinere Motorboote, an denen Schlauchboote für 12 bis 20 Mann angehängt waren. Zehn, zwölf, fünfzehn Schlauchboote, die im Schlepp als Seeschlangen, wie sie genannt wurden, Soldaten aufnahmen und dann hin und her über das Haff nach Pillau in Sicherheit brachten. In dem verengten Kessel zwischen Rosenberg, Balga, Kahlholz ein entsetzliches Gemetzel. Bahnau ging in harten Kämpfen verloren. Der Divisionsgefechtsstand sah sich gezwungen, im Nahkampf sich seiner Haut zu wehren. Obgleich 20 Panzer abgeschossen wurden, viele sogar im Nahkampf, brach die Verteidigungsfront schließlich um Deutschbahnau zusammen. Wir saßen nunmehr buchstäblich an der Küste im Direktbeschuß von Panzerkanonen, im Direktbeschuß von Artillerie und immer wieder angegriffen von ganzen Geschwadern sowjetischer Flugzeuge, die entweder die auf dem Haff treibenden, die Rettung auf den Flößen suchenden Soldaten oder die auf dem Küstenstreifen zusammengedrängten Tausende von Soldaten unter mörderisches Bordkanonen- und Maschinengewehrfeuer nahmen. Am 28. März waren die Reste unserer Division nur noch der Divisionskommandeur, General von Bercken, und die drei Infanterieregimenter mit wenigen Pionieren und Resten von Großdeutschland, rund um Balga auf jener vorspringenden Festlandsnase in einer Abwehrfront. Von Bercken erklärte, es müsse den ganzen Tag diese vorspringende Balganase gehalten werden, da der Tag notwendig sei zum Evakuieren weiterer Verwundeter. Die beiden Regimenter 84 und 216 seien als Nachhuten ausersehen. Sie würden heute nacht, also in der Nacht vom 28. zum 29. März, als letzte dann ebenfalls von Seeschlangen abgeholt und nach Pillau übersetzt werden. Wir verbrachten daher in den Hängen und in den Feldstellungen, in den Sandlöchern, hinter Panzerwracks, hinter Resten von Lastwagen, als letztes Aufgebot den Tag, an dem immer wieder schwerste Angriffe auf unseren kleinen vorspringenden Frontbogen von den Sowjets geführt wurden, bis endlich die Dunkelheit kam und wir den Eindruck hatten, nun ist der größte Teil der Balganase evakuiert, jetzt werden auch wir in der Lage sein, die rettende Seeschlange nach Pillau zu besteigen. Aber es kam leider anders. Kurz vor Mitternacht ließ General von Bercken Dr. Pier und mich zu sich bitten und erklärte, die Marine käme nicht mehr, der Beschuß sei zu stark. Er werde jetzt mit einem kleinen Boot noch übergesetzt, es täte ihm leid, für uns wären keine Boote mehr da. Wir wären frei, wir würden aus der Division und seinem Befehlsbereich entlassen, wir könnten nun tun, was wir wollten. Wir könnten kapitulieren, es sei jetzt einzig und allein unsere Entscheidung, was wir nun zu tun hätten. Es täte ihm leid, er könne uns nichts mehr sagen. Dr. Pier sah ihn herausfordernd an und sagte: »Herr General, ist das alles, was Sie uns zu sagen haben? Wir haben unsere Pflicht erfüllt! Auch Sie haben Ihre Pflicht zu erfüllen, Sie haben jetzt bei uns zu bleiben und mit uns gemeinsam unser Schicksal zu teilen!« Von Bercken war etwas verlegen. Er sagte, er werde alles tun, um noch zu versuchen, Marineflöße oder Seeschlangen in Richtung auf die Nase von Balga in Marsch zu setzen. Dr. Pier drehte sich um und verließ den Gesprächsplatz. Ich sprach General von Bercken noch einmal an und meinte, das sei für die Truppe eine schreckliche Enttäuschung. Nun, nachdem wir als Nachhut unsere Pflicht erfüllt und wahrlich genug Opfer gebracht hätten, würden wir im Stich gelassen. Das sei das schlimmste, was einer Infanterienachhut überhaupt passieren könne. Von Bercken versprach mir, er werde alles tun, um noch bis zum Morgengrauen Boote in Richtung Balga in Marsch zu setzen. Er gab mir die Hand: »Mende, Sie kennen mich, ich schäme mich als General, aber als Mensch sage ich Ihnen, ich werde alles tun, was in meinen Kräften steht, damit Sie hier nicht sitzengelassen werden!« Ich ging nun zu Oberstleutnant Dr. Pier, der in Ruhe eine Zigarre rauchte und sagte: »Kapitulieren, da müssen wir erst einmal mit unseren Offizieren und unseren Feldwebeln sprechen.« Wir hatten schnell eine Besprechung der Kompaniechefs, wir waren ja auf so engem Raum, daß es nicht viel Zeit brauchte, um eine Besprechung der noch lebenden Offiziere und Unteroffiziere und der Kommandeure zu veranstalten. Wir kamen überein: Es wird diese Nacht noch überstanden und am nächsten Morgen werden wir auf einer ganz kleinen Verteidigungslinie uns den ganzen Tag halten müssen. An Waffen fehlt es nicht, an Munition und Gerät auch nicht, und sobald es dunkel wäre, würden wir am nächsten Abend uns mit Flößen nach Pillau absetzen können, die inzwischen von unseren Mechanikern, Kraftfahrzeugleuten aus Kanistern und aus verschiedenen Teilen hier zurückgelassener Lastwagen gebaut werden würden. Ich meinte, Unteroffizier Gomolla verstünde etwas davon, er sei ja schließlich ausgebildeter Kraftfahrzeugmechaniker. Und so gab ich Gomolla den Befehl, sich einige Leute zusammenzusuchen und weiter rückwärts in den Waldstücken Flöße für den nächsten Abend zu bauen. Als wir noch zurückgingen, um eine neue verkürzte Position für die Nacht und den kommenden Tag einzunehmen, hörte ich von See her lautes Rufen. »Nun kommt doch, ihr Idioten, ich kann nicht mehr lange warten, ihr Idioten! Macht, daß ihr endlich kommt, ich haue sonst ab!« Ich schaute angestrengt in das Dunkel und gewahrte eine Seeschlange von etwa zwanzig großen Schlauchbooten mit einem Motorboot mit laufendem Motor. Ohne lange zu zögern, rief ich Oberleutnant Kleintje,

Stabsarzt Dr. Wende zu: »Alle mir nachfolgen« und schritt, den Karabiner hoch über mir haltend, zunächst bis zum Bauch, dann bis zur Brust, ins Wasser. Das Ufer war verhältnismäßig seicht. Hier und da stolperte einer, aber in wenigen Minuten hatten Hunderte von Soldaten, erst des Regiments 216 und dann auch des Regiments 84, die Seeschlange erreicht. Ich rief: »Dr. Pier, hierher, Pier, hierher« und ohne daß in diesem überraschenden Aufbruch irgendeine Panik ausbrach, erreichten wir die zwanzig großen Floßsäcke. Man warf sich über sie. Jeder Floßsack hatte etwa 15, 20 Soldaten, die zum Teil mit halben Unterkörpern noch im Wasser hingen, aber sich an die Stricken festhielten. Das Führungsboot setzte sich in Marsch, und langsam und unbemerkt von den Russen und ohne unter Feuer genommen zu werden, tuckerten wir in Richtung Haffmitte. Nach etwa 1 bis 1½ km erreichten wir einen kleinen Haffdampfer, auf dem Leute mit Strickleitern schon auf uns warteten, so daß wir auf diesen Haffdampfer übernommen wurden. Dann fuhr der Maat der Marine noch mal mit der Seeschlange zurück und brachte noch mal etwa hundert unserer Soldaten wiederum an Bord des kleinen Haffdampfers, so daß schließlich rund 500 Soldaten der Nachhut der 102. Division noch gerettet werden konnten. Als sich der Haffdampfer in Richtung Pillau, etwa fünf bis sechs Kilometer Entfernung, in Marsch setzte, sahen wir auf der Höhe der Balganase die Freudenfeuer der Rotarmisten. Sie schossen mit Leuchtspurmunition in die Luft, Leuchtraketen weiß, rot, grün! Man hörte das Singen, man hörte einzelne Musikinstrumente. Offensichtlich befand sich bereits der Rotarmist im Siegestaumel, denn die Schlacht um Ostpreußen war beendet. Auch für uns! Noch in letzter Minute hatte uns ein gütiges Geschick durch den Mut eines Marinemaats und durch einige glückliche Zufälle aus dem Griff der Russen befreit und uns der Rettung in Pillau nähergebracht. Erst jetzt merkten wir, wie naß und kalt es war. Die Kälte des Wassers von 8 bis 10°C hatte man solange nicht gespürt, solange man in Todesangst noch die letzten Möglichkeiten der Rettung ausnutzen wollte. Auch auf dem Wege bis zum Haffdampfer war nichts von Kälte in der Erregung zu spüren. Erst als diese Spannung von uns wich und die Steinhägerflaschen die Runde machten, die uns die Marineleute zuwarfen, erst da spürte man, was einem eben beschieden worden war. Im letzten Augenblick die Rettung vor Tod und Sibirien, zumindest eine neue Chance, in Pillau einen neuen Anfang zu finden, vielleicht sogar einen Ausweg aus der gesamten, sich überall abzeichnenden Tragödie. In Pillau wurden wir im Morgengrauen in einige Baracken geführt. Stroh wurde ausgebreitet, es wurden einige Eisenöfen angeheizt, und die rund 500 bis 600 Soldaten, die Reste, die Nachhuten unserer 102. Schlesischen Division, sanken in einen tiefen Schlaf, aus dem wir erst am nächsten Mittag durch die Rufe einiger Marinehelfer geweckt wurden. »Frischer Kaffee, heißer Kaffee, Frückstück, aufstehen!« Wir befanden uns auf der Frischen Nehrung am Südteil der Hafeneinfahrt von Pillau, dem Hafengelände gegenüber und sollten noch am gleichen Nachmittag auf der Nehrung entlang in Richtung Kahlberg marschieren, um dort behelfsmäßig untergebracht und ausgerüstet mit Waffen und Gerät wieder einsatzfähig gemacht zu werden. Am 1. April 1945 erreichten wir die Nehrung beiderseits Kahlberg und hatten den Auftrag, beiderseits Kahlberg, etwa zwei, drei Kilometer nach Osten wie nach Westen eine Art Küstenschutz gegen eventuelle sowjetische Landungsvorstöße aus dem Raum Elbing zu übernehmen. Gleichzeitig aber wurde auch beiderseits Kahlberg der nach der Ostsee zugewandte Teil mit einer Truppe unserer Division besetzt, um auch gegen eine Landungsaktion der Russen von der Ostsee her geschützt zu sein. Denn auf der Frischen Nehrung befanden sich rund 60 000 Mann aus den Nachschubeinheiten, Baueinheiten und aus sonstigen rückwärtigen Diensten zurückgelassene Soldaten, Hilfswillige, Arbeiter der Organisation Todt. Für die Fluchtbewegung in den Monaten Januar und Februar 1945 war ein Knüppeldamm, eine Befestigung der Nehrung und der Wege, herunter nach der Niederung von Stutthof ausgebaut worden. Über diese Wege waren Tausende mit ihren Wagen und Trecks in das rettende Danzig gekommen und von da aus weiter in die Heimat. Der 1. April 1945, ein denkwürdiger Tag! Denn in diesem Monat sollten die letzten entscheidenden Ereignisse für unsere 102. Schlesische Division fallen. Zunächst einmal waren die Reste wieder im alten Verband, auch wieder unter General von Bercken vereint. General von Bercken entschuldigte sich noch einmal, aber das Verhältnis zu Oberstleutnant Dr. Pier war ein für allemal getrübt. Dennoch, es blieb General von Bercken gar nichts anderes übrig, als mit dem Boot das Haff zu überqueren. Er hätte mit Sicherheit, wäre uns der Marinemaat nicht zu Hilfe gekommen, alles in Bewegung gesetzt, um noch in der Nacht mit Seeschlangen die Reste seiner Division, die Nachhuten von der Nase von Balga herauszuholen.

Hier auf der Nehrung erfuhren wir auch die schweren Rückschläge, die sich inzwischen in Ost und West ereignet hatten. An der Westfront hatten die Alliierten in breiter Front den Rhein erreicht und an mehreren Stellen überschritten. Es bahnte sich dort die Katastrophe im Ruhrgebiet an, und im Osten standen die Russen bereits vor der Oder, hatten Pommern, weite Teile Westpreußens und Schlesiens durchquert. Meine Heimatstadt in Oberschlesien war bereits am 24. Januar 1945 in die Hände der Russen gefallen. Man verkündete immer im Russischen Wehrmachtsbericht die Eroberung von Städten und Eisenbahnknotenpunkten, die »Gorodoks« und die »Stanzias«. So hörte ich von der Eroberung des wichtigen Eisenbahnknotenpunktes Groß-Strehlitz. Damit war für mich klar, daß ich bis auf weiteres weder schreiben noch Post empfangen konnte. Es hatte sich fast auf die Woche genau das ereignet, was wir auf dem Bahnsteig im Oktober 1944 mit den Schwestern und der befreundeten Familie Dr. Jung besprochen hatten. Ich konnte nur hoffen, daß meine Angehörigen und Freunde rechtzeitig und auf dem richtigen Weg geflüchtet waren.

Aber auch eine andere Aktion wurde erst hier bekannt, als wir wieder Nachrichten hören und uns besser informieren konnten. General Hossbach, der Oberbefehlshaber der 4. Armee, hatte in Kenntnis der Aussichtslosigkeit eines erfolgreichen Widerstands in Ostpreußen Ende Januar einen Durchbruch nach Westen vorbereitet und mehrere Divisionen dazu bereits in Marsch gesetzt. Mitten in das Angriffsvorhaben nach Westen kam der Befehl des Führerhauptquartiers, daß General Hossbach als Befehlshaber der 4. Armee abgesetzt sei. Der Grund war ein Telegramm, das Gauleiter Koch angeblich aus Königsberg an das Hauptquartier gesandt

hatte, in dem es hieß: »4. Armee auf der Flucht ins Reich, versucht feige sich nach Westen durchzuschlagen. Ich verteidige Ostpreußen mit dem Volkssturm weiter!« In Wirklichkeit saß der Gauleiter Koch längst mit seinem Stab in Neutief bei Pillau in einem bombensicheren Bunker, hatte ein Flugzeug zur Verfügung und ein Torpedoboot, um zur Luft und zur See rechtzeitig Ostpreußen zu verlassen. Mit General Hossbach, der nun abgesetzt war, verlor die 4. Armee den Führer, auf den sie vertraute und der vielleicht die Lage noch hätte meistern können. Sein Nachfolger, General Müller, wurde mit der Lage ebensowenig fertig wie sein Vorgänger, aber auch er versuchte, so viel wie möglich an Menschen sowohl der Soldaten wie Flüchtlinge vor Tod, Vernichtung und Verschleppung zu bewahren. Generaloberst Reinhard, der Oberbefehlshaber der Heeresgruppe, wurde ebenfalls abgesetzt. Sein Nachfolger war Generaloberst Rendulic. Hitler befahl, daß der Angriff, den General Hossbach mit Billigung des Oberbefehlshabers der Heeresgruppe, Generaloberst Reinhard nach Westen unternommen hatte, sofort einzustellen, die augenblickliche Stellung zu halten und Ostpreußen in fester Verbindung mit Königsberg zu verteidigen sei.
Königsberg war bereits am 31. Januar eingeschlossen, und auch Danzig ging am 30. März verloren. Wir Reste der 102. Schlesichen Infanteriedivision saßen nun auf der Nehrung bei schlechter Verpflegung, es war unmöglich, bei den auf der Nehrung versammelten Massen noch eine normale und ausreichende Versorgung der Truppe sicherzustellen. Das Brot, das hier gebacken wurde, mußte mit Baumrinde und mit Sägemehl gestreckt werden, um ein Minimum an Verpflegung zu verteilen. Pferde wurden geschlachtet, wo auch immer, suchte man in den Kellern noch nach Kartoffeln, Gurken oder irgendwelchen Vorräten. Der Russe schoß mit Geschützen verschiedenen Kalibers von Tolkemit und Frauenburg nach Kahlberg hinein. Störungsfeuer am Morgen, auch gelegentlich nachts, das aber keinen größeren Schaden anrichtete. In den ersten Apriltagen war nur der Raum um Oxhöft und die Halbinsel Hela noch in deutscher Hand. Ebenfalls die Weichselniederung bei Stutthof, die Nehrung bei Stutthof, Kahlberg bis Pillau, einschließlich des Hafens Pillau und das Vorfeld von Pillau, Fischhausen,

Palmnicken und Brüsterort bis an den Einschließungsring von Königsberg. In Kahlberg richteten wir den Regimentsgefechtsstand, wenn man ihn überhaupt angesichts der vorhandenen Gefechtsstärke noch so nennen durfte, in einem Gasthof ein. Wir besaßen auch ein Rundfunkgerät und konnten endlich wieder Informationen aus aller Welt einholen. So erfuhren wir, daß der Vorstoß der Roten Armee auf Berlin in Gang gekommen war. Alle Augen waren in diesen Tagen auf Berlin gerichtet. Zum Kampfkommandanten war General Weidling ernannt worden. Er hatte als Kampfkommandant in Berlin wiederum alle in Berlin stehenden Abwehrkräfte unter seiner Verantwortung. Auch Hitler selbst und seine nähere Umgebung waren im Bunker der Reichskanzlei in Berlin. Jetzt war uns klar, was General Weidling gemeint hatte, als er sich Anfang März unweit von Braunsberg von den Kommandeuren der 102. Division und General von Bercken verabschiedet hatte. An einem Nachmittag wurden alle Regimentskommandeure der Division auf den Divisionsgefechtsstand befohlen. General von Bercken empfing uns und erklärte, daß jeden Augenblick der kommandierende General des Armeekorps, General Weidling, eintreffen würde. Ein bewährter Panzergeneral von hohen Führungsqualitäten, sehr tapfer, bei allein Einsätzen darauf bedacht, möglichst Erfolge mit geringsten Verlusten zu erreichen. Er schonte sich selbst nicht, war immer vorn, wie er es als Kommandeur der Panzerdivision früher gewohnt war und trug bereits das Ritterkreuz mit Eichenlaub und Schwertern. General Weidling hielt eine kurze Ansprache. Er wisse, wie schwer die Lage hier im eingeschlossenen Ostpreußen sei und daß sie jeden Tag noch schwerer werden würde. Er bedankte sich bei General von Bercken und bei den Kommandeuren der 102. Division für die bewiesene Tapferkeit und für die Verhinderung noch größeren Unglücks, das ohnehin schon über die Bevölkerung Ostpreußens gekommen wäre. Besonders sei es unser aller Stolz, vielen Zehntausenden Ostpreußen das Leben gerettet zu haben, nachdem eine verfehlte Politik eine rechtzeitige Evakuierung der ostpreußischen Bevölkerung verhindert hätte. Dann schüttelte General Weidling General von Bercken und jedem von uns die Hand und sagte zum Abschied: »Meine Herren, ich verabschiede mich. Sie sind hier in einer schwierigen Lage, aber da, wohin ich jetzt gehe, ist es noch schlimmer, und die Lage dort wird noch schwieriger sein! Ich wünsche Ihnen ein gutes Gelingen Ihrer Sache hier und, wenn möglich, eine gesunde Heimkehr!« Nun war es Berlin, das General Weidling damals im Auge hatte und wo er als Kampfkommandant in der Tat größere Verantwortung trug und in einer noch schwierigeren Rolle zu handeln hatte als das ohnehin schon in Ostpreußen vorher der Fall war. Am 12. April 1945 ging Königsberg verloren. Es hatte wochenlang trotz Bombenhagel und schwerer Panzerangriffe widerstanden. Nun war ein weiterer Widerstand zwecklos, und der Befehlshaber in Königsberg, General Lasch, entschied sich, um noch zu retten, was an Menschenleben noch in Königsberg zu retten war, für die Kapitulation. Eigenartigerweise hieß es dann in einem Armeebefehl, aber auch in der Mitteilung des Wehrmachtsberichtes, daß General Lasch in schändlicher Form kapituliert habe, seine Sippe hafte. So wurde uns erstmalig bekannt, daß eine Sippenhaftung erfunden worden war, ein scheußliches Druckmittel gegen jeden an der Front eingesetzten Offizier. In einem Fernschreiben, das wir erst in diesen Tagen zur Kenntnis nahmen, hieß es am 8. März 1945: »Wer in Gefangenschaft gerät ohne verwundet zu sein oder nachweisbar bis zum äußersten gekämpft zu haben, hat seine Ehre verwirkt. Die Gemeinschaft der anständigen und tapferen Soldaten stößt ihn von sich. Seine Angehörigen haften für ihn! Jede Zahlung von Gebührnissen oder Unterstützungen an die Angehörigen fällt fort. Das ist sofort bekannt zu geben. Alles Nähere regelt der Chef des Oberkommandos der Wehrmacht.« In den Ausführungsbestimmungen dazu hieß es: »Ein harter, kriegerischer Korpsgeist muß unter Ablehnung falschverstandener Kameradschaft jeden Soldaten treffen, der sich seiner harten Pflicht in verräterischer Weise zu entziehen trachtet. Auf Überläufer ist von jedem sofort das Feuer zu eröffnen! Jeder, der nicht schießt, ist zu bestrafen! Jede Gruppe, jeder Zug, jede Kompanie trägt eine moralische Kollevtivhaftung für die Haltung des einzelnen ihrer Angehörigen!« Mit diesen Sippenhaft-Befehl und den dazu ergangenen Ausführungsbestimmungen war die letzte erpresserische und mörderische Drohung gegen jeden Soldaten, wo er auch immer stand, in Geltung gekommen. Denn jeder Soldat wußte nun, daß für alle seine Handlungen, ob er sich nun gefangennehmen ließ, verwundet in Gefangenschaft geriet, oder ob er eine Stellung, die nicht mehr zu halten war, übergab, die Angehörigen, das heißt, seine Frau, seine Kinder oder seine Eltern und Verwandten zu Hause hafteten! Sie waren damit jeder Willkür der Geheimen Staatspolizei und des Sicherheitsdienstes und am Ende des Volksgerichtshofes ausgeliefert. Ein teuflischer Versuch, das letzte Druckmittel der Sippenhaftung gegen die Soldaten an den Fronten anzuwenden!

Das alles hat trotzdem nichts daran ändern können, daß Mitte April 1945 die Front mitten durch Wien ging, vor Berlin stand, und die Amerikaner und Engländer die Elbe erreicht hatten! Wir kläglichen Reste der einst so stolzen 102. Schlesischen Division lagen nun in Kahlberg auf der Frischen Nehrung und machten uns auch unsere Gedanken, wo wir und wie wir das nahende Ende des Krieges erleben würden. Viele Planspiele wurden durchdacht. Sollte man beim Zusammenbruch sich nach Westen durchschlagen, in kleinen Gruppen, um zu den amerikanischen und englischen Linien zu gelangen, und auf diese Weise der gefürchteten sowjetischen Gefangenschaft entgehen? Sollten wir mit einem Boot versuchen, über die Ostsee aus der russischen Gefahr zu entkommen? Alle Pläne blieben nur Hirngespinste. Denn weder war es zu erwarten, daß wir die Hunderte von Kilometern nach Westen unbemerkt und ungefaßt schaffen würden, noch gab es ein Boot, mit dem wir seeunerfahrenen Infanteristen und Artilleristen uns hätten über die Ostsee nach Dänemark oder in einen deutschen Hafen an der Ostsee retten können. Also blieb nur die Hoffnung, aus Pillau, dem von Schiffen angefüllten, noch in deutscher Hand befindlichen Hafen, auszulaufen.

Inzwischen hatte sich einiges in unserer Divisionsführung geändert. Der Divisionskommandeur, General von Bercken, hatte schon auf dem Höhepunkt der Kämpfe um den Kessel von Heiligenbeil ein Kommando ins Reich übernommen. Er hatte es jedoch abgelehnt, auf einem Torpedoboot über die Ostsee auszulaufen, weil er als seekranker General nicht seinen Soldaten das Schauspiel eines hilflosen, hochdekorierten, aber am Ende kotzenden

Generals bieten wollte. Ein dann später für ihn zur Verfügung gestelltes kleines Passagierflugzeug wurde das Opfer eines nächtlichen Bombenangriffs, so daß er schließlich im Kessel verblieb und auf der Nehrung auf ein neues Kommando wartete. Das wurde ihm zuteil, er übernahm in der Weichselniederung das Kommando über eine neue Division, deren Kommandeur ausgefallen war. Auch Oberstleutnant Dr. Pier übernahm mit Teilen seines Regiments einen Kampfabschnitt im Raum des verengten ostpreußischen Streifens bei Neutief und Fischhausen. Abstellungen aus allen Einheiten waren im Gange, so daß sich die Zahl der Reste unserer 102. Schlesischen Division auf etwa 300 Soldaten verringert hatte. Wir erlebten nun auch unsererseits entsprechende Veränderungen! Der rangälteste Offizier, Oberst Dr. Ludwig, wurde Divisionsführer. Für den ausgefallenen ersten Generalstabsoffizier übernahm ich die Funktion des Ia der Division, Hauptmann Meyers die Funktion des Divisionsadjutanten und Personalchefs, so daß wir den Divisionsrahmen und die Regimentsrahmen von 216 und 84 und 232 wenigstens auf dem Papier zur Verfügung hatten. Dazu die Reste des Stabes des Artillerieregiments 104 der Pioniereinheiten und der Nachrichtentruppe. Ich schlug Dr. Ludwig vor, mich in Pillau umzusehen, ob es die Möglichkeit gäbe, auszulaufen! Mit einem Kübelwagen, begleitet von einem bewährten Feldwebel und einem Unteroffizier, setzte ich mich entlang der Nehrung nach Pillau in Marsch. Es war aber nicht einfach, mich in Pillau umzusehen. Der Reichsverteidigungskommissar, Gauleiter Koch, führte dort ein strenges Regiment. Es bedurfte besonderer Erlaubnisscheine, den Hafen zu betreten oder gar über Neutief zum Hafengelände zu gelangen. Man verwies mich an den Vertreter des Reichsverteidigungskommissars, Regierungspräsident Dargel, um einen solchen Erlaubnisschein zu bekommen. Ich meldete mich bei dem Regierungspräsidenten und erklärte ihm, daß ich den Auftrag hätte, für den Rahmen der 102. Schlesischen Infanteriedivision mit Regiments- und Bataillonsstäben die Möglichkeit eines Transportes zur Auffüllung und zum Neueinsatz zu prüfen. Mit einer Barkasse, die mir zur Verfügung gestellt wurde, fuhr ich in den Hafen und sah mir die verschiedenen Schiffstypen an. Es waren große Lazarettschiffe, die zum Teil beladen wurden, mittlere und kleine Frachtdampfer. Stundenweise lag schwerer Beschuß über Pillau, so daß das eine oder andere Schiff bereits getroffen oder gesunken an den Kaimauern lag. Mir fiel ein mittleres Schiff, etwa von 3000 bis 4000 Bruttoregistertonnen auf. Es hieß »Dora Ahrens« und verzeichnete als Heimathafen Rostock. Der Kapitän, etwa um die 50, sehr solide aussehend, empfing mich und erklärte, er sei durchaus bereit, auszulaufen. Aber er habe keinen Befehl, und ohne Befehl könne er die Hafenausfahrt nicht passieren. Im übrigen, bevor sein Schiff hier zerschossen würde, wäre es ihm durchaus angenehm; er sei Handelskapitän. Er würde sehr gern mit seinem Schiff auslaufen und es nach Rostock retten, aber so einfach sei das nicht. Ich sagte ihm: »Herr Kapitän, wir übernehmen von der militärischen Seite die Verantwortung für das Auslaufen, wenn Sie uns die seemännische Sicherheit geben, daß wir in Swinemünde oder in einem anderen Ostseehafen landen, dann kommen wir überein!« »Seemännisch, wie oft bin ich hier diese Strecke gefahren! Ich habe doch hier seit Wochen Flüchtlinge evakuiert und Truppen, Material und Munition wieder hierhergefahren. Natürlich ist es kein komfortables Schiff, außer Ladeluken und behelfsmäßigen Liegen für einige hundert Menschen habe ich hier nichts an Bord!« Ich erklärte dem Kapitän, daß wir morgen abend mit etwa 300 Soldaten, das heißt dem Rahmen unserer 102. Division und ihrer Regimenter, hier eintreffen würden und ich noch vorher mit ihm Verbindung aufnähme. Dann zeigte ich ihm die Bescheinigung, unterschrieben von Regierungspräsidenten Dargel, so daß er überzeugt war, es handele sich um ein rechtmäßiges Unternehmen. Ich verabschiedete mich mit Handschlag und beeilte mich schleunigst zurückzufahren. Am nächsten Morgen setzten wir uns in Marsch. Ich habe vorsorglich darauf hingewiesen, daß möglichst nicht über den Abtransport zu Schiff gesprochen werden sollte, weil Pillau und Umgebung vollgepfropft waren mit noch auf den Abtransport wartenden Soldaten, Zivilisten, Flüchtlingen. Es wäre möglicherweise ein Anhang zu den Soldaten hinzugekommen, das über das Fassungsvermögen der kleinen »Dora Ahrens« hinausgegangen wäre. Mit einer gewissen Hoffnung und Freude marschierten wir bei schönstem Frühlingswetter im Sonnenschein etwas aufgelockert, um Luftangriffe zu vermeiden, die Nehrung entlang bis Neutief, um uns abends auf die Einschiffung einzurichten. Ich nahm einige Vorkommandos und wies sie ein, ließ einige weitere Ermächtigungspapiere an diese Vorkommamdos verteilen, die ich mit dem Stempel der Division und mit der Unterschrift: Für das Divisionskommando, Mende, Major, i. V. erster Generalstabsoffizier, den Leuten in die Hand gab, damit sie bei Kontrollen jederzeit die Rechtmäßigkeit unseres Unternehmens nachweisen konnten. Dieses stundenlange Warten bis zur Dämmerung hatte natürlich zur Folge, daß sich die Soldaten in den Häusern und Straßen von Neutief umsahen. Es blieb doch nicht geheim, daß wir auslaufen sollten. Als wir uns dann bei Dunkelheit gruppenweise der »Dora Ahrens« näherten, hatte jede Gruppe etwa die gleiche Anzahl Frauen, Kinder, Flüchtlinge mit aus den Häusern, als Anhang. Wir haben natürlich beide Augen zugedrückt. Denn das Schiff sollte ja nicht nur uns Soldaten herausbringen, sondern möglichst viele Frauen und Kinder. Als wir um Mitternacht schließlich allesamt an Bord waren, etwa 300 Soldaten unserer Division, zusätzlich noch etwa 150 bis 200 Soldaten aus anderen Einheiten, ebenfalls mit einem gültigen Marschbefehl, hatten sich auch 300 bis 400 Frauen und Kinder und einige ältere Männer eingefunden. Um Mitternacht legte das Schiff ab. Langsam, wie es Vorschrift war, setzten wir uns vom Kai ab, und mit gedrosselter Motorkraft ging es gespannt zunächst vorbei an den Außenposten der Hafeneinfahrt und -ausfahrt. Es geschah nichts! Wir waren allein ohne Geleit. Das hätte eigentlich auch auffallen müssen, aber in der damaligen Zeit war alles bereits so nervös und so durcheinander, daß selbst Einzelaktionen, wenn sie mutig gewagt waren, glücken konnten.

Unsere Freude war groß, als wir den Hafen Pillau hinter uns hatten und uns auf offener See befanden. Oberst Dr. Ludwig, Hauptmann Meyers, Hauptmann Spindler, Oberleutnant Nehen, Hauptmann Lindner, ich und eine Anzahl anderer Offiziere, Oberleutnant Dr. Dundaleck, also die verschworenen Kämpfer der 102. Division, wurden vom Kapitän in seine Kajüte gebeten. Dort wurden Decken ausgebreitet und wir legten uns auf den Boden. Einige konnten es nicht lassen, sofort zum Skat überzugehen. Das

Schiff war über und über voll. Die Ladeluken mit Hunderten von Soldaten und Zivilisten besetzt. Es gab nur wenige Möglichkeiten, sich in dem Schiff zu bewegen. Für das notwendigste Geschäft waren hundert geleerte Marmeladeeimer an die Soldaten verteilt. Bei dieser Not und bei dieser gedrängten Masse von Menschen war jeder froh, überhaupt auf See zu sein, die Unzulänglichkeiten des Transports wurden gern in Kauf genommen. Allerdings maulte der eine oder andere Soldat, als er aufs Schiff ging und sah, welche größeren und viel schöneren Schiffe neben uns lagen, zum Teil Rotkreuz-Schiffe, zum Teil Dampfer, die man normalerweise als Luxus- und Ausflugsdampfer angesehen hätte. Ich beruhigte meine etwas aufgebrachten Soldaten. »Was, auf dieses Schiff, Herr Major, sollen wir gehen, das ist ja ein Seelenverkäufer!« Mir blieb nichts anderes übrig als zu sagen: »Habt ihr euch schon mal vorstellen können, daß ein sowjetisches U-Boot ein solches Schiff torpediert? Die suchen sich doch größere Pötte aus und nicht uns, und genau das ist der Grund, weswegen wir ein so kleines Schiff gewählt haben. Wir sind vor sowjetischen U-Booten und vor Flugzeugen auf diesem kleinen Schiff tausendmal sicherer, als auf einem der großen, schönen, weißgestrichenen Luxusdampfer!« Das sahen sie offensichtlich auch ein. Sie hatten Gelegenheit, das am nächsten Tag auch selbst zu erleben! Die Nacht war stürmisch. In der Danziger Bucht herrschte ein hoher Seegang, viele wurden seekrank. Man hörte die entsprechenden Geräusche von der Reling. Auch bei uns verließ der eine oder andere unsere Kabine, um sich draußen zu erleichtern. Ein einziges Husten, Würgen und Jammern ging die ganze Nacht durch unser Schiff, bis wir schließlich im Morgengrauen vor Hela ankernd etwas bessere See und bald wieder herrlichen Sonnenschein hatten. Doch die Freude und die Genugtuung, daß wir aus Pillau herausgekommen waren, währte nicht lange. Es setzten schwere Angriffe sowjetischer Flugzeuge in Stärke von 20, 30, 40, 50 Maschinen auf die vor Hela ankernden Schiffe ein. Wir lagen etwas abgesondert, aber vor uns, etwa in 2–3 Kilometer Entfernung weiter draußen in der See, ankerten die großen Pötte. Unter ihnen auch ein großes Lazarettschiff, weiß angestrichen, mit weithin sichtbarem Roten Kreuz, wie wir hörten, das Lazarettschiff »Pretoria«. Die sowjetischen

Bomber luden ihre Last auf diese großen Schiffe ab und hatten auch einige Treffer. Denn es stieg vom Heck der »Pretoria« Rauch auf, grünlich-gelber Rauch. Später erfuhren wir, daß zahlreiche Verwundeten durch Treffer auf der »Pretoria« und auf den anderen Schiffen ums Leben gekommen waren. Jetzt schauten einige Soldaten mich dankbar an und dachten sich sicher, der hat doch wieder recht gehabt. Es war besser, auf diesem kleinen Dampfer zu sein, als jetzt drüben auf den großen Schiffen, die unter dem Bombenhagel zu leiden haben. Wir mußten den ganzen Tag vor Hela ankern. Erst bei Einbruch der Dunkelheit liefen wir wieder allein ohne Geleit parallel zur Küste aus und schienen in dieser Nacht erheblich an Raum gewonnen zu haben. Denn schon nach der folgenden Nacht hieß es, wir werden in Swinemünde landen. Am frühen Morgen des 19. April 1945 hatten wir endlich die Hafenanlagen von Swinemünde in Sicht, landeten und schifften aus. Eine größere Freude konnte man sich unter uns Soldaten, aber auch unter den vielen Flüchtlingen nicht vorstellen, als das Bewußtsein, endlich wieder festen Boden unter den Füßen zu haben und in dem noch nicht besetzten Deutschland zu sein. Bei der Ausladung waren auch einige Offiziere des Standortkommandanten von Swinemünde und eines höheren SS-Führers zugegen, die die Aufgabe hatten, hier landende Truppen möglichst bald in Richtung Berlin in Marsch zu setzen. So hieß es auch, wir sollten möglichst bald in Richtung Berlin verladen werden, um dort eingesetzt zu werden. Ich schrie den Hauptmann, der uns diese Zumutung überbrachte, so lautstark an, daß selbst meine umstehenden Kameraden von meiner Heftigkeit entsetzt waren. »Wir sind seit Monaten in Ostpreußen von Dorf zu Dorf, von Stellung zu Stellung gejagt worden, wir haben als Nachhuten dafür gesorgt, daß viele andere noch aus Ostpreußen zu Schiff herauskamen. Nun, nachdem wir selbst endlich dieses von den Russen besetzte Gebiet verlassen haben, wollen wir wenigstens hier mal tief Luft holen und uns umziehen, neu ausrüsten und wissen, wie es weitergehen soll! So Hals über Kopf einfach verladen zu werden mit unbekanntem Ziel, wir sind doch nur Rahmenstäbe! Wir müssen neu aufgefüllt, mit Waffen ausgerüstet werden, so wie wir dastehen, können wir gar nichts nützen! Sagen Sie Ihrem Kommandeur, wir gehen erst einmal in die Unterkünfte!« Wir sahen uns auf der Karte an, wo wir am besten unterkommen könnten und entdeckten das Seebad Ahlbeck, in das wir uns begaben. Wir fanden dort eine Vielzahl geräumter und unbewohnter Hotels vor, teilten die Blöcke so auf, daß wir etwa rund 300 Soldaten in einer Art Rundumverteidigung uns gegen irgendwelche Zugriffe hätten wehren können. Immerhin besaßen wir noch Handfeuerwaffen, auch Maschinenpistolen, Gewehre und nicht zuletzt eine ganze Anzahl von Eierhandgranaten. So leicht hätte man also uns nicht vereinnahmen können. Immerhin war das, was sich hier noch in Ahlbeck versammelte, eine verschworene Gemeinschaft und ein ordnungsmäßiger Verband, der die entsprechenden Möglichkeiten hatte, sich auch zur Geltung zu bringen. Dazu hatten wir genügend Erfahrungen im zusammenbrechenden Ostpreußen gesammelt, um hier einfach vereinnahmt und verheizt zu werden. Nachdem die Reste der 102. Infanteriedivision im Raum des Seebades Ahlbeck sich häuslich eingerichtet hatten, ging ich mit Oberleutnant Dr. Dundaleck nach Swinemünde, um mich dort beim Standortkommandanten, einem Kapitän zur See, zu melden. Natürlich hoffte ich, auf diese Weise auch an die großen Marinelager in Swinemünde heranzukommen, um für die Soldaten möglichst bald neue Bekleidung, aber auch Ausrüstung und Verpflegung zu ergattern. Denn wir waren über das Haff buchstäblich nur mit dem gekommen, was wir am Leibe hatten und einigen Handfeuerwaffen. Es fehlte an frischer Wäsche, an Schuhen, an Rasierzeug, kurzum, wir hatten alles auf der Balganase zurücklassen müssen, was sonst zur Ausrüstung und zum Gepäck und zur Hygiene eines Soldaten gehörte. Swinemünde, eine Kreisstadt des Kreises Usedom-Wollin in Pommern hatte nicht nur einen befestigten Seehafen, sondern um diese Zeit rund 30 000 Einwohner. Die Zahl war durch Flüchtlinge, die sich noch in Swinemünde aufhielten, aber auch durch Soldaten, Nachschuborganisationen der Wehrmacht, Lazarette, auf etwa 50 000 gewachsen. Die Stadt selbst war fast unzerstört. Nur einige Bomben hatten hier und da eine Lücke gerissen. Die Umgebung, besonders die Seebäder, waren unversehrt, aber von der Zivilbevölkerung zum Teil schon geräumt. Mein Besuch bei dem Standortkommandanten endete mit einer großen Enttäuschung. Er erklärte sich lediglich bereit, Oberleutnant Dundaleck und mir neue Uniformstücke, Wäsche und Handschuhe aushändigen zu lassen. Im übrigen seien die Lager in und um Swinemünde in der Hauptsache für Marineeinheiten bestimmt und nur die Marine könne darüber verfügen. An Einheiten des Heeres sei er nicht in der Lage, Bekleidung, Wäsche und Ausrüstungsgegenstände herauszugeben. Um diese Zeit waren die Lager der Marine, auch die Verpflegungslager, randvoll gefüllt. Wir waren daher empört über dieses sture Verhalten, wollten dann wenigstens für unsere Stäbe Rundfunkgeräte erhalten, um die Informationen des Rundfunks wenigstens abhören zu können. Auch hier dauerte es eine ganze Zeit, bis der Kapitän zur See sich bereits erklärte, uns zwei Rundfunkgeräte zur Verfügung zu stellen. Oberleutnant Dr. Dundaleck mußte sogar einen Revers unterschreiben, in dem er sich verpflichtete, beim Abzug der 102. Division aus dem Raum Swinemünde diese beiden Geräte wieder ordnungsgemäß zurückzugeben. Selbst in den letzten Apriltagen 1945 triumphierte immer noch, auch hier in Swinemünde, der Amtsschimmel und eine überspitzte, wirklichkeitsfremde Bürokratie. Daher erklärten wir, als wir uns vom Kapitän zur See verabschiedeten, lakonisch: Wir bedauerten sehr, daß eine Truppe, die vier Jahre im Mittelabschnitt der Ostfront gekämpft hätte und nun jetzt in neuen Einsatzräumen weiterkämpfen müsse, nicht einmal das Notwendigste an Ausrüstung, Wäsche und Bekleidung hier in Swinemünde erhalte. Wahrscheinlich warte man, bis die Rote Armee sich dieser Lager bemächtigen würde und vielleicht werde dann eines Tages die Erkenntnis zu spät über alle jene kommen, die sich jetzt weigerten den Soldaten, die von der Front in Ostpreußen gerade noch davongekommen waren, das Notwendigste zur Verfügung zu stellen. Wütend und empört trafen wir bei unseren Kameraden der 102. Infanteriedivision ein. Ich berichtete Oberst Dr. Ludwig und den Kommandeuren, daß es sinnlos sei, sich an die Lager in Swinemünde und die dortigen Behörden zu wenden. Es sei besser, daß wir uns selbst versorgten. Die Kommandeure bekamen von mir unterschrieben eine Ermächtigung, aus den geräumten Häusern und Wohnungen im Raum der Randgebiete Swinemündes und aus dem Seebad Ahlbeck sich an

Wäsche und an Ausrüstung für die Hygiene, also Rasierapparate, Bürsten, Seife, Handtücher, das herauszuholen, was sie nötig hatten. Diese Bescheinigung war deswegen für die Kommandeure erforderlich, um sich nicht dem Vorwurf der Plünderung und des Diebstahls auszusetzen. An Verrücktheiten hat es in diesen letzten Wochen des 2. Weltkrieges wahrlich nicht gefehlt.

12.
Jalta – das Todesurteil für Deutschland

Die Nachrichten, die wir mit unseren beiden Rundfunkempfängern abhören konnten – einen Rundfunkempfänger erhielt Oberst Dr. Ludwig, das zweite Gerät stellte ich bei mir im Hotel im Seebad Ahlbeck auf –, waren alles andere als erfreulich. Wir erfuhren von den Beschlüssen der Konferenz in Jalta, die vom 4. bis 11. Februar 1945 stattgefunden hatte und an der Präsident Roosevelt, Josef Stalin und der britische Premierminister Sir Winston Churchill teilgenommen hatten. Die wichtigsten Entscheidungen dieser Jaltakonferenz waren die beschlossene Aufteilung Deutschlands nach der erwarteten bedingungslosen Kapitulation der Wehrmacht und die Festsetzung von Besatzungszonen, zunächst der drei Mächte, der Vereinigten Staaten von Nordamerika, Großbritannien und der Sowjetunion und später sollte auch Frankreich eine vierte Zone erhalten. Die Demarkationslinie zwischen den Alliierten war wie folgt vereinbart: Zur sowjetischen Besatzungszone von der Trave herunter die Elbe nach Süden, also die Jalta-Demarkationslinie zwischen Russen einerseits und Amerikanern, Engländern in unserem norddeutschen Bereich war die Elb-Trave-Linie. Das war natürlich für uns eine besonders wichtige Nachricht. Denn es bedeutete, daß wir die Elb-Trave-Linie überschreiten mußten, um in britische oder amerikanische Gegangenschaft zu gelangen und nicht in die Gefangenschaft der Roten Armee. Die Elb-Trave-Linie spielte fortan in allen unseren Überlegungen eine besondere Rolle. Sie war die Auffanglinie, die wir, koste es was es wolle, erreichen mußten, wenn wir nicht doch noch in die Hände der Sowjets fallen wollten. Der Vormarsch der westlichen Armeen, der amerikanischen, britischen und kanadischen Divisionen hatten bereits das Ruhrgebiet eingekesselt. Am 18. 4. 1945 kapitulierte alles, was in diesem Kessel eingeschlossen war. Der Oberbefehlshaber, Generalfeldmarschall Model, suchte den Freitod. Wenige Tage später besetzte die amerikanische 1. Armee bereits Leipzig. An der Ostfront war am 13. 4. 1945 Wien einge-

nommen worden, und der Beginn der sowjetischen Offensive zur Eroberung von Berlin war am 16. April in Gang gekommen. Die Einschließung Berlins stand unmittelbar bevor. Hitler selbst und seine nächste Umgebung schienen beschlossen zu haben, in Berlin unterzugehen. Am 24. April erhielten wir den Befehl, im Raum Anklam Truppen zu übernehmen, die dort als eine Marinedivision aufgestellt worden waren und die nun zur Verteidigung Anklams eingesetzt werden sollten. Die 102. Division sollte mit dem Divisionsstab, Regimentsstäben, Bataillonsstäben und den Offizieren und Unteroffizieren als die infanteristischen Korsettstangen eine Verteidigungslinie nördlich und südlich Anklams aufbauen. Entsprechend wurden wir von der Insel Usedom mit der Eisenbahn aus Swinemünde nach Anklam verladen. Es war den Sowjets gelungen, die Oderfront nördlich und südlich Stettins zu durchbrechen und auch Swinemünde lag unter beständigen Bombenangriffen der sowjetischen Luftwaffe. Was wir dem Standortkommandanten der Marine vorausgesagt hatten, erfüllte sich nun. Über Swinemünde stand ein einziger Rauchpilz. Alle, damals uns vorenthaltener Lager an Verpflegung und Bekleidung gingen nun in Flammen auf. Als wir von der Insel Usedom, die Peene überschreitend, Anklam erreichten, war die Räumung der Stadt noch in vollem Gange. Die Marinesoldaten, die wir übernehmen sollten, hatten noch keine infanteristische Kampferfahrung. Wir wußten also, daß hier mit einem solchen Aufgebot kein Staat zu machen war. Unser Auftrag lautete: Die Eisenbahnlinie, die von Pasewalk über Anklam in Richtung Greifswald-Stralsund führt, zu halten, die Stadt Anklam, die auch ein wichtiger Straßenknotenpunkt war, gestützt durch die Peene zu verteidigen und ein Abfließen der noch im Raum südlich Anklams stehenden Verbände und der Zivilbevölkerung mit ihren Trecks zu ermöglichen.
Die Stadt Anklam war bis auf einige zerstörte Häuser noch unversehrt. Es war schwierig, den Marineeinheiten die Besetzung einer vorderen Linie klarzumachen. Die Offiziere und Unteroffiziere gaben sich große Mühe, entlang der Eisenbahnlinie und der Nord-Süd-Straße nördlich und südlich Anklam die Soldaten der Marine einzuweisen und jeweils auch Verbände unserer Infanterieeinheiten und Pioniere zwischen die Marinekompanien und Marineba-

taillone als Stützen einzusetzen. Der Divisionsgefechtsstand wurde auf das Gut Ziethen westlich von Anklam verlegt. Dort war man bereits in voller Räumung und stellte einen Treck zusammen. Das Gut Ziethen gehörte der Familie des Grafen von Schwerin. Ich hatte kurz vorher im Rundfunk die Meldung gehört, daß der bekannte Panzergeneral, Graf von Schwerin, in Italien in amerikanische Gefangenschaft gekommen war und konnte der Gräfin von Schwerin mitteilen, daß ihr Verwandter wohlauf sei. Ich hätte diese Meldung durch eine Verlautbarung des britischen Rundfunks BBC selbst gehört. Sie war sehr froh darüber! Ihr eigener Ehemann saß jedoch zu gleicher Zeit noch im Gefängnis von Anklam. Er hatte bereits vor Tagen auf die Zusammenstellung eines Trecks gedrängt und die Räumung der Bauernhöfe vorgeschlagen. Dafür war er von dem engstirnigen und völlig die Lage verkennenden Kreisleiter in Haft gekommen und in das Gefängnis Anklam geschafft worden. Als erstes schickte ich ein Kommando, um das Gefängnis Anklams zu räumen und auch den Grafen von Schwerin für wichtigere Aufgaben, nämlich für die Räumung des Ortes und seines Gutes zu gewinnen. Als ich die Beladung des Trecks mit viel Gerät, Teppichen, Bildern und Ausrüstungen beobachtete, war mir klar, daß er wenige Tage später von den Russen eingeholt werden müßte. Ich bat darum die Gräfin zu mir und erklärte ihr unter vier Augen: »Es ist völlig sinnlos, mit diesem Treck sich in Richtung Westen zu begehen. Er wird von den Panzern mit Sicherheit in den nächsten Tagen eingeholt werden, von den Luftangriffen ganz zu schweigen. Denn in diesem Raum ist nicht nur die sowjetische, sondern auch die britische und amerikanische Luftwaffe sehr aktiv!« Die Gräfin war vernünftig, lud ihre Töchter in eine Droschke und begab sich in Richtung Lübeck. Ich erklärte ihr, sie müsse unbedingt Lübeck erreichen. Denn dort sei die in Jalta festgelegte Demarkationslinie und nur dort sei sie vor den Sowjets sicher. Sie war mir dankbar dafür und nicht ohne Tränen setzte sich die Droschke mit der Gräfin von Schwerin und den Töchtern in Bewegung. Der Graf von Schwerin blieb noch auf dem Gut zurück, um für den Treck einige weitere Vorbereitungen zu treffen.

Am nächsten Tag setzte der sowjetische Angriff gegen Anklam

ein. Panzervorstöße durchbrachen die dünnen Linien der Marineeinheiten und es war kaum zu erwarten, daß wir die Stadt länger als bis in die Abendstunden halten konnten. Inzwischen traf auch ein Befehl des in der Nähe befindlichen Armeekorps ein. Ich wurde ans Telefon gerufen, am Apparat war ein General Schack. Ich meldete mich mit meinem Namen und Dienstgrad. »Sind Sie der Major Mende, der bei mir in der Normandie war?« »Jawohl, Herr General, ich bin hier der amtierende erste Generalstabsoffizier der 102. Infanteriedivision, die als Rahmendivision mit Marineeinheiten zusammen eine Hauptkampflinie als Schleier hält!« »Sind Sie der Mende, der bei mir war, das ist aber wirklich ein Zufall! Dann kommen Sie sofort auf meinen Gefechtsstand, ich habe Ihnen neue, wichtige Anweisungen zu geben! Mein Gefechtsstand befindet sich von Anklam aus gesehen in Richtung Jarmen, an einem großen Straßenkreuz von Greifswald nach Neustrehlitz in der Nord-Süd-Richtung, von Anklam nach Demmin in der Ost-West-Richtung!« Es war wirklich ein Zufall. General Schack, den Kommandeur der 272. Niedersächsischen Infanteriedivision vor Jahresfrist in der Normandie, als kommandierenden General eines Armeekorps nun in Nordpommern wiederzutreffen. Das Wiedersehen, zwei Stunden später auf dem Gefechsstand des Generals, zeichnete sich durch Herzlichkeit und kameradschaftliche Freude aus. Wir beide hatten in der Zwischenzeit verständlicherweise durch die Kampfhandlungen keinen Kontakt mehr miteinander. Auf dem gleichen Gefechtsstand befand sich der Oberbefehlshaber der in diesem Raum operierenden Armee, der Panzergeneral Hasso von Manteuffel. General Schack erklärte ohne Umschweife: »Mende, was jetzt kommt, ist genau das, was wir im August vorigen Jahres an der Orne geprochen haben. Nur hier geht es noch rascher, als das drüben der Fall war. Hören Sie kurz die Lage und ich werde Ihnen dann die für Ihren Bereich bereits ausgearbeitete Befehle geben! Hitler und seine Umgebung sind in Berlin. Der Führer und seine Umgebung werden in Berlin untergehen! Es kommt nur noch darauf an, so viel wie möglich an Menschen, besonders Frauen und Kinder hier aus Pommern in den Westen zu schaffen. Darum lautet der Befehl für mein Korps und hier auch für Ihre 102. Division: In Anlehnung an die Küste in einem Schleier von 30 bis 40 Kilometern, als mein linker Flügel die Sicherung zu übernehmen für das Absetzen der Bevölkerung und der Truppe nach Westen. Mit Krieg ist hier nicht mehr viel zu machen. Es kommt darauf an, auf den guten Straßen und Wegen täglich 30–40 Kilometer nach Westen zu gewinnen und die Elb-Trave-Linie zu erreichen. Dort erst sind die Menschen sicher vor dem Zugriff der Roten Armee. Merken Sie sich, täglich 30–40 Kilometer Absetzbewegung nach Westen! Die Linie, die für ihre 102. Division in Frage kommt, ist etwa von Anklam in Richtung Jarmen an Demmin vorbei in Richtung Gnoien an Tessin vorbei bis Rostock und dann entlang der Küstenstraße von Rostock herunter über Wismar bis Lübeck. In diesem groben Streifen sichern Sie mir die Flanke und sorgen dafür, daß mein Korps nicht von den Russen überflügelt wird. Achten Sie auf Demmin und auf Rostock, weil der Russe mit Panzern in Richtung Demmin, Stralsund und Rostock vorstößt, um unser Korps einzuschließen!« General von Manteuffel ergänzte. Es werde sehr schwierig sein, auf den Straßen Zivilbevölkerung und Truppe zu bewegen. Die Zivilbevölkerung habe auf jeden Fall den Vorrang, Pferdegespanne, die nicht genügend schnell vorankämen, sollten in seitwärts gelegene Dörfer abgeschoben werden. Die Bevölkerung sollte auf Lastkraftwagen umsteigen, um motorisiert so schnell wie möglich wegzukommen. Entscheidend sei das Retten der noch verbliebenen Substanz an Soldaten. »Wir führen nur noch Krieg«, sagte General von Manteuffel, ausgezeichnet mit dem Ritterkreuz mit Schwertern und Brillanten, »um der Menschen willen, um der Flüchtlinge willen. Die große Entscheidung ist längst gefallen! Die Kapitulation wird in den nächsten Tagen erfolgen. Wenn sie erfolgt, müssen wir so weit wie möglich dem Amerikaner und dem Engländer nähergekommen sein. Denken Sie daran, das ist das Entscheidende, alles andere ist jetzt zweitrangig!« Ich war von dieser Offenheit natürlich beeindruckt. General von Manteuffel verabschiedete sich. Ich saß mit General Schack noch zusammen. Er ließ sich schildern, wie es mir ergangen war und was ich in Ostpreußen alles erlebt hätte. Er seinerseits verwies auf die schwierigen Entscheidungen, die er noch nach meinem Abreisen aus der Normandie hätte treffen müssen. Denn man wäre unmittelbar

nach dem Durchstoß der Amerikaner bei Avranches in einen großen Kessel zwischen Caen und Falaise geraten. Es sei sehr mühevoll gewesen, die 272. Division auf die Seine zurückzunehmen. An den Seineübergängen hätte sich für viele Divisionen Schlimmes ereignet, während zu gleicher Zeit Paris von den Alliierten am 25. August eingenommen wurde. Er selbst wäre dann wiederum zur Neuaufstellung und Übernahme eines Korps befohlen worden, des gleichen Korps, mit dem er hier in Pommern kämpfte.
Ich beeilte mich, so schnell wie möglich nach Anklam zurückzukommen, wo die Kämpfe in vollem Gange waren und die Russen nördlich und südlich Anklam die Marinefront durchbrochen hatten. Wir setzten uns befehlsgemäß in der Nacht in Richtung Jarmen ab, verteidigten die Stadt Jarmen und die Straße nach Greifswald nach Norden und in Richtung Neubrandenburg nach Süden, wie es befohlen war, in einem Streifen von etwa 40 bis 50 Kilometer bis zum Stadtrand von Greifswald. Die Verbindung nach Süden war weniger gut. Wir vereinnahmten natürlich alles, was an Infanterie, Artillerie, an Pioniereinheiten, an Arbeitsdienstkompanien sich in diesem Raum in Richtung Westen bewegte. Es war eine einzige Flucht in mehr oder minder geordneten Formen in Richtung Nord-Westen und Westen. Unsere uns unterstellten Einheiten zusammenzuhalten war nicht einfach. Wir hatten 12 bis 15 000 Soldaten im Raum zwischen Anklam und Jarmen unter unserer Befehlsgewalt und versuchten mit Hilfe auch unseres Nachrichtenapparates, unserer Funk- und Fernsprechverbindungen, diese Truppe geordnet und in ständiger Fühlungnahme mit dem Kommandierenden General in Richtung Westen zu führen. Uns kam dabei sehr zu Hilfe, daß die meisten Telefonleitungen noch in Ordnung und unsere Nachrichtenoffiziere und Unteroffiziere in der Lage waren, mit den Telefonämtern zwischen Greifswald, Jarmen und weiter südlich Kontakt aufzunehmen und zu fragen: »Sind die Russen schon da oder sind sie noch nicht da?« Es kam oft vor, daß manche tapfere Telefonistin den Hörer auflegte und sich vorher mit den Worten verabschiedete: »Wir können nicht mehr sprechen, die Russen fahren mit ihren Panzern über den Markt, sie sind jetzt vor der Post, ich muß auflegen, leben Sie

wohl!« Erschütternd festzustellen, daß manchmal Telefonämter und Postämter noch funktionieren, während bereits die roten Panzer durch die Straßen rasselten. Unsere Soldaten konnten nichts anderes, als resigniert festzustellen: »Wir können Ihnen nicht helfen!« Diese guten Telefonverbindungen setzten uns in die Lage, den Auftrag befehlsgemäß durchzuführen und rechtzeitig Truppenteile zurückzunehmen, die in Gefahr waren, von sowjetischen Panzervorstößen überrollt und eingeschlossen zu werden. Wir erreichten am 28. April den Raum um die Pommersche Stadt Demmin. Hier staute sich eine große Flüchtlingsbewegung, die aus verschiedenen Räumen, zum Teil von Norden, von Stralsund, von Osten aus dem Raum Jarmen und zum Teil auch von Süden aus der Gegend des Kumerower Sees aus Richtung Malchin diesen großen Straßen- und Eisenbahnknotenpunkt erreichte. Es war sehr schwierig, zumal nur wenige Brücken über die Peene westlich von Demmin zur Verfügung standen. So habe ich mit General Schack telefonisch verabredet, daß wir ostwärts Demmin eine Front aufbauen, die mindestens noch zwei Tage halten müßte, um das Abfließen der Flüchtlingstrecks und der zahlreichen versprengten und zum Teil in wilder Flucht sich befindlichen Truppen zu organisieren.

13.
Absatzbewegung in Pommern

In Demmin, der pommerschen Kreisstadt, war alles unversehrt! Die Bevölkerung bereitete sich jetzt erst auf die Evakuierung vor. Es war nicht einfach, den Armen klarzumachen, daß sie nur mit leichtem Gepäck die Möglichkeit haben würden, in Richtung Rostock, Güstrow und Wismar nach Westen zu gelangen. Denn die Vorstöße der sowjetischen motorisierten und Panzerverbänden würden täglich 30 bis 40 Kilometer Raum gewinnen. Wir wären höchstens ein bis zwei Tage in der Lage, mit unseren schwachen Verbänden einen Schleier vor die Vorstöße der Roten Armee in einer beweglichen Hauptkampflinie zu legen. In Demmin befand sich ein großes Verpflegungslager. Der zuständige Oberstabsintendant wollte es in die Luft sprengen und anzünden lassen. Er hatte dazu den Befehl! Ich gab ihm den Gegenbefehl, unter keinen Umständen das Verpflegungslager in Brand zu setzen, sondern mit dem ihm noch verbliebenen Teil seiner Soldaten und Beamten eine Verteilung der Lebensmittel an die Zivilbevölkerung zu organisieren. Ich selbst habe 20–30 Soldaten, zuverlässige Unteroffiziere und Gefreite abgestellt, die alles daransetzten, um den durch Demmin laufenden Flüchtlingsstrom zu versorgen. Wir haben sogar eine Verkehrsregelung eingesetzt, um das störungsfreie An- und Abfahren zum Verpflegungslager Demmin zu gewährleisten. Das Lager strotzte von hochwertigen Nahrungs- und Genußmitteln, Rindfleisch, Schweinefleisch, Wurst in Dosen, Tausende von Zentnern Verpflegung, Schokolade, Kaffee, Tee, Zucker. Es war manches darunter, was wir Soldaten Jahre nicht mehr gesehen hatten! Das alles hätte zerstört werden sollen, wenn man dem Befehl des Oberstabsintendanten gefolgt wäre. So bekamen zwei volle Tage alle Flüchtlinge, die in und um Demmin nach Westen gingen, das an Verpflegungsmitteln, an Fleisch, an Büchsen, an Schokolade, Kaffee, Tee, Zucker, Mehl und Brot mit, was sie auf ihren Wagen transportieren oder persönlich tragen konnten. Das Lager war bei weitem noch nicht geräumt, als wir, von einem

Gutshof südlich Demmin, wo wir unseren Gefechtsstand eingerichtet hatten, uns in Richtung Westen absetzten. Gnoien und der Raum nördlich Gnoien bis in Richtung Kavelsdorf war der nächste Halt. Auch hier konnten wir einen ganzen Tag das Abfließen der Trecks und die Sicherungen eines Schleiers übernehmen. Der nächste Sprung ging dann entlang der Recknitz, eines kleinen Flüßchens bei Tessin. Hier hielten wir eine Front entlang des Flüßchens Recknitz in Richtung Nord-Westen bis an die Bahnlinie bei Kavelsdorf. Auch dort war es nicht einfach, den Soldaten klarzumachen, daß Zivilisten den Vorrang und die Vorfahrt hatten und sie solange auszuhalten hätten, bis der Befehl zum Absetzen kam. Einige Truppenteile, die uns unbekannt waren, auch einige Arbeitsdienstlager, gingen auf eigene Faust früher zurück, zum Teil in die falsche Richtung, zum Teil liefen sie den uns überflügelnden sowjetischen Panzerkeilen direkt unter die Panzerkanonen. Nur ein geordneter Rückzug in ständiger Verbindung zum nördlichen und südlichen Anschluß konnte hier Sicherheit geben. Wer also ohne Befehl sich auf eigene Faust ins Gelände begab, mußte auch die Folgen tragen, sie waren für viele, besonders auch für viele Arbeitsdienstmaiden, schrecklich. In einem Fall fanden wir in der Gegend südostwärts von Rostock, im Raum zwischen Sanitz und Tessin, etwa hundert tote oder verletzte Arbeitsdienstmaiden, erschlagen mit Kolben, mit Spaten, ein fürchterliches Bild, das sich uns beiderseits der Straße nördlich und südlich Tessin bot. Die Arbeitsmaiden, die dem Massaker entronnen waren und verstört bei uns Hilfe erbaten, erklärten, daß die Evakuierung eines weiblichen Arbeitslagers von einem sowjetischen Panzervorstoß überrollt wurde und die sowjetischen Panzer blindlings mit Maschinengewehren in die Arbeitsmaiden hineingeschossen, schließlich Halt gemacht, die Maiden überfallen und massakriert hatten.

Als wir schließlich am 30. April nach Rostock wollten, hatte uns ein sowjetischer Panzervorstoß, der von Südosten in Richtung Rostock vorging, bereits überholt. Die Panzer waren in Rostock eingedrungen! Der Weg von Sanitz in Richtung Rostock war für uns gesperrt. Es gelang uns, mit unseren Lastkraftwagen, auf denen die Infanteristen aufgesessen waren, mit unseren Kübelwagen und mit den Fahrradeinheiten an Rostock vorbeizukommen. Die Fahrradeinheiten versuchten, unbemerkt von den sowjetischen Panzern südlich Rostock zu entkommen. Sie warteten jeweils die Durchfahrt einer Panzerkolonne ab um dann, bis zur nächsten wartend, die Straße, die nach Rostock führte, zu überschreiten und schließlich sich in Richtung Bad Doberan zu bewegen. Unsere Kübelwagen und Lastkraftwagen konnten das natürlich nicht. Wir wichen daher, an Rostock vorbeifahrend, aus und erreichten die Hafenausfahrt beiderseits von Warnemünde. Hier liefen gerade die noch in dem Hafen von Warnemünde ankernden Flüchtlingsschiffe aus. Von der Eisenbahnfähre in Richtung Gedser gab es ständig einen Pendelverkehr aus Richtung Rostock in Richtung Norden. Ein Schiff nach dem anderen hatte, selbstverständlich angefüllt mit Flüchtlingen und Zivilbevölkerung aus Rostock oder Warnemünde die Vorfahrt. Wir waren genötigt zu warten, bis die gesamten Schiffe in Richtung Norden den Hafen Warnemünde verlassen hatten. Als wir hier mit etwa 1200 Soldaten an dem Übergang bei Warnemünde warteten, kam ein eigenartiger Zug auf uns zu von etwa 400 bis 500 Menschen in auffallender Kleidung! In gestreifter Sträflingskleidung! Wir erkannten bald, daß es sich um ein Konzentrationslager handelte. Ein Hauptsturmführer der SS aus dem Bewachungskommando kam aufgeregt zu mir und erklärte, er müsse unbedingt das Konzentrationslager über die Warnow herausführen in Richtung Westen. Es sei Führerbefehl, daß kein Konzentrationslager in die Hände des Feindes fallen dürfe. Ich habe ihn kräftig angenommen und ihm erklärt, worauf es hier ankäme, sei die Rettung aller Schiffe, die mit Flüchtlingen und der Bevölkerung ausliefen. Er könne froh sein, wenn er hier auch noch wegkäme! Das Konzentrationslager habe nichts zu befürchten, wenn die Rotarmisten kämen, die bereits hinter uns her seien und Rostock gerade besetzten! Er solle sich schleunigst auch absetzen und hier den Konzentrationslagerhäftlingen die Freiheit geben! Er sah mich ganz entsetzt an: »Herr Major, ich habe Befehl, das Konzentrationslager nach Westen zu bringen! Ich hafte mit Kopf und Kragen!« Ich entgegnete ihm: »Das tun Sie ohnehin, in spätestens zwei, drei Stunden sind die ersten russischen Panzer hier! Was dann geschieht, das brauche ich Ihnen doch wohl nicht zu erklären! Ich werde Ihnen jetzt den Befehl geben, das Konzentrationslager zu entlassen und den Konzentrationslagerhäftlingen freizustellen, was sie tun wollen!« »Nein, Herr Major, ich kann das nicht, dann müssen Sie die Verantwortung selber übernehmen!« Gesagt, getan, ich schwang mich auf einen Lastkraftwagen und machte mit ausgebreiteten Händen das Zeichen, man möge mir zuhören. »Ruhe! Ruhe!« Und dann erklärte ich: »Dieses Lager ist hier frei, Sie sind alle frei! Begeben Sie sich in die Häuser in der Gegend von Warnemünde!« Dort waren Kasernenanlagen, auch ein großer Flugplatz in der Nähe. »Sie sind frei!« Ein ohrenbetäubendes Rufen, Schreien und Winken war die Folge. Natürlich gingen die einigen Hundert Konzentrationslagerinsassen sofort in Richtung der Häuser weg. Sie waren froh, daß sie ihren Bewachern entkommen waren, die sich verdrückten und in Richtung Fähre liefen. Ich sagte zu Oberst Dr. Ludwig: »Das hätte ich mir auch nicht gedacht, daß ich noch ein Konzentrationslager unter so dramatischen Umständen entlassen müßte.« Wir erfuhren, daß dies ein Konzentrationslager war, das schon seit Tagen auf dem Marsch in Richtung Rostock und Wismar war und kaum noch länger als einen Tag den Marsch durchgehalten hätte. Einzelheiten konnten wir hier nicht mehr erörtern. Dazu ließ uns der Russe keine Zeit, denn es knallten schon die ersten Panzerkanonenabschüsse unweit von Rostock. Der sowjetische Panzerkeil stieß jetzt auch an Rostock vorbei in Richtung Wismar vor. Das war für uns ein Grund, auch unsererseits jetzt, nachdem die Schiffe alle aus dem Hafen waren, uns zu beeilen. Kaum hatten wir den kleinen Hafenausfahrtsarm passiert, ging es in Richtung Bad Doderan. Wir kamen gerade so rechtzeitig an, daß wir noch durch Bad Doberan fahren konnten. Die Stadt hatte bereits Panzeralarm! Die ersten sowjetischen Panzer waren von Rostock kommend unmittelbar am Stadtrand. Es war der 30. April 1945, ein dramatischer Tag in jeder Weise. Denn in den Abendstunden sickerte die Nachricht durch: »Adolf Hitler ist tot!« Es kam über Rundfunk die Meldung, daß der »Führer auf seinem Befehlsstand in der Reichskanzlei bis zum letzten Atemzuge gegen den Bolschewismus kämpfend, für Deutschland gefallen sei!« Die Reaktion der Soldaten war eine gewisse Erleichterung! Nachdem wir ohnehin gewußt hatten, spätestens seit der Besprechung mit den Generälen von Manteuffel und Schack, daß Hitler und seine Umgebung, wie Schack wörtlich sagte, »in Berlin untergehen würden«, war das nur eine Frage der Zeit, wann die Nachricht vom Tode Hitlers uns alle von seinem persönlichen Eid lösen würde, soweit die Vernunft das nicht längst bei jedem denkenden Soldaten getan hatte. So wurde die Nachricht vom Tode Hitlers eher mit einer Erleichterung aufgenommen. Damit wußte ein jeder, nun ist der Krieg wirklich zu Ende, nun ist es nur eine Frage von Stunden und Tagen, wann Schluß ist.

Wir hatten in der Nacht vom 30. April zum 1. Mai 1945 gerade noch hinter Bad Doberan eine Hauptkampflinie, wenn man das so nennen darf, einen Schleier ostwärts Wismar in einer Tiefe von etwa 20 Kilometern nach Süden aufgebaut, durch Radfahreinheiten und durch einige motorisierte Einheiten. Wir konnten auf die Telefonverbindungen mit den einzelnen Ortschaften und auf einige Funkverbindungen bauen. Der 1. Mai begann mit morgendlicher Kühle. Die Sonne ging auf, es war ein Maitag, wie wir ihn uns gewünscht hatten. Als erstes meldete Hauptmann Spindler, der als Vorauskommando die Einweisung der Schleierhauptkampflinie ostwärts Wismar vollzog, daß Panzer bereits Wismar erreicht hätten und an Wismar vorbei in Richtung Osten mit uns zusamengestoßen wären. Es wären Panzer mit einem weißen Stern, die sich bald als Fahrzeuge einer kanadischen Division herausstellten. Wenn auch Hauptmann Spindler bei dieser Begegnung mit kanadischen Soldaten als erstes seine Armbanduhr einbüßte, so war er, nicht minder wie wir, erleichtert, daß wir die Verbindung zu einer britisch-kanadischen Truppeneinheit hatten und nunmehr die Russen uns nicht mehr unmittelbar auf den Fersen waren. Zur allgemeinen Überraschung hat der Major, der die Panzervorauseinheit führte, sofort den Befehl an uns weitergegeben, wir sollten unsere Linie weiter halten. Er ließ sich auf der Karte zeigen, wo unsere Vorposten stünden und meinte, Wismar sei in britischer Hand. Wir sollten solange unsere vordere Linie halten, bis der Befehl zum Absetzen in Richtung Lübeck erfolgte. Aber bis Lübeck müßten wir uns auf jeden Fall absetzen. Denn er könne erst von Lübeck aus garantieren, daß wir mit Sicherheit in britische Kriegsgefangenschaft kämen. Daher sollten wir uns, wenn er uns im Laufe des Nachmittags oder abends den Befehl gäbe, schließlich in Richtung Lübeck, also in Richtung der Trave bewegen. Wir waren mehr als erleichtert. Eine freudige Erregung bemächtigte sich aller.

Wir wollten zunächst einmal allen denen, die in der Nähe wohnten, eine ordentliche Entlassung möglich machen. Denn der Krieg war nunmehr auch für unsere 102. Infanteriedivision zu Ende. Da wir über alle Papiere, Unterlagen, Dienststempel des Divisionskommandos und auch über unterschriftsberechtigte Kommandeure verfügten, haben wir eine Entlassungsaktion in Gang gesetzt. Alle, die in der Nähe wohnten und die sich zutrauten, auf eigene Faust ihre Heimatorte zu erreichen, wurden aufgefordert, sich zu melden, um die Entlassung aus der Deutschen Wehrmacht, sprich 102. Infanteriedivision, mit Unterschrift und Stempel unter einem Entlassungsschein zu empfangen. Es machten etwa 30–40 Soldaten von dieser Möglichkeit Gebrauch. Für den Rest haben wir für den Abend den Weitermarsch in Richtung Lübeck in Aussicht gestellt, der allerdings erst erfolgen konnte, wenn wir von der britisch-kanadischen Einheit die notwendige Weisung bekommen hätten. Wir waren nunmehr britische Kriegsgefangene und damit in der Obhut der britischen Armee des Feldmarschalls Montgomery, aber gleichzeitig auch immer noch im Einsatz befindliche Soldaten der Deutschen Wehrmacht, die, so grotesk es klingt, auf Befehl britisch-kanadischer Offiziere noch eine Frontlinie gegen die Rote Armee in einer Breite von 20 Kilometern, auf den Höhen ostwärts Wismar hielten. Entlang dieser Linie war es mehrfach zu Gefechtsberührungen mit den sowjetischen Panzern und motorisierten Spitzen gekommen. Einige Feuerstöße aus unseren Maschinengewehren hatten sie gestoppt. Auf jeden Fall waren die Briten früher in Wismar als die Sowjets. Es schien damals eine Art Wettlauf um den Besitz von Wismar zwischen den britischen und den sowjetischen Panzerspitzen stattzufinden. Die Briten-Kanadier waren offensichtlich froh darüber, daß sie früher als die Sowjets in Wismar eingedrungen waren und die Stadt besetzt hatten. Am späten Nachmittag erschienen einige Offiziere der britisch-kanadischen Panzerdivision und verlangten, den Kommandeur zu sprechen. Oberst Dr. Ludwig und ich standen zur Verfügung! Der britische Major, der das Wort führte, erklärte unter Zuhilfenahme eines Dolmetschers, daß wir nunmehr unsere Sicherungen einziehen und im Laufe des späten Abends in Richtung Lübeck abmarschieren sollten. Ich erklärte ihm, daß das nur möglich sei, wenn er uns eine schriftliche Anweisung gäbe, in der stünde, daß die 102. Schlesische Division als Rahmen und die ihr unterstellten Truppen verschiedener Verbände, auch Reichsarbeitsdienst, Heer, Luftwaffe, Marine, die Waffen am 1. Mai vor der britisch-kanadischen Panzerdivision bei Wismar niedergelegt hätten, jedoch auf Befehl dieser Panzerdivision weiter mit Waffen in Richtung Lübeck marschieren sollten. Ich wollte damit verhindern, daß wir in Schwierigkeiten gerieten, falls man uns rückwärts der britisch-kanadischen Linien, ausgerüstet mit Waffen und Gerät auf Lastwagen, Kübelwagen und inzwischen auch zahlreichen requirierten Personenwagen antreffen würde. Das hätte uns einige Sorgen bereiten können. Der Major gab bereitwillig dieses Papier und erklärte, er habe seiner vorgesetzten Dienststelle in Lübeck bereits über die Begegnung mit der 102. Division Mitteilung gemacht und auch Kenntnis vom Verlauf der vorderen Linie seiner Truppen und der Berührung und Verbindung mit der Roten Armee bei Wismar gegeben. Insofern sei man sich über unsere Haltung und über das, was nun in den nächsten Tagen geschehen würde, durchaus im klaren. Er garantierte dafür, daß keine Schwierigkeiten entstehen würden. Ich formulierte dann noch am Nachmittag einen Befehl, daß die 102. Infanteriedivision mit allen ihr unterstellten Teilen sich im Raume südlich Wismar sammeln sollte, um anschließend in Richtung Südwesten nach Gadebusch und von dort weiter in Richtung Westen nach Ratzeburg in den Raum Lübeck zu marschieren. Am 2. Mai 1945, einem sonnigen, schönen Tag, erreichten wir den Raum um Gadebusch und übernachteten in Zivilhäusern, bereitwillig von der Bevölkerung untergebracht, auch verpflegt und in den um Gadebusch liegenden einzelnen Ortschaften so aufgeteilt, daß wir dann am 3. Mai unseren Weitermarsch in Richtung Ratzeburg antreten konnten. Doch am Abend des 2. Mai 1945 tauchte eine amerikanische Streife auf, die von unseren aufgestellten

Posten festgenommen worden war. Die Amerikaner hatten sich nicht gewehrt. Es war gottlob nicht zum Schußwechsel gekommen! Der amerikanische Leutnant erklärte, er fordere uns auf, zu kapitulieren. Das Hauptquartier der Amerikaner im Raum Schwerin würde dafür sorgen, daß wir in geordneten Verhältnissen in die Gefangenschaft übergeführt werden würden. Für den nächsten Tag, früh um 7.00 Uhr, war eine Begegnung mit seinem Kommandeur zur Kapitulation verabredet.
Es entspann sich nun in den Kreisen der Offiziere, auch der neu hinzugekommenen aus anderen Truppenteilen eine Diskussion, ob man sich den Amerikanern oder den Briten entsprechend der Vereinbarung von Wismar stellen sollte. Ich warnte davor, das Angebot des amerikanischen Leutnants anzunehmen und vor den Amerikanern im Raum Schwerin zu kapitulieren. Schließlich hatten wir bereits den Kampf gegenüber den Kanadiern und den Briten bei Wismar eingestellt. Ich besaß immerhin ein Papier, das mich in die Lage versetzte, mich bei britischen Dienststellen auszuweisen. Außerdem hatte ich in der Normandie in Erfahrung gebracht, daß die britische Art, Kriegsgefangene zu behandeln, in jedem Fall sicherer und eher vom Völkerrecht geprägt sei, als die Behandlung durch manche amerikanische Einheit. Im übrigen, meinte ich, bestünde außerdem die Gefahr, daß wir, die wir vier Jahre als Division an der Ostfront gestanden hätten, möglicherweise an die Rote Armee übergeben werden würden. Eine Übergabe seitens amerikanischen Militärs sei wahrscheinlicher als seitens britischer Kommandoeinheiten. Dieses letzte Argument, mit dem kaum jemand gerechnet hatte, zog. Denn wer wollte schon, nachdem er endlich die britisch-kanadischen Linien erreicht hatte, an die Sowjets ausgeliefert werden? Damit überzeugte ich auch diejenigen, die am liebsten zu den Amerikanern gegangen wären.

14.
Kapitulation und Gefangenschaft

Wir setzten uns am nächsten Morgen schon um 5.00 Uhr in Richtung Ratzeburg in Marsch, um auf jeden Fall der britischen Gefangenschaft näher zu sein als der amerikanischen. Im Raum von Ratzeburg, in der Gegend des Ratzeburger Sees, habe ich alle Offiziere und Unteroffiziere der 102. Division zu Oberst Dr. Ludwig befohlen. In einer Befehlsausgabe wurde festgehalten, daß wir in bester Marschformation auf den Kübelwagen und Lastwagen und in einer disziplinierten Radfahrformation der Radfahrkompanien und mit allen uns noch zur Verfügung stehenden Feldküchen und Gerätewagen vor den britischen Linien an der Trave vorfahren müßten. Nur so, wenn wir den Eindruck einer ausgezeichneten und gut ausgerüsteten Division machten, würden wir auch entsprechend vom Gegner respektiert werden. Das leuchtete allen ein. So wurde der 4. Mai dazu genutzt, sich auf den nächsten Tag einzurichten, Waffen und Geräte gereinigt, alles rasierte sich, brachte die Uniform in Ordnung und packte das Kriegsgefangenengepäck. Man holte nur das, was man unbedingt in den nächsten Wochen brauchte aus seinem Rucksack, und packte es entsprechend um. Was nicht unbedingt notwendig war, wurde zurückgelassen. Ich bat gleichzeitig den evangelischen Divisionspfarrer zu mir. Er war früher in Goslar Pastor und sprach perfekt englisch. »Pastor Heycken, Sie bekommen die ehrenvolle Aufgabe, morgen früh nicht nur unser Dolmetscher zu sein, sondern gleichzeitig mit einem Feldwebel und einem Motorrad mit weißem Stander vorzufahren und im Auftrag von Oberst Dr. Ludwig die Kapitulation der 102. Division und der ihr angeschlossenen anderen Verbände dem britischen Kommando an der Trave anzubieten!« Pastor Heycken nahm dieses Angebot nach einer gewissen Bedenkzeit an. »Muß ich das ausgerechnet tun als Pfarrer?« »Gerade Sie, Herr Pfarrer, mit ihrer Armbinde und mit dem großen Kreuz vor Ihrer Brust sind am ehesten geeignet, die friedlichen Absichten einer kapitulierenden Division zum Ausdruck zu bringen. Außerdem sprechen Sie gut englisch, wer könnte für uns besser dolmetschen als Sie!« Am nächsten Morgen, es war der 5. Mai 1945, setzte sich ein eigenartiger Zug nördlich von Ratzeburg in Richtung Trave in Bewegung! Vorn Pastor Heycken mit einem weißen Stander auf dem Sozius eines Beiwagenkrades, das von Oberfeldwebel Stosieck geführt wurde, der schon in Gleiwitz als Unteroffizier eine gute Figur gemacht hatte. Es folgten einige weitere Beiwagenkräder und Krafträder und schließlich der Kübelwagen, auf dem Oberst Dr. Ludwig, Hauptmann Dr. Franz Meyers, Oberleutnant Nehen und ich Platz genommen hatten. Hinter uns kamen dann die Radfahrkompanien, etwa 200 Radfahrer und schließlich aufgesessene Infanterie auf 20 bis 30 Lastwagen mit glänzenden Stahlhelmen, die Karabiner zwischen den Beinen, ein martialischer Anblick! Die Posten sahen uns ganz überrascht an, Pastor Heycken erledigte seine Aufgabe in militärischer Form. Wir traten dann aus dem Kübelwagen, Oberst Dr. Ludwig und die anderen Offiziere mußten warten. Es wurde nach hinten telefoniert. Nach etwa fünf Minuten erschien ein Captain! Diesem Captain wiederholte Pastor Heycken noch einmal das Kapitulationsangebot und gleichzeitig zeigte ich ihm das Papier, das ich aus Wismar durch den Panzermajor der Kanadisch-Britischen Panzerdivision erhalten hatte. Da hellte sich die Miene des Captains auf und er bat Oberst Dr. Ludwig, Franz Meyers, Nehen und mich in einem englischen Kübelwagen Platz zu nehmen. Im Geleit von vier Motorradfahrern der Engländer und zwei weiteren englischen Jeeps fuhren wir, ohne zu wissen, was nun weiter mit der Truppe geschehen würde, in Richtung Lübeck. Nach etwa einer halben Stunde Fahrt trafen wir auf dem Divisionsgefechtsstand ein. Uns wurde bedeutet, daß der Divisionsgeneral uns zu sprechen wünschte. In der Zwischenzeit bot man uns eine Tasse Tee an, auch Kekse und Büchsen mit Corned Beef. Da wir aber keine Eßbestecke hatten, konnten wir natürlich von dem Corned Beef-Angebot keinen Gebrauch machen. Irgendwie hatte uns auch ein gewisser Stolz erfaßt, uns nicht gleich bewirten zu lassen, als wenn wir als Hungerleider erschienen wären. Wir lehnten dankend Tee, die Bisquits und das Corned Beef ab, was wiederum Erstaunen auf der anderen Seite erzeugte. Es dauerte eine weitere Viertelstunde.

Schließlich erschien ein wohlaussehender, gepflegter Major, der Divisionsadjutant, der unserem Oberst Dr. Ludwig, nachdem er ihn salopp begrüßt hatte, erklärte: Der General bedauere, uns nicht empfangen zu können. Wir würden auf Befehl des Divisionsgenerals nach Lübeck in die Adolf-Hitler-Kaserne gefahren werden und hätten die Aufgabe, das dort vorhandene Gefangenenlager zu übernehmen und für Disziplin und Ordnung zu sorgen. Also wieder zurück nach Lübeck in die alte Kaserne, einem Ziegelbau mit vielen Hallen, noch aus der Kaiserzeit stammend. Hier am Tor Posten der Engländer. Wir stiegen aus unseren Jeeps und bekamen zunächst alles abgenommen, was wir noch bei uns hatten, Ferngläser und Fotoapparate. Ich verwies darauf, daß dieses Fernglas, das ich hätte, kein Militärfernglas sei, sondern ein Zivilfernglas. Ich hatte es mir in Ostpreußen in einem Försterhaus angeeignet, bevor die Russen kamen. Aber es nützte nichts, ich wurde mein Fernglas los, ebenso meinen Fotoapparat. Alles, was wir am Leib trugen, Koppel, Taschen außer der Armbanduhr, die wir glücklicherweise vorher schon versteckt hatten, wurde uns abgenommen. Alle Proteste halfen nichts! Wir gingen barhäuptig und ohne Utensilien in die Gefangenschaft, nicht einmal unseren Rucksack durften wir mitnehmen. Das Bild der alten Lübecker Kaserne, von den Engländern immer noch Adolf-Hitler-Baracks genannt, war schlimm. Etwa 2–3000 kriegsgefangene deutsche Soldaten aller Wehrmachtsteile, Oberste ohne Schulterstücke, Offiziere und Unteroffiziere ohne Orden und Dienstgradabzeichen, eine johlende Menge empfing uns, da wir noch unsere Dienstgradabzeichen und unsere Orden trugen. Einige von ihnen hatten rote Armbinden angelegt. Es sah alles andere als diszipliniert aus! Offensichtlich waren die Auflösungserscheinungen selbst den Engländern zuwider. Denn ein Offizier forderte uns auf, hier unsere Wünsche zu äußern, wie wir uns die Übernahme dieses Kriegsgefangenenlagers in Lübeck dächten. Wir erklärten, daß wir nur in der Lage wären, dieses Lager zu übernehmen, wenn auch unsere Truppe, die sich mit uns an der Trave südlich Lübeck befände, zu uns stoße, weil wir nur auf diese Weise auch die nötigen Soldaten hätten, um hier Ruhe und Ordnung wiederherzustellen. Dies wurde zugesagt, auch die restlichen Angehörigen unserer Division in die Lübecker Kaserne zu schaffen, was geschah. Wie wir erfuhren, hatten unsere Soldaten drei bis vier Stunden warten müssen. Dann wurde jede einzelne Einheit nach vorn zu den Posten gerufen. Alle mußten ihre Waffen niederlegen, ihre Pistolen, ihre Koppel und sich, wie man in der Landsersprache sagt, filzen lassen! Es wurde ihnen alles, was militärähnlichen Wert hatte, abgenommen. Nicht nur Ferngläser, Fotoapparate, Taschenmesser, es war eine Ausplünderung aller, aber das lag im Zuge der Zeit. Die Soldaten selbst besaßen nur noch das Notwendigste. Da sie ihre Stahlhelme natürlich abgegeben hatten, besaßen die meisten keine Kopfbedeckung, sondern nur die bloße Uniform, allenfalls noch den Mantel über dem Arm und vielleicht den Brotbeutel oder einen Rucksack. Im Lager angekommen, ließ Oberst Dr. Ludwig seine schlesische Soldaten antreten, begrüßte sie mit einem markigen »Guten Tag, Soldaten der 102. Infanteriedivision!« Ein kräftiges »Guten Tag Herr Oberst«, war die Antwort. Oberst Dr. Ludwig erklärte, er habe den Befehl des britischen Divisionsgenerals, das Lager zu übernehmen. Er ernenne jetzt seine alte schlesische Truppe zur Lagerpolizei. Gleichzeitig befehle er, daß sich die im Lager befindlichen Soldaten in Gruppen zu 100, zu 500 und zu 1000 Mann versammeln und Namenslisten in die Kaserne einzureichen hätten, in der er, Oberst Dr. Ludwig, das Kommando, Hauptmann Meyers die Personalabteilung, Oberleutnant Nehen die Verpflegungsabteilung zu übernehmen hatte, während ich den sogenannten Generalstabsoffizier des Divisionskommandos zu stellen hätte. Es sei der Befehl des britischen Generals, daß sämtliche Soldaten ihre Dienstgradabzeichen tragen. Im übrigen würden nur dort Verpflegungsausgaben erfolgen, wo eine Kriegsgefangenenliste nach Hundertschaften, nach Fünfhundertschaften und nach Tausenderblöcken eingereicht würden. An der Spitze einer jeden Hundertschaft müsse ein Leutnant oder Oberleutnant stehen, an der Spitze eines Fünfhundertblocks ein Hauptmann oder Major, an der Spitze einer Tausendergruppe ein Major, Oberstleutnant oder Oberst. Er erbitte, so bald als möglich die namentliche Aufstellung aller dieser Gruppen mit der Meldung der für sie verantwortlichen Offiziere.

Dieses Auftreten und der Eindruck, den die schlesischen Soldaten in voller Uniform, das heißt mit ihren Dienstgradabzeichen und ihren Kriegsauszeichnungen, gemacht hatten, bewirkte geradezu ein Wunder. Im Nu waren die Randalierer still, die Demonstrationen beendet, die roten Armbinden verschwunden. Eifrig wurden wieder die Dienstgradabzeichen, die Schulterstücke angenäht, man suchte wieder nach dem, was man vorher weggeworfen hatte. Es war erstaunlich, wie das Beispiel von 200 Soldaten und die klare Anweisung eines Obersten, der wußte, was er wollte, das Gesamtbild einer wilden disziplinlosen Masse deutscher Kriegsgefangener in der alten Kaserne in Lübeck verändert hatten. Die Zahl der Kriegsgefangenen in dieser alten Kaserne wurde immer größer. Bald waren es 15 000 und in wenigen Tagen schwoll schließlich die Zahl bis auf 20 000 an. Inzwischen waren auch die von Oberst Dr. Ludwig befohlenen Eingliederungen erfolgt, die Listen waren abgeliefert, es hatten sich die zuständigen Offiziere gemeldet und durch die Geschicklichkeit unserer Leute, insbesondere auch des Oberleutnants Heinrich Nehen, waren nach 48 Stunden die ersten Verpflegungstransporte da. Nehen hatte einfach in und um Lübeck ehemalige Marinelager und Heeresverpflegungslager aufgesucht und begleitet von britischen Sergeanten die Ermächtigung erhalten, zur Verpflegung der deutschen Kriegsgefangenen Bestände aus den Heeres- und Marineverpflegungslagern in die alte Kaserne zu bringen. In dem Augenblick, in dem die Verpflegung unter den 20 000 Kriegsgefangenen funktionierte, war auch die Stimmung wieder in Ordnung. Am 5. Mai sah es noch so aus, als wenn unser kleiner Stab nicht in der Lage gewesen wäre, das Chaos zu bändigen. Am 7. und 8. Mai war das Lager in einer mustergültigen Ordnung. Die Wünsche, auch etwas von der Außenwelt an Information zu erhalten, führten dazu, daß einige Radioapparate bei uns Offizieren aufgestellt wurden. So hörten wir, daß der angebliche Heldentod Adolf Hitlers am 30. April in Berlin nichts anderes als eine der letzten Propagandameldungen von Dr. Josef Goebbels war, der die Selbstmorde Hitlers und Eva Brauns, seiner frisch angetrauten Ehefrau, zu einem Heldentod im Kampf umformuliert hatte, was den einzelnen Soldaten im Grunde genommen völlig gleichgültig ließ. Hitler war tot, wie er umkam, das war zweitrangig! Man erfuhr auch von dem Selbst-

mord von Goebbels und seiner Ehefrau. Hier war für den Soldaten erschütternd, daß Goebbels auch seine kleinen Kinder mit in den Tod nahm und sie vor seinem Selbstmord vergiftet hatte. Ansonsten herrschte in Berlin Chaos, nachdem am 2. Mai Berlin kapituliert hatte und General Weidling, der sich in Ostpreußen von uns im März bei Braunsberg verabschiedet hatte, nunmehr als Kampfkommandant in Berlin die schwierige Aufgabe hatte, die Kapitulation Berlins und die Einstellungen aller Kampfhandlungen zu verantworten. Am 8. Mai 1945 fand die Kapitulation der Deutschen Wehrmacht statt. Auch hier erhielten wir die Meldungen durch unsere Rundfunkgeräte. Am Nachmittag übertrug der Britische Rundfunk die großen Kundgebungen aus London mit dem Jubel, dem Glockenläuten, dem nicht enden wollenden Rufen der Menge und dem Absingen der Nationalhymne, als London den Sieg über Deutschland feierte. Als wir die Übertragung aus London hörten, waren wir tief erregt. Denn hier begann wirklich für Deutschland eine neue Zeit! Sie offenbarte sich auch darin, daß auf der einen Seite Jubel, Siegesstimmung und Zukunftshoffnungen vorhanden waren, auf der anderen Seite bei den geschlagenen Deutschen tiefe Niedergeschlagenheit und Sorge über die Zukunft. Man wußte nicht, wer wo war, welche Adresse noch gültig und wer in den zerbombten Großstädten überhaupt noch am Leben war.
Aber wir hatten wenig Zeit, darüber nachzudenken und uns unserer Niedergeschlagenheit hinzugeben. Denn für den nächsten Tag, für den 9. Mai 1945, hatte der Divisionskommandeur, der britische General, eine Besichtigung des Kriegsgefangenenlagers Alte Kaserne Lübeck angeordnet. Es war bestimmt worden, daß die Blocks in hunderter und fünfhunderter Gruppierungen anzutreten hätten. Jeweils hätte eine Hundertschaft dem Oberst Dr. Ludwig zu melden. Dieser wiederum hätte dann dem britischen General Meldung zu erstatten mit gleichzeitiger Erläuterung, um welche Truppen es sich handelte. So bereiteten wir also den 9. Mai als Besichtigungstag vor. Pünktlich um 10.00 Uhr erschien der britische General mit dem Stöckchen unter dem Arm, seiner Generalsmütze mit dem leuchtenden Rot, umgeben von mehreren Offizieren. Viele Orden, alles glänzend auf Parade eingestellt! Wir

hatten uns auch in unseren Uniformen mit Kriegsauszeichnungen soweit wie möglich auf den Tag eingestellt. Aber auch die Kompanieblocks, die Hundertschaftblocks und Fünfhundertblocks versuchten, einigermaßen Eindruck zu machen. So vollzog sich dann das Schauspiel, daß jeweils die deutschen Einheitsführer Oberst Ludwig Meldung machten und er wiederum dem britischen General Meldung erstattete. Das ganze war ein Paradebeispiel, nicht nur für die Disziplin, die inzwischen das Kriegsgefangenenlager erfaßt hatte, sondern auch für die Haltung, die die britische Führung, insbesondere der britische General und seine Offiziere, einem deutschen Kriegsgefangenenlager gegenüber einzunehmen beabsichtigten. Einige Tage später mußten wir Transportlisten zusammenstellen und Mitte Mai wurde das gesamte Kriegsgefangenenlager »Alte Kaserne Lübeck« nach Nord-Holstein verlegt. Die rund 20 000 Mann aus Lübeck wurden durch britische Militärlastkraftwagen in die Gegend Schönberg, Barsbek, Schönberger Strand verlegt. Mit dort noch zuströmenden weiteren Kriegsgefangenen umfaßte schließlich das Lager, für das wir die Verantwortung trugen, 30 000 Mann. Sie lagen in Schulen, in Gasthäusern, auf den Dörfern, in Schönberg, in Barsbek, in Wisch, Fiefbergen und in den verschiedenen Ferienhäusern der Kieler Bürgerschaft in Heidkate. Es war eine Vielzahl von Angehörigen des Heeres, der Marine, der Luftwaffe. Aus Dänemark kamen immer wieder neue Transporte in das Lager, das sich mit weiteren Lagern in Ost-Holstein auf über 650 000 deutscher Soldaten erstreckte, deren Kommando in Putlos lag. Das ganze nannte sich das »Korps des Generals Stockhausen«. Ein ähnliches Lager war in Nord-Schleswig, in Dithmarschen, eingerichtet. Es nannte sich das Korps Witthöft, nach dem dort befehligenden deutschen General Witthöft. Das besondere an dieser ost-holsteinischen deutschen Kriegsgefangenenzone war, daß wir nicht nur unsere Kriegsorden tragen durften – die Hakenkreuze mußten entfernt werden –, sondern, daß wir auch je nach dem Dienstgrad unseren Wehrmachtssold weiter erhielten und in einer Art Selbstverwaltung in Kriegsgefangenendivisionen von etwa 30 000 Mann, Kriegsgefangenenkorps nach der alten Wehrmachtsgliederung organisiert und auch verwaltet wurden. Die Disziplin in dieser Kriegsgefangenenzone war gut, die Bevölkerung hilfreich. Zu den Kriegsgefangenen, die in dieser Zone untergebracht wurden, gesellten sich auch viele Zehntausende von ostpreußischen und pommerschen Flüchtlingen, die ebenfalls in diesem Raum mit ihren Trecks und Transporten hängengeblieben waren. Beiderseits versuchte man sich zu helfen, es gab bald eine Schicksalsverbrüderung zwischen den kriegsgefangenen Soldaten und den aus Ostpreußen und Pommern in diese Gegend gelangten Flüchtlingsfamilien.

Als erstes sollten Leute der Landwirtschaft und des Bergbaus entlassen werden. Die ersten Entlassungsaktionen liefen bereits im Juni für die Landwirtschaft und im Juli für den Bergbau an. Natürlich meldeten sich so viele, wie ich noch nie erlebt hatte, für die Landwirtschaft und ebensoviele für den Bergbau, nur um so schnell wie möglich zum Entlassungslager zu gelangen und aus der Kriegsgefangenenzone wieder in ein ziviles normales Leben gelangen zu können. Eines Tages hieß es, alle Österreicher sollten sich melden. Alle Österreicher, hier kam ein Witzbold auf den Gedanken, dann meldet sich der ganze Rest der 102. Schlesischen Division. Waren wir Schlesier nicht auch bis 1742, dem Schlesischen Krieg, Österreicher gewesen, die dann gewissermaßen ein erstes Opfer preußischer Aggression wurden? Stimmte es nicht, daß Maria Theresia um ihre Perle Schlesien geweint haben soll? Also meldete ich selbstverständlich zusammen mit Franz Meyers auch die Schlesier als Österreicher und mich selbst dazu. Wir wußten, daß wir mit unserer Argumentation nicht durchkommen würden. Tatsächlich fragten uns die britischen Offiziere: »So viele Österreicher, die ganze 102. Division, alle Offiziere Österreicher?« Wir erklärten ja, denn wir sind Schlesier und bis 1742 gehörten wir zu Österreich. »Wann war das?« fragten die britischen Offiziere zurück. »1742«, nun sie lächelten und meinten, das wäre ja wohl etwas zu lange her. Inzwischen sei soviel geschehen und wir könnten uns kaum noch als Österreicher betrachten und die Wohltat einer baldigen Entlassung in Anspruch nehmen. Das hatten wir natürlich auch nicht anders erwartet. Aber dieses Zwischenspiel diente etwas zur Auflockerung und zur Erheiterung unseres Verhältnisses zu den britischen Überwachungsoffizieren.

Ein anderer Fall brachte uns einander näher. Von Kiel her hörte

man immer wieder die Sprengungen der dortigen Marineeinrichtungen im Rahmen der Entmilitarisation des Deutschen Reiches. Eines Tages erschienen zwei britische Geheimdienstoffiziere und wollten etwas über Laboe mit uns besprechen. Sie säßen in Laboe und wir hatten ja in Sichtweite von Schönberg aus das Marineehrenmal Laboe täglich vor Augen. Auch dieses Ehrenmal sollte nun gesprengt werden und sie kämen, um unsere Meinung als Soldaten zu erfahren. Franz Meyers und ich redeten auf sie ein. Wir meinten, das wäre das verhängnisvollste, was Großbritannien gerade hier in diesem Küstenraum tun könnte. Großbritannien sei eine Seefahrernation, auch hier lebten im Küstenstreifen der Ost- und Nordsee viele Menschen, die eine ständige Beziehung zum Meer und zur Seefahrt hätten. Das Marineehrenmal in Laboe sei keine militarische Einrichtung, sondern ein Ehrenmal für alle auf See gebliebenen Menschen im Krieg oder im Frieden bei der Handelsschiffahrt. In jedem Falle wäre es eine tiefe Verletzung des Gefühls dieser hier lebenden Menschen, wenn man das Marineehrenmal in die Luft jagen würde. Die britischen Offiziere hörten genau zu und verabschiedeten sich mit der Bemerkung: »Wir werden darüber berichten, aber bedenken Sie, die Gewerkschaften in Kiel und die dortige Sozialdemokratische Partei, die sich eben wieder konstituiert hat, haben der Sprengung des Marineehrenmals in Laboe als militaristischer Einrichtung bereits zugestimmt!« Wir meinten, das könne nur eine Kurzschlußhandlung oder ein Irrtum sein von Leuten, die keine Ahnung hätten, was wirklich mit dem Marineehrenmal Laboe in bezug auf Ehrung des Andenkens der Toten auf See verbunden sei.
Einige Wochen später kamen die gleichen Offiziere mit einer Flasche Whisky unter dem Arm zurück und erklärten freudestrahlend: »Wir haben es erreicht, wir haben durchgesetzt mit Ihrem Bericht, daß London entschieden hat, das Marineehrenmal Laboe bleibt erhalten! Wir freuen uns, daß wir gemeinsam dazu beigetragen haben. Denn auch wir sind der gleichen Meinung wie Sie! Es wäre nicht gut gewesen, das Marineehrenmal Laboe hat mit den Nazis und hat mit dem Krieg nichts zu tun!«
In den beiden Monanten Juli und August ging nicht nur die Entlassung vieler Tausender vonstatten, insbesondere aus Land-

wirtschaft und Bergbau, auch der besonders schöne, sonnige und warme Sommer von 1945 entschädigte uns durch vieles Schwimmen und Sonnen am Schönberger Strand für manches, was uns in den vergangenen Jahren an Entbehrungen und Härten, wo auch immer, zuteil geworden war. Ein Ereignis hat noch einmal alle, sowohl die Kriegsgefangenen, wie die Zivilbevölkerung in den Holsteinischen Ortschaften in Erregung gesetzt: Der Atombombenabwurf am 6. August 1945 auf Hiroshima und einige Tage später auf Nagasaki. Die Reaktion eines Teils sowohl der Soldaten, wie der Zivilbevölkerung war: Es ist ein schreckliches und unnötiges Verbrechen, auf zwei Zivilstädte diese mörderische neue Bombe zu werfen! Andere wiederum meinten, ein Glück, daß bei uns Schluß ist, sonst wären wahrscheinlich diese beiden Atombomben auf deutsche Großstädte gefallen! Wiederum Dritte sagten, wir hätten es ja ohnehin bereits hinter uns. Denn was wäre Dresden anderes als ein Hiroshima oder Nagasaki in Raten. Auf jeden Fall hatten die Alliierten des 2. Weltkrieges, in diesem Fall die Amerikaner, einen Unrechtstatbestand gesetzt, der bei manchem Soldaten das Gefühl aufkommen ließ: »Die sind ja auch nicht viel besser als wir es waren! Auch sie gehen nach dem Motto vor, es ist alles erlaubt, was den Gegner vernichtet!« Die bald darauf folgende Kapitulation Japans schien denen recht zu geben, die die Rechtfertigung des Atombombenabwurfs in einer schnellen Beendigung des Kriegs in Asien sahen.
Im Monat September 1945 hatte die große Entlassungszahl in unserem Kriegsgefangenenbereich zu einer solchen Schrumpfung geführt, daß wir nun allmählich selbst an eine Entlassung denken konnten. Aber, wo sollten die Schlesier hin? In der Heimat Schlesien saß die Rote Armee und herrschten die polnische Miliz und die polnische Verwaltung. Eine Entlassung dorthin war ausgeschlossen. Aber niemand konnte durch die britischen Entlassungsstellen bei Eutin entlassen werden, der nicht eine Heimatadresse vorweisen konnte. Insofern waren die Westfalen, die Rheinländer, die Hessen, die Bayern natürlich viel besser dran als wir Schlesier. Ein Glück, daß wir 1939 von Oktober bis in den März 1940 in den Räumen zwischen Köln und Bonn unsere Quartiere hatten. Damals hatte das VIII. Schlesische Korps nach dem Polenfeldzug

hier im Rheinland für ein halbes Jahr in Privatquartieren und Schulen eine zeitweise Heimat gefunden. Das war für viele ein Glück! Denn nun konnten die Quartieradressen von 1939 und Frühjahr 1940 als Entlassungsadressen angegeben werden, soweit die Häuser in den einzelnen Städten noch standen und die Familien nicht im Bombenkrieg umgekommen waren. Also galt es, Verbindungen aufzunehmen mit den Quartiergebern vor sechs Jahren. Wir hatten Glück, sowohl Helmut Lindner, Dr. Ernst Dundaleck, andere und auch ich bekamen Kontakt mit den ersten wieder in Gang gekommenen Postverbindungen zu unseren Quartiergebern von 1939 und erhielten die Ermächtigungen, diese Adressen als Entlassungsort den britischen Entlassungsbehörden in Eutin anzugeben. Was lag da näher, als sich Ende September zu melden. In den ersten Oktobertagen 1945 erfolgte in Eutin unsere Entlassung in Richtung Sürth bei Köln. Die Entlassungsprozedur war sehr streng! Erst kam eine gesundheitliche Untersuchung durch deutsche Wehrmachtsärzte, die beaufsichtigt waren von britischen Sanitätsoffizieren. Dann erfolgte eine Fragebogenaktion, die Abnahme des Daumendruckes als ein Ausweis für die Kriegsgefangenenentlassung und schließlich die Ausstellung eines Kriegsgefangenenentlassungsscheins. Man mußte alles an Papieren auf den Tisch legen. Natürlich auch die Kriegsauszeichnungen! »Was wollen Sie damit?« fragte der britische Oberleutnant und verwies auf das vor ihm liegende Ritterkreuz des Eisernen Kreuzes. »Ich will es eines Tages zum Frack tragen!« Er schüttelte ungläubig den Kopf und bot mir sechs Stangen Pall Mall, einer britischen Zigarettenmarke, also 1200 englische Zigaretten. Das war damals ein kleines Vermögen. Denn inzwischen war anstelle der immer stärker abgewerteten Reichsmark eine Zigarettenwährung in Gang gekommen. Ich nahm meine Orden und erklärte ihm: »Ich tausche keine Kriegsauszeichnungen gegen Zigaretten. Außerdem bin ich Nichtraucher.« Wir wurden auf einem Lastkraftwagen in Richtung Rheinland abtransportiert, zunächst bis Münster. Hier kampierten wir in dem ausgebrannten und zerbombten Kasernement, in den Pferdeställen, auf dem nackten Fliesenboden. Es war eiskalt! Aber was tat's, man war der Freiheit und einem neuen Leben in Zivil schon einige hundert Kilometer näher.

Nachdem wir am nächsten Morgen ein Soldatenfrühstück mit heißem Kaffee, Bisquits und Corned Beef erhalten hatten, ging es weiter in Richtung Köln und von dort nach Bonn in den Hofgarten. Hier hatte man ein provisorisches Entlassungslager eingerichtet. Die Hofgartenwiese vor der ausgebrannten Bonner Universität war mit Stacheldraht umzäumt. Wir passierten noch einmal die Schleusen, mußten noch einmal die Befragung über uns ergehen lassen und verließen schließlich, erleichtert, den Rucksack mit etwas Wäsche und Verpflegung auf dem Rücken, das letzte Stacheldrahtlager in Bonn, um mit der Rhein-Uferbahn nach Sürth bei Köln zu gelangen. Am Abend trafen wir dort ein. Fast auf den Tag genau, sechs Jahre später, nachdem wir im Oktober 1939 zum ersten Mal hier rheinische Gastfreundschaft genossen hatten. Sechs Jahre nur und was war alles in dieser kurzen Zeit über uns und andere hereingebrochen . . .

Personenregister

Ortsregister